现代学会协会管理与创新

科学技术文献出版社

SCIENTIFIC AND TECHNICAL DOCUMENTATION PRESS

《现代学会协会管理与创新》作者名单

（按撰稿章节顺序排列）

荆运朴	中华医学会副编审
杨　民	中华医学会副秘书长
薛云华	广东省律师协会原会长
高成远	民政部民间组织管理局涉外民间组织管理办公室主任
朱　宏	广东省医学会秘书长
方向文	广东省民间组织管理局局长
谢燕妹	广东省民间组织管理局副主任科员
李玉成	内蒙古自治区医学会副会长兼秘书长
吴春华	湖北省医学会秘书长
孙铁汉	湖北省医学会副秘书长
田武汉	广东省医学会副会长
赵德跃	青海省医学会常务副会长兼秘书长
骆华伟	浙江省医学会秘书长
刘　岩	山东省医学会秘书长
詹培林	陕西省医学会副会长兼秘书长、研究员
冯海燕	江西省医学会副会长
黄国华	江西省医学会
马素云	中华医学会对外联络部原主任
黎建波	广东省民间组织管理局副局长
游苏宁	中华医学会杂志社社长兼总编辑、编审
王　旌	中华医学会杂志社社长助理、副编审
王绍强	广东省医学会医疗事故技术鉴定工作办公室常务副主任
胡荣恒	广东省医院协会副会长兼秘书长
刘俊立	中华医学会科技评审部主任
张高陵	中国社会组织促进会副秘书长
黄亚博	江苏省中医药发展研究中心主任、江苏省中医药学会秘书长
冯广清	江苏省中医药发展研究中心办公室副主任
把志刚	云南省医学会副会长兼秘书长
黄金梅	广东省医学会财务部
刘彩虹	广东省医学会财务部
赵嘉训	山西省医学会副秘书长
张玉芬	山西省职工医学院副教授
贾　卫	民政部民间组织服务中心管理服务处处长

主编简介

田武汉，广西南宁人，中共党员，毕业于第一军医大学、南方医科大学，医学博士，泌尿外科主任医师。先后在解放军炮一师、广州军区总医院从事临床医疗工作。1997年至今在广东省医学会先后任秘书长、副会长，广东省医学学术交流中心主任，广东省民间组织总会副会长。在部队曾荣获三等功一次，在广州军区总医院工作期间曾获优秀住院总医师称号。几十年来，在临床医学诊疗技术方面积累了深厚的功底，发表学术论文数篇，在卫生行政、学会建设与管理方面积累了丰富的经验，开拓创新、倾心勤力、认真负责、和谐管理，做了大量卓有成效的工作，为广东省医学会的发展进步做出了积极的贡献。

《现代学会协会管理与创新》部分撰稿人合影

序 言

党和政府历来十分重视社会组织工作，尤其是改革开放以来，社会组织得到了令人振奋的快速发展，各类学会、协会、研究会如雨后春笋般的出现在中国大地上。社会组织在配合党和政府实施科教兴国战略做出了重要贡献，推动和促进了我国科学技术的发展和学术交流的空前活跃，为国家和社会培养了一批德才兼备的复合型人才。随着社会组织管理能力的不断提高，其在构建和谐社会、维护科技人才队伍的稳定、以及促进科技人才的合理流动都发挥了积极作用。社会组织发展的势头从未见过如此好的局面；社会组织发挥的作用从未见过如此之大；社会组织管理水平从未见过如此规范。以卫生系统为例，有着攸久历史的学会协会，能够充分利用当前发展的历史机遇，不断改革创新，全面提高自身发展能力，为今后更高更快发展打下了坚实基础。如中华医学会、中国中医药学会、中国中西医结合学会、中华预防医学会、中国药学会等。发展较快的协会有中国医院协会、中国医师协会、中国女医师协会、中国基层卫生协会、中国心理卫生协会、中国健康教育协会、中国输血协会、中国抗癌协会、中国防痨协会、中国艾滋病防治协会、中国戒烟协会、中国地方病防治协会、中国优生优育协会等，从中央到地方，从北京到全国各个城市，这些学会协会组织遍及大江南北，会员遍及全国各级各类医疗卫生单位。目前我国行业协会每年以10%到15%的速度增长，从恢复登记时的不足1000个发展到2009年的近7万个，20年间增长370倍，拥有会员企业298.2万个。这些学会协会是党和政府联系科技工作者、联系企业的桥梁和纽带，是党和政府的参谋和助手，在服务政府、服务社会、服务科技事业、服务行业、服务会员等方面做了许多工作，取得了显著成绩，已经成为我国社会主义现代化建设的一支重要力量。

在社会主义市场经济的新形势下，学会协会的生存管理发展也面临着许多新情况、新困难、新问题，管理需要加强，建设需要改革，发展需要创新，经验教训需要总结。由广东省医学会副会长田武汉博士主编的《现代学会协会管理与创新》一书正是在这种情况下撰写的。现即将付梓，这是广大学会协会会员的福祉，是社会团体组织的喜讯。

本书以邓小平理论和科学发展观重要思想为指导，贯彻了新时期党和国家对学会协会工作的新要求，以开创新时期的学会协会工作为目的，对学会协会的性质特性、任务作用和国家对社团组织发展与管理的方针政策进行了概要论述，对学会协会的组织建设以及规章制度、学术会议、科技咨询、科技设奖、科学普及、国际科技会议、承办政府部门委托的工作、编辑出版期刊杂志、医疗事故技术鉴定、人事、财务、档案、印章、证书、法人治理和核心竞争力建设等进行了详细阐述，对学会协会的改革发展进行了研究和探讨，做到了理论研究与实践相结合，继承与创新相结合，具有政策性、思想性、理论性和先进性，体现了学会协会管理创新的鲜明特点。是我国第一部全面系统论述学会协会管理的专著。

本书文字简明扼要，条理分明，结构合理，内容翔实，具有很强的实用性和可操作性。本书作者既有来自民政部门社团管理的领导干部，也有来自中华医学会和 19 个省市学会协会的会长、副会长、秘书长，共有 31 人参加了撰稿，他们长期从事学会协会的管理工作，既有较高的政策理论水平和管理能力，又有丰富的实际管理经验。可以说本书是他们对学会协会管理与创新的经验总结，充满着时代感、使命感和责任感。在此，我建议全国民政部门社团管理工作者、学会协会专兼职工作者、科协工作者、学会协会会员认真读一读本书，也希望大家都来探讨学会协会的管理与创新。

可以预言，本书将会受到广大读者欢迎，成为广大读者的良师益友，对学会协会的管理与创新将会起到积极的推动作用，对学会协会的建设与发展将会产生积极的影响。

中华人民共和国民政部民间组织管理局局长 孙伟林

2011 年 10 月于北京

序 言

悉武汉同志主编的《现代学会协会管理与创新》一书即将付梓，甚感欣慰。

武汉同志任省医学会秘书长长达11年。多年来，他在规范学会内部管理、建设学会文化、创建学术交流平台、促进专业人才成长等方面，倾心勤力，做了大量卓有成效的工作，为广东省医学会的发展进步，做出了积极的贡献。难能可贵的是，事务之余，武汉同志对学会协会的发展进行理性的思考，在总结多年来我省学会协会管理经验的基础上，积极与全国各地医学会的领导、专家，共同研究和探索创新学会协会管理工作，为学会协会管理、建设和发展，提供了很多经验和理论支持。

胡锦涛总书记在今年的省部级主要领导干部研讨班上，强调要扎扎实实提高社会管理科学化水平，建设中国特色社会主义社会管理体系。广东省委十届九次全会也提出，加强社会建设、创新社会管理。要实现这些目标，建设和管理好我们的社会，以学会协会为代表的社会团体，起着举足轻重的作用。社会团体以其作为介于国家和社会之间的第三部门的中介性，具有无可替代的协调功能，既能协调社会组织内部成员之间的利益，推进社会组织健康发展，也能协调国家与企业、政府与社会之间的关系。事实证明，学会协会等社会团体的科学管理和创新发展，在当前社会稳定，幸福建设和学术进步等诸多方面发挥着日益重要的作用。学会协会的科学发展，需要更多的经验交流和理论提升，《现代学会协会管理与创新》出版适逢其时。

该书兼容并蓄、详实系统，从学会协会的社会属性与功能，指导思想与原则，现状与展望，规章制度与日常运作方式等各个方面进行了全面系统的阐述，总结介绍了现代学会协会管理与创新的经验。作为一部系统论述学会协会管理的专著，不仅可供社会团体工作人员阅读，指导日常工作，也能够为各级管理部门提供很好的借鉴参考。相信该书的出版，必将对总结借鉴现代学会协会的管理经验、规范管理运作、探索新的管理模式发挥积极的推动作用。

希望从事社团管理的同志们，能进一步加强探索研究，积极建言献策，为学会协会的健康快速发展以及和谐社会、幸福广东建设做出更大的贡献。

是为序。

广东省政协副主席
广东省卫生厅厅长

2011 年 10 月于广州

前　言

学会协会是党和政府联系广大科技工作者的“桥梁”和“纽带”，是推动我国科学技术发展一支不可替代的力量，知识密集、人才荟萃。为提高我国科学技术水平，为促进我国科学技术的进步与发展、为推动我国社会主义经济建设作出了积极贡献。改革开放以来，党和政府十分重视学会协会工作，使学会协会得到了蓬勃发展。在社会主义市场经济的新形势下，学会协会面临着极好的发展机遇，也面临着许多新情况、新困难、新问题。开创新局面，需要科学的指导。学会协会的管理需要加强、发展需要创新、经验教训需要总结。为此，特邀请国家民政部民间组织管理局、广东省民政厅民间组织管理局、中华医学会和有关省级学会协会等单位具有社团管理丰富经验的领导、专家教授撰写这本《现代学会协会管理与创新》，以期对我国学会协会的建设与管理起到积极的推动作用。

本书共 25 章，第 1—2 章论述了学会协会的定义、社会属性、类型、功能与作用、办会宗旨与特点、社会地位与影响，现状与展望；第 3 章介绍了国家对社会组织发展与管理的方针政策等；第 4 至 25 章论述了学会协会管理的特点、指导思想与原则及秘收长管理与创新，成立学会协会的条件、注册登记程序、机构设置以及学会协会会员、办事机构、规章制度、学术会议、科技咨询、科学普及、国际科技会议、承办政府职能转变、编辑出版杂志、医疗事故技术鉴定、科技开发经营、科技设奖、法人治理、核心竞争力建设、人事、财务、档案、印章、证书、学会协会评估等方面的管理与创新。

本着国外学会协会的管理经验与我国学会协会的实践经验相结合，国家对学会协会管理的方针政策与实际贯彻执行情况相结合，学会协会优良传统的继承与当前改革创新相结合的原则，本书突出了政策性、可操作性和创新性，具有科学、先进、规范、实用等特点，是论述学会协会管理的专著，是学会协会管理与创新的经验总结，可供民政部门社会组织管理人员、各级学会协会专兼职管理人员、学会协会会员阅读参考。

本书在编写过程中得到民政部民间组织管理局、广东省卫生厅、广东省民间组织管理局、广东省律师协会、广东省医院协会、中华医学会及广东、湖北、青海、浙江、山东、陕西、江西、云南、山西、内蒙等省、自治区医学会，江苏省中医药学会等单位领导的大力支持；民政部民间组织管理局孙伟林局长在百忙中为本书作序，广东省政协副主席、省卫生厅姚志彬厅长为本书作序，科技部科技文献出版社领导和湖南省医学会原副会长、秘书长张宪安教授为本书编审出版做了许多工作，在此，一并特向他们表示由衷的谢意。

由于水平有限，加上时间仓促，书中错误不妥之处在所难免，敬请读者批评雅正，以便再版时修改充实提高。

田武汉

2011 年 10 月于广州

目　录

第一章　现代学会概述

科学技术是第一生产力，科技的发展在人类社会文明进步的进程中起到了巨大的推动作用。学会——这种由近代科技发展促生的特定社会组织出现的历史虽不算长，但是它为现代社会所作的贡献却日见彰显。因此，研究并认识学会发展规律，搞好学会建设，促进学会健康发展，有重要的现实意义。

第一节　学会的概念与社会属性

一、学会的概念

学会是一种特定的社会组织形式，是不同于政府机构或企业组织的一类团体，是社会团体中的一种类型，属于学术性群众性社会团体；学会依学科和专业而建立，以同一学科跨单位跨地域的专家为组成基础，学术性、群众性是其基本特征；学会以学术研讨、学术交流、科学普及为主要任务，以推动学术繁荣与进步，进而推动科学发展和社会前进为宗旨；学会属于互益性非营利性组织；学会是一个历史阶段的产物，有着独特的产生、发展过程，社会的进步、近现代科学技术高速发展和学者对学术交流的需求是学会产生的条件；学会是学术交流活动在组织上的表现形式。

学会的出现有其客观的发展轨迹和内生的强大动力。只要人类社会不断前行，认识和发现客观规律的活动就永无止境，对科学技术的研究就永无止境，作为人们追求真理，推进社会进步的学会活动也永远没有止境，而且越来越显示出它的重要作用。

(一)科学家的自愿组合是学会成立的内动力

学会是科学家自发组成的群众组织。最初的科研过程是以个体为单位进行，随着科学发展、研究的深入，科学家愈加体会到单独的研究工作较难获得突破，或经常需要了解同行专家的进展，科研活动的信息量需要扩大，在科学研究的过程中就出现了与同行交流的需求。从临时的、不定期的交流发展为经常性定期交流。这时需要有一种组织形式来保证交流顺畅进行，于是出现了学会。

多数情况下，学会最初的倡导者和以后的主要领导者都是本学科中的学术权威。学会的骨干力量、成员是一批有思想、有学问、有专门技术、有事业心的科学家。在这些学术权威周围形成了不同层面的专家、同行、初入门者甚至学生，为着共同的追求而聚集到学会的旗帜下。

学会不是一级行政机构，而是松散的群众性团体，没有强制约束力。在学会内没有地域界限和单位界限，没有名望大小和地位高低的限制，只有对学术问题的热衷求索和在交流中的讨论与争鸣。谁占有科学依据更多，谁就拥有优势发言权。

学会是科技人才荟集的场所，凝聚着丰富的智力资源。科学家来到一起，无论是轻松的谈话还是激烈的争辩，都可能有所收益。所谓“独处之士”如“孤翔之鸟，知识必然寡陋，只有交流讲习，才能启发智慧，推进事业”。（谭嗣同语）学术交流的模式，是科学家之间对话讨论的最受欢迎的形式，是探求真知、拓展思维、寻找研究路径的最好渠道。

学会是科学家头脑驰骋的天空，是心灵沟通的广场，是才思遨游的海洋，也是情感交流的港湾，是指引会员前进的灯塔，同时又是科学家高度脑力劳动后休憩的乐园，“谈笑有鸿儒”，科学家往往把学会称作“专家之家”、“会员之家”就有这层含义。

（二）近现代科技发展是学会产生的客观条件

在人类进化的历史过程中，并不是从来就有学会。当人类发展到体力劳动与脑力劳动相分离的阶段，出现了商人、哲学家、艺术家、文学家、科学家，出现了科学劳动。出于脑力劳动实践的需要，人们发现只有通过互相帮助、互相交流经验，才能得到更多知识技能。这种朴素的交流需求在古代就已经生发出来。

当世界进入资本主义大生产时期，与之伴行的科学技术得到高速发展。如前述，原先以个人为单位的科学研究活动，发展为必须依靠相互协作才能更快获得成果，科学家之间经常性交流的必要性更加显现，于是催生了学会的组织形式。

15—16 世纪的欧洲，伴随文艺复兴、启蒙运动和工业革命的兴起，大学、研究机构的建立，自然科学探索的开展，“英国作为资本主义发源地，意大利作为文艺复兴发源地，先后诞生了最早的自然科学社团。”“如 1505 年爱丁堡皇家外科医师学会得到皇家特许而成立；1518 年，伦敦皇家内科医师学会成立”，“1560 年成立于意大利那布勒斯的‘自然秘密协会’”等。

在这段时间，各种“非正式”的交流聚会性组织在意大利各个城市里相继出现，它们的特点是规模很小，所进行的活动有艺术交流和科学奥秘的探讨，专业划分并不十分清晰，但已经具备了学会的特征。1603 年在罗马成立的“山猫学会”是意大利早期比较有名气的学会，著名科学家伽利略、包尔塔都参加了这个学会。

这一时期最具里程碑意义的事件是，1662 年由查理二世批准成立的英国皇家学会诞生，由此，学会成为被政府承认并支持的独立力量出现在社会舞台上，“科学在西方社会中的显赫地位便再也没有被剥夺，这正是现代科学发展的重要起点。……英国皇家学会提供了一个制度化的环境，……离开了这个策源地，近代科学迅速而持久的繁荣几乎是不可想象的。”牛顿等许多造诣深厚的科学家在皇家学会中长期担任领导职务，学会的威望迅速提高。英国皇家学会把活跃学术思想，推动学术进步作为宗旨，使得英国在自然科学研究方面长期处于世界领先地位。

在此前后，欧美各国的科学家也因各自交流信息的需要，组织起各种类型的学会，学会活动日益活跃，发展兴旺。

从学会起源可以看出，学会不是由于政府需要而派生出来的一个部门或机构。它有独立的组织构架和法律地位，有自己的章程，自己的成员和活动内容。学会的建立和成长与社会进步和科技发展相伴随。

二、学会的社会属性

学会是科技工作者有相互交流的需求而组成的学术性群众团体，因此它不属于政治性团体。学术交流是学会的中心任务，因此它不同于市场中介组织或行会性团体。

（一）西方国家把学会归于“非政府组织”中

这一类组织相对于政府即被称为非政府组织（Non-Government Organization, NGO），相对于营利的企业组织即被称为非营利组织（Non-Profit Organization, NPO），（也有将其称之为“第三部门”或“公民社会”。）

与西方国家不同，我国社会结构呈现“四元”结构特征，即我国民法通则中规定的机关法人、企业法人、事业法人和社会团体法人这四种法人组织形态。

政府是国家为维护和实现特定的公共利益，按照区域划分原则组织起来的、以国家机器为后盾的政治统治和社会管理机构；企业是为谋求经济利益最大化的组织，同时为社会提供经济发展成果；事业单位是政府建立的公益性实体机构，如学校、医院、研究院所等；社会团体是独立于政府、企业、事业单位之外的一类互益性非营利性机构。

（二）美国学者托马斯·库恩在其著作《科学革命的结构》中提出“科学共同体”的概念

“从事科学知识生产的人群一般被社会学研究者称为科学共同体。”学会是科学共同体的组成部分。科学共同体是由共同拥有一个“范式”或一组“范式”的科学工作者组成的联合体。所谓“范式”，是指特定的共同体，其成员所共同拥有的信念、价值、技术等等的一个整体。“范式具有层次性，科学共同体同样也具有层次性”，“在含义最广的层次上，所有的科学家就是一个共同体，在稍低层次上的主要科学专业团体，有各学科专家组成的共同体，如物理学家、社会学家、经济学家等等，将分别组成不同的共同体，更细的专业以此类推。”与科研院所相比，学会是由同学科专家组成的社会团体性质的科学共同体（有学者也称其为学术共同体），具有成员的广泛性、争鸣的民主性、观点的包容性、学术的权威性和组织的松散性等特点。

（三）人本主义心理学创始人马斯洛认为，人的需求分为五个层次

由低到高依次是生理的需要、安全的需要、归属与爱的需要、尊重的需要、自我实现的需要。前两种需要属于较低层次，也是人类基本的需要，为生存所必须。人们的社会交往和群体归属感，自尊与被尊重，为实现自己能力所进行的创造性劳动，发挥潜能并得到社会认可，都属于高层次需要。学会是科技工作者的群体，为科技工作者提供了平等社交，被接纳与被理解，被尊重与被赞赏的环境基础。科学家在学会中能够感受到与科学界同行或相关人士进行交流的快乐和满足，大家在学会中“共同探讨学术问题，进行感情的联络，结交朋友，寻求共同的志趣、意识形态、信仰、文化，获得互相信任，追求荣誉、声望”。学会为科技工作者提供了精神追求的活动园地。

（四）学会的组成成员是科技工作者，学会组织是为科学研讨、学术交流而建立

学会是思想汇集的场所，它并不直接生产任何物质产品，却产生大量由思想交流、思想碰撞、学问切磋而生发的精神产品。它虽然不直接生产可以应用的有价物质，甚至其产生的精神产品在短时期内也未见得能转化为直接生产力，但是这些精神产品的价值可能在若干年后会对科学界以致人类社会的发展产生巨大影响。虽然学会不创造产值，却能在社会上蓬勃生存，这是社会进步到相当程度的表现，有远见的社会管理者都懂得这个道理。这也是学会之所以能够生生不息，源源不断发展的基础。按政治经济学概念，学会从属于上层建筑领域。在历史上，凡遇到重大政治事变或重大自然灾害的年代，学会的生存都会受到严重障碍，学会活动都会趋于停滞，也印证了学会的上层建筑的性质。

第二节 学会的类型

学会以学科、专业作为组成依据，并以学科名称来命名，各自有明确的学科范围。随着社会进步、科学发展和新学科的产生，学科的划分日趋细化，一些边缘学科的出现促生了许多边缘性或跨界性新学会。

一、从总体上分类，可以分为两大类别，一是自然科学类学会，一是社会科学类学会

自然科学类的学会是以研究自然科学规律为课题的学术团体，社会科学类的学会是以研究人类社会发展规律为主要内容的学术团体。数学会、天文学会、农学会、生物学会、机械工程学会等属于自然科学类的学会；哲学学会、法学会、人民外交学会等属于社会科学类的学会。

自从20世纪70年代末中国改革开放以来，学会进入一个蓬勃发展的阶段。全国学会组织从100余个迅速发展到在民政部注册的学会（包括研究会）将近600个，加上各省和地区级以上的学会更是多达数万个。专业涵盖也发生大幅度变化。在这种学会大发展的环境下，由于学科细分，学术交流的需要，某些具有专业涵盖面较宽的学会，在其内部划分出许多分支，即“分会”或“专业委员会”，以至再分支建立若干“学组”，没有注册为独立的学会。如中华医学会下设80多个全国范围专业分会，300多个学组；中国土木工程学会下设50多个分会和专业委员会；中国电子学会和中国地质学会均下设40多个分会；中国计算机学会和中国林学会均下设30多个分会（专业委员会）等。这些学会已经不是单一的学科组织，而是以学科群的面貌出现。

二、按学科性质分类

在自然科学类学会中又可以分为理科、工科、农科、医科、交叉学科等5大类型。在社会科学类学会中可以分为哲学、政治、社会学、经济学、历史、艺术等若干类型。这些类型中的再度细分不需赘述。

三、按照学科职能划分，分为基础学会、应用性学会和综合性学会

基础性学科多为元学科和大学科，也有一些属专业比较单一的学科。它们都属于基础理论类型，如自然科学类学会中的数学会、力学学会、声学学会、细胞生物学学会等；社会科学类学会中的哲学学会、伦理学会、社会学会、经济学会等。这些学会多偏重于学科内重大基础性课题的研究交流，依托科研院所和大学，与国外同行进行高端交流的机会比较多，以追踪世界学术前沿新理论为活动的重点。

另一类学会则属于应用性非常强的学科，如自然科学类学会中的风景园林学会、土木工程学会、照明学会、电源学会、手机维修学会、养蜂学会、蚕学会等；人文社会科学类学会中的民俗学会、统计学会、写作学会等；技能性学会中的民族管弦乐学会、少数民族舞蹈学会等。这些学会与工农业生产、技术改造、实用性操作或某一分支领域有着密切的联系，每一项研讨几乎都围绕着现实可行性而展开，学术交流的内容直观性较强，实用性较高。因而这一类学会与经济建设和具体操作的关系更加密切。

综合交叉性学会中既包括基础学科与应用学科间交叉，也包括自然科学与社会科学交叉。如医学伦理学会、老年学学会、城市学会、心理学会、卫生法学会等。

四、全国学会和地域学会

按照我国社会团体管理法规的要求，全国学会与地域学会采用分层管理原则。各地区的学会需要在本地登记机关注册登记，成为当地的社团法人机构。这样就自然形成了许多学科相同的学会，既有全国的学会，同时也有地方的同名学会，如中华医学会和广东省医学会、长沙市医学会等。各自在组织专家和会员开展活动的地域范围有所不同。

除此之外，有些学科不具备在全国发展学术组织的可能性，其研究交流的课题只限于某一省份或某些省份。为此，这些科学家就只需在当地组织起自己的学会开展活动。还有一类学科，其研究对象与邻国的同学科专家有很强的学术交流需求，因而他们之间的国际间交流有时往往比国内交流还要频繁。如高原医学学会、蒙古语文学会、拉丁美洲学会、民族语言学会、敦煌吐鲁番学会等。

五、行业性、生活志趣性学会

所谓行业性学会是指一些机关部门中，自身既带有管理规范的职能，又带有某些与工作研讨有关的学术类课题，为了便于开展学术讨论，推广新的学术观点，在本专业领域中建立起研究性团体，如保险学会、审计学会，财政学会、统计学会、城市规划学会、学位与研究生教育学会等。

生活志趣性学会是近年来广泛组织起来的许多培养业余爱好的学会，这类学会在各地登记机关登记注册的较多，而全国范围的组织较少，如根艺美术学会、钓鱼学会、养花学会等。

从上面提出的几种学会分类方法，它们之间相互又有多重交叉。罗列出这些划分仅是提供一种借鉴和参考。

第三节　学会的办会宗旨与功能

一、学会的宗旨

不同专业特点的学会根据各自学科领域，制订各自的办会宗旨。作为学术团体，有很多共性追求。

在2007年10月发布的《中国科协全国学会组织通则(试行)》中，对学会宗旨作了比较全面的表述：团结和动员广大会员和科学技术工作者，遵守国家宪法、法律和法规，执行国家发展科学技术事业的方针和政策。崇尚科学道德，弘扬社会正气。坚持民主办会原则，充分发扬学术民主，提高科技工作者的业务水平。促进科学技术的繁荣和发展，促进科学技术的普及和推广，促进科学技术队伍的成长和提高，促进科学技术与经济建设相结合，为国家经济建设服务。反映会员和科学技术工作者的意见，维护会员和科学技术工作者的合法权益，为经济社会发展服务，为提高全民科学素质服务，为科学技术工作者服务。推动社会主义经济建设、政治建设、文化建设和社会建设，为建设创新型国家、构建社会主义和谐社会，为实现中华民族伟大复兴而努力奋斗。

二、学会的功能

学会是一个开放的大系统，一方面接受社会环境的支持，另一方面又向社会提供服务。

充分发挥学会的功能，是保证学会能够立足于社会，推进学会不断发展的重要前提。作为一个独立法人机构，学会具有内外两种功能，对内用于维系学会自身的运转，对外用于学会与外界的联系并发挥作用。学会的对内功能是通过章程和管理规则，首先实现对内部结构的有序管理，通过整合和包容，把社会上的学术力量团结在一起，开展学术研究和其他活动。学会的对外功能则体现在学会发挥社会功能、行使社会职责。

综合学会的内外功能应包括下面几个方面：组织联络本专业学者，建立稳定的联系网络和服务体系；开展学术交流，沟通信息，为会员提供交流平台；发现和举荐青年人才，为学科发展提供人才储备；向大众推广普及科学技术，提高国民素质；组织同行评议，为社会各机构提供专业依据，并为政府部门提供决策咨询；建立科学家与党和政府的联系，发挥桥梁纽带作用。我国学会发挥自身功能的总体目标是，推动国家科技进步和经济社会文化发展。分别于每一类型的学会来说，还具有一些带自身特点的独特功能。

（一）联络、组织和服务

学会是学术交流活动在组织上的表现形式，具有把科研、教学和生产部门相关专家组织起来的作用。专家学者要进行交流，需要一种组织形式，这就是学会。在学会中，专家和会员建立起同一学科群体自己的稳定组织架构和联系网络，维系着学会的日常联络与运行。由于有了学会的组织，处在不同单位不同地域的专家们经常性和长期性联络与合作就成为可能。这种联系结构形成学会的内部纽带，为学会进行各项工作搭建起组织基础，将专业学者们团结在学会这面旗帜下，会员和专家们关注学会的发展，参加学会的活动，为学会出力献策，活动结束回到各自地区和单位，继续自己的科学研究。

学会的基础是会员，会员分散在各个地区、各个单位，要将他们组织起来，就需要配备一些专门人员，承担起组织、联络、服务会员的工作。专职人员的工作质量和服务水平与学会的形象关系密切，他们不是某个学科的专家，不是会员的领导，不是政府公务员，而是这个“会员之家”的守护人。

对于广大会员来说，学会专职工作者提供的服务常常反映出学会的亲和力，关系着会员对学会的信任，关系着会员能否长期团结在学会周围，进而为学会的发展做贡献。学会能否依靠专家民主办会，能否坚持办会宗旨，能否团结广大会员并甘心为会员服务，专职工作者担负着很大责任。能否成为一个合格的为人称道的“会员之家”守护者，同时发扬开拓创新精神把学会事业做强，应该是学会专职工作者追求的目标。组织、联络并服务于专家的功能，带给了学会源源不断的生命力。

（二）学术交流及信息交流

学术交流是启发学术思想，促发创造灵感，结交学界合作伙伴和诤友，激发共同的学术旨趣，提高科研效率，促进学科发展的重要途径。学术交流是将各种信息收集、整理、筛选的过程，汇集有益成份，传递给各相关方面，使信息发挥价值。学术交流的本质不仅仅“在于学术信息的交换，而在于通过信息的交流从而产生‘不同来源的思想之间相互作用’，产生‘智力的碰撞’”，“对学术主体激发出灵感的火花，从而产生‘额外的’学术新思维的过程”，“产生新的学术思想、新的理论”。“学术交流是瞬间激发参与者思维创新的一种积极的科学传播活动”，使“学术认知结构重新组织的一种科学发展的基本机制。这种机制具有很强的‘即时产生学术灵感’与‘瞬间迸出思想火花’的能力”，使学术潜能得以发挥，从而促进学术创新。学术交流活动的开展即实践了这一过程，也以其极具活力的本质特征吸引着科学家的参与热情，并一直受到科技界的重视。

学会在这方面具有明显优势，它的成员多、覆盖面广，信息灵通，通过学术交流聚集起最新科研成果，并产生活跃的灵感迸发。现代科学中许多最伟大的发现正是产生于学术交流过程中。学会能够提供常态的学术交流活动园地，创造宽松的交流环境与氛围，使会员开拓思路，放开言路，通过讨论、争鸣、切磋，以学交友。在学术交流中，一些不同学科领域可以渗透融合，这种交流成为学科发展前进的催化剂，某些新兴学科、边缘学科的成熟和建立，最初往往都萌发于学会活动中。科学家运用学术交流这种形式实现了推动科学进步的历程。

（三）发现并举荐青年人才

在学术交流过程中，集中了各学科和相关学科杰出的专家、学者，一些在本单位本地区没有机会展示的青年人才，在这个场所里比较容易被著名专家所发现、所赏识，使得青年优秀科技人才脱颖而出。学会是集体发现人才的场所。哪个学会能够勇敢地扛起发现青年人才这面大旗，这个学会必然吸引大量年轻学者参与其中，朝气蓬勃，欣欣向荣，发展更有后劲。

“学术交流不仅是启迪学术思想、促进学科发展的重要方式，而且是发现人才、促进人才成长的有效手段。”除了在有著名专家参与的学术交流中发现青年人才外，学会还可以提供各种机会，如开辟专门的青年学者沙龙，组织青年学术年会、专题讨论会、学术交流会等，让成批的青年学者走上他们仰慕的学术讲坛。再进一步，学会可以组织著名科学家为青年专业人员评选科学研究奖，为青年人早成长、快成材创造条件。没有长年的培育和积累，要产生拔尖人才相当困难。学会在提供一个快捷地识才、爱才、惜才、用才的环境和氛围中拥有非常独特的平台。

当青年学者的群体比较成熟之际，学会还可以为他们在学科内成立专门的青年委员会，以比较固定的组织模式为他们提供归属感，以及管理、运行学会的能力。青年人才的知名度得到提高之后，他们得到所在单位的重视和获得科研资助项目的机会将大大提高。许多著名科学家的成材之路都曾经历过学会的推荐，参与学会工作等锻炼历程。因此，围绕重要科技领域的战略研究和重大科技创新活动，发现和培养造就德才兼备的科技领军人才，是学会重要的功能之一。

（四）向大众普及科学技术

我国是一个文明古国，有着许多古代科技发明创造，闪耀着先人智慧与创造力的光芒。同时，由于人口众多发展极不平衡，我国又是世界上最大的发展中国家，当前的整体国民文化素质在世界范围内并不算很高。近年来随着国民经济快速发展和综合国力增强，科技兴国民族复兴口号的提出，提高国民文化素质的问题被再次提到国家发展战略高度。

我国的各个学会从建立之初，都有着向民众宣传科学技术的良好传统。全国的学会主管机构中国科协，就是由中华全国自然科学专门学会联合会和中华全国科学技术普及协会合并而成。中国科协的成立，昭示着学会应该肩负起科学普及的重要责任。在中国科协的统一领导下，学会发挥了科普活动主力军的作用，普及科学知识、科学思想、科学精神和科学方法。

各自然科学类学会的专家不仅专心研究自己专业领域的高精尖课题，还通过讲学、办培训班、办报刊杂志、办展览、组织报告会、开展电台电视讲座、组织送科技知识下乡等灵活多样的形式和生动活泼的方法践行科学普及活动。国家颁布《科普法》之后，各级学会参与了组织全国百万公众参加科普法知识竞答活动，使公众对科普的重要性增加了认同感，把大众科普活动开展得有声有色。学会的科学家们把自己掌握的比较新鲜的科技成果在广大群众中尽早地普及推广，使群众近距离接触科学、接触专家，了解自己身边的科学，用科学的思维、科学的方法、科学的生活观念指导日常的生产生活。科普活动是学会奉送给大众的最好礼物，是学会服务大众最佳最直接的形式。

（五）开展同行评议，为学科的资源分配以及与外界的接洽提供客观依据

在科研评价体系中，学会所组织的同行评议具有独特优势。首先，学会内部专家群体之间在多种情形下，都是依靠同行评议来产生结论的，“同行评议不仅是科学共同体在学术荣誉授予、科学论文发表、学术职位聘任等活动中普遍采用的基本评价方式，同时也是科研项目的遴选、研究结果绩效等方面的重要评议机制”。在政府和社会组织有需求的情况下，学会总能够担当起同行评议的重要角色，如政府资助科研项目的评审、经费的分配，政府科技成果奖、科技进步奖的评定，各种社会组织捐助经费的分配等。为使社会资源有效地发挥更大效能，政府和企业亟需一个比较稳定的同行评议队伍。学会就是提供这支队伍的最佳选择。

学会既能提供本学会委员会专家中最佳人选组成评议队伍，又能知晓在委员会之外的对于评议标的最熟悉、最具权威性的其他同行专家的研究成果，吸收这些专家参与到评议队伍中。学会在服务于国家科学资源的优化配置方面提供了巨大的人才库。学会是跨单位科技组织，没有团体自身的利益，因而在各类科学共同体中地位更超脱，评议更公正。学会在实施同行评议过程中，“不是依据‘商业或生产标准’，而是由特定领域有专长的科学家根据研究的学术价值进行判断”，因此具有比较客观的学术质量控制水平，为政府和社会各组织提供了高质量的学术依据。学会的这一功能角色将会越来越为社会所认识。

（六）从桥梁纽带助手到国家发展科学技术事业的重要社会力量

我国的政治、经济、社会、文化建设都在党的统一领导下开展。几十年来的实践证明，我国的学会始终很好地发挥了党和政府与广大科技人员的桥梁纽带助手作用。尤其是改革开放以来，“科学技术是第一生产力”的理念深入人心，广大科技人员在经济建设和科研攻关方面发挥生力军的作用，同时学会也在国家建设的各方面发挥越来越大的组织协调作用。在科协组织的领导下，各个学会联络着广大专家和科技人员，为贯彻党和政府的要求，传达政策精神，反映科技工作者的呼声做了大量卓有成效的工作。中国科协“五大”修改的章程，将科协是“党和政府发展科学技术事业的助手”改为“国家发展科学技术事业的重要社会力量”。进入新世纪以来，作为中国科协领导下的各个学会，发扬锐意改革精神，更新观念，创新实践，也已经逐步从“党团结联系科技工作者”的桥梁纽带助手，发展为“国家发展科学技术事业的重要社会力量”。也就是说，学会已经不仅只是承担桥梁、纽带、助手的功能，而是作为一股有益的社会力量参与到国家的发展建设中。这一崭新概念为学会拓展功能提出了新的要求，展示了新的前景。

第四节　学会的特点

学会的性质决定学会的特点。学会的特点越突出,发挥得越完备,贯彻学会宗旨、推动学科发展的目的就实现得越好。学会是学术性群众组织,因而学术性和群众性是学会的两个最基本特点。另外,学会还具有智力性、横向性、民主性等特点。

一、学术性　这是学会的最基本特性之一,是学会的精髓

学会是科学发展和学术交流的产物。学术是指有系统的较专门的学问,学术通常以学科和领域来划分。科学技术在其发展过程中使学术交流成为科技劳动的一种特殊方式和必然手段。学术性是学会与其他群众团体的根本区别,是学会生存于社会的第一位问题。学术性是衡量学会质量的根本标准。一个学会学术性很强,它就是一个高水平的学会,其对会员的吸引力也大。所谓学术性强,是指有创新性思想涌动,思想活跃,有丰富的信息量参与到交流中,通过交流使参与者受益。学术性是一个学会的核心。如果学会长时间不能组织起高水平的学术活动,就失去了学会的吸引力和活力。

学术交流不仅是发展科学的重要条件,也是体现社会进步和繁荣的标志之一。学会通过学术交流进行思想交汇,开展讨论,达到提高思维创造力的效果,使科技活动在新的起点上继承和延续,使渴望献身科学的专家学者的共同愿景得以满足。正是由于有这样的特点,学会才能吸引一代又一代科学家加入进来,并为它的活力无偿做贡献。学会正是以在开展学术交流活动中所焕发出的无与伦比的创新性力量,推动着科学的发展和社会的进步。

二、群众性　群众性是学会的又一基本特点,是学会的基础保障

学会的群众性,一方面体现在会员加入学会的自愿原则上。入会自愿、简便,参加的活动形式灵活多样,退会自由,不受任何约束。没有会员的源源不断加入,就无所谓学会的发展。另一方面是学会成员的广泛性,入会的会员,有从事教学、科研工作的专业技术人员,也有热爱科学技术的一般工作者。一些学会的章程还规定了可以发展学生会员,面向有志于从事本专业的学生开放,发展大量未来的生力军。学会的联系面广泛,它联系了科技界的学者,理论界的研究人员,还有作为团体会员的企事业单位。广大群众的踊跃参加,是学会赖以生存的组织基础。

学会为什么对科技人员有吸引力,因为学会的成员对学会有一种特殊的需求,既有同行之间定期见面、聚会的需求,也有不断求知并展示才能的需求。科技人员参加学会最鲜明的目的是认识同行,并被更多同行所认识,得到同行对自己学术成就的认可,这种同行认可是最重要的。学会成为他们为实现对事业和理想追求的最好阶梯,成为给他们提供施展才华的舞台。这是科技工作者们对学会价值观的一种认同。学会是一个向心的凝聚会员情感和追求的集体。

三、智力性　知识密集、人才荟萃是学会的一大特点,也是其他社会组织甚至政府部门青睐、羡慕学会的突出特点

学会是学者聚会的场所,同行的科学家聚在一起,自然就形成人才荟萃的场面。如前面所述,人才荟萃的产生有赖于高质量的学术交流活动。学会虽然不是研究所,不是大学,没有专职

的专家队伍，不承担科研教学任务，但是学会有号召力，有学术交流的吸引力。科技人员带着自己的心得体会、研究成果、科学思想自愿地在学会这个平台上进行活跃的交流和讨论，就形成了知识汇集、人才汇聚之所。

学会作为学者之家，形成了本学科领域的人才资源库。这个人才库没有单位限定，没有地域界限，唯一区别的是学科的领域划分，在这个人才库里拥有本学科最具成就的科学家。学会通过组织学术交流活动，识才荐才，集合起本学科的人才，交流科技劳动中的最精华部分。学会开展的交流活动是将个人的研究能力集体化，是科技工作者追踪新鲜信息，发挥智慧潜能的最佳场所之一。

四、横向性 学会的特点之一是跨行业、跨部门、广泛横向联合

学会的成员分属于不同的单位，具有横向联系广泛的优势。会员同属于一个学科或专业，有共同语言，但是没有上下等级差别，没有行政隶属关系。因此学会在组织跨地区、跨单位的合作研究方面拥有十分便利的条件。相同专业的科学家可以横向联合，同一门类不同专业、不同学会之间也可以借助学会这个平台相互联络，进行横向联合。依靠学会搭台，开展多学科学术交流，借鉴多学科集思广益的优势，广开思路，启发新思想、新方法的产生。

学会在科学技术发展中处在一个非常有特点的地位上。“学会所从事的各种活动，是别的社会机构比拟不了的”。虽然高等学校、科学院和研究院所也搞学术交流、科学普及，“但是他们是本部门、本研究所的学术活动”。学会的地位超脱，它举办的学术活动，“从性质上是跨单位、跨地区的，没有单位属性，这一点是任何其他的社会机构所不能比的。这样做，才和科学技术本身没有单位属性、相反具有广泛的交叉性这条规律是一致的。”

横向联合还可以在自然科学类学会与社会科学类学会之间进行。随着科学的发展，大学科的出现，工程技术专家、医学专家、农业学专家、管理学专家、人文社会学家、教育学家，以及经济、哲学、法学等各类学科专家之间跨界研讨的课题日益广泛，相互之间的了解与融合日显重要，各门类学科之间的广泛联系与协作，是横向联系的进一步发展。学会的民间组织属性，使所开展的横向联合经常可以弥补政府机构工作联络上的不足，就是说，有些由政府不易达到的跨界协调，学会恰好能够发挥一己之长，组成联合，开展活动。学会在联络各方学者进行交流方面有着得天独厚的优势。

学会横向联合的特点与其他部门的横向合作“主要的不同点在于：学会本身的结构，它的人员、单位的构成就具有‘天然的’横跨性，这个横跨性甚至成为建立学会的条件之一”，即组建新学会的条件必须要由若干单位、若干地区的专家发起，而且要有分散在各单位的相当规模的同学科专业技术队伍。

五、民主性 比较高度的民主性是学会的一大特点

（一）学会最显著的民主特点表现在开展学术活动方面

从制订学术活动的计划，包括近期计划和远期规划，都是在完全开放的状态下，由会员自上而下、自下而上讨论形成。会员们十分关心学会将要开展哪些活动。学会的组织者也非常希望会员们关注这些活动，积极响应这些活动，为活动带来新意与活力。

在学会活动中,会员们在平等的气氛中民主讨论问题,不论是科学家、领导还是一般工作人员,大家都有发言权。会员有机会在宽松的环境中畅所欲言,发言机会多,讨论比较随意。在自然科学的学术观点上不用害怕说错话,各种观点都能得到应有的尊重。学术的讨论需要争鸣,而争鸣不必惟命是从。学术问题通过争鸣更容易使人深入思考和辨别,平等的讨论使参加者受益。在工作单位中的行政命令形式在学会中是不受欢迎的,"一言堂"作风在学会中是不被认同的,在学会长远发展中是终究会被摈弃的。

会员的主动参与,形成了学会活动的多样性和广泛性。人们为了学习新知识而来,为了解除自己在工作中遇到的疑惑而来,为了追求科学的真理而来。这种追求在科学家看来是很高尚的。在学会组织者看来是学会兴旺的标志。因此大家为了一个共同的目标,满腔热情地努力完善这个交流过程,使学术交流越来越有生机。

(二)学会具有相当民主的组织形式

学会在组织工作中的民主有自身发展的需要,也与学会的性质有关。学会不是为了完成某项政府指派的任务而建立,依靠民主的方式组成自己的领导机构更能符合会员的意愿。学会的领导机构要通过会员大会选举产生。因为学会不是政府部门,不具备行政权力,学会的领导是由具有学术权威的专家来担任,而不是上级政府机关委派干部担任,所以专业造诣的高深是能否当选的很重要条件。当然,还要有一定组织能力,善于团结同行的口碑,能够牺牲个人时间精力,热心学会工作等诸多综合素质。

学会的组织工作原则不是采取民主集中制,而是通过议事规则确定的程序,采用民主协商议事的制度。专家们通过充分酝酿推举出大家比较公认的候选人,再经过投票选出得票多者当选。这样选出的领导能够得到专家和会员的认可,更便于顺利开展工作。

(三)管理民主

建立民主的管理制度是推行学术民主、组织民主的保障。学会在自己的章程里制订了民主程序,而且在会员的监督下逐项施行。是否遵章守制是会员评判学会管理者的标准之一,在比较充分的民主监督下,会员的权益能够得到保障。民主制度贯彻得好,口碑比较好的学会,对会员的吸引力、凝聚力就强,反之,就会损害学会的基本形象,日久甚至会影响到学会的生存发展。

第五节　学会工作的社会地位和影响

正确认识学会地位,不断提高学会地位是学会领导者特别关注的问题。学会的社会地位包括学会的法律地位,学会在社会各类组织机构中所处的地位(有形的地位);和社会对它的评价,即在政府部门心目中的地位,在本学科专业学者和会员心目中的地位等(无形的地位)。学会地位的确定是构建学会能力的必要步骤和重要依据,关乎学会的生存和发展。学会的社会影响力来源于学会对社会生活所做的贡献,来源于学会功能的发挥。

学会地位的高低,与社会的民主法治建设程度,科学文化事业发展程度,各种社会领域发展的平衡程度有关。学会依靠自身优势发挥作用,对社会科学文化以及经济建设发展起的作用越大,它的社会地位就越重要。学会的地位可以从一个侧面印证国家民主政治建设和科学文化事业发展的进步程度。

一、衡量学会地位的标准有两方面，一是法律层面的，二是社会认可层面的

(一)关于学会社会地位的法规

我国的宪法规定了中国公民有结社的自由，从根本大法的高度确认了社会团体在我国社会生活中存在的合法性。在最近10多年国家法治化建设进程中，颁布了一系列有关民间社会组织的法规。我国的民间组织主要由三部分组成，即根据《社会团体登记管理条例》登记注册的“社会团体”，根据2004年《中华人民共和国基金会管理条例》登记注册的“基金会”，和根据《民办非企业单位登记管理暂行条例》登记注册的“民办非企业单位”。

在1989年10月国务院发布的《社会团体登记管理条例》中以列举的方式对社团做了规定：社会团体是指协会、学会、联合会、研究会、基金会、联谊会、促进会、商会等。1998年10月国务院颁发的《社会团体登记管理条例》进行了重新界定：“社会团体是指由中国公民自愿组成，为实现会员共同意愿，按照其章程开展活动的非营利社会组织”；“社会团体应具备法人条件”。1990年1月，民政部在《关于社会团体登记管理条例有关问题的通知》中，根据组织的性质和任务，将社会团体区分为“学术性”、“行业性”、“专业性”和“联合性”四种。“学术性”社会团体就是学会。

根据这些法规，可以很清楚地界定学会在社会中的位置。(见1-1)国家颁布的一系列法规条例对学会的地位作出了最为明确、最为直接的规定。充分阐明了学会在社会上的合法性，即法律对它的认可、规范和保护。学会以独立的社团法人身份开展活动，依法享有独立民事权利和承担民事义务；学会属于非营利性团体，享有在章程规定范围内依法自主开展活动的自由和权利，任何组织和个人不得进行非法干涉。

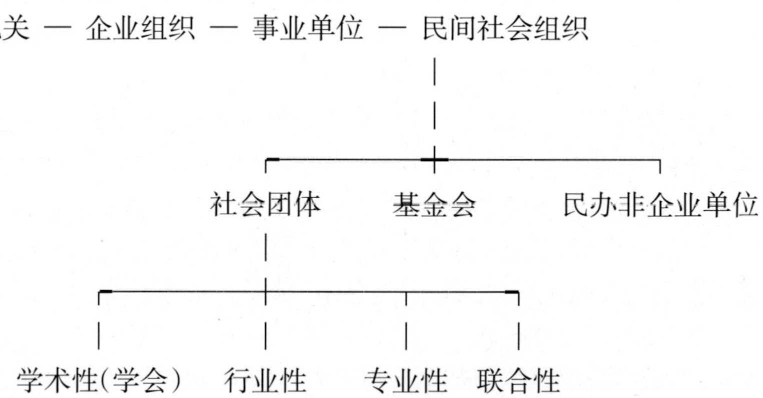

图1-1 学会在社会中的位置

(二)社会对学会的认可与评价

1. 在我国的社会组织中，社会团体是最活跃的部分，发展最快。在社会团体中，学会又是最活跃，最受重视的。这与学会的学科门类覆盖面宽、知识密集、人才荟萃、联系广泛有关，与学会在国家经济建设和科学文化建设方面已经发挥的社会影响力有关。

当前，我国正处于科学技术发展的重要历史时期。已经有很多地区和很多专业的学会积极开展工作，组织科技工作者为政府部门提供咨询、建议、评价，在近年来展示了学会的优势，许多项目得到了本地区本部门政府机关的认可。当政府的部分职能向社会组织转移时，能否承接

政府的任务，是学会需要主动争取的良好历史机遇。学会成功完成政府委托任务，既能减轻政府的负担，又能充分开掘学术团体的智力资源，在经济建设和社会发展的关键时期作出贡献，也是取得相关政府部门认可的重要途径。在为党和政府的决策服务，为社会服务过程中，学会成为党和政府得力的思想库和智囊团，成为服务经济建设、发展科学文化事业的重要方面军，大有可为，在发挥其他社会组织不可替代的作用同时，也能够提高学会自身的社会地位。

2.学会举办的各种活动，包括学术交流会议、期刊杂志出版、继续教育培训、开展科普宣传是学会的几大主要业务性活动。学会的联络跨度大，专家资源丰富，因此开展的活动质量高，一般被认为在各种社会团体中水平最高。虽然社会上的其他单位也经常开展一些活动，但是所举办的活动往往受到诸如地域、影响力、单位认可度的局限。各种社会组织应该在自己的职责范围内展开活动，社会才有秩序，工作才有成效。学会是为会员、为科技工作者、为社会提供服务的组织，需要在开展主营业务方面充分发挥长处，创立业绩，在同行中树起口碑。学会在利用学术资源高精尖与广博的优势上做文章，才能不断扩大社会影响力，提高自身地位。

开展广泛高质量的科普宣传是学会的功能之一。学会组织的科普宣传活动专业可信度高，群众参与度广，对于澄清模糊概念，宣传真知识，批判伪科学方面，在社会上有很大影响。尤以群众关心的医疗保健、农业科学技术，以及科技性强的公众关注事件等方面，最受大众欢迎，提高了学会的社会知名度和影响力。

3.学会不是开展学术交流的唯一组织。但是学会进行的学术交流有着自己的特点，就是开放性、平等性、个性化和非功利性。这对于学者们参与交流有很大的重要性。他们参加学会学术交流时需要获得同行认可，进一步达到社会的认可。这种对于认可的追求只有在学会活动中才能快捷获得。在学会进行的学术交流尤其有利于开展学术争鸣和质疑。因此，学会的学术交流以其鲜明的特点使参与交流的学者在追求知识创新，在他们心目中，学会的地位是其他组织不能代替的。这种群体性认同是学会的社会地位牢固存在的广泛基础。

二、发挥更大作为，提高学会地位

在我国各类社会组织中，学会是在党统一领导下的学术性群众团体，其法律地位和社会公信地位是被确定的。学会所从事的各种活动，也被确定为国家创新体系的重要组成部分，为国家经济建设和科学文化事业的发展服务。学会中汇聚了相关学科领域最高水平的科技人才，各级学会是团结他们的最佳组织形式之一。

学会是一个科学家群体自由结合的学术组织。学会的地位是在开展活动中逐步提高的，没有活动就不可能产生影响，在政府、其他社会组织和群众心目中就难以获得位置。学会发展的事实证明，有位置才能有作为，也只有务实有为，才能得到应有的地位。二者相互联系，相互影响。

随着改革的深入和科学技术的发展，社会各层面和广大群众对科学文化需求不断扩大，党和政府对学会工作要求不断提高。学会根据现有的法律规定的社会地位，研究形势发展和社会需求，依赖自身学科特长，调动和集成科技工作者的聪明才智，围绕科技发展相关的重大项目和关键问题，积极主动参与国家、地方和行业科技发展规划的研究制定工作，以及咨询论证工作，开展科技奖励，科技评价，继续教育，技术培训等。在办好传统业务同时，努力开发新领域。

社会认可度是影响学会生存与发展的非常重要的因素。学会依靠自身专业所提供的服务可以是多角度的。在市场经济环境下,学会或接受委托、或主动联络,通过开展活动,把开拓业务领域空间作为发展的着眼点,在为社会提供优质服务的同时,树立起自身形象。学会在为政府提供咨询服务中,在政治、经济、社会、科技中发挥作用,通过积极建言献策,充当"智囊团",把学会建设为特色鲜明、社会影响广泛、决策部门认同的重要科技思想库,把科学家的个体智慧上升为有组织的集体智慧。以提高服务质量赢得行业认可、部门认可、社会认可,形成气候,提高知名度和公信力。在提高社会认可的同时,接受社会力量的经济支持,在满足社会需要的同时壮大自己。因此,积极服务社会,满足社会需求,产生社会效应,是发展社会主义市场经济的需要,是提高社会认可程度的途径,也是社会赋予学会的义不容辞的责任。

第六节 中国学会的产生、发展和现状

我国学会的建立和发展是与国家的政治、经济、科学发展的进程相适应的。以下从纵向的角度全面回顾我国学会的发展轨迹。

一、古代的学术组织

据记载,中国最早的带有学术组织性质的机构是在公元前 318 年齐国都城临淄出现的"稷下书院",是战国时各学派荟萃的中心,讲学议论之士达数千人,推动了学术活动的发展。"当时学者们讲学和议论的内容相当广泛,有哲学、伦理、文学等,也有天文、地理、农业、水利、冶炼等。因此,'稷下书院'可能是现在所知道的世界上最早的一个民间学术组织。"在此后的 2000 多年时间里,我国古代文人有普遍的结社现象,这类以文会友的"书院"形式在中国古代社会比较盛行,它们集讲学机构与学术交流机构为一体,既培养学者,也辩论学问,而交流的内容多为儒学方面。

中国真正出现的以科学技术交流为宗旨的学会组织是"一体堂宅仁医会",它创立于 1568 年明代穆宗隆庆二年,由安徽籍著名太医徐春甫在京城顺天府(今北京)发起和组建。"医会"的会友 46 人,都是当时在京都游学、肄业或供职的名医。"医会"的宗旨是:穷探《内经》、《四子》的奥秘,以便广积智识,应用于临床实践;在医术上精益求精,医友们互相砥砺,互相学习,以求共同进步;力戒徇私谋利,提倡"克己行仁",同时反对技术保守,提倡技术公开;会友之间"善相劝,过相规,患难相济"。"医会"存在的时间虽然不长,与近现代的学会相比,它只是学会的雏型,也没有延续发展到近代,但是它代表了我国古代知识分子为了自身研究学问和临床实践的需要,自发地探索建立学会这种组织形式,为研究中国学会发展史留下了具有丰富史料价值的璀璨篇章。

二、近现代学会的引进与发端

中国进入近代史是从 1840 年鸦片战争为起点。当积贫积弱的中国屡屡被列强打破国门,签署屈辱的不平等条约之后,中国知识界先人们清醒地看到,西方国家依靠科学技术使国力不断强盛,中国则由于缺乏先进科学技术,处于频频遭受欺负被动挨打的境地。接受过西方文化影响的爱国知识分子纷纷发出了"知识强国"、"科学救国"的呐喊。这个阶段,中国的大地上涌

现出一大批学会。其中许多学会是带有政治色彩甚至秘密结社的色彩。

从1894年甲午战争到1911年的辛亥革命,出现了一批科学技术团体,约有50个左右。包括算学、医学、护理、药学、农学、地理等。辛亥革命后又成立了工程师、地质、天文等学会。这一时期,许多著名人物如梁启超、谭嗣同等人都对学会的概念和作用有过阐述。这一时期的学会,起到了把大量西方科学思想介绍引进中国的作用,为迅速打开闭关锁国的中国沉闷状态创造了非常重要的历史功绩。从民国初年一直到抗日战争爆发的20余年间,中国的学会是伴随着西学东渐而呈持续发展状态,虽然处在军阀连年混战时期,但是学术界的发展并没有受到更多影响,学者们力倡研究学问,组建学术团体的热情使得这一期间全国相继成立了百余个学会。

抗日战争爆发,大片国土沦丧,学会的活动也受到严重干扰,许多学会随国民政府迁移到大后方,但人员离散,活动困难,组织结构也受到相当的破坏。这个阶段,由周恩来领导在重庆成立了中国科学工作者协会,在十分艰难的条件下传播科学。同时,在中国共产党领导下的几大边区呈现出了柳暗花明、别开生面的喜人景象。边区政府为了发展生产,支援前方抗日,大力提倡学习科学技术,开展学术交流。毛泽东、朱德等领导人多次发表演讲,鼓励边区的知识分子拿起科学技术这个武器,为抗战服务。陕甘宁边区和晋察冀边区分别成立的有国防科学社、自然科学研究会、机械电机、化学、炼铁、航空、生物、数理、医学、工学、农学等学会。蔡元培、高士其、陈康白、周剑南、季也俊等科学家在学会的建设发展中都起到重要作用。

在我国学会史中,有一个非常重要的团体,就是中国科学社。该社"于1914年在美国康奈尔大学由一些中国留学生发起创立。发起者有赵元任、杨杏佛、任鸿隽、胡明复、秉志、周仁、过探先、章元善、金邦正等人。竺可桢也是最早参加和创办人之一"。"科学社除出版《科学》月刊外,还出版了《科学画报》、各种科学丛书、论文专刊、设立图书馆、科学图书仪器公司、生物研究所。"中国科学社活动范围广,举办过22届年会,会员从成立之初的35人发展到1949年的3700余名。在传播近代科学方面成绩显著,是当时几个科学团体中影响最大的一个。

我国的学会发展史与欧美国家的学会相比有许多不同,我国学会从创立之初就肩负着科学救国、救亡图存的政治使命感。近现代中国学界的大多数人物在追求科学真谛的同时,并没有把自己封闭在纯科学的象牙塔中,而是倡行"治国平天下"的理想,始终把宣传普及科学技术,唤醒民众,振兴国力,挽救民族危亡视为己任。因而我国的学会发展历程也始终带有着鲜明的中国特色。

三、共和国建立后的学会之路

新中国成立前夕,应中共中央邀请,中国科学社、中华自然科学社、中国科学工作者协会和东北自然科学研究会等科技团体积极参与建国大业。

1949年中华人民共和国建立,我国政治制度发生根本变化,学会的发展进入了崭新的历史阶段。当时,全国自然科学类学会只有19个,党和政府为了发展经济建设,开展理论研究,普及科学文化知识,对学会的发展建设十分重视。科技工作者也受到党和政府的关心爱护。

1950年1月,党中央召开了关于知识分子问题的会议,周恩来代表中共中央作了《关于知识分子问题的报告》,明确提出知识分子已经成为劳动人民的一部分。为了加快建设社会主义祖国,必须依靠工人、农民和知识分子的兄弟联盟。党中央的声音使全国科技界人士倍受鼓舞。

当年8月，中华全国自然科学工作者代表会议在北京召开。毛泽东接见了会议代表，朱德、周恩来等在大会上作了报告。会上成立了中华全国自然科学专门学会联合会（全国科联）和中华全国科学技术普及协会（全国科普）两大组织。在大会精神感召下，全国的学会工作蓬勃开展起来。

国家于1950年10月公布了《社会团体登记暂行办法》，把学会纳入国家管理序列。

“1956年制定的科学技术发展12年远景规划纲要，充分体现了广大科技工作者向科学技术进军的豪情壮志。党和国家制定和实施正确的知识分子政策，为我国科技事业繁荣发展营造了有利的政治社会条件”。科学家参加到学会组织中，团结在党和政府的周围为发展科学，建设新国家而努力贡献。

1958年9月，经党中央批准，“全国科联”和“全国科普”两个科技界群众团体联合召开全国代表大会，合并成立科技界统一的全国性群众组织——科学技术协会，成为全国学会的统一领导。60年代前期，在中国科协领导下，各学会克服此前各种因素导致的科学发展停滞的困难，团结广大科技工作者，在自然科学领域取得了一系列令世界瞩目的成绩。如有限元方法、层子模型、人工合成牛胰岛素等科学成果，陆相成油理论等科学理论，断手再植的创新实践，并且取得了“两弹一星”的巨大成功。这一时期，虽然受到“左”的政治影响，但在学会工作者的努力下，科学家对于学会的向心力明显提高，非常认同学会这个“专家之家”、“会员之家”。

1966年开始的十年动乱，使学会活动被迫停止。在我国学会发展历史上，留下悲剧性的一笔。

四、学会的蓬勃发展阶段

1977年，由周培源、钱学森等几位著名科学家积极推动，呼吁恢复科协及学会的活动。中共中央于同年9月发出关于召开全国科学大会的通知。11月，在邓小平推动下，中央决定由周培源任中国科协代主席。1978年3月18日，全国科学大会召开。“3月30日，周老代表中国科协及所属学会在大会上作了发言。在短短的9个月时间里，中国科协及其所属团体在‘十年内乱’后重新出现于我国政治、社会生活中”。

党的十一届三中全会以后，党带领全国人民进入以经济建设为中心，全面建设社会主义祖国，努力实现四个现代化的崭新时期。“科学技术是第一生产力”，“知识分子是工人阶级的组成部分”的崭新提法深入人心，繁荣发展科学文化事业，尊重知识、尊重人才成为全社会的共识。此时的中国，忽如一夜春风来，新时代的春风温暖了广大科学家和学会工作者的心，学会工作迈入一个快速发展的大好时期。上世纪80年代初，随着各项社会事业的发展，新成立的学会数量也逐渐增多。中国科协所属的全国学会、协会、研究会从1977年的53个，发展到2008年底的191个。

1989年10月，国务院颁发了《社会团体登记管理条例》，为我国社会团体发展制定了法规性文件。学会发展正式纳入到国家法治化轨道。1998年10月，国务院重新修订颁布《社会团体登记管理条例》，明确规定各级民政部门为团体登记管理机关。经民政机关归类合并规范管理，1998年后的10多年时间，全国各级各类学会（尤以县市级学会）学科更加规范，在各自的区域领域和学科领域里发挥着重要作用。

进入新世纪的10多年间，随着我国改革开放进一步深化，国家经济快速发展，社会资源分配发生重大变革，同时学会的管理纳入法治化轨道。新的社会大环境，给各级各类学会带来的问题各不相同，机遇与挑战同在。全国学会在国家科技发展进程中，功能优势显著，可获得的机会较多,社会地位也较高。而一些基层学会则面临诸多发展中的困难。如管理人才比较缺乏,组织能力不强,经费不足,学会内部发展动力不足,外部缺少竞争压力。在未能获得政府支持或委托任务的地方,学会承担社会职能少,活动空间相对狭小,服务能力不足,社会对学会的了解和认可度不高,学会的社会地位、社会影响力较弱等。其中经费不足是制约学会发展的重要因素。这一系列问题都需要在深化改革中予以破解。

2001 年 9 月,中国科协六届二次常委会会议审议通过了《关于推进所属全国性学会改革的意见》,迈开了全国学会改革的步伐。全国学会改革的经验必将会给国内各级学会带来有益的启示。同年 12 月,中国科协正式印发了上述《意见》。2002 年 1 月和 12 月,中国科协在京组织召开了两次学会改革工作座谈会。2003 年 5 月—11 月,中国科协全国性学会改革领导小组组织开展了学会改革专题调研工作。并于同年 10 月,发出《关于开展全国性学会改革试点工作的通知》,启动了为期两年的全国学会改革试点工作。

2007 年 4 月,中国科协召开全国学会工作会议,明确指出:学会是国家创新体系的重要组成部分,在国家创新体系建设中发挥着不可替代的重要作用。2007 年 5 月,中国科协与民政部联合发出《关于推进科技类学术社团创新发展试点工作的通知》。2007 年 6 月 1 日中国科协七届四次常委会议通过的《中国科协关于加强学会工作的若干意见》,明确了新时期科技社团的责任和使命。中国科协于 2007 年 10 月 8 日印发了《中国科协全国学会组织通则(试行)》。

在中国科协领导下,学会改革稳步推进。学会的发展为科学技术人员提供了更为广阔的平台。全国学会在依靠专家民主办会,完善办事机构制度建设,加强会员管理,注重会员发展工作规范化信息化,以创新思维开展学术交流活动,逐年加大科学普及活动的广度深度,完善同行认可和社会认可机制,在科技咨询和论证工作方面积极探索等方面,取得了大量成功经验。

党的十七大站在全面推进中国特色社会主义事业的战略高度,把提高自主创新能力、建设创新型国家确定为国家发展战略的核心和提高综合国力的关键。迈入新世纪,学会迎来前所未有的发展机遇期。

根据中国科协提出的学会作为国家创新体系重要组成部分的基本定位,各类学会前进方向更加明确,以促进学科发展和原始创新为目标,创新理念、倡导争鸣、改进机制、激发活力、增强服务、提高成效,力争为国家创新体系建设做出更多贡献。

第七节　中国学会的展望与未来

学会是社会组织中的重要组成部分,是科技人才荟集的组织。面对科技全球化、经济一体化的发展趋势,学会在未来国家科技创新体系建设方面大有可为,任重而道远。

胡锦涛主席在纪念中国科协成立 50 周年大会上向科协和学会工作者发出号召,“要积极参加国家创新体系建设,把开展学术交流、发挥学术交流对自主创新的重要作用作为学会的基本职责,积极搭建不同形式、不同层次的学术交流平台,积极推动科学家之间的交流,积极推动科学家和决策者、社会公众的交流,启迪创新思维,促进自主创新,推动产学研结合,推进科技知识传播和应用。”

胡锦涛同志在讲话中反复强调国家创新体系在未来若干年中对我国发展的重要性,也为全国广大学会工作者指明了努力方向。学会工作者更加有信心为办好学会,发挥学会在国家创新体系建设中的作用而施展聪明才智。

一、抓住机遇,提高学会在国家创新体系中的地位

路甬祥在2009年中国科协年会所作特邀报告中指出,“科学技术具有永无止境的探索性、创造性和革命性。”“科技创新能力已经成为当代国际竞争力的关键要素,成为支撑和引领经济发展和进步的主要动力,成为经济社会可持续发展的科学基础与技术支撑,成为当代国家进步与公共安全能力的基础。”随着经济全球化的发展,世界各国经济相互融合、相互渗透的大趋势,国家与国家之间的竞争日趋激烈,“知识经济时代,人类竞争的主要形式是智能型竞争,依靠智力、智能在竞争中取得主动。”一个国家的自主创新能力是这场竞争中获得主动权的关键环节。我国面临的国际竞争形势是严峻的。

有的学者指出,“国家创新体系一般分四个层次, 一是以政府科技行政管理部门为主体的科技创新宏观指导体系;二是以科研机构为主体的科学研究体系;三是以企业为主体、产学研相结合的技术创新体系;四是以科技社团为主体的社会化科技服务体系。”

学会是居于上述四个层次中的第四部分。而作为学会组织在发挥自身作用的时候,要参与到政府部门有关的科研决策咨询,与科研部门共同组织学术交流,为企业提供鉴定、论证等环节。因此虽然处于第四个层面,但学会的工作渗透到其他方面,在各个层面都发挥着自身特有的作用。学会的领导者必须学习并增强对国家科技政策的理解,提高敏感性和捕捉信息能力,要经常关注政府关于创新项目的信息,为学会争取更多项目来源。为政府提供决策咨询和为企业提供技术服务、项目评估等是学会服务社会的重要方面。学会具有人才荟萃、智力密集的优势,有能力从科学技术的角度解读决策中涉及的科学技术问题。为政府提供准确权威的阐释、解决问题的方案、科学合理的建议等,在推进和提高政府决策的科学化、民主化水平上做出贡献。

近几年来,许多学会相继开发了为政府提供咨询、成果鉴定,为企业提供技术服务、项目评估等新领域,积累了更多经验。在政府职能转变过程中接受委托,承担业务性、技术性工作,成为政府部门首选的受托单位,也得到社会各界越来越多的认可。很多学会已经在学术立会、创新强会、活动兴会、服务聚会上取得成就,现代学会组织已经初露锋芒,面貌一新,活跃在社会大家庭中。学会在承担国家创新体系建设方面仍有许多有待实践检验的工作可做,具有更加广阔的发展空间。

学会工作者在新世纪的发展机遇面前要明确使命,以面向世界的精神状态推进学会建设,以营造创新环境,促进学科发展与原始创新为原则,把学会推到中国科学技术发展的主流中,推到所在领域的科技发展主流上,使学会成为强有力的学术机构,为国家创新体系建设做出新的贡献。

二、依法建会,发挥活力,扩展功能

(一)依据现行法规基础,争取政府支持

我国的学会与西方国家的NGO有着许多不同。展望未来,我国的学会改革必然伴随着国家各方面的改革步伐稳步前进,可能要有很长的路要走。发展中出现的问题,要在改革中寻求

解决。当前我国对于学术团体的法规方面只有国务院颁布的《社会团体登记管理条例》。学会要发展壮大，承担更多社会职能，要依靠国家法制建设的逐步完善，有待《社团法》及相关配套的法律法规出台。

党的十七大报告提出，要"重视社会组织建设和管理"，把"社会组织"作为保证人民当家作主、扩大公民有序参与政治、发展社会主义民主政治的可靠力量，作为全面推进社会主义经济建设、政治建设、文化建设和社会建设等"四位一体"的社会主体。党的十七届三中全会提出，要提高各级各类中介组织的组织化程度。这是对包括学会在内的社会组织的充分信任和更高要求，为学会的发展提供了政治指导和现实依据。

各级政府承担着管理学会的职责，能够为学会的健康发展提供有力的政策环境，在依法管好学会的同时，优化学会发展的制度环境是题中应有之意。学会能否承接政府职能的转移，政府是主动一方。政府通过订立相关规定明确划出可以委托的工作，明确学会当前能承办哪些工作，通过改革可继续增加哪些项目。规范学会的任务、职能、权利和义务，在提高学会能力的过程中培育学会成长。近年来一些地方政府发出通知，要求在政府职能转移过程中，将部分职能向社会团体转移，对学会来说，这是极好的机遇。现阶段，学会要善于利用已有的政策法规规范自身、提升自身。同时，要有效地发挥各项法规提供的政策依据，巩固并拓展生存空间。

（二）开辟工作领域，提高服务质量，承担更多工作

我国社会经济现状已发生深刻改变。学会从单纯从事学术交流，到在实践中努力扩展社会职能。学会在发展期刊出版、继续教育、科学普及、国际交往、人才培养等比较传统的业务领域中愈加成熟和活跃。学会要做大做强，就需要争取到更加广泛的支持，学会以自身优质服务形成品牌效应，活力不断提高，综合能力和社会公信力不断提高，才能逐步走上良性循环的道路。作为科学理性、地位超脱的社会团体，学会有能力承担政府委托的更多任务、接受政府更多的职能转移工作。

学会要利用现有的已经取得的领域扩大科技服务和社会职能服务范围。在各种评审活动中，尤其在全国学会层面，要争取得到政府委托或授权，如，政府科研经费的分配，高校和科研机构人员的职称评定；遴选院士要听取候选人所属专业的学术共同体的意见；国家科技奖励应在获得各学会所设奖项的人选或项目中遴选；建立和完善同行评审人员信用制度；重大科技政策和学科发展、行业发展政策的决策研究和论证；科技规划、科技项目、工程项目的评审和论证；技术引进、技术改造、技术事故、技术争论的评估和仲裁；技术标准和规程的制定；环境技术、共性技术、前沿技术的开发和成果鉴定等。

各级各类学会需要抓住机遇，根据本学会的会员情况，人才结构，结合本地特点，主动向政府部门争取承担一些社会性、技术性、服务性的工作。这些工作取得成绩，对提高本地学会地位具有长远意义。我国幅员广大，学会的发展很不平衡，由于条件不同，有的学会目前仍存在很多实际困难。相比较，全国学会比地方学会优势更多，与经济建设联系紧密的学会比基础理论类型学会优势更多。全国学会在深化改革中，要走出一条强会之路，为其他各级学会做出表率。

三、非营利组织与"经营学会"

《社会团体登记管理条例》中明确规定，"社会团体不得从事营利性经营活动"。具有非营利性质的社会团体所提供的是纯公共性产品，这些产品均具较强的外部性和公共性，是不能通过市场手段来弥补成本和获取盈利的。这些非市场物品没有价格，也不能通过市场机制的方法配置资源进行生产和销售。但是，社会团体提供的公共服务并不意味着不需要考虑服务成本，社会团体持续地提供公共服务，同样需要耗费资金和投入。

对于非营利组织的学会而言，“非营利” 的概念不是不盈利。与营利性企业组织的区别在于，学会组织不得将所得资金当作红利进行分配，在专款专用基础上，可以用于学会的正常运营成本和学会的再发展。因此，一方面向政府争取更多的资助，另一方面要通过科学的经营管理理念来获取社会提供的资金，在服务社会的同时，获得学会正常运行的经济基础，并进一步发展壮大。

中国科协提出“经营学会”的新理念，提出学会工作者要成为学会的经营者。这是新时期学会工作面临的新课题，新学问，是学会工作者面临的现实考验。不树立经营观念并开展经营实践，学会有可能丧失生存能力和未来发展空间。学会要改革，就要坚持在非营利的基础上，树立经营学会的理念，这是对学会工作者提出的新挑战。

“经营学会”是按照市场经济的规律，对学会的有形资产和无形资产进行聚集、重组和经营，在面向会员服务的同时大力扩展服务对象，为社会开展有偿科技服务，在获得最佳社会效益的同时获得最佳经济效益。增加学会收入，提高学会经济运作能力。从纯学术型向学术经营型过渡，走以智力开发财力，以财力发展壮大学会的良性循环之路。

无论是国内还是国外，无论是现在还是将来，学会经费的最大来源都是政府。政府资助都是非营利组织资金来源的最重要部分。由于科学知识属于公共资源，学会在向社会推广传播科学知识和提供科技服务中必然造福全社会。所以，学会有理由请求政府予以关注、支持和资助。国外非营利组织接受资助的形式有政府津贴、补助、政府购买、合同承包等多样化形式，通过为社会提供由政府购买的公共物品来换取自身的生存和发展资源。也就是说，为社会提供服务的项目要争取由政府拨付经费予以支持。

除政府资助外，学会需要广开思路，广泛联络，谋求与更多的企业建立科学技术战略合作联盟，进行技术中介、产品研制、市场营销、企业经营策划等多元化创收的非营利性营销之路，为企业服务，实现双赢。不同的学会基础不同，现实状况不同，因此在开展技术合作中，要因地制宜，注重实效。

在市场经济环境下，学会需要改革、前进和发展，需要有坚强的实力建好“会员之家”，学会工作者就要锐意进取，不断学习，把握政策，开拓创新，在为会员和科技工作者做好服务同时，办好“经营学会”的事情，为学会积累雄厚的经济实力，焕发学会活力，承担社会需要的更多服务项目，使学会不断壮大，持续发展。

我国的学会在国家现代化建设中，在科技创新，提高国家核心竞争力过程中，一定会发挥越来越重要的作用。只要人类社会不断前进，认识和发现客观规律的活动就永无止境，对科学技术的研究就永无止境，作为人们追求真理，推进社会进步的学会活动也永远没有止境。学会的未来，需要一批热爱学会的科技工作者，来关心、支持并谋划学会的长远发展；同时，还需要有一代又一代继往开来的热爱科学，热爱学会，创新务实，求真图强，努力探索，乐于奉献，并与志同者携手奋进，维护学术纯洁和尊严，服务国家，服务社会，服务大众，服务专家的“学会人”。

有了这样的队伍,学会的事业将会蒸蒸日上,生气勃勃。

参考文献

1. 邢天寿.学会与发展〔M〕.北京.中国科学技术出版社,1991
2. 杨文志.现代科技社团概论〔M〕.北京.科学普及出版社,2006
3. 夏东荣.作为科学共同体的社会团体–学会〔J〕.学会,2007,4(221)3–6
4. 赵宏伟、郗永勤.科技类社团分类模式及发展路径探究〔J〕.学会,2010,8(261),29–33
5. 高峡.面对网络时代与科技创新时代的学术交流〔J〕.学会,2009,10(251)38–42
6. 张玉台.在中国科协系统人才工作会议的讲话.2004年中国科协文件汇编〔M〕.北京.中国科协办公厅,2005
7. 龚旭.科学政策与同行评议〔M〕.杭州.浙江大学出版社,2009
8. 王恭.中外NGO比较:基于中国科学社团史的回瞻〔EB/OL〕.http://www.fjxhyj.cn/ShowArticle.aspx.aid=215
9. 冯长根.在地方科协学会改革与发展工作座谈会闭幕式上的讲话.2004年中国科协文件汇编〔M〕.北京.中国科协办公厅,2005,157–163
10. 卢本立.学会学概论〔M〕.长沙.湖南人民出版社,2000
11. 中国民间社会组织研究,北京师范大学课题组,中国民间组织评估〔M〕.北京.国家民间组织管理局编,2007,139
12. 王晓舟.信息化时代科技社团的学术交流〔J〕.学会,2007,12,(229),49–52
13. 戚敏.科技社团参与决策咨询的重要作用〔J〕.学会,2008,9(238),22–24
14. 中国科协出台推进国家级科技思想库建设的若干意见〔J〕.学会,2010(8):3–5
15. 夏东荣,关于社科类学会管理的若干思考〔J〕.学会,2008(12):30–32
16. 侯坤玺.学会概论〔M〕.济南.山东大学出版社,1986
17. 胡锦涛.在纪念中国科协成立50周年大会上的讲话〔J〕.学会,2008,12(241),3–8
18. 韩启德.在纪念中国科协成立50周年大会上的致辞〔J〕.学会,2008,12(241),9–11
19. 张玉台.在科技界纪念邓小平同志诞辰100周年座谈会上的讲话.2004年中国科协文件汇编〔M〕.北京.中国科协办公厅,2005,73–80
20. 路甬祥.应对危机 把握机遇 科学前瞻 创新发展〔J〕.学会,2009,9(250),7–12
21. 纪德尚、孙远太.自主创新战略与科技中介组织发展〔J〕.学会,2007,11(228),3–7
22. 胡秋君.创新方式,拓展科技学会活动运行机制新途径〔J〕.学会,2010,3(256),54–55
23. 福建省学会研究会.中国特色科技社团科技评价体系研究〔J〕.学会,2009,12(253),24–36
24. 韩启德.在中国科协年会上的开幕辞〔J〕.学会,2009,9(250),4–6
25. 李东生、李斌.生态位理论与科技社团生态位〔J〕.学会,2007,12(229),19–24
26. 吴伟、孟延春.我国非营利组织的资金困境及化解建议〔J〕.学会,2007,12(229),8–13
27. 田树生、刘艳萍、张建新.树立“经营学会”理念,探索科技社团发展之路〔J〕.学会,2008,3(232),41–43
28. 江西省科技社团承接政府职能转移调研组. 江西省科技社团承接政府职能转移的调研报告〔J〕. 学会,2008,9(238),28–38

中华医学会副编审　荆运朴
中华医学会副秘书长　杨　民

第二章　现代协会概述

第一节 行业协会的概念与特征

一、协会的概念

关于协会的概念，至今没有一个公认准确的定义，一般是指由个人、企业和其他组织组成的集团。美国流行的关于协会的定义阐述了行业协会的主要特点："协会是同类商品的售卖者为维护共同利益而建立的联合机构，主要宗旨是为本组织成员服务。协会本身不从事生产和销售。协会通常由其成员选出理事会来进行管理。协会成员各自独立的法人身份，入会退会自由，甚至缴纳会费也不能强迫。"英国学者斯坦利·海曼将协会分为行业协会、专业协会、社区协会、住宅协会、国际协会等五类。

在界定协会的概念前，有必要弄清楚与协会相关的几个概念及其相互关系，这些概念包括非政府组织、非营利组织、第三部门、社会团体、民间组织和社会中介组织，它们与协会之间的关系是包含与被包含的关系。非政府组织、非盈利组织和第三部门这三个概念是从国外引入的，并且含义大致相同，即指"除政府部门和以营利为目的的企业之外的，以非营利为目的，从事公益事业的一切自愿团体、社会组织或者民间协会"。非政府组织（简称 NGO）最初是联合国用于指代"不是根据政府间协议建立的国际组织，"后来被作扩大化的理解，即在地方、各国或国际各个层次上组织起来的公民自愿组织，是非盈利、非政府、非宗教、非政治性的公益性社会组织"。非政府组织强调的是这类组织的非政府性，非盈利组织则强调其非盈利性，二者只是从表面揭示了它们的特征，而未从实质上揭示其内在特性。第三部门则是用来解释与政府的市场相平衡得第三种力量，它很好地描述了这类组织在整个社会体系中的定位。

民间组织和社会团体这两个概念则是在我国相关法律规范中出现的术语，我国《社会团体登记管理条例》第二条规定：本条例所称社会团体，是指中国公民自愿组成，为实现会员共同意愿，按照其章程开展活动的非营利社会组织。另外，由民政部下属部门民间组织管理局登记管理的民间组织包括社会团体、民办非企业单位和基金会三种。这说明，依据我国官方的界定，民间组织是包括社会团体在内的上位概念，它与非政府组织、非盈利组织等的含义是相同的，与非政府组织一样，民间组织这一概念关注的也是这类组织的非政府性。本书采用我国官方的界定，在民间组织下可分为三类：社会团体、民办非企业单位、基金会。而社会团体下又包括了协会、学会、商会、同业公会、企业联盟、联合会。

所谓协会，是指以推进某方面的事业为基本任务，以宣传教育、普及推广、协调为主要工作和活动的群众组织，其宗旨主要是为本组织成员服务，它是自愿遵守一定的宗旨和要求，由个人、单位和其他组织组成的团体或组织。在我国的协会发展中，一般以行业协会为主体。根据我国的实际情况，考虑到本书主要是研究专门学会和行业协会的特殊性，为了行文方便，本书将协会的概念限定于行业协会，即协会与行业协会在本书中除特别说明以外，一般是指代同一含义。

二、行业协会的含义

行业协会在发达国家主要作用是促进经济领域合作并为各类互益性活动提供相应公共服务。现实生活中,由于事物本身的纷繁复杂性和普遍联系性,人们对行业协会的外延和边界的划分并不是十分清晰。关于行业协会的定义,学术界未得出统一的概念,不同的国家、不同的学者都有不同的理解。在英文中行业协会表述不一,在中文中也有不同的称谓。美国《经济学百科全书》中,行业协会是指一些为达到共同目标而自愿组织起来的同行或商人的团体。英国关于行业协会的定义是:为实现和维护全体成员的合理合法的利益的非盈利的组织,是由独立的经营单位组成的。国内学术界对行业协会的含义也有若干表述。国内学者对于行业学会的定义归纳如下:学者张理泉认为行业协会是以同行业企业为主体、在自愿的基础上为增进共同利益而组织起来的社会经济团体。学者鲁篱认为“行业协会是由单一行业竞争者所构成的非营利性组织,其目的在于提高该行业中的产品销售和雇佣方面提过多边援助性服务。鲁篱强调行业协会的非营利性、中介性、对普遍利益的保护以及成员的单一性及竞争性。学者贾西津等人认为:行业协会是一种主要由会员自发成立的会员制的、在市场中开展活动的、以行业为标识的、非营利的、非政府的、互益性的社会组织。

根据我国学界学者对行业协会的定义的概述,本书可以将行业协会的概念作如下的表述:行业协会是由同行企业自愿组织参加的、会员制的、非营利性的、互益性、行业性的、自治性的经济组织。而从上述对行业协会的定义中,可以归纳出行业协会具有如下基本特征。

(一)互利性

行业协会不像企业那样谋取自身利益,也不是为整个社会谋福利的社会公益组织,而是为特定群体的共同利益服务的团体组织。行业协会作为经济发展的产物,从其产生和存在的社会经济基础来看,行业协会是一种特殊的社会团体,协会在发挥职能的过程中,相互促进自己的合理利益。其不但承担着政府外延的一些职能,并且履行着为市场交易主体利益服务的职责。从这一方面来看,行业协会以会员为基础,以会员为服务对象,充分考虑相关者利益,充分体现了互益性组织具有的互助、互益,并完善自我治理的特色。从权利义务的角度看,行业协会是为特定群体的共同利益服务的团体组织。行业协会的成员出让一定的权力,让与协会对行业的事务进行管理,因此,行业协会保护的利益不可能包括所有的社会成员,而只是维护协会的成员的共同利益。

(二)非营利性

企业以盈利为目的,追求利润的最大化,但是行业协会可以弥补政府失灵和市场失灵的弊端,其建立的目的是为社会成员提供公共服务,从而达到维持行业秩序,协调共同利益、维护合法权益。从组织属性上看,行业协会存在于政府组织、企业组织之间,承担着一个纽带和桥梁的作用。这样,既可以保证行业协会与整个行业利益的一致性,又可以保持其在企业和政府之间的中立地位,从而体现出行业协会的合法性和公正性。它基本运行机理与一般的非营利性组织相同:自选领导、自筹经费、为会员利益服务等,行业协会在运行过程中具有一定的赢利和收入,但是法律规定禁止在成员之间分配这些利润,但是可以将其运用到公益事业当中。

(三)自愿性

各国的大部分行业协会采用的是会员制，换言之，社会成员可以基于兴趣爱好自愿申请入会，并且会员具有退会的自由和权利。行业协会是基于共同的爱好、兴趣、共同的愿望、信仰等而组成的组织，因此，行业协会的成员加入协会时是自愿的，不受胁迫和强制。既然行业协会的权力来自于会员的让与，那么其产生也是按照法律规定自愿建立的，履行职责也是维护会员的利益为原则的，会员的规章制度也规定随时加入和退出行业协会的自由，而不应该受到政府的控制。

（四）自治性

我国学者余晖认为，行业协会是具有同一、相似或相近市场地位的特殊部门的经济行为人组织起来的，界定和促进本部门公共利益的集体性组织。借助于它同行企业相互联合，将权力授予一个中心组织，以增进共同利益，管制行业内的行为，并使产业内成员之间的关系有序化。因此，行业协会具有自治的权利和通过组织机制，约束会员的行为，使之符合法律规定和社会其他方面的合理要求。而根据相关法律、法规的规定，行业协会享有应有的权力、独立的地位，在组织体系上不隶属于任何行政机关，也不隶属于任何其他的行业协会。其实行自我管理、自我承担相应的责任，具有开展各种符合协会宗旨的活动。尽管我国的行业协会大多也是以县或市为范围建立，但那只代表一种地域范围的区别，并不存在严格的层级体制，县行业协会与市行业协会只是在会员地域来源上存在区别，没有上下级关系，二者在法律地位上是平等的。行业协会通过制定和实施其自律规则，一方面加强行业协会的独立地位，另一方面可以规范内部成员的行为和企业行为。规范的制度不但可以提高效率还可以规范交易秩序，促进组织及其成员的发展，节省了社会秩序成本和司法成本。

由于行业协会组成的自发性，基于企业的需要和实现共同利益的需要，行业协会对其人事任免、人员招聘都有自主的决定权。并且在制定章程和规章制度上，一方面是为行业内的技术提供标准，规范行业的经营活动，防止恶意竞争和有损行业利益的行为。从财政上而言，行业协会实行独立的自我管理，是为实现各企业的共同利益为目标的，而不是为社会所有成员服务的。

（五）行业性

行业协会的划分是根据国家行业划分标准区分不同行业或者根据市场经济中自发形成的行业门类为标准，以市场经济中客观存在的业种、品种、工种等行业作为区分，由同行业的企事业或企业家为主体组成不同的行业协会。以行业为基础的划分标准，是行业协会区别于其他社团的根本特征。这就要求经营活动、经营行为和经营规则具有相同性或相似性，只有实行统一的公共政策的特定依据和实施对象，才能更加充分的维护行业利益和规范经营行为。

行业协会作为市场经济的产物，是市场经济条件下的同一行业的联盟。一方面，行业协会可以提供企业自身难以办到或者无法办到的集体服务、信息，通过集体的自发活动为会员提供集体的服务或信息。另一方面，行业协会可以根据政府的授权或者游说政府的方式，提供公共产品和基础设施，成为沟通企业和政府的桥梁。行业协会由行业中的企业组成的，虽然其会员并不代表着行业的全部，但是行业协会的会员在这一行业是具有一定的代表性的，其利益诉求基本可以代表全行业的意愿和利益。在国际化经济的时代背景下，各国的行业管理对一国的经济发展发挥着重要的作用。多数的行业协会充分发挥行业自治与协调、中介功能，如提供行业性公共产品。在诸如行业价格协调、组织和帮助企业进行反倾销、反补贴、起诉和应诉、协助国家制定准入标准、发放原产地证明、帮助企业开展和参加国际性的推销展览、搜集国际市场的有关信息,行业协会对国家的经济发展有着至关重要的地位。

三、我国规范文件中的行业协会

我国法律文本中关于行业协会的定义,对行业协会的概念表述并不相同,如 1997 年国家经贸委印发的《试点方案》《试点方案》对行业协会的定位是:“行业协会是社会经济团体组织、社会中介组织和自律性行业管理组织,在社会主义市场经济条件下,行业协会应是行业管理的重要方面,是联系政府和企业的桥梁、纽带,在行业内发挥服务、自律、协调、监督的作用。同时又是政府的参谋和助手。”而《广东省行业协会条例》将其定义为“从事相同性质经济活动的经济组织,为维护兑同的合法经济利益而自愿组织的非营利性社会团体”。《深圳经济特区行业协会条例》(1999 年 11 月 22 日深圳市第二届人民代表大会常务委员会通过) 第 2 条规定:“本条例所称行业协会, 是指依法由本市同行业的经济组织和个体工商户自愿组成的非营利的自律性的具有产业性质的经济类社团法人。”《上海市行业协会暂行办法》(2002 年 1 月 10 日上海市人民政府发布)第 2 条将行业协会定义为:“本办法所称行业协会,是指由本市同业经济组织以及相关单位自愿组成的非营利性的以经济类为主的社团法人。”《上海市促进行业协会发展规定》(上海市第十一届人民代表大会常务委员会于 2002 年 10 月 31 日通过)第 2 条则将行业协会定义为:“本规定所称的行业协会,是指由同业企业以及其他经济组织自愿组成、实行行业服务和自律管理的非营利性社会团体。”《温州行业协会管理办法》第 3 条规定:“本办法所称的行业协会是指由统一行业的企业、个体商业者及相关的企事业单位自愿组织的民间性、自律性、非盈利性社会团体法人。”

结合以上的规范性文件的内容,由此可以得出我国行业协会的范畴和内涵:第一,我国行业协会的范畴属于“社会团体”与“非营利组织”,并且应当接受我国相关法律的调整。第二,行业协会突出的是其行业性,行业协会由同一个行业的经济组织组成。第三,突出行业协会的自律性、非盈利性和民间性的特点。

四、行业协会的性质

目前,理论界和实务界对行业协会的性质看法不一,分歧比较大,有的认为行业协会是半官半民的统一的管理组织,有的认为行业协会是受政府委托行使管理职能的行业组织,有的认为行业协会是企业自愿参加的同业公会,等等。这些看法都有一定的道理,但又都不全面。我们认为,行业协会作为一种社会经济团体,一种民间经济组织,具有两重性,即自然属性和社会属性。一方面行业协会是随着生产力发展,科学技术的进步,随着社会分工和协作关系的深化而不断发展,它体现了社会生产力发展的客观要求,这就是行业协会的自然属性,从这点上看,我国现行的行业协会同旧中国的同业公会以及资本主义国家的行业协会,在组织形式、职能和作用方面有许多相似之处。另一方面,行业协会又是一定生产关系下的一种社会团体,是为维护一定的生产资料所有制关系服务的,这就是行业协会的社会属性。从这点上说,我国的社会主义行业协会的性质与资本主义国家的行业协会又有本质的区别。

五、我国行业协会的基本属性

(一)协会的独立性

无论是古代还是现代,行业协会都在不同程度上保持着相对于政府和私人组织的独立性,这种独立性是他的安身立命之本。行业协会一旦真正失去了这种独立性,它就失去了生命力。独立性精神造就了协会的两种重要功能:

1. 能够将分散的经济实力凝聚成集中的经济权力,为维护成员的权益提供组织化保障。这种保障反过来又有助于协会建立良好的公信度,增强凝聚力;

2. 能够以合法形式向政府和社会传递一种组织化的利益诉求,容留自由精神和个人意愿,实现政治参与,提升社会生活的有序化程度。

(二)协会内生的平等性

协会成员间的对话与交往需要建立在尊重彼此平等权利基础上,协会在理念上倾向于排斥专横与跋扈。在行业协会内部,各成员平等地讨论问题,决策实行多数有效的民主原则。

(三)有限度的公共性

行业协会具有“化私为公”的属性,它的有限度公共属性体现在四个方面:

1. 提供公共论坛;

2. 维护公共利益;

3. 提供公共服务;

4. 提供公共产品。显然,协会的公共性与政府的公共性是有区别的,相对于政府所代表的公共领域,行业协会是特殊领域,但又不是私人领域。政府所提供的公共物品具有不可排他和社会共享的性质,并以税收方式支付成本,低效率的问题永远存在。而协会组织科提供外部排他和内部共享的准公共产品,这决定了它可以通过有区别的收费方式提供有特殊用途的公共产品。

(四)协会的自治性

行业协会的自治性源于成员间天然存在的有机联系。这种联系反映了同一行业或产业链之间的市场关系,即私人组织之间既相互竞争,又追求共同利益,构成了他们对行业自治的需求。协会成员较强的同质性,决定了他们具有相似的偏好和对特定信息具有一致的解读能力。另外,市场实践内生的讨价还价技能,使他们更易于沟通和折中,而共同的利益和偏好便于他们达成较多共识。这些因素都为协会的自治性提供了动力。

(五)协会的权威性

行业协会基于行业代表、专业技术权威以及信息集中,使协会处于有利地位,成为某一公共领域的权威。权威地位又为协会行使职能和职权提供了合法性资源。

行业协会的上述属性不能孤立存在,而是相互支撑,互为因果的。行业协会的自治性和权威性为其独立性提供了实质性支持;协会的独立性为其自治提供了广阔空间,进而造就了它相对于私人组织的公共性和权威性;而协会的公共性则为协会自治性提供了制度平台。行业协会的上述属性,对于建构一个民主社会的根基具有重要意义,也是行业协会在社会中获得力量、影响力和重要地位的基本原因。

第二节　行业协会与学会的异同

一、学会的界定

学会成立的基础是发展较为成熟的学科或者专业，并以此组织起来的学术性的群众组织。学会建立在比较明确的学科领域和专业范畴。学会的组建必须要有一定数量的科学家和专家团队，并且建立在已经形成一定体系或者专门方法的学科或专业领域上。其学会带头人是具有较为高的声望的，参加者一般是本学科、本专业的个人会员，同时必须具有一定的学术基础、水平和学术成就。学会的基本活动就是进行国内外的学术交流，推动学科发展。

二、学会与行业协会的相同之处

（一）非营利性的组织

非营利性就是不以追求利润最大化为目的，其成立和运作的目的在于为其成员提供一种公共性服务。行业协会追求的不是自身的经济收益最大化，而是其成员的整体收益或利益的最大化，因而在实践中，许多行业协会也把维护和促进本行业的利益作为其宗旨。在非营利性的特点上，学会同行业协会具有一致性，两者均不是追求利益最大化的组织。由于学会是以学术发展为根本的，因此，学会是知识密集、技术密集、人才密集的有柱威的高智能型学术团体。其学会活动可以高于行政，当然是在遵守国家法律的前提下，在学术活动上有更大的自由选择的空间。并且在更大的程度上寻求科学劳动的知音，结成志同道合的事业同仁。学术活动的目的不在于营利，而在于解决单位不能解决的难题，通过积极性探索和不断的深化和升华自己的学术观点，充分调动全员的创造性，充分发挥聪明才智，为学会的会员提供了充分表现与施展才华的阵地。由此可见，学会并不致力于追求利益的最大化，而是旨在推动发展科学技术，提供进行信息沟通的平台，同时也是为了国家发展科技事业，推动经济、社会发展。

当然，学会和行业协会从事一些服务性收费活动，如：办刊、举办各种培训和展览等，但是这些利益不在会员间分配，而是将其运用到公益事业中。

（二）服务对象相同

学会和行业协会两者的服务对象是相同的，都是为了维护会员的利益，反应会员的建议和意见，体现出两个不同的组织都是为了给会员提供一个平台。学会一方面为国家的重大决策提供咨询和接受委托进行项目论证，为国家的发展、经济建设做出贡献。另一方面开展国内外学术交流，传播先进技术，发现并推荐人才。并且，学会经常开展对会员的继续教育活动，举办为会员服务的事业和活动。学会会员可以通过学会反应自己的意愿、呼声、要求，维护会员的权益，作为学术性强的组织，学会不但促进科学技术繁荣和学科发展、促进人才的成长与提高、促进科学成果直接转化为现实生产力、促进公众科学素养的提高，而且重要的是其增进国内外科学工作者的友谊，树立优良学风，促进职业道德与文明建设，维护广大会员的合法权益。简而言之，学会首先是为维护会员利益服务的，会员是其成立的基础。

行业协会根据会员的需求和意愿，其目标是维护和提高本行业和会员的共同利益和福利。

行业协会的权力来源于其会员及其授权，并按照民主集中的原则对本行业和会员进行相应的指导和管理。行业协会的管理过程是指导而不是干预，是协调而不是强制，是监督而不是管制，是服务而不是营利。行业协会是会员企业聚集的一个载体，为会员提供了一个交流的平台，行业协会主要是为会员提供服务，例如提供信息交流的服务，创建会刊、网站，以便更好的推广先进技术。并且会组织参加各种展览会和交流活动，宣传行业和企业，提高行业的美誉度和知名度，为会员提供培训服务提高会员的水平。通过行业协会的影响力，制定行业规划和标准，提高行业的技术水平，服务于会员，为会员提供各个层面的服务。

（三）成立的基础相同

学会是应社会发展和科学家群体的需要而产生和发展的，是从事科学工作者自愿组织参加的群众性学术团体。学会成立的基础是会员具有相同的思想共识，为了结交朋友，寻求共同的志趣、意识形态、信仰、文化，获得互相信任，追求荣誉、声望，以及实现自己的能力或潜力等。会员通过这种组织形式与其他业内同行或相关人士进行交流、共同探讨学术问题，进行感情的联络。

行业协会成立的基础是同一个行业的成员，自愿的申请加入行业协会，因为整个行业的利益是同行业的每个个体是息息相关的，只有具有共同关注的行业利益、相同的经历和知识，才能更加容易的达成一致意见和具有统一的要求。在市场中，行业协会集中行业内分散的资源，为企业提供所需要的公共产品，从而满足成员企业发展的需要。企业自愿结合或加入一个行业协会，可以寻求仅靠企业自身无法获得的利益。众多分散的企业，特别是中小企业，通过一定的形式组织、联合起来，以维护和实现某些共同的利益，包括单个企业自身无法满足与实现的特殊需求与利益。因此，学会和行业协会的基础都是建立在维护共同利益或者为了促进共同的需求而发展的。

三、学会与行业协会的区别

（一）二者的成员构成不同

任何一个群众团体，都有它特定范围的组织成员。学会的会员中有各学科、各专业的研究员、教授、高级工程师、高级农艺师、主任医师及优秀的中级科技工作者，以及自学成才的专家。科技工作者中又有老科学家、中青年科技工作者，有女科学家、女科技工作者，有各民族的科学家、科技工作者。学会是各学科、各专业、各地区、各民族、老中青、高中低相结合的群众团体，自愿结合，民主办会，是学会的宗旨。

学会是随着智力劳动的学术交流的客观需要而诞生的，随着科学的社会化发展，学会通过学术交流的平台，为发展科学技术作出了不可磨灭的贡献，也为国家发展科技事业，推动经济和社会发展提供良好的支持。学会组建根据的是自然科学、技术科学及其相关学科，其组建的对象大都是具有自然科学专门知识和技术的、从事科研、设计、教育、生产、管理工作的高、中级科技工作者。由此就决定了学会的社会属性是知识密集、技术密集、人才密集的有权威的高智能型学术团体。学会开展学术交流充分的体现了学术性的基本属性。

行业协会的划分是根据国家行业划分标准区分不同行业或者根据市场经济中自发形成的行业门类为标准，以市场经济中客观存在的业种、品种、工种等行业作为区分，由同行业的企事业或企业家为主体组成不同的行业协会。行业协会把不同地区、不同部门、不同所有制性质的企业按经济利益的内在要求组织起来，打破了地区封锁、部门界限和所有制限制，消除了条块分割，行业协会与政府综合经济部门共同成为管理全社会同类产品生产者的主体。

行业协会对组建对象具有一定的要求，要求经营活动、经营行为和经营规则具有相同性或相似性。因为只有实行统一的公共政策的特定依据和实施对象，才能更加充分的维护行业利益和规范经营行为。行业协会的组建对象并不要求有特殊的才能或者水平，只要是同一行业的、维护共同的利益的就可以成为行业协会的会员，会员的主体一般是企业，行业协会作为企业联盟，维护的是会员和同一行业的利益、规范同一行业的经营行为。

行业协会是以营利为目的的企业的组成的联盟，行业协会的会员是同一行业领域的各种企业，而学术性社团的会员主要以从事科研的个人会员为主，有些学术性社团还吸收个人会员较为集中的企、事业单位为团体会员。由此就决定了学会与行业协会本质上的不同。

（二）二者的成员范围不同

学会具有同专业、跨行业、跨部门、横向联系的特点，从组织上看，学会是按照学科分类，专业或特定的研究对象组建而成的，吸收的会员不受行业、部门、地位甚至国界的限制。这样便能够最大限度的把相关学科的工作者来年系起来，形成一个学术性强的团体。从学术活动层次上看，也体现了横向联系的特点。随着科学的发展，科学呈现出高度分化又高度综合的特点，国家创新体系的不断地建立和完善，学术的交流也在不同学科、不同专业间交叉、融合、渗透、传递，并逐步扩大。

而由于行业协会是在同一行业中的企业联盟，其不具有跨行业、横向联系的特点，因为行业协会的划分是以国家行业划分标准为根据的，由此来区分不同行业或者根据市场经济中自发形成的行业门类为标准，以市场经济中客观存在的业种、品种、工种等行业作为区分，由同行业的企事业或企业家为主体组成不同的行业协会。行业协会是一个融地区性与国际性于一体的组织，跨越国界从事交流与合作活动，从而为本国工商企业提供国际性的服务。

学会的联合范围包括有同学科同类型专家之间的联系、同学科不同类型专家之间的联系、不同学科专家之间的横向联系、自然科学与社会科学的横向联系。学会给与不同的专家学者、不同的学科学者联系的平台和载体。而行业协会则是以行业为基础的划分标准，是行业协会区别于其他社团的根本特征。这就要求经营活动、经营行为和经营规则具有相同性或相似性，只有实行统一的公共政策的特定依据和实施对象，才能更加充分的维护行业利益和规范经营行为。

行业协会是企业自愿加入，职能是行业管理、行业自律、服务企业与政府。宗旨是推动行业和企业健康发展，行业协会本质上属于“互益性”非营利组织。行业协会的功能是为会员服务，自律、协调、监督和维护企业的合法权益，协助政府部门加强行业管理。而学会的宗旨是促进科技繁荣和发展、科技普及和推广、培养科技人才、促进科学技术为经济社会发展服务，属于公益性团体。

（三）二者职权范围不同

学会的成立，需按《社团条例》的要求依法审批登记，日常开展活动要接受业务主管部门与登记管理机关的双重管理。学会在经济上普遍不能自主，需要政府有关部门的支持和资助，这体现了学会的官方性。学会是科技工作者在遵守国家法律和有关要求的前提下，自愿组成的学术性群众团体,这体现了学会的民间性。所以,当前中国的学术组织—学会是具有“半官半民”特点的组织。

而行业协会的非政府性是内生的，但是行业协会的非政府性并不排斥它接受政府委托而承担某些经济社会管理职能。行业协会的非政府性,行业协会在成员组成和人事关系上独立于政府,并在人员、经费、组织机构上都是非官方的。一方面行业协会是由会员自愿加入,其宗旨也是为会员服务,会员和行业协会、行业协会之间都不存在隶属与管辖关系。行业协会既不是政府机关或其附属机构,也不采用政府行政式的管理与运作机制。工作人员不属于国家公务员或者事业单位工作人员,因而是独立的社会团体法人。另一方面,行业协会维持存在与活动的经费,不依靠国家财政拨款,而由行业协会筹集。行业协会的内部实行自我管理,其活动目的、方式、内容,由其在遵守法律的前提下自主决定,一般不受政府的直接控制。每一个行业协会都具有不同的专业性,一般是针对相同的领域中的事务进行管理,并服务于本行业的会员。

综上所述,无论规模大小,专业分工如何,行业协会是某一地区企业的代表,是有其利益诉求的,行业协会的具有有限的公共性,代表的是社会一部分的利益。可见,无论从行业协会的服务会员的宗旨上看,还是从其内部组成、内部自我管理上看,行业协会都体现出其非政府性,与学会的官民二重性具有很大的区别。

第三节　行业协会的类型

我国的行业协会具有不同的方式,学者们依据行业协会产生途径为表标准做出分类:

一、行业协会“二分法”

陈宪根据行业协会生成途径将我国行业协会分为两类:第一、体制内行业协会。体制内的行业协会是由政府的主管单位组建,是政府的授权与委托之下,承担部分行业管理职能;第二、体制外的行业协会是由民营企业自发组建的。

二、行业协会“三分法”

贾西津等人将行业协会的产生途径将行业协会分为自上而下模式、自发模式和中间模式:第一、“自上而下”模式。贾西津等认为“自上而下”模式的行业协会是政府机构改革的产物,“自上而下”模式的行业协会是有政府组建,主要依靠政府的权威发挥作用;第二、“市场内生”模式。“市场内生”模式下的行业协会是市场需求的产物,容易得到业内企业的认同,而且行业的覆盖率较广;第三、“中间”模式。“中间模式”强调行业协会的组建不是自上而下的政府行为,但也不完全由经济实体完全自发组建,中间型的行业协会是在政府的引导和推动下,激发民间的热情而组建,政府必须给予一定的支持。贾西津等认为中间型行业协会同时拥有“自上而下”模式和“自下而上”模式的优点。

三、行业协会“四分法”

余晖等人认为转型期外国行业协会根据生成途径可以分为四种:第一、体制外生成的行业协会,体制外生成的行业协会强调由民营企业自发形成。具有较强的地域性,如温州灯具协会、服装商会和烟具协会等等:第二、体制内生成的行业协会,此类行业协会乃由政府转变职能,往往是政府行业主编部门组建,在政府的授权或委托下,承担部分行业管理职能;第三、体制内外结合性的行业协会。这类行业协会既是由政府直接倡导和大力培育,又是各类经济实体资源组织的基础上产生石如浙江义乌小商品市场的行业协会;第四、法律授权产生的行业协会。此类行业协会是通过立法的途径产生或事后确认的行业协会,我国主要有"注册会计师协会"、"律师协会"、各类体育运动协会等。

四、按区域范围分类

可分为全国性行业协会、地区性行业协会、地方性行业协会。地区性行业协会是按经济区域的中心城市及其辐射范围成立的协会;地方性行业协会则是按行政区划相应建立。上海等地区成立了一些区域性行业协会,如上海电线电缆协会,除上海企业外,还吸收了江苏、浙江、江西、山东、福建等省的企业为会员。

五、按职能分类

按职能分类,行业协会可分为产业性协会、专业技术协会和管理性协会。产业性的行业协会包括工业、农业、服务业、建筑业和交通运输业等领域中的各类行业协会,他们代表着不同产业以及细分的行业的利益,会员主要由同一行业的企业,与本行业生产经营活动有关的社会机构、研究机构、高等院校,以及个人名义参加的专家、学者和企业家等组成。专业技术协会是针对某项专业技术的发展,由与该技术相关的技术人员、专职管理人员和学者专家组成,主要职能是组织学术交流、知识更新、技术攻关以及开展技术咨询服务等。管理性协会主要是指针对某项管理工作发展组建的协会,如质量管理协会、企业管理协会等。会员可以是以企业、事业单位名义参加的团体会员,也包括从事专业管理的干部、专家、技术人员以及从事研究的学者、教授。它的基本职能是研交管理方面的问题,探讨如何改进和采用先进的方法、手段提高企业管理水平,加快企业管理现代化步伐。

六、按创办主体分类

按创办主体来分类,行业协会包括"民办"、"官办"和"半官半民"三种类型。民办行业协会是指同行业企业出于某种共同需要而自发成立的协会。它通过民主选举产生协会领导机构,依靠会员企业的会费筹集活动经费,政府部门一般不干预协会的工作。市场经济发达国家的行业协会大多属于这种类型。所谓"官办",是指由政府部门组建和主办的行业协会,其编制、干部选配、活动经费来源等都主要由政府主管部门解决,常采用行政机构和行业协会"两块牌子、一套班子"的做法。所谓"半管半民"的行业协会是指由政府部门牵头或由政府委托企业牵头组建的协会,企业自愿参加,协会的领导成员多由企业民主协商推选,同时政府部门也指派少数干部担任协会的领导职务。协会独立活动,同时又接受政府主管机关指导,协助政府搞好行业管理。活动经费除了企业会员缴纳的会费和向企业提供服务所获得的收入,行政机关给予一定的资助。我国的律师协会即属于"半管半民"的行业协会。多年来,律师协会与司法行政机关的律师管理部门实行的是“两块牌子、一套班子”的组织形式,律师协会的领导由司法行政机关的负责人兼任。这种组织形式使得律师协会变成了变相的行政机关,从而削弱了律师协会作为律师自治和自律性社会团体的性质和作用。1995 年 7 月,律师协会的组织机构进行改革,律师协会的领导成员全部由执业律师担任。之所以出现这种变化,是由于 1993 年 12 月国务院批复同意《司法部关于深化律师工作改革的方案》。该方案明确提出,要建立司法行政机关的行政管理与律师协会行业管理相结合的管理体制,并逐步向司法行政机关宏观管理下的律师协会行业管理体制过渡。

第四节　行业协会的办会宗旨

行业协会的宗旨是为会员提供服务,维护会员合法权益,保障行业公平竞争,沟通会员与政府、社会的联系,促进行业经济发展。行业协会遵循自主办会的原则,实行会务自理,经费自筹。行业协会的活动应当符合法律、法规以及行业的整体利益和要求,不损害社会公共利益。行业协会的正常活动受法律保护,任何组织或者个人不得非法干涉。

行业协会的会员企业主要是同行业的企业,这里所说的同行业通常是以生产同类产品(或提供同类服务)为标准来划分的行业。由于会员企业提供的产品是相同或相近的,所以他们之间既有相同的利益要求,又相互竞争。行业协会协调他们的内部关系,以促进行业的健康发展。虽然行业协会不一定能代表整个行业的利益。因为行业协会是否能代表全行业取决于其会员企业的数量或会员企业的产量、销售量占全行业的比例。但是行业协会应该为会员企业服务,行业协会在为会员企业服务的同时,往往在客观上也为政府服务。如行业协会为了让立法有利于该行业的发展而向政府提供各种信息,这就让政府更了解该行业,从而使立法更合理、可行。比如律师协会的宗旨是:团结和教育会员维护宪法和法律的尊严,忠实于律师事业,恪守律师职业道德和执业纪律;维护会员的合法权益;提高会员的执业素质;加强行业自律,促进律师事业的健康发展,为依法治国,建设社会主义法治国家,促进社会的文明和进步而奋斗。在这一宗旨指导下,我国《律师法》第 40 条规定了律师协会的 12 项任务。而司法行政机关则保留了 5 项宏观管理的职责和 6 项权力。再如中国消费者协会的宗旨是:对商品和服务进行社会监督,保护消费者的合法权益,引导广大消费者合理、科学消费,促进社会主义市场经济健康发展。

第五节　行业协会的功能与作用

协会是为了一个明确目标而自愿组织起来的、非盈利性的社会团体,在促进公共利益的实现过程中,具有政府、企业难以替代的功能优势。具体说,行业协会具有以下功能。

一、促进政府转变职能,参与民主国家建构

(一)承办政府委托的工作,监督政策的实施

1.充分发挥会员与政府间的桥梁和纽带作用,促进政府职能的转变

我国协会的发展是在政府直接推动下催生出来的,不同于西方市民社会中自发产生、纯民间性

的协会。在我国政府机构适应市场化的职能转变过程中，社会自治的职能慢慢转由行业协会等各种中间组织来承担，政府自身起了很大推动作用，鼓励协会在处理一些社会问题时以一种社会组织的力量与政府来共同面对。有协会存在，政府想实现某些公益目标时，并不一定非得通过政府的行政机构来做，协会组织是政府的一个得力助手。协会组织的存在也是社会公益体系的一种制度建设，鼓励人们靠自律与善良的心来营造社会公德。协会组织的公益实践比政府的行政干预所取得的成效往往要好得多。

2.促进我国社会组织形态的重大创新

协会的本质是民间社团组织，它通过建立广泛的社交网络而满足自身多样化的需求，并且形成与政府行政体系合作互动的“小政府、大社会”的社会体制新格局，在中国主要体现为行业协会。就行业协会自身的组织特征而言，具有横向联系、横向分布的结构特点，在这一结构中，并不强调组织成员之间的固定关系模式，它所注重的只是以信息和其他资源的共享为目标的成员相互沟通和交流的过程，形成个体行动者之间(组织成员之间)平等交流、互相支持、合作协调的民主自治的运行机制。这不仅有利于这个组织增强对环境变化的应变能力和灵活性，而且使成员拥有更多的自主权，可以充分发挥自己的主动性和创造性，因此，行业协会的结构和组织特性有利于克服科层等级结构组织所隐含的深层次弊端，如自上而下的权力配置和权力过度集中，横向联系受到阻隔，信息流通缓慢，个体积极性受到压抑，以及容易滋生官僚主义等。由经济活动的发展以及其所代表群体的经济实力所引致，协会组织在影响国家政策中越来越占据举足轻重的地位。在市场经济国家，企业、经营者的合法权益得到保护，其得以通过组织化行动实现利益表达。在社会财富创造中的重要地位及其所掌握的丰富资源为协会组织实现同政府对话、影响有利于本行业的政策出台增加了砝码。行业协会的产生、发展以及壮大，是我国社会组织形态的重大创新。

3.缓和社会多元利益矛盾

在利益多元化的社会中，矛盾冲突向来不可避免。允许冲突通过组织化行为公开地表现出来，是民主制度的一个重要特征，是民主意识进步的体现。在有法律保障的社会团体参与下，利益矛盾在很大程度上被缓和，因为人们相信，个人有机会通过社团扩大自身所在群体的影响力。即便组织的影响力不尽相同，最终决策结果取决于各种势力之间的力量对比，但决策过程多少能够体现弱势群体的要求。从这个意义上说，协会作为中间组织对于缓解社会多元利益间的矛盾冲突至关重要。

4.建立企业与协会沟通渠道，减少协调成本

政府的行政协调具有信息成本高，沟通环节多，且常常出现“上有政策，下有对策”的低水平博弈，如诉诸法律，则协调成本更高。单个企业作为市场主体是自由、自主和自我负责的行动者，受利益驱使，在交易活动中，可能会有欺诈交易即卖者可能出售劣质商品，而买者则可能拖赖货款，结果导致双方都无法获利。解决此“囚徒困境”的办法有两个：一是法律，如果有事先合约，而违约的惩罚又足够的严厉，则交易任何方都不敢违约；二是重复博弈或关系合约，为了维持未来的交易，交易方会自律不去榨取当前交易的最后一文，以避免损坏长期合作的关系。建立关系合约，使交易双方自律，以免损坏长期合作关系。当前，政府行政出现了一个“机构未立，法律法规先行”的法治时代好兆头，在政府机构必须依照相应的法律法规行使职责情况下，协

会比政府和单一企业更便于反映和表达同类社会成员的共同问题。它本身具有的规模效应、外部经济和一致性集体行动优势，使协会具有超越个体和私人关系网的社团感，在以法律为依据的职能发挥过程中，最大限度地降低市场交易费用。

(二)维护会员利益

协会组织作为现代社会利益表达的重要组织形式，在政策参与中发挥日益重要的作用。在通常情况下，协会组织愿意与政府合作，与政府相依赖。在我国，政府与协会组织的协同合作体现得更为明显。协会组织不仅是社会利益表达的主要通道，还被赋予了社会责任。协会组织对公共事务的协调和管制功能以正式法律授权作为支撑，并享有订立程序的地位，有权制定生产和安全标准，有权规定加入组织的成员资格，等等。政府鼓励这种权力，以保证自己制定的标准在业内具有普遍效力。协会组织对政府的监督和控制权以立法的形式被确定下来，政府在出台经济政策前征询协会组织的意见，协会组织获得必要的信息，及据此及时调整方向为会员服务。

(三)增强与政府谈判的筹码

集体行动的效果往往与参加者的数量成正比。因此，现实中的组织规模通常是在弱化搭便车行为和强化组织影响力之间进行权衡的结果，尤其当集体行动涉及同外界的联系时更是如此。协会组织不仅拥有足够的时间和信息资源开展游说活动或投身于集体谈判，而且在人力、财力和物力资源上也占据诸多优势。许多协会组织通过组建联合会形式增强自身的行业代表性和政策影响力。

二、维护行业竞争秩序，实行行业自律，促进本行业发展

(一)培育和规范市场

协会作为第三部门中间组织，能够聚合和表达某种程度上的社会公共利益，协调和处理个人、企业、社会和政府相互之间的关系，培养会员养成某种共同的行业道德约束和价值观念。

(二)培育诚信观念

在培育社会的诚信观念过程中，由于法律手段具有事后性和高成本的缺陷，更多地需要靠社会监督。协会组织在培养成员诚信意识方面具有天然的优势。因为会员间经常进行大量的重复博弈，需着眼于长期合作，而不是一锤子买卖，协会组织通常建立一种法律外的惩处机制和程序，避免只顾及短期利益的机会主义行为。因此，协会能有力地规范市场主体行为，培育主体的诚信意识。

(三)信息比较充分

协会充当政府、企业、市场的中介，本身具有信息库的功能。在向社会提供准确信息方面，能克服信息在个体间传递过程中的失真问题，从而节约经济主体的信息收集成本并且在价格协调、对违规行为的惩戒、帮助会员解决难题、为协会会员提供职业培训方面，协会都能从实际出发，为全体会员企业的经济发展服务，这些服务不仅能够促进企业的发展，更重要的是，使行业协会自身获得了良好的威信和认同感，又是行业协会持续发展的源泉和动力。

三、规范、限制竞争，保障社会有序运行

（一）保障消费者的利益

协会可以制定行业标准，保障消费者的利益。随着产品变得越来越复杂，消费者和生产者对产品的性能和安全指标了解很少，而行业协会的专业人士具有专业上和信息上的优势，对什么样的产品对消费者来说才是安全的有清醒的认识，为行业标准提供了一个客观的指南。标准化可以降低产品成本，使消费者受益。

（二）协调会员与企业之间的关系

在市场经济条件下，企业与企业之间的竞争往往是十分激烈的，而这种竞争，又主要是在同行业内部的各个不同企业之间展开的。在市场交易中，由于所有企业都想实现自身利益的最大化，因此企业与企业之间的矛盾和摩擦是不可避免的。在调节企业之间的纠纷方面政府主要是通过制定法律、法规，运用宏观手段进行解决，而各行业内大量具体的问题，还要通过行业协会来解决。其解决方法主要包括调节、仲裁、公证等，以维护各会员企业的合法权益。

四、促进国际交流与合作，作为反倾销、反补贴的起诉人和应诉人

随着我国改革开放的不断深入，越来越多的外国行业协会进入中国，如澳大利亚的旅游资源丰富，其已经在上海成立了一个旅游协会，负责宣传推广澳大利亚的特色旅游项目。法国食品协会在上海成立了大中华区总部，主要推广法国葡萄酒。而其中占的比重相当大是农产品行业，而且数量还在不断增加。这些“洋协会”在市场开拓方面的功能十分强大，能够为其会员企业提供包括市场营销在内的综合服务。其中，美国商会还与驻在国政府保持沟通，为美资企业在进出口和税收等方面争取最大限度的优惠政策，这都对我国经济主体的发展形成了很大冲击。

不仅如此，外国协会进驻中国的同时，还对我国的出口多次进行反倾销。近年来在外国针对中国的反倾销案中，我国出口企业被诉倾销案件胜诉极少，败诉率高达 62.5%。据调查分析，一个重要原因就是我国行业协会没有在其中发挥应有的作用。

对此，我们可以借鉴外国的经验。比如，为了阻止美国的西红柿进入墨西哥市场，墨西哥农业协会负责西红柿方面的专业委员会特地为此制订了一条新的行业标准，凡直径大于的西红柿不得上市。结果由于美国西红柿在外观上普遍大于本地西红柿而最终退出墨西哥市场。又如，当美国糖果大批涌入英国时，英国糖果商马上要求相关的糖果业行会采取措施。经过大量的调查和抽样检查后，英国行会发现美国糖果的色素普遍偏高于本地糖果，于是很快修订了原来行会颁布的允许上市的糖果的色素度，提出凡高于该色素度的糖果可能有害消费者的健康。结果英国的消费者不愿购买美国糖果，美商只好退出了英国糖果市场。。

我国行业协会已经对此进行了勇敢尝试。欧盟在 1995 年和 1999 年两次对进口打火机加了反倾销税，2003 年温州打火机行业协会联合各企业集体行动，成功应诉欧盟的反倾销诉讼，不仅保护了温州打火机企业利益，而且保护了国内同行企业及行业的利益，彰显了行业协会这一组织在市场维权中的重要作用。从 2005 年年末中国轮胎再次面临多国反倾销调查到 2006 年 3 月 8 日“欧盟反倾销应对联盟”的建立，中国的行业协会正在反倾销案件中扮演着越来越

重要的角色。

第六节　行业协会的社会地位与影响

西方现代协会的发展经历了几百年的漫长过程，是在资产阶级市民社会基础上为了一个明确目标自发、自愿组成的社会团体，经费来自会员交纳的会费，国家会提供税收等各方面的减免措施来扶持发展但是不会干预协会的人事安排，具有教强的独立性，是一种和政府并列的治理国家的一种方式。尤其到了20世纪下半叶，政府所知不再被认为优于市场所知，多中心治理理念在意识形态上被广泛认同，许多社会团体成立，代表成员利益与政府沟通、下情上达，争取政府决策以利于自身团体发展。协会组织日渐壮大，作为现代社会利益表达的重要组织形式，在政策参与中发挥日益重要的作用，在整个社会治理体系中具有了合法的和稳定的地位。

在我国，协会组织与政府的协同合作体现得更为明显。中国改革开放三十年以来，经济社会的发展获得了一条宝贵的经验，就是政府在转型过程中发挥了积极的主导和引导作用。我国社会团体发展的实践也昭示着，只有在政府主导的框架下，中国社会的自治团体才有可能获得良好的发展，这是现实国情决定的无法回避的事实。与此同时，市场经济的发展和政府体制的改革，已经相当程度地将公共治理理念付诸实践，并体现在中央政府大力提倡的完善社会中介组织，加强社会建设，构建和谐社会等指导思想方面。在合作治理的体制下，协会组织作为一种中介协调性生产者组织角色。协会虽然介于政府和企业之间，但从协会的“出身”(为了一个明确目标而自愿组成的社会团体)便可知，协会应该“姓民”而不“姓官”，应该更多地代表某一行业或某一专业的利益，代表处于本行业、专业内广大经济实体群的利益，具有较大的自治空间。该行业、专业里经济实体的实力增强了，经济秩序尤其是竞争秩序规范了，经济实力壮大发展了，协会的功能和价值就得到了体现。

因此在整个国家治理体制中协会的定位应该是：具有独立的法团地位；在本行业或本领域内具有行使协调职能的权威地位；代表本行业或本领域成员参与公共治理。而现代协会组织在中国发展最快、也最为完善的一个类型，就是行业协会。

从目前的情况分析，我国一些行业协会在国际国内舞台上确实大展身手，但是更多的行业协会特别是体制内生成的行业协会的却无所作为。在国际贸易争端领域，典型的是倾销与反倾销。行业协会冲锋陷阵的作用是政府和企业不能替代的。大量的国际贸易事务都需要政府和民间两条渠道共同参与配合行动。在美国，行业协会和各种行业公会在企业中有很高的威信，也有巨大的舆论号召力，常常是美国反倾销案件的发起者和参与者，与此形成鲜明对比的是，在中国，特别是在反倾销方面，大部分行业协会还并不能带领企业及时有效地应对。但是作为一个只有三十多年发展历史的新生事物，能够从本国国情出发，在短时间内借鉴西方行业协会的管理经验，走向了世界舞台保护民族企业，这已经是非常不容易。

目前，我国行业协会的数量和布局远远满足不了经济发展的实际需要。现在，我国行业协会的数量和布局远远满足不了经济发展的实际需要。从数量上看，我国现有工商领域全国性行业组织300余家，其中：工业系统的行业协会只有208家，中国国际贸易促进会和中国国际商会的各级分支机构也只有600余家，而美国则有1.8万个行业协会。我国只有加快行业协会的培育和发展，才能扩大中国在世界的影响，适应世界经济全球化的形势，争取更多的话语权。

第七节　中国协会的产生、发展与现状

一、中国行业协会的产生

（一）古代重农抑商背景下的萌芽

我国的行业协会萌芽形态最早可以追溯到春秋时期，《论语》中所记载的“百工居肆、以成其事”的“肆”可以被看作是早期行业协会的最初形态。至汉代，行会组织被称为“行列”或“市列”，隋唐时期，出现了手工业者和商人的行会“行”，其大多由官府设立，目的在于贯彻法令，协助官府向业户征税，同时还兼有少量限制同业竞争的职能。到宋、元至明初，行会组织被称为“团行”，明中叶以后称“会馆”、“公所 ”和“公会”。而直至明清时期，行业协会才开始向维护会员利益、限制同业竞争来进行职能转变。中国封建社会时期的行业协会萌芽，是封建社会经济关系的产物，其与现代意义上的行业协会有很大区别。

（二）鸦片战争后同业公会的兴起

1840 年鸦片战争后，中国开始沦为半封建半殖民地社会，在新的资本主义生产方式的冲击下，旧式的封建行会制度瓦解，资本主义同业公会建立起来。20 世纪初，中国各地普遍开始成立由买办、资本家牵头组建的“商会”，如“上海商业会议公所”等。到了中华民国时期，中国各个地区、各个行业几乎都建立了同业公会，继 1929 年《工商同业公会法》后，所有的工业和商业同业组织都统一称为同业公会。同业公会是同行业的经营者出于统一行规、规范行业、维护利益的目的而成立的行业协会组织。

（三）新中国成立后的整顿

新中国成立后，旧商会被解散，各地相继成立了工商联合会，并着手整顿旧的同业公会。1953 年，经过社会主义改造，同业公会逐渐发展成今时的商会和行业协会，改变为工商联领导下的专业组织。但此时的行业协会属自上而下的官办社团，不能算是真正意义上的行业协会。现在台湾地区的立法中还保留了同业公会这一称谓，在我国大陆地区目前在表述上采用同业公会的较少，这一概念正逐渐被“行业协会”所替代。

二、新中国行业协会的发展

改革开放以来，政府职能的改革为行业协会提供了一个良好的发展机遇，并有了迅猛发展，行业协会的发育成长大体分两个阶段：一是 20 世纪 80 年代的起始阶段。随着改革开放的进展和国务院提出“按行业组织、按行业管理、按行业规划”的原则，开始组建了一批行业协会。二是 20 世纪 90 年代的较大发展阶段。主要是政府机构改革和撤并工业部门而相继发展了一批行业协会，并出台了一些法律法规，比如《社会团体登记管理条例》（1998 年 9 月 25 日）、《消费者权益保护法》（1994 年 1 月 1 日起施行）。2001 年 12 月 11 日中国正式成为世贸组织成员后，也相继出台了一些法律法规，比如《出口产品反倾销案件应诉规定》（商务部令 2006 年 12 号）、国务院办公厅关于《加快推进行业协会商会改革和发展的若干意见》（国办发〔2007〕36

号)、《反垄断法》(2008 年 8 月 1 日起施行)、《食品安全法》(2009 年 6 月 1 日起施行)。

经过三十多年的发展历程，我国行业协会迅猛发展，但是和建立健全中国特色社会主义市场经济体制还是极不相称,尤其是立法方面。

(一)行业协会的宪法基础

我国宪法第 35 条规定“中华人民共和国公民有言论、出版、集会、结社、游行、示威的自由”,这使我国行业协会具有了宪法基础。宪法是根本大法,具有最高法律效力,行业协会的宪法性基础是行业协会合法性的基石。鲁篱认为:“行业协会的宪法性依据不仅限于结社自由,虽然结社自由是行业协会最为重要的宪法性支持,但其还包括表达自由和集会自由。”行业协会组建本身体现了其成员对自身利益的一种共同关切,若没有表达自由,成员相互之间无法沟通各自的意见和利益吁求,行业协会从而无法组建;行业协会运作过程中,成员之间相互交流意见和利益取向,协会与政府之间就相关问题各抒己见,均以表达自由做支撑。行业协会绝大多数活动以集会形式展开,集会自由是行业协会正常运作不可或缺的保障。结社自由是行业协会最为重要、最为直接的宪法性基础,包括组建社团的权利、加入社团的权利、不加入社团的权利、社团内部事务免受国家干预的自由。可见,我国行业协会具备比较充分的宪法依据,其组建和运作是公民行使言论、集会、结社自由的宪法性权利的体现。

(二)《民法通则》中的社会团体地位

根据 1986 年《民法通则》,法人分为企业法人和非企业法人,非企业法人又分为机关法人、事业单位法人和社会团体法人,民法通则关于法人的一般性规定适用于社会团体法人,行业协会作为社会团体法人,适用民法通则关于法人的一般规定。但《民法通则》除了规定“具备法人条件的社会团体,依法不需要办理法人登记的,从成立之日起,具有法人资格;依法需要办理法人登记的,经核准登记,取得法人资格。”外,并未对社会团体的权利义务等做出规定并没有明确规定行业协会的主体地位,行业协会适用《民法通则》关于法人的一般规定,是根据我国将行业协会依《社会团体登记管理条例》登记为社会团体法人的实践做法得出的。

(三)《社会团体登记管理条例》明确了管理体制

行业协会属于社会团体,我国目前行业协会组建的直接依据是 1998 年 9 月国务院根据当时社会团体发展的情况和问题,重新修订和发布的《社会团体登记管理条例》。该条例主要是从行政机关如何对社会团体进行登记管理的角度规范的，且主要参照了国家工商局关于起草通过并实施的有关企业登记的管理条例或办法,其主要框架、指导思想甚至具体准入规定、行为规范、登记程序几乎完全相同。《社会团体登记管理条例》共七章,分别为总则、管辖、成立登记、变更登记、注销登记、监督管理、罚则、附则,从内容上明确了对社会团体实行了登记管理机关和业务主管单位双重管理体制,但对于行业协会的主体特性、价值的考量是相当欠缺的,实质上在一个行政法规中试图采用大量的授权性、任意性规则也是不可能的。

(四)有关行业协会的专门立法

关于行业协会的立法较零乱分散,我国行业协会法律运行模式具有大陆法系特征,也具有我国的本土特色。伴随着我国三元社会结构日益显露,我国针对社会团体进行了相关的立法和政策扶持引导,主要体现为法规与规章,以及一些省市出台的关于行业协会管理的法规,如:1997 年国家经贸委《试点方案》、1999 年《若干意见(试行)》、《关于加强行业协会规范管理和培育发展工作的通知》,2004年国资委印发的《国务院国有资产监督管理委员会行业协会工作暂行办法》(以下简称《暂行办法》)等部门规章,这两个文件在某种程度上奠定了未来有关行业协会专门立法的基础,且侧重强调了行业协会为政府部门提供辅助作用的功能,对自治性行业协会的集体协调功能重视不足,这也是导致实践中行业协会政府附属性强、为企业服务意识不足因而缺乏行业公信力的原因之一。同时,这两个文件属于部门规章,效力低,很多规定宣言性、原则性强,缺乏可操作性。

尽管全国性的立法不完善,但是有关行业协会的地方法规、规章纷纷出台。主要有:1994年温州市颁布的《温州市行业协会管理办法》。1999年深圳市颁布的《深圳经济特区行业协会条例》。2002年8月,福建省颁布的《关于促进行业一协会改革和发展的指导意见》。2002年1月和10月,上海市先后颁布的《上海市行业协会暂行办法》和《上海市促进行业协会发展规定》。2002年7月,佛山市颁布的《佛山市行业社会团体管理规定》。2003年7月,无锡市颁布的《无锡市促进行业协会发展条例》,2003年9月江苏南京《南京市政府关于加快行业协会改革与发展的意见》。这些立法的层级虽然不高,却是在我国复杂的社会背景下的有益探索和实践,行业协会的价值和功能已得到了广泛地重视,在官方和社会各界的推动下,对行业协会等社会组织进行改革已形成了共识。

行业协会专门立法是最直接规范行业协会组建和运作的法律规范,具有对行业协会的针对性和可操作性,是行业协会法律地位确立的最主要、最直接的依据。早在2002年,全国人大代表就已经就行业协会的立法问题提出了议案,黄文麟等33位代表提出:就目前我国行业协会的现状看,大多数还是政府机构的外延,在人员、经费、职能等方面依赖于政府主管部门,缺乏公信力,没有起到跨行业、跨系统、跨地区的沟通、监督作用及企业、行业利益代表的作用。要充分发挥行业协会的功能,关键是通过立法解决根本问题。2008年3月两会期间,有关行业协会立法的议案和提案加速了行业协会立法的步伐。2008年10月,《行业协会法》被列入全国人大常委会五年立法规划,行业协会立法正式进入国家议事日程。

三、中国行业协会的现状与问题

改革开放后中国行业协会的发展至少已经经历了三次政府推动。第一次是在1997年,国家经贸委印发了《关于选择若干城市进行行业协会试点的方案》的通知,在上海、广州、厦门和温州四城市进行部分经济类行业协会的试点工作;第二次是在1998年政府机构改革的背景下,"小政府大社会"的改革目标促使部分专业经济管理部门向行业自律性管理机制实质性推进了一大步,第三次政府推动是在1999年10月国家经贸委印发了《关于加快培育和发展工商领域协会的若干意见》(试行)的通知,对行业协会的性质、功能及其促进措施,作了更明确的表述,从而也使行业协会的发展更具有操作性。

上述三次政府推动,实质上是政府从部分经济管理领域的退出,将其中的一些经济管理权限让位于行业协会。而政府退出的原因,则是适应商品经济和市场发展而进行政府职能转变的要求。在转轨经济中,经济体制正由计划经济体制向市场经济体制转变,政府的职能也在相应地进行着调整。计划经济条件下制定规则、实施规则的角色逐渐淡化,制定法律维持秩序、维持宏观经济稳定、有效提供基础设施、公开公平进行税收管理和规制管理等的服务功能日益明朗。在政府由“管理”向“治理”转型的过程中，有些领域计划经济条件下的政府职能退出了，市场经济条件下的政府职能还没有来得及建立或已经建立但不完备，于是就造成了政府治理的“真空地带”。在这些“真空地带”中，政府有意扶持包括行业协会在内的其它治理机制的发展以弥补自身治理的不足。另一方面，在这些政府治理的“真空地带”中，包括行业协会在内的其它私人治理机制即使没有政府推动，也已经在逐步生成。

（一）我国行业协会发展中存在的问题

正因为我国行业协会是在短时间内由政府直接推动催生的，与美国、法国、德国、日本等发达国家的行业协会走过了几十年甚至上百年的发展历程相比，就具有了很多具有中国特色的东西，具体表现在：

1.市场地位不独立，政会不分。我国的行业协会基本上是由政府主导产生的，大多数依附挂靠在上级行政主管部门。由于政府的外部干预和协会自身的制度缺陷，协会未形成企业自主办会、民主办会的运行机制。因此，行业协会暴露出“带着市场的帽子、舞着政府的鞭子、坐着行业的轿子、拿着企业的票子、供着官员兼职的位子一的反常现象。行业协会似乎成了某些政府主管部门的派出机构，这有悖于行业协会是独立性中介组织的社会属性。

2.功能缺失，服务水平不高。虽然打着为企业服务的旗号，但在行业规划、行业自律、行业标准制定、行业争端协调和涉外案件调查与公诉等方面工作很不到位，无法满足企业的现实要求。多数行业协会功能简单，仅停留在为企业提供信息咨询、组织行业国内外交流、开展业务培训等浅层面的服务上。国际上行业协会行使的许多功能，目前在国内仍由政府部门行使，处于需要转变而尚未完全转变，应该移交而尚未移交的阶段。

3.内部运行机制不合理。国内多数行业协会缺乏既充满活力，又规范运行的机制，人、财、物受主管部门控制，没有自主支配权，行业协会的活动主要围绕主管部门的工作展开，运行机制采取行政推动型，对上负责多，对下负责少，多头领导、分散管理从而极大地影响了行业协会的活力。个别协会存在内部人操纵、“一言堂”的情况，协会的民主性受到了极大的挑战.而且，行业协会规定的会员权利和义务在实际执行过程中经常走样，这在很大程度上挫伤了会员、理事民主议事的积极性，因此多数行业协会形同虚设，许多理事基本上不参与行业协会的日常事务管理。

(1)发展不平衡，结构不合理

从类型来看我国行业协会以体制内的行业协会为多，其次是体制外的行业协会，最少的是应法律规定而设立的行业协会。

从地区看北京是全国性行业协会最多的地区，造成这种情况的主要原因是北京是全国的政治中心，所有的中央部委都设在北京。所以，作为政府机构改革产物的体制内的行业协会自然也就落户北京，而体制内的行业协会恰好是三种行业协会中数量最多的。就其他省份而言，沿海经济发达地区的行业协会较多，而内地经济欠发达地区的行业协会较少。就一个省而一言，也存在行业协会在地区分布上的不平衡。

我国行业协会结构不合理，地域分布不平衡。其中工商业领域的协会较多，农业类很少。另外，国内行业协会的会员企业比例一般不超过行业的40%，且多为国有企业，私营及合资企业难见其面。

(2)重复设会

目前,我国重复设会现象严重。全国性酒类行业协会有三个原轻工部、内贸部各一个,中国食品工业协会有酒类专业委员会,其会员不比上述两个协会少。农产品批发市场有四个协会,即全国城市农贸中心联合会、中国蔬菜流通协会批发市场委员会、中国果品流通协会批发市场委员会和中国农产品市场协会。大豆,有中国食品工业协会植物蛋白委员会,中国食品土畜进出口商会大豆分会,农业部也在筹建中国大豆协会。这种重复设会的现象在其他行业也存在。一个行业同时存在一个行业协会本身并不是问题,问题在于这些行业协会之间缺乏必要的沟通以便更好地为会员企业服务。造成这种现象的原因是我国长期以来实行的是部门管理,一个行业有多个政府部门来管理。

(3)工业、农业行业协会和进出口行业协会分离

我国的进出口方面的协调工作是由几个进出口商会、而不是相应的行业协会来做的。由商会提供有关进出口方面的服务,而由行业协会提供其他方面的服务割裂了生产和销售的联系,从而使得协会的一些自律性的措施难以发挥作用。以鳗鱼为例来说,我国的烤鳗主要销往日本,但鳗鱼出口长期处于无序状态,价格一路下跌,给农民和企业造成很大损失。为了改变该产品的这种无序状况,原外经贸部授予中国食品土畜进出口商会鳗鱼分会出口预核签章权,目的是控制出口总量、调节价格,但效果却不好。其根本原因是鳗苗的进口由中国鳗业联合会管理,国内鳗鱼的生产供大于求,企业绕过预核签章,竞相压价出口。

随着我国对外开放的不断加深,这些商会显然无法承担其所有行业的进出口协调工作而且每个商会所管理的商品种类太多。因为不同的商品有不同的特点,这些特点即包括产品本身的特点,也包括生产厂商的特点,国际、国内市场的特点。针对不同产品的不同特点,行业协会必须提供不同的服务。随着对外开放的深入,将有更多的企业有进出口权,有更多的商品的经营权将放开,要一个商会为数以万计的产品和会员提供有针对性的服务是不可想象的。

(4)行业协会没有发挥应有的作用,奉献、社会责任等意识淡薄

行业协会“等、靠、要”思想严重,即等政府部门政策支持,靠给职能、给任务,要政府解决“人、财、物”。想用政府的力量让企业参加行业协会,用行政的手段强迫会员企业执行协会的决定。而这显然是和成立行业协会的初衷为企业服务相违背的。如果行业协会的工作要靠政府、行政手段,那么,我们何必成立行业协会,直接让政府有关部门管理好了。要想让企业参与行业协会,遵守行业协会的决议,唯一的出路就是为会员企业服务,建立自己的权威性,使会员企业感到不加入行业协会或被行业协会开除将会遭到巨大损失。

行业协会还存在奉献、社会责任等意识淡薄的问题。这都是由于行业协会人事安排行政性太强、服务意识不到位、缺乏权威性造成的。如果企业不能从行业协会处得到自己想要的服务,作为一个要为自己的经营成果负责的企业,谁愿意缴纳会费去加入呢?即使迫于某种压力加入了,也不会有缴纳会费的动力。同样,如果行业协会不能提供太多的服务,那么工作人员得到锻炼的机会就少,发展前途就会受到影响。同时,如果行业协会没有权威性,那么,它的社会地位就低,其工作人员的社会地位也就受影响,就会影响工作人员的工作积极性,形成恶性循环。

在全面建设中国特色社会主义市场经济进程中,行业协会已不适应市场经济的发展要求,行业协会改革是大势所趋,应尽快着手实行。

四、加快行业协会发展的对策与建议

(一)逐步改变协会与政府的关系

1.政会分开,自主办会、民主办会

在建立小政府、大社会的管理模式中,行业协会也发挥了显著效能。但是因为我国现代协会是在政府直接推动下发展起来的,带有强烈的行政色彩,不适应国际上协会的发展方式,没发挥出协会本有的作用,但是我国已经意识到这一点,并开始做了逐步改变协会与政府的关系的努力。如在"温州模式"中,其中有一条经验就是政府的"无为而治",政府在经济发展中把许多事交给了行业协会去做。为了保持独立性,协会甚至不要政府的扶助资金,真正做到了自主管理。

江苏省也进行了成功尝试。在原省外经贸企业协会、外经协会、货主协会、思想政治工作研究会的基础上,改组、融合其他一些行业协会职能,重新组建了新型行业协会江苏省进出口商会。此次重组,具有以下几个特点:一是政会分开。由同业企业自愿组成,是行业性、自律性的非营利性社团组织,在机构、人员和财务等方面都与政府部门脱钩。二是自主办会、民主办会。在省外经贸厅的指导下,按照国家的法律、法规开展工作,既代表企业利益,又维护国家利益。三是具有行业代表性。会员中不仅有外贸流通企业、自营进出口生产企业、三资企业、外经企业,还有民营外经贸企业和大专院校、科研院所等。

2.贯彻落实减免税收政策

扶持行业协会发展的税收政策滞后。以办展、培训为例,协会在收到会员交付的参展费、培训费后,需按营业收入缴付营业税,其余部分在支付各项开支后再上缴所得税,完全被作为经营性实体。协会不是企业,这种税收政策给协会造成了不合理的经济负担,不符合党中央和国务院提出的鼓励行业组织发展的方向。与其政府直接扶助行业协会,不如学习西方协会管理的经验,贯彻落实减免税收政策,让协会真正实现自治管理。

(二)协会自身制度建设的完善

建立和完善行业自组织管理系统,加强行业协会的自律性管理,不仅要尽快充实、壮大行业协会队伍,而且要加快制度建设,健全规章制度,切实将各个行业的社会组织纳入可监管的视野,要尽快给予其充分的业务活动空间。随着我国政治与经济体制改革的深入,对协会工作的开展也提出了越来越高的要求。因此,行业协会要加快队伍建设,优化人才结构。

1.大力发展会员,提高行业协会的行业代表性

(1)积极争取行业中的龙头企业加入协会。龙头企业对行业协会的依赖性相对较小而如果会费是按照销售额计算,它们所交纳的会费又相当高。所以,在争取这些企业时,可以考虑和印度软件服务协会一样,按会费的高低给与不同数量的投票权,以使权利和义务对等,增加行业协会的吸引力。

(2)根据行业发展特点,改善会员企业结构。不同类型的企业在行业中的地位不是一成不变,行业协会也应根据这种变化来调整自己的会员结构。我们以中国机电产品进出口商会来说明这个问题。国有企业一直是中国机电产品进出口商会会员的主要组成部分,对该商会的发展起着至关重要的作用,今后也将是商会所赖以依托的重要力量。但近年来,机电产品的进出口

出现了这样一种情况外商投资企业机电产品贸易额高速增长，而国有企业和集体企业相对增长缓慢,外商投资企业在机电产品对外贸易中已占据主体地位,其贸易额在机电产品贸易总额中的比重持续提高,而国有企业和集体企业所占比重则不断下降。该会以国有企业为主的会员结构与我国机电产品对外贸易总体企业结构的差异性，导致在外商投资企业带动机电产品对外贸易快速发展的情况下,会员企业的行业代表性受到一定程度的削弱。针对一这一情况,该商会提出把发展会员的重点转移到外商投资企业。

(3)吸收不同类型的会员。我国的行业协会在吸收会员时已经注意到不光要吸收该行业的企业,还可以吸收一些科研机构、个人会员等。但我觉得还可进一步将会员类别进行细分以吸引更多的企业或个人入会,那就是根据不同的需要,给与不同的会员资格,收取不同的会费,享受不同的服务。然后让企业、个人根据自己的不同需要来选择。这样做得好处在于低端会员的数量会增加,行业协会的会费会增加,而这些企业在和行业协会的长期接触中可能演变成高端会员。这里我们要注意的一个情况就是在满足了高端用户的情况下,行业协会向这些低端用户提供服务的成本非常低。这样行业协会的净收入就很大。

2.提高服务质量,服务要有针对性

有些人常常指责中国的行业协会的职能不全面,这是不正确的。因为每个行业都有自己的特点,在不同时期面临不同问题,所以企业所需要的服务自然也就不尽相同。而且,任何一个行业协会的资金都是有限的,行业协会应集中精力解决一些会员企业反映较大的问题,行业协会应该提供有针对性的服务,即解决多数企业想办、急办却又办不了的事。这就要求行业协会必须对该行业以及会员企业有全面、正确的认识,找到影响该行业发展的主要因素,然后采取相应的措施,做到有的放矢。

(1)服务要有前瞻性。在很多情况下,中国的行业协会总是处于被动状态只有当我们被对方提起反倾销起诉时,我们才拼命向对方解释,我们的这个行业是完全市场化的只有当我们发现出口限制措施没有起到应有的效果时才想起我们应该把生产商，而不仅是出口商考虑在内只有当欧盟、加拿大等开始实施一个新的标准时,我们才意识到我们的技术落后了,我们的市场将失去了,而事实上,该标准早在好几年就出台了,只是我们没有注意到而已。这种被动挨打的局面不仅增加了我们工作的成本,而且也影响了行业协会的威信。那么,行业协会的工作怎样才有前瞻性呢我认为最主要的就是加大和国外商会、协会等组织合作。经常性地和国外的有关机构交流信息,得到行业发展的最新消息。这些行业协会是我们了解国外的最好渠道,而国外的协会也非常愿意和中国的行业协会联系,因为这也是他们了解中国的最好渠道,进入中国的外国行业协会就经常主动和中国的有关协会联系。我国的协会应该和他们建立一种长期的互惠关系。

另外,中国的行业协会还应该参加一些国际组织。因为这些国际性的组织中汇集的是各国该行业的行业协会,他们以此为平台讨论和行业发展有关的问题。我们的加入不仅可以使我们了解到其他国家的行业现状、存在的问题和发展趋势,还可以使我们在有关问题的讨论上发表我们的观点、维护我们的利益。国乳制品协会加入了国际乳业联合会,在国际乳业联合会的资助下,连续多年织会员企业到新西兰和澳大利亚参加培训,了解国际乳业发展的最新动态。

(2)服务要有准确性。以信息服务为例最好说明这个问题。很多行业协会向会员企业提供信息服务,这些信息对会员企业的经营决策又很重要的作用,得到一条错误的信息比缺乏信息还可怕。因此,信息库建立之后的维护和更新十分重要,有的行业协会虽也号称提供数据,但当会员企业咨询时才发现自己掌握的资料并不全面,企业想要的没有或者没有及时更新。这样的服务是毫无价值的。

(3)拓宽经费渠道。行业协会在试图拓宽经费渠道时会遇到一种两难困境一方面是经费不足,需要拓宽经费渠道以更好地为会员企业服务而另一方面。拓宽经费渠道势必牵扯协会的精力,影响其为会员服务的质量。所以,在一般情况下,如其想法去拓宽经费渠道,不如去开拓市场—争取更多会员。因为这样做既可以增加经费,又可以扩大影响,还可以提高对所有会员的服务质量一个只有个企业提供的统计数据,不如一个由个企业提供的统计数据有说服力而一个只有个企业遵守的行规没有一个由个企业遵守的行规更能促使整个行业的健康发展,最终使所有的会员企业受益。但行业协会可以考虑将一些将向会员企业提供的一些服务,如信息、出版物向外延伸,因为这种向外延伸的服务成本很小。

(4)树立良好的社会形象。由于在中国发展历程的特殊性,有些行业协会的“名声”不太好,企业认为行业协会是政府代表,做不利于公众的事。一些行业协会的不轨行为,如利用它们和主管部门的特殊关系进行乱摊派,公然进行价格同盟,使得价格暴涨,更是加深了人们的错误认识。所以,行业协会应该严守法律、法规,同时要注意向专业法律人员如律师寻找专项法律服务,加大宣传提升社会认同度,澄清一些错误认识,完善走访、反馈、监督机制,树立一个良好的社会形象。

(三)完善行业协会的相关立法

我国协会受政府的扶持而发展,从一产生开始就多受具体法律条文的约束,开展活动也受法律保护,但是目前却还没有出台专门的法律,因此制定统一的《行业协会法》对于行业协会的健康发展就更为关键:我国行业协会的正常运行需要法律对其进行角色定位,对权利义务责任进行明确界定,只有这样,才能对行业协会限制竞争行为的产生起到预防管理的作用,不给其提供成长的土壤。其次,只有在明确角色定位的基础上,通过专门的行业协会立法,确立公开的准入及退出制度、成立及解散制度等相关独立人格制度,才有可能脱离长期以来因为制度问题而造成行政隶属性,彻底根治行业协会行政性垄断这个问题。为促进中国行业协会民间化、规范化和法制化发展,国务院法制办正在起草制定《行业协会商会法》,该法已经列入本届全国人大5年立法规划。

目前正在起草的这部《行业协会商会法》,整个的方向就是规范行业协会彻底地民间化和市场化。据参与起草的专家介绍,首先要进一步明确立法的主体,来确定法律的地位,其次是人事方面的独立性,可能通过立法进行规范,来进一步地市场化。最后是进一步完善行业协会的运行机制,具体来说就是资金的来源、管理、分配要让它科学化、制度化,只有让行业协会走向市场,靠出售服务和信息换取资金,行业协会才能摆脱受制于人的地位。同时还要规范政府的补贴和企业捐赠等等,来确保行业协会长期健康的发展。

1.统一立法职权,总、分结合

我国目前有关行业协会的立法除了在中央部委有部分规章和政策涉及行业协会的某些方面外,主要是在地方层面进行的。但是,这种由地方立法对行业协会进行分别规范的做法有诸多方面的弊端。最主要的是各地立法过于分散,内容不统一,不利于我国行业协会的统一协调发展。

因此,在目前的国情及行业协会现状下,正确的立法路径是:在统一的社团法之下,制定全国性的行业协会法;地方则制定相应地方性规定,并在单行法律法规中就各领域行业协会进行立法,如律师法等。这样,才能形成一个有关行业协会的有机统一、多层次的法律体系。而国务院法制办正在起草制定《行业协会商会法》,正是迈出了统领性的一步。

2.合理配置权利义务,尽量达到各方平衡

行业协会的立法指导思想应当是:既有利于行业协会自治发展,又进行必要政府监督,保证行业协会的规范发展。行业协会立法应包含两个方面的内容,一是政府与协会之间的关系(如政府如何管理协会、协会如何影响政府,特别是如何保证行业协会自身的自主性);二是协会内部的关系(包括组织机构、成员构成、相互的权利义务等)。在进行行业协会立法时,应注意的问题就是合理配置政府、行业协会与其成员三者之间的权利义务。

第八节　中国协会的展望与未来

党的十六届三中全会明确指出:"积极发展独立公正、规范运作的专业化市场中介服务机构,按市场化原则规范和发展各类行业协会、商会等自律性组织。"温家宝总理在十届人大二次会议上的政府工作报告中也明确指出:"要加快政企分开,进一步把不该由政府管的事交给企业、社会组织和中介机构,更大程度地发挥市场在资源配置中的基础性作用。同时,加强对中介机构的规范和监管。政府该管的事一定要管好,并适应新形势改进管理方式和方法,提高行政效能和工作效率。"这反映出政府机构改革对行业协会的培育和发展提出的一个新的要求,对行业管理提出了"政府-协会-企业"这样一种新的管理模式,这种新的模式,推进了政企分开和政府职能的转变,进一步适应市场经济的要求以及和国际惯例接轨。

大多数行业协会对政府的依赖性较强,受政府干预大,缺乏独立性,"自上而下型"行业协会的这一特征尤为突出。这些行业协会官办色彩较浓,与行政主管单位有天然联系,它们在组织上、领导上缺乏独立性;在经费上,多数行业协会靠财政补贴生存,工作人员享受行政工资;在人员组成上,过多地承担了政府机构改革分流人员的任务,其主要负责人一般是由行政机关调整出来的干部;在权利来源上,行业协会有限的管理职能取决于政府的主动退出和让渡,而不是法律规定,甚至连运作方式也准行政化,等等,不一而足。总之,在新的形势下,行业协会改革势在必行,中央已经充分认识到这一点,部分省市已经在实践中进行了有益的尝试。我们认为,行业协会的未来发展主要从以下几个方面考虑。

一、我国行业协会未来的发展方向

行业协会是行业企业利益的代表,是市场经济体制中连接政府和企业的中间环节和桥梁,是市场经济不可或缺的社会团体。我们认为,行业协会未来的改革方向如下。

(一)政企分开是改革行业协会管理体制的前提

政企分开不仅是改革行业协会管理体制中首先必须解决的问题,而且是发展行业协会的基本条件。在计划经济条件下，政府直接管理企业，就不需要行业协会这个政府和企业之间的中间环节，也就失去了行业协会发展的基本条件。只有在市场经济条件下，政企真正分开了，企业真正成为市场主体，才真正需要行业协会，才真正具备了发展行业协会的基本条件。

（二）以政社分开为突破口，深化行业协会的体制改革

政社分开是现代市场经济的客观要求，也是提高社会自我管理水平的客观要求。行业协会应当是民间组织，政府与行业协会之间不应该有行政隶属关系。

政企必须分开已经得到共识，政社分开却仍未完全取得共识。行业协会在登记之前，必须由主管部门审批。行业协会登记之后，必须由主管部门审批任命行业协会主要领导。从官员岗位上退下来干部多被任命为各大行业协会的会长、副会长、秘书长。行业协会的年审，也必须先由主管部门进行初审，登记管理部门才能进行年审，等等。上述有些对行业协会的审批，对于企业来说早已经不需要了，只要在登记管理部门注册登记，就可以自主管理、自主经营而行业协会却尚未得到这样的自主管理权利。因此，政社分开不仅涉及行业协会的自主管理，涉及行业协会的民间性，而且涉及到企业的自主经营。

在市场经济条件下，行业协会应该是企业自愿、自发组织起来的民间组织，在符合社会团体登记条件，经过民政部门的合法登记，就应该给予自主管理的权利。提高社会自我管理水平，是发展和完善现代市场经济的重要组成部份。行业协会通过行业自律，遵纪守法，建立行业和企业的社会信用，进行有序竞争，维护市场秩序，就是发展和提高社会自我管理水平的重要组成部份。

只有政社分开，才能把行业协会由官办改为民办，才能使行业协会真正代表企业利益，才能形成行业协会自主管理、自我发展的机制。也就是说，只有政社分开，才能深化行业协会其它方面的改革，才能有效推动行业协会符合市场经济要求的健康发展。

（三）政府对行业协会应从直接管理忽视监督，转变为放开限制、加强监督

提出并实施政社分开，实际上是要求政府放弃直接管理行业协会，转变为加强监督。放弃直接管理的同时，要放开对行业协会改革和发展的多种限制。例如中国行业协会不准吸收外资企业参加，在中国境内的外资企业希望参加中国行业协会，可以通过行业协会得到行业信息，这也是一种国民待遇。不能参加，就逼迫外资企业自行组织行业协会，或者将外国的行业协会引入中国。因为竞争是市场经济的本质。又如限制行业协会改革的会费收费办法。最高收费标准是二千元。即使是对于具有上千亿资产和上千亿销售额的大企业，会费也只能收二千元。行业协会经费不够，可以创收，但都搞创收就可能失去行业协会的非盈利性质。或者偏移了代表企业、为企业服务的方向。再如对于自发组织的行业协会，即使组织得再好，各方面条件都具备，只要没有愿意接受管它的主管部门，就不予登记等等。

计划经济和市场经济有一个重要区别是，计划经济奉行直接管理，却忽视监督，而市场经济奉行放开限制，却非常重视依法监督。对企业是这样，对社会团体也是这样，对市场和社会的各种责任主体都是这样。所以对行业协会，是放开还是限制，两种观念、两种政策，将出现两种发展前景。限制加管理，是计划经济的延续。放开加监督，是市场经济的要求，是国际通行做法，也是改革和发展行业协会的最佳途径。

（四）行业协会要从"官办"逐步转变为"民办"

官办的行业协会，不仅由政府出面组建，而且行业协会的领导人员主要是政府退下来的领导干部，工作人员主要是政府退下来或政府精简下来的公务人员，所以政府行政管理的思维方式和工作方式占据着协会工作的主导地位，甚至还有不少计划经济的工作思路和方式。

改变这种状况的唯一途径，就是逐步由“官办”转变为“半官半民”，最后真正转变为“民办”。行业协会的领导人员由官员为主转变为企业家为主，行业协会的工作人员由行政人员为主转变为招聘的和企业派出的专业人员为主。这并不是完全不需要从政府调过来的领导干部和工作人员，这些人员有加强与政府联系的优势，关键是要转变观念，转变工作方式和工作作风。行业协会是代表企业利益的社团组织，行业协会的职能定位和工作思路，要从企业的立场出发和企业的利益出发，企业家看到行业协会真正代表企业利益所起到的作用，争相竞选协会领导职务，竞相主导行业协会工作的时候，行业协会就真正成为企业举办的民办组织了。

（五）行业协会要代表行业企业利益，就必须扩大成员企业的覆盖面

行业协会是行业企业的组织，应该代表行业企业的利益。但很多行业协会会员企业的覆盖面太小，只占行业企业的一小部份，覆盖面比较大的，也只是行业企业的20-30%（指全国性行业协会）。要真正代表行业企业的利益，并能起到行业自律的作用，就必须扩大会员企业的覆盖面。

要扩大会员企业的覆盖面，吸收行业的多数企业参加行业协会，就必须提高行业协会对企业的凝聚力。要提高行业协会的凝聚力，就必须为企业做好服务工作，必须为企业办实事，让企业看到实惠，看到行业协会的不可低估的作用。有时候可能只要办好一件事，就会产生很大的凝聚力。例如，办好一项反倾销应诉案件，取得胜诉；办好一个行业博览会，并取得扩大市场尤其是国际市场的效果；向政府争取到一项行业发展的优惠政策，使多数行业企业得到实惠。有不少例子，如协调了市场价格，协助政府有效打击了行业产品的走私等等，都能大幅度地提高行业协会的威信，提高行业协会的凝聚力，并以此很快扩大了会员织。行业协会不是国有企业的行业协会，行业协会是全行业企业的行业协会，是行业内国有企业、私有企业、外资企业、混合经济企业的行业协会，是境内享有国民待遇的所有合法企业的行业协会。行业协会要面向全行业企业，才能真正成为行业企业的代表。

发挥行业自律作用，与政府执法监督部门相配合，即自律和他律相结合，维护市场秩序，营造良好的市场环境。在经济全球化背景下，行业协会要面对国际市场的挑战，为行业企业开拓国际市场；要面对国外行业和企业的反倾销、反补贴、保障措施，为企业保护行业的安全；要营造必要的政策环境，制定行业发展规划，向政府反映行业的市场和问题，争取行业的振兴政策，以及相应的优惠和扶植政策，如可能条件下的税收、借款政策等。

二、在WTO背景下，行业协会应以反倾销为契机，完善自身功能

中国加入WTO后，社会主义市场经济发展进入了一个新的阶段，在WTO背景下，行业协会如何发挥自身在经济和社会发展中的积极作用，是我们来来思考的课题。

国内的行业协会组织，尤其是大多数官办的行业协会，社会形象一直不佳，我国入世为协会组织的发展提供了一个重塑自我的历史良机，我们应当抓住这一历史机遇，以积极介入反倾销反补贴和保障措施为契机，完善和强化自身功能，塑造一个崭新的社会形象。

在反倾销斗争中，协会组织应该协助和推动政府研究产业保护的对策，加强贸易秩序管理，完善产业保护机制，建立产业损害预警体系，制定一套保护产业安全的政策法规，同时协调和帮助企业增强自我保护能力和防范意识，规范自身的贸易行为，积极应对各国采取的贸易保护手段，利用 WTO 的有关规则，保护自己的合法权益。具体说来可以从以下几个方面完善自身的功能。

（一）加强队伍建设。目前政府各部门专职从事反倾销工作的官员不足，而各大行业协会和进出口商会具体从事该项工作的人员就更少，由的甚至根本就没有相应的机构和人员。政府的编制局限较大，行业协会更有条件加强反倾销机构建设，充实反倾销专门人才。

（二）加强反倾销的宣传培训工作。通过宣传和咨询提高我国企业的反倾销意识，特别是让企业了解积极应诉的重要意义；通过自我培训和培新企业，普及国内外以及 WTO 有关反倾销的法律法规的知识。

（三）开展产业损害调查研究。当前国内企业破产、停产、半停产、生产运行不良、销售不旺及职工下岗情况较多，但哪些是受反倾销损害造成的，情况不明。因此需要以行业协会为主，展开产业损害调查研究，弄清情况，主动指导企业开展反倾销起诉应诉工作，借以帮助企业脱困。

（四）协助政府反倾销机构建立信息系统和反倾销预警机制，专门从事国际国际经济形势分析，关注反倾销尤其是对华反倾销信息，检测国内产业受损情况，预报进出口产品价格情况。做到早预报、早防范、有目标、有准备。

（五）制定各行业重点产品指导目录，对容易发生倾销行为的重点进口产品和容易遭到反倾销诉讼的出口产品，制定产品检测指导目录，明确重点监测的产品对象，加强监管，重点防范。

（六）帮助企业从全球竞争角度制定和实施产品竞争战略。如调整产品结构，实施产品差别化战略，提升产品附加值，避免企业在低附加值的产品中进行过度竞争；如调整投资战略，适时由选择地到国外投资设厂，以此绕过反倾销壁垒。

（七）加强企业出口自律工作。组建同类产品利益联盟，利益共享，风险共担；避免压价竞争，利剑自伤，招致国外反倾销。同时对于不遵守“行规擅自以低于成本的价格出口的企业给予行政处罚。

（八）建立反倾销应诉基金制度，作为“谁应诉、谁受益”制度的补充，避免企业“搭便车”行为。行业协会和进出口商会可以考虑建立应诉基金，入会企业尤其是由出口业务的企业，依出口额多少按比例上缴年度应诉基金，一旦同类产品遭到反倾销指控，由应诉基金支付相关应诉费用，包括律师费和企业联合应诉的组织成本。

（九）开展与重要国家和地区反倾销工作的联络和交流，与主要贸易对象建立友好伙伴关系。

（十）建议政府和立法机构，修订现有的反倾销法律，同时调整政府反倾销机构的结构，提高反倾销措施的效率。

我们相信，协会组织在积极参与和组织反倾销工作的过程中，一定能够逐步完善自身的功能建设，重新获得政府、企业和社会公众的尊敬和信任；同时，可以为下一步的反补贴、保障措施、贸易技术壁垒以及原产地证明等方面的工作积累宝贵的经验。此外，通过这种良好形象的

"出口转内销",肯定能够促进协会组织在完善国内市场竞争秩序上的功能,从而促使我国的产业和企业的竞争力,在WTO体制下得到进一步的提升。

三、发挥行业协会的积极功能,限制和减少行业协会的消极功能

行业协会是同业竞争者的联合组织,它在维护协会成员的利益并实现行业利益最大化时,在理念上就存在某种接近于公共利益而非私利的价值理念,因此,行业协会可以很好地促进和维护自由、公平的竞争。主要表现在:行业协会的中介功能有利于竞争政策的制定和执行,行业协会自律功能有利于市场竞争秩序的维护;行业协会诸多功能的发挥能提高企业的市场竞争力。但是,行业协会也存在对市场竞争消极作用的一面。随着市场竞争日益激烈,行业协会的消极功能——联合限制竞争也随之而来,给市场经济的健康发展带来严重的影响。联合限制竞争行为称为"价格卡特尔(联盟)",是损害市场经济机制的消极力量,它是指原本处于竞争关系的企业在行业协会的谋划下,通过协议相互承诺不开展竞争的行为。同样的定价行为和变化幅度,目的就是让消费者面对一个没有竞争的市场。其结果是竞争者之间的竞争消失了,消费者的利益减少了,市场经济体制的原动力——竞争产生的创新力或资源配置效率也就无从谈起。早在1776年,现代经济学之父亚当·斯密在其巨著《国富论》中就一针见血地指出:"只要是同一行业的人在一起聚会,即使只是娱乐和消遣,聚会也是以反对公众的阴谋或某种提高物价的计谋而结束。"行业协会是一个能供其成员讨论价格的天然场所,成员企业或在行业协会里直接商定某种商品的价格,或利用行业协会交流的信息,达到事实上控制价格的目的。另一方面,在已经结成价格卡特尔的情况下,行业协会可以利用内部的惩罚权,惩罚那些没有遵守卡特尔协议的成员企业,以保证卡特尔的稳定性。行业协会限制竞争的行为比起一般的企业联盟更具隐蔽性,也更具危害性。行业协会作为一个利益集团,是行业利益的代表,因此行业协会在遇到社会利益、消费者利益与行业利益冲突的时候,一般都会把行业的利益置于首位。当该行业的企业处于激烈的市场竞争时,行业协会将会自然地转化其功能,其作出协议或者共同决定的行为将天然地接近于联合行为,其固有的协调组织能力将转化为共谋的能力,这势必导致限制竞争的结果,危害社会利益和消费者利益。所以,我们需要利用我国的《反垄断法》对行业协会限制竞争的行为进行规制。《反垄断法》第13条列举了行业协会限制竞争的行为,主要是横向的垄断协议行为,即具有竞争关系的经营者达成垄断协议的典型类型,分别为:固定、维护或变更商品价格;限制商品的生产数量或销售数量;分割销售市场或者原材料采购市场;限制购买新技术、新设备或者限制开发新技术、新产品;联合抵制交易,《反垄断法》明确将上述行为确认为禁止性行为,行业协会如有违反,将会受到法律的制裁。

四、借鉴西方行业协会的管理经验,为我所用

中国正值计划经济向市场经济转型时期,经济、政治和文化传统与西方各国存在明显差异,不可能照搬西方国家的行业协会的发展模式,但西方的发展经验,至少在以下几方面对我们有所启示,值得我们思考和借鉴。

(一)在政府与行业协会的关系上,政府主导的,协商合作式的法团主义模式较多元主义模式在中国更具可行性:目前在社会团体管理体制上实施的双重行政性管理体制是典型的国家

法团主义的管理模式，就我们的经济管理体制、政治结构、文化传统等种种因素而言，这一模式近期还难以改变。对行业协会，国家可以借鉴德、日式法团主义模式的“伞状”分类管理。对那些覆盖面广的协会，提供法定的、经常的政治咨询渠道，使协会真正发挥沟通政府与企业之间联系的桥梁和纽带作用。我国现行的“一地一会”、“一业一会”等协会布局原则决定了协会代表的垄断性和“伞状”结构，目前缺乏的是政府吸纳行业协会意见的法定制度。经委和工商联主要承担政府管理而非利益表达和维护的功能。协会既无法像德日协会那样得到政府的特别关注，更无法像美国协会那样主动滴追求自己利益。行业协会在利益表达方面功能的弱化，不仅使它无法承担沟通政府与社会的功能，也直接危害了经济发展战略和计划的可行性和实际效果，同时也使行业协会丧失对企业的吸引力。要强化中国行业协会功能，可否借鉴德国式的公法协会模式，一方面在地方各级地域性、综合性协会实施强制性入会要求，另一方面在立法、执行和司法的过程中，给予行业协会以法定的、经常地政治参与渠道和机会，使协会真正发挥沟通政府与企业、沟通企业之间的桥梁和纽带功能。

（二）对行业协会的管理应以法律管理替代目前的行政管理：法团主义国家在赋予行业协会特殊地位和权力的同时，也加强对其监管，因此，应尽快出台《行业协会法》，对行业协会实施法律分类，制定相应的配套措施，使各类协会都能充分发挥作用。

（三）有关行业协会的职能，在保证上述代表职能基础上，当务之急是结合中国加入世贸组织和职能转变的机遇，明确界定政府委托的、行业管理与自律的内容、方式、监督，将市场准入、行业标准的设定和监督执行、行业资质鉴定等权力赋予协会。要使行业协会在规范行业内部的竞争行为，规划行业发展，提升行业竞争力，维护本行业的企业利益方面，真正发挥举足轻重的作用。在从计划经济体制向市场经济体制的转变过程中，政府如何从全面的行业管理退出，退出的原则、标准和方式是目前需要解决的关键问题。西方国家甚至连出口配额大多是由行业协会负责分配的。

（四）对行业协会的监督，应采取协会自律和国家外部监督相结合的方式：协会自律有赖于内部民主机制的建立和健全，有赖于各项内部制度建设和协会自我管理水平的提高。国家对行业协会本质上是部分企业追求其特殊利益的工具，当特殊利益损害公共利益或特殊利益集团违规运作时，国家都应依法制裁。

行业协会的发展是市场经济体制建立的必然结果，也是市场经济体制进一步完善的重要途径，就像社会主义经济具有中国特色一样，行业协会在中国的发展模式也有待于我们的不断探索和创新，国外多种模式的存在不仅证明了我们班这一探索的必要性，而且为我们的创新提供了有益的参考。

从中国自己的历史文化背景出发，法国、日本的经验更有借鉴意义，因为，中国同样也是后来的工业化国家，需要政府发挥更大的作用推动现代化，而且中国的文化传统价值观念，也更为重视社会和谐和共同富裕，更难承受新自由主义导致的恶果，包括贫富悬殊和社会两极分化，经济周期造成严重失业和社会不稳定。中国应该既探索适当发挥政府的作用，又积极完善商会组织的自律功能，形成政府、商会与企业的沟通渠道，就重大政策问题进行密切交流磋商，这样既能够利用分散的市场竞争力量，又能够运用经济整体战略协调的力量，形成有中国特色的 M 型社会模式。中国不应片面模仿美国模式，将其当做规范市场经济的典型，因为，正如美国管理学家威廉·欧奇所指出，美国作为殖民时代诞生的移民国家，其强调个人主义的文化乃是特例，对法国、日本等有比较悠久历史的国家，重视社会和谐的文化传统才是常例。中国应该从美国借鉴的有益东西，不是美国竭力推销的新自由主义，而是在华盛顿、林肯、罗斯福的时代，那些将政府干预与市场经济相结合，成功推动美国工业化进程的宝贵经验。

未来中国的协会发展，就是要在争取提高地位的前提下，走向世界，成为保护国内企业、促进国际经济交流的咨询机构。在国际竞争中，行业协会在支持国内行业增强国际竞争力方面，必将起着十分重要的协调作用。

参考文献

1. 克莱尔 威尔考克斯著，《同行业企业的公共政策》，1966
2. 史景星主编.行业协会概论.复旦大学出版社出版[F],1989
3. 汤蕴懿.行业协会组织与制度.上海：上海交通大学出版社，2009
4. 蔺盛拿.行业协会的产生、发育及组织运作.兰州大学硕士研究生学位论文，2009
5. 张金岭.志愿者眼中的法国协会组织 FNDSA .中国社会导刊，2008.27:5
6. 张海鸿.在政府与企业之间.团结，2004.3:23
7. 周立群李峰.行业协会服务属性探析——兼论我国行业协会的发展机理.天津社会科学，2008.2:74
8. 杨燕主编. 行业协会商会法律服务初探.成都:四川大学出版社，2009
9. 李峰，任一.协会组织在公共治理体制中的定位思考. 天津行政学院学报，2009.(2):24–26
10. 鲁篱.行业协会经济自治权研究.北京:法律出版社[F],2003
11. 余晖.行业协会及其在中国的发展:理论与案例.北京:经济管理出版社,2002
12. 孟召将，孙宝强.行业协会在广州城市发展中的作用探析. 广东行政学院学报，2010.1:88
13. 鲁篱著.行业协会限制竞争法律规制研究.北京:北京大学出版社,2010
14. 贾西津等著.转型时期的行业协会.北京:社会科学文献出版社[F],2004
15. 林野丽.浅论律师协会的惩戒权. 法制与社会，2008.3:11
16. 梁泠曦.行业协会立法呼之欲出.中国安防，2010.3:110
17. 杨燕主编. 行业协会商会法律服务初探.成都:四川大学出版社，2009.18–136
18. (英)斯坦利·海曼著.协会管理.中国经济出版社,1985
19. 克来尔□威尔考克斯.同行业企业的公共政策，埃尔温出版社，1966
20. 徐崇温.非营利组织的界定、历史和理论，中国党政干部论坛，2006(5)
21. 赵黎青.联合国对非政府组织的界定，学会，2009(3)
22. [英]斯坦利·海曼著，行会管理.北京：中国经济出版社，1985
23. 贾西津，沈恒超，胡文安等著:转型时期的行业协会—角色、功能与管理体制.北京：社会科学文献出版社 2004
24. 鲁篱著:行业协会:经济自治权研究.法律出版社,2003
25. 贾西津等著:转型时期的行业协会—角色、功能与管理体制.北京：社会科学文献出版社，2004
26. 贾西津等.转刑时期的行业协会—角色、功能与管理体制.北京:社会科学文献出版社，2004
27. 余晖.行业协会及其在中国的发展:理论与案例.北京:经济管理出版社，2002
28. 胡雾云.我国行业协会法律规制的基本问题研究.北京：法律出版社，2004
29. 王保树主编.经济法原理.北京:社会科学文献出版社，1999
30. 汤蕴懿.行业协会组织与制度，上海：上海交大出版社，2009

31. 陈宪、徐中振.体制转型与行业协会:上海培育和发展行业协会研究报告,上海大学出版社,1999
32. 贾西津,沈恒超,胡文安等著:转型时期的行业协会—角色、功能与管理体制,社会科学文献出版社,2004
33. 余晖等著.行业协会及其在中国的发展:理论与案例,北京:经济管理出版社,2002
34. 康晓光.中国行业协会:柳暗花明又一村,上海:上海交大出版社,2001
35. 顾家麒.试谈中国行业协会的改革与发展,学会月刊,2004.4:18-20
36. 余晖.WTO体制下行业协会反倾销的应对策略.翟鸿祥主编:行业协会发展理论与实践,北京:经济出版社,2003
37. 吴壁林:简析行业协会对市场竞争的双重功能,经济纵横,2008.8:31
38. 袁瑞军、张德耀等:美、德、日行业协会发展模式及其启示.翟鸿祥主编:行业协会发展理论与实践,北京:经济出版社,2003
39. 余晖等著:行业协会及其在中国的发展:理论与案例,经济管理出版社,2002

广东省律师协会原会长　薛云华

第三章　国家对学会协会等社会组织发展与管理的方针政策

党的十一届三中全会以来，随着改革开放的深入，社会组织进入了新的历史发展阶段。中央高度重视社会组织发展与管理工作，制定有关方针政策，颁布法律法规，完善行政管理制度，我国社会组织数量稳步增长，质量明显提高，布局趋于合理，作用日益明显，取得较大成绩。

第一节　学会协会等社会组织在社会主义建设中的重要作用

当前，我国已经进入社会主义现代化建设的关键时期。经济体制深刻变革，社会结构深刻变动，利益格局深刻调整，思想观念深刻变化，已经和正在改变社会组织发展的条件和环境。全面推进社会主义经济建设、政治建设、文化建设、社会建设，对社会组织的功能和作用提出了更高、更新、更全面的要求。

一、学会协会等社会组织的发展有利于完善市场经济体制，实现经济又好又快发展

在加快转变经济发展方式、完善社会主义市场经济体制方面取得重大进展，是抓住和利用当前这个重要的战略机遇期，实现国民经济又好又快发展的关键。发展社会组织，是增强发展协调性的必然选择，是完善市场经济的客观需要。首先，社会组织对国民经济的直接贡献逐渐显现。到 2010 年底，我国各类社会组织的总量已经达到 44 万个，据不完全统计，全国社会组织目前固定资产总值约 1089 亿元，收入 1247 亿元，增加值约 500 多亿元。从国际上看，非营利部门的经济活动规模一般占到本国 GDP 的 5–10%，吸纳就业约占服务业人口的 10%。但我国这两项比例分别约占 0.3%和 1.2%，发展潜力还很大。其次，社会组织是市场经济条件下宏观调控体系的重要组成部分。发达市场经济的经验表明，企业自我管理、行业中观调节、政府宏观调控，三位一体、共同作用，是更好地发挥市场在资源配置中基础性作用的重要保证，是形成有利于科学发展的宏观调控体系的内在要求。改革开放以来，我国经济领域活跃着近 7 万个行业协会，积极提供政策咨询，反映合理诉求，平衡各方利益，调解贸易纠纷，加强市场交流，促进产业升级，已经成为加快转变经济发展方式、促进行业可持续发展的“催化剂”和“助推器”。第三，社会组织是强化市场监管的重要力量。通过行业协会来规范市场秩序，是市场经济的有效途径。行业协会把企业组织起来，订立行规行约，规范同业竞争，促进行业信用建设和行业守信自律，防范和打击假冒伪劣、坑蒙拐骗等各种不正当行为，遏制和消除市场的无序和混乱，对于形成公平合法、竞争有序的市场环境，起到了积极和重要的促进作用。行业协会的发展和规范水平是市场体系发育成熟程度的标志。随着我国市场经济不断完善，市场监管也将更多地向以行业自律为主转变，行业协会在维护市场秩序、健全社会信用体系方面的地位和作用将更加突出。

二、学会协会等社会组织的发展有利于扩大公民有序参与，发展社会主义民主政治

扩大公民有序政治参与，加快行政管理体制改革，提升党的执政能力，是不断推进社会主义政治制度自我完善和发展的基本要求。社会组织是党领导下发展社会主义民主政治的可靠力量。首先，社会组织是反映群众诉求、扩大群众有序参与的基本组织形式。随着我国经济社会不断发展，人民群众的利益诉求日益多样化，权利意识、民主意识、法律意识普遍提高，参与经济、政治、文化、社会事务管理的愿望日趋强烈。社会组织生长于公众，是不同群体实现自己意愿、维护自身权益的利益共同体，为人民群众理性表达利益诉求、合理维护自身权益、有序扩大政治参与，提供了重要的组织渠道。其次，社会组织是承接政府职能、增强社会自治的重要载体。今后一个时期，行政管理体制改革进一步加快，政府将不再包揽一切事务，政企、政事、政社不断分开，众多群众性、社会性、公益性、服务性的社会职能将向社会分离和转移，"小政府，大社会"格局日益明显。社会组织植根于公众，是人民群众实行自我管理、自我服务、自我教育、自我监督的重要形式，为人民群众开展社会自治和互助服务，实现政府行政管理与基层群众自治有效衔接和良性互动，提供了有效的组织平台。第三，社会组织还是新时期加强党的执政能力建设的重要领域。在新世纪新阶段，巩固和扩大党的执政基础，是加强党的执政能力建设的一个重要方面。社会组织贴近于公众，是党和政府联系不同方面、不同利益的人民群众的纽带与桥梁，为党更加紧密地联系群众，更广泛地团结和凝聚各方面积极力量，巩固和扩大执政基础，增强自身活力，提供了新的途径和方式。

三、学会协会等社会组织的发展有利于发展和繁荣中华文化，提高国家文化软实力

文化是一个民族生生不息、团结奋进的不竭动力，是国家软实力的重要因素。社会组织是推动中华文化大发展大繁荣的一支生力军。首先，社会组织是中华民族传统美德的积极践行者。社会组织秉承自律和诚信，组织志愿服务活动、推动社会公共事业，不仅是满足社会需求的一种工具性手段，更体现一种伦理和文明。长期以来，广大社会组织积极从事减贫济困、救灾防害、安老抚幼、扶弱助孤、助学助医等公益活动，以实际的行为，传承了中华民族互助互爱、扶弱济困的优良传统，倡导了担当社会责任并自助、互助和助他的公民精神，弘扬了尊老爱幼、互爱互助、见义勇为、奉献社会的良好社会风尚，为中华民族精神注入了新的活力。其次，社会组织也是和谐文化建设的重要社会力量。在我国文化领域活跃着 5 万多个学术团体和民办文化服务机构，是公益性文化建设的重要主体。多年来，它们贴近实际、贴近生活、贴近群众，把社会效益摆在首位，广泛开展群众乐于参与、便于参与的文化活动，为基层群众、为农村和偏远地区提供了丰富多样、生动活泼、健康向上的文化产品和文化服务，在弘扬主旋律，宣扬社会主义核心价值体系，满足人民群众日益增长的精神文化需要方面，发挥着不可忽视的积极作用。第三，社会组织还是社会主义文化发展、创新的有力推动者。社会组织具有专业人才富集、贴近实践、开展合作与交流便利等多方面优势。它们积极适应人们思想活动的独立性、选择性、多变性、差异性，通过开展各种形式的交流、研讨活动，挖掘和弘扬传统文化有益价值，吸收借鉴各国优秀文明成果，总结提炼实践中的新鲜养分，倡导生态文明观念和健康文明风尚，推动了社会主义文化理论创新、机制创新、方式创新，是党和人民事业重要的思想库。

四、学会协会等社会组织的发展有利于保障和改善民生，加快推进社会建设和管理

加快建设社会主义和谐社会，关键在于注重社会建设，保障和改善民生，扩大公共服务，完善社会管理，促进社会公平正义。扩大社会组织的参与，是加快推进社会体制改革的重要方面。首先，保障人民基本生活，需要社会组织更大程度的参与。当前，我国每年需要救济的灾民近7000万人次，有2200多万城市低保对象，有6000多万农村贫困和绝对贫困人口，还有8000多万残疾人，1.4亿多老年人。对总量庞大的困难群体、弱势群体及时给予救助和帮助，内在要求进一步强化民间慈善事业对于社会保障体系的补充效应。其次，发展社会事业、扩大公共服务，需要加快建立健全社会参与机制。我国社会与经济、城市与农村、不同地区之间发展仍不平衡，社会事业发展相对不足，公共服务的数量和质量，与人民群众多样化、多层次、不断变化的需求还很不适应，就业难、看病难、上学难、住房难等问题仍比较突出。在市场经济条件下，解决这些关系群众切身利益的问题，不仅需要强化政府责任和财政投入，也迫切要求整合社会资源，鼓励社会力量参与、兴办教育、科技、文化、卫生、体育、社会福利等社会事业，有效扩大公共服务的供给，大力推进公共服务均等化。第三，创新和完善社会管理体制，不能忽视社会组织这个重要方面。社会组织来自人民、贴近人民，当社会矛盾起于青萍之末时，社会组织往往最先觉察，在社会冲突发生以后，社会组织又可以充当调整利益、化解矛盾的润滑剂、稀释剂，减少不和谐因素，维护社会稳定。在党委领导、政府负责、社会协同、公众参与的社会管理新格局中，客观要求加强政府与社会组织之间的协作，形成行政管理与社会自治互联、政府工作与社会工作互补、政府力量与社会资源互动的良性机制。

五、学会协会等社会组织的发展有利于扩大对外开放，拓展国际交流合作

二战以后，特别是20世纪六七十年代以来，随着大量非政府组织的迅速兴起，以及各种新社会运动的蓬勃发展，国际民间交流与合作活动迅速增多，扮演着引人注目的角色。首先，是在国际贸易领域，非政府间的市场标准制定、知识产权保护、产品技术交流、交易规则协商、纠纷争端处理等活动日益增多。我国企业近年来遭遇的贸易纠纷，有不少是借助社会组织途径斡旋、谈判、诉讼，才得到合理解决。在经济全球化条件下，要形成参与国际经济合作与竞争的新优势，就必须在国际经济活动中，让更多的社会组织代表我国企业发出声音，保护国内市场和我国企业的利益。其次，是在全球治理领域，非政府组织也日益成为国际组织、各国政府之外重要的第三极力量。近年来，重要国际组织都开始在保护环境、消除贫困、维护人权、倡导和平、促进发展等重大国际事务和国际规则制定上，重视与非政府组织开展合作。比如，被经社理事会授予咨商地位的非政府组织，在联合国一些重要会议、政策、文件等方面享有很大话语权。然而，在3000多个咨商组织中，我国内地仅有24个。这与我国树立负责任大国形象、营造和谐国际环境、实现和平崛起的目标很不匹配。第三，是在国家外交全局中，社会组织的交流也是重要渠道。实践证明，外交、经济贸易和社会文化交流有机协同，才能更好地增进我国人民与各国特别是第三世界国家人民的了解和友谊，增强我国亲和力，传播中国求和平、谋发展、促合作的理念。此外，在加强两岸同胞的交往和交流，增进彼此感情，促进和平统一方面，社会组织也是不可忽视的重要力量。

总之,在我国社会主义现代化建设新的发展阶段,社会组织的地位进一步凸显。重视社会组织,发挥其在经济、政治、文化、社会生活各方面的积极作用,对于最大限度激发全社会创造活力、最大限度增加和谐因素,对于夺取全面建设小康社会新胜利、加快推进社会主义和谐社会建设,具有十分重要的意义。

第二节　党和政府高度重视学会协会等社会组织的建设与管理

一、改革开放以来,尤其是党的十六大和十七大以来,党中央对学会、协会等社会组织发展与管理工作日益重视

十六届三中全会着眼完善社会主义市场经济体制,要求"按照市场化原则规范和发展各类行业协会、商会等自律性组织";四中全会立足加强党执政能力建设,提出要"加强社会建设和管理,推进社会管理体制创新","发挥社团、行业组织和社会中介组织提供服务、反映诉求、规范行为的作用,形成社会管理和社会服务的合力";六中全会的《决定》谋划构建社会主义和谐社会,明确提出要:"健全社会组织,增强服务社会功能。坚持培育发展和管理监督并重,完善培育扶持和依法管理社会组织的政策,发挥各类社会组织提供服务、反映诉求、规范行为的作用。鼓励社会力量在教育、科技、文化、卫生、体育、社会福利等领域兴办民办非企业单位。发挥行业协会、学会、商会等社会团体的社会功能,为经济社会发展服务。发展和规范各类基金会,促进公益事业发展。引导各类社会组织加强自身建设,提高自律性和诚信度。"

2007 年 10 月 15 日,党的十七大报告把社会组织摆到了更加突出的位置,进行了多方面的论述。在这样一个马克思主义纲领性文献中,如此全面地论述社会组织,在我们党的历史上还是第一次。报告首次提出了要"重视社会组织建设和管理"这一新任务,首次把社会组织放到全面推进社会主义经济建设、政治建设、文化建设、社会建设"四位一体"的高度进行全面而系统地论述:围绕经济发展,明确"规范发展行业协会和市场中介组织,健全社会信用体系";围绕民主政治,要求"发挥社会组织在扩大群众参与、反映群众诉求方面的积极作用,增强社会自治功能。;围绕文化发展,提出"完善社会志愿服务体系";围绕社会建设,明确"鼓励和规范社会力量兴办教育",强调"健全党委领导、政府负责、社会协同、公众参与的社会管理格局"

2011 年"两会"期间全国人大正式通过的"十二五"规划纲要,首次专章阐述社会组织,明确了"统一登记、各司其职、协调配合、分级负责、依法监管"的社会组织管理体制。党中央、国务院的这一系列方针政策确立了发展和管理社会组织的基本方向。

在推进社会主义和谐社会建设的历史进程中,我们党关于社会组织的指导思想更加清晰,关于社会组织的方针、政策更为全面,对各项工作的要求更加具体。概括起来就是:发展是前提,建设是核心,培育与监管是基本手段,发挥社会组织的积极作用是根本目的。

发展是前提,就是说发展社会组织是硬道理,是整个社会组织建设与管理工作的基础。没有社会组织的发展,其他一切工作都是无本之木、无源之水。必须坚持把发展作为第一要务,主动顺应时代潮流,积极适应形势变化,把握发展规律、创新发展理念、破解发展难题,实现社会组织的总量、规模、结构、布局与我国社会主义经济、政治、文化、社会各项建设保持同步。

建设是核心,就是说要以社会组织为本,始终把社会组织建设作为中心任务来抓。必须贯

彻落实科学发展观,将社会组织从被监管的对象转变成发展建设的主体,进一步增强社会组织服务社会功能,明确政府的职责和任务,完善社会组织政策体系,科学规划、正确引导、积极扶持,使社会组织全面协调可持续发展,与构建社会主义和谐社会的内在要求相适应,与建设中国特色社会主义的正确方向相统一。

培育与监管是基本手段,就是要一手抓培育,一手抓监管。这是社会组织建设内在统一、缺一不可的两个方面。既要充分认识新时期社会组织的地位、作用,改革创新、积极扶持,解决社会组织发展遇到的困难和问题,努力创造良好的发展环境和条件;又要科学分析我国社会组织发展的初级阶段性,积极引导、兴利除弊、依法管理,引导各类社会组织提高自律性和诚信度,实现社会组织更好更快发展。

发挥社会组织的积极作用是根本目的, 就是要把社会组织发挥作用的状况作为衡量工作成效的基本标准。要服从、服务于全面建设小康社会、加快推进社会主义现代化建设的客观需要,重视社会组织,团结社会组织,凝聚社会组织,善用社会组织,使其成为科学发展、社会和谐的积极力量,成为中华民族复兴的可靠力量,成为党长期执政的重要基础。

近年来,我国社会组织进入了稳步发展的新阶段。主要表现在以下几个方面:

社会组织管理体制初步形成。我国对社会组织实行归口登记、双重管理、分级负责的管理体制。归口登记,是指除参加全国政协的人民团体和经国务院批准免予登记的团体外,所有社会组织统一由县以上各级民政部门登记。双重管理,是指社会组织要同时接受登记管理机关和业务主管单位的管理。民政部门作为登记管理机关,重点负责登记管理、年度检查和处罚监督等职责;国务院有关部门和县级以上地方各级人民政府有关部门、国务院或者县级以上地方各级人民政府授权的组织,是有关行业、学科或者业务范围内社会组织的业务主管单位,业务主管单位主要负责业务指导和日常监督管理职责。分级负责,是指社会组织按照行政层级管理,分层设置,上下没有隶属关系。全国性社会组织由民政部登记,地方性社会组织由相应的县以上民政部门登记,跨区域的社会组织由上一级民政部门登记。

社会组织法规政策框架初步建立。我国社会组织法律规范体系基本上是改革开放以后建立起来的。概括来讲,主要包括四个法规。即1988年颁布、2004年修订的《基金会管理条例》,1989年颁布、1998年修订的《社会团体登记管理条例》,1998年颁布的《民办非企业单位登记管理暂行条例》,1989年颁布的《外国商会管理暂行规定》,此外,全国人大及其常委会通过的《民法通则》、《公益事业捐赠法》、《民办教育事业促进法》等也有涉及社会组织的部分条款。这些法规确立了社会组织各自的组织特征和法律地位,明确了登记条件、程序和权益保障,规范了基本行为和自律管理机制,规定了基本的管理体制、管理机关各自的职责以及对违法行为和非法组织的处罚措施,是新时期我国社会组织管理的重要和基本规范。

另外,政府有关部门制定了相应配套的部门规章,涉及社会组织的名称、章程、印章、年检、处罚、财务、税收、社会保险等诸多方面。如全国人大通过的《企业所得税法》对企业公益性捐赠税前扣除作出了规定,民政部先后制订了《社会团体分支机构、代表机构登记办法》、《民办非企业单位名称管理暂行规定》、《基金会信息发布办法》、《取缔非法民间组织暂行办法》 等; 财政部、国家税务总局《关于非营利组织免税资格认定管理的规定》;财政部《民间非营利组织会计制度》等。此外,地方人大和政府也制定了大量地方法规及规章,如2006年2月广东省人大常委会颁布了《广东省行业协会条例》，是行业协会的第一部地方性法规。

适应经济社会发展需要的社会组织发展较快。目前，社会组织以每年 10%-15%的速度在发展。同时，在城乡基层，不具备法人条件的服务型、群众性社会组织快速发展，经民政部门备案的农村专业经济协会有 4 万多个，城市社区社会组织有 20 万多个。在各类社会组织中，发育较早较好的是行业协会、商会，全国有这类组织近 7 万个，其中全国性行业协会 600 多个，基本覆盖了国民经济各个门类。基金会和公益性社团稳步发展，每年筹集资金 30 亿元左右。学术性团体增长较快，全国有 4 万多个，其中全国性学术团体近 600 个。民办非企业单位呈现快速增长的势头，尤其是教育、卫生、劳动培训、社会福利类民办非企业单位发展迅速，向社会提供了很好的服务。同时，基层社区社会组织蓬勃兴起。在城市，随着社会管理和公共服务重心下移，各地涌现许多群众自我服务和自我管理的社区社会组织。在农村，广大农民也组织了农村专业经济协会，全国已经登记或备案的有 4 万多个。

社会组织能力和质量稳步提高。社会组织普遍建立了以章程为核心的内部管理制度，形成了权力机构、执行机构、监督机构合理分工、互相督促的内部法人治理机构，逐步规范了民主选举、民主管理的议事决策机制，多数能够按照会计制度进行财务管理，普遍开展了自律和诚信建设，建立了信息披露制度。承担了一部分政府转移的社会事务和公共服务职能，为社会和公众服务的能力不断提高，初步建立了一批专业化、职业化队伍，初步形成了自我发展、自我管理的局面。

第三节　学会协会等社会组织管理体制机制不断创新

近年来，各地按照中央精神要求，以科学发展观为统领，大力推进社会组织管理体制机制创新。各级党委、政府重视社会组织工作，把社会组织发展管理纳入重要议事日程。广东省出台了《关于发展和规范我省社会组织的意见》，提出着力转变政府职能，调整和优化布局结构，建立政府购买服务制度，加大资金扶持力度等一系列政策措施。北京市出台了《关于加快推进社会组织改革与发展的意见》，提出创新社会组织管理体制，明确社会组织建设与管理总体目标，制定构建具有首都特色的社会组织管理工作发展规划。上海市召开社会建设大会，出台《关于进一步加强本市社会组织建设的指导意见》，明确社会组织是社会建设的重要内容，提出要尊重社会组织的主体地位，顺应社会组织发展规律，分类指导社会组织健康有序发展，着力构建社会组织发展、管理、党建三位一体建设新格局。深圳出台了《关于进一步发展和规范我市社会组织的意见》，明确要从体制机制上规范政府、市场、社会三者的关系，在政府扶持、登记管理、社会监督、政府部门监管等体制上进行了创新。民政部与上海、重庆、湖北、山东、深圳等 14 个地方签订部省市合作协议，在上海、广东、云南、新疆、青岛、深圳等地设立改革创新观察点，支持、鼓励地方大胆探索，先行先试。各地在社会组织管理体制机制方面积极探索，勇于实践，取得明显成效。主要做法有：

一、加大培育扶持力度

近年来，各地按照“发展是前提、建设是核心、培育发展是基本手段，发挥社会组织的积极作用是根本目的”的要求，加大了对社会组织培育扶持的力度，拓展了培育扶持的手段和措施。

（一）推动政府向社会组织转移职能

在地方政府改革中，一些地方政府将可由社会组织承担的具体社会事务、微观经济调节职能以及专业服务职能转移或委托给具有相应能力的社会组织承担。广东省将3大类17项职能通过授权、委托及其他适当方式依法转移给社会组织，在部门“三定”规定中明确转移事项。深圳在改革中明确提出，凡是社会组织能够有效提供的公共服务，原则上不再设立新的事业单位。在2009年的行政管理体制改革中，深圳各政府部门共取消、调整和转移284项职能和行政审批事项，这些事项正在有序地与社会组织对接，让社会组织更广泛、更深入地参与社会管理。海南省海口市通过《关于进一步转变政府职能促进社会组织发展的决定》，突出了转移职能、让渡空间，解决政府、市场、社会相互越位、错位、缺位的问题，让市场更好地发挥作用，让社会更好地自主治理，发挥社会组织的作用。

（二）推进政府向社会组织购买公共服务

近年来，一些地方通过向社会组织购买服务，支持、引导社会组织参与社会管理和服务。2010年，北京市把社会组织公益服务纳入统一规划，引导社会组织围绕扶贫救助、服务“三农”、促进就业等十大民生领域开展公益活动，全市筹集社会资金22.98亿元，支持1867个社会组织实施2735个公益项目，惠及群众998万人次。2009年，上海市从福利彩票公益金中列支5000万元，开展社区公益服务项目招投标和公益创投工作，鼓励扶持有能力的公益性组织参与安老、济困、扶幼、助残等社区公益服务项目。广东省出台了《关于开展政府购买社会组织服务试点工作的意见》，明确了政府购买社会组织服务的指导思想、基本原则、实施范围、社会组织具备资质、购买服务项目及购买方式、资金安排、监督和绩效评价，初步建立起政府向社会组织购买服务的制度。深圳市2006-2009年投入2.12亿元资助500多个社会组织实施“老有所乐”、“老有所学”和“居家养老”等项目，受益老人累计达15万人次，还投入1.2亿元资助新成立的36家社工机构，引进和培养了813名社工人才。

（三）创建社会组织孵化机制

各地采取不同措施，建立社会组织发展的支持和孵化机制。北京、上海、深圳、南京、广州等地按照“政府支持、民间运转、专业团队管理、政府和公众监督、社会组织受益”的孵化模式，面向社会组织提供活动场所、能力建设和信息服务，对进入孵化基地的社会组织进行多方面的帮助，对初创时期的社会组织提供关键性的支持，扶助这些公益组织逐渐成长。浦东新区建成全国首个社会组织集聚办公、共享服务资源的“浦东公益服务园”；深圳市将“社会组织孵化基地”项目建设列为市重大项目，“社会组织孵化实验基地”已正式挂牌运作，南京市组建了“南京社会组织培育中心”。此外，辽宁省从社会福利彩票公益金中拿出200万元建立农村专业经济协会扶贫专项基金。广州市从社会福利彩票公益金中安排500万元作为社会组织发展专项基金启动资金。浙江省台州市动员社会力量，筹集民间资金485万元，设立了全省第一个社会组织发展基金会，着重资助社会组织公益项目，促进社会组织规模化、品牌化。

（四）制定和完善配套政策

近年来，民政部和有关部门从财政、税收、社会保障等方面出台了一系列扶持社会组织发展的配套政策。为贯彻落实《企业所得税法》和《个人所得税法》，构建社会组织税收优惠政策体系，民政部、财政部、国家税务总局共同努力，出台《关于公益性捐赠所得税税前扣除有关问题的通知》、《基金会公益性捐赠税前扣除资格审核工作实施方案》和《社会团体公益性捐赠税前扣除资格认定工作指引》等文件，协调出台社会组织自身收入免税和资格认定的政策，初步建立了以民政部门的年检、评估为依托的民政、财政、税收三部门相互配合的社会组织税收优惠和监管体制。广东、北京、上海、江苏、浙江、陕西、宁夏等地积极协调财政、国税、地税部门出台公益性捐赠税前扣除资格认定工作实施办法，其他一些省区也积极开展认定工作，全国共有近千家社会组织获得了公益性捐赠税前扣除资格，在社会上产生了强烈反响。上海为了提高社会组织工作人员社会保障水平，帮助社会组织吸引人才和稳定工作人员队伍，在全市社会组织中建立年金制度，作为基本养老的补充，提高工作人员退休后的保障水平。

二、不断完善登记管理体制

登记管理体制不完善是当前制约我国社会组织发展的主要因素，各地在直接登记、备案管理与政会分开等方面进行改革和探索。

（一）探索直接登记

为鼓励发展行业协会、公益类等社会组织，广东省出台《行业协会条例》，把业务主管单位改为业务指导单位，指导单位不再干预行业协会的人财物，不对行业协会的成立进行前置审批，行业协会直接向登记管理机关申请成立。同时，广东在行业协会实行“五自三无”改革，实现协会“自愿发起、自选会长、自筹经费、自聘人员、自主会务”以及“无行政级别、无行政事业编制、无行政业务主管部门、无现职国家机关工作人员兼职”。2010 年，广东省将双重管理体制改革从行业协会推进到异地商会、公益性社会组织和经济类社会组织。安徽、湖北、北京、四川、天津、宁夏、深圳等地也在直接登记改革方面进行探索和实践。

（二）推广备案管理

为适应公共管理和服务重心下移，各地探索、实行由县（区、市）民政部门统一备案，由街道办事处（镇政府）作为业务主管单位并履行指导监督职责的备案管理制度，使得大量活跃于社区、为基层群众服务但又暂不具备法人条件的社区社会组织能够取得合法地位并进入政府的管理视野。上海、山东、江西、陕西、宁夏、青岛等地专门出台文件，大力推动登记和备案双轨制，效果明显。据不完全统计，目前全国备案的社区社会组织已超过 20 万个，主要包括慈善类、文体类、科普类和为老年人、残疾人、困难群众提供服务的组织。

（三）推进行业协会、异地商会改革

按照国务院办公厅发布的《关于加快推进行业协会商会改革和发展的若干意见》，各地大力推动行业协会从职能、机构、工作人员、财务等方面与政府部门分开。目前，广东、天津、河北、上海、浙江、重庆等 6 省市完成了行业协会与行政主管部门脱钩工作，另有 10 个省市的脱钩工作正在进行中。政会分开工作的推进，激发了行业协会的活力和创造力。为推动区域经济合作，新疆、山西、安徽、广东等地出台文件，鼓励、规范异地商会发展，把异地商会登记权限下放到地（市）和县（市、区）级。

三、积极改进监督管理手段

近年来，在党委和政府领导下，各级民政部门出台和完善监管措施，加大监管力度，提高监管能力，管理制度逐步完善，管理手段日趋改进，在形成党委领导下的政府管理、社会监督和社会组织自律相结合的管理格局方面迈出新步伐。

（一）推行社会评估

民政部颁布了《社会组织评估管理办法》，下发了《关于推进全国社会组织评估工作的指导意见》，形成了分类组织评估标准体系，完善了评估工作方法和程序。2008年以来，行业协会、基金会和民办非企业单位评估工作相继在全国展开，各地基本建立了"政府指导、社会参与、独立运作"的社会组织评估机制，有效动员了社会监督力量，创新了监督管理手段。江苏省出台了《江苏省社会组织评估管理办法》，制定了评估细则，组建了专家库、评估委员会及复核委员会。青岛市制定下发了《青岛市社会组织评估实施办法》、《行业协会评估指标体系》、《行业协会评估标准细则》等一系列配套文件，积极推进评估工作。

（二）推进行政执法

各地加大行政执法力度，2009年，全国共注销、撤销和取缔2.2万个社会组织，有力净化了社会组织发展环境。甘肃省出台《加强社会组织执法监察工作的意见》，建立执法协同机制，明确部门职责，对执法监察的基本要求、主要形式、范围内容进行了规定。一些地方充分利用社会资源，建立了省（市）–县（区）–乡镇（街道）–村（居）委会四级预警网络，天津、浙江、西藏等地横向成立了多部门联合执法工作机制。青岛市积极推行"积极执法"、"规范执法"、"和谐执法"等措施，从体制、机制等方面入手，进一步加强和改善了行政执法工作。江苏出台《社会组织登记管理机关实施行政处罚程序规定》，细化了行政处罚的执法程序，为各级登记管理机关规范行使职权提供了制度保障。

（三）探索涉外社会组织管理

积极推动境外非政府组织管理改革创新观察点建设，探索地方涉外社会组织登记管理体制。2007年，民政部将云南省作为境外非政府组织管理工作的"改革观察点"。2009年底，云南省公布实施了《规范境外非政府组织活动暂行规定》，实行境外非政府组织备案制度，通过"组织身份备案"、"项目合作备案"和业务指导单位具体指导的方式，将其全部纳入了政府依法管理的轨道，既解决了境外非政府组织在滇开展项目活动的合法化问题，又保护和促进了省内社会组织与境外非政府组织之间的交流合作，这是国内首个由地方政府发布的规范境外非政府组织在本地活动的公开管理文件。截至2010年底，云南省已备案19个境外非政府组织。

四、创新社会组织党建工作

按照中央部署，在各级党委、组织部门领导下，各级登记管理机关成立指导小组，指导社会组织参加深入学习实践科学发展观活动和创先争优活动，并以指导工作为契机，大力探索社会组织党建工作新思路、新方法，社会组织党建工作成效显著。各地把加强社会组织党组织建设作为学习实践活动和创先争优活动的重要目标和重要保证，全国社会组织党组织覆盖率由学习实践活动之前的37.5%提高到89.8%，上海、广东、安徽、新疆、福建、河北等地的社会组织党组织实现全覆盖,四川、重庆、山西、云南、新疆生产建设兵团等地社会组织党组织覆盖率也大幅提高。党建管理体制取得新突破。广东、山东、宁夏、海南、青海等地结合实际,依托民政部门成立了社会组织党工委,着力推进党建管理的体制机制创新,形成了登记管理与党建管理的合力。广东省级社会组织党工委成立以来,全省已有14个地级市、28个县(市、区)成立了社会组织党工委,建立了社会组织党工委、行业协会党总支、行业协会党支部三级管理体制,还相继成立了省社会组织团工委、纪工委、妇工委。山东、宁夏两地将社会组织党工委这一党建管理体制全部覆盖到省(区)、市、县三级,并在所属社会组织较多的业务主管单位设立社会组织党委(总支),形成各级党委领导、组织部门抓总、社会组织党工委具体负责的社会组织党建管理体制。海南等地社会组织党工委已基本覆盖到市县一级。

第四节　有重点地培育扶持学会协会等各类社会组织

社会组织情况和特点不一,功能与作用不同,规模和活动能力差异较大,发展规范不能采取"一刀切"的办法。必须坚持实事求是,因地制宜、因症施策。当前和今后一个时期,社会组织发展与管理要坚持培育发展与管理监督并重的方针,建立与我国经济社会发展水平相适应、布局合理、结构优化、功能到位、作用明显的社会组织发展体系和法制健全、行为规范、分类管理、分级负责的社会组织管理体系,形成政府管理、社会监督和社会组织自律相结合的管理格局,促进社会建设和管理体制创新,推进经济和社会全面协调发展。

一、加快推进行业协会改革与发展步伐

要优化行业协会的布局和结构。根据经济和社会发展的需要,积极推进行业协会的重组与改造,建立优胜劣汰机制。重点培育和发展按市场化原则规范运作,在行业中具有广泛代表性,与国际接轨的行业协会,对不符合产业升级和行业日趋萎缩的协会要归并重组,对长期不开展活动,或者违法违纪的协会,要依法查处乃至注销和撤销。要切实推进政会分开。引导和规范行业协会从职能、机构、人员、财务等方面与政府部门、企业事业单位彻底分开,促进行业协会依法独立运作。指导行业协会建立和完善以章程为核心的管理制度,推行民主管理、民主决策、民主监督,严格按照民主程序和无记名投票方式选举产生理事会成员,鼓励选举企业家担任会长,可通过选举、聘任等方式产生秘书长。可选择若干城市和全国性的行业协会,开展行业协会管理体制改革试点,简化和规范管理内容和方式,逐步建立健全科学、规范、有效的监管体制。

二、加大公益慈善类社会组织扶持力度

公益慈善类组织特别是各类基金会,是社会财富实现再分配的一种途径。在我国处于经济社会发展的关键时期,培育发展公益慈善类组织,可以吸纳社会各界人士,汇聚民间资金,开展公益活动,能够程度不同地缓解社会矛盾,增强社会凝聚力,以此保持政府和社会组织、社会各阶层利益群体的和谐互动。要切实解决登记管理障碍,以群众需求为导向,结合实际,制定发展公益慈善类组织的规划。要积极探索培育扶持措施,支持和引导公益慈善组织在社区建设、安老扶弱、助残养孤、扶危济困、救助赈灾等领域实施项目,提供服务。支持和帮助社会组织进入

社会救助、社会福利、社会慈善和社会事务管理领域，发挥社会组织服务、管理功能。

三、推进民办非企业单位快速发展

民办非企业单位作为市场经济和社会服务主体之一，是吸纳就业人员最多、与经济社会发展最贴近、对经济增长影响最直接的社会组织。鼓励社会力量兴办民办非企业单位，也是当前完善公共服务体系，建设服务型政府的重要环节。要重点发展人民群众急切需要的民办非企业单位，重点做好教育科技、文化体育、医疗卫生、福利事业、生态环保、服务社区和服务"三农"的民办非企业单位的规划、发展和培育，逐步建立起布局合理、层次不同、自律规范的民办非企业单位体系，形成民办社会事业和公办社会事业相互促进、共同发展的格局。要在财税、信贷、土地供应、收费标准和项目、职工社会保险等方面加大对民办非企业单位的支持力度。要维护民办非企业单位和职工的合法权益，任何单位和个人不得侵犯民办非企业单位的合法财产，不得非法改变财产的权属关系。要以信息公开和承诺服务为抓手，引导民办非企业单位规范行为，增强社会责任和社会公益意识，提高服务质量，增强社会公信度，逐步建立自律和诚信长效机制。适应我国事业单位分类改革的要求，对于转制为民办非企业单位的事业单位，要按照党委、政府的要求，针对转制单位特点，积极制定实施方案，有计划、有步骤做好登记管理。

四、积极发展城乡基层社会组织

培育发展城乡基层社会组织是加强社会建设、构建和谐社区的重要内容，也是社会组织建设与管理新的生长点。当前，无论是农村专业经济协会，还是社区社会组织，都存在起点低，底子薄，培育政策不健全，内在机制不完善等问题。要继续培育发展农村专业经济协会。按照《农民专业合作社法》，农村专业经济协会是与农民专业合作社性质、功能、作用不同但又互补的一类农民专业合作组织，要妥善处理两者之间的关系，尊重农民的选择。引导农村专业经济协会广泛吸纳农民、经纪人、企业、农业服务单位、农民专业合作社为会员，增强代表性，扩大影响力。通过交流培训、典型示范，提高农村专业经济协会服务能力和管理水平。有条件的地方，可探索建立政府资金支持机制，推动地方立法，解决农村专业经济协会发展中的瓶颈问题。要大力推动社区社会组织建设。正确认识社区社会组织的内涵、地位及功能，把握其产生、发展与活动规律。结合社区建设，大力培育社区生活服务类社会组织，支持和鼓励社区居民成立形式多样的慈善组织、群众性文体组织、科普组织和为老年人、残疾人、困难群众提供生活服务的组织。鼓励地方帮助落实社区社会组织开展公共服务的资金、场所和人员，对社区社会组织开展的互助性服务、志愿服务和非营利性服务给予政策和资金扶持。要大胆探索农村社区社会组织发展、管理的有效方式，充分发挥社区社会组织在拓展社区服务，推进社区自治，共建和谐社区中的积极作用。

五、规范发展学术性社团

学术团体聚集了我国数十万专家学者，广泛开展学术交流活动，为我国理论创新、体制创新、科技发展、民主法制建设和改革开放提供了智力支持。要充分利用专家学者、专业技术人员和管理人员密集的优势，发挥学术性团体在繁荣文化，发展教育，保护生态，推动科技进步，促进体育卫生事业发展的作用。要健全学术性社团治理结构。健全权责明确、协调运转、有效制衡的法人治理结构，明确会员大会、理事会、监事会和管理层的职责，推行理事长兼法定代表人制度，适度控制理事会规模，强化章程的核心地位，健全议事、选举、机构、财务、人事等各项制度。进一步引导和规范学术性社团在职能、机构、人员、财务等方面，与政府部门、企事业单位脱钩，推动社会组织真正成为独立的法人主体。

参考文献

1、民政部民间组织管理局编.《社会组织建设与管理》北京.中国社会出版社，2008

2、孙伟林主编.《社会组织管理》.北京.中国社会出版社，2009

3、万军著.《社会建设与社会管理创新》.北京.国家行政学院出版社，2011

民政部民间组织管理局涉外民间组织管理办公室主任　高成运

第四章　学会协会的机构设置

第一节　学会协会的领导机构

一、学会协会领导机构的组成

学会协会的会员代表大会是学会、协会的最高权力机构，由此所选举产生的理事会、常务理事会是会员代表大会的执行机构。学会是科技工作者自愿组成并依法登记的公益性、学术性、非营利性社会团体，是中国科协的组成部分。其宗旨是团结和组织广大科技工作者，遵守法律法规，贯彻国家科学技术的方针政策，崇尚职业道德，弘扬社会正气，坚持民主办会，依法维护会员与科技工作者的合法权益。学会接受科学技术协会、社团登记管理机关的指导和监管，同时接受政府相关职能部门和上级学会的业务指导。

(一)会员代表大会

会员代表大会由全体会员选出的代表组成,是学会协会的最高权力机构，是学会协会讨论并确定重要事项和未来发展的决策机构。

1.会员的产生　凡承认学会、协会章程并符合会员条件的人员均可提出入会申请，经批准后成为会员，会员通常分为个人会员、团体会员、名誉会员、专科会员，外籍人员经过严格批准后可以成为会员，会员是学会组织的主体，学会亦可在会员分类中设立资深或终身会员，其入会条件根据学会协会章程的规定。学会协会会员的分类和入会基本条件是：

(1)个人会员　经过专业培训，获得相应执业资格的初级以上专业技术职务或职称的专业人员；热心和积极支持学会协会工作并具有相应专业知识的管理工作者。

(2)团体会员　与学会协会工作有关，愿意参加学会协会有关活动，支持学会协会工作，具有一定社会影响力的科研、教学、生产、设计等企、事业单位，以及依法成立的有关学术性社会团体。

(3)外籍会员　在学术上有较高成就，对我国友好，愿意与对口学会协会联系、交往和合作并经批准的外籍科技工作者。

(4)荣誉会员　对本学科或专业科学技术发展和学会工作有重大贡献的会员，经学会协会常务理事会批准可授予荣誉会员称号。

(5)名誉会员　对本学科或专业的发展有重要贡献，具有较高学术威望，热心参加或协助组织与我国相应学会的科学技术交流的外籍专家、学者，企业家经学会协会常务理事会批准可授予名誉会员称号。

2.会员的权利与义务

(1)会员享有的权利：①参加学会协会活动；②获得学会协会服务的优先权；③对学会协会具有批评建议权和监督权；④入会自愿，退会自由；⑤个人会员在本会具有选举权、被选举权和表决权；

(2)会员履行的义务:①遵守学会协会章程,执行学会协会的决议;②维护学会协会合法权益;③完成学会协会交办的工作;④按规定缴纳会费;⑤向学会协会反映情况,提供有关资料。

3.召开会员代表大会

(1)会员代表大会的代表名额和选举办法由理事会或常务理事会研究决定,其代表从会员中推荐产生。条件允许也可召开全体会员大会。

(2)会员代表大会须有2/3以上会员代表出席方能召开,其决议须经到会会员代表半数以上同意。

(3)会员代表大会一般每5年召开一次,因特殊情况需提前或延期召开时,须经理事会讨论通过,呈报业务主管部门审查并经社团登记管理机关批准同意,延期换届最长不超过一年。

(4)会员大会的筹备工作要在理事会或常务理事会的领导下,按照学会协会章程和民主程序进行。

4.会员代表大会职权

(1)根据会员所求决定学会协会的发展战略、工作方针和任务;

(2)审议理事会的工作计划和财务报告;

(3)制定和修改学会协会章程;

(4)选举和罢免理事;

(5)决定名誉会长的设立和人选:

(6)通过提案和决议:

(7)决定终止事宜;

(8)决定其他重大事宜。

(二)理事会

理事会由会员代表大会从会员中选举产生,理事会在学会协会管理中处于核心地位,是会员代表大会的执行机构,具有重大事项的决定权并履行监督职能。

1.理事的产生　理事通常由会员竞选产生,全体会员均具有参选资格,并经会员代表大会选举通过即可成为理事。理事会是会员代表大会的执行机构,在会员代表大会闭会期间领导学会协会工作,对会员代表大会负责,每届任期五年。理事会的职权:

(1)执行本会会员大会或会员代表大会的决议;

(2)选举和罢免会长(理事长)、副会长(副理事长)、秘书长、常务理事;

(3)筹备召开会员代表大会;

(4)向会员代表大会作工作报告和财务报告;

(5)决定设立办事机构、分支机构、代表机构和经营机构;

(6)决定各类会员的除名;

(7)审议学会协会的年度工作报告和年度学术计划;

(8)理事会根据工作需要,可酌情设立若干专门委员会,分别承办理事会交办的有关工作。

(9)决定其他重大事项;

2.理事会换届改选

(1)理事会在任期届满前3个月,应向上级部门提出换届申请,经上级相关职能部门同意后进行筹备。

(2)召开会员代表大会前30天,须向上级部门提出召开会议申请,并报送有关会议材料,经上级职能部门审查同意后方可召开。

(3)报送材料要求:一是理事、常务理事候选人名册;二是会员大会的主要议程;三是理事会工作报告、财务报告;四是章程修改报告和章程(草案);五是新一届理事会会长、副会长和秘书长候选人名单及其简历;六是本届财务审计报告。

(4)学会换届后,应将选举结果和章程等文件报上级职能部门批复备案,按照《社会团体登记管理条例》的规定,到民政部门办理手续。

3.理事会会议制度

(1)理事会议的召集 理事会由会长(理事长)主持召开,必要时可由会长委托副会长主持。一般每年召开一次,必要时可随时召开;

(2)理事会议事内容 ①听取秘书处(办事机构)、会长(理事长)、秘书长办公会、常务理事会关于筹备召开会员代表大会相关事宜的汇报,②审议会员代表大会工作报告,③审议并通过学会协会年度学术计划、工作计划和年度工作总结,④选举和罢免会长(理事长)、副会长(副理事长)、秘书长和常务理事,⑤指导下一级学会协会工作,⑥审议并通过学会协会年度财务报告,⑦学会协会 需要理事会讨论的其他重要工作;

(3)理事会议事规则 ①理事会议需有三分之二以上理事出席方能召开,其决议须经到会理事三分之二通过方能生效。②召开理事会议应至少提前半个月发出通知,并同时将会议需要审议的文件材料送达与会人员,③会议议程由学会协会 秘书处(办事机构)根据工作实际需要提出,秘书长审核、学会协会会长(理事长)、秘书长办公会讨论、常务理事会通过。④理事因事不能出席会议,需向会长(理事长)请假。⑤理事会议所议事项和作出的决议应有专人详细记录,会后撰写会议纪要经会长(理事长)审核后发送理事、常务理事、会长、秘书长及学会协会各分会、办事机构各职能部门;

(三)常务理事会

1.常务理事会的产生

常务理事会由理事会选举产生,在理事会闭会期间行使理事会职权中第一、三、五、六、七、八、九项职权,对理事会负责。

(1)常务理事的任职条件

①本学会协会理事会的理事;

②本学会协会单位会员中担任重要职务、且为本行业某区域(系统)的代表人物;

③本学会协会影响较大的分支机构负责人;

④本学会协会担任会长(理事长)、副会长(副理事长)、秘书长的领导;

⑤热心学会协会工作,具有团结、协调能力,尊重同行;

⑥未受过任何处分和无犯罪记录者

2.常务理事的选举

常务理事需经全体理事选举产生,人数不超过理事人数的三分之一。

3.常务理事会会议制度

（1）常务理事会议的召集 常务理事会由会长(理事长)主持召开，需要时也可由会长(理事长)委托副会长(副理事长)主持召开。常务理事会一般每半年召开一次，必要时也可随时召开；

（2）常务理事会议事内容 ①审议秘书处(办事机构)、会长(理事长)、秘书长办公会草拟的年度工作计划、年度工作总结和年度财务报告；②审议申请成立或撤消专科分会、分支机构事宜；③审议学会协会重要人事任免；④听取会员代表大会筹备情况汇报；⑤审议会员代表大会工作报告；⑥讨论学会协会重要表彰和奖励；⑦讨论通过年度学术计划；⑧讨论审批专业杂志的申办；⑨讨论通过学会协会内部管理制度；⑩讨论决定其他重要事项。

（3）常务理事会议事规则 ①常务理事会议的召开需至少提前一周发出通知，并同时将会议讨论的材料寄（送）达与会人员；②常务理事会议议题由学会协会秘书处（办事机构）提出，经学会协会秘书长审核并呈会长（理事长）秘书长办公会讨论同意提交；③会议需要三分之二以上常务理事出席方可召开，所议议题需到会三分之二常务理事同意方可生效；④在特殊情况下，常务理事会议也可通过通讯方式进行；⑤因事不能参会的常务理事需向会长（理事长）请假；⑥会议指定专人记录，会议纪要经秘书长审核、会长签发并发至全体理事、各分支机构、办事机构。

二、学会协会领导职责

（一）会长(理事长)工作职责

1.认真贯彻落实党的路线、方针和政策，遵守国家法律法规；

2.坚持学会协会办会方向，执行学会协会章程和相关规定，依章办会；

3.严于律己，大公无私，尊重专家，尊重知识，尊重人才；

4.负责召集和主持理事会议和常务理事会议；

5.定期检查会员代表大会决议的落实情况，发现问题及时纠正，确保学会协会顺利发展；

6.定期检查理事会、常务理事会决议落实情况。

7.代表本会签署有关重要文件；

8.注意发现学会协会管理人才、关心支持学会协会管理人才的成长，造就一批思想过硬、懂得管理、尊重专家、奉献爱会的学会协会专管人才。

（二）秘书长工作职责

1.秘书长在理事会和会长（理事长）领导下工作；

2.认真贯彻党的路线、方针和政策，认真执行理事会、常务理事会以及会长（理事长）、秘书长办公会的各项决议；

3.尊重知识，尊重人才，尊重专家，尊重同行，认真办理专家提出的合理要求；

4.负责组织实施学会协会办事机构全面日常行政管理工作，协调各分支机构、代表机构、实体机构开展工作；

5.负责组织制定实施学会协会长远发展规划和年度工作计划；

6.提名副秘书长以及各办事机构、分支机构、代表机构和实体机构主要负责人，提交理事会或常务理事会决定；

7.决定办事机构、代表机构和实体机构专职工作人员聘用；

8.负责学会协会学术活动的策划与管理，坚持学术平台的严肃性，维护学术平台的纯洁性，树立学术平台的权威性。重视提高基层科技人才的学术水平，认真组织科学技术下乡；

9.主动承担政府转移的各项职能任务；

10.加强学会协会会员管理，做好会员发展和会员服务工作。

（三）副秘书长工作职责

1.副秘书长是学会协会（办事机构）班子成员，在秘书长领导下完成分管工作，对秘书长负责；

2.副秘书长在分管工作范围内代表秘书长行使管理职权，遇重大的、带全局性的问题，应及时向秘书长汇报；

3.副秘书长在学会协会管理工作中应顾全大局，充分发挥助手作用，主动提出工作建议和意见，认真落实会长秘书长办公会决议及会长、秘书长交办事宜，共同推动学会（协会）秘书处工作顺利、高效运行。

三、学会协会领导机构的管理

学会协会的管理形式通常分为决策和执行两个层面，在决策层面上，理事会可以按照学会协会章程的规定成立若干专门委员会，各专门委员会在其职责范围内独立行使权力，既可使其成为学会协会秘书处即办事机构的参谋和顾问，也可履行部分监管作用，弥补办事机构专职工作人员的专业性不足，提高学会协会工作的质量。专业性协会可根据其业务范围可设立分支、代表和经营机构等，如若干专科分会（下设专业学组），经济类学会则可设立财务委员会、管理委员会、顾问委员会和提名委员会等。执行层面通常是指常务理事会下设的秘书处，可设办公室、人事部、财务部（或综合办公室）、组织管理部、学术会务部、继续教育部、科技普及部、科技评审部、科技信息与开发部等。

（一）专门委员会

学会协会依据章程规定，结合本会业务范围、承担政府职能以及行业发展的需要，成立相应的专门委员会，负责相关业务工作，同时，专门委员会对学会、特别是对办事机构的管理和各部室的工作开展而言，还起着“智囊团”和一定的监督作用。专门委员会主要由本会相关专业的学科带头人（知名专家）、办事机构的领导以及对应业务部室的专职工作人员组成。现以国家级学术性社团所设的专项管理委员会为例，简要归纳其职权以及对学会管理所发挥的作用，根据工作需要，设置与专门委员会相对应的业务部室。

1.组织工作与管理委员会主要职权

（1）检查章程的执行情况并提出修订意见，拟定会员代表大会、理事会、常务理事会的重要报告及改选方案；

（2）根据学科发展调整专科分会和新专科分会的初审，审查资深、团体和名誉会员的资格；

（3）向决策层提出机构设置、重要报告、推荐优秀人才的建议。

2、学术工作与管理委员会主要职权

（1）根据科技发展规划，审议专科分会学术思路，拟定需常务理事会讨论的学术报告；

（2）制定学术规划或计划，督查学术计划和质量评估的实施，就学术问题向常务理事会建议；

(3)推荐优秀科技人才和评选优秀论文,组织会员参加学术活动。

3.继续教育管理委员会主要职权

(1)根据继续教育需要向常务理事会提出建议,拟定需常务理事会研讨的工作报告;

(2)对行政部门拟定的继续教育政策提出咨询意见,组织科技人员考证培训和知识更新;

(3)督查继续教育计划的实施和质量考评,指导教材和音像的编审。

4.编辑工作与管理委员会主要职权

(1)开展调研活动和科技查新,对执行政策和质量评估情况提出建议;

(2)拟定专项报告、初审创办或转办杂志上报常务理事会审定;

(3)审议杂志的中英文版、推选杂志编委人选报常务理事会审定。

5.科技评审与管理委员会主要职权

(1)根据国家科技奖励的规定,拟定科技成果和人才奖励条例、科研立项规范,报常务理事会审定;

(2)接受政府委托拟定行业相关事宜、技术准入等规范,经审定后监督实施;

(3)拟定实用性项目、重点学科、专项基金、合作项目等标准报审定。

6.科普与农村工作委员会主要职权

(1)向常务理事会提出科普建议,引导专科分会、会员参与科普工作;

(2)指导科普分会办好科普宣教杂志、手册,调研科普分会的工作情况并提出建议;

(3)开展多种科技扶贫活动,加强基层和农村专业人员的科普培训和技术推广。

7.专业名词审定委员会主要职权

(1)根据规划和要求,审定专业名词、发展规划和年度计划,报常务理事会批准后实施;

(2)宣传专业名词审定与统一对科学发展的意义,组织中外术语和信息交流,确定统一专业名词的原则和方法,总结交流科技名词审定工作经验。

8.国际或区域交流与合作委员会主要职权

(1)提出国际交流与合作的建议,发展与国际科技组织的合作,争取国际科技资源;

(2)开展国际科技调研活动,促进专科分会等参与国际事务,申办国际会议;

(3)指导加入国际科技组织的分会,支持我国承办的国际及双边学术会议。

(二)工作委员会

根据本会所承担或新增加的政府职能、或自身行业发展需要,可增加或改变设置与之相适应的专业工作委员会,如技术事故与损害鉴定、维权和技术职称考评、新产品开发等相应的专门委员会。

第二节　学会协会的办事机构

学会的办事机构是指在理事会、常务理事会下设的秘书处,是在理事会、常务理事会领导下开展业务工作的执行机构,以民主办会原则为基础,开展本会的业务和管理工作。学会办事机构由秘书长主持日常工作,设副秘书长 1–3 人协助工作,各部设置主任和副主任职位。副秘书长、各部室正副主任职位实行聘任制,由秘书长提名,理事会或常务理事会审定聘任,办事机构的专职、兼职工作人员以本行业所属专业人才为主。

一、学术和专业性社团组织的功能任务与部室设置

(一)学会的主要任务和部室设置

1.贯彻执行党对本会的方针政策,制定本会及所属分支或代表机构的发展规划和工作计划;

2.组织会员及科技人员开展国内外学术交流、继教培训、科普推广、科技成果和人才奖励、进行科技咨询与开发;

3.承办政府委托职能如制定规范、专业鉴定、技术审核、职称考评等。根据功能任务设置相应部室,或依据各专门委员会所涵盖的业务范围而设置对应的职能部室,如办公室、组织管理部、学术会务部、继续教育部、科技普及与开发部、鉴定办公室、科技评审部、杂志编辑部等。

(二)协会的主要任务和部室设置:

1.贯彻执行党对行业的方针政策,制定本会及所属分支或代表机构的发展规划、工作计划;

2.制定行规行约、监督和规范行业质量及经营行为,分析行业现状、出版行业刊物,承办主管部门或上级协会委托事宜;

3.组织会员、企业管理及科技人员进行生产和市场信息的调研分析,制定发展方案。根据功能任务需要设置业务部室,如某工程协会设有综合部(含人事和财务)、资格资质管理部、自律监管部、考核评价部、政策研究与信息服务部、专业工程网、工程建设与管理杂志编辑部等;又如中国医院协会设有综合办公室、组织外联部、回院服务部、自律维权部、评价与评审部、学术培训部、科技发展部、信息出版部等。

(三)学会与协会会员组成、主要任务、部室设置有共同之处,也各有其特点:见表4-1和表4-2

表4-1:学会与协会部室设置情况对比

名称	学会—学术性社团	协会—专业性社团
部室情况	办公室(人事财务)	综合办公室
	组织管理部	组织外联部
	学术会务部	学术培训部
	继续教育部	回院服务部
	科技普及部	科技发展部
	科技开发部	自律维权部
	鉴定办公室	评价评审部
	科技评审部	信息出版部
	杂志编辑部	

表 4–2:学会与协会主要任务、组成及活力情况对比

名称	学会—学术性社团 (科技工作者之家)	协会—专业或行业性社团 (企业管理者之家)
人员	1. 专家+学者+热心该学科人员;	1. 企事业单位+团体+相关管理人员;
组成	2. 是科技发展的必然产物。	2. 是社会经济发展的必然产物。
会员	主要是专家学者、高等院校、科研院所和广大科技工作者。	主要是行业生产、经营企业、企业经理、专业管理和科技人员。
活力	1. 取决区域学科发展水平和地位; 2. 学科带头人的学术造诣和名望。	1. 取决区域经济、产业地位、企业实力; 2. 企业的兴衰和管理者的能力。
任务	1. 促进学术发展,繁荣科学文化事业,培养、推荐人才; 2. 推动科学技术向生产力转化、促进社会进步, 3. 代表科技工作者与政府勾通,维护科技工作者权益。	1. 统筹、协调、服务,自律、公正、维权; 2. 维护共同利益和合法权益,规范行为,自我协调和管理; 3. 代表企业与政府勾通,参与国家政策的研究与制定。

二、学会协会办事机构各部室工作职责

(一)学会协会办公室职责

1.负责学会工作计划、总结、文秘、档案、信访等日常行政管理;

2.负责纪检、监察、行风建设;

3.负责党务、工会、共青团、妇委会、计划生育、统战工作;

4.未设人事部门的学会协会,办公室还应负责人事、职改、劳资、安全保卫、离退休工作;

5.未设财务室的学会协会,办公室还要负责财务预、核、决算及固定资产管理;

6.他后勤管理工作。

(二)学术(会务)部职责

1.负责学术交流、专科分会管理;

2.负责继续医学教育项目实施;

3.负责优秀论文评选;

4.负责学术杂志管理;

5.负责会员代表大会、理事会、常务理事会的组织工作。

(三)会员管理部职责

1.负责发展会员;

2.负责个人会员、单位会员、专科会员的管理工作;

3.负责组织实施针对个人会员、单位会员、专科会员的服务项目,不断提升会员与学会协

会的沟通能力和入会积极性。

（四）科学普及部工作职责

1.加强与相关部门的沟通，探索不同时期、不同区域对学会协会开展科普活动的认识和需求，促使科普活动内容针对性强，效果确切；

2.认真学习相关科普知识，熟悉党和国家针对科普工作的相关政策，规范学会协会科普活动的管理，合理并有针对性地安排科普活动的举办地点和活动的内容；

3.做好下基层讲学专家的服务工作；

4.合理使用科普资金，勤俭办科普，确保学会协会科普工作顺利进行；

（五）医疗事故技术鉴定办公室工作职责

1.依法组织医疗事故技术鉴定；

2.依法组织预防接种异常反应技术鉴定

3.依法组织医疗损害责任鉴定；

4.其他接受委托的鉴定事项。

5.负责鉴定专家库的建设管理工作；

6.负责接待咨询服务工作，妥善处理鉴定工作的咨询上访等；

7.负责对分支机构鉴定工作的业务指导和支持工作。

（六）继续教育部职责

1.负责相关专业继续教育项目申报与管理；

2.负责相关专业人员业务能力考评工作；

3.负责相关专业机构的资格评审；

4.负责相关专业项目评估工作；

5.负责相关专业科技奖评审。

（七）科技信息部工作职责

1.负责学会协会网络管理，定期检查网络运行情况，确保信息流畅。

2.负责组织建立学会协会信息化管理平台，促进学会协会信息化建设现代化，时效化。

3.收集整理市场信息、相关行业信息，并积□探索信息开发与信息利用。

4.负责建立学会协会电子文件档案库；

5.负责学会协会使用的电脑等设备进行保养，保障办公系统正常运行。

（八）财务部工作职责

1.负责学会协会财务核算与监督；

2.负责学会协会预、决算管理，并编制预决算报表；

3.负责编制财务核算报表；

4.各类财务报表、预、决算表；

5.负责会议财务的核算与管理；

6.负责年度审计报告、年度税务清缴、对外税务协调和对外财务交流。

（九）杂志编辑部主要任务

1.负责编辑工作委员会事宜，研讨科技杂志的发展趋势，定期对本专业杂志进行质量评估；

2.负责专业杂志的编辑、出版和发行；

3.为本会所属单位及院校提供论文写作、投稿咨询和指导。

(十)信息出版部主要任务

1.负责主办期刊、报纸及内部资料出版物的管理；负责本会制发的规范、标准及其他出版物的编辑、发行。

2.收集、整理国内外医院管理相关的信息资料，负责网站的建设与管理。

三、学会协会办事机构管理体制探讨

《社会团体登记管理条例》(简称条例)和《关于进一步加强民间组织管理工作的通知》(简称通知)明确了学会协会登记管理机关和业务主管单位各自的职责，规定了民间组织实行业务主管单位和登记管理机关的“双重管理体制”。《中国科协章程》第三十四条“全国学会的办事机构在理事会领导下开展工作，行政上接受学会挂靠单位的领导”。

(一)《条例》规定社会组织实行双重管理体制

到目前为止，我国学会与协会办事机构的管理大多实行挂靠体制，即依托某部门或单位，以解决办事机构在人员编制、办公场所及活动经费等方面的问题。这些部门或单位被称为挂靠单位，目前，我国学会的挂靠单位主要是政府部门和事业单位，也有少部分是企业和社会团体。社会组织(民间组织)办事机构注册登记与管理体制：(1)法律登记单位是民政部门，负责学会的登记，审核、管理；(2)业务主管单位是科学技术协会，负责学会、分支机构、办事机构等成立的初审，并进行年度的审核及业务活动的指导；(3)学会办事机构的挂靠单位，主要是政府部门和事业单位，通常为学会提供工作场所、工作人员、部分活动经费、委托职能等；(4)行政隶属单位：有的社团本身即是某单位的一个部门。但《通知》同时又规定了民政部门侧重于学会的依法登记和宏观管理，挂靠单位则不具有对学会实行行政管理的法定职责，也就是说，挂靠体制在学会双重管理体制中的地位亦随之发生了变化，已经不再具有法定效力的行政管理体制。换言之，挂靠体制已不是合法的对学会实行管理的行政体制，只能是当前一定历史时期对社会组织办事机构的过渡管理体制。如中国科协是全国性学会的业务主管部门，对学会具有管理与监督职责，挂靠单位对学会办事机构实行行政管理职责，中国科协为了便于对学会实施管理，需要加强与挂靠单位之间的联系和沟通，按照国家有关党的建设和干部人事管理政策，确定双方对全国性学会管理工作中的责任、权利和义务。

(二)多机构管理不同类型的社会组织，不能使管理更有序

社会组织双重管理体制在实际操作过程中，势必会出现体制上的漏洞和运作上的困难，也是导致对学会履行双重管理体制的科协和挂靠单位之间遇事互相推诿的理由。如出现对社会组织监督不力、业务管理部门偏重申报而疏于监管，有的甚至放弃管理；登记管理机关由于需面对众多的民间组织，因人力紧张、经费有限，从而无暇顾及社会组织的日常活动。简言之，双重管理并不能充分体现各司其职、各负其责，只是成了社会组织事实上的双重审批，不能加快社会组织的发展壮大，也不利于其健康发展。李勇说：“社会组织登记管理制度改革正在加快，我国社会组织双重负责的管理体制将改变”。

1. 遵循公共治理的多元本质，社会组织应与政府形成伙伴关系。从长远看，我国应当以在律法框架下明确社会组织的权利和义务,规范政府和社会组织行为。中央最新制定了"统一登记,各司其职,协调配合,分级负责,依法管理"的社会组织管理机制,由此,社会组织的双重登记管理体制可能会调整为中央国家机关、有关部门一起协调的综合管理体制。政社合作作为社会组织参与社会管理和公共服务的总体趋势,在实践探索中具有举足轻重的影响力,如何判断未来的合作形式和路径、确立良性互动的合作关系将成为今后探讨的主要议题。马庆钰认为:"按照公共管理的多元化本质要求,我国还没有真正形成多元管理和服务格局,必需要注重双重管理改革路径的选择"。综上所述,对照国际社会组织应有的性质,我国相对于客观标准还存在明显距离,其独立性和非营利性还没有得到真正体现。随着我国政治体制改革的深入,政府从全能政府转为有限政府,为社会组织的发展提供了广阔的空间。研究表明,非政府组织是政府与市场关系以及国家与社会关系综合演变的结果。社会组织应当既保持自己于政府和企业之间的相对独立性,又能与政府形成良好的合作伙伴关系,以弥补政府失灵与市场失灵。在传统的治理观念中,政府是公共事务管理、公益事业、社会福利的唯一提供者,现代"治理"理念却认为公共治理的主题是多元的,社会组织也是主要的治理主体,不同治理主体需形成一种良性的伙伴关系,即一个良性的治理结构需要不同治理主体的合理分工与合作努力。一方面,政府制定扶持社会组织发展的法律、政策如改登记制为备案制、取消挂靠制、保持独立性、加强监督和引导结构转型等,创造良好环境扶持和培育社会组织的发展,特别是公益类、为弱势群体服务类社会组织的发展。另一方面,社会组织必须提高自身素质,与政府之间建立合作伙伴关系,其显身手的空间为 :(1)有效降低政府管理的成本;(2)弥补国家管理的漏洞;(3)有利于提高社会道德品质;(4)提供更具专业型、技术性、更具灵活性的公共服务。

2.社会组织能力不足不只是体制问题,还体现在难以适应新环境和缺乏新理念。詹姆斯盖拉特所著《21 世纪非营利组织管理》就是一剂开给非营利组织适应新环境的良方,21 世纪新环境是指人口结构、价值观、教育政策等层面上的变革,如人口老龄化、社会急趋多元化、志愿者制度的改变、职业女性比率增加、主流价值观的变化等,对非营利组织的结构和管理影响巨大。有效沟通对适应 21 世纪新环境非常重要,沟通能增加做出正确决策的机会,是顺利完成工作的重要基础。员工共同努力是管理的真谛所在,视员工需要提供援助,并留给员工自我发挥完成任务的空间。德鲁克提出:"营利组织向非营利组织学使命,非营利组织向营利组织学效率。"也就是说,社会组织管理的核心是常务理事会和会长,有明确界定的、且为所有员工认同和珍惜的使命,清楚的使命感能使社会组织上至领导、下至全体员工乃至整个行业都能形成一体,据此凝聚共识和全力投入,这就是组织成长演化的原动力。作为现代社会结构分化产物的社会组织依赖环境而生存,要与环境互动才有希望,如果无法做到与新环境相适应,势必为时代所淘汰。

(三)我国社会组织管理体制改革的三种模式

中国正在处于"小政府、大社会"的社会转型期,要求社会组织日趋完善和成熟,才有能力承接政府转移的各项职能。《中国社会组织论坛》提出了我国社会组织管理体制改革的三种模式,即北京、鞍山和广东模式。(1)北京模式--成立社会工委:被称为传统双重管理体制的微调,社工委对社会组织的建设与发展、社会组织党建进行指导和综合协调,民政部门进行登记注册和监督管理。(2)鞍山模式--建立联席会议制度:民政部门承担联席会议的日常工作,负责学会的设立、变更、注销登记、年检等，工经联成为协会主管部门，负责业务指导和日常监督管理。这种由学会指导行业组织的管理体制属于新双重管理体制，即通过边缘政府部门全部或部分承接社会团体的业务主管单位职能。(3)广东模式即一元管理体制：是废除双重管理体制，就是取消业务主管单位，统一由民政部门行使社会团体的等级和管理职能，可以说，只有广东模式才是真正意义上的“一元管理体制”。

三种不同的模式哪种更适宜被借鉴和推广呢？首先是北京模式：社工委具有相应的行政权力和资源，可以促进相关法规的出台和落实，也可以比较好的协调各方利益，促进社会组织会发展。但北京模式不符合管理的一般规律，管理的机构应该越少越好，北京模式又多出了社工委，不利之处在于增加了社会团体的交易成本，而社工委与民政部门职能衔接需要时间和实践，同时这种模式也需要一定的行政成本。其次是鞍山模式：由工经联做主管单位可以避免部门利益牵制，给社会组织更宽松的环境，但工经联实际职能和资源有限，难以有效促进社会组织发展，而工经联作为社会组织也有自己的主管单位，同时“协会指导协会”也违背了“社会团体主体地位一律平等”的原则。再次是广东模式：广东的改革可谓一步到位，有利于政府职能转变和社会组织建立独立自主的机制，但弊端是政府职能转移没有做到“费随事转”，个别部门不再担任社会组织的业务指导单位后，对社会组织不闻不问，即不管理也不支持，况且，广东模式也会受到《社会团体登记管理条例》的限制。政府干预市场模式在我国有较深的历史，社会组织与政府的联系也因之更为紧密，社会期待的管理主体应该是平台而非瓶颈、是纽带而非锁链、是伙伴而非婆婆、是服务者而非管理者。正是由于我国社会组织诞生的特殊历史背景，政社分离一直是社会组织发展不可或缺的议题，尤其针对社会组织的双重管理体制。不少学者根据国情和双重管理体制产生的背景，认为“新双重管理体制更符合国情，是现阶段较为可行的路径选择，而一元管理模式只有在社会环境成熟的情况下才具有应用价值”。

(四)社会创新已成为解决社会问题的重要途径

新一届英国政府发起“大社会运动”，从国家层面将更多的权力和资金下放给第三部门—非营利组织，并鼓励他们用社会创新的方式解决社会问题。美国奥巴马政府发起了社会创新基金，专门设立了公民参与和社会创新白宫办公室，推动创新解决社会所面临的具有挑战性的社会问题。美国非营利组织发展有如下趋势：(1)美国非营利组织呈现的特点是日益社会化和公共化，具有开创性和探索性。他们通过动员和整合以前尚未被发现的资源，承担了政府或企业不愿意承担的风险，从而弥补了政府和市场失灵。(2)社会组织的优势是愿意承担风险、行动快速灵活、尝试不同的解决方式，在新领域积极探索，当有了突破、看到希望后，可进一步推动政府或企业共同参与、或接手去做。(3)非营利与营利性组织日益融合，非营利组织学习营利性组织提高运作效率，营利性组织学习非营利组织追求社会效益等。但在改革实践中，我们要注意中西方存在理念、背景、文化等方面的差异：如在理念上“善治”与“靠政府”带来的政府地位差异；非营利组织生成根源上自发性与转型性导致的独立能力差异；社会监管基础与政府责任单挑形成的监管主体差异、以及非营利组织资金筹措来源的多元与单一决定的经济实力差异。尽管如此，社会创新已经成为社会组织解决社会问题、满足社会需求、推动社会发展的重要途径，也是发展趋势，无论在国内还是国际上，社会创新已然成为一个新兴的研究领域，包括创新概念、创新所面临的制度环境、创新的发展趋势如以去行政化、民间化为方向，以市场化、企业化为方向等。

在创新和发展的好时代，社会组织在保持其独立性和竞争性的同时，实行政府监管、行业自律、机构内控与社会监督并举，始终把创新作为主旋律，做到观念创新、组织创新、管理创新和服务创新，社会组织参与社会管理和公共服务的前提一是需要政府推动扶持，二是加强社会组织自身公信力和专业能力建设。政府应加快制定向社会组织转移职能和购买服务的政策体系，在更广泛领域与社会组织开展深层次合作，如制定财税扶持减免政策和优惠、保障人才专业化建设、健全信息披露制和诚信奖罚、推进社会组织评估机制等；社会组织的公信力是生命线，是生存和发展的基础，推进社会组织的公信力建设，可有效提升社会组织参与公共服务的能力和形象，提高筹措资金、项目运作、技术交流的能力；专业能力建设也是社会组织核心能力建设的重要组成部分，包括科学管理模式、专业队伍素质、高效运行机制、社会服务体系、自我发展能力等。总而言之，政府转变职能，加大培育扶持力度是社会组织发展的重要前提，而公信力和专业能力建设关系到社会组织的科学发展，也是社会组织所面临的一项长期系统工程。二者相辅相承，方可使社会组织既保持自己的相对独立性，又能与政府形成良好的合作伙伴关系，最终形成小政府、大社会的良好发展格局。

参考文献

1. 王名等：中国非营利组织定义、发展与政策建议[EB/OL]NGO,发展交流网（http://www.ngocn.org.2005，12.30）
2. 杨铭铎：以科技工作者为本，推进科技工作者之家的建设,2009
3. 周红云等：在第三届社会组织创新与发展论坛上进行热点评述的讲话
4. 中国科学技术协会：《中国科学技术协会章程》，2006
5. 廖鸿等：澳大利亚非营利组织,中国社会出版社，2003
6. 中华人民共和国国务院令：《社会团体登记管理条例》，1998
7. 王绍光，多元与统一第三部门的国际比较研究，杭州.浙江人民出版社，1999
8. 詹姆斯盖拉特，《21 世纪非营利组织管理》，北京.人民大学出版社，2003
9. 贾西津，国外非营利组织管理体制及其对中国的启示，2004
10. 吴文洁：国外非营利组织的发展与启示；社会管理研究，2010
11. 朱晓红，为社会组织建设发挥作用；中国社会组织论坛，2010
12. 安蓉泉教授《地方政府与非营利组织互动机制研究》报告
13. 吴水澎.企业内部控制理论的发展与启示［J］.会计研究，2005，5
14. 姜一平：《社会组织建设与管理的几点思考》；社团管理研究，2008
15. 朱小平，非营利组织治理问题的综述与展望.中国会计学术研网。网.http//www.asc.em.tsinghua.edu.cn/Liter-at-ure_SearchResult.asp.

广东省医学会秘书长　朱　宏

第五章　成立学会协会的条件、注册登记程序和应提供的报批材料

第一节　学会协会成立的条件

一、会员数量

根据国务院《社会团体登记管理条例》第三章第十条规定，成立社会团体必须有50个以上的个人会员或者30个以上的单位会员；个人会员、单位会员混合组成的，会员总数不得少于50个。作为专门从事学术研究与交流为主的社会团体，学会一般以个人会员为主，需要50个以上的个人会员方可成立。在广东设立行业协会的门槛则相对高些，根据2005年12月2日广东省第十届人大常委会第二十一次会议通过的《广东省行业协会条例》第二章第十条规定，成立行业协会的，必须要有50个以上的同行业经济组织申请入会。即在广东成立行业协会，会员必须是经济组织，不能是个人会员，且不得少于50个。

之所以做出这样的规定，是因为社会团体是由一定数量的自然人和组织自愿组成的，其会员过少，成立的社会团体就不具有一定的广泛性和代表性。个人会员应是具有中国国籍的公民，外国国籍和无国籍的个人不得成为会员；单位会员是除国家机关以外的独立组织。

二、学会协会名称

根据国务院《社会团体登记管理条例》第三章第十条规定，确定社会团体名称，一般应当遵循以下规定

（一）名称应当符合法律、法规的规定，不能有与其相悖的内容。

（二）要符合社会主义精神文明建设的要求，不得违背社会道德风尚，不得有封建迷信、不健康习俗以及与现实国情不符的内容。

（三）明确行政区域，全国性社会团体名称要冠以“中国”、“全国”、“中华”等字样，地方性社会团体名称则不得冠以“中国”、“全国”、“中华”等字样，而应当冠以相应的行政区域名称。

（四）反映业务范围。

（五）要标识社会团体性质，为区别于机关和企业、事业单位，社会团体一般称为协会、学会、研究会、联合会、联谊会、促进会、商会、同业公会、校友会等。

（六）不使用已被登记管理机关注销或明令撤销、取缔的社会团体名称。总之，社会团体名称应与其业务范围、成员分布、活动地域相一致，准确反映其特征。

此外，根据《民政部关于成立以人名命名的社会团体问题的通知》（民发〔2000〕168号），社会团体名称如无特殊需要，一般不以人名命名；以人名命名社会团体，只限于确实需要的科技、教育、卫生、文化艺术领域内，对我国和世界做出了巨大贡献、享有盛誉的杰出人物；一般不以

已故或健在的党和国家领导人以及政治活动家的名字命名；涉及以党和国家领导人或政治活动家命名的社会团体，应报民政部审核同意后方可办理登记。

同样都为社会团体，其标识却有所讲究。根据民政事业统计年报指标解释，从事学术研究与交流为主的社团，一般以学会或研究会命名。其中，若是研究领域已形成社会科学的，以学会命名，如中华气象学会、中国高等教育学会；尚未形成社会科学的，以研究会命名，如中国延安精神研究会、中国毛泽东诗词研究会。联合会、联谊会主要用于以人群组成的社团，也可用于跨行业、跨学科、跨领域的社团，如中华海外联谊会、中国工业经济联合会。校友会则特定用于以校友名义组成的社团，如北京大学校友会。协会的应用范围最为宽广，既可用以由专业人员组成或以专业技术、专门资金为从事某项事业而成立的社团，这类社团也有以促进会命名的，如中华律师协会、中国民营科技促进会；也可用于由同行业经济组织组成的经济类社团，这类社团统称为行业协会，如中国有色金属加工协会、中国皮革协会。商会多数用于民营企业组成的经济类社团，如中国电子商会；商会还特定用于以地缘为纽带组成的商业团体，如广东省温州商会。

三、学会协会的宗旨与章程

习惯将国务院《社会团体登记管理条例》第一章第四条的规定等同于社会团体应当遵守的宗旨。即社会团体必须遵守宪法、法律、法规和国家政策，其宗旨不得反对宪法确立的基本原则，不得危害国家的统一、安全和民族的团结，不得损害国家利益、社会公共利益以及其他组织和公民的合法权益，不得违背社会道德风尚，不得从事营利性活动。

需要强调的是，社会团体不得从事营利性活动，不等于社会团体不能营利。作为非营利性组织，社会团体与营利组织的主要区别，不在于是否营利，而在于营利所得如何分配。目前比较一致的观点是

（一）社会团体的资产及其所得，任何成员不得私分，不得分红，也不得返回捐赠者；

（二）允许社会团体开展经营活动，但必须与其业务范围和宗旨相关，不得超过其业务范围进行经营；

（三）社会团体注销后，剩余财产应移交给同类的社会团体，用于社会公益事业的发展。

社会团体的章程是规范其行为的主要依据之一，并由业务主管单位审查，登记管理机关核准方能生效。根据《社会团体登记管理条例》第三章第十一条规定，筹备成立社会团体，必须制定章程。根据条例第十五条规定，社会团体的章程包括九部分：

（一）名称、住所，包括中文名称、英文译名及缩写。

（二）宗旨、业务范围和活动地域。社会团体的宗旨也就是它成立的目的；业务范围是指社会团体根据自身宗旨所开展业务活动的领域，应写得具体、明确；活动地域要写明行政区域内，具体分为全国范围、省级（自治区、直辖市）范围、地级（州、市）范围、县级范围和跨行政区域范围。

（三）具体的业务主管单位和登记管理机关。

（四）会员资格及其权利、义务。社会团体的会员有单位会员和个人会员两种，享有相应的权利和义务。

（五）民主的组织管理制度，执行机构的产生程序。主要包括对社会团体组织机构产生程序

及其职权、组织机构间的相互关系、民主议事规则和程序的规定。

（六）负责人的条件和产生、罢免的程序。社会团体的负责人，是指理事长（会长）、副理事长（副会长）及秘书长。

（七）资产管理和使用的原则。资产包括货币和实物两种形式，其管理必须执行国家有关法律、法规和政策。

（八）章程的修改程序。社团章程修改须经会员大会或会员代表大会通过，并经业务主管单位同意、登记管理机关核准后方能生效。

（九）终止程序和终止后资产的处理。社团因故注销需组织清算。

（十）应当由章程规定的其他事项。具体可参见民政部 1998 年 11 月 26 日制定的《社会团体章程示范文本》。

广东的行业协会则有所不同。根据《广东省行业协会条例》第十三规定，行业协会的章程应当包括下列事项：

（一）名称、住所；

（二）宗旨、业务范围和活动地域；

（三）会员资格及其权利义务、会费缴纳标准；

（四）组织管理制度，会员（会员代表）大会、理事会、常务理事会、会长、监事会的产生、职权、任期和罢免的办法；

（五）财务预算、决算、清算等资产管理和使用办法；

（六）章程的修改程序；

（七）设立分支机构、代表机构的办法；

（八）协会变更、注销或者注销后资产的处理办法；

（九）应当由章程规定的其他事项。具体可参见广东省民政厅 2006 年 4 月 24 日制定的《广东省行业协会章程示范文本》。

四、组织机构设置方案

社会团体的组织机构一般包括会员大会或会员代表大会、理事会、常务理事会、理事长办公会议（或会长办公会议）、办事机构、分支机构、代表机构、实体机构。有些地方要求设立监事或监事会，如《广东省行业协会条例》就有明确要求。

（一）会员大会或会员代表大会是社会团体的最高权利机构，一般履行下列职权：一是制定和修改章程；二是选举和罢免理事；三是审议理事会的工作报告和财务报告；四是决定终止事宜；五是决定其他重大事宜。

（二）理事会是会员大会或会员代表大会的执行机构，一般履行下列职权：一是执行会员大会或会员代表大会的决议；二是选举和罢免理事长（会长）、副理事长（副会长）、秘书长；三是筹备召开会员大会或会员代表大会；四是向会员大会或会员代表大会报告工作和财务状况；五是决定会员的吸收或除名；六是决定设立办事机构、分支机构、代表机构和实体机构；七是决定副秘书长、各机构主要负责人的聘任；八是领导本团体各机构开展工作；九是制定内部管理制度；十是决定其他重大事项。在人数设置上，普遍认为较为合理的比例是理事会成员为会员或会员代表的1/3。

（三）理事人数较多时，可设立常务理事会。一般是在理事会闭会期间，行使上述理事会的第一、三、五、六、七、八、九项职权。一般常务理事人数不超过理事人数的1/3。

（四）理事长办公会议（或会长办公会议）则是由理事长（会长）、副理事长（副会长）、秘书长等人员组成的会议，一般定期召开讨论协会相关工作事宜。

（五）监事会接受会员大会或会员代表大会的领导，列席理事会、常务理事会会议。一般履行下列职权：1、向会员大会或会员代表大会报告年度工作；2、监督会员大会或会员代表大会和理事会的选举、罢免；3、监督理事会遵守法律和章程、履行会员大会或会员代表大会决议的情况，向理事会提出质询和建议；4、检查本团体的财务和会计资料，向有关部门反映情况；5、当监督理事长（会长）、副理事长（副会长）、理事和秘书长等管理人员的行为损害协会利益时，有权要求其予以纠正，必要时向会员大会或会员代表大会、政府相关部门报告。监事会一般由3人以上组成，也可只设一名监事。监事人数设置均为单数。

（六）办事机构是指社会团体内部设立的承办社团日常事务的机构，具体是指秘书处、办公室、财务部等工作部门。社会团体按照其章程规定的程序决定设立办事机构的，经业务主管单位审查同意，向登记管理机关申请备案。

（七）分支机构是社会团体为开展业务活动的需要，按照其业务范围科学划分而设立的专门从事业务活动的内部机构，这类机构由与该业务领域相关的会员所组成。社会团体分支机构名称一般为专业委员会、分会、工作委员会等。

（八）代表机构是社会团体在会址以外某行政区域设置的代表该社会团体从事活动、承办社会团体交办的工作任务的机构。社会团体代表机构的名称一般规范为代表处、联络处、办事处。社会团体不得设立地域性分会。

（九）实体机构是指社会团体举办的事业性实体、经济实体以及民办非企业单位，在经过有关部门批准或注册登记后，应向登记管理机关办理备案手续。

五、办公场所

社会团体的办公场所是指社会团体主要办事机构所在地。作为民法通则规定的四种法人之一，要求社会团体在法律中确定其住所，主要作用在于：

（一）作为诉讼管辖的依据；

（二）法律文书及其他函件法定的送达场所；

（三）社会团体享有权利和履行义务的法定地点。目前我国尚未对社会团体的办公面积进行规定，但普遍认为社会团体对其住所应有独立使用权，不得与国家机关、企事业单位、其他机构合署办公，不得设置在私人寓所内。

六、工作人员

《社会团体登记管理条例》规定，社会团体应根据其业务活动的需要及规模、经费、财产状况，配备相应数量、专业知识结构、工作经验的专职工作人员，以保障其业务活动的正常开展。社会团体的专职工作人员主要是指专门从事社团工作，由社团以自有资金解决其工资、保险和福利待遇，没有其他正式工作的人员。根据劳动和社会保障部、民政部《关于社会组织专职工作人员参加养老保险有关问题的通知》（劳社部发〔2008〕11 号），社会团体的专职工作人员还包括分支机构、代表机构签订聘用合同或劳动合同的人员。

七、资产和经费来源

有合法的资产和经费来源是保证社团正常开展业务活动，促进其宗旨确定的事业发展的经济基础，是社会团体法人独立承担民事责任、履行民事义务的必要物质条件。社会团体的经费来源主要包括会费、捐赠、政府资助、服务性收入、利息及其他合法收入。根据《社会团体登记管理条例》第十条第四款规定，成立全国性的社会团体须有 10 万元以上活动资金，成立地方性的社会团体和跨行政区域的社会团体有 3 万元以上活动资金。

八、民事责任能力

能够独立承担民事责任，是指社团法人应当能够以自己的名义和自己所有的财产独立承担民事责任，而不依靠其他组织或其他自然人来代替承担民事责任。设立社团法人的目的是为了独立地在社会上开展活动，并与社会上的组织和个人进行交往，以达到自己的目的。如果不能独立承担民事责任，社团法人的目的也就无法实现。对社团法人条件的这一规定，也是对社团法人应具备的几个条件的概括，具备前面几个条件，独立承担民事责任就有了基础。因此，这个条件是社团法人成立的核心条件，并与其他条件一起共同构成社团法人应具备的全面条件。

第二节　申请成立注册登记的程序和要报的材料

一、筹备阶段要做的工作和申请成立注册登记的程序

申请筹备是指发起人根据《社会团体登记管理条例》成立社会团体的规定，向登记管理机关申请取得筹备成立社会团体资格的行为。这是成立社会团体的第一个法律程序。申请筹备前，发起人或发起单位，只能根据规定做与申请筹备有关的事宜。具体包括：

（一）筹集社会团体所需的注册资金，并对资金进行管理；

（二）联络拟加入本团体的会员；

（三）落实办公场所；

（四）拟定章程；

（五）确定业务主管单位。

申请筹备社会团体的发起人或发起单位，要按照其业务范围向相应的业务主管单位提出书面申请。由业务主管单位对其申请筹备的必要性、代表性、发起人或发起单位情况等有关条件进行资格审查，并出具同意筹备或不同意筹备的书面文件。申请筹备事宜正确与否，不仅关系到其自身的设立和发展，而且不符合条件的也申请筹备，对社会公共利益甚至国家利益可能构成影响。因此，根据现行规定，申请成立社会团体，一般须先经业务主管单位审查同意后，方可由发起人向登记管理机关申请筹备。

一般来讲,成立社会团体需经过以下十个流程:

(一)名称核准 经有关业务主管单位同意,由发起人向登记管理机关申请名称核准。

(二)验资 经核准名称后,请法定的社会验资机构出具验资报告。

(三)申请筹备 向登记管理机关送呈筹备社会团体的全部有效申请文件。

(四)现场考察 主要是由登记管理机关召集召开发起人座谈会,了解发起人成立社会团体的目的,并确定筹备组负责人、筹备组地点、注册资金及出资方式等事宜。

(五)审批筹备申请 登记管理机关在60个工作日内对社团筹备申请进行审查并以书面形式做出批准筹备和不批准筹备的决定。

(六)正式筹备 经登记管理机关批准筹备成立的社会团体,自批准之日起6个月内召开会员大会或会员代表大会,通过章程,产生执行机构、负责人和法定代表人。

(七)申请成立社团 筹备完成后,向登记管理机关申请成立登记。

(八)成立登记 收到完成筹备工作的社会团体申请成立登记的全部有效文件之日起,登记管理机关在30个工作日内完成审查工作,对符合登记条件的社会团体发出准予登记的通知。准予登记的社会团体颁发《社会团体法人登记证书》。

(九)公告 登记管理机关对准予登记的社会团体向社会予以公告。

(十)文件存档 登记管理机关将社会团体成立的材料归档,并修改相应档案信息。

需要注意的是,根据《广东省行业协会条例》,行业协会不须业务主管单位,直接向民政部门申请成立。因此,成立行业协会的流程为:

(一)名称核准 发起人直接向登记管理机关申请名称核准。

(二)申请筹备 向登记管理机关呈送筹备社会团体的全部有效申请文件。

(三)现场考察 主要是由登记管理机关召集召开发起人座谈会,了解发起人成立社会团体的目的,并确定筹备组负责人、筹备组地点、注册资金及出资方式等事宜。

(四)审批筹备申请 登记管理机关在30个工作日内对社团筹备申请进行审查并以书面形式做出批准筹备和不批准筹备的决定。

(五)公告和验资 取得登记管理机关同意筹备文件后,发起人应在媒体刊登筹备公告,并请法定的社会验资机构出具验资报告。

(六) 正式筹备 筹备组应当在登记管理机关批准之日起6个月内、筹备公告刊登一个月后,召开会员大会或会员代表大会,通过章程,产生执行机构、负责人和法定代表人。

(七)申请成立社团 筹备完成后,向登记管理机关申请成立登记。

(八)成立登记 收到完成筹备工作的社会团体申请成立登记的全部有效文件之日起,登记管理机关在30个工作日内完成审查工作,对符合登记条件的社会团体发出准予登记的通知。准予登记的社会团体颁发《社会团体法人登记证书》。

(九)公告 登记管理机关对准予登记的社会团体向社会予以公告。

(十)文件存档 登记管理机关将社会团体成立的材料归档,并修改相应档案信息。

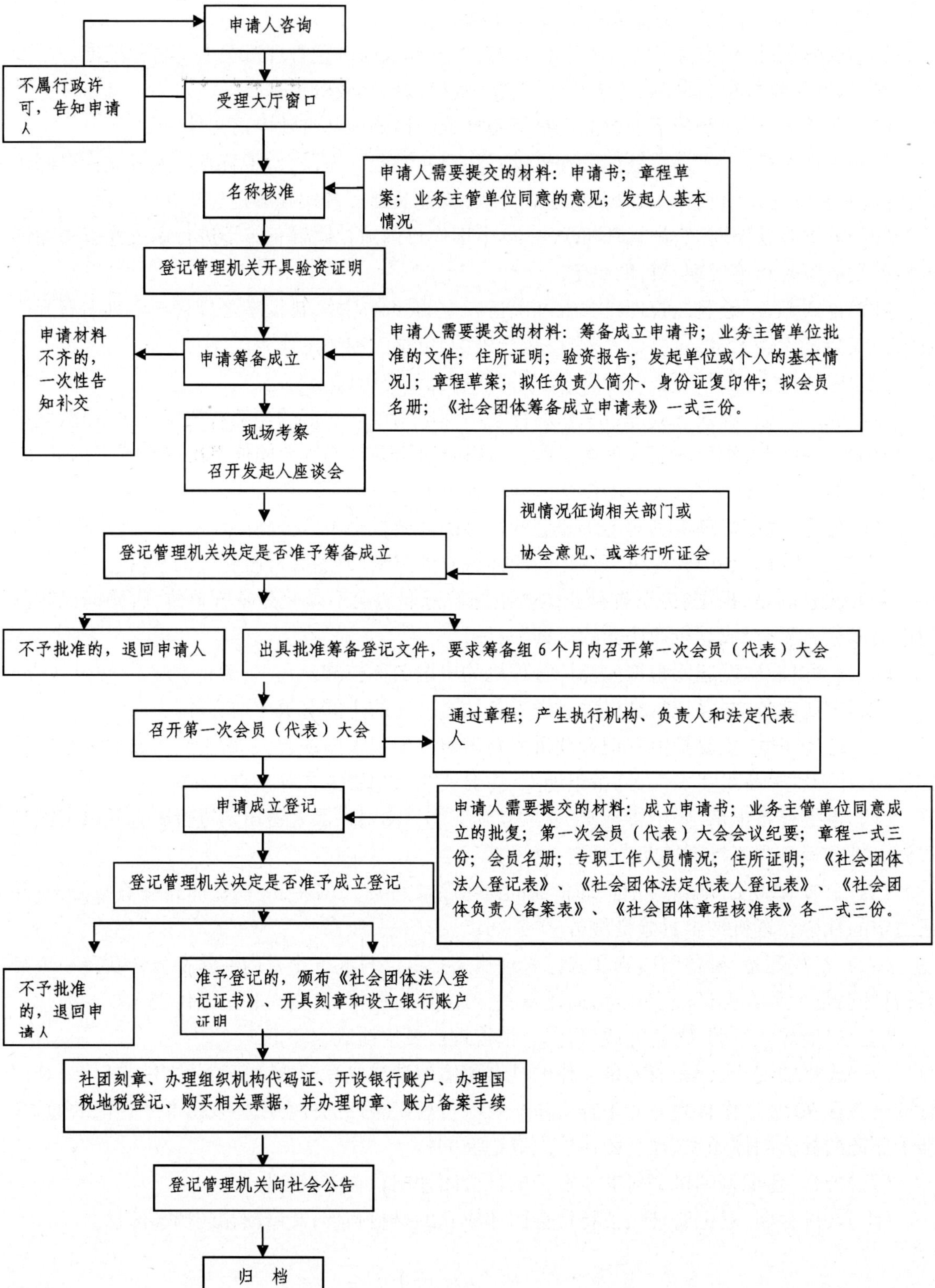

图 5-1　社会团体成立登记流程图

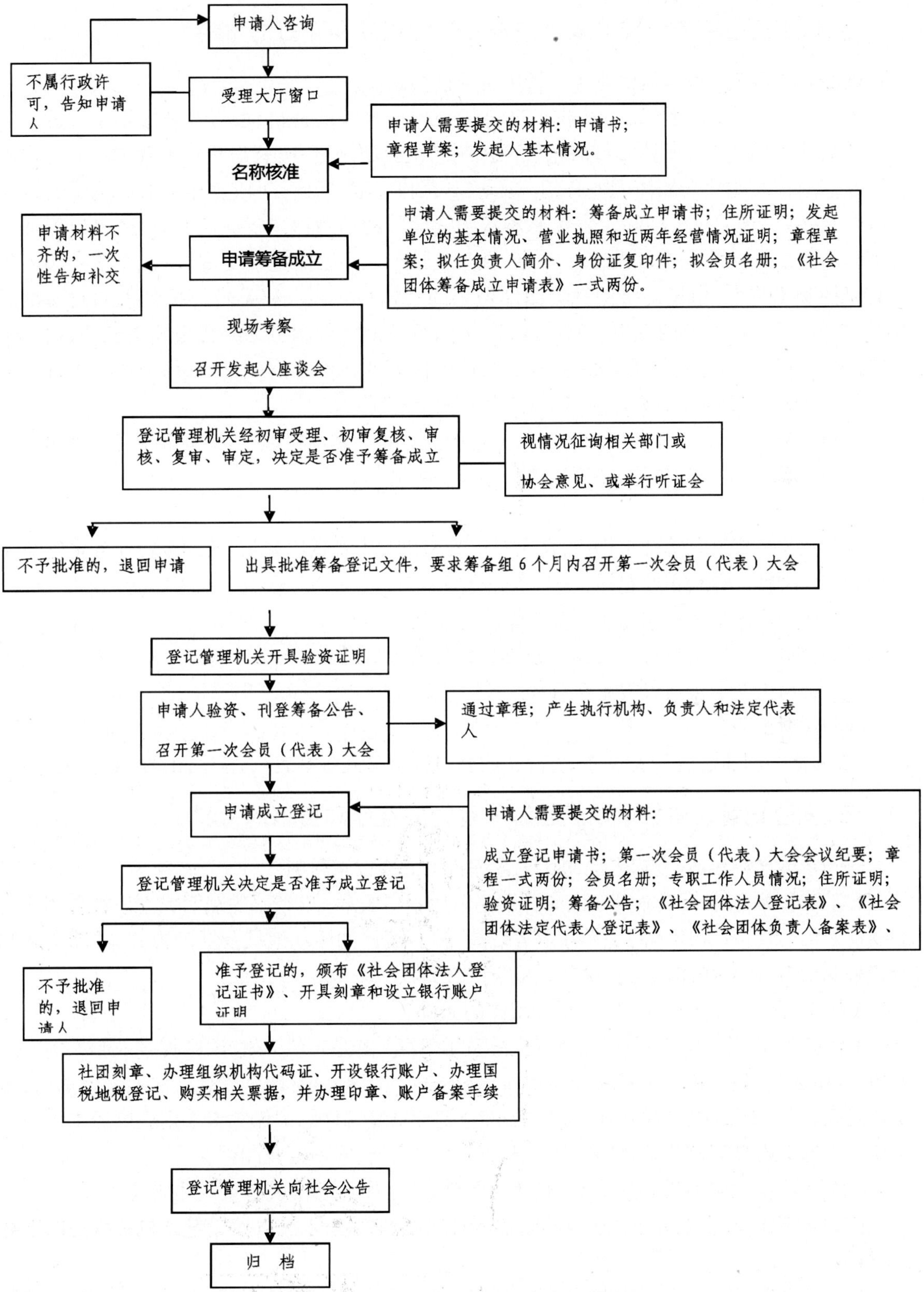

图 5-2　行业协会成立登记流程图

二、向业务主管单位申请成立注册登记的程序和要报的材料

该部分内容仅适用于需要业务主管单位的社会团体。

成立社会团体，发起人必须先向业务主管单位申报相关材料，取得业务主管单位的同意筹备的文件。我国社会团体实行双重管理体制的主要原因之一，就是业务主管单位对与本单位职能范围相关的社会团体的业务情况比较熟悉和了解，因此，对成立相关业务范围的社会团体是否必要，有无权威性和代表性能够从职能部门的角度提出权威性的意见，可以保证社会团体的质量避免出现重复设置。因此，业务主管单位主要审查以下内容：成立该社会团体的必要性和可行性；申请筹备的社会团体拟定的会长、副会长、秘书长等负责人的政治情况及在本行业、学科、专业的权威性和代表性；申请筹备的社会团体的经费来源渠道是否合法、稳定；申请筹备的社会团体是否具备规定的社团法人的条件。因此，尽管每个业务主管单位所需的具体材料可能有所不同，但都必备以下三个材料：

（一）筹备申请书，主要载明成立该社会团体的必要性和可行性、活动资金和经费来源。

（二）发起人（或发起单位）和拟任负责人的基本情况。

（三）章程草案。

社会团体完成所有筹备工作后，在向登记管理机关申请成立登记前，须取得业务主管单位同意成立的文件。材料主要包括：

（一）成立申请书。载明完成筹备工作的情况。

（二）会员大会或会员代表大会的会议纪要及选举结果。

（三）会员大会或会员代表大会章程。

（四）住所证明。

（五）《社会团体法定代表人登记表》、《社会团体负责人备案表》、《社会团体章程核准表》。

三、向登记管理机关申请成立注册登记的程序和要报的材料

（一）申请名称核准，发起人应向登记管理机关提交以下材料

1.筹备申请书，须有全体发起人或者发起单位签名盖章。申请书须载明成立该社会团体的必要性及可行性、社会团体的宗旨和业务范围、社会团体的活动地域及活动方式、活动资金和经费来源渠道、社会团体拟发展的会员及发布情况。

2.业务主管单位审查同意筹备社会团体的文件。

3.发起人（或发起单位）和拟任负责人的基本情况。若是自然人发起，则提供发起人的工作简历、身份证复印件，简历材料需经本人所在单位的人事部门出具审核意见并加盖公章；若是单位发起，则提供发起单位的单位简介、法人登记证书复印件。拟任负责人则提供经本人所在单位人事部门出具审核意见并加盖公章的个人工作简历、身份证复印件。

4.章程草案。内容应规范、完整，具体可参照《社会团体章程示范文本》拟定。

（二）申请筹备，发起人应在上述申请名称核准材料的基础上，向登记管理机关提交以下补充材料

1.办公住所使用权证明 如办公住所是拟成立的社会团体自行购买的，须提供产权证明；

如是租用的，须提供租用合同等使用权证明；如是有关组织提供的，应由有关组织提供相应证明。住所的产权证明或者使用权证明应包括使用期限、面积、住所地址、邮政编码及联系电话等内容。

2.验资报告 这是证明申请筹备的社会团体的活动资金状况文件，应由法定的社会验资机构出具。

3.拟会员名册 个人会员的，提供会员姓名、性别、工作单位、联系电话；单位会员的，提供单位名称、单位地址、法定代表人姓名、联系人姓名、联系电话。

4.填写完整的《筹备成立社会团体申请表》（一式三份）。

登记管理机关在收到全部有效文件之日起60日内，要对以上材料进行审核，并以书面形式作出批准筹备或者不批准筹备的决定。登记管理机关作出不批准筹备决定后，应向申请筹备的社会团体发起人或发起单位说明不批准的理由。超过60日的受理时限，登记管理机关没有以书面形式作出批准筹备或不批准筹备决定的，以及对登记管理机关作出不予批准筹备不服的，发起人有权按照国家有关规定申请复议。

（三）有下列情形的，登记管理机关不予批准筹备

1.申请筹备社会团体的宗旨、业务范围不符合《社会团体登记管理条例》第四条的规定。即违反宪法、法律、法规和国家政策，反对四项基本原则，危害国家安全和民族团结，损害国家利益、社会公共利益和以及其他组织和公民的合法权益，违背社会道德风尚；利用社会团体名义从事非法经营活动牟取利益，扰乱经济秩序。

2.在同一行政区域内，已有宗旨、业务范围相同或基本相同的社会团体，没有必要成立的。此规定是为了避免社团的成立过多过滥，无序发展，社团之间业务交叉，重复发展会员，会员经济负担过重。同时，在对外交往中，也易出现互相攀比、盲目竞争，产生不良的国际影响。

3.申请筹备社会团体的发起人、拟任负责人，正在或曾经受到剥夺政治权利的刑事处罚，或者不具有完全民事行为能力的。结社是宪法规定的公民享有的政治权利，根据我国刑法第54条第二款规定，被剥夺政治权利的人不享有结社的权利。因此，正在受到剥夺政治权利的刑事处罚的人，显然不能担任申请筹备社会团体的发起人、拟任负责人。曾经受过剥夺政治权利处罚已经获准恢复的人，可以成为某个社会团体的个人会员，享有结社权，但同样不能作为申请筹备社会团体的发起人、拟任负责人。另外，不具有完全民事行为能力的人，本身不能独立承担民事责任，因此也不能担任申请筹备社会团体的发起人、拟任负责人。

4.申请筹备的社会团体弄虚作假，使用假材料、假证明欺骗登记管理机关。

5.有关法律、行政法规禁止的其他情形的。特指根据国家有关法律、行政法规，对结社行为作出的有关禁止性规定。

（四）申请成立登记时，向登记管理机关提交的材料

1.法定代表人签名的成立申请书。

2.业务主管单位同意成立的文件。

3.会员大会或会员代表大会的会议纪要。载明会议时间、地点、应到人数、实到人数、会议议题及表决结果。

4.会员大会或会员代表大会通过的章程。

5.会员名册。须载明在社团中的职务。

6.专职工作人员个人简历。

7.住所证明。

8.《社会团体法人登记表》及业务主管单位审查过的《社会团体法定代表人登记表》、《社会团体负责人备案表》、《社会团体章程核准表》(各一式三份)。

登记管理机关应当在收到上述全部有效材料30日内完成审查工作。对符合条件的,且筹备工作符合要求、章程内容完备的社会团体,准予登记,发给《社会团体法人登记证书》。《社会团体法人登记证书》是社会团体依法登记后,登记管理机关为其颁发的法人凭证,包括正本和副本两种。《社会团体法人登记证书》载明以下登记事项:名称、住所、业务范围、活动地域、法定代表人、活动资金、业务主管单位,另外还包括发证机关、发证时间、登记号码、机构编码等内容。登记管理机关经审查,对因筹备工作不符合要求,章程不完备或有其他问题的,应作出不予登记的决定,并将决定通知申请人,说明不予登记的理由。对于登记管理机关作出不予登记决定不服的,申请人有权按照国家有关规定申请复议。

(四)根据《广东省行业协会条例》第十一条,申请筹备成立行业协会,由发起人直接向登记管理机关提出筹备申请。因此,发起人向登记管理机关提交的申请名称核准和申请成立的材料,均不需提交业务主管单位审查同意的文件,相应的表格也只需提交一式两份即可。

四、向机构代码单位申请登记要报的材料

根据《国务院批转国家技术监督局等部门关于建立企业事业单位和社会团体统一代码标识制度报告的通知》(国发〔1989〕75号)和《广东省组织机构代码管理办法》,经核准登记的社会团体,应当在民政部门批准成立之日起30日内,持《社会团体法人登记证书(副本)》原件及双面复印件一份、法定代表人身份证双面复印件一份、经办人身份证原件及双面复印件一份、社会团体公章到同级质量技术监督部门申请组织机构代码登记,由质量技术监督部门核发《中华人民共和国组织机构代码证》。

社会团体经登记管理机关核准变更登记或注销登记后的30日内,应到颁发代码证书的质量技术监督部门换领或注销代码证书。同时应当向质量技术监督部门提交登记管理机关核准变更登记或注销登记的文件,并填写《企事业单位和社会团体代码变更申报表》或《企事业单位和社会团体代码注销申报表》,经质量技术监督部门审查核准后,换发或收缴代码证书。

组织机构代码证书是社会团体获得在全国范围内唯一的、始终不变的法定代码凭证,任何组织和个人不得伪造、涂改、转证和出借。对有上述违法行为的组织和个人,由颁发代码证书的行政主管部门责令限期改正,并可通报批评;有关行政主管部门可依据职权,给予责任者行政处分。

在办理组织机构代码证前,社会团体申请印章刻制。印章包括代表社会团体的公章、财务专用章及各办事机构、分支机构和代表机构使用的专用章以及用于公务的私人印章。新成立的社会团体,刻制印章需提交法定代表人签字的刻章申请、《社会团体法人登记证书》副本复印件一份、法定代表人身份证双面复印件一份、经办人身份证原件及双面复印件一份,以及印章式样到公安部门办理备案后方可刻章。

五、向银行申请登记要报的材料

社会团体成立登记后，须开立银行基本账户。社会团体凭《社会团体法人登记证书》、社会团体组织机构代码证、盖有社会团体印章的公函、法定代表人身份证双面复印件、经办人身份件原件及双面复印件，以及登记管理机关出具的证明，向银行申请办理社会团体基本账户开户手续。社会团体应在银行账号开立之日起五日内，凭《银行开户许可证》复印件报登记管理机关备案。根据有关规定，一个社会团体只能设立一个银行账户，不允许在其他银行再设立账户。基本账户开户后，社会团体可将验资账户上的注册资金转至基本账户。

社会团体申请开立银行账户的名称及预留银行的印鉴(财务公章)，必须与《这会团体法人登记证书》上的名称完全一致。

六、申请社团编制要报的材料

该部分仅适用于在北京等地民政部门登记的社会团体。法律和行政法规另有规定的除外。社团编制是指具有法人资格的社会团体，为了正常开展活动而设置的常设办事机构所需要配备工作人员的定额，包括社会团体的办事机构、分支机构、代表机构。社会团体应本着精简原则，依据自身的规模、经费、财产状况和开展活动的需要，提出编制数额，以书面形式报请登记管理机关审查或核定。

申请社团编制应具备的条件，北京的要求稍比山东的要求高些。其中，山东的条件包括：

(一)社会团体年度收入经费应在 3 万元以上，且用于管理性活动的开支应控制在经费总支出的三分之一以内(管理活动的开支包括购置和租用办公设施及工作人员的工资、奖金、福利、社会保险等)；

(二)应有专职或兼职的合格财务人员。北京除了以上要求外，还要求政社分设，有相应的组织机构和办事机构，有与其业务活动相适应的专职工作人员；实行财务独立核算，帐户单立；按时参加年检，上年度年检为合格或基本合格；有固定的住所和办公设施，按照章程开展活动，效益明显。

申请编制的社团应当具有相对稳定的经费来源。其会费、正常的服务性收入、投资入股的分红、固定的政府资助、资金利息等，都是相对稳定的经费来源，是核定编制的重要依据。社会捐赠及不固定的政府资助，作为核定的参考依据。

北京市申请社团编制的程序是：北京市级的社会团体直接向北京市社会团体管理办公室编制处提出申请核定；区县社会团体经区县社会团体管理办公室审查同意，并在其申请表上加盖公章，报北京市社会团体管理办公室核定。所需的材料包括：

(一)申请书。应载明下列事项：申请社团编制的理由和数额；社会团体的组织机构和人员概况；对经费收入与支出增长的预算。

(二)《社团编制申请表》。须有业务主管单位审核同意的意见，并附有经办人的签名。

(三)资金状况证明。须是银行出具的资金状况证明或银行对账单，或是会计师事务所出具的验资报告。

(四)社团法人登记证书副本(附复印件)、社团登记管理机关批准社团设置办事机构的文件(附复印件)。

七、向税务部门注册登记要报的材料

社会团体成立登记后,须凭《社会团体法人登记证书》副本、社会团体组织机构代码证、盖有社会团体印章的公函、法定代表人身份证双面复印件、经办人身份证原件及双面复印件等,到社会团体住所所在县(市、区)税务局办理国税及地税税务登记手续,并报登记管理机关备案。

八、向工商部门注册登记要报的材料

(一)社会团体开展经营性活动的形式

社会团体虽不得以自身名义开展经营性活动,但根据民政部、国家工商行政管理局 1995 年 7 月 10 日发出的《关于社会团体开展经营活动有关问题的通知》(民社发〔1995〕14 号)规定,社会团体可采取以下形式开展经营性活动:

1.根据需要设立非法人的事业性实体机构。如报社、杂志社、培训中心(学校)、研究中心(或研究所)等,通过这些机构开展与社会团体宗旨和业务相在的有偿服务活动。成立这些经营机构,应当到相应的政府主管部门办理批准手续。

2.兴办具有法人资格、能够独立承担民事责任的企业或公司。但是,必须按照《企业法人登记管理条例》的规定,到工商行政管理部门办理登记注册手续,在获得《企业法人营业执照》后,方可开展经营活动。

3.创办非法人资格的不能独立承担民事责任的经营单位和咨询服务机构。兴办这类机构,应按照《企业法人登记管理条例实施细则》中对非法人企业的有关规定,到所在地的工商行政管理部门办理登记,在取得《营业执照》后方可开展活动。

4.有经济实力的社会团体,可以把国家允许用于经营的资产向公司投资入股,成为股份公司的股东。根据《股份有限公司规范意见》和《有限责任公司规范意见》有的关规定,社会团体法人可以以投资入股的形式成为股份有限公司或有限责任公司的股东。

(二)社会团体与其举办的经济实体的关系

由于社会团体举办的经济实体分为法人实体和非法人实体两种。因此,社会团体与其所办的经济实体的法律责任关系有两种:前者根据《民法通则》等有关法规的规定,企业法人能够独立承担民事责任,社会团体在举办法人实体时,应当通过合同或协议的方式,明确地划清产权和财务关系。法人实体应当根据国家的有关规定,自主经营,独立核算,独立承担民事责任。后者的非法人实体由于没有法人资格,不能独立承担民事责任,所以,一旦该实体涉及到法律责任问题,该社会团体将负连带责任。

所谓经济关系,就是社会团体创办经济实体时,无论是法人经济实体,还是非法人经济实体,都应当签订合同或协议,明确社会团体向实体投资的形式和数额,明确实体向社会团体上缴税后利润或收入的比例、期限等。双方都要按约定履行自己的义务,特别是经济实体,要及时如数上缴利润或收入,确保社会团体业务活动的开展。经济实体所取得的劳务收入,只能用于社会团体的事业发展,不得由其成员私分。

(三)社会团体举办经济实体的条件

社会团体依法登记,获得《社会团体法人登记证书》后,举办企业法人应当具备以下条件:

1.有符合规定的企业名称和章程;

2.有国家授予的企业经营管理的财产或者企业所有的财产,并能够以其财产独立承担民事责任;

3.有与生产经营规模相适应的经营管理机构、财务核算机构、劳动组织以及法律或章程规定必须建立的其他机构;

4.有必要的与其生产经营规范相适应的生产经营场所和设施;

5.有与生产经营规模相适应的从业人员,其中专职人员不得少于 8 人;

6.有健全的财会制度,能够实行独立核算,自负盈亏,独立编制资金平衡表或者资产负债表;

7.有符合规定数额并与生产经营范围相适应的注册资金,其中生产性公司的注册资金不得少于 30 万元,以批发业务为主的商业性公司的注册资金不得少于 50 万元,以零售业务为主的商业性公司的注册资金不得少于 30 万元,咨询服务性公司的注册资金不得少于 10 万元,其他企业法人的注册资金不得少于 3 万元;国家对企业注册资金数额有专项规定的,按其规定执行;

8.有符合国家法律、法规和政策规定的经营范围;九是符合法律、法规规定的其他条件。

社会团体举办非企业法人,但具备营业条件的经济组织,应当具备以下条件:

1.有符合规定的名称;

2.有固定的经营场所和设施;

3.有相应的管理机构和负责人;

4.有生产经营活动所需要的资金和从业人员;

5.有符合规定的经营范围;

6.有相应的财务核算制度;

7.不具备法人条件的联营企业,还应有联合签署的协议。

(四)社会团体举办经济实体的程序

社会团体举办经济实体,要先经理事会或常务理事会审议批准,然后报业务主管单位审查同意。最后,到所在地的工商行政管理部门,依据《中华人民共和国企业法人登记管理条例》的规定,办理注册登记。在领取《营业执照》或《企业法人营业执照》后,应及时向登记管理机关备案。

(五)社会团体举办经济应提交的材料

社会团体申办企业法人登记,应向工商行政管理部门提交下列材料:

1.组建负责人签署的登记申请书;

2.业务主管单位的批准文件;

3.章程;

4.资金信用证明;

5.住所和经营场所使用权证明;

6.企业主要负责人的身份证明；

7.工商部门要求提供的其他有关材料。

社会团体申办非法人组织，应根据不同情况，提交以下材料：

1.登记申请书；

2.经营资金数额证明；

3.负责人的任职文件；

4.经营场所使用权证明；

5.工商部门要求提供的其他有关材料。

九、社会团体购买票据要报的材料

凭《社会团体法人登记证书》副本及社会团体组织机构代码证、加盖社团公章的申请、会员大会或会员代表大会通过的章程和会费收取标准、社团法定代表人身份证复印件、办事人员身份证及复印件等，到同级财政部门办理购领财政票据审批手续。符合规定的，再凭加盖社团公章和业务主管单位公章的《办理会费购领证的申请》，到同级财政部门票据监管部门办理购领财政票据手续。

第三节　分支机构、代表机构设立的条件、程序及备案

一、设立条件

社会团体根据业务活动的需要，可以申请设立分支机构或代表机构。根据民政部《社会团体分支机构、代表机构登记办法》第四条，社会团体设立分支机构、代表机构应当具备三个条件：一是有规范的名称。分支机构、代表机构的名称应冠以所属社会团体的全称，英文译名应当与中文名称一致。如中国 XX 学会 XX 专业委员会；中国 XX 协会 XX 办事处。二是有固定的住所。三是有符合章程所规定的业务范围。

二、设立程序

社会团体设立分支机构、代表机构，必须按照章程规定，由社会团体理事会或常务理事会审议通过后，经业务主管单位审查同意后，以社会团体名义向登记管理机关提出申请。广东省行业协会设立的分支机构、代表机构经理事会或常务理事会通过后，直接向登记管理机关提出申请。经登记管理机关登记后，方可开展活动，并应当使用分支机构、代表机构的全称。

一个社会团体内部设立分支机构的标准应该统一，不宜采用多个标准或从多个分类方法设立分支机构。如学术性社团可按本科学所包含的专业设立分支机构。如 XX 数学研究会，可分设数理逻辑、理论、代数学、几何学、函数论等专业委员会。行业性社团可本行业包含的小行业设立分支机构，如 XX 机械制造协会，可分设冶金机械、矿山机械、食品机械、印刷机械、石油机械等分会。其他类型的社会团体，可按业务活动的分类或者会员组成的特点设立分支机构。

社会团体不得设立地域性分支机构,如“中国 XX 学会”不得设立“中国 XX 学会广东分会”、“中国 XX 学会上海分会”等。(一)容易与当地设立的社会团体在业务范围上出现重复,不利于业务活动的顺利开展。(二)覆盖面广,不便于社会团体对其进行管理。因此,社会团体的分支机构应按其业务划分设立,不能按地域设立;按地域设立的一律按代表机构进行登记。

三、设立登记

根据民政部《社会团体分支机构、代表机构登记办法》第五条,社会团体申请设立分支机构、代表机构应当向登记管理机关提交下列材料:一是设立分支机构、代表机构的申请书,包括设立的理由,分支机构、代表机构的业务范围和工作任务。二是拟设立的分支机构、代表机构的办公场所使用权证明。如分支机构、代表机构住所与所属社会团体住所不在同一地的,还需提交拟设在地民政部门的意见。三是理事会或者常务理事会同意设立该分支机构、代表机构的会议纪要。四是填写完整的《社会团体分支(代表)机构登记表》和《社会团体分支(代表)机构负责人备案表》。五是登记管理机关要求提交的其他材料。

登记管理机关应当在收到上述全部有效材料之日起 60 日内作出准予或不予登记的决定。准予登记的,由登记管理机关发给《社会团体分支(代表)机构登记证书》;对不予登记的,应当将不予登记的决定书面通知社会团体,并说明理由。

社会团体设立专项基金管理委员会的,应当遵照《社会团体设立专项基金管理机构暂行规定》办理。社会团体专项基金是指社会团体利用政府部门资助、国内外社会团体及个人定向捐赠、社会团体自有资金设立的,专门用于资助符合社会团体宗旨、业务范围的某一项事业的基金。全国性社会团体专项基金总额超过 100 万元人民币(含 100 万元或等值外汇),地方性社会团体专项基金总额超过 50 万元人民币)含 50 万元或等值外汇)的,应当到社会团体登记管理机关申请设立专项基金管理机构。社会团体的专项基金管理机构是社会团体的一类特殊的分支机构。

根据民政部《社会团体分支机构、代表机构登记办法》第六条,有下列情形之一的,登记管理机关不予登记:

(一)在社会团体内拟设立的分支机构与已设立的分支机构业务范围相同或者相似的;

(二)拟设立的分支机构冠以行政区划名称,带有地域性特征的;

(三)在分支机构、代表机构下又设立分支机构、代表机构的;

(四)拟设立的分支机构业务与该社会团体宗旨、业务范围无关的;

(五)拟设立代表机构的活动内容、承办事项与该社会团体的业务范围无关的;

(六)拟设立的分支机构、代表机构设立的活动范围超越该社会团体设立的活动地域的;

(七)有法律、行政法规禁止的其他情形的。

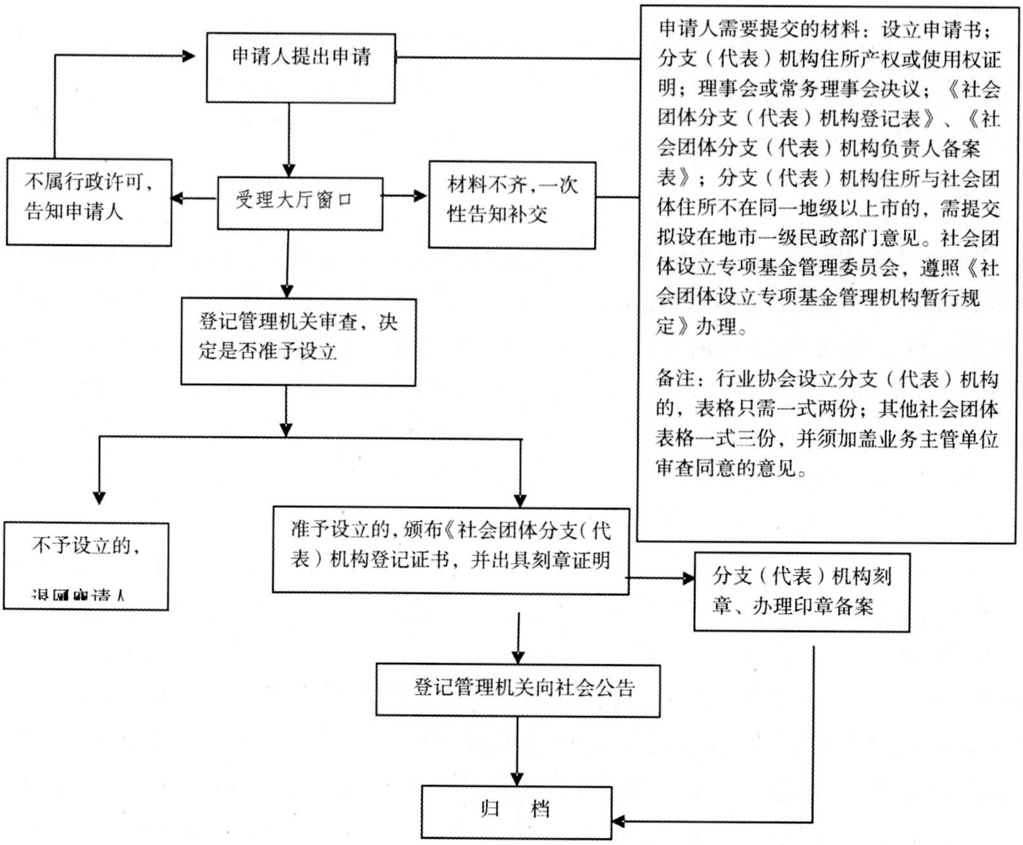

图 5–3 社会团体分支(代表)机构设立登记流程图

四、隶属关系

分支机构和代表机构是社会团体的组成部分，必须遵守所属社会团体章程，接受所属于的社会团体领导和管理。分支机构、代表机构不具有独立法人资格，其民事责任由所属于的社会团体承担，凡涉及到民事责任的事项，分支机构、代表机构不得擅自处理，必须报其所属的社会团体批准或授权后再实施。

社会团体的分支机构不得制定章程、发展会员、收取会费。但是可以在所属社会团体章程规定的原则下制定自己的管理办法，在所属社会团体授权的范围内开展活动，发展成员(其发展的成员，应是所属社会团体的会员)、收取会费(其收取的会费应当属于社会团体所有，社会团体可按一定比例分配给分支机构使用)。

分支机构、代表机构不得再下设分支机构、代表机构。

第四节　学会协会年检与变更登记

一、年度检查的内容和应报的材料

社会团体年度检查简称社团年检，是指业务主管单位与登记管理机关对已登记的社团执行法律、法规、政策情况，开展业务活动情况，机构及负责人员变动情况，财务管理情况等，按法定的程序和内容进行年度审检，以确认社会团体是否具有继续开展活动资格的行政执法行为。凡是按程序经审核批准，由登记管理机关发给《社会团体法人登记证书》的社会团体，都必须接受年度检查。那些准备申请登记，或已批准筹备成立，但尚未取得《社会团体法人登记证书》的团体或组织，不在年检之列。

（一）社团参加年度检查的程序

关于社会团体的年检，有的地区实行网上申报，有的则实行纸质申报。纸质申报的，社会团体于每年第一季度，登陆登记管理机关网站下载《社会团体年度工作报告书》（一式三份，有的地区仍实行直接到登记管理机关领取），如实填写后于经业务主管单位初审同意后，连同《社会团体法人登记证书（副本）》原件，于5月31日前报送登记管理机关参加年度检查。广东省行业协会则于每年3月底前，登陆广东省民间组织信息网下载《社会团体年度工作报告书》（一式两份），填好后连同《社会团体法人登记证书（副本）》原件直接报送登记管理机关参加年度检查。网上申报的，如全国性社会团体须先登录“中国社会组织网（www.chinanpo.gov.cn）”，在首页右侧“网上办公”栏目“社会团体”下方点击“网上填报”，按照系统提示输入用户名和密码登录后进行网上填报；社会团体完成网上填报并提交数据库后，还须将年度工作报告书打印成A4大小纸质文本一份，报业务主管单位初审同意并加盖业务主管单位印章后，连同《社会团体法人登记证书（副本）》复印件，于每年5月31日前送交民政部民间组织登记服务大厅。

（二）年检结论

社会团体年检一般分合格、基本合格、不合格三种。有些地区则只分合格、不合格两种。

社会团体年度遵守社会团体登记管理法规，依照核准章程开展活动，无违法违规行为的，年度检查结论确定为合格。

社会团体有下列情形，情节较轻的，年度检查结论确定为基本合格；情节严重，影响恶劣的，年度检查结论确定为不合格：

1.未按照规定办理登记或者备案手续的；

2.未按照章程规定时间召开会员大会或会员代表大会、理事会、常务理事会或未按期换届的；

3.负责人超龄、超届任职的；

4.擅自修改章程或者未按规定申请章程核准备案的；

5.办理变更登记或者备案时弄虚作假的；

6.违反证书、印章管理规定的；

7.违反或超出章程规定宗旨和业务范围开展活动的；

8.未按照登记管理机关批准登记的名称开展活动的；

9.在上年度不能正常开展业务活动的；

10.擅自设立分支机构、代表机构,或者对分支机构、代表机构疏于管理,造成严重后果的;
11.向分支机构、代表机构、办事机构收取或变相收取管理费用的;
12.分支机构、代表机构财务管理存在问题的;
13.以各种形式设立“小金库”的;
14.出现违法违规收费行为的;
15.向企业摊派、索要赞助和无偿占用企业人财物的,或者强制企业加入社会团体的;
16.违反规定接受和使用捐赠、资助,或者违反规定使用票据的;
17.违反规定举办评比达标表彰项目,或者向评选对象收取费用的;
18.不具备法律规定社会团体法人基本条件的;
19.年度工作报告书内容与实际情况不符的;
20.受到相关部门通报批评或处罚的;
21.拒不接受或者不按照规定接受登记管理机关监督检查的;
22.侵占、私分、挪用社会团体资产的;
23.其他违反国家法律法规政策规定和社会团体章程行为的。

二、变更登记

变更登记包括变更登记和变更备案。社会团体成立后,其依法登记或备案的事项随着内外环境的变化也在不断地改变,甚至会发生解散、分立、合并等情况。社团法人的变更指社团法人在存续期间其登记、备案等事项发生的变化。

根据《社会团体登记管理条例》的规定,社会团体登记事项包括:名称、住所、业务范围、活动地域、法定代表人、活动资金、业务主管单位。依法只需备案的社团备案事项除包括以上登记事项外,还包括有关主管单位依法出具的批准文件。由于以上事项均为社会团体在登记或备案时,经登记管理机关依法核准登记的法定事项,是社会团体作为一个独立的法人组织必须具有的基本要素,也是登记管理机关对社团进行管理的核心内容。如社会团体因情况变化,确需改变这些事项,必须事先经登记管理机关的重新确认、核准登记,否则不具有合法性。根据《社会团体登记管理条例》第二十条,社会团体需要变更登记事项或备案事项,应当首先经业务主管单位审查同意,然后向登记管理机关申请变更登记、变更备案。根据《广东省行业协会条例》,行业协会办理变更登记事项或备案事项的,则直接向登记管理机关申请。登记管理机关对社会团体提交的有关材料审核后,作出准予或不准变更的决定,如属变更登记的,准予变更的由登记管理机关重新制发《社会团体法人登记证书》。为了保证业务主管单位审查意见的时效性,该条还规定,社会团体自业务主管单位审查同意之日起30日内向登记管理机关申请变更登记,社会团体分支(代表)机构的名称、业务范围、场所和主要负责人等情况发生变化的,也需要办理变更登记。

根据不同的变更内容,社会团体应分别向登记管理机关提交不同的材料。以下表格,社会团体均应提供一式三份,并需加盖业务主管单位审查同意的意见。广东省行业协会提交的,表格为一式两份,且不需业务主管单位审查意见。

(一)变更名称

1.申请书,加盖社会团体公章及法定代表人签字;

2.会员(代表)大会、理事会或常务理事会审议通过的会议纪要,须加盖公章,其中行业协会必须是会员大会或会员代表大会审议通过的会议纪要,并附有出席会议的监事签名;

3.新章程,须加盖社会团体骑缝章,一式三份;

4.《社会团体变更登记表》、《社会团体章程核准表》;

5.社会团体法人登记证书正、副本。

(二)变更住所

1.申请书,加盖社会团体公章及法定代表人签字;

2.理事会或常务理事会审议通过的会议纪要,须加盖公章,行业协会的会议纪要还须列席会议的监事签名;

3.新住所证明;

4.《社会团体变更登记表》;

5.《社会团体法人登记证书》正、副本。

(三)变更业务范围

1.申请书,加盖社会团体公章及法定代表人签字;

2.会员大会或会员代表大会审议通过的会议纪要,须加盖公章,行业协会还须附有出席会议的监事签名;

3.新章程一式三份,须加盖社会团体骑缝章;

4.章程修改说明;

5.《社会团体变更登记表》、《社会团体章程核准表》;

6.《社会团体法人登记证书》正、副本。

(四)变更法定代表人

1.申请书,加盖社会团体公章及原法定代表人签字;

2.会员(代表)大会、理事会或常务理事会的会议纪要,须加盖公章,其中行业协会的须是会员大会或会员代表大会表决通过的会议纪要,并附有出席会议的监事签名;

3.离任审计报告,须由会计师事务所出具;

4.《社会团体变更登记表》、《社会团体法定代表人登记表》;

5.《社会团体法人登记证书》正、副本。

(五)变更活动资金

1.申请书,加盖社会团体公章及法定代表人签字;

2.会员(代表)大会、理事会或常务理事会的会议纪要,须加盖公章,其中行业协会的须是会员大会或会员代表大会表决通过的会议纪要,并附有出席会议的监事签名;

3.验资报告;

4.《社会团体变更登记表》;

5.《社会团体法人登记证书》正、副本。

(六)变更业务主管单位 仅适用于有业务主管单位的社会团体。

1.申请书,加盖社会团体公章及法定代表人签字;

2.会员(代表)大会会议纪要,须加盖公章;

3.新业务主管单位担任业务主管单位的文件；

4.原业务主管单位不再担任其业务主管单位的文件；

5.新章程，一式三份，须加盖社会团体骑缝章；

6.章程修改说明；

7.《社会团体变更登记表》、《社会团体章程核准表》；

8.《社会团体法人登记证书》正、副本。

（七）变更分支（代表）机构名称

1.申请书，加盖社会团体公章及法定代表人签字；

2.此属社团理事会或常务理事会会议纪要，须加盖社团公章，其中行业协会的还须有列席会议的监事签字；

3.《社会团体分支（代表）机构变更登记表》；

4.《社会团体分支（代表）机构登记证书》正、副本。

（八）变更分支（代表）机构住所

1.申请书，加盖社会团体公章及法定代表人签字；

2.此属社团理事会或常务理事会会议纪要，须加盖社团公章，其中行业协会的还须有列席会议的监事签字；

3.新住所证明；

4.《社会团体分支（代表）机构变更登记表》；

5.《社会团体分支（代表）机构登记证书》正、副本。

（九）变更分支（代表）机构负责人

1.申请书，加盖社会团体公章及法定代表人签字；

2.此属社团理事会或常务理事会会议纪要，须加盖社团公章，其中行业协会的还须有列席会议的监事签字；

3.《社会团体分支（代表）机构变更登记表》、《社会团体分支（代表）机构负责人备案表》；

4.《社会团体分支（代表）机构登记证书》正、副本。

（十）变更分支（代表）机构业务范围

1.申请书，加盖社会团体公章及法定代表人签字；

2.此属社团理事会或常务理事会会议纪要，须加盖社团公章，其中行业协会的还须有列席会议的监事签字；

3.《社会团体分支（代表）机构变更登记表》；

4.《社会团体分支（代表）机构登记证书》正、副本。

（十一）负责人变更备案 适用于调整非法定代表人的其他负责人。

1.相应的加盖社团公章的会议纪要。如行业协会变更或增加负责人，须由会员大会或会员代表大会表决通过的会议纪要，并附有出席会议监事的签字；其他社会团体即是理事会或常务理事会的会议纪要即可。

2.调整或新增加的负责人各填写《社会团体负责人备案表》。

（十二）分支（代表）机构负责人变更备案 适用于只调整分支（代表）机构其他负责人，而不是调整写在《社会团体分支(代表)机构登记证书》上的主要负责人。

1.理事会或常务理事会会议纪要,须加盖社团公章,如行业协会的还须附有列席会议监事的签字;

2.调整或新增加的负责人各填写《社会团体分支(代表)机构负责人备案表》。

(十三)章程核准

1.申请书,加盖社会团体公章及法定代表人签字;

2.会员大会或会员代表大会纪要,须加盖公章,行业协会的还须附有出席会议的监事签字;

3.新章程,一式三份,加盖社会团体骑缝章;

4.章程修改说明;

5.《社会团体章程核准表》。

(十四)到期换证

1.填写《社会团体到期换证审批表》,须在"社团名称"栏目中加盖社会团体公章;

2.《社会团体法人登记证书》正、副本。

(十五)遗失补证

《社会团体法人登记证书》遗失,须在媒体上刊登遗失作废声明后,向登记管理机关申请补发新证。所需材料包括:

1.填写《社会团体到期换证审批表》,须在"社团名称"栏目中加盖社会团体公章;

2.在媒体上刊登的遗失作废声明证明。如只是遗失了正本或副本,还需携带另一《社会团体法人登记证书》。

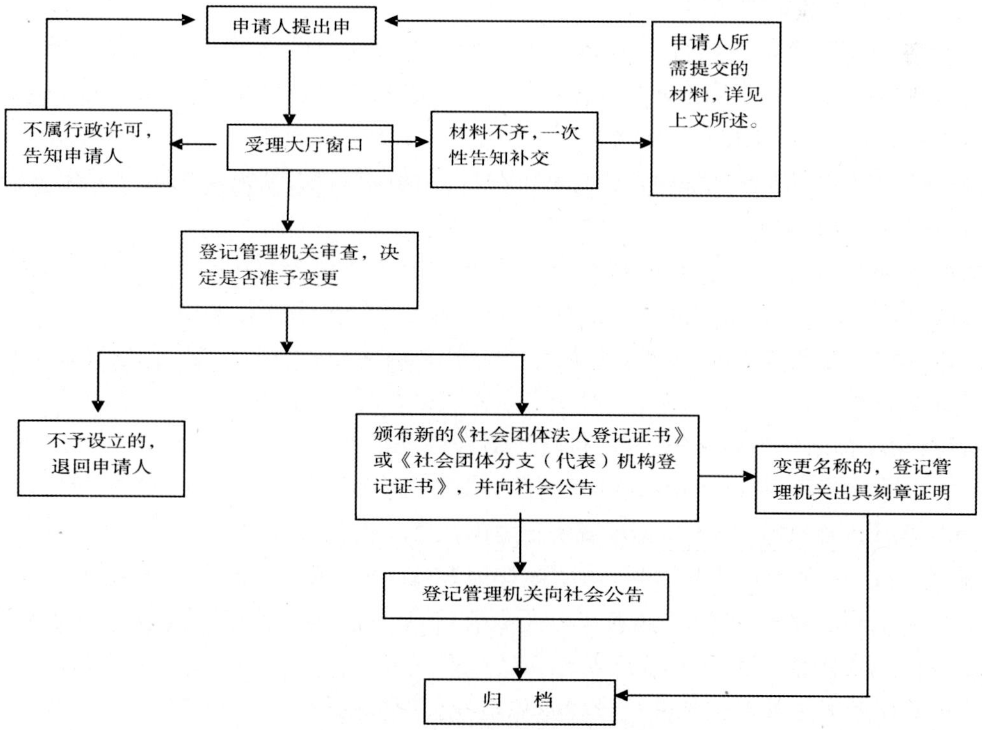

图 5-4 社会团体变更登记流程图

三、注销登记

注销登记包括注销登记和注销备案。社会团体法人的注销，是指社会团体因各种原因终止原社团法人，使社团法人丧失民事主体资格，不再具有民事权利能力和民事行为能力的一种状态。社团法人的注销应遵循一定的程序，并依法在登记管理机关办理相应的注销手续。

（一）注销的情形

根据《社会团体登记管理条例》第二十一条，社会团体办理注销登记的情形包括：

1.完成章程规定的宗旨。社会团体的宗旨是社会团体成立的目的，宗旨的完成意味着该社会团体不再需要继续存在，即所谓的“寿终正寝”，这时社会团体须按照规定到登记管理机关办理注销手续。

2.自行解散。社会团体因某种原因依据章程规定的民主程序，自行决定本团体终止，也应到登记管理机关办理注销登记手续。

3.分立和合并。社会团体分立就是一个社会团体分为两个以上的社团，其情况有二：第一种是原社团分立形成两个以上新的社团。此种情况下，原社团需要办理注销登记手续，而新产生的社团则需办理成立登记手续。第二种是原社团继续存在，由其中分离出来的部分形成新的社团。此种情况下，原社团如出现变更登记，需办理变更登记手续，而新分出的社团需办理成立登记手续。社团合并就是两个以上的社团合并为一个社团。合并也有两种情况。第一种是合并以后形成一个新社团，原来的社团均需办理注销登记，合并后的新社团办理成立登记；第二种是一个或几个社团并入另一个社团中。合并各方中，接收方保留，如出现变更事项，需办理变更登记；被接收方均办理注销登记。

4.由于其他原因终止的。此外，社团因客观需要而改变活动区域，并且改变后的活动区域超出原登记管理机关的管辖范围的，应先到原登记管理机关办理注销手续后，到改变后活动区域相应的社团登记管理机关办理成立登记手续。社团宗旨发生重大变化时，也需先办理注销登记手续后，再根据新的宗旨重新筹备一个新的社团，条件具备后，重新申请成立登记。

（二）社会团体的清算

根据《社会团体登记管理条例》第二十二条规定，社会团体办理注销登记前，应当在业务主管单位及其他有关机关的指导下，进行清算工作。我国《民法通则》第 40 条规定：“法人终止，应当依法进行清算，停止清算范围外的活动。”社会团体作为法人，在终止前进行清算，清理其财产，了结其作为当事人的法律关系，从而使法人消失，这是民事法律的一个基本要求。

清算是指清算组织依据有关法律、行政法规和社团章程，了结社会团体清算时尚未结束的事务，以社会团体的财产进行清理，明确社会团体的债权债务等法律关系，依法主张其债权，清偿其债务，组织必要的财产交接，从而使社会团体归于消失的程序。清算是一种法律程序，是注销程度的重要环节，社会团体符合《社会团体登记管理条例》第二十条规定情形的，均须进行财产清算。如果未经清算径行终止，消除其法人资格，那么其法律关系将不能明确，债权债务无法了结，必将扰乱社会经济秩序，难免会给他人造成损失或使社会团体自身及其会员的利益受到损害，也不利于业务主管单位和登记管理机关对社会团体的管理。未经清算就径行终止的行为是没有法律效力的，不受法律保护。

社会团体进行清算活动首先应当成立清算组织。清算组织是为了负责社团法人的清算活动而成立的组织。社团法人成立清算组织与企业法人成立清算组织不同,企业法人成立清算组织分两种情况:第一,当企业法人自行决定解散时,清算组织由企业法人根据法律的规定自主成立;第二,当企业法人被撤销,被宣告破产,应当有主管机关组织有关机关和人员成立清算组织,或者由人民法院根据有关破产程序的规定,组织清算组织。而社会团体则是无论是自行解散,还是被撤销登记,其清算组织,都只能在业务主管单位及其他有关机关的指导下成立,清算组织的成员构成、数量多少可由社会团体的自身情况而定。一般应由以下人员构成:业务主管单位的代表;社会审计机构的审计人员;社会团体的领导人及财会人员;社会团体的会员代表。但清算组织不得吸纳以下人员:与社会团体有债权债务关系的人及其近亲属;与社会团体有其他利害关系,可能影响清算公正的。社会团体的清算组织,必须在业务主管单位和其他有关机关的指导下由清算组织进行。清算组织主要履行以下职权:

1.清理社会团体的财产,编制有关清算的会计报表和财产清单;

2.通知或公告债权人;

3.处理与清算有关的社会团体未结业务;

4.清理社会团体的债权和债务;

5.按照国家有关规定和社团章程明确的原则处理清偿债务后的剩余财产;

6.代表社会团体参与民事诉讼活动;

7.清算结束后,制作清算报告书。

清算期间,社会团体应当停止清算范围以外的活动。在清算过程中,社会团体的法人仍然存在,仍然享受民事权利能力。但是,此时其民事权利能力的范围已与原来不同,是限制的民事权利能力,仅仅在进行清算活动所必要的范围内有民事权利能力,超过清算范围之外的民事行为都是无效的。

(三)社会团体注销的程序

根据《社会团体登记管理条例》第二十三条规定,社会团体应当自清算结束之日起 15 日内向登记管理机关办理注销登记。相关手续办理后,法人即告终止,社会团体的民事权利能力相应丧失。

清算结束后,社会团体应及时办理银行帐户注销、国税地税注销,并凭相关证明向登记管理机关申请办理注销登记。社会团体的法人资格是登记管理机关依法赋予的,其法人资格也应当由登记管理机关依法撤销。清算活动只是注销程序的前奏,清算结束并不意味着社会团体法人的终止,社会团体只有在其清算活动结束后向登记管理机关办理完毕注销手续,才能从法律上终结其法人资格,因此社会团体应当在其清算结束后及时向登记管理机关办理注销登记。

向登记管理机关办理注销登记的时限为清算结束之日起 15 日内。从登记管理机关的角度看,规定 15 日的时限,目的在于促使社团尽快办理注销登记,有利于登记管理机关的管理。

(四)社会团体办理注销登记应提交的材料

1.社会团体法定代表人签署的注销登记申请书;

2.依照章程规定的程序决定注销登记的会议纪要;

3.业务主管单位的审查文件;

4.清算报告书；

5.《社会团体法人注销登记表》一式三份。

申请登记和申请注销，都是法律行为，社会团体办理注销登记时应当提供一定文书，以表示其注销的意图。社会团体的注销登记申请书，要由法定代表人签署才具有法律效力。社会团体办理注销登记时应当先报业务主管单位审查，审查通过后，由业务主管单位出具审查文件。除了提交注销登记申请书、业务主管单位审查文件外，清算报告书也是社会团体办理注销登记时应当提交的重要文件。清算活动既然是注销登记的必经的程序，无疑，清算报告书也应当是注销登记时必交的文件。以上文件是社会团体在办理注销登记时必须向登记管理机关提交的材料。同时登记管理机关可以视需要，要求社会团体提交其他必要的文件。登记管理机关对社会团体提交的全部材料逐一审查，确认可以注销后，予以注销登记。

登记管理机关准予注销登记的，发给注销证明文件，收缴其《社会团体法人登记证书》。注销证明文件，是证明社会团体法人资格取消的法律证明，社会团体自取得登记管理机关发给的注销证明文件时起，就意味着其法人的终止，意味着其失去民事主体资格，不再具有民事权利能力和民事行为能力。社会团体法人登记证书是社会团体法人资格的证明，是社会团体法律地位的有效凭证，注销时应当收回。社会团体凭注销文件，相应办理组织机构代码、银行账户、税务登记的注销手续后，将印章、组织机构代码、银行账户、税务登记的注销证明交缴登记管理机关。印章是社会团体刻制的、代表本社团的公章，以及本社团各部门所使用的专用章，社会团体被注销后，都应收缴。财务凭证是社会团体进行财务交往时的凭证，其失去民事权利能力后，亦不应进行财务活动，其财务凭证也应及时收缴。社团注销后，登记管理机关应向社会发布注销公告。

（五）分支（代表）机构的注销

社会团体的分支机构、代表机构注销登记分两种情况。第一种是社会团体法人自身存在，注销其所属的分支机构、代表机构。第二种是社会团体本身被注销后，其所属分支机构、代表机构的注销。

社会团体的分支机构和代表机构是社会团体的重要组成部分，行使着社会团体的许多职能，如果社会团体随意成立、变更、注销其分支机构、代表机构，必将给社会团体的登记管理造成混乱和失控，给社会造成不良影响。所以社会团体的分支机构、代表机构的成立、变更、注销都要经业务主管单位审查同意，向登记管理机关申请登记。

社会团体自身注销的，其所属的分支机构、代表机构同时注销。显而易见，社团自身就已不存在，组成部门当然也要消失。社会团体注销时，登记管理机关同时应按照注销社团一样收缴社会团体的分支机构、代表机构的印章和证书等。

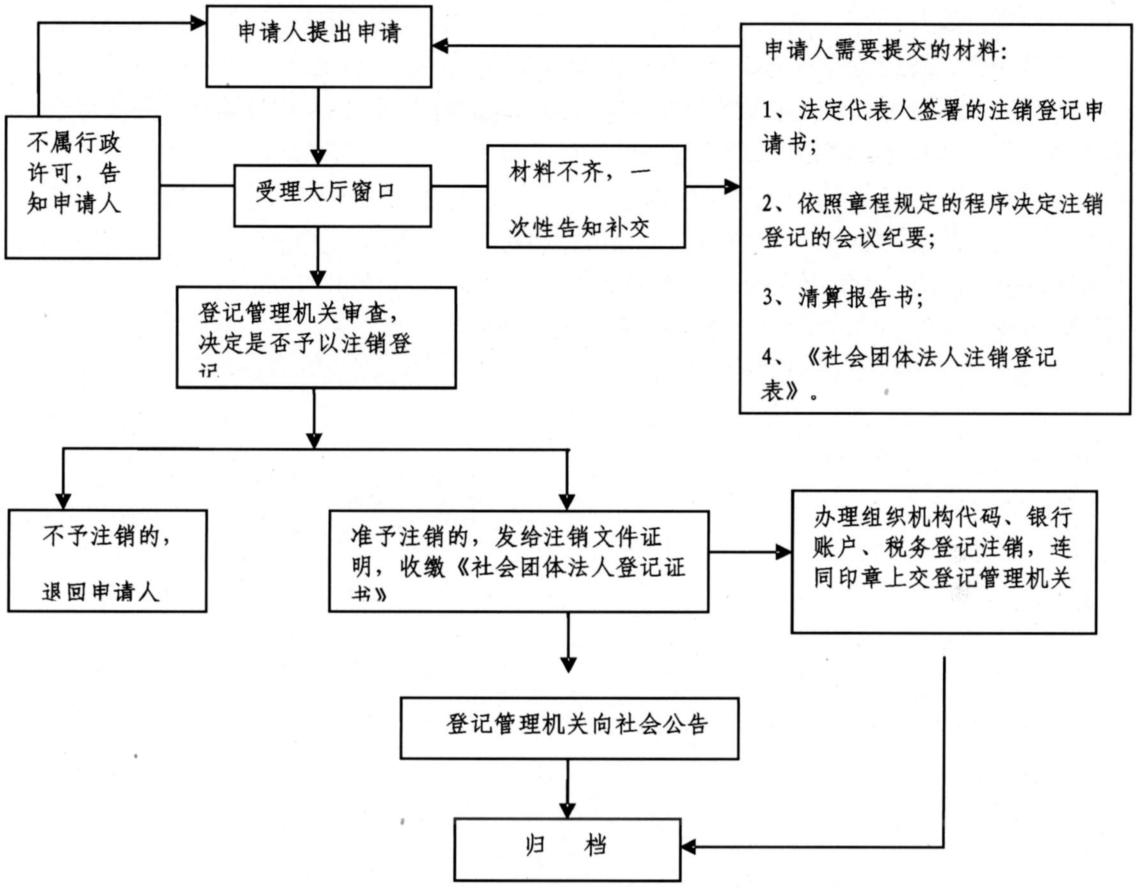

图 5-5 社会团体注销登记流程图

(六)社团注销后的剩余财产处理

剩余财产是指社会团体注销后,清偿债务、支付工资和清算费用等全部的支出所剩余的财产。此财产可分为货币形式和实物形式，实物形式的财产可根据需要通过合法方式变卖或出让,使之转化为货币形式。

社会团体的剩余财产,应按照国家有关规定办理。不管社团是哪种渠道所得的财产,一旦成为社会团体的财产,就依法为社会团体所占有、使用和处分。社团注销时的剩余财产,是社团法人的剩余财产,不为任何人所私有,当然不能被任何人私分,国家对剩余财产的处理有明确规定的,必须按照国家的有关规定处理。对国家没有明确规定的,一般应根据其章程载明的原则,处理其剩余财产。

虽然社会团体成立之初某些单位会员或个人会员出过资，但是因为社会团体属于非营利组织,其剩余财产不能像营利组织一样分配。这里应当区别两个概念:投资和捐赠。营利组织和社会团体成立时,都可能有人出资,以便使它们能够成立,但是出资的性质完全不同。营利组织出资的目的是为了获利的叫做投资,在营利组织终止时,就当应按照《破产法》或《公司法》等规定处理剩余财产;而对社会团体的出资,是为了社会公益事业或某些社会群体的利益,是为了实现该团体的宗旨,并非是为了个人营利,所以其出资更多的是属于向社会团体的捐赠,捐赠的财产一旦成为社会团体的财产,捐赠人就已失去对其的占有权、使用权、收益权、处理权等物权，自然不能像营利组织那样发配剩余财产。为进一步明确社会团体的出资形式，在前面所讲的成立社团中的现场考察环节，一般都会请发起单位或发起人明确，社会团体注册资金的来源，若是垫资，则由社团成立收取会费后等额偿还；若是捐赠，则成为社团成立后的自身财产，在处理社会团体剩余财产时，自然也无须返还原捐赠人。

参考文献

1.《民政部关于成立以人名命名的社会团体问题的通知》（民发〔2000〕168 号）

2.朱克明主编，《民间组织行为指南》，吉林：吉林教育出版社，2000

3.国务院法制办政法司、民政部民间组织管理局编著，《〈社会团体登记管理条例〉释义》，北京：中国社会出版社，1999

广东省民间组织管理局局长　方向文

广东省民间组织管理局副主任科员　谢燕妹

第六章 学会协会管理的特点指导思想与原则

目前,科技社团已经成为科学共同体的重要载体之一,它集合了各学科领域的专家、学者和科技工作者,智力密集,人才荟萃,联系广泛,是国家创新体系的重要组成部分,也是推动社会管理体制创新的重要社会力量。科技社团中的学会和协会是具有共同兴趣和学科背景的研究人员为了交流学术、推动学科发展而成立的社会组织。开展学术交流是其核心功能,学术会议和学术期刊是学术交流活动的两大支柱。为了适应市场经济转型,政府加大了以转变职能为中心的行政体制改革,对大量政府职能进行了转移。在此基础上,不少科技社团积极争取承接科技评价、科技人员评价、科技评奖等政府职能,促进了行政体制改革的顺利推进,加快了"小政府,大社会"目标的实现。在构建和谐社会过程中,作为科技社团的学会和协会同样发挥着提供服务、反映诉求、规范行为的作用,具有许多其他社会组织无法替代的独特功能。而且,为了提高全民科技素质,科技社团已经将积极参与科普活动作为一项重要的职责和任务。正是由于学会和协会承载了如此重任,已经成为促进社会发展的重要力量。本章将就学会和协会管理的特点、指导思想与原则分别进行论述。

第一节 学会协会管理的特点

随着社会的发展,学术和文化交流、社会和经济活动极大地促进了我国学会和协会这两种主力社团组织的发展。各种学会和协会已经成为社会、政治、经济、科技、人文和哲学等各个领域不可或缺的社团组织,正成为政府联系广大科技工作者、生产经营企业和行业个体无可替代的桥梁、纽带。顺应时代发展,不同行业、不同领域的学会和协会组织正雨后春笋般快速发展,使得各行业、各领域的学术活动不断丰富,合法权益得以维护,执业行为更加规范。但是,如果疏于管理,社团组织和会员之间的利益冲突、社团组织与社团组织间的无序竞争等势必会成为制约学会和协会健康发展的主要因素。为此,加强学会和协会的管理已经逐步得到行政部门和社团组织自身的高度重视。

一般来说,管理是指通过计划、组织、控制、激励和领导的环节来协调人力、物力、财力等资源,以期更好地达成组织目标的过程。因此,学会和协会的管理就应该是结合自身特点围绕上述要点而进行的管理。学会和协会是群众组织,应当按照党的方针政策和国家的有关法律法规以及自身的需要实现依法管理、民主管理和科学管理;要遵循章程,建立健全各项规章制度,确保内部机构的有效运行和各项工作的正常开展。具体讲,学会和协会的管理有以下特点。

一、接受双重管理

国家为了实施对学会和协会的有效监督和管理,确立了双重管理体制,由登记管理机关和业务主管机关对学会和协会实行双重管理。登记管理机关是指学会和协会所在地的民政部门下属的社会团体管理机构,而业务主管机关有两种:一是国务院有关部门和县级以上地方各级人民政府有关部门、国务院或者县级以上地方各级人民政府授权的组织是有关行业、学科或者业务范围内学会和协会的业务主管单位;二是民政部授权的中国科学技术协会、地方县级及其以上人民政府授权的县级及其以上的科学技术学会,是相应各级自然科学有关行业、学科、或者业务范围内学会和协会的业务主管单位。登记管理机关主要负责学会和协会的成立、变更、注销的登记或备案,监督检查等。业务主管机关则主要负责学会和协会的申请、成立、变更、注销登记前的审查,监督检查是否依法,按章开展活动,以及会同有关机关指导学会和协会开展注销前的清算事宜。

二、自主性管理

学会和协会的自主性是指其根据有关法律、法规自主地享有应有的权利,实行自我管理,开展各种与宗旨相符的活动,自行承担相应的责任。自主性主要体现在组织体系不隶属于任何行政机关,也不隶属于任何其他的学会和协会。如省级学会和地级学会不存在严格的层级体制,没有上下级关系,二者的法律地位是平等的,但是却存在着指导与被指导的密切的业务关系。

三、民间性管理

学会和协会既不是政府机关或其附属机构,也不采用政府行政式的管理与运行机制。这一特性,决定了他们在组织结构、人员编制、经费运作等诸多方面与政府组织存在很大差异。首先,组织具有自主性,内部实行自我管理,其活动目的、方式、内容由其在遵守法律的前提下按各自的章程自主决定,一般不受政府的直接管理;其次,工作人员不属于国家公务员编制,多数是以事业编、借调、聘用,返聘等形式存在;第三,主要经费来源一般不是由国家财政拨款,而是由自己通过会费、企业和社会筹集。

四、分级管理

按照会员的分布、活动地域等状况,学会和协会分为全国性、地方性和跨行政区域性三种类型,并实行分级登记管理制度。地方性学会和协会是指会员分布和活动地域在省及省以下某一行政区域,名称冠以其所在行政区域的名称,分为省级、地级和县级及以下,由所在地社团登记管理机关和业务主管机关管理。跨行政区域的学会和协会是指会员分布和活动地域跨越行政区域,以某一特定的地域、历史、经济、人文等要素为核心形成的社团组织。其中跨省的学会和协会登记管理机关为国家民政部, 业务主管机关为国务院有关职能部门以及国务院授权的组织;跨地(市、州)的学会和协会登记管理机关为省(市、自治区)民政厅,业务主管机关为省(市、自治区)人民政府的有关职能部门及其授权的组织,以下类推。

五、委托及挂靠管理

委托管理是指登记管理机关和业务主管机关与其管辖的学会和协会的住所不在一地,为方便管理,减少管理难度,委托学会和协会所在地的登记管理机关、业务主管机关负责其委托范围内的监督管理工作。这种委托不是全权委托,委托方的责任并没有减少,委托方和受委托方具有明确的行政管理委托法律关系。为了避免因责任不清而引发矛盾,双方必须明确各自的权利和义务。作为委托方要在其法定的权限内正式向受委托方发文,说明委托事项和受委托方因实施的行政管理行为后果应承担的法律责任。作为受委托方要明确,所实施的行政管理权不得超出委托范围,不得再行委托其他组织或个人,且是以委托行政机关的名义实施行政管理。

挂靠管理是指将学会和协会理事会办事机构挂靠在相近学科单位或某一个部门进行管理。限于学会和协会在人、财、物等方面存在的困难,通常学会的专职人员、主要活动经费、办公场所及设施均由挂靠单位支持和提供。同时学会和协会也要为挂靠单位承担某些事先商定的义务。需要明确的是,这种管理仅指对办事机构的管理,而不是对整个学会和协会的管理。

六、自律性管理

为了使学会和协会规范运行,除了要接受登记管理机关和业务主管机关的监督管理外,学会和协会还采用了另外一种自我约束的管理形式—自律性管理。自律性管理是指通过内部组织机制的运行,规范其成员的行为,实现其团体内的秩序,并使其团体内秩序与法律相协调、相补充。学会和协会的自律性管理主要表现为:(1)自我约束,学会和协会通过其组织机制约束其成员的行为,使之符合法律法规和社会其他方面的合理要求;(2)自我规范,学会和协会通过制定和实施其自律规则,规范其团体成员的业务活动,提高效率,规范秩序;(3)自我管理,学会和协会对其组织事务和成员间的公共事务进行自我管理,提高管理效果,促进组织及其成员的发展;(4)自我控制,学会和协会通过自律一方面加强了组织的独立地位,避免了政府的过分介入,另一方面规范了组织内部成员的行为,节约了社会和司法成本。

第二节　学会协会管理的指导思想和目标

在现阶段或今后较长一段时间内,学会和协会管理的指导思想应当是,以邓小平理论和“三个代表”重要思想为指导,以科学发展观为统领,加强科学管理,坚持自主发展与自律管理并重,按照学会和协会为经济社会发展服务、为提高全民科学素质服务、为科技工作者服务的基本定位,把促进学会和协会发展与增强社会服务功能结合起来,加强组织建设、制度建设、学术建设、能力建设,循序渐进,以点带面,分类指导,因会制宜;要围绕制约学会和协会发展中存在的主要问题,积极探寻学术性社会团体发展规律和改革的有效途径;要增强自主发展意识,逐步探索可持续发展的模式。通过创新发展,力求达到内部管理规范、学术质量优良、服务效应明显、发展能力强劲、社会信誉良好的社团组织;通过提高服务能力,切实起到党和政府的参谋助手作用,做到政治上信得过,业务上过得硬,充分利用庞大的人才优势和灵活的用人机制,完成好党和政府交予的各项任务,实现学会和协会向自主、自立、自强、自律方向有序发展的目标;初步建立学术性社会团体规范发展的政策框架,形成适应市场经济体制,符合社会发展规律,满足政府、社会和会员需求的学术性社会团体发展格局,切实成为党和政府联系专业技术人员的桥梁和纽带。总之,学会和协会的发展必须要逐步步入:确立会员主体地位,确立会员意志体现,确立民主治理结构,确立自主发展机制的必由之路。

此外，学会和协会还要积极围绕以下几个方面的工作目标加以完善：

一、完善内部治理结构

以章程为核心，落实会员代表大会、理事会、常务理事会等会议制度；合理控制理事会规模，健全理事会民主议事、民主决策规则，防止行政化倾向；有条件的社团探索配备监事或建立监事会。

二、强化会员主体地位

确立以会员为本的理念，完善以会员为主体的组织体制，落实会员权利和义务；建立会员参与机制，落实会员代表、理事、常务理事、负责人民主选举制度，探索差额选举、竞选、直选等选举方式；强化会员服务，落实会籍管理，建立会员数据库和信息管理系统，拓宽会员服务的渠道、内容和措施。

三、创新组织机构建设

强化学会和协会独立法人意识，从体制上推动学会和协会自主活动、自我发展、自我约束；科学合理设置分支机构，改进和加强分支机构管理，探索分支机构负责人在民主选举的基础上由理事会聘任，做到动态管理、考评结合、优胜劣汰；探索以竞争和流动为核心的动态人事管理，推动工作人员公开向社会招聘，尝试秘书长竞聘上岗，建立健全学会人事、财务及资产、档案、印章等内部规章制度，提高办公自动化、信息化水平，建立志愿者登记注册制度，推进学会办事机构规范化建设和工作人员职业化建设。

四、规范各类服务活动

自觉接受登记管理机关和业务主管单位的管理监督，严格依照章程开展活动；坚持不以营利为目的，加强会费收支管理，规范经营活动和收费行为，杜绝借开展活动敛财等不良行为；规范对外交流合作活动，实行重大事项通报，探索财务收支、接受捐赠、社会服务等信息公开制度。

五、增强社会服务功能

学会和协会在完成好学术交流活动的前提下，要积极为科技进步服务，充分发挥自身优势，搭建科技咨询和科普平台，探索开展科技中介服务活动，努力承接科技研究课题、技术攻关项目，积极从事技术开发、技术咨询、技术服务，充分利用国家优惠政策，拓宽经费来源渠道，壮大科技服务实力；不仅如此，学会和协会要创造机会为经济社会发展服务，有条件的学会和协会应努力承接决策咨询、科技评价、科技人员评价等政府职能，积极参与公益活动，为和谐社会建设贡献力量。

六、加强学术交流

学会和协会要不断加强和改进学术交流活动，这是学会和协会的立足之本。要通过完善同行认可、社团认可机制，倡导学术道德自律，繁荣学术，促进学科发展和人才培养；要通过搭建不同形式、不同层次的学术交流平台，积极开展形式多样、互动充分、跨学科、跨领域的学术交流活动。

第三节　学会协会管理的原则

学会和协会的管理必须遵循管理学中的一般原则。通常学会和协会的管理原则包括:协调管理原则、民主管理原则、动态管理原则、层次管理原则和信息管理原则。

一、协调管理原则

学会和协会从确定了工作目标再到实现目标的整个过程,都需要协调管理。行使管理的一系列职能就是为了协调所要着手组织的活动。所以,组织工作中的协调,在管理协调中占据有重要的位置。

社团组织的协调管理分内部协调管理和外部协调管理两部分,前者决定着社团组织的成效,后者决定着社团组织的走向,两者都十分重要,不可偏废。外部协调管理主要分两部分,一是,社团组织需要与科协、行业主管部门及其他行政部门在政策、人事、管理、经费、职能、任务等多方面的协调沟通,以期获得工作支持或得到宽松的政策环境。二是,社团组织还需要与业务相关的兄弟社团组织或下级社团组织的协调,以便实现及时沟通,互相配合,避免矛盾,资源共享,共存共荣的目的。一般来说,社团组织的外部协调管理的范围十分广泛,易于理解,但操作较难,且不同的社团组织、不同的管理者在影响力和操作模式等诸多方面相去甚远,不一而同,在此不作也不易详尽描述。而社团组织的内部协调管理相对比较直观些,也需要社团组织成员认真理解,积极配合。一般,内部协调管理是指社团组织的一切工作都要协调配合,以便于各项活动顺利进行,并且有利于社团组织取得成功。内部协调管理就是在工作中要尽力做到先主要后次要,让所有的事情和行动都有合适的比例,努力达到方法适应目的。协调的社团组织的共性表现是:其一,每一个部门的工作都应与其他部门步调一致;其二,各部门对所完成的任务和承担的工作有明确的了解;其三,各部门的工作计划安排随着情况的变化而不断调整。
通常,社团组织内部协调管理的方法主要有以下几种

(一)互相适应,自行调整

这是具有协作关系的两个部门或个人通过平等式的协商来达成的工作上的协调,不存在上级的干预。

(二)上级或指定专门人员进行协调

当下属的两个有工作协作关系的部门不能通过协商协调时,或是下级遇到涉及其他部门的、超出其职权范围的、无法解决的问题时,这是常用的一种方法。

(三)召开会议协商

这是常用的协调方法。例会、办公会、现场会都是协调的形式。参与会议的各方,包括主持会议者会前对会议要解决的问题应做充分的准备,会上充分表达。主持会议者把握好会议方向,在酝酿成熟的基础上做出明确、可操作的决定。

(四)委员会协调

委员会是很好的跨越几个部门协调工作的机构。它可以是长期的,也可以是临时的,这要

根据要协调的问题性质来定。委员会由相关部门的代表组成,定期或不定期就与各部门相关的问题进行沟通与做出决定。

(五)制度协调

通过制定规章制度或程序标准的办法对日常性工作进行协调。这样可以减轻上级管理者大量的协调工作。制度建设得当,各项工作既能按章有条不紊进行,又能促进各个部门的工作自动配合。

(六)调整组织机构或人员

由于组织机构设置不合理而导致协作过程中互相扯皮、"踢皮球"的现象并不少见。协调的办法有将机构进行精简合并的,也有通过增设个别机构以消除由于缺少某一机构而导致有关成员不能有效协作的现象。在组织活动过程中,由于某些人员工作上的不适应造成的运作不灵的现象也是时常存在的。这时要适当对人员进行调整。调整人员时要具体问题具体分析,注意工作方法。同时,还要认识到岗位上某些人员不能适应工作很多时候是管理者对他们训练、教育不够,不当的结果。因此职工教育、培训也是有效协调一个应加以重视的间接因素。

二、民主管理原则

民主管理原则置于社团组织来说就是群众办会,科技工作者自己当家作主,自己管理自己。在社团组织中,民主性、群众性和自主性是十分重要的,坚持民主管理原则正是社团组织不同于其他机构的又一重要特征。

学会要坚持走自主活动、自主发展、自我约束的强会之路,就必须强调社团组织的民主性、群众性,除了因为社团组织是群众自愿组成的一个组织形式外,对于科技社团组织来说,还因为社团组织又是一个学术团体,学术上的问题要允许科技工作者充分表达自己的见解,而不是用行政手段干预。科技社团是靠学术优势开展工作的,这也正是他们存在、发展和壮大的核心价值。在强调社团组织的民主性的同时,必须要明确,民主不是放任。学会和协会是依法成立的社团组织,所有活动必须按照章程及相关管理办法行事。同时,其组织成员除了要接受所在单位的管理之外,还要按照行业学会和协会的性质、工作特点进行严格的自律性管理。

一般来说,无论任何一个社会团体,无论其大小,其有效管理实施的前提是构成完整的管理体系,能够相互保证和配套。完整的管理体系应该包括以下两个方面的内容:首先,就是管理的基本制度。管理的基本制度是形成其他管理制度的依据和基础。它是规定社团组织形成和组成方式,决定社团组织性质的基本管理制度。其主要包括规定社团组织法律地位、财产所有形式、社团组织章程等制度以及相应的领导制度和民主管理制度等。其次就是专业的管理制度。专业的管理制度是任何社团组织正常运转所必需的。它既是社团组织基本管理制度得以执行的具体保证,又是社团组织进行专业管理的具体手段。制定专业管理制度的关键在于要形成既有核心,又相互配套和衔接的管理体系。专业管理制度的具体内容和数量,随着社团组织的行业性质不同而有所不同。一般应包括以下几个方面的内容:

(一)责任制度

责任制度是规定社团组织内部各级部门、各类人员应承担的工作任务、应负的责任以及相应职权的制度。责任制度要明确规定岗位与责任,责任与权力,权责与利益三方面关系的具体内容。责任制度是专业管理制度的核心，它是建立完整的专业管理制度体系的出发点。也就是说，专业的管理制度的建设，要以责任制为中心，由此作辐射状配套制度体系的建造；责任制的规定和要求要在配套的制度里得到具体的反映和落实。责任制度可以按照不同层次和工作岗位分别设立，如领导人员责任制和职能部门责任制等。

（二）技术规范

技术规范是针对社团组织的业务活动而制定的技术标准、技术规程等。由于各社团组织的业务活动有较大差别，技术规范的差别也非常大，技术规范关键要反映社团组织业务活动的特定技术要求，它一般包括一些技术标准、操作规范等。但无论哪种技术规范，首先遵守相关法律、行政法规、部门规章才是必须的前提条件。

（三）业务规范

业务规范带有较强的经验性。但是按照业务规范操作也要以遵守技术标准为前提。社团组织的业务规范有操作规程、服务规范、安全规范等。但有时业务规范不可避免地要与其他的制度规范有所交叉。

（四）行为规范

行为规范是对个人在执行社团组织任务时应有的个人行为的规范。如个人行为品德规范、劳动纪律、仪态仪表规范、语言规范等。为了实现社团成员的行为规范，社团组织应倡导全体成员共同参与管理和自主管理，每个成员作为社团组织的一个组成部分也应该，而且必须接受其他成员的管理。管理应该是相对的、交互的、循环的、多维的，每个成员都处于不同的管理层次上，都是管理主体与管理客体的统一体。只是由于每个人的自身素质、经历以及在社团组织中的地位和所扮演的角色不同，有些人作为管理主体的成份多些，有些人作为管理客体的成份多些，但每个人都处在纯粹的管理主体与纯粹的管理客体之间的连续体上。以此达到互动、互勉、进步、提高，维护社团组织整体地位、声誉和利益的目的。

三、动态管理原则

动态管理就是社团组织在组织管理过程中，通过外部环境预测、内部情况分析，对工作策略、管理手段进行适时调整和对计划进行修改和补充的一种管理模式。也就是说，要根据内外部环境的变化及时调整工作思路，在管理上要快速适应环境的不断变化。

要注重动态管理，实际上就是要将调整活动贯穿于管理工作的全过程，但是，由于大部分工作或项目的实施是分阶段实行的，各阶段所存在的问题都有所不同，因而在工作或项目活动实施过程中还必须根据各阶段的实际情况做好调整的重点。这就要求协调工作应根据项目的推进，适时、准确的把握各种关系的发展，及时有效地进行沟通，化解各种矛盾、解决各种争执，从而提高工作运行效率。一般来讲，动态管理方式主要有以下几种：

（一）弹性管理

弹性管理是指管理在客观环境作用下为达到管理目标而采取的应变措施。例如，社团组织结构、制度、程序、标准等，它既要有空间上的一定伸缩幅度，以便及时适应复杂环境的变化，同时又要随着时间的推移，进行适度调节和修正。通过这种动态管理增强应变能力，以达到预定的管理目标。

实施弹性管理，管理者需要根据具体实际情况研究“弹性工作时间制”和“弹性工资”等具体内容，以提高组织员工的积极性，但更为重要的是应将弹性管理贯穿于管理的全过程中去。具体来讲，在计划阶段，要求整个计划应具有应变能力。制定计划时，要在行动方案、计划指标上保持适当的可调节度，以利于各要素能自行调整、补充、配合和完善；实施计划时，要根据内外环境的变化及时地对计划进行修正和完善，并采取必要的措施，确保计划顺利进行。在组织工作阶段，注意在组织结构设计和人员配备上要保持一定的弹性。在决策阶段上，管理者要做好科学预测，尽可能多地列出可供选择的方案，灵活机动地作出科学决断。在控制的各个环节，尤其是关键环节，要保持可塑性或可调性，注意工作的原则性和灵活性的统一。只有这样将弹性管理落实到实处，才能更好地推动动态管理。

（二）权变管理

所谓权变，就是因事制宜、因人制宜、因时制宜，根据条件变化，随机应变。权变管理则是指管理者根据社团组织的内部条件和外部环境来确定其管理思想和管理方法，以实现有效管理。

权变管理的最主要的特征是灵活适应性。在日常工作中，一种管理思想或方法，在某个环境下是有效的，而在另一个环境中并不一定是有效的，甚至带来较大的负面作用。在某种意义上讲，管理的成效取决于组织管理者对环境以及与管理对象之间的适应性。因此，管理者必须树立权变观念，从思想上明确管理的环境、对象和目的都可能在发展变化。只有这样，才能促使管理者在动态的管理过程中因情而异，权变定夺。例如，它可以帮助管理者提出适用于某些环境和特定条件的工作方案；它可以帮助管理者确定适宜的领导风格以及实行组织变革和改良的最切实的方法等等。因此，管理者有意识地训练和提高权变控制能力，增强权变意识，尽可能考虑到各种有关的变动因素，并以此来决定采取什么样管理方式，这对社团组织的长远发展是大有裨益的。

（三）创新管理

社团组织的发展是一个动态过程，要使这个过程持续下去，就得不断创新。可以说不创新，就意味着灭亡，创新已成为社团组织发展壮大过程中的关键性因素。

实行创新管理是社团组织竞争的取胜之道。而构建创新管理体系，则是保证创新管理有效进行的前提。创新管理体系主要包括观念创新、技术创新、制度创新和管理创新。

观念创新是社团组织的生命之源。管理者只有树立创新意识，发扬创新精神，才能使社团组织保持活力。

制度创新是社团组织发展的动力。由于制度具有整合功能，能够帮助管理者实现资金、人才和技术要素的互动与集成，因而它在整个创新体系中居于基础和保证地位。

管理创新是社团组织的中心环节。管理创新是以管理者为主体，有效整合社团组织资源，始终使管理工作处于动态协调之中。

四、层次管理原则

所谓层次管理，就是在职权等级链上所设置的管理职位的级数。当社团组织规模相当有限时，一个管理者可以直接管理每一位工作人员的活动，这时社团组织就只存在一个管理层次。

而当组织规模的扩大导致管理工作量超出了一个人所能承担的范围时，为了保证机构的正常运转，管理者就必须委托他人来分担自己的一部分管理工作，这就使管理层次增加到两个层次。随着机构规模的进一步扩大，受托者又不得不进而委托其他的人来分担自己的工作，依此类推，从而形成了组织的等级制或层次性管理结构。

从一定意义上来讲，管理层次是一种不得已的产物，其存在本身带有一定的副作用。首先，层次多意味着费用也多。层次的增加势必要配备更多的管理者，管理者又需要一定的设施和设备的支持，而管理人员的增加又加大了协调和控制的工作量，所有这些都意味着费用的不断增加。其次，随着管理层次的增加，沟通的难度和复杂性也将加大。一个指令在经过几个层次自上而下传达时，不可避免地会产生曲解、遗漏和失真，由下往上的信息流动同样也困难，也存在扭曲和速度放慢等问题。此外，众多的部门和层次也使得计划和控制活动更为复杂。一个在高层显得清晰完整的计划方案会因为逐层分解而变得模糊不清，失去协调。随着层次和管理者人数的增多，控制活动会更加困难。

显然，当组织规模一定时，管理层次和管理幅度之间存在着一种反比例的关系。管理幅度越大，管理层次就越少；反之，管理幅度越小，则管理层次就越多。这两种情况相应地对应着两种类型的组织结构形态，前者称为扁平型结构，后者则称为高耸型结构。一般来说，全国性的和大的省市的社团组织结构倾向于高耸型，偏重于控制和效率，领导层分工比较明确。扁平型结构则被认为比较灵活，容易适应环境，组织成员的参与程度也相对比较高。

目前，层次管理越来越受到人们的重视。在社团组织管理中，具有层次感是非常重要的。社团组织管理中若无层次，整个社团组织必然犹如一盘散沙，工作效率低，甚至内讧不断。如果管理层次分明，社团组织的整个工作才能有条不紊地有序进行。在社团组织日常管理工作中，层次管理中最重要是工作上的层次管理和用人上的层次管理两个方面。

（一）工作上的层次管理

社团组织的领导者每天都要面临着许许多多的工作，这些工作有的相互关联，有的互不相干，却又都必须要做好。作为领导者就必须要懂得统筹安排，分清轻重急缓，把大量琐碎、次要的工作安排给合适的人员或部门去做，注意安排好这些工作、这些人员或部门之间的先后次序和相互衔接，并不时地注意其进度，监督其情况，检查其结果。不要陷入某件事情中，不能自拔，顾此失彼，甚至因小失大。而对那些重大的，可能影响全局的工作，则需亲自主持，精心安排，严格管理，认认真真地做好。总体来说，领导者要把对自己所分管的千头万绪的工作理出头绪来，既要纵观全局，又要细微无遗。

（二）用人上的层次管理

其实，工作上的层次管理和用人的层次管理是紧密相连的。在工作中如果用人不分主次，不仅不利于工作，也不利于培育干部，使工作人员缺乏自信，工作才干无法发挥或锻炼，整天忙于琐事，不利于人才成长。这就需要社团组织的领导者在知人的基础上，对人才的使用上做到善任，形成人员配置的最佳组合，实现用人上的层次管理。

总之，社团组织管理并不是平面的，而是立体的，是与社团组织领导的政治道德修养、学识、胆识和心理素质有着很大关系。社团组织领导人在管理社团的过程中要有创新的思维，致力于制度建设，有独特的管理风范，有新颖的办会思想，理性思考社团发展方向才能更好的体现出社团组织管理的层次性。

五、信息管理原则

信息管理是指社团组织为了有效地开发和利用信息资源，以现代信息技术为手段，对信息资源进行计划、组织和控制的相关活动。而对于社团组织来说，信息主要包括以下两方面的内容：一方面是社团组织自身活动产生的信息，大体上有三类。第一类是成果类信息，如科技成果、学术成果、专家建议或咨询等；第二类是人才信息，如各类人才的学识状况、研究方向、科研能力、专业兴趣和特长等；第三类是动态信息，包括会员及科技人员的研究活动、学术活动进展、效益反映及思想状况等。另一方面是学会的外部信息，基本上也分成三类。第一类是科技、文教、生产、社会等管理部门的政策性信息；第二类是决策部门及有关行政、业务部门制定的方针政策、规划、计划等信息；第三类是国外相关领域、学术团体等产生的信息。为了使社团组织活动更加高效，就需要不断矫正管理行为，实现有效管理的目的。

在信息管理的过程中，基本要求是信息的获取、传递和利用要及时和准确。首先，信息的及时性体现在信息管理系统要灵敏、迅速地发现和提供管理活动所需要的信息。这里包括两个方面：一方面，要及时地发现和收集信息，并适时地记录相关情况和问题。另一方面要及时传递信息，要以最迅速、最有效的手段将相关信息提供给有关部门和人员，使其成为决策、指挥和控制的依据。其次，信息的准确性要求信息必须准确无误。只有准确的信息，才能使决策者做出正确的判断。失真以至错误的信息，不但不能对管理工作起到指导作用，相反还会导致管理工作的失误。为保证信息准确，首先要求原始信息可靠。只有可靠的原始信息才能加工出准确的可用信息。信息工作者在收集和整理原始材料的时候必须坚持实事求是的态度，克服主观随意性，对原始材料认真加以核实，使其能够准确反映实际情况。其次是保持信息的统一性和唯一性。一个管理系统的各个环节，既相互联系又相互制约，反映这些环节活动的信息有着严密的相关性。所以，系统中许多信息能够在不同的管理活动中共同享用，这就要求系统内的信息应具有统一性和唯一性。因此，在加工整理信息时，要注意信息的统一，以免在信息使用时因不准确而造成混乱。

为了使信息管理能够得到及时和准确，建立有效的信息管理制度是非常必要的。一般信息管理制度主要包括以下几个方面的核心内容：

（一）原始信息收集

所有与社团组织活动有关的信息，都应准确、毫无遗漏地予以收集。要建立严格的信息收集制度，安排专人或设立专门的机构从事原始信息收集工作。

（二）规定信息渠道

在信息管理中，要明确规定上级和下级之间纵向的信息通道，同时也要明确规定同级部门之间横向的信息通道，建立必要的制度，明确各单位、各部门在对外提供信息方面的职责和义务，促进信息流通。

（三）提高信息利用率

信息利用率是指有效的信息占全部原始信息的百分率。信息利用率越高，说明信息工作的成效越大。反之，不仅在人力、物力上造成浪费，还会使有效的信息得不到正常的流通。因此，必须加强信息处理机构和提高信息工作人员的业务水平，健全信息管理体系，通过专门的训练，使信息工作人员具有识别信息的能力。

（四）灵敏的信息反馈

信息反馈是指及时发现在执行计划或决策中存在的问题。如果对执行计划或决策中出现的问题反应迟钝，待造成较大失误之后才发现，这样就会给工作带来损失。因此，必须重视管理中的追踪检查、监督和反馈工作，严格制定监督反馈制度，定期对各种数据、信息做深入的分析，通过多种渠道，建立快速而灵敏的信息反馈系统。

参考文献

1.李平等编著:《点击学会工作》,2004
2.中国科学技术协会学会学术部主编《科技社团改革创新与发展研究》,2009
3.潘大钧主编《管理概论教程》,北京:经济管理出版社,1999

内蒙古自治区医学会副会长秘书长　李玉成

第七章　建设会员之家，实行民主办会

当前，世界和我国科学技术快速发展，国家改革开放不断深化，我国科学技术社会团体呈现群雄并起的局面，学会的发展面临着许多新问题，新挑战。要破解学会建设中的难题，只有在继承中前进，在创新中发展，这是我们的必然选择。增强创新意识，激发创新热情，在创新中焕发学会青春和活力。当前要着力在学会建设会员之家、实行民主办会。

第一节　建设会员之家，维护会员合法权益

潘美辰演唱的一首《我想有个家》使众多听众深受感动，那一句句动人的歌词，表达了人们对家的留恋和渴望。家在汉字里是一个涵义很丰富的词。可作谦词，如家父、家兄；可作量词，如两家企业，三家商店；还可称某些学术流派为家，如儒家、法家、纵横家；具备一技之长、精通一个行当、熟谙一门学识的人也被誉为家，如作家、商家、专家、科学家等。用得最广泛的或者说通常意义的家则是家乡、家庭。单用一个家字，多指有屋宇、有家具、有生活设施的给人以安乐舒适的生活居所。延伸一点说，人们把能给人带来温馨、安逸、轻松、愉悦，为人们平添力量和信心的所在都称之为家。在我国数以万计的科技工作者，也有一个共同的心愿：盼望有一个像"家"一样温馨的行业组织，保护他们的合法权益和利益，反映他们的心声、呼声，给他们提供上下沟通、相互交流的平台和所需要的各种信息，协商解决行业内市场竞争和发展过程中出现的各种带有共同性的问题和难题，如行业标准、政策、价格、体制等等。因此，学会建设会员之家十分必要。

一、充分发挥桥梁纽带作用

学会是党和政府联系广大科技工作者的桥梁和纽带。胡锦涛总书记在讲话中指出："分析新形势新任务对我国科技事业发展提出的新要求，进一步发挥科协组织作为党和政府联系广大科技工作者的桥梁和纽带作用，进一步激发广大科技工作者的创新热情和创造活力，动员和组织广大科技工作者为建设创新型国家，为夺取全面建设小康社会新胜利、开创中国特色社会主义事业新局面而继续团结奋斗"。面对新形势，学会必须切实肩负起联系、服务、组织和引导广大学会会员、科技工作者的重要责任，牢固树立以科技工作者为本的思想，把加强党和政府同科技工作者的联系作为基本职责，建立完善党委政府与广大科技工作者之间的沟通渠道，及时把党的路线、方针、政策传达下去，把科技工作者的意见、建议、诉求反映上来，维护科技工作者的合法权益，竭诚为科技工作者做好服务，进一步解放思想、大胆创新，全面加强自身建设，使学会成为党联系广大科技工作者的桥梁和纽带，成为维护科技工作者合法权益的"科技工作者之家"。

（一）当好政府的参谋助手，努力发挥桥梁纽带作用。

1.接受政府的决策咨询。可受全国人大法工委、国务院法制办、各部委等部门的委托，分别组织专家，对法律、法规草案征求意见，及时上报修改意见；组织专家讨论，并书面征求专科分

会意见，整理上报各部委。

2.完成政府部门委托的技术文件制定修订和技术论证工作。组织编写行业规范性文件。

3.积极协助党和政府处理突发事件。2008 年 5 月 12 日，汶川特大地震发生后，中华医学会第一时间作出了积极反应。受卫生部委派，由副会长王海燕教授任组长，重症医学分会主委刘大为教授和骨科专家戴尅戎院士组成专家组，赶赴地震灾区，对当地的伤员救治工作进行指导、评估。专家组根据掌握的第一手材料，对救治工作做出了科学评估，为卫生行政部门及时调整、制定施救方案提出了重要建议。中华医学会的专科分会分别以各种方式积极支援抗震救灾。同时，发挥在期刊、科普工作方面的优势，据统计，中华医学会系列杂志共刊登了近百篇与抗震救灾有关的文章。中华医学会在抗震救灾工作中所发挥的作用和做出的贡献，受到 2008 年 9 月召开的第十届中国科协学会年会的表彰，被评为“中国科协抗震救灾先进集体”。

2008 年 9 月份，在婴幼儿因食用三鹿牌婴幼儿配方奶粉导致泌尿系统结石的事件发生后，中华医学会紧急组织专家多次召开会议，完成了卫生部交办的《与食用受污染三鹿牌婴幼儿奶粉相关的婴幼儿泌尿系统结石诊疗方案》及《食用含三聚氰胺奶粉婴幼儿泌尿系统结石超声检查流程》的任务，制订出《阪崎肠杆菌感染诊疗方案》及宣教提纲报卫生部。此后，随着事件调查的深入和诊疗救治工作的展开，应卫生部要求，中华医学会又先后 10 余次组织相关领域专家召开专题咨询会、研讨会，提供技术咨询。中华医学会专家制定的文件和形成的共识，为国家卫生部及时有效的指导全国的医疗救治和做好宣传提供了科学依据。

4.反映科技工作者意见和诉求。学会可与专科分会、地方学会建立的信息报送网络，开发信息征稿与报送模块。以信息收集和问卷调查的形式，将整理、收集的反映科技工作者工作、生存状况的热点、焦点类信息，通过中国科协及时向政府进行反映，为党中央和政府的决策提供参考依据。

5.发挥非政府组织民间外交作用，增进与国（境）外学术团体的交往与交流：学会应不断发展与国（境）外学术团体的友好关系，与有关国家机构、学会及国际组织间增进了解与合作，建立良好的沟通机制。积极推进与台、港、澳地区的学术交流与互访，促成专科分会加入对口国际专业组织和参与国际活动，鼓励专科分会努力提高国际学术交流的参与能力。积极编制参与国际学术会议投标的宣传资料，提高申办国际学术会议的成功率。学会应积极推荐专家在相关国际组织任职，加入国际组织。

（二）加强学会与会员联系沟通，是发挥学会桥梁纽带作用的基础。在学会改革发展进程中，应不断增进与会员的沟通与联系，为会员服务。

1.拓宽与会员联系沟通的途径：学会与会员联系沟通的主要途径有三种：一是通过学会内部刊物，如会刊、会讯、简报等，二是通过学会会议，三是通过通讯（通信、电话、网站、电子邮件等）方式。随着互联网这一现代化通讯方式的普及，学会开始逐步重视信息化建设，如设立学会网站，扩大与会员联系沟通的途径。例如：中国电子学会现建有中文网站（www.cie.xh.cn）和英文网站（cie.china.org）。中文网站主要设有组织机构、入会申请、学术活动、专家论坛、学会刊物、展览咨询、科学普及、继续教育、学会奖项、学会简报、电子工程师进修大学等栏目。同时为各分会、地方学会建立了（二级）主页，并与相关网站进行了链接。会员可以通过网站及时了解学会的各种信息，可以在网上申请入会。但是会员通过学会网站和电子邮件得到学会信息的比例目前还不够高。

2.扩大发展会员的渠道:在学会直接发展会员的基础上,很多学会委托地方学会、分会和专业委员会、团体会员单位及其他委托单位开展发展个人会员的工作。

3.收取会费,为会员服务

(1)研究制定适宜的会费标准,完善会员定期缴纳会费制度:根据民政部、财政部《关于调整社会团体会费政策等有关问题的通知》(民发[2003]95 号),国家不再核定统一的社会团体会费标准,社会团体可依据章程规定的业务范围、工作成本等因素,合理制定会费标准。目前很多学会正在积极研究制定适宜的会费标准,完善会员定期缴纳会费制度。如中国物理学会在 2003 年 9 月 17 日召开的第八次全国会员代表大会及 11 月 14 日召开的八届二次常务理事会议上,分别审议通过了"会员交纳会费的规定"和"会员交纳会费的规定实施细则",制定了会费的收取标准和办法,并将于 2004 年起开始实行。

(2)为会员提供的服务方式逐步向多元化发展:学会为会员提供的服务主要有以下几种:①免费提供内部刊物和学术活动计划;②免费提供或优惠订阅学会办的期刊;③学会主办的期刊,在同等条件下,优先刊登会员的稿件,会员要在稿件上注明会员登记号码;④免费进入学会网站查阅信息;⑤在学会刊物和网站上宣传会员研究成果、获奖情况等信息;⑥优先参加学会举办的学术活动及继续教育项目,凭会员证减免注册费和资料费等;⑦组织会员出国访问、考察,出席国际会议,出国进修或参加国际学术组织;⑧获得申请奖励的资格;⑨以优惠的方式向会员提供信息和咨询服务等。

4.充分发挥专家的作用,调动其参与学会事务的积极性:学会应定期组织召开专家座谈会,对于学科发展、科技趋势、工作重点等重大问题征求专家观点和建议,在学会工作中依靠专家学者。例如:在今年抗击非典的斗争中,中国畜牧兽医学会及时组织国内部分知名兽医专家,提出了"SARS 病原研究及人畜共患病涉及公共卫生问题的专家建议"得到中国科协领导、国务院领导的高度重视。中华中医药学会在防治 SARS 斗争中,多次组织专家开展研讨,提出防治技术方案,在电视、广播等多种媒体上宣传中医药科普知识,受到主管部门和社会各界的充分肯定。

二、以会员为本,突出会员主体地位,全心全意为会员服务

学会是广大科技工作者开展学术交流的平台。学会的主要任务就是开展学术交流,活跃学术思想,促进学科发展,促进自然科学和社会科学的结合。学会要创新学术交流方式,面向基层,面向一线科技工作者,着力搭建高层次、小规模、重实效的学术交流平台,不断提高学术交流的质量和实效。要围绕当前重大科技问题,积极组织和引导科技工作者开展跨学科、跨领域、综合性的学术交流,加强科研攻关。学会需要以会员为本,突出会员主体地位,全心全意为会员服务,主要需抓好以下几个方面:一是要提高服务意识。学会各级工作人员一定要解放思想,更新理念,增强服务意识,求真务实,踏踏实实地为会员作实事,要营造出"我为学会争光、学会为我添彩"氛围,以优质服务,取得广大会员的信任。二是增强责任感。学会汇集了本学科的优秀人才,是本学科的科技中坚力量,有义务、有责任传播本学科学术前沿信息,要积极主动为本会会员介绍新技术、传播新信息、积极参与学术交流活动,推进本学科的学术进步。

1.加强领导班子建设，尤其要充分发挥学会常务理事会的领导作用。要坚持民主办会的原则，进一步完善和落实议事规则，做到民主决策、科学决策。常务理事会成员也要以学会建设为己任，充分利用自己的智力优势，努力增强从大局上把握学会建设的方向、从战略上思考学会事业发展的意识，不断提升抓大事谋长远科学决策的能力。要发扬求真务实的工作作风，经常深入实际调查研究，及时发现、及时研究和解决学会工作中的问题。

2.加强学习型、服务型办事机构建设。学会办事机构是学会工作的枢纽。要下大力量抓好学会办事机构自身建设。要着眼现代社团建设需要，努力提高办事机构工作人员的整体素质。加强思想教育，进一步转变工作作风，努力提高专职工作人员的服务意识；着眼为会员、为专家、为广大科技工作者提供高效、优质的服务，努力改善知识结构，进一步提高为会员、为学会建设服务的水平和能力；要加强对会员和广大科技工作者新需求的研究，最大限度满足事业发展的需要。进一步加强对各市(州)学会的业务技术指导与服务，加强合作与联系，促进各级学会平衡协调健康发展，坚持为繁荣学术服务，为科技发展服务。

3.加强制度建设，完善运作机制。要适应时代发展要求，根据学会特点建立健全组织管理制度，保证学会各项工作运转规范科学，加强制度建设，完善运行机制，努力做好建家工作。建设会员之家是中国科协多年来的要求，也是学会自身发展的需要。要把建设会员之家放在领导班子重要议事日程积极筹划，制定科学的实施方案，逐步把学会建设成为真正的会员之家，为会员服务创造必要的物质条件，进一步增强学会的凝聚力。

4.不断满足会员需要，采取多种措施为会员服务：

(1)增强服务意识，学习和借鉴国际经验，丰富服务内容和服务方式，提供优质的服务，特别是提供信息和技术指导。例如，扶持会员推广技术、转化成果，提供解决会员研制开发高新技术产品的起动资金的渠道。

(2)区别学会会员与非会员的待遇，对会员有一定优惠政策，要让会员体会到“入会”与“不入会”的区别。例如：会员有权参加学会举办的评价优秀论文和各种奖励活动，非会员不得入选；学会组织的出国访问，考察，出席国际会议，出国进修或参加国际学术组织，所选派的人员必须是会员。参加学术会议的人员应按规定交注册费，会员与非会员的注册费标准应有所区别，差额不得低于20%。

(3)以表彰奖励形式来激发会员的积极性和创造性。例如：中国物理学会设立的以科学家命名的专项奖励基金；中华医学会设立会员奖励基金，中华中医药学会设立学术发展基金，奖励在科研、教学、服务和管理工作中有突出的会员。

(4)加强学会的宣传力度，让科技工作者了解学会、信任学会、热爱学会，增强学会的影响力和凝聚力。制定会员手册，让每一个会员了解他的权益和义务，参加学会是一定学术地位的象征，在广大科技人员心目中，形成争取参加学会为荣的气氛。

(5)开展活动要经常性，要多样化，满足不同层次会员的需要。例如：组织基层会员进行学术交流；组织基层高级会员赴境外学术考察：按省(市、区)组织高级会员，资深会员的联谊活动。

(6)重视基层会员，对一些贫困边远山区的科技工作者，给予扶持，免费学习培训。配合卫生行政部门扶贫帮困重点地区减免其参会学术活动的相应费用。通过各种渠道来争取会员的合法权益。

(7)完善专家库、会员库建设。会员是学会发展的根本，专家库和会员库建设是一项基础性工作，是学会各项工作的依托，如学会会费的收取离不开会员库会员基本数据信息，学会提供科技服务离不开专家库中专家学者的有关信息。专家库和会员库建设是一项长期持续性工作，学会要给予足够的重视。

(8)加强学会网站建设，采用现代化的通信手段，进一步加强与会员的沟通和联系，提高会员管理和服务的水平。及时公布国际、国内相关专业的活动和专业技术论文、标准、科研成果、科研动向的报告与介绍，发挥专业整合和资源共享的优势，使广大科技工作者受益，利用现代科技手段提高整个专业队伍水平，增强学会凝聚力。

三、培养和发现人才，促进会员成才

学会要建设学习型学会，要把建设学习型学会作为已任，着力营造有利于人才大量涌现、健康成长的良好氛围，搭建发现人才、展现人才、推荐人才的平台，倡导、鼓励人才成长的良好风尚。学会培养和发现人才、促进会员成才的主要做法有：学会作好各专业领域的科技进步奖的评审工作，同时根据各省科技成果鉴定政策的变化，开展科技成果新的评价机制研究，进行充分的调研和论证，制定相应的科技成果评审管理办法，并继续做好向各级政府科技奖励项目的推荐申报工作；不断完善学会科研基金管理办法，积极拓展资助学科，开展各学科领域中基础应用研究、临床应用研究以及开发研究。寻求多方合作，多渠道融资，争取大多数专科分会建立起科研专项资金，促进科技人才的成长；完成重大科技专项研究并做好其推广工作；有计划、有步骤地开展对县(市、区)基层地区学术优秀成果交流推广辅导工作；认真做好人才工程和自然科学优秀论文评审的推荐工作。另外，在各种学术交流活动中培养人才，发现优秀人才，使学会的优秀人才在学术团体活动中获得展示的机会，这样更能够提升本学科的整体信誉及形象。

四、维护会员合法权益

随着社会主义市场经济体制的确立和完善，学会会员越来越多地面临各种以前所未曾遇到的、特别是涉及经济利益的法律问题。学会会员如何维护自身权益？首先要主动实行自律和维权。在明确会员服务单位存在的各种法律关系、熟悉各种权利义务规定的前提下，学会会员要自觉履行应尽的义务，片面强调维权而忽视自律，反而会损害自身的权益。其次，各行业的维权活动要形成合力。维护权益要靠全行业的共同努力，同一地区同一行业内的组织往往会有许多共同利益，通过建立行业组织，实行行业的自律和行业利益的维护，是很多行业的维权经验。三是可通过学会维护会员服务单位与会员双方的合法权益。科技人员作为服务单位的职工，其代表服务单位施行的工作行为是职务行为。随着改革的深化，一部分科技工作者群体由“单位人”转变为“社会人”，各级系统人事分配制度改革及职业纠纷处理方面出现新情况，服务单位权益和科技人员权益之间的矛盾有加剧的趋势。作为第三方的学会，可在维护服务单位权益的同时，也能够有效地维护会员的合法权益。学会应关注科技人员分布和流向的变化，努力做到科技人员到哪里，学会的工作就做到哪里，通过网络等多种手段为他们提供服务。

五、宣传表彰先进，开展联谊慰问活动

为进一步加强与会员、专家的联系,充分调动会员、专家参与学会工作的积极性和创造性,营造尊重劳动、尊重知识、尊重人才、尊重创造的良好氛围,需要开展宣传表彰先进、开展联谊慰问活动。在宣传表彰先进活动中,要切实加强领导,树立人才资源是第一资源的理念,精心制订宣传表彰先进、慰问专家工作计划,把宣传表彰先进、慰问专家工作作为一项重要政治任务抓好抓实。慰问的内容和方式有:通过开展慰问活动,了解和掌握会员、科技专家的工作、学习和生活情况,认真倾听会员、专家的建议和意见,满腔热情地为他们办实事、解难事、做好事,切实解决他们在工作和生活上存在的实际问题和困难。慰问活动要因地制宜、灵活多样、注重实效。形式上既要丰富多彩、积极向上,又要量力而行、节俭办事。要通过走访慰问,召开会员、科技专家联谊会、茶话会、座谈会等多种形式,确保慰问活动取得成效。

第二节　学会协会会员(会员代表)大会

一、换届选举的年限规定

会员代表大会每五年召开一次。因特殊情况需提前或延期召开时,须经理事会讨论通过,报业务主管部门审查并经社团登记管理机关批准同意。延期换届最长不超过一年。

二、会员(会员代表)大会的组织工作

会员代表大会的职权是:(一)制定和修改本会章程;(二)选举和罢免理事;(三)决定名誉职务的设立和人选;(四)审议理事会的工作报告和财务报告;(五)决定本会的工作方针和任务;(六)通过提案和决议;(七)制定和修改会费标准;(八)决定终止事宜;(九)决定其他重大事宜。会员代表大会须有三分之二以上会员代表出席方能召开,其决议须经到会会员代表半数以上同意方可有效。因此,会员(会员代表)大会的组织工作均需围绕前述内容有条不紊的开展。

(一)会员

1. 学、协会的会员种类分为个人会员、单位会员。

2. 申请加入本会的会员,必须具备以下条件:

(1)拥护本会章程;

(2)有加入本会意愿;

(3)在学科领域内有一定影响,具备以下条件之一:

① 获得编辑、讲师、助理研究员、主管技师以上及相当技术职称资格者;

② 获得硕士以上学位者;

③ 高等院校本科毕业,从事教学、科研、编辑出版以及组织管理,或高等院校专科毕业,从事上述工作三年者,或虽未获得以上职称、学历,但在学术上有突出成就者;

④ 与本学有关学科的工作,在工作年限、职称、学位等方面具备相当于上述①、②、③项条件之一者;

⑤ 积极支持学会工作,从事有关组织管工作的领导干部;

⑥ 凡与本会专业有关、自愿参加本会活动、支持本会工作、具有一定社会影响、有一定数量科技人员依法成立并登记的社团、研究机构、企业单位等可申请为单位会员；

3. 入会程序：

(1) 提交入会申请书；

(2) 本会会员二人介绍或所在单位推荐，经所在市、州学会审核，由本会理事会讨论通过，即为本会会员；

(3) 由理事会或理事会授权的机构发给会员证。

4. 会员享有下列权利：

(1) 本会选举权、被选举权和表决权；

(2) 参加本会的活动；

(3) 获得本会服务的优先权；

(4) 对本会工作的批评建议权和监督权；

(5) 入会自愿、退会自由。

5. 会员履行下列义务：

(1) 执行本会的决议；

(2) 维护本会的合法权益；

(3) 完成本会交办的工作；

(4) 参加本会和所在专科分会组织的有关社会公益活动；

(5) 按规定交纳会费；

(6) 向本会反映情况，提供有关资料；

(7) 保守国家机密。

6. 会员退会应书面通知本会，并交回会员证。会员如果一年内不交纳会费或不参加本会活动的，视为自动退会。

7. 会员如有严重违反本章程的行为，经理事会或常务理事会表决通过，予以除名。

(二)组织机构和负责人产生、罢免

1. 学、协会的最高权力机构是会员代表大会，其职权是：

(1) 制定和修改本会章程；

(2) 选举和罢免理事；

(3) 推举名誉会长；

(4) 审议上届理事会的工作报告和财务报告；

(5) 制定和修改本会会费标准；

(6) 制定学会的工作方针和任务；

(7) 通过本会提案和决议；

(8) 决定终止事宜；

(9) 决定其他重大事宜。

2. 会员代表大会须有三分之二以上的会员代表出席方能召开，其决议须经到会会员代表半数以上表决通过方能有效。

3. 会员代表大会每五年召开一次。因特殊情况需延期换届的，须经理事会表决通过，报业务主管单位审查并经社团登记管理机关批准同意。但延期换届最长不超过一年。

4. 理事会是会员代表大会的执行机构，在闭会期间领导本会开展日常工作，对会员代表大会负责，每届任期五年。

5. 理事会职权：

(1) 执行会员代表大会的决议或决定；

(2) 选举和罢免会长、副会长、秘书长或常务理事；

(3) 筹备召开会员代表大会；

(4) 向会员代表大会报告工作和财务状况；

(5) 决定会员的吸收和除名；

(6) 决定申请设立办事机构、分支机构、代表机构和实体机构；

(7) 决定副秘书长、各机构主要负责人的聘任；

(8) 审批年度学术计划和工作计划；

(9) 审批申报新建专科分会；

(10) 领导本会所属各机构开展工作；

(11) 制定内部管理制度；

(12) 向有关部门反映会员的意见和呼声，维护会员的合法权益；

(13) 决定其他重大事项。

6. 理事会会议需要有三分之二以上理事出席方能召开，其决议须经到会理事三分之二以上表决通过方能生效。

7. 理事会每年至少召开一次会议；在特殊情况下也可采用通讯形式召开。

8. 学、协会设立常务理事会。常务理事会由理事会选举产生，在理事会闭会期间行使第五条第一、三、五、六、七、八、九、十、十一、十二项的职权，对理事会负责（常务理事人数不超过理事人数的三分之一）。

9. 常务理事会需有三分之二以上常务理事出席方可召开，其决议须经到会常务理事三分之二以上表决通过方能生效。

10. 常务理事会至少半年召开一次会议，在特殊情况下也可采用通讯形式召开。

11. 学、协会的会长、副会长、秘书长必须具备下列条件：

(1) 坚持党的路线、方针、政策、政治素质好；

(2) 在专业学科中有知名度的高级职称专家；

(3) 会长、副会长、秘书长最高任职年龄不超过 70 周岁，秘书长为专职；

(4) 身体健康，能坚持正常工作；

(5) 具有完全民事行为能力；

(6) 未受过剥夺政治权利的刑事处罚。

12. 学、协会会长、副会长、秘书长由理事会选举产生。会长、副会长、秘书长每届任期五年，任期不超过两届。因特殊情况需延长任期的，须经会员代表大会 2/3 以上会员代表表决通过，报业务主管单位审查并经社团登记管理机关批准同意后方可任职。

13. 学、协会会长、副会长、秘书长如超过最高任职年龄的，须经理事会表决通过，报业务主管单位审查并经社团登记管理机关批准同意后，方可任职。

14. 学、协会会长为本团体法定代表人。本会团体法定代表不得兼任其他团体的法定代表人。

15. 学、协会会长行使下列职权：

（1）召集和主持会员代表大会、理事会议或常务理事会；

（2）检查会员代表大会、理事会、常务理事会决议的落实情况；

（3）代表本会签署有关重要文件。

16. 学、协会秘书长行使下列职权：

（1）主持办事机构开展日常工作，组织实施年度工作计划；

（2）协调各分支机构、代表机构、实体机构开展工作；

（3）提名副秘书长以及各办事机构、分支机构、代表机构和实体机构主要负责人人选，交常务理事会审定；

（4）决定办事机构、代表机构、实体机构专职工作人员的聘用；

（5）处理其他日常事务。

17.学、协会可推举专业领域有重要影响的专家或卸任会长为名誉会长。

18.学、协会设名誉理事。对学术上有杰出成就，对本会工作有重要贡献，不再继续担任理事、常务理事者，经本会常务理事会同意，分别予以表彰或聘任为名誉理事。

19. 理事会根据工作需要，可酌情设立若干工作委员会，分别承办理事会交办的有关工作任务。

20. 经常务理事会批准，按不同学科或专业，成立相应的专科分会，是理事会领导下的学术分支机构，负责组织本学科（专业）的学术活动。专科分会不是法人社团，不另立章程；专科学会实行委员制，由学、协会、专科分会和各市（州）学会民主协商推举全省委员，组成委员会，专科分会由委员会民主协商推选主任委员、副主任委员和常务委员，组成常务委员会。委员会每届任期三年。

21. 根据需要，学、协会设置若干专职工作人员，组成办事机构。

（三）机构管理与服务

学会根据开展活动的需要，依据业务范围的划分或者会员组成的特点设立工作委员会、专业委员会或分会等分支机构。分支机构在民主办会中发挥着重要作用。

1. 充分发挥工作委员会的作用，贯彻执行常务理事会的决议

工作委员会是常务理事会领导下的工作机构。多数学会都能根据工作任务的需要设立一些工作委员会，如组织、学术交流、咨询、继续教育、编辑出版、科普宣传等工作委员会，吸收理事、常务理事及相关专家参加，对相关工作进行指导，提高（常务）理事参与学会工作的积极性。有的学会如中国物理学会、中华中医药学会，副理事长和常务理事有明确分工，分配在工作委员会中承担组织领导工作，保证各项工作得到落实。

2. 民主选择主任委员和挂靠单位

中国电子学会、中华中医药学会有的专业分会在委员会换届时，对主任委员和挂靠单位的

确定采取公开竞争的方式。竞争者在会上发表演讲,承诺担任主任委员和挂靠单位后将为分会工作提供的条件、人员和经费支持,委员以无记名投票的方式选举产生主任委员和挂靠单位。这种做法使民主办会落到实处,使分会开展工作的条件得到了保证,挂靠单位也能得到委员会的监督。

3. 分支机构主要工作和重大活动都要经过委员会议集体研究决定

学会一般规定各分支机构每年至少召开 1 次委员会议,研究工作。如中华中医药学会各专科分会在每年召开学术年会时,同时召开专科分会委员会议,民主讨论下一年度学术交流内容,并确定会议举办地点、时间和承办单位。

4. 通过工作会议密切总会与分支机构的联系

例如:中华医学会、中国电子学会一般每年召开一次由分会主任委员和地方学会秘书长参加的工作会议,讨论研究工作,交流经验,表彰先进,调动了秘书长的积极性,推动了学会工作的开展。

5. 积极支持各分支机构活动的开展,提供相关服务

学会支持各分支机构活动的开展,特别是发挥分会、专业委员会在专业学术交流方面的作用。如:中国化学会,除重大国际交流和国际组织委托学术交流及重大国内学术交流外,专业会议交由专业委员会组织实施,但必须申报,常务理事会审核、监督,办事机构服务、落实,责任明确、分工合理,促进了学术活动的开展。

在实际工作中,总会对所属分支机构提供的服务主要有:①根据具体活动需要,为分支机构出据公函、证明;②审核学术活动有关文件;③审批签署合作协议;④报批国内外活动项目计划;⑤协助联系工作业务;⑥接受具体事项的咨询;⑦对委员会的换届工作给予指导;⑧对委员会工作中产生的问题进行协调和处理等。

三、会员代表大会闭幕期间的学会工作

在会员代表大会闭会期间,由理事会领导本会工作,对全国会员代表大会负责,每届任期五年。理事会是全国会员代表大会的执行机构,理事会会议需有三分之二以上理事出席方可召开。其决议需经到会理事三分之二以上同意方可生效。理事会会议每年召开一次,特殊情况可采取通讯形式。在理事会闭会期间,常务理事会行使第十八条第一、三、五、六、七、八、九、十项的职权,对理事会负责,每届任期五年。常务理事由理事会从理事中选举产生。常务理事人数不得超过理事人数的三分之一。常务理事会会议需有三分之二以上常务理事出席方可召开,其决议需经到会常务理事三分之二以上同意方可有效。常务理事会会议每季度召开一次,必要时可提前或延期召开,特殊情况可采取通讯形式。因此,会员代表大会闭幕期间的学会工作均需围绕前述内容有条不紊的开展。

第三节　民主办会的措施与创新

科技发展日新月异,e 时代的到来促进着学会管理方式、管理手段的创新与变革,给学会带来了新的发展机遇。在新的机遇与挑战面前,学会要遵循科学发展规律,把握时代前进脉搏,

大胆探索、勇于创新，不断深化学会改革发展思路。当前要着力在三个创新上下功夫，实行民主办会。

一、创新组织管理模式

学会结集了本学科的优秀人才，为了壮大学会组织，可在组织建设方面进行改进，可采用“一家挂靠，多家支持”的“挂、支”联合形式的管理方式，有利于促进学会的发展。结合学会发展实际，进一步调整理顺组织结构。以挂靠单位为主，对学会加强党的领导，把握正确的政治方向，给予业务指导，承担配备专、兼职管理干部，提供办公条件及人员工资保障。挂靠单位和各支持单位从活动经费、研究项目和技术人员的调用等方面给予大力支持，本着共同办会和团结协作精神，为学会切实做好服务工作奠定坚实基础。学会在挂靠单位和各会员单位的大力支持下，根据需要开展具有特色的学术交流活动和做好为会员服务工作，通过加强学会组织建设，促进学会的改革和发展，能够使学会不断发展壮大。“挂、支”联合形式的管理方式，只是民主办会的一种管理模式，要努力探索出多种行之有效的管理模式，激发民主办会的发展活力和促进各地学会的工作。

为加强学会管理工作，可建立健全秘书工作网络，在管理上横向到边、纵向到底，使学会各项工作能及时、快速、准确地做到上下沟通，横向联络快捷，增强活力，为充分发挥学会桥梁和纽带的作用，建设好“会员之家”、“科技工作者之家”奠定坚实的基础。

（一）认真贯彻和落实“民主办会”

应制定《理事会常务理事会职责与议事规则》和《学会行政办公会职责与议事规则》。在学会办事机构建立了秘书长办公会的议事制度。定期召开全体理事会议和常务理事会会议，对学会的重大事项和重要文件进行审议；定期召开行政办公会议、秘书长办公会议，对学会的日常事务进行集体研究，民主决策。常务理事会下设的各工作委员会按照议事程序不定期召开会议，“民主办会”的贯彻、落实可有效避免决策失误，促进学会事业的蓬勃发展。

（二）促进专科分会健康发展，增强活力

定期对《专科分会管理办法》进行修订和完善，推行“主任委员会由前任、现任、候任各一人担任”的制度，通过民主选举产生的主任委员、副主任委员和常委会不仅具备较高的学术水平，也具有较强的工作能力和奉献精神，在他们的带领下，分会工作得到较快发展。调整增加分会的委员会人数和倡导、鼓励分会成立青年委员会，增强分会的活力，定期召开专科分会工作会议和不定期举办新任主任委员、秘书长培训班，对分会的工作提出要求。

（三）积极探索会员、专科会员和专家会员的管理和发展之路

定期举办全国地方学会秘书长研讨会，讨论相关业务领域的协作，及有关会员的发展等组织建设工作。学会要加强与地方学会建立的良好工作关系，积极推进会员的发展与管理。努力发展专科会员，是提高学会对科技工作者影响力、凝聚力的积极尝试。开展专科会员的培训和资质认证工作，授予本专业领域有突出贡献的科技工作者专家会员称号。

（四）改善学会民主办会的外部环境

1.中国科协所属学会是科技工作者的组织，属于科技性团体，希望国家能够区别对待，区别政策，给予更多的自主办会的空间和优惠，从管理上为社团的发展营造宽松环境。政府与上

级主管部门应简政放权，尽到服务、保障、监督之责。

2.呼吁加强立法工作，明确学会的法律地位，理顺学会与政府、挂靠单位的关系，做到办会有法可依。在业务主管单位（中国科协）的参与和国家有关政策的支持下，根据学会的性质，尽快出台《社团法》，从根本上确立学会的社会地位、作用和任务，明确学会与政府部门、企事业单位的关系，规范学会的活动范围、社会职责、权利和义务，以及对社团的监督管理办法等，以法律形式保障学会的合法权益，改进政府对学会的管理体制，使学会在宪法和法律允许的范围内独立自主地开展活动。

3.争取挂靠单位支持学会自身的民主管理，减少对学会工作的行政干涉，以使学会真正实现民主办会，早日走上自强、自立、自律之路。

二、创新学会功能及学术交流内容与形式

要在坚持学术交流为正确主导方向的前提下，进一步拓宽学会工作领域。当前，要积极争取承担或参与国家、社会支持的科研基金的工作，支持科研活动。要进一步加强与行政部门的沟通与协调，积极争取在对专业技术和从业人员技术评价上承担相关工作。要发挥政府科技奖品牌效应，积极做好科技奖项目的转化和应用。创新学术交流内容与形式是民主办会的一个切入点，学术交流是学会的主要活动形式之一。学会活动的内容与形式不同程度反映了学会的凝聚力与向心力。开展新颖、灵活的学术交流活动是学术团体的重要任务和主要工作，是学术团体的特色所在，是学术团体最具有生命力的表现。学术交流活动一方面可以传播本学科学术发展前沿信息，另一方面，可以有效地推进本学科的学术进步与发展。学术交流活动包括举办各类学术会议、编辑出版科技期刊，组织对外学术访问、交流等形式。通过多渠道的调研、交流，为科技工作者搭建了交流平台，起到了相互启迪学术思想的作用，特别是充分自由的学术争鸣，为学科进步与发展起到了有力的推进作用。在高层次的学术交流活动中，本学科的高新科技成果、学术思想得以展示。多年来实践证明，科技信息交流越频繁，新的信息传递越快、本学科发展的进程就越快，不断接受新信息、新技术，才能跟上时代的发展。

（一）学术交流要着力活跃学术思想，提高学术交流质量

1.紧密围绕学科发展中的重点、热点问题，有针对性地召开学术会议。

2.在学术活动中贯穿“继承、发展、创新”的主线。

3.采用学术演讲与继续教育相结合的多种形式，满足不同层次专业人员的知识需求。

4.组织规模大、层次高的国际、国内学术会议，推动学会的学术交流精品化工程，创立品牌学术会议。

5.加强不同学科学会之间的学术交流，发展前沿与交叉学科，适应科技发展需要和经济建设需求。

6.重视青年科技工作者的需要，使他们能在学术舞台上（研讨会、学术期刊等）经常发表自己的学术见解和成果。

7.在学术期刊中，发表具有不同观点、不同见解的学术论文，开展学术争鸣。

（二）学术交流的民主化

1.贯彻双百方针，提倡不同学术观点进行平等自由争论：学会应立足学术交流舞台，大力

弘扬双百方针，高举科技创新旗帜，围绕国民经济建设，组织丰富多样的学术交流活动，为促进科技与经济的结合做出切实的工作。

2.学术活动计划的制定要综合分会、专业委员的意见，源于科学家和学者倡议。很多学会举办学术研讨会前，都要召开专家座谈会，广泛征求专家、学者对会议主题、会议主题报告的意见建议，集思广益。如：中国畜牧兽医学会在2003年学术年会和国际养猪研讨会暨展览会筹备期间，先后多次召开专家座谈会，最终确定大会的主题为：质量、标准、安全，反映了学会为使畜牧兽医事业尽快与世界接轨，积极组织并引导广大会员在业内注重质量、标准、安全的意识，并落实在行动中。

3.注重提高学术会议质量：中华中医药学会不仅制定了学术会议组织及管理办法，而且制定了具体措施，保证学会会议的质量，同时积极创建精品活动，把名老中医学术思想研讨会作为学术交流活动的精品化工程，每年为大师级中医学家举行学术研讨会，推动了中医药学术的继承与发展，受到了国家领导人的高度重视和中国科协的表彰。

4.学术期刊中对论文的评价与讨论：学会应非常重视期刊工作，鼓励原创性思维，鼓励学术争鸣，为原始性创新思想、观点的产生创造宽松的学术环境。中国物理学会、中国化学会、中国地理学会等学会主办的学术期刊不仅已经成为学术交流的主要阵地之一，而且逐步形成了品牌，产生了良好的反响。

三、创新服务手段

强化服务、努力建设会员之家、科技工作者之家。如何服务、服务能力如何、服务水平如何，是学会办事机构必须认真解决的问题。可采取如下做法。

（一）提高认识，找准定位，摆正位置，明确责任

学会是党和政府联系广大科技工作者的桥梁和纽带，学会是由会员组成的，广大会员和科技工作者是学会工作的重要力量。学会的管理决策机构是常务理事会，学会机关是学会的办事机构，学会的决策，各项工作任务是通过学会办事机构组织、协调、服务完成。因此，做好为会员服务、为科技工作者服务、为社会服务是党和政府赋予学会办事机构的神圣职责。

（二）不断加强能力建设

进一步建立健全和完善各项规章制度，创造条件不断改善办公条件，注重学会办事机构工作人员素质培训。加强办事机构建设，增强服务意识和能力。学会应积极对办事机构的部门设置进行了调整和优化，使各部门的任务和职责进一步明确。继续采用自荐、群众推荐、民主测评的竞聘方式，在年度采用考核测评等手段，使年轻的干部脱颖而出并快速成长。应制定、修订规章制度，有效地规范工作程序。不断提醒大家勤于学习和思考，注意抓好工作的细节。大力倡导和树立“五个意识”，即：为事业改革发展服务的大局意识；各部门协调发展的全局意识；为科技工作者和会员服务的服务意识；在市场经济条件下有为才能有位的竞争意识；尊重人才的民主办会意识。不断改进办事机构的工作作风、提高其工作人员的能力素质，逐步形成讲团结、讲大局的风气。

（三）逐步改善服务措施

一是拓宽学会办刊思路，确保学会期刊质量，打造品牌期刊，努力为广大作者和读者服务。

二是采取对缴纳会员会费的会员免收继教学分证书费、审稿费,向团体会员单位赠阅相关杂志等优惠措施,努力做好为会员服务。三是创办学会会讯,让广大会员和科技工作者进一步了解学会有关方针政策和工作动态。

(四)加强相关网站建设

在实现现有网站功能基础上加强后续功能开发工作,为会员和广大科技工作者、为社会提供方便、快捷、高效的服务。加快学会网站建设,提高信息化服务能力和水平。完成信息化工程建设任务,基本实现会员、专家以及专科分会通过登录学会网站办理相关业务和享受信息化服务的目标,办事机构通过 OA 系统开展网上办公,实现常规工作的高效、无纸化。

湖北省医学会秘书长　吴春华
湖北省医学会副秘书长　孙铁汉

第八章　学会协会秘书长能力管理与创新

秘书长(secretary_general)在一些政党或政府机构中为主要行政官,在国际组织中秘书长则作为最高行政领导人,例如联合国秘书长是联合国秘书处的长官,依照联合国宪章,秘书长是由安理会推荐,联合国大会指定的这一机构的行政首长,负责秘书处的工作,在世界各国面前,联合国秘书长往往被看作联合国的象征,"世界的总管"。我国党或各级政府机构中的秘书长的作用也是很重要的,例如中华人民共和国宪法第 68 条"全国人民代表大会常务委员会委员长主持全国人民代表大会常务委员会的工作,召集全国人民代表大会常务委员会会议。副委员长、秘书长协助委员长工作"。"委员长、副委员长、秘书长组成委员长会议,处理全国人民代表大会常务委员会的重要日常工作"。中华人民共和国国务院秘书长则在总理领导下,负责处理国务院的日常工作。我国社会组织中的学会协会秘书长是由会员代表大会选举产生的,是学会协会管理层中最重要的成员之一,在会长(理事长)直接领导下负责处理学会协会办事机构、分支机构等日常工作。由于学会协会秘书长职位的重要性,秘书长的工作能力就决定了学会协会发展的能力,决定学会协会综合管理的能力,决定了学会协会开拓创新的能力。

第一节　学会协会秘书长的地位和作用

一、学会协会秘书长的地位

(一)学会协会管理模式决定了秘书长的地位

学会协会的管理模式与秘书长在学会协会管理中的责任有关, 与学会协会管理层对秘书长的分工有关,秘书长是学会协会日常工作的管理者,从学会协会管理学而言,秘书长是学会协会管理目标的具体执行人,学会协会章程规定的所有工作,需要秘书长带领办事机构工作人员去规划、去践行,秘书长不但是会长(理事长)管理理念最真实的理解者,也是理事会、常务理事会意图的坚定贯彻者,学会协会理事会、常务理事会人员多由兼职人员构成,理事会和常务理事会对学会协会的管理只能通过办事机构去实施,会长(理事长)也多由兼职人员或年龄较大的退休领导来担任,对学会协会的管理力度是十分有限的,秘书长负责学会协会日常工作的管理模式,是中外学会协会管理的结晶,这一管理模式决定了秘书长在学会协会管理中的重要地位。

(二)学会协会管理规定决定了秘书长的地位

中华医学会章程第二十八条规定"本会秘书长行使下列职权,1 主持办事机构的日常工作,组织实施本会年度工作计划,4 决定办事机构、代表机构、实体机构专职工作人员的聘用,5 处理其他日常事务",广东省医学会章程第二十八条规定"本会秘书长行使下列职权,1 主持办事机构的日常工作,组织实施本会年度工作计划"。从以上具有 90 多年办会历史的章程来看,秘书长主持学会协会的日常工作是学会章程规定的,因此,学会协会管理规定决定了秘书长的重要地位。

（三）学会协会管理需要决定秘书长的地位

由于秘书长在学会协会管理中的重要作用，也就决定了学会协会管理工作中对秘书长的需要。那么，学会协会管理需要秘书长发挥哪些作用呢？

1.学会协会发展战略谋划的需要

战略谋划是学会协会管理的重要内容之一，因为当今学会协会所处的情况较复杂，所面临的挑战和机遇各异，只有实施发展战略谋划，采取积极有效的措施迎接各种挑战和机遇，才能推动学会协会健康发展。所谓战略谋划就是对学会协会组织的活动和发展的计划实行科学的总体管理，是组织制定和实施发展计划的一系列管理决策。学会协会战略谋划是指确定办会的宗旨和目标，制定切实可行的、科学的方案，稳妥而有步骤的推动其实施。

2.学会协会项目策划的需要

学会协会项目策划的成功关系到本身使命的实现，当今学会协会能否健康快速发展的关键点就是对好项目的策划，很多学会协会由于缺乏对项目策划的经念，不仅举步维艰，而且也无法实现办会的宗旨，因此，学会协会在项目策划时应考虑如下原则：①策划的项目是否有利于本身宗旨和使命的实施，不能什么时髦就做什么，②策划的项目是否有利于满足目标群体未满足的需求，凡有生命力的项目必定是那些能够最需要服务的目标群体，如会员的需求、服务对象的需求等③策划的项目是否有利于探寻学会协会发展的新模式，要把有限的资金用在刀刃上，防止策划的项目不但陈旧而且造成浪费，因为创新才是学会协会发展的动力④策划的项目是否有利于营销。

3.学会协会人才管理的需要

学会协会人才管理，分别是对办事机构专职人员的管理和对分支机构兼职人员的管理，两者管理方式虽有区别，但是用现代化的人才管理方法，注重人才的吸收和培养，将人力资源管理提升到学会协会战略的高度却是一致的，人才管理是实现学会协会宗旨的一种手段，现代人才管理突出“人”的核心地位，强调以激励和引导人的行为为主要任务，促使管理的人才发挥最大的作用。

4.学会协会日常工作管理的需要

秘书长的责任和工作性质决定了学会协会在日常工作管理中的作用。

二、学会协会秘书长的作用

（一）学会协会与相关上级部门的沟通作用

学会协会在市场经济条件下、在学会协会之间互相竞争发展的前题下，应树立以下三个方面的理念

1.与相关上级部门沟通请示产生相互信认的理念

上级部们尤其是与学会协会发展相关的部门领导，有责任也需要及时了解或掌握学会动态，而学会协会也应及时准确向他们汇报，上级的信认是学会健康发展的保证。

2.向上级展示学会协会综合能力的理念

向上级展示学会协会综合能力的目的是①学会协会发展是上级部门支持的结果，也就是说学会协会的进步离不开上级的支持；②提供上级下放学会协会新职能的机会，政府有些职能

虽然需要下放学会协会,但是,从政府角度考虑,新职能必须下放到有实力的学会协会,必须下放到愿意接收、又能完全做好的学会协会,所以说机会是永远留给那些准备好了的人们。

3.学会协会创新发展需要政策保证的理念

随着我国社会组织管理改革的不断深入,社会组织也必须把改革创新发展放在首位,学会协会创新发展是现今社会发展的必然,也是党和政府对社会组织的要求。胡锦涛总书记在纪念中国科协成立50周年大会上的讲话强调“一个国家、一个民族要赢得发展、造福人类,必须注重自主创新。”学会协会在创新发展中并不一帆风顺,没有政策保证的改革创新的路子是很难走下去的,因此,协助和推动政府出台与学会协会改革创新相匹配的政策应是当务之急。

(二)学会协会与行业内部沟通的作用

学会协会秘书长与行业内部相互沟通,协调和促使行业内部资源共享,科学利用资源,发现相互支撑点等是十分重要的。俗话说靠山吃山,靠海吃海,行业资源是学会协会立会之本,如果行业内部的资源都利用得不好,甚至不会利用,那就是把自身置身于沙滩上。学会协会与行业内沟通应注意以下原则。

1.相互尊重原则 学会协会与行业内的领导、兄弟单位、专家的关系应是互相尊重的关系,只有互相尊重才能互相信认。

2.提供服务原则 学会协会没有资源优势,如何变劣势为优势,最基本的认识就是资源在兄弟单位,资源在专家身上,把业内可利用的资源为我所用,并进行有序整和,使之有利于促进行业发展,有利于学术交流,如学会协会建立的学术交流平台,就是属于学会通过提供服务赢得业内支持,从而学会协会获得了利益。

3.信息互通原则 在信息化高度发达的当今社会,信息对各个领域都有着特殊的作用,政治信息能使我们及时了解国家发展动态、党的政治发展方向。经济领域、市场信息的准确掌握能确保投资方向和力度,行业发展信息的掌握对学会协会发展尤为重要,信息是钥匙,信息是试金石,信息是勇气,信息是把握,及时了解信息并能灵活应用之,在与行业沟通工作中就可以打开难开之锁,就可以辨别许多难辨之事,还使你胸有成竹地去办你想办的事情。

4.常态沟通原则 沟通是通往彼岸的桥梁,不能把与业内的沟通作为负担来看,更不能指望沟通是一劳永逸的事情,沟通必须不定期举行并使之常态化,这不但是学会协会管理中的需要,也是对人管理中普遍的做法。

5.主动出击原则 与人保持沟通是领导者工作的需要,应正确认识与行业内领导、同行、专家沟通的重要性,在沟通工作中应避免等待,采取主动邀请、主动协调、主动出击的做法,以确保相互之间沟通的健康发展。

沟通是一种姿态,也是一种学习,始终保持谦虚谨慎态度的人、一个有责任心的领导,在与同行沟通工作中一定是胜利者。

(三)学会协会与专家的沟通作用

学会协会专家荟萃,专家在学会协会建设中发挥着重要作用,调动好专家在学会协会发展中的积极性,为专家提供施展才能的平台,建立科技工作者之家,这是学会协会建设的核心所在,专家与学会协会的关系是互相依存的关系、相互合作的关系、专家是学会协会大家庭中的重要成员,但以单位成员来分,专家是学会协会的“编外”成员,从专家在学会协会发挥的作用来看，专家又是学会协会的“在编”人员，专家在学会协会存在的形式有如下特点：

1.是学会协会学术交流平台上的主要成员，但专家在这个学术平台上表演必须由学会协会来统筹安排；

2.是学会协会服务的对象，但这种服务多伴体现在学术交流之中；

3.是学会协会领导下的分支机构(专科分会)的成员，但没有行政上的领导和被领导的关系。

如上所述，学会协会与专家的关系是互相依存的合作关系，这种关系决定了在学会协会建设中与专家沟通的必要，很多工作需要专家参与，需要听取专家的意见，特别是在专科分会中的工作，没有专家的积极参与是不可想象的，调动专家在学会协会管理中的“主人翁精神”，让专家真正体验到他(她)们在学会管理中的作用，激发他(她)们的热情，把做好学会协会工作变成专家的自觉行动，变成他(她)们能接受的份内的事情，而不是靠行政命令的办法来处理学会协会与专家的关系。

(四)在学会协会办事机构管理中的作用

学会协会秘书长不但是办事机构的领导，也是学会协会管理的总设计师，总协调人。秘书长对办事机构的管理能力直接关系到学会协会发展的能力，一个在创新中不断发展的学会协会应是秘书长管理能力的象征，一个规范而充满活力的学会协会更是秘书长管理理念的具体体现。一个成功的学会协会秘书长应具备的基本素质是：

1.良好的文化素质，这是最基本的素质要求，毛泽东同志曾经说过“没有文化的军队是愚蠢的军队”，良好的文化基础是通过学习获得本领的基石，是用文字表达思想的手段，是指导逻辑思维的基本条件；

2.坚定的政治素质，这是最重要的素质要求，没有坚定的政治素质就没有坚定的政治方向，特别是在市场经济条件下的学会协会发展走向，要始终围绕党的方针，紧紧依靠国家法律，切实有利于促进行业进步，切实有利于促进学会协会发展，掌握这个大方向是必须的；

3.扎实的专业素质，这是从专业角度出发提出的要求，没有扎实的专业知识，要想在专业性很强的学会协会在管理上提出创新是不可能的，特别在专科分会管理方面，面对众多学科举行的各种专业学术活动，没有专业上的基本知识，只扮演观众是不行的，那是要被边缘掉的，面对众多的大牌专家，只把与他们的关系仃留在服务上也是不行的，因为秘书长是学会协会的管理专家，学会协会的章程和相关规定需要秘书长在管理中准确贯彻，对专家应进行引导，引导他(她)们在专科分会工作中按照学会协会章程办事，利用专业知识对学会协会进行科学管理是很重要的，很长时间以来，不具备专业知识的人被安排到学会协会主要岗位，这种做法从学会协会长期发展是无益的。学会协会管理看似与一般行政管理无异，但其在管理上的特殊性是显然易见的，秘书长对学会协会因管理对象不同，管理方法也应不同，例如，对专家的管理应采取在服务中巧妙实施，命令式的管理是没有人听得进去的。具备扎实的专业素质再结合巧妙的管理方法，学会协会的发展一定朝着规范有序科学的方向前进；

4.勤于思考的思想素质，思想懒惰的人就是没有丰富思想的人，乐于思考、善于思考、勤于思考的人是真正有思想的人，有思想的人便是分析能力很强的人，也是有远见卓识的人，这样的人思维敏捷、方向明确、一切都在计划中顺利运作；

5.诚实、坦荡的为人素质，诚实可信为人是君子，容易被人接纳，也容易赢得支持，坦荡是作

风,所谓君子坦坦荡荡,坦荡与可信是考量一个正直人的根据,也是成功人士拥有的基本素质;

6.宽以待人的容人素质,严于律己,宽于待人,做一个有爱心的人,善于体谅别人难处的人,乐于为下属解忧的人,记住别人优点、忘记别人缺点的人;

7.奉公清廉素质。

第二节 学会协会秘书长在创建公正学术交流平台,推动学术交流创新中的作用

一、学会协会开展学术交流的作用

(一)学术交流是科技工作者之间科技思想相互启发的过程

学术交流通过讨论和争鸣使对方受到激励、联想和启发,以至产生新的思想和灵感。调查发现,诺贝尔奖金获得者创造性思维的50%以上得益于学术交流,特别是无拘无束的学术交流和争鸣。

(二)学术交流是检验科学成果的舞台

学术交流是启迪思维、掌握新知、纠正谬误的最佳场所,科学家不仅是科学知识的创新者,也是争鸣和质疑的大师,有条理的质疑是科学的内在精神,通过怀疑,可使其个人的认识越来越得到同行的认可。科学家在学术交流中带头质疑,科学史表明重大的质疑往往是科技进步的先导。

(三)学术交流是学会协会凝聚专家的基础

学术交流是科技工作者职业本身的需要,学会协会组织和举办学术交流是满足科技工作者需求的基本手段,也是为科技工作者展示自已才能、宣传研究成果、寻找同行讨论问题提供的一种服务,学会协会为满足科技工作者学术交流的需求,着力打造适应专家需要、新时期学术发展需要的学术平台,科技工作者之所以热心学会协会工作,是因为他们有在学会协会获得学术交流的期待,据中国科学技术协会2004年对1727名科技工作者反馈的问卷分折,科技工作者之所以愿意参加科技社团的学术交流,是因为通过学术交流能够了解同行的学术情报和信息的为(81%);开阔视野,培养才干,启发科研思路的为(59.8%);与同行讨论问题的为(41.1%);展示自已的学术成果,获得同行的评价和认可的为(36.0%);认识和结识同行的为(33.9%)。由此可见,学会协会为科技工作者搭建学术交流平台的意义和作用。

(四)学术交流是学会协会为科技工作者提供的核心服务产品

学术交流是学会协会的一种服务产品和服务手段,据中国科学技术协会2003年的一项调查显示,会员和科技工作者认为他们缴纳会费需要得到的服务主要是:优先、优惠参加学会组织的学术交流、继续教育和培训为(74.3%);赠送学术期刊(46.5%);在学术刊物上发表文章给予一定优先或优惠为(40.5%);免费提供学会年度活动计划或资料为(33.8%);通过学会协会网络提供服务为(26.6%)。

另据2003年中国科学技术协会调查,所属学会负责人和专职工作人员认为,学会最好给

会员提供优惠参加学会业务活动机会的为(91.3%);为会员提供信息的为(88.9%),给会员提供相当会费金额的为(56.3%)。

再据中国科学技术协会调查显示,学会会员和科技工作者最愿意参加的学会活动是:国内学术交流(83.2%);国际学术交流(61.5%);科技讲座(46.3%);继续教育培训(44.6%)。

学会协会通过学术交流服务产品的提供,不仅可以满足会员和科技工作者的主要需要,而且在学术服务产品的提供过程中,可以增强学会协会的综合实力和生存发展能力。

二、学会协会学术交流中面临的问题

(一)权力型评价制度下的学术浮躁问题

以政府为主导的科技评价制度在改革开放初期,对提高全社会尊重知识、尊重人才,提高科技人员的社会地位起到了很大的作用,但今天暴露的弊端越来越多。纵观世界各国,没有哪个国家有我国这样多类型、高频繁的政府主导的科技评价运动。这种运动频繁的波及各级政府、管理部门、研究院校、高等院校、企业、直到全国数以千计的基层科技人员。管理部门下达的评奖〈或定期的评估、评比〉通知,把全国的研究院所、高等院校与企业动员起来,组织大量人力去填写申请材料,开具效益证明,检索被 SCI 收录的论文,成吨或捆的申报材料上报至各级主管部门;这些部门又花大量人力、财力、物力分门别类的评审,召开专家评审会,公示初步评审结果,召开奖励表彰会,并把对科人员(单位)的考核都与此挂勾,提级、升工资、升教授、升研究员、推荐院士、分住房,各种各样的待遇都源于此。

多类型、多层次、大规模、频繁的科技评审制度,使基层领导和科技人员被迫耗费大量精力去应付上级压下来的评价(评奖、评估、评比),千方百计的去"包装"他们的成果,因为这些评价结果的好坏,攸关他们单位的声誉甚至生死存亡。为获奖,有的单位专们派人四处打探,拉关系,走后门,请吃喝,送财物。为把评价结果做好,不少单位把评价指标分解下达到基层或每一个人。研究人员为完成上级下达的指标,无法静下来从事研究,被逼得浮躁起来,或在短时间内无法完成高水平的研究,有的就仓促撰写论文,粗制滥造,甚至伪造实验结果,"垃圾"论文大量产生,而抄袭他人论文的事件也频繁发生;有的仓促搞鉴定验收,申报成果奖励,编造财务证明,编造用户证明,编造测试报告,请几位专家进行鉴定验收。由于评价的相互关联性,今天你评我,明天我评你,敢直言的专家逐渐被淘汰出局,这样做法的结果就导致了虚假的评价结果越来越多。

(二)急功近利侵蚀科学的空间

"给你钱就得准时出成果",这是我国科技界"人头税"的契约管理行为和习惯做法。真正要取得有价值的成果,需要长时间的积累。如果研究人员拼命为完成指标,整天为发表文章而着急,创新从何而来。基金的申请几乎成为研究院所生存的主要方式,追随"短平快"去抢基金、抢评奖、抢学术团体的名誉地位成为他们回应的方式。这种社会心态反应在学会协会的学术交流中,主要表现在学会协会内部各拉山头,分支机构越来越多,越分越细。组织横向、多学科、交叉的学术交流活动越来越困难;学会协会学术交流的服务对象定位不准,只唯权力、权威、收益的现象时有发生,如学术会议中,往往把服务精力和注意力投注在领导或少数极为重要的人身上,重形式而勿视核心内容,重会议的规模效益,轻视会议的互动和交流效果。

另外,科技人员在学会协会的学术交流中失信较为普、遍,主要表现是:

1.只报名、只上册、但不出席会议;

2.只发表论文,但不参加会议;

3.只参加会议,不提问,不发言,不参加讨论;

4.只想自已做报告,不听别人的发言;

5.只听大会报告,不参加分会场或小组讨论。

三、规范学会协会学术交流活动,打造一流学术交流平台

(一)关于规范学术交流平台

学会和协会职能应该明确,学会主要从推动学术发展角度进行管理,协会则通过规范行业行为进行管理,在管理内容、管理方法上有明确界定,但在管理手段上却有不少共同点,其中通过学术研究、学术会议来贯彻和推动政府和学会协会的意志是一致的,不同的是内容有异而已。那么,在管理上无论是学会还是协会都需要一个平台,这个平台我们称之为学术平台。学术平台通过科学有效管理出形象,出影响力,学术平台通过其一流学术创新、一流会务管理、一流会议规模提升凝聚力。学术平台水平高低关乎教学水平、关乎教学选题是否新颖、关乎会务管理水平、关乎参会者是否学到了新知识,新理论,新技术,新方法。我国每年通过学会协会举办的学术活动很活跃,但学术活动选题陈旧,会务管理松散,参会人员太少,收费标准不一并不鲜见,为规范学会协会的学术活动起见,减少乱、滥会议现状,学会协会应从推动行业科学发展高度,有意识的营造自身学术平台的影响力和凝聚力,有意识的提高自身学术平台的权威性,尤其一些历史悠久的学会协会更应走在学术发展前沿,通过自身影响力赢得政府的认可和同行的支持。逐渐淘汰水平低下的学术活动,解决学会协会学术活动乱、滥问题。

(二)推行"三性学术交流管理原则",提高学会协会学术交流质量

1.坚持学会协会学术交流的纯洁性

我国社会组织的学术交流活动从来没有象当今这样的活跃和繁荣,这是党和政府科学技术兴国理念的体现,是高度重视科学技术交流的结果,精心培育社会组织发展和人才成长的结果,学术活动质量也随之得到提高,学术交流的深度和广度都是空前的,请进来、走出去进行学术交流广受欢迎,通过学术交流加快了信息的流通,推动了行业的发展。但是,在学术交流取得高速发展的大好形势,学术腐败、学术浮躁给学术带来的负面影响绝不可小视,必须引起学会协会的警觉,综合来看,在学会协会学术交流中存在以下几种现象:

(1)急功近利学术思想支配下的"被学术交流状态" 应该说学术交流是人才成长的拐杖,绝大多数人才成长过程中学术交流给他们带来的好处是不言而喻的,尤其在学术交流的春天里,有的人参加学术交流是不怎么情愿的,有两个原因使他们觉得被学术交流了,①学会协会学术交流平台不但可以施展才能,还可以提高自已的知名度,这些是登上学会协会学术宝座的先决条件,在实际工作中尽管他们不很情愿主动的去做,但趋于以上考虑还得去做②所在单位在升职、升职称等需要修满一定学分,同时,单位也认为在学会协会任职的人其水平相对要高,久而久之,在单位形成一种追求学术职务的风气,在被学术交流状态下的学术交流质量,是打了折扣的。

(2)学术成果数量化导致的粗制滥造 当今社会很多东西需要量化,多数情况下量化本是好事,如工厂工人的计件工资是根据数量来核定工资的,GDP是用来检查领导的政绩的,但在科学技术领域过分追求量化指标其后果是重量不重质,重表不重里,强求论文、论著数量,对质量却不去重视,这些弊端定是导致弄虚作假、抄袭剽窃等学术腐败行为泛滥和假大空的学术泡沫盛行的重要根源。

(3)追求金钱为目的导致学术交流的假滥差 学术交流有力的推动了科学技术的发展,也促进了人才的成长,多数科学技术工作者对学会协会举办的学术交流非常重视,无论本人承办还是他人承办,都本着负责、认真、学习、交流的原则参与,但极少数专家也有例外,他们不但学术影响力还是学术会议管理协调能力都是有限的,明知不可为非要为之,由于收费过高,会议选题学术含金量低,违反规定发放劳务费和授课费,这样的学术文流会理所当然得不到同行们的认可;有的专家利用国家企业可以资助学术的政策,在举办会议时狮子大开口,造成一些公司躲避学会协会举办的学术交流会;有的专家在未经批准情况下,打着XX学会的名义私自举办学术会议,此种等等例子说明学术交流的积极因素是主要的,个别人采取不正当手段举办的学术交流,虽不影响学术交流的大局,但需引起政府和学会协会的注意。

2.维护学会协会学术交流的严肃性

要谈学术交流的严肃性问题,主要是针对现今社会组织学术交流存在不严肃的现象而言,学术交流是文明社会推动科技发展的需要,也是深受众多科技工作者欢迎的一种高尚活动,虽然这种活动多数由社会组织来主办,少数由政府出面主办,但无论是政府主办也好,社会组织主办也罢,其目的都是一致的。都是为了推动科技进步,促进行业发展。正因为这是国家的主张,科技工作者的需要,学术交流无论在政府层面还是在社会组织中是受到高度重视的,对其管理也是十分严谨的。但是,随着学术交流的广泛开展,空前的学术交流氛围,少数人利用社会组织管理的缺位,加上社会监管不足,学术交流活动中不严肃的事件不断发生,主要表现:

(1)学术文章、学术课题的实际水平被夸大,动则"省内先进水平"、"国内领先水平"、"已达国际水平"等等自已对自已的评价屡见不鲜,这种现象一般无人出面纠正,究其原因一方面是外行人发现不了,另一方面是学者之间互相给"面子"的结果;

(2)学术文章试验样本被夸大,这是一条心照不宣的事情,由于科学技术领域学术浮躁日趋严重,快出文章、快出成果已广泛盛行成风,在这样的大环境下,面对一篇论文、面对一项成果评定很少有人去考虑文中样本数量问题,文中怎么说就怎么评,何况一篇文章的刊出、一项成果的评定还不知道有多少人曾打过招呼;

(3)学术交流重要机会互给面子屡见不鲜,在学术交流中一些学者的做法令人费解,学术交流不但自已要好好表现一番,而且还要考虑给自已的学生机会,给同学、给好友、给部下表现的机会,这种做法表面上是积极的、正面的,但当留意给了机会的人,其讲演的学术内容多数是过时的,这是影响学会协会学术交流质量的重要因素。

3.巩固学会协会学术交流平台的权威性

学术交流平台权威性大小在学术交流活动中是十分重要的,一个在业界享有崇高权威的学术平台,不但需要一代又一代学会协会管理人、一代又一代著名专家倾注心血,而且还要经历时间的洗礼。学术平台的权威性是诚信的产物,是质量的界定,是生存的本钱,是发展的动力,是规范的榜样。建设一流的学术交流平台,为科技工作者提供有权威的表现场所,是学会协会秘书长的光荣职责,也是全社会,特别是科技工作者共同推动的现实需要。

第三节 学会协会管理中几个需要认真思考的问题

一、关于学会协会发展会员的思考

会员是学会协会赖以生存的基本条件,但我国学会协会会员数量与自身发展不同步,发展会员难,一直未能得到很好解决,主要有两方面的原因:一是会员入会后服务滞后,入会不入会无重要区别;二是动员入会方法落后,多数医口学会协会采取了多种方法亦难满意解决。广东省医学会是1917年成立的老学会,过去几十年在发展会员问题上采取了许多措施,更换了不少分管领导,试图解决会员人数说不清、会员工作长期得不到发展的困局。2008年开始,广东省医学会大胆提出捆□方式发展会员的方法,所谓捆□发展就是个人会员与单位会员捆□入会,入会与在学会专科分会任职学术职务挂勾,通过三年实践证明这一方法获得成功,单位会员由改革前的65家发展到115家,更为可喜的是个人会员由估计数字变化为准确数字,广东省医学会2011年6月截止准确会员人数为50562人。呈现良好的发展态势。这种方法的成功说明学会协会发展需要会员,方法得当、会员利益与学会协会利益挂勾至关重要。

二、关于学会协会学术活动收费标准的思考

目前国家对学会协会学术活动收费标准未进行统一规定,据笔者了解多数医口学会仍沿用十几年甚至几十年前的自定标准收费方法,虽然收费不多,但关键在自定标准,这种操作方法是不规范的,也是经不起追究的,应引起学会管理者高度重视,政府也应从关心学会健康发展,规范学会管理角度着手解决这一问题。

三、关于不同层级学会协会资源共享、共同发展的思考

自1998年10月国务院颁发了(社会团体登记管理条例)以后,各级学会协会取消了垂直领导关系,只保留了业务指导关系。虽然学会协会领导和被领导关系取消了,但是,不同层级别学会协会之间的联系,互相依存、共促发展的理念从来就没有停止过,这是因为学会协会掌握的资源是有限的,把有限的资源完全盘活,无论从人力、能力、精力来说单靠一个学会或者协会单打是困难的,国家级学会协会规模大、人材多、级别高从表面上看拥有的资源最大,独立发展的能力最强,但是,如果没有省、市等地方学会协会提供的支持,发展的力度和速度是有限的,省一级学会协会的发展也具同样的道理,从根本上讲,上一级学会协会的发展是靠地方、靠基层学会协会无偿提供资源维持的。在社会主义市场经济条件下,做大、做强学会协会的金钥匙是资源共享,利益共享,没有强大的地方学会协会和基层学会协会,再大、再强的学会协会的"大"和"强"也是有限的。

四、关于学会协会争取政府职能的思考

随着学会协会数量的增加以及学会协会自身发展的需要，学会协会之间竞争日渐显现，竞相为自身争取更多政府职能而奔走，争到了某项政府职能后如获珍宝，从我国医口学会近年议论最多的议题就是如何才能争取到更多政府职能，实际上，在一些学会管理干部中以此攀比也不鲜见。笔者认为，这种认识必需要进行调整，首先，政府职能不是想要就要得到的，再者就是学会协会也应从实际出发，量力而行，把更多精力放在自身建设上来，就目前来看，学会协会在人员结构层面、学历结构层面、管理水平层面等方面仍有很长的路要走，运作机制与政府不完全相同，经济来源渠道不同。政府职能下放对象应该是那些综合实力强、管理有序规范、诚信可靠且可胜任的学会协会，学会协会必须对政府下放的职能量力而接，做到政府指定必须要承接的职能不推诿，有能力承接且承接后可促进学会协会发展的大胆承接，对于因自身能力承接后完不成或不能很好完成的不能勉强承接，对于政府下放的职能又不能给予财力支持，学会协会承接后，财力无法承受的，也不能勉强承接。总之，学会协会对于承接政府职能应本着实事求是的态度，量力而行的态度，否则会适得其反。

第四节　学会协会秘书长的创新发展思路

一、建立以会员为主体的组织体制、探索建立多元结构的会员制度

会员是学会协会存在的基础，建立个人会员是中外科技社团的基本共性，学会协会应改变以前对会员的认识，必须把会员作为主要力量，将为会员服务真正当成大事来抓，从组织设置、工作布署、资源配置、开展活动等方面给予充分体现。要花力气去研究为会员提供服务的内容，逐渐解决为会员服务写在规章里、讲在口头上、就是无内容无措施的局面，从我国政府近年出台的政策分析，从国外社会组织运作情况来看，我国社会组织将在经济社会中发挥越来越重要的作用，而过去惯用的社会组织管理模式必将进行改革，其中发挥会员在社会组织建设中的作用将作为重要一环，在发展会员问题上，也应适应我国科技队伍的结构、流向、分布和就业出现多样性的趋势，扩大会员覆盖面，努力吸收不同科技机构、不同地区、不同年龄段的科技工作者，以及与本学科相关的事业、企业单位加入科技社团。重视发展非公有制经济组织的科技工作者入会，实行包括高级（资深）会员、普通会员、专业会员、地方会员、学生会员以及团体会员等分类分级管理的组织体制，再根据学会协会对各类会员的需求，进行相应的市场细分。从会员分类中发现市场需求，从会员中寻找能提供学会协会可持续发展的思路，这种思路的前途应是今后学会协会的主攻方向，相对来说，会员与学会协会的关系是固定的，而其他都在变化中，不变的只是时间和变化多少的问题。

二、建立利于学会协会发展的新型用人制度

目前科技社团办事机构的用人制度，是按国家人事调配制度决定的，学会协会并无完全的用人调配权力，低学历的关系人、年龄大观念陈旧的人、不愿出力的散慢人、光拿工资不想事情的人，充斥在学会协会的不同位置。这种状况消耗了学会协会的有限资源，影响了学会协会发展的速度，大胆改革学会协会的用人制度，打乱目前用人习惯；

(一)建立以竞争和流动为核心的动态人事管理制度,吸纳英才,淘汰庸才;

(二)建立用人由国家人事调配方式向学会协会自主选聘制和招聘制方向过度,实行固定用人与流动用人相结合、专职与兼职相结合的用人方式;

(三)建立精干、高效、年轻、能干的高素质的学会协会管理队伍;

(四)建立严格的进入制度、试用考核录用制度和聘后考核辞退制度、还要建立相匹配的考核选拔干部和考核解聘制度;

(五)建立干部定期学习制度,提高干部政治素质,提高学会协会工作人员待遇,留得住人才。

三、改革学会协会活动方式、大力创造学会协会"精品"项目

(一)多形式开展学术活动,把提高学术活动质量放在首位来抓

1.要大力提高学会协会学术活动的质量,在举办学术活动时要加强联合,形成一批综合性、跨学科、在学术界和社会上享有广泛声誉的活动项目,着力扩大学会协会的影响力,增加学会协会对会员和广大科技工作者的吸引力,切实让学会协会成为会员和科技工作者所需要的家。

2.建立学会协会专家学术质量集体把关制度,小型学术会议选题必须经学科主任委员或两名副主任委员审查同意召开,大型学术会议选题必须经主任委员召集的学术常委会集体审查后举办。

3.规范会员职业行为和从业道德准则,提高科技工作者的科学道德水平,调动科技工作者学术交流的积极性,扩大科技工作者对学术活动的参与率,丰富和发展学会协会学术活动方式,打造一流的学会协会学术品牌和学术"精品"。为科技工作者服务,为社会科技发展服务;

4.进一步开放学会协会学术活动体系,采取更加开放的姿态开展活动,探讨和丰富联合政府部门、科研部门、高等院校、企业单位共同开展活动的方式方法,取得全社会的广泛支持。

5.推动学会协会活动"精品"化,充分发挥自身优势,坚持学会协会的学术属性,集中力量于优势领域,创造"精品"学术交流项目,紧抓学术交流和学术期刊两大支柱,努力提高质量和水平。

科技人才是学会协会打造学术"精品"的主帅,要采取多种形式活跃专家的学术思想,鼓励创新性思维,要从学会协会根本利益出发,利用学会协会现有资源对专家尽多的帮助,提高专家学术"精品"产量。

(二)提高学术交流平台质量,承载更多学术"精品"

1.学会协会学术交流平台的内涵,学术交流平台是学会开展学术交流的总称,所谓"台"是一个有形的东西,原先本来没有的台,但久经众多的人垒造就逐渐形成了台,台有高有低,有好有差,学会协会的学术交流平台也是一样的道理形成的,由小到大,由矮小到高大,由无名到有名,是经过无数学会协会管理者和无数科技工作者共同营造垒成的。也是党和政府支持、科技工作积极参与的结果。这个学术平台是科技工作者进行学术交流的舞台,也是学会协会培养人才的摇篮。

2.学会协会学术交流平台的任务,①为科技工作者提供学术交流、施展学术才能提供机会和场所②是学会协会培养专业人才的学校③是学会协会培养输送高级专业人才的桥梁。

3.学会协会学术交流平台的意义,①通过学术平台的宣传可以提高学会协会的知名度,让

科技工作者拥有,让全社会知晓,②学术交流平台的出现预示学术交流质量、交流水平存在档次之分,为今后政府或科技社团对学术质量评级、评估作准备。目前科技社团管理部门对学会协会进行的评估是综合性的,而对学术质量进行评级是科技社团对本身进行细化管理的结果。③学会协会学术平台的管理十分重要,严格而规范的管理可以提高学术平台的影响力,只要学会协会对学术平台加强管理,更多学术"精品"一定从这个平台走向更高,走向世界。

四、构建良好的学会协会文化,促进学会协会发展

学会协会改革和可持续发展,必须重视观念形态文化的作用,一个享有声誉的学会协会要靠文化的宣传,一个优秀的学会协会需要文化去塑造,学会协会要面向会员、面向市场、要在复杂而激烈的竞争环境中立于不败之地,必须借助学会协会文化的传播作用。

(一)学会协会文化的功能与作用

学会协会文化是学会协会运营活动中形成的基本理念、宗旨目标、制度方针、价值观念、行为方式、社会责任、组织形象的总和,是学会协会个性化的根本体现,是学会协会生存、竞争、改革、发展的灵魂。

学会协会文化是凝聚全体会员的重要力量,它的根本作用在于通过各种途径全面提高学会协会成员的综合素质,激发工作人员和全体会员的工作热情,提离学会协会凝聚力和团体战斗力。

学会协会要生存离不开文化,要发展离不开文化。不懂得或不重视学会协会文化的领导者,不是一个明智的、高明的领导者和管理者,更不是一个完全的、现代的管理者,没有学会协会文化理念的学会协会工作队伍、工作班子是缺乏创造性和生机活力的队伍;没有文化的学会协会是没有灵魂的学会协会、没有精神支柱的学会协会、没有凝聚力的学会协会、也就是发展希望不大的学会协会。

(二)正确认识学会协会文化的核心,加快学会协会全面建设

学会协会文化的核心是价值观念,价值观为学会协会成员提供了共同意识,以及日常行为的指导方针,学会协会文化通过以价值观为核心的文化意识观念,这种以团结科技工作者,通过以学术交流为手段,促进学术交流的活跃,以推动科学技术的发展、科技人才的成长为目的的共同价值观,把全体成员凝聚在一起,最大限度的调动学会协会人员和科技工作者的积极性,促进生产力发展。

1.学会协会的价值观

学会协会的价值观是指学会协会在追求经营成功过程中所推崇的基本信念和奉行的目标。当代学会协会的价值观,最突出的特征是以会员为中心。随着市场经济的发展和科技体制的改革,学会协会须与时俱进,密切注视科技工作者的就业方式和职业流向的变化,努力做到科技人员到哪里,学会协会的服务就跟到哪里,使学会协会始终对科技工作者保持强劲的凝聚力。

2、学会协会的精神

每个学会协会都有各具特色的社团精神,它往往以简洁而富有哲理的语言形式加以概括,通常通过会歌、会旗、会微、会训等形式形象的表现出来,一般来说,学会协会的精神是学会协

会会员和多数员工同一致，彼此共鸣的内心态度、意识状态和思想境界。学会协会精神作为会员、内部员工群体心理定势的主导意识，是学会协会宗旨、价值准则、管理信条的集中体现，它拘成了学会协会发展的文化基石。

学会协会秘书长能力管理与创新，是在参考好多文献以后，特别是拜读了扬文志老师编著的(现代科技社团概论)后，再结合笔者在省级学会担任11年秘书长的感受和体会学写出来的。本章所阐述的学会协会秘书长能力管理与创新，一是欲表达秘书长对学会协会管理作用的重要性，从某种意义上讲，学会协会在如此激烈竞争的社会环境里进行比拼，多伴比的是秘书长的能力。能力是通过多方面、多形式表达出来的，管理能力是指综合的能力，能力是汗水浇灌出来的花朵，能力是无数经历积累总结出来的结晶，单位总管的能力是单位生存的保证，发展壮大的前题，学会协会秘书长是学会协会发展的总设计师、是保证学会协会宗旨落实的领头羊，因此，提高学会协会秘书长的管理能力是学会协会生存的保证。第二方面讲的是学会协会的创新问题，能力是创新的基本条件，创新是学会协会新时期永衡的课题。胡锦涛总书记在纪念中国科协成立50周年大会上的讲话指出："党的十七大提出，提高自主创新能力，建设创新型国家，这是国家发展战略的核心，是提高综合国力的体现"。胡总书记的讲话不但强调创新对建设国家的重要，同时也为学会协会发展指明了方向。

广东省医学会副会长
广东省民间组织总会副会长　田武汉
泌尿外科主任医师医学博士

第九章　学会协会规章制度管理与创新

学会协会的管理体制是国家为规范社会团体组织行为所制定的外部制约体制。而学会协会管理体系中，规章制度的管理与创新是支持学会协会管理工作中的一个重要平台，也是学会协会发展中始终面临的一个重要问题，它是学会协会外部制约体制的延伸，也是学会协会规范自身行为的内部制约机制。换句话说，学会协会规章制度的管理与创新，实际上是在国家法律法规指导下学会协会的自律活动或自律行为。

自律，就是遵守法度，自我约束，就是自己要求自己。《论语·学而》有云："君子博而日三省乎己，则知明而行无过失"。唐朝张九龄在《贬韩朝宗洪州刺史制》中指出："不能自律，何以正人"？可见自律对人的修养是何等重要。用做人的道理来衡量学会协会的自律，亦是同样的道理。

学会协会的自律，就是学会协会自己围绕自己的章程，制定系统的制度和规则，建立相互制约的运行机制，以指导和约束内部的行为，实现自我组织、自我管理，保证其共同健康发展。

学会协会的实践效果表明，凡是活动活跃、运行正常、社会效益明显、在当地某一领域有着举足轻重的学会协会，都是内部制度较为科学、较为完善的组织。邓小平同志早就指出了制度建设的重要意义，他说："制度好可以使坏人无法横行，制度不好可以使好人无法充分做好事，甚至会走向反面"。学会协会要做好规章制度管理与创新。首先要完善组织章程，在章程规定的范围内依法开展活动，并以章程为依据，健全组织机构，建立民主办会机制。其次要以章程为核心，建立健全内部各项制度，如民主决策制度、重大事项报告制度、接受捐赠公示制度、财务管理制度、考核奖励制度，以及资格审查制度、资质认证制度、员工约束制度、内部监督制度、职工道德规范等行之有效的规章制度。

第一节　学会协会规章制度管理的必要性

学会协会规章制度的管理，对学会协会整体管理工作有许多方面的必要性。仅从建立规章制度的必要性来讲，规章制度的管理有利于落实法律法规的要求，有利于整体管理、有利于规范工作、有利于规范行为、有利于统一要求、有利于设置标准，等等。这些必要性可以说既是规章制度工作固有的必要性，也是泛指的规章制度制定中的必要性所在。那么如何从更高层次上去理解、去认识规章制度管理的必要性？这就要从学会协会存在的必要性上去挖掘、去探索学会协会自身衍生出的规章制度管理工作的必要性，才是我们这一节论述的重点。这种必要性涉及了国际、国内社会、经济、人文及意识形态方面的内容。

一、是适应国际社会变化的需要

当今世界，国与国之间的联系日益加深，生产布局、投资走向、科技往来、人才培养等，都是跨越国界而走向全球化。这种倾向不可避免地要影响到民间组织，包括学会协会之间的交流，以至在国际学术讲坛、发展民间科技和行业合作。上个世纪 80 年代以来，联合国开始关注与非政府组织的合作，先后形成了非政府组织在联合国中的咨询地位、非政府组织与联合国的会议制度，以及非政府组织与联合国联系机制。学会协会作为社会组织，要适应国际社会的变化，不仅是在整体管理内容和方法上的适应，而且要在自身规章制度的建立和管理方面跟上全球化、一体化和现代化的形势，否则就很可能成为国际交流与合作的被边缘化者。在规章制度的管理上如何适应国际社会的变化，应有所创新。

二、是为政府和社会做好服务的需要

学会协会既然是社会组织，它的目标或归宿就是为政府和社会提供好的服务，在提供好的服务的前提下，进一步做好自身建设的各项工作，规章制度的建立与管理是其中重要内容之一。一方面规章制度的建立与管理可以规范学会协会在为政府和社会服务中方式、方法，避免随意性。另一方面规章制度的建立与管理可以规范学会协会在为政府和社会服务中的各种行为，预防违规。实质上，规章制度的建立与管理真正反映了学会协会在为政府和社会服务的能力、质量、效果、水平。直接反映出学会协会自身整体能力、工作态度、服务效果、社会认可度等方面的综合素质。学会协会要不断加强和创新规章制度的管理，不断提高政府与社会对其服务的满意度。

三、是学会协会自身发展的需要

我们知道，学会协会作为社会“第三部门”的一员，负有直接或辅助性地提供公共或准公共物品和服务职能的。从本原讲，这种职能的确立，不仅是社会公共利益的需求，也是学会协会自身发展的需要。如果少了这一点，仅仅是道义上为社会分忧，不允许学会协会参与社会分配，那么学会协会为政府和社会服务就成为一句空话。怎样才能兑现这种职能并依靠这种职能来固本强基呢？答案还在于内部管理，最重要的是规章制度的管理。学会协会如何不断地向政府和社会推介它的各种服务，而政府和社会又如何购买学会协会的各种服务。这就需要我们建立相关推介服务和促使购买服务的规章制度，规矩学会协会的行动，才能使推介服务和购买服务的行动得以有效实施。完成学会协会参与社会分配，提高学会协会生存和自身发展能力，是我们必须要做好的另一重要工作，这种能力从何而来？它不是与生俱来的，也不是外界恩赐的，更不是靠“等、靠、要”的“三字经”换来的，而是在实践过程中不断探索、不断创新、不断加强规章制度的管理而得来的。

四、是市场经济发展的需要

在市场机制中，学会协会加强规章制度与创新是提高竞争能力的手段和争取份额的阶梯。在市场经济条件下，学会协会是公益市场的参与主体，因而也是参与市场竞争主体。竞争自然会产生压力，而要想在公益市场上拥有一席之地，提升自身的公信度和公益市场的份额，就必须把自己管理好，这种管理就脱离不了规章制度的管理。在现代管理体制条件下，为保证学会协会动能的完善，促进学会协会应有作用的充分发挥，必须以行之有效的规章制度来进行监督和约束，是保证国家政令的贯彻实施，提高学会协会素质，实现公共管理良好秩序的一个重要途径，也是市场经济体制走向成熟的体现。因此，这不是主观加强规章制度管理的问题，而是市场竞争的需要与理性选择的问题。

五、是遵守道德观念的需要

学会协会在履行职责义务时,加强规章制度的管理则是恪守科学道德观念的更高标准。比如我国科技工作者共同倡导的“献身、创新、求实、协作”的精神和“坚持真理、诚实劳动、亲贤爱才、密切合作”的职业道德,还有许多学会协会的宗旨、职责、工作内容,工作方法中所涉及的相关职业道德问题,本身不是法律法规的规定条目,但的确是科技工作者和学会协会会员的职业信条,正是有了这样的信条,学会协会广大会员才能把职业操守视为职业生命,自觉清除割据封锁、妒贤嫉能、互相拆台、剽窃作假的陋习。这些道德观念的信条既然国家没有规范,那只有依靠学会协会自身规章制度予以明确规范。这样才能使学会协会为广大会员遵守职业道德、表现良好品行、建立公信度较高的会员队伍,树立良好的社会形象奠定基础。

六、是对社会高度负责的需要

学会协会的资金及其他物质资源,除部分来自政府直接或间接投入以及收取会费外,还会来自社会资助或捐赠,而且有些收入享受减免税收的待遇,为了使这些投入和捐赠都用于公益事业,学会协会就要对社会诸多方面高度负责。一是对提供资金或资源者负责,确保其所得到的支持用在指定的目的;二是对公众负责,讲求对自己的承诺兑现,进而赢得公众的信任和支持;三是对政府负责,以保持学会协会有权开展工作,对这些投入或捐赠,需要在符合政府规范的前提下使用,而且法律也为学会协会开展这些工作划定了一个框架。为了实现学会协会对社会诸多方面的责任,除了受法律和政府法规的约束外,具体地还需对自身作出一些约束性规定,相应地建立起相关的规章制度,加强对这些规章制度的落实与管理,是对社会诸多方面负责的客观要求。

第二节　学会协会制定规章制度的基本原则

要说学会协会制定规章制度有哪些基本原则,应该说制定规章制度是学会协会整体管理工作衍生出来的一项重要工作,它不能独立存在。它的基本原则也是在学会协会整体管理的基本原则的指导下的基本原则。也就是说学会协会制定规章制度的基本原则是服从并服务于学会协会整体管理工作的基本原则,所以从这个意义上讲,它设有自己的独特的基本原则,但是在泛指规章制度制定中的结合实际,有科学性、可操作性、不超出法律法规范围等原则必须坚持的前提下,要遵循学会协会整体管理的基本原则来指导,确定规章制度制定的基本原则,这样才能做好学会协会规章制度的制定工作。

一、遵循以人为本的原则

马克思主义的历史唯物主义观点认为:社会的主体是人,任何社会活动都是人进行的活动,离开了人及人们的积极主动性,什么社会目标都不能实现。很明显,学会协会管理工作也是一种社会活动,管理对象中的任何因素和管理过程中的不同环节、不同手段,都需要人去掌握和推动。没有人正确地用钱、用物、运事、用信息,它们就起不到应有的作用。所以,以人为本,充分调动和发挥各类各级人员的积极性,做好人力的合理分配和组织,引导和带动全体人员围绕共同目标主动配合和创造性劳动,是学会协会管理的核心,也是学会协会制定规章制度的重点。

当然,强调以人为本,并不是意味着人可以离开管理整体而孤立存在。人作为管理工作的对象和主体,本身就处在管理整体之中,与其它管理对象发生各种形式的联系。

在学会协会管理制度中的指挥、调节和控制,首先是对人的指挥、调节和控制,不然就无从实现管理的目标。所以,在制定学会协会规章制度的内容中,要防止见物不见人,见钱不见人、重活动不重人,靠权利不靠人的偏向,如果不能明确地、坚定地抓住这一点,忘掉人的积极主动性,把兴趣放在钱和物上,那真是“拣了芝麻、丢了西瓜”,而不可能制定出科学、合理的规章制度,更无法使规章制度更好地支撑学会协会的整体管理工作。

二、遵循协调管理的原则

协调管理是指要处理好学会协会及学会协会活动内部与外部的关系问题, 使学会协会自身活动与外部(社会、经济等等方面)协调一致地发展,规章制度的制定必须适应和服从于这种协调的一致性。

学会协会作为独立的群众组织,有它独立的一面。然而正是由于它是群众组织,又表现出对社会的极大依赖性的一面,这种依赖性决定了它处于广泛地协调之中。从这个意义上说,学会协会管理的成效在于开展活动的集体效应和综合效应, 而这些活动的成效在于协调状态的组织效应,在于社会协调工作是否达到了最佳状态。因此在制定规章制度时,要充分考虑上述各方面的联系,既体现独立性、更注重社会协调性,用规章制度规范学会协会管理环节或过程。

三、遵循群众管理的原则

群众管理原则的核心是民主办会,学会协会会员自己当家作主,自己管理自己、自己说了算。只要是群众组织,其民主性、群众性、自主性显得十分重要,学会协会这种组织也不例外。坚持群众管理原则正是学会协会不同于党政机关和事业单位的又一重要特征, 那么在规章制度管理中也要充分体现这一特征。

强调学会协会的民主性、群众性,除了因为学会协会是群众自愿组成的一个组织外,还因为学会协会又是一个学术团体或行业组织,学术上的问题与行业管理中涉及的专业性问题,都允许各自会员来表达自己的见解,不能用行政手段,坚决杜绝行政化倾向的发生。学会是靠学术,协会是靠行业管理优势和智力取胜的,而不是靠其它。

在制定学会协会规章制度时,要在这一原则指导下给广大会员留有充分发表意见、提出意见的空间与机会。比如,在涉及学会协会代表大会规章制度须有三分之二的会员或会员代表参加方能召开,会员或会员代表所产生的决议,须有二分之一以上表决方能生效的规定内容,还有理事会或常务理事会职权职责范围等都说明了这些问题。

四、遵循动态管理原则

所谓动态管理是指学会协会根据不同学科、不同领域、不同需要和不同情况,对参加人员、课题选择、项目确定、内容要求、活动方式、标准设置等实际情况制定出的各项相关的规章制度，并对这些规章制度在实践中进行最佳组合并适时地进行调整、修改，从管理的角度来完善和支撑管理。使规章制度的建立与修改处于相对的运动状态，最大限度地适应学会协会特点，并通过挖掘社会潜力，以较少的人力物力，获得较高的效率和较大的效益。这种由各种规章制度支撑的管理也可称为"弹性动态"管理原则，作用在于适应客观事物的各种变化。通过不断适应相关工作领域制定的规章制度和对原先规章制度不断在实践中进行修改、完善，实际是对整体管理工作的完善，也是学会协会管理工作中的"与时俱进"。

学会协会管理工作是人的一种社会活动，具有很大的弹性，甚至是捉摸不定的。这种工作上的伸缩性、自由度、随机性、包含着政治、经济、社会、道德及各种心理因素，甚至还有环境因素。一般来讲，学会协会所遇到的冲击、制约因素和不确定因素越多，学会协会管理工作的弹性就会越大，这就要求学会协会的规章制度中既要坚持原则性，又要体现灵活性，以及要有原则性与灵活性相结合的动态管理理念。

五、遵循层次管理原则

无论学会协会组织体系或活动体系，都存在着不同的层次。如理事会层、常务理事层、办事机构层和所属分支机构层、延伸机构层，等等。按照系统论的概念，任何一个复杂的系统，都有一定的层次结构。系统进行的效能如何，很大程度上取决于层次是否清楚，各层次的职责功能是否明确，这就需要在规章制度的管理中充分体现出学会协会各层次的工作职责、工作内容、工作规则、工作方式，工作行为等多方面的要求，才能谈得上体现了层次管理的原则。

学会协会规章制度层次管理的核心就是要把握在总的原则方针指导下，根据不同层次的要求和特点，采取分类指导和管理的方法，以发挥整个系统的整体作用。由于层次的不同，就产生了各个层次自身的特殊规律性，在贯彻执行统一政策上，就有因时因地制宜的问题。这就要求我们在制定规章制度中针对不同对象、不同群体、不同地域、不同工作基础等，采取分类管理的办法，避免只用一个模式，避免一刀切，要留有余地，不要框得太死。

六、遵循动力管理原则

学会协会的管理必须有强大的动力，而且要正确地运用动力，才能使学会协会管理持续而有效地进行下去，这就是动力管理原则。而学会协会规章制度的制定工作必须要服从并服务于这个原则。

动力包括多种形式，其中又以物质动力、精神动力和信息动力为基本动力。所谓物质动力是指物质鼓励，它往往与效益挂钩，是事物发展的根本动力。所谓精神动力是指精神奖励，它在学会协会中占有很高的地位和份额，是学会协会传统管理方式。所谓信息动力是指借助对信息的获取、传递、分析、处理和反馈所产生的追逐效应，实现科学的管理。这三类动力是同一目标的三个不同侧面，运用得好就会相互促进、相互补充。为此，学会协会在制定规章制度时把动力管理原则融入其中，将以上三类动力或以专项制度或参与其它制度反映出来，如实显示在整体管理之下的规章制度体系，以使学会协会达到有效管理的目的，同时也是学会协会管理中一项必不可少的工作内容。

第三节 学会协会应建立的规章制度

学会协会应建立哪些规章制度？应该说没有一个固定的模式，也没有一个统一的要求。但对规章制度归类的话可大致归为两类：第一类规章制度是党和国家针对学会协会要求在法律、法规中涉及但没有细化的领域或内容必须进一步细化成自身的规章制度；第二类规章制度是党和国家的法律法规中根本没有涉及、而学会协会按照自身服务和发展的管理需求必须要建立的规章制度。不管怎样，这两类规章制度的建立都是以党和国家的法律法规为依据，在党和国家法律法规框架内建立的，做到内部规章制度建设与外部法律法规相统一，与内部运行机制相一致，在此遵纪守法的基础上，体现规章制度和公允性、规范性、现实性和可操作性。

一、第一类规章制度的建立

大家知道，至目前，国家针对学会协会等社会团体组织分别出台的主要法律法规有《中华人民共和国科学技术普及法》、《社会团体登记管理条例》、《社会团体分支机构、代表机构登记办法》、《关于重新确认社会团体业务主管单位的通知》等；中国科学技术协会出台的部分法规有《中国科学技术协会章程》、《中国科学技术协会所属全国性学会组织工作条例》、《中国科学技术协会全国性学会分支机构、代表机构登记办法》；除此之外，各省市自治区针对学会协会的管理也出台了一些相应的法规。综合以上法律法规中对学会协会问题有涉及但不细化的要求，学会协会起码要建立以下几个基本的规章制度。

（一）章程

章程是本学会协会内部最高最大的规章制度，其他规章制度必须要在章程基础之上，或以章程为核心而建立。章程的内容应包括：名称、住所、宗旨、业务范围和活动领域；会员资格及其权利义务；民主的组织管理制度、执行机构的产生程序，负责人的条件和产生、罢免程序；资产管理和使用原则；章程的修改程序；终止程序和终止后资产处理；应当由章程规定的其他事项等。章程需经登记管理机关审查并提交会员代表大会讨论通过后实施。

（二）民主决策制度

包括学会协会内部人事任免、分支机构的成立、外出考察、修改章程、建立或修改规章制度、课题研究、论文评选、重大活动的安排、重要工作部署、财务开支、资产分配等都要通过相关层次机构的民主讨论，共同研究做出决议。民主决策制度可以以综合内容制定，也可以以单项内容制定。

（三）重大事项报告制度

包括会员代表大会或会员大会、理事会会议、换届选举、接受境外捐赠、赞助、创办经济实体、刊物等重大活动，必须向登记管理机关或科学技术协会报告。

（四）接受捐赠公示制度

包括接受捐赠、资助必须符合章程规定的业务范围和宗旨；使用捐赠、资助必须根据与捐赠人、资助人约定的期限、方式和合法用途使用；向业务主管单位和社团登记机关报告接受和使用捐赠、资助的有关规定，采用适当方式，将捐赠、资助使用情况向会员单位和社会公布。

(五)财务管理制度

按照民政部门和财政部门制定的财务管理办法制定本学会协会的财务管理制度。内容包括对学会协会经费来源、经费开支范围、经费审批权限、经费收支情况报告、监督办法作出明确规定,使学会协会财务管理有章可循,确保学会协会经费依法、合理使用,起到促进学会协会发展的作用。

(六)考核奖惩制度

包括对学会协会专兼职工作人员进行考核奖惩,以及对会员、会员单位和分支机构的奖励和处罚办法。

二、第二类规章制度的建立

如前所述,此类规章制度是国家法律法规中根本没有涉及,但各学会协会要在国家法律法规框架内以章程为核心,按照各自学会协会自身服务、发展与管理需求而必须建立的规章制度。此类规章制度从规范对象上讲,有针对人、针对物、针对事、针对机构的等;从内容上讲,有规范服务内容、办事程序、工作方式、活动行为、服务标准的等;从数量上讲可几个、可十几个、也可几十个,甚至上百个不等。此类规章制度的建立,各学会协会要从实际出发,不可整齐划一,不可硬性规定,一定要按照各自学会协会的管理方式、工作内容、业务范围来确定应制定哪些规章制度。有些学会协会从科学管理出发,分别制定了法人述职制度、分支机构管理制度、分支机构评估制度;有些学会协会则从加强工作内容出发,制定了学术讨论会制度、定期专题学术报告制度、维护会员及行业权益制度、国际交流制度、基层学术技术扶持制度、本行业技术标准与质量管理制度等;有些学会协会为加强对人与机构的管理,制定了专委会组成人员及条件的规定、分支机构对某项工作及工作方式的规定、还有分支机构组建的规定等。总之,此类规章制度如何制定,制定些什么规章制度,其前提条件是取决于各自学会协会的实际要求,就是取决于前所述各自学会协会的服务、发展和管理的要求,切不可制定脱离实际需要的、无针对性的、操作性较差的规章制度。

第四节 关于学会协会规章制度管理的创新问题

学会协会规章制度管理的创新,是建立在各自学会协会整体管理创新的基础之上的,学会协会整体管理有了创新,其规章制度的建设就有了创新,如果学会协会的整体管理没有创新,其规章制度建设的创新就无从谈起。

那么,如何使学会协会整体管理有所创新,笔者认为,应顺应今后学会协会改革的总体方向与目标,来确定学会协会管理工作的创新内容,继而又根据学会协会确定的创新内容去寻求规章制度建设或管理的创新点,这就是定位。在这个前提条件下制定出相应的规章制度并付诸实施,才是结合学会协会改革方向和改革内容的有的放矢的创新型规章制度的建设与管理。在这个思路下,笔者就根据今后学会协会改革的方向、目标、内容等问题加以论述,以使学会协会在规章制度建设管理的创新上找准定位,并以此为突破口,在规章制度建设与管理中寻求创新内容与创新方法。

一、改革组织体制与管理模式的创新

(一)要建立以会员为主体的组织体系

会员是学会协会存在的基础和必要条件,建立和完善以会员为主体的组织体系,就是要把为会员服务作为学会协会的基本职责,在组织设置、资源配置、开展工作方面给予充分体现。要制定相应的规章制度,明确会员的权利和义务,接受会员的监督和约束。

(二)建立多元化结构的会员制度

适应会员对象的结构、流向、分布和就业方式多元化的趋势,努力吸收不同机构、不同地区、不同年龄段的人们,以及与本学会协会相关的事业、企业单位加入学会协会,重视发展非公有制经济组织的人们入会,实行高(资深)会员、学生会员和团体会员以及外籍会员等分类分级管理的会员体制,相应地作出制度规定。

(三)加强民主办会

充分发挥会员代表大会、理事会、常务理事会的集体领导作用,形成有特色的领导决策体系和执行体系。确保会员代表大会、理事会及常务理事会切实行使对学会协会工作的领导职能。要建立健全规章制度,从体制上防止行政化倾向,在决策执行、活动及财务等方面都体现民主办会的意识与精神,把民主决策、民主管理和民主监督落到实处。

(四)学会协会办事机构改革

学会协会办事机构专、兼职工作人员的来源,要逐步实现社会化、实行聘任制,要用规章制度规范学会协会用人程序和方法,实行固定用人与流动用人相结合,专职与兼职相结合的用人方式,建立精干、高效、高素质的专兼职工作人员队伍。对专职人员要建立聘后管理,制定考核、奖励和辞退制度。为扩大学会协会工作者队伍,要建立学会协会工作志愿者登记制度。

(五)理顺学会协会内外部关系

理顺外部关系,主要是理顺学会协会与登记管理机关、业务主管单位、挂靠单位和相关行业协会之间的关系。理顺内部关系,主要是明确理事会、常务理事会和办事机构、分支机构之间的关系。使内外关系不断趋于协调、和谐。要建立与此方面相关的规章制度,规范内外行为。

(六)完善学会协会宏观管理体制

就是要建立学会协会活动评价体系,对学会协会主要活动进行定性定量评价,推动学会协会管理工作的民主化、科学化、规范化和制度化。在科学评价的基础上,制定学会协会奖励、支持以及告诫等制度。

二、改革运行机制的创新

(一)坚持学会协会的非营利性

学会协会要适应市场机制的要求,加强自主发展能力,学会协会是非营利性组织。非营利不是不营利,而是营利不得分红。学会协会改革发展的一个重要课题,就是要研究非营利性组织如何在市场机制中开展工作的问题。

(二)开辟多元化经费来源渠道

学会协会改革要树立经营的观念,除了收取会费外,开辟多元化经费来源渠道,要广泛争取承接政府与企业的委托任务，面向社会募集资金，吸收捐赠。利用自身优势，大力开展服务资源，有条件的学会协会可设立基金。

（三）创造并积累学会协会发展后劲

要重视学会协会的品牌效应与品牌价值，提升社会知名度。要有面向市场狠抓机遇的意识，并有能力有资源承担重大项目和社会活动的机会。要强化学会协会的有形和无形资产的管理，明晰学会协会资产的产权关系。

（四）承接政府部门的转移职能，是学会协会适应政府机构改革而要争取的一个重点

问题是关键在于学会协会本身的组织机构、运行机制、工作影响与社会形象是不是以让政府有关部门愿意和放心地将有关职能委托给学会协会为前提。学会协会承担职能以后，必须继续努力，争取和创造有关条件，胜任所委托的职能。

（五）加强学会协会能力建设

学会协会要改革，就要下大气力加强自身的能力建设。根据社会经济发展的要求，要不断增加学会协会的选题内容，拓宽学会协会的活动领域，扩大学会协会功能，采取主动出击的能动发展方式，激活学会协会对社会事务的反应能力、参与能力与社会竞争能力。

三、改革活动方式的创新

（一）推动学会协会的社会化

学会协会体系应该是开放的体系，不能搞自我封闭，封闭等于孤立，等于拒绝发展。学会协会的社会化，就是要将学会协会触角伸向社会的各个角落，采取更加开放的姿态和群众化、社会化的工作方式，从而来丰满学会协会的形象，增强学会协会的活力，提高学会协会的知名度和信任度。

（二）推动学会协会的国际化

扩大国际合作已成为必然趋势，要按照党的十七大报告提出的“继续开展同各国政党和政治组织的交流合作”，加强人大、政协、军队、地方、民间团体对外交往，增进中国人民和各国人民的相互了解和友谊的要求，进一步加强对外民间组织交往与合作，加快学会协会与国外社会接轨的进程，并不断探索活动的新形式、新手段、新途径，开辟活动新领域。

（三）推动学会协会活动的“精品”化

精品的多少，是衡量学会协会管理水平、服务水平、活动水平的重要标志。面对改革，学会协会工作必须树立精品意识，集中力量，力求拿出有理论深度、有学术创见、有广泛影响，能为政府部门决策提供参考依据的精品，在打造精品中扩大影响力，增强凝聚力，提升经济实力。这是学会协会向高层次发展的基础，是实现自身价值的重要途径。

（四）推动学会协会活动信息化

借助现代信息技术和网络技术，实现学会协会传统职能的革命性转变，是构建数字化科技团体的主要方法，它可增强学术交流、科学普及、国际交往、科技咨询、继续教育等活动的即时性、有效性和多样性，显著提高工作效率和服务功能，增强密切与会员和科技工作者联系的能力。

第五节 社会团体章程示范文本及主要规章制度参考文本

一、社会团体章程示范文本

第一章 总 则

第一条 本团体的名称(包括英文译名、缩写)

(社团的名称应当符合法律、法规的规定,不得违背社会道德风尚。社团的名称应当与其业务范围、成员分布、活动地域相一致,准确反映其特征。全国性的社会团体冠以“中国”、“全国”、“中华”等字样的,应当按照国家有关规定经过批准;地方性的社会团体应冠以本行政区域名称,不得冠以“中国”、“全国”、“中华”等字样。社会团体的名称,不得使用已由社团登记管理机关明令撤销或取缔的社会团体的名称。)

第二条 本团体的性质(其中必须载明:组成的人员或单位; 学术性、联合性、专业性或行业性;全国性或地方性;自愿结成;非营利性社会组织。)

第三条 本团体的宗旨(其中必须载明:遵守宪法、法律、法规和国家政策,遵守社会道德风尚。)

第四条 本团体接受业务主管单位、社团登记管理机关的业务指导和监督管理(必须载明具体的业务主管单位和社团登记管理机关。)

第五条 本团体的住所(载明 X 省 X 市)

第二章 业务范围

第六条 本团体的业务范围(必须具体、明确)

(一) X X X X X X X X X X X X;

(二) X X X X X X X X X X X X;

(三) X X X X X X X X X X X X;

(四) X X X X X X X X X X X X;

(五) X X X X X X X X X X X X;

(六) X X X X X X X X X X X X;

(七) X X X X X X X X X X X X;

(八) X X X X X X X X X X X X;

(九) X X X X X X X X X X X X;

第三章 会员

第七条 本团体的会员种类(单位会员、个人会员)

第八条 申请加入本团体的会员,必须具备下列条件

(一)拥护本团体的章程;

(二)有加入本团体的意愿;

(三)在本团体的业务(行业、学科)领域内具有一定的影响;

( )X X X X X.X.X X.X.X.X X X。

第九条 会员入会的程序是

(一)提交入会申请书;

(二)经理事会讨论通过;

(　)X X X X X.X X X X X XX;

(　)由理事会或理事会授权的机构发给会员证。

第十条 会员享有下列权利

(一)本团体的选举权、被选举权和表决权;

(二)参加本团体的活动;

(三)获得本团体服务的优先权;

(四)对本团体工作的批评建议权和监督权;

(五)入会自愿、退会自由;

(　) X X X X X X X X X X X X X。

第十一条 会员履行下列义务

(一)执行本团体的决议;

(二)维护本团体合法权益;

(三)完成本团体交办的工作;

(四)按规定交纳会费;

(五)向本团体反映情况,提供有关资料;

(　) X X X X X X X X X X X X X。

第十二条 会员退会应书面通知本团体,并交回会员证。会员如果一年不交纳会费或不参加本团体活动的,视为自动退会。

第十三条 会员如有严重违反本章程的行为,经理事会或常务理事会表决通过,予以除名。

第四章 组织机构和负责人产生、罢免

第十四条 本团体的最高权力机构是会员大会(或会员代表大会),会员大会(或会员代表大会)的职权是:

(一)制定和修改章程;

(二)选举和罢免理事;

(三)审议理事会的工作报告和财务报告;

(四)制定和修改会费标准;

(五)决定终止事宜;

(　) X X X X X X X X X X X X X;

(　)决定其他重大事宜。

第十五条 会员大会(或会员代表大会)须有2/3以上的会员(或会员代表)出席方能召开,其决议须经到会会员(或会员代表)半数以上表决通过方能生效。

第十六条 会员大会(或会员代表大会)每届X年(会员大会或会员代表大会每届最长不超过5年)。因特殊情况需提前或延期换届的,须由理事会表决通过,报业务主管单位审查并经社团登记管理机关批准同意。但延期换届最长不超过1年。

第十七条 理事会是会员大会(或会员代表大会)的执行机构,在闭会期间领导本团体开展日常工作,对会员大会(或会员代表大会)负责。

第十八条 理事会的职权是

(一)执行会员大会(或会员代表大会)的决议;

(二)选举和罢免理事长(会长)、副理事长(副会长)、秘书长、常务理事;

(三)筹备召开会员大会(或会员代表大会);

(四)向会员大会(或会员代表大会)报告工作和财务状况;

(五)决定会员的吸收或除名;

(六)决定设立办事机构、分支机构、代表机构和实体机构;

(七)决定副秘书长、各机构主要负责人的聘任;

(八)领导本团体各机构开展工作;

(九)制定内部管理制度;

( )X X X X X X X X X X X X

( )决定其他重大事项。

第十九条 理事会须有2/3以上理事出席方能召开,其决议须经到会理事2/3以上表决通过方能生效。

第二十条 理事会每年至少召开一次会议,情况特殊的也可采用通讯形式召开。

第二十一条 本团体设立常务理事会(理事人数较多时,可设立常务理事会)。常务理事会由理事会选举产生,在理事会闭会期间行使第十八条第一、三、五、六、七、八、九项的职权,对理事会负责(常务理事人数不超过理事人数的1/3)。

第二十二条 常务理事会须有2/3以上常务理事出席方能召开,其决议须经到会常务理事2/3以上表决通过方能生效。

第二十三条 常务理事会至少半年召开一次会议;情况特殊的也可采用通讯形式召开。

第二十四条 本团体的理事长(会长)、副理事长(副会长)、秘书长必须具备下列条件:

(一)坚持党的路线、方针、政策、政治素质好;

(二)在本团体业务领域内有较大影响;

(三)理事长(会长)、副理事长(副会长)、秘书长最高任职年龄不超过70周岁,秘书长为专职;

(四)身体健康,能坚持正常工作;

(五)未受过剥夺政治权利的刑事处罚的;

(六)具有完全民事行为能力;

( ) X X X X X X X X X X X X。

第二十五条 本团体理事长(会长)、副理事长(副会长)、秘书长如超过最高任职年龄的,须经理事会表决通过,报业务主管单位审查并经社团登记管理机关批准同意后,方可任职。

第二十六条 本团体理事长(会长)、副理事长(副会长)、秘书长任期X年,[正理事长(会长)、副理事长(副会长)、秘书长任期最长不得超过两届)]因特殊情况需延长任期的,须经会员大会(或会员代表会)2/3以上会员(或会员代表)表决通过,报业务主管单位审查并经社团登记管理机关批准同意后方可任职。

第二十七条 本团体理事长(会长)为本团体法定代表人[社团法定代表人一般应由理事长(会长)担任。如因特殊情况需由副理事长(副会长)或秘书长担任法定代表人,应报业务主管单位审查并经社团登记管理机关批准同意后,方可担任,并在章程中写明]。

本团体法定代表人不兼任其他团体的法定代表人。

第二十八条 本团体理事长(会长)行使下列职权

(一)召集和主持理事会(或常务理事会);

(二)检查会员大会(或会员代表大会)、理事会(或常务理事会)决议的落实情况;

(三)代表本团体签署有关重要文件;

(　) X X X X X X X X X X X X X。

第二十九条 本团体秘书长行使下列职权

(一)主持办事机构开展日常工作,组织实施年度工作计划;

(二)协调各分支机构、代表机构、实体机构开展工作;

(三)提名副秘书长以及各办事机构、分支机构、代表机构和实体机构主要负责人,交理事会或常务理事会决定;

(四)决定办事机构、代表机构、实体机构专职工作人员的聘用;

(　)X X X X X X X X X X X X X;

(　)处理其他日常事务。

第五章 资产管理、使用原则

第三十条 本团体经费来源

(一)会费;

(二)捐赠;

(三)政府资助;

(四)在核准的业务范围内开展活动或服务的收入;

(五)利息;

(　)X X X X X X X X X X X X X;

(　)其他合法收入。

第三十一条 本团体按照国家有关规定收取会员会费。

第三十二条 本团体经费必须用于本章程规定的业务范围和事业的发展,不得在会员中分配。

第三十三条 本团体建立严格的财务管理制度,保证会计资料合法、真实、准确、完整。

第三十四条 本团体配备具有专业资格的会计人员。会计不得兼任出纳。会计人员必须进行会计核算,实行会计监督。会计人员调动工作或离职时,必须与接管人员办清交接手续。

第三十五条 本团体的资产管理必须执行国家规定的财务管理制度,接受会员大会(或会员代表大会)和财政部门的监督。资产来源属于国家拨款或者社会捐赠、资助的,必须接受审计机关的监督,并将有关情况以适当方式向社会公布。

第三十六条 本团体换届或更换法定代表人之前必须接受社团登记管理机关和业务主管

单位组织的财务审计。

第三十七条 本团体的资产,任何单位、个人不得侵占、私分和挪用。

第三十八条 本团体专职工作人员的工资和保险、福利待遇,参照国家对事业单位的有关规定执行。

第六章 章程的修改程序

第三十九条 对本团体章程的修改,须经理事会表决通过后报会员大会(或会员代表大会)审议。

第四十条 本团体修改的章程,须在会员大会(或会员代表大会)通过后 15 日内,经业务主管单位审查同意,并报社团登记管理机关核准后生效。

第七章 终止程序及终止后的财产处理

第四十一条 本团体完成宗旨或自行解散或由于分立、合并等原因需要注销的,由理事会或常务理事会提出终止动议。

第四十二条 本团体终止动议须经会员大会(或会员代表大会)表决通过,并报业务主管单位审查同意。

第四十三条 本团体终止前,须在业务主管单位及有关机关指导下成立清算组织,清理债权债务,处理善后事宜。清算期间,不开展清算以外的活动。

第四十四条 本团体经社团登记管理机关办理注销登记手续后即为终止。

第四十五条 本团体终止后的剩余财产, 在业务主管单位和社团登记管理机关的监督下,按照国家有关规定,用于发展与本团体宗旨相关的事业。

第八章 附则

第四十六条 本章程经 X 年 X 月 X 日会员大会(或会员代表大会)表决通过。

第四十七条 本章程的解释权属本团体的理事会。

第四十八条 本章程自社团登记管理机关核准之日起生效。

二、民主决策制度参考文本

第一条 根据本会章程规定,本会的最高权力机构是会员代表大会。本会的重大事项须经会员代表大会决定。会员代表大会闭会期间,由理事会或常务理事会、正副理事长会议集体研究决定。

第二条 人事任免

1.理事会理事由会员代表大会选举产生。

2.常务理事、理事长、副理事长、秘书长由理事会选举产生。

3.会员代表大会闭会期间,理事、常务理事、秘书长、正副理事长的增补、撤换或罢免,由常务理事会研究决定,提交理事会通过。

4.本会工作人员的聘用,由秘书长提名,经常务理事会同意后方可聘用。

5.各专业(工作)委员会的主要负责人由常务理事会研究确定。

第三条 向有关部门推荐人选

1.向上级组织推荐代表大会代表和委员候选人,须经常务理事会或理事会表决确定。

2.向国(境)外有关团体推荐人选,须经常务理事会或常务理事会表决确定后,报科学技术协会审批。

第四条 出国(境)考察或参加会议

1.正副理事长、正副秘书长因本会工作出国(境)考察,凡费用由本会支付的,须经秘书处主要负责人集体研究确定,报理事长同意,并报出国(境)人所在单位领导批准。

2.专职工作人员出国(境)参加与本会工作相关的会议与考察,须经秘书处主要负责人研究确定,报理事长同意,并报出国(境)人所在单位领导批准。

第五条 课题研究或事业发展项目

为了发展本会的事业,设立研究课题或单独、联合开办经济实体等项目,事先必须有可行性论证报告和费用预算。投资在 2 万元以上的项目,须经常务理事会讨论确定后方能进行。实体法人代表必须交纳一定的保证金。

第六条 修改章程

修改章程时,由本会秘书处起草章程修改草案,理事会讨论通过,提交会员代表大会表决通过,报请科学技术协会和民政部门批准后,方能生效。

第七条 修改本会五项制度或制订新的制度

五项制度是本会工作有序、持续、健康发展的保证。需要修改时,由本会秘书处提出修改草案,交常务理事会或理事会讨论批准后,方能生效。

第八条 组织活动

1.组织跨省、跨国的学术活动,经常务理事会讨论确定后,需成立筹备组进行工作。

2.组织学术论文交流活动、科技人员评先活动,经常务理事会研究确定后,组织人员实施。

3.组织重大竞赛活动,经常务理事会研究确定后,组织人员实施,必要时聘请公证人员进行公证。

4.本会推荐先进科技工作者、科技项目奖、优秀学术论文奖等,必须经常务理事会审核,并征求有关单位意见后,方能上报。

第九条 本会如中止活动,必须召开会员代表大会表决,获得 80%到会代表的同意,方能生效。

三、重大事项报告制度参考文本

第一条 为认真贯彻执行国务院颁发的《社会团体登记管理条例》和中共中央办公厅、国务院办公厅《关于进一步加强民间组织管理工作的通知》(中办发[1999]34 号文)的要求,本会重大事项必须请示报告。为此,特制定本制度。

第二条 本制度所称的重大事项,系指学会召开会员代表大会、换届选举、修改章程,以及接受境外捐赠资助,创办经济实体和刊物等有关事项。

第三条 召开会员代表大会之前,由秘书长将召开会员代表大会的报告以及新一届理事会的组成方案向科学技术协会进行汇报,取得同意后,会员代表大会方可召开。

第四条 换届选举前,将正副理事长、秘书长名单报科学技术协会审查,经同意后方可进行选举。

第五条 会员代表大会后，及时将新一届理事会、常务理事会、正副理事长、正副秘书长、各专业部门主要负责人名单报科学技术协会审查，并民政部门备案。

第六条 因特殊原因需提前或延期换届时，向科学技术协会报告理由，同意后方可进行。

第七条 本会章程修改，报科学技术协会审查同意，并报民政部门批准。

第八条 本会接受境外捐赠、资助时，事先报科学技术协会审查同意，方可接受。

第九条 本会创办实体或刊物时，报科学技术协会审查同意。有关实体或刊物的注册登记等手续，按国家相应规定办理。

第十条 本会理事会以上成员如有“两规”行为，及时报告科学技术协会。

第十一条 本会理事会以上成员的撤换、罢免，及时报告科学技术协会。

第十二条 本会因自行解散或分立、合并等原因需要注销时，按本会章程规定，由理事会或者常务理事会会议提出终止动议，经会员代表大会表决通过后，报科学技术协会审查同意，报社团登记管理机关办理注销后即可终止。

四、考核奖惩制度参考文本

第一条 为共同塑造学会的良好形象，鼓励全体会员、本会工作人员为学会作出贡献，特制订本制度。

第二条 对会员(含团体会员)的奖励和惩处

1.对繁荣学术，推动科技进步，为学会的发展做出重要贡献、有较高学术地位的会员，通过一定程序，可授予荣誉会员称号。

2.对遵纪守法、踏实肯干、善于团结广大科技人员，热心学会工作、积极完成学会交给的各项任务，在开展学术活动、科学普及、技术攻关、科技咨询、刊物编辑出版等某一方面或多方面作出显著成绩者，可评为学会活动积极分子或学会先进工作者。

3.对主动关心学会的建设和发展，积极协助学会开展学术交流、科学普及、科技咨询服务等，认真完成学会委托的任务，并取得显著成绩的团体会员单位，可评为先进集体。

4.对严重违反本会章程或触犯刑律的会员，经组织工作委员会核实，报理事会、常务理事会批准后取消其会籍。

5.凡 2 年以上不按规定缴纳会费的会员，作自动退会处理。

6.对不按规定缴纳会费、不履行应尽义务的团体会员，停止其会籍。

第三条 对专业(工作)委员会的奖励和惩处

1.学会的专业(工作)委员会，按规定的职责和工作制度，作出显著成绩的，可评为先进集体。

2.先进集体每 1-2 年评选一次。

3.被评为先进集体的专业(工作)委员会，可评选一名先进工作者。

4.凡未开展专业活动 1 年以上，组织机构涣散，经费收支明显存在问题，在会员中造成不良影响的专业(工作)委员会，经理事会或常务理事会研究决定，限期整改。

5.凡决定限期整改的专业(工作)委员会，在规定时间内整改未达到要求的，由理事会或常务理事会作出撤换有关人员的处理。

6.凡触犯国家法律的专业(工作)委员会,理事会或常务理事会必须撤消该专业(工作)委员会,并上报科学技术协会和民政部门办理注销登记手续。

第四条 对学会工作人员的考核和奖惩

1.学会专(兼)职工作人员,在学会工作岗位上作出显著成绩者,由学会秘书处提出意见,报请理事会或常务理事会进行表彰,或向科学技术协会或挂靠单位推荐进行表彰。

2.学会理事以上的成员,未经请假,连续 2 次未参加学会召开的专门会议(理事会会议、常务理事会会议),秘书处可提出批评;无故连续 3 次未参加学会召开的专门会议,秘书处或组织工作委员会可提交理事会或常务理事会决议,取消或罢免其在本会职务。

3.理事长或副理事长、秘书长或副秘书长玩忽职守或严重违法违纪,在社会造成恶劣影响者,由理事会罢免其在本会职务。

4.学会专(兼)职工作人员触犯刑律者,按国家法律法规惩处。

五、财务管理制度参考文本

第一条 为认真贯彻执行国家财经法规以及财政部门和民政部门对社团财务管理的要求,制定本制度。

第二条 本会财务管理必须严格遵守国家《会计法》,自觉接受科学技术协会和民政部门的监督管理,坚持开支合理、勤俭节约的原则,切实管好、用好各项经费。

第三条 坚持民主理财,日常财务管理由学会法人代表负责。本会设立专用银行户头和帐户,聘用专业资格的会计人员,建立财务收支帐目,做到收支帐目清楚、准确。

第四条 会费管理

1.会费标准:单位会员每年按大、中、小单位不等交纳 XX 元,个人会员每年每人交纳 XX 元。

2.经费使用范围

(1) 办公费及差旅费;

(2) 召开会议或举办活动的经费;

(3) 向上级学会交纳会费;

(4) 友好往来活动经费;

(5) 举办刊物、编印书籍所需的稿费、编辑费、印刷费等;

(6) 工作人员工资及福利开支;

(7) 设备添置费;

(8) 开展其他活动必要的经费。

第五条 接受国内外捐赠,按国家财务规定办理入账手续。

第六条 本会科技咨询服务收入,按国家财务规定办理入账手续。

第七条 本会的各项收入,均实行统一核算,统一管理。

第八条　本会秘书处做好年度活动的经费收支预算,呈报理事长审批。

第九条 专项经费实行专款专用,定期向有关部门汇报资金使用情况。任务完成后,对经费使用情况进行详细报告。

第十条 本会财务经费，应尽量减少现金储备和支付，凡1000元以上应采取银行支票支付;对外埠往来的资金支付、结算,须经学会开户银行办理。

第十一条 凡在本会财务报销国内、国外的差旅费,均按财务部门有关规定执行。

第十二条 本会日常经费开支金额在XX元以下的,由秘书长审批;在XX元以上的,报理事长或常务副理事长审批。

第十三条 本会会计人员必须每年度做出财务报表,向财务负责人和有关部门报送。

第十四条 严格管理各类发票、支票、印章,以防遗失,严禁他人乱开乱领等。

第十五条 本会收入应按章纳税。

第十六条 本会财务管理接受全体会员的监督和科学技术协会的审计。经费收支情况每年度向理事会报告。

第十七条 发现财务人员、工作人员的违纪行为,秘书处应及时向理事会或常务理事会汇报,并向有关单位反映,及时处理。

六、接受捐赠公示制度参考文本

第一条 为落实《社会团体登记管理条例》和中共中央办公厅、国务院办公厅《关于进一步加强民间组织管理工作的通知》的要求,特制定本制度。

第二条 本会接受国内外单位、团体、个人捐赠及资助,并以适当方式予以公示。

第三条 本会接受境外单位、团体、个人捐赠及资助,必须及时向科学技术协会报告。

第四条 接受捐赠、资助的资产,按规定接受有关部门的监督。

第五条 接受捐赠、资助的资金,按捐赠人、资助人的要求使用;无具体要求的,由本会统筹使用,用于本会工作和活动,不得挪作他用。

第六条 本会正副理事长、秘书长,以学会职务名义接受的捐赠、资助的资金、礼物一律上交本会使用,不得私用。

第七条 健全捐赠、资助资金收支手续,以防资金流失。

第八条 本会秘书处对接受的捐赠、资助的资金使用情况进行公示,并向理事会、常务理事会作详细汇报。

青海省医学会常务原副会长兼秘书长 赵德跃

第十章　学会协会的法人治理

学会协会的有效治理离不开合理的组织结构和有效的运行机制。学会协会的法人治理机制和外部体制环境对学会协会的健康运行和发展具有同等重要的意义。只有构建学会协会完善的内部法人治理结构，使其决策、执行和监督等各个环节达到合理的标准，学会协会才可能在制度的框架内健康运行和发展。当前学会协会的法人治理还存在着组织机构不健全、章程虚置、民主化运行程度不高、治理规范缺乏等诸多问题。法人治理机制的完善应当确立自治、法治、制衡、民主的基本原则，从学会协会治理结构、运行机制的微观制度建构入手完善学会协会的法人治理机制。

第一节　学会协会法人治理的概念

一、什么是学会协会法人

（一）关于法人

法人是指具有民事权利能力和民事行为能力，依法独立享有民事权利和承担民事义务的组织。简言之，法人是具有民事权利主体资格的社会组织。根据不同的标准，可以对法人进行各种分类。外国的民法中有关法人的分类大致分为三种，一是分为公法人与私法人。这种分类是以法人的创立者以及法人职能的性质为标准进行划分的。公法人是指依公法设立的行使国家权利职能的法人，主要是指行使国家权力的政府机关及其他权力部门。私法人是指依私法设立以追求私人事业为目的的法人，主要指公司、企业等社会组织。二是分为社团法人与财团法人。这种分类是以法人设立是否以社员的存在为基础作为划分标准的。社团法人是指由自然人（社员）的集合体而组成的法人，它的成立必须以其成员的存在为基础，然后由成员筹集资金成立法人实体。财团法人是指以一定的捐献财产为基础，为实现捐献目的而成立的法人。三是分为营利性法人和公益性法人。这种分类是基于社团法人中其成立宗旨是否以获得经济利益为目的作为划分标准的。营利性法人是指以获取经济利益为目的而成立的法人。公益性法人是指以公共利益为目的而成立的法人。在我国，《民法通则》将法人分为两大类四种，一类是企业法人，一类是非企业法人，包括机关法人、事业单位法人和社会团体法人。

（二）关于学会协会法人

根据《民法通则》的分类，学会协会属于非企业法人中的社会团体法人。我国的社会团体法人是指由自然人或者组织自愿组成，为实现会员共同意愿，按照其章程开展活动的非营利性法人。社会团体法人主要包括各种政治团体（如各民主党派）、人民群众团体（如工会、妇联、共青团）、社会公益团体（如残疾人基金会）、文学艺术团体（如作家协会）、学术研究团体（如医学会）、宗教团体（如佛教协会）。

按照我国相关法律的要求，学会协会必须具备法人资格。例如，《社会团体登记管理条例》第 3 条规定："社会团体应当具备法人条件。"因此，作为社会团体，学会协会的设立首先要符合法人的设立条件，同时也应建立法人治理机制以确保其能有效运行。作为法人，学会协会的组织机构与其他类型法人的组织机构设置具有相似性，一般由权力机关、执行机关和监督机关组成。但是，学会协会的非营利性、社团性等特点决定了学会协会的法人治理有别于公司等其他类型法人治理。

二、什么是法人治理

（一）关于法人治理

在我国，法人治理通常是指公司治理。公司治理或公司治理结构，即探讨公司应当如何治理的问题。1994 年经济学家吴敬琏等在研究国有企业改革中率先使用法人治理结构一词，而官方则在 1999 年 9 月中共十五届四中全会通过的《中共中央关于国有企业改革和发展若干重大问题的决定》中提出，“完善公司法人治理结构，是建立现代企业制度的核心”。2002 年 1 月，中国证监会联合国家经贸委发布了《上市公司治理准则》。2003 年，温家宝总理在部署学习贯彻十六届三中全会精神的讲话中又指出：“建立规范的法人治理结构，是建立现代企业制度的关键。”可见很长一段时间以来，无论是学术界还是官方文件，法人治理的概念主要被用来指称公司法人治理。实践证明，公司法人治理结构是目前在企业治理中较为科学、完善的一种治理制度和方法，无论在理论和实践上都取得了非常好的效果。就本质而言，公司治理的核心和本质是在遵守国家法律的前提下如何高效实现公司的宗旨——企业利润的最大化，更进一步即所有者（股东）利益的最大化，而公司治理的机构和机制设置都是为完成这一中心任务来进行的，其直接目的是通过组织机构和机制的建立，保障公司能够按照公司的基本宗旨运行，防止其行为发生偏差。无论是学会协会法人治理还是其他类型法人的治理，其主要内容是明确利益相关人的权利和义务、确立法人的组织机构和运行机制问题。

（二）关于学会协会法人治理

治理是指学会协会为会员、社会提供公共服务或产品，按照效率、法治、责任的要求，所采取合作与互动的过程。学会协会治理是有别于统治的中性概念，注重的是秩序和规范，是人为的制度安排。学会协会需要与会员、政府、资助者、受益者、媒体、企业、同行等等各有关方面发生联系，并从中获取必要的资源，这是合作与互动的过程。学会协会的治理过程就是在各种利益主体间谋求合作与互动的过程，只有通过充分的协商和沟通才能取得共识，从而实现共同诉求。

学会协会法人治理脱胎于公司法人治理，但是也有其自身的特质。一是不同于公司法人，学会协会法人缺乏高效率的竞争机制，因为大多数非营利性法人几乎是垄断性的。例如我国《社会团体登记管理条例》第 13 条第 2 项规定，当同一行政区域内已有业务范围相同或者相似的社会团体时，登记机关就可以认为没有必要，而不予批准筹备的社会团体。竞争机制的缺位使学会协会法人的规制问题遭遇到更为严重的挑战。或者说，学会协会更依赖于建构完善的治理结构来保证其平稳、健康地运转。二是与公司法人相比，学会协会担负着更重的社会职能，如果治理不善，其所辜负的将是社会公众的信任和支持。所以治理问题对于学会协会尤为重要。三是学会协会法人构成的基本元素是其会员。会员将其自身的一部分自主权利（如服从学会协会制定的章程规定）以及一部分资金（如会费），甚至包括一些时间和精力等投入并委托给学会协会，其目的是通过学会协会的运作维护和提高其相应的各种权益。从某种意义上看，会员在学会协会的运作中扮演着委托人的角色。一般来讲，会员制组织更容易受到来自会员的内部监督，因而对外部监督的依赖相对要小于非会员制组织。四是学会协会缺乏显示业绩的晴雨表。

企业的绩效可通过利润体现，而学会协会从事的往往是社会公益事业，缺乏考量绩效的标准。因此，学会协会法人对内部治理机制的需求更高，否则，不规范、不合理的治理机制将直接影响其功能发挥，甚至侵害其成员利益。对于学会的法人治理机制问题研究只有注意到其与其他法人之间的共性和特性，才能建构真正契合学会协会发展需求的治理机制。

第二节　学会协会法人治理的现实意义

一、实现学会协会社会责任的有效手段

学会协会作为非营利组织，不仅须实现内部成员的互益性，在一定程度上还承担着公共利益和公共秩序的提供和维护职责。学会协会是沟通政府、会员和经济社会的桥梁与纽带，有着表达及维护行业利益的责任；有着提供公共服务的责任；有着协调及稳定社会的责任；有着整合社会资源的责任；有着引领及建树行业道德、社会道德的责任。相对于企业组织，学会协会的社会责任更显突出，而对公共责任的有效承担必然以建立其完善的内部治理机制为基础。

二、提供会员维权和行业自律的重要基础

学会协会是由具有共同利益倾向的会员组成的。学会协会对会员需求的满足，会使其对团体产生依赖感和信任感，因此会员的权益需要通过加强学会协会内部治理机制建设得到保护。学会协会的整体利益不仅以会员的个人利益为基础，而且在更高层次上代表着会员的个人利益，两者唇齿相依，荣辱与共。因此学会协会对会员的利益维护，往往由此衍生到对会员整体利益的维护和行业行为的自律。合理的法人治理机制的根本目的，在于营造学会协会内部的民主氛围，增强凝聚力，从而推进行业事业发展。

三、提高学会协会社会公信力的有力保障

学会协会治理机制的完善也有助于提供协会自身的公信力。亨廷顿说，“制度化是组织和程序获得价值观和稳定性的一种进程”。①目前，我国行业协会还缺乏国外行业协会所具备的公众信服力，其在管理行业事务时还更多地依赖于政府权威的转移，而不是自身规范性的影响。如果缺乏科学的、制度化的组织和运行规则，行业协会良好的社会形象和公信力就无法真正树立。

四、政府职能转移背景下学会协会自身治理的必然要求

随着学会协会的民间化程度逐步提高，政府与学会协会之间的关系日益顺畅，相关立法规范也日趋成熟，许多政府部门逐步将部分职能转移给学会协会，旨在依托学协会的专业优势履行部分专业性较强的公共职能，这是国家间接履行公共任务的一种方式，这也使得学会协会在某种意义上具备了公法人的特质。③因此在政府职能转移的大背景下，我国学会协会的制度建设应格外重视自身治理机制的建设与完善，即亟待从行政管理的调整深入到法人治理的构造。“否则，即使争取到一个好的生存环境、合法地位，如果自己的组织建设搞不好，仍然不可能起到应有的作用。”④可见，学会协会的有效治理依托于合理的组织结构和有效的运行机制。只有建构完善的内部法人治理结构，使其决策、执行和监督等各个环节达到善治标准，学会协会才

可能在制度框架内健康运行和发展。

第三节 学协会法人的产生与变更

一、学会协会法人的产生

关于学会协会法人的产生,《社会团体登记管理条例》中做了详细的规定,明确社会团体应当具备法人条件,并规定了成立社会团体所应具备的条件和应履行的程序。根据其第三章规定,申请筹备成立的社会团体在具备了第十条明确的条件后,社团发起人应当向登记管理机关提交相关文件。经登记管理机关批准筹备的社会团体,应当自登记管理机关批准筹备之日起6个月内召开会员大会或者会员代表大会,通过章程,产生执行机构、负责人和法定代表人,并向登记管理机关申请成立登记。登记管理机关收到完成筹备工作的社会团体的登记申请书并审查确认筹备工作符合要求、章程内容完备的,发给《社会团体法人登记证书》,准予登记。自批准成立之日起即具有法人资格的社会团体,应当向登记管理机关备案。登记管理机关收到备案文件后发给《社会团体法人登记证书》。

二、学会协会法人的变更

学协会的最高权力机构是会员(代表)大会,《社会团体章程示范文本》第四章第十六条明确规定,会员(代表)大会每届最长不超过5年,延期换届最长不超过1年。而民政部在2007年印发的《民政部关于社会团体登记管理有关问题的通知》中,也明确社会团体负责人备案,要按照"一届一备、变更必备"的原则进行。社会团体换届产生新一届理事长(会长)、副理事长(副会长)、秘书长后,无论是否发生人员、职务变动,均应按照相关规定,及时到登记管理机关办理负责人变更备案手续。

第四节 法人的职责权利与治理工作范围

一、学会协会法人治理结构简介

学会协会法人治理结构应该包括学协会内部组织机构的设置以及组织机构的运行规范两方面。首先,要在学会协会法人内部的权力机关(会员大会)、经营决策和执行管理机关(理事会)和监察机关(监事会)之间形成权责明确、相互制约、运转协调和决策科学的统一机制,并依照法律、法规和法人章程等予以制度化;其次,要接受外在的监督。包括来自学会协会法人的捐赠者和受益人以及公共利益的代表者——政府的监督。也就是说,学会协会的治理结构就是在法人内部合理分配权力,使法人内部各机关权责分明,形成互相协调、互相制衡的关系,同时要向各方利益相关者负责,接受外来监督,以保证学会协会法人运行平稳、健康,使各方(包括会员、理事、监事、债权人、受益人)利益得到平衡和保护,最终实现学会协会法人的宗旨。

二、各结构层及其职责范围

(一)会员(代表)大会

《社会团体登记管理条例》对于学协会会员(代表)大会以及会员的权利义务缺乏具体规定,只是在第15条中规定社会团体的章程应该记载会员资格及其权利、义务和民主的组织管理制度、执行机构的产生程序。不过《社会团体章程示范文本》第三章和第四章则对会员、组织机构和负责人的产生、罢免做了明确而具体的规定。会员(代表)大会的职权主要有:制定和修改章程、选举和罢免理事、审议理事会的工作报告和财务报告、决定终止事宜、决定其他重大事宜等。与公司法人治理结构相比,会员(代表)大会某种意义上有点类似公司的股东大会,在学会协会享有相关的权利,并履行相关的义务。

(二)理事会

理事会是会员(代表)大会的执行机构,在闭会期间领导学会协会开展日常工作,对会员(代表)大会负责,它在学会协会治理中的功能相当于公司法人治理中的董事会。理事会的主要职权包括执行会员(代表)大会的决议,选举和罢免理事长(会长)、副理事长(副会长)、秘书长,筹备召开会员(代表)大会,向会员(代表)大会报告工作和财务状况,决定会员的吸收或除名,决定设立办事机构、分支机构、代表机构和实体机构,决定副秘书长、各机构主要负责人的聘任,领导本团体各机构开展工作,制定内部管理制度,决定其他重大事项等。另外,当学会协会理事人数较多时,可设立常务理事会。常务理事会由理事会选举产生,在理事会闭会期间行使职权,对理事会负责(常务理事人数不超过理事人数的1/3)。

(三)监事会

学会协会一旦成立运营就具有相应的管理权限,由此,学会协会也必须具有相应的权力监督与制约机制。在美国、德国、日本等国家,学会协会的法人治理结构中都设有监事会(或监事人),行使监督检查学会协会的财产及理事会、秘书长业务执行状况的职责。在我国的相关制度法规中,对监事会的设置没有硬性的要求,许多学会协会的法人治理结构中没有监事会。而笔者认为,在学会协会中设置监事会作为监督机关,对于学会协会的健康发展有着非常积极的意义。

(四)秘书长及办事机构

学会协会的秘书长和办事机构人员应是学会协会专门聘用的职业化和专业化的工作人员。学会协会秘书长是在理事会和理事长领导下,负责主持学会协会日常行政性事务的专职高层管理人员。从某种意义上他相当于公司法人治理结构中的总经理。秘书长根据理事会的决策来执行任务,并在理事会的领导下开展学会协会的日常经营。为了提高学协会的运行效率,学会协会的秘书长一般应由从事本行业理论研究或实践工作的专业人员来担任。就一般而言,秘书长的权限包括经营的决策和管理权,理事会决议执行实施权,学会协会内部组织机构设置方案拟定权,学会协会基本管理制度与规章制定权,学会协会重要工作人员的人事权等。秘书长主持、管理办理机构,办事机构是直属于学会协会的具体工作部门。因学会协会会员分散,这使得学会协会要设立秘书处、财务部、联络部、宣传部、培训部等办事机构,处理学会协会日常事务。秘书处和办事机构人员多数要求具备在行业的工作经历和年限,并为联络政府、专业技术服务、国际交流、财务监管等等方面的专业人员。

三、发达国家学会协会法人治理结构模式介绍

(一)美国学会协会法人治理结构模式

美国关于学会协会法人的制度一般由各州来具体规定，但是由美国律师协会起草的美国

示范非营利法人法目前已为各州所采纳。作为世界上非营利组织最为发达、非营利组织治理理论研究也最为集中的国家，其学会协会法人治理模式很大程度上借鉴了其公司治理模式，即学会协会法人的治理结构是由成员大会、董事会和高层经营人员(首席执行官)组成的执行管理机构和独立会计师等三部分组成。成员大会即会员大会是学会协会法人的最高权力机构，董事会即理事会是学会协会的法定代表机关和最高决策机构。学会协会法人内部没有设立监事会，但是聘请由独立会计师组成的审计事务所来承担审计监督职能。也就是说，对管理层进行约束和监督在很大程度上并不是由所有人来完成的，而是借助于其他制度和因素，如严格的会计准则、全面的强制披露制度、禁止内幕交易制度、鼓励派生诉讼的程序规则以及发达的新闻监督制度等等。为了弥补这些制度在组织上存在的缺陷，独立董事也因此被提了出来。在内部治理结构问题上，英美法国家非常强调关于董事义务和责任的规定。

(二)德国学会协会法人治理结构模式

在公司治理结构方面，德国是双层结构，即由职工、股东组成的监事会拥有很大的职权，包括任命和解聘董事，监督董事是否按公司章程经营，对公司的重要经营事项作出决策，审核公司的账簿，并在必要时召开股东大会。监事会是公司股东、职工利益的代表机构和监督机构。董事会是公司的对外代表机构，主要负责公司的经营管理，向监事会报告和负责，想股东和其他利益相关者提供必要的信息。德国法的特点是职工和股东共同治理。⑤

德国学会协会的治理结构模式与其公司治理结构模式相比较，则还没有建立如此完善的制度。在内部治理结构问题上，主要依据德国民法典的相关规定。德国民法典要求学会协会法人必须具备两个机关：会员大会和董事会(即理事会)，而且在法人的章程中必须如此规定。会员大会是最高权力机关。选举产生董事会，董事会是对外代表法人的机关。作为公司必设机关的监事会却并不是学会协会法人的必设机关。

(三)日本学会协会法人治理结构模式

日本的公司治理结构由股东会、董事会、经理、监察人组成。股东大会是公司的最高权力机构，决定董事、监察人的人选；董事会是执行管理机构。但是由于法人大股东相互持股，经理人员又是法人大股东的代表，所以股东代表大会选举董事会、董事会任免经理的法定程序往往成为经理自己选自己，容易导致内部人控制，于是在内部设立监察人来予以抗衡。

日本民法典就学会协会法人的治理结构只作了原则性规定，但是其于 1998 年通过的《特定非营利活动促进法》则对此问题作了更为详尽的规定。日本的学会协会法人治理结构模式与其公司治理结构非常类似，即内部设有会员大会、理事会和监事会。法律还具体规定了各自的职责，即会员大会是法人的最高权力机构，而理事和监事构成负责人员，理事对外代表法人，监事则承担监督功能。

第五节 法人治理要处理好的几个关系

学会协会法人治理必须遵循公开、公正、公平、合法、精简高效和问责性原则。具体而言，学会协会的治理原则要通过协调好以下几个方面的关系得到体现和保证。

一、要处理好学会协会与政府部门的关系

《社会团体登记管理条例》中规定了政府对社团的双重体制。所谓“双重管理”，是指社会团

体同时要有两个部门负责管理.一方面登记管理机关要严格把好登记关,对已经登记的民间组织严格监督管理;另一方面其业务主管单位要负担领导责任,建立和落实管理制度。所谓“分层登记管理”,是指社会团体的登记管理机关和业务主管单位的行政管辖范围必须与社团的活动范围相一致。当前,政府已经逐步从全面、直接管理社会事务的做法,转向通过制定政策法规、执法、监督等手段对社会事务进行宏观管理。行政力量有意识地从一些领域中退出,社会所得到的资源份额越来越多。实现这种资源替代之后,作为替代者,社会必须承担起相应的职能.实现自制自律,否则将会出现功能缺位,从而导致严重后果。在这种情况下,以更高的效率,履行政府转移的部分职能是学会协会实现社会功能的一个重要手段,也是社会对他们的要求。

二、要处理好学会协会理事会与秘书长之间的关系

学会理事会的正确决策与秘书长的有力执行，是健全学会协会法人治理结构和提高学会协会法人治理水平的关键。在会员(代表)大会闭会期间,理事会代行决策职能,而秘书长负责学会协会日常工作,决定秘书处及办事机构人员的聘用和薪酬标准。学会协会经费收支由秘书处提出预算,经理事会讨论批准通过会费收取筹集,经费支出预算由秘书长组织执行。这种“各司其职、各负其责”的分工机制既保证了各项决策的民主性和科学性,又保证了学会协会工作的连续性和高效性。由于重大事项有理事会集体民主决策,可把学会协会会长(理事长)视作理事会会议的召集人和主持人。

三、要处理好秘书长与秘书处、办事机构人员的关系

学会协会秘书长需要熟悉行业情况并有丰富的管理经验，具备与政府及相关方面沟通联系的渠道,有热心服务会员的积极性和主动性。同时,学会协会秘书长需要对秘书处及办事机构有较强的凝聚力和亲和力。秘书长要管理好秘书处及办事机构,为其运转创造条件,运用奖励手段激励全体工作人员服务会员、服务社会。通过秘书长的努力,秘书处及办事机构作为一台机器的各个部件,应分工明确,配合协调,运转有序,是不可缺少的子系统,而秘书长管理秘书处及办事机构的目标应该是:高效、精干、实用、协作。

第六节　目前法人治理中存在的问题

尽管我国学会协会发展的成效显著,但总体上仍处于初级阶段,还远远落后于经济和社会发展的需要,仍然存在诸多亟待解决的问题。

一、学会协会组织机构设置不健全

有效的治理有赖于设置健全的组织机构。按照在现代社会,凡涉及公共利益的组织体,一般都应设置权力互相分立制衡的组织机构体系,以控制权力行使者滥用权力损害公共利益,这是现代公共组织治理的合法性基础,也是组织实施有效治理的前提。在这一点上,公司法人、非营利的社会组织概莫能外。一般而言,公共组织的治理至少应设置三种权力机构:决策机构、执行机构、监督机构,三者缺一不可。同时,三者之间应当具有相互制衡的关系结构。不同性质的公共组织或同一性质不同情况的公共组织可以根据具体情况适当变通，但不能违背这种分权制衡的基本制度架构。否则,这一公共组织就丧失了正当性基础,突破了现代文明的制度底线,

同时也丧失了组织可持续发展的制度保证。目前,我国大部分学会协会普遍设立了作为决策机构的会员(代表)大会、理事会以及作为执行机构的秘书处,而与法人治理相要求的监事会,或是缺失、或是流于形式而未能发挥应有的作用。

二、学会协会章程被束之高阁

学会协会章程是学协会会员共同意志的体现,在学协会中具有“根本法”的地位,是学会协会治理的重要依据。《社会团体登记管理条例》第 15 条规定社会团体的章程应当包括的事项有:名称、住所、宗旨、业务范围和活动地域、会员资格及其权利、义务、民主的组织管理制度、执行机构的产生程序,负责人的条件和产生、罢免的程序,资产管理和使用的原则,章程的修改程序,终止程序和终止后资产的处理以及应当由章程规定的其他事项。现实中,学会协会治理违反章程的现象屡见不鲜。章程规定了会员大会、理事会、常务理事会的召开次数以及每届的任期,但是,许多学会协会并没有严格按照章程规定召开这些会议。有的学会协会以工作忙、费用紧张等理由不开或少开;有的甚至以会长办公会来代替常务理事会;还有一部分学会协会不能按章程规定按期换届,学会协会的章程实际被虚置。

三、治理结构缺乏专业人才

专业化人才是学会协会有效管理和高效运作的基础和组织保障。特别是学会协会的秘书长和办事机构工作人员应是学会协会专门聘用的职业化和专业化的工作人员。据“中国社会团体专职工作人员职业化问题研究”课题组 2004 年对全国范围的社会团体开展的调查显示,社会团体秘书长中兼职秘书长较多,兼职秘书长人数占被调查机构的 33%。另外,社会团体来自政府部门及事业单位的人员较多,占被调查机构的 57%。来自企业的相对较少,只占 10%。⑥秘书长兼职往往使秘书长不能全身心投入到学会协会工作中来,导致学会协会很难独立自我发展,工作受约束。而很多来自政府部门和事业单位的秘书长,受知识结构和从业经验的影响,缺乏专门的学会协会经营管理的理论和经验,不利于学会协会自身的建设和发展。缺乏专业化人才的治理模式会影响学会发展的可持续性、健康性,对学会专业化人才的培养迫在眉睫。

四、理事会职责缺位

秘书处及办事机构是学会协会保持正常工作运转、完成学协会各项目标任务的执行者,而学会协会真正的民主决策者是理事会。学会协会民主治理制度中要求必须把学会协会重要事项拿到学会协会理事会上去决策。但由于学会协会的理事大多数是行业地位较高、社会兼职较多的代表人物,对学会协会事务的关注程度和投入精力十分有限,往往不能充分发挥理事会的作用。在一些学会协会中,甚至会出现理事不理事或理不了事。如果是这种理事会状况,那么这种决策势必就变为走程序,会降低学会协会工作的成效。

五、治理规则供给不足

有效的治理需要发挥人的作用,更要发挥制度的作用,特别是要优先考虑制度,人的作用的发挥应当规范于制度的框架中。健全完善、可操作的治理规则是有效治理的前提。当前,我国学会协会的治理规则供给明显不足,大部分学会协会缺乏信息公开制度、质询制度、人事罢免制度、学会协会决策管理层问责制度、激励制度等。由于制度供给不足,制度空白多、可操作性差,学会协会在运作中的不规范现象大量存在,造成学会协会绩效低、公信力缺失。

第七节　完善法人治理的措施与对策

一、确立学会协会法人治理的基本原则

(一)自治性原则

自治性是学会协会的最本质特征。学会协会与其他自治性组织一样,一旦依法成立,就可在法定范围内自主活动,以实现成立该组织的特定目的。学会协会这种自我组织、自我管理的自治权是学会协会能够独立存在所必须享有的权利。自治权主要就是指其内部治理机制,包括自治事务管理权、组织人事权、经费筹集使用权等。因此,完善学会协会法人治理机制一定要以尊重会员意思自治为原则。

(二)法治化原则

任何自治都是相对人的。问题的关键是明确科学合理的自治与他治的界限。学会协会的公共性、外部性属性决定了国家应当对学会协会法人实行法律规制。通过设定强制性规则为学会协会确立社团运行的最基本的、底线性要求。通过任意性规则为学会协会的运行提供指引。

(三)制衡性原则

权力制衡是学会协会健康持续发展的内在基础,其核心是权力受到赋予者的规制,这种制衡主要来自内部权力分配结构和权力产生机制的制约。在学会协会内部应设置包括:权力机关(意思机关)、执行管理机关以及监督机关三种组织架构及其相互之间的制衡机制。

(四)民主性原则

健全的组织结构保证了学会协会决策的规范化和理性化，而民主的运行机制有利于动员广大会员和会员单位共同参与治理,提升学协会的代表性和公信力。因此,学会协会的内部运行必须建立在民主的基础上,防止少数人垄断。

二、完善学会协会法人治理的主要措施

(一)进一步健全学会协会治理结构

根据各学会协会的实际情况,确立“会员大会(代表)大会——理事会(常务理事会)——监事会——秘书处”的组织体系,明确会长、副会长、理事、常务理事以及秘书长等各领导人员的法律地位、权责。特别要注意完善权力制衡机制,增强学会协会的自律机制,重视完善监事会制度,建立监事会对学会协会的业务活动和财务进行监督的各项规则。为切实保证监事会能够真正代表会员利益并实施有效监督，学会协会理事以上人员不得担任监事会主席、副主席和监事,监事会可列席学会协会理事会、常务理事会、会长办公会及秘书处办公会等会议,监事会对学会协会各级组织会议形成的决议具有建议和督导执行权，对学会协会开展的重大活动及财务收支等具有指导与监督权，对学会协会在运行过程中出现的较大问题或偏差应及时召开监事会议研究处置意见,并督导相关执行机构采取有效措施进行纠正或调整。通过有效的监督与指导,有力促进学会协会坚持办会宗旨,切实做到民主办会,在长效的运行机制框架内开展工作。另外,还要加强对秘书处工作的监管,尤其是加强对秘书处工作的规范管理。

(二)进一步完善学会协会运行机制

1.建立民主的选举制度

学会协会治理结构的产生机制不同,决定了其功能和作用不同。采用民主的选举方式将大大促进学会协会治理结构的合法性及民主基础,也有利于督促学会协会对全体会员负责。因此,学会协会应当充分体现公开、公平、公正的原则,形成从会长、副会长、理事、常务理事等多层次、多形式的选举机制。应明确选举的程序及具体规则,如民主提名候选人、候选人发表竞选演说、差额选举、无记名投票的方式表决等。

2.建立详尽的会议制度

应进一步明确各种会议召开的程序与次数。特别是会员(代表)大会、理事会、常务理事会等,应当在会议召开之前告知召开会议的时间、地点以及会议议程、讨论事项,以确保各会员及理事充分行使其民主权利。

3.建立健全各项管理制度

要加强学会协会制度建设,学会协会必须加强内部管理,遵纪守法,严格按照各项管理制度办事。要建立规范的,真正体现自主和自治原则的各项规章制度和内部管理制度,如重大事项报告制度、会员登记管理办法、会费收缴管理办法、组织管理制度、活动管理制度、项目承办管理制度、财务管理制度、秘书处工作制度、人事管理制度、档案管理制度、信息披露管理制度等,强化内部管理;并通过会员共同制定会员公约,使学会协会的各项工作都有章可循,在规范会员行为的同时有效保障学会协会的规范运作。这些管理制度的颁布和实施将有利于提升学会协会的整体运作能力,增强学会协会的凝聚力。

4.建立完善的财务制度

学会协会要根据《民间非营利组织会计制度》建立健全财务管理、会计核算制度,重点落实会员(代表)大会、监事会等机构对学会协会资产管理和资金使用的决定权和监督权。健全学会协会会费收取和使用制度,会费收取标准由学会协会章程规定,经过会员(代表)大会讨论通过后施行,会费的收支情况要定期向会员(代表)大会报告并接受其审查,学会协会的资产属于财政拨款、政府资助或社会捐赠的,要接受审计部门的监督并向社会公开。

各学会协会应完善学会协会内部治理机制。严格按照学会协会章程,加强制度化建设,建立健全选举、会员代表大会、理事会、监事会、财务管理以及分支机构、代表机构管理、重大活动报告和信息披露等内部治理制度,形成民主选举、民主决策、民主管理、民主监督,独立自主、依法办会、规范有序的运作机制,激发学会协会的活力。

(三)发挥政府的引导作用

我国学会协会法人治理的完善离不开政府的推动,政府有效的制度供给是学会协会自主治理不可或缺的制度资源。学会协会法人治理必须在一定的规则基础上运行,但我国目前还没有详尽的、可操作的关于学会协会治理的立法,许多学会协会内部也缺乏规范协会合理有序运行的规则。在很多情况下,并不是学会协会不想治理好,而是学会协会和会员不知道怎么治理。因此要进一步清理政府权限,把应归属于学会协会的权力还给学会协会。在登记管理、业务管理方面,要给予学会协会更多的方便,增强学会协会的参与性和主动性,兼顾学会协会多元化的特点,简化手续,减轻学会协会不必要的负担。出台更多的支持政策,从管理上为学会协会的发展营造宽松的环境。促进学会协会立法工作,明确学会协会的法律地位、理顺学会协会与政府、挂靠单位的关系,应确定学会协会与其他社团的业务便捷,规范学会协会的活动范围、社会职责、权利和义务,以法律形式保障学会协会的合法权益,使学会协会在宪法和法律允许的范围内独立自主地开展活动。在我国当前的基本国情下,政府特别是地方政府具有发挥作用的巨大空间。政府可以制定有关学会协会治理的指引性规则,告知学会协会规范的学会协会治理应当是怎样的,使学会协会和会员在对比中找到自身的差距,从而不断改进完善,最终走上健康规范运行的道路。

(四)加强学会协会治理的配套制度建设

从形式上看,学会协会治理仅涉及学协会的组织机构、运行机制问题,但事实上学会协会工作是纵横交错的网络系统,牵一发而动全身。对学会协会治理的培育除了制定指引性规则以外,还应当注重相关配套制度的建设。

1.制定配套的激励措施

学会协会本身是一个利益共同体,趋利避害是其本性,必须辅助以一定的激励性措施才能真正实现政府对学会协会完善治理机制的引导作用。如果没有一定的激励,指引就成了空洞的说教,没有任何实际意义,也无法达到预期效果。所以,我们认为,政府在出台指引规则的同时,还应当将指引的实施情况与政府的奖励(包括精神奖励和物质奖励)、政府授权和委托资格的取得等项目联系起来,激励学会协会朝社会预期的方向发展,从而真正将指引规则落到实处。

2.加快政府职能向学会协会转移的配套制度建设

目前,制约学会协会治理的因素,除了内部自身问题以外,外部的体制环境仍然是制约学会协会治理不可忽视的重要因素,主要有两个方面:第三方地位的确立和政府职能的转移。在一些地区,学会协会的第三方地位问题已经解决,而职能的转移问题还没有实质性进步,本应由学会协会履行的职能仍然没有归还给学会协会,政府业务部门总是以各种各样的理由拒绝或推脱。这客观上也影响到学会协会内部的治理。有"位"才能有为。职能的缺位使学会协会缺乏对会员及本行业工作者的影响力,从而导致其对加入学会协会缺乏动力,对学会协会民主选举、民主决策、民主监督的参与积极性不高。因此,学会协会法人治理的培育是一项综合性工程,要实行内外兼治。

3.加强学会协会人财物方面的配套制度建设

学会协会治理需要具备一定物质基础,也要有一定人才支撑。目前部分学会协会面临"粮草"不足困境,部分学会协会都存在"精兵良将"不足问题。这些都是当前制约学会协会法人治理的重要因素。因此,政府应当出台如税务、户籍、政府补贴等有关人财物方面的配套措施,切实使学会协会能够保证合理的人财配置,为学会协会规范运行提供有力的支持。

综上所述,在完善学会协会法人治理机制的问题上,政府应发挥引导性作用,制定相关指引性文件,对学会协会法人治理机制提出规范;学会协会应贯彻自治、制衡和民主的基本原则,建立健全的组织建构和民主的运行机制;全社会也应提高对学会协会工作的认知水平,进一步解放思想、变革观念,合力推动学会协会法人治理的发展和完善。

参考文献

1. 廉高波:浅议行业协会法人治理结构的建立与完善[期刊论文]《生产力研究》,2005
2. 魏振瀛主编:《民法》,北京大学出版社、高等教育出版社,2000
3. 李昕:论公法人制度建构的意义与治理功能》载 http://www.lawyee.com.cn/html/text/art/3355949/335
4. 吴敬琏:《建设民间商会》,载浦文昌主编《建设民间商会——"市场经济与民间商会"理论研讨会论文集》,西北大学出版社,2006

5. 参见李维安等著:《现代公司治理研究——资本结构、公司治理和国有企业股份制改造》,北京:中国人民大学出版社,2002
6. 孙伟林,乔申乾,黄浩明:中国社会团体秘书长职业化问题研究[J]《学会》,2006
7. 金锦萍:《非营利法人治理结构研究》,北京:北京大学出版社,2005

浙江省医学会秘书长　骆华伟

第十一章　学术会议管理与创新

第一节　举办学术会议的条件、程序与一般过程

一、举办学术会议的条件

“会议”是一个动态合成词。从字面含义上讲,“会”的基本意思是聚会、会面、集会等;“议”的基本意思是讨论、商议。现代意义上的会议,是有组织、有领导地召集人们商议事情的活动。它体现了会议的四个基本条件:有组织、有领导、商议事情和集会。学术会议一般指围绕学术问题举办的研讨交流性会议,它的构成要素为:会议名称、会议时间(含开始时间和终止时间)、会议地点、会议人员(出席人员、列席人员和工作人员)、会议组织、会议主题等。

二、举办学术会议的程序

确定会议主题→安排议事日程→确定参会人选→安排会议场所→发布会议消息→确定参加→准备参会资料→主持召开会议→整理会议记录→审批→下发会议纪要→执行→信息存档

三、学术会议一般过程

举办学术会议的一般过程包括:会前准备、会场布置、会议的组织实施和会议总结归纳等。

(一)会前准备

会议前期的准备通常包括会议申报、会议组织、会议材料准备、会议经费预算、会议用品的购置、会议通知的拟发等内容。

1. 会议申报是指下级单位在召开会议前的适当时机,依据业务程序,向上级领导机关提出举办会议申请的过程。

申报的内容主要包括:会议召开的依据或理由,会议所要解决的主要问题,会议召开的时间、会期和地点,参会范围,需要协调解决的问题等。

2. 会议组织

会议组织准备主要包括成立相关组织,明确人员分工两大方面。一般来说,较小型的会议不专门成立会议筹备机构,只指定个别人员负责有关准备工作。大型会议则应成立会议筹备领导小组。为便于开展工作,可在领导小组之下设立若干小组,一般设会务组、秘书组、宣传组、生活或后勤保障组、安全保卫组、组织组等。职责划分一般为:

会务组:主要负责会场布置、会议接待、会议组织,具体为会议方案的拟定,各项活动的总体组织、安排、协调,会场布置、会议报到、各种文件、通知、证件、标识的印制、发放和清退,收集参会人员名单、编写会议指南或会议须知等。

秘书组:主要负责会议报告、决议和领导讲话稿的起草、修改和送审等。

宣传组:组织安排宣传报道工作,负责有关新闻单位、新闻记者的组织管理,会议报道稿件

的协调、审定,文艺活动、会议照相的组织安排等。

生活或后勤保障组:负责大会的食宿安排,各代表团(组)和工作机构的车辆服务,各种物品的购置发放,协助落实各种会议场地,经费的预、决算和管理使用,与会人员的医疗保健和食品卫生工作等。

安全保卫组:负责会议住地、会场及其他活动场所的安全保卫、交通疏导工作。

组织组:负责提供代表、列席人员、特邀人员名单,会议代表资格审查有关工作,会议人事安排和选举工作的组织联络等。

3. 经费预算

大型会议的经费预算通常包括以下事项:住宿费、伙食费、文印费、会议场地费、租车费、奖品费、杂支费等。

4. 会议用品的购置准备

会议用品的准备是会议前期工作的重要内容。不同类型的会议,对物品的使用和要求也不尽相同。在准备会议用品之前,办事人员应制定一个周密的方案或开列一个用品准备清单。会议准备工作是否充分,与工作人员是否具备一丝不苟、认真细致的工作作风有直接的关系,同时也反映了一个工作人员的事业心和责任感。

5.草拟通知

会议通知是会议组织者向参会人员发送会议信息的主要方式,同时又是参会人员反馈信息的前提和条件。拟发会议通知是会务工作的重要环节,在通知的草拟中,要求做到表述准确、条理清楚、言简意赅、一目了然。会议通知的内容包括:会议名称、组织者、时间、地点、主要内容、参会人员、注意事项等。

(二)会场布置

会场是举行会议的场所和设施的总称。会场地点和大小是否适中,设施是否齐全,会场布置是否合理,会场营造的气氛是否与会议主题内容一致,对会议效果会产生直接的影响,所以会议组织者必须重视会场的布置。

1. 会场的类型

会场的类型可大致分为固定会场与临时会场,大型会场与中小型会场,室内会场与室外会场等。

会前会务人员要根据会议规模、人数选择会场,会场的选定大小要适中,会场过大会显得空旷、松散,不便于营造气氛;会场过小,又显得拥挤、狭窄,不便于调度安排。会场的大小要根据参会人员确定,一般与会人数在300人以上时,要设置大型会场,300人至100人之间可设置中型会场,100人以下可设置小型会场。

大型会场一般都要设主席台,还可在主席台前方一侧面向座席设报告席,供报告人、代表发言使用。如果不设报告席,主持人、发言人可在自己座位上讲话。小型会场一般不设主席台,座位摆放可成圆形、长方形、回字形、U字形。

2. 会场布置的基本原则

布置会场看似简单,其实不然,要布置好需遵循一些基本的原则和要求。

一是要切题。在布置会场时要根据会议内容的不同,突出不同的主题,营造特有的气氛,使人一进入会场，就能感受到一种与会议内容相适应的气氛，以达到增强会议效果的作用。二是要正规。会场要布置得正规有序。另外就是要适用、和谐。

3. 会场布置的主要工作

会场的布置通常包括主席台（讲台）、会标、座位、摆设、照明和视听设备及其他有关事项的安排。

①中小型会场的布置。中小型会议，会场布置可根据需要来进行，目前常用的形式有圆形、椭圆形、长方形、回字形、倒山字形、T 字形、U 字形、星点形、众星拱月形等。会场形式取决于会议内容、会场的大小、会议人数等。

②大型会场的布置。参会人数在几百人至一千人以上的会议通常为大型会议。此类会议一般在大礼堂或大型会议厅举行。

③设置主席台与座次安排

主席台通常设在会场正前方中心部位，与与会人员相对而设，为了供主持人或与会人员发言，可在主席台一侧或前方设一讲台（报告席）。为了增强会议气氛，还可在主席台前和主席台背景位置摆放一些花卉植物，以便烘托气氛。主席台上要摆放席位牌，以便领导对号入座。桌子上除摆放茶水矿泉水外，还可根据会议需要摆放毛巾、纸巾、纸、笔等物。

会议主席台座位的结构安排要从会议性质、领导人数、主席台大小以及方便领导出入席和工作人员服务通道等几方面进行综合考虑。主席台座次安排是一项重要的工作，一定要根据会议性质、领导身份和数量确定。座次顺序原则上是按领导身份的高低来安排。

④会标的准备与张挂

会标：会标是会议名称的标志。会议的主题、性质、主办者都由会标揭示，一般一个会议悬挂一条会标，但有的大会为营造气氛，在主会场的后背景墙上和大厅外围再悬挂突出会议主题的会标。会标要根据会场的情况制作，字体和色彩根据会议性质来选择设计。

⑤音响音乐准备和多媒体器材的准备

会场使用的话筒、音响和多媒体投影设备会前要认真进行调试，确保万无一失。

（三）会议的组织实施

认真做好会议的组织实施，是保证会议顺利进行的关键环节。

1. 会议开始前的直接准备工作

组织会议报到：会议开始之前，会务工作人员要按会议通知安排，组织人员到会议报到地点进行会议报到，分发会议材料及会议证件，安排代表入住。会议报到地点一般设在与会人员入住酒店的大厅或会场入口大厅。

检查会场准备情况：会前检查是会务工作中必不可少的重要环节，是会议各项准备工作的落脚点。检查的主要内容：主席台上与会领导的座次、姓名等摆放是否准确；附属性布置，包括会标、桌椅、水杯、花卉、标语、发言席、照明、音响等是否准备就序；会场是否整洁干净。

召开预备会：指会前会议组织单位的领导召集会议各组人员召开的非正式会议，是会务准备的一项正式内容。其主要内容为：听取各组汇报会议准备落实情况；提出会议要求，如会议期间作息时间、保密纪律、请假制度、生活保障、安全要求等；听取并征求与会人员对会议安排的意见。预备会不宜过长，要从短从简，说明情况即可。

2. 会议进行时的主要工作

组织人员就座：与会人员入场时组织人员要在门口迎接，并引导与会人员到指定位置就座，有些会议需报告人数的，会务人员要将参会人数核实后于会议开始前向会议主持人报告。

做好相关服务：上茶水、毛巾等，茶水 5~15 分钟一次，服务员着工作服，头发要整洁。

按日程组织会议，做好会议记录、录音、录像，收集会议情况反映，编发会议简报等。

3. 会议结束时的主要工作：会议结束后要及时对会议进行清场，收缴会议材料、物品等。

（四）会议总结归档工作

会后总结、归档工作是会务工作的一项基础工作。总结好的做法，查找存在的问题，其目的是为了把会务工作做得更科学、更规范、更有效。档案是印证史实，提供借鉴、参考和利用的历史记录，利用好档案和资料，有利于提高工作效率和质量，有利于规范工作。重视会务工作总结和各种会议资料的收集、整理、保存，既是经验的积累，又是对历史的负责。

第二节　国际学术会议管理

一、国际学术会议的特点

（一）国际学术会议的概念

国际性学术会议是围绕自然科学和社会科学研究领域中的某些普遍关心的问题而举行的研究性、探讨性、交流性会议。主要活动形式有报告、演讲、讨论，除了事物性安排外，一般不就讨论的议题作出具有约束力的决定或决议。

（二）国际学术会议的特点

1. 议题的多边性

所谓议题的多边性，是指国际性会议上所讨论、磋商的问题，往往是与会各方共同关心的问题。

2. 会议成员权利的平等性

这是国际性会议的一项重要特征。国际性会议的与会者无论来自哪一个国家，也无论是哪一个民间组织或个人，只要具备正式的会议成员资格，他们之间的权利都是平等的

3. 交际语言的多样性

由于与会者来自不同的国家、民族，因而交际语言必然具有多样性。为了方便语言的交流，国际性会议一般都事先规定一种或若干种语言作为会议的工作语言或正式语言，并配备翻译人员，以满足与会者之间的口头交流和书面交流之需要。

二、国际学术会议的准备工作

（一）建立会议筹备机构

举行国际性会议，所要涉及的各项事务远比国内会议多，因此，建立会议的筹备机构十分必要。这些机构包括组织委员会、执行委员会、秘书处等。

（二）订立议事规则

国际性会议通常要制定一套制约与会者活动的成文规则，以便会议主席在出现疑问或者意见分歧时加以援引，这是许多国际性会议的一个重要程序。国际性会议的议事规则一般是由最初的会议确定，并被以后同类的会议所接受的公认的规则。如果没有成文的规则，应当由会议的发起国或某个国际组织先将规则草案散发给与会国征求意见，经修改后在会议开始时提交讨论通过。由于议事规则带有章程性质，故往往要求与会各方一致通过。

（三）确定会议议题和议程

国际性学术会议的议题和议程通常由主办国或筹办会议的国际组织先行草拟并在会前散发，以保证与会各方有足够的时间研究并提出意见。与会方也可提出议题和议程，但应尽早通知发起国或筹办会议的组织。会议议题和议程的确定往往是国际性学术会议的焦点，因此应严格按照议事规则进行，或由会议主席加以协调。涉及敏感问题的会议，还要求对议题和议程的每一个具体项目作出书面解释。

（四）选定会议地点

会议地点的选择分两种情况：一种是同一会议在一个固定的地点举行，如国际性组织的年会通常设在常设机构的驻地。另一种情况是不固定地点，在这种情况下，会议地点和主办者联系在一起。如果会议是临时发起的，一般由发起国主办，并在发起国举行；发起国较多时，协商确定主办者，也可以由几个国家联合主办。有些国际组织的年会，由成员国轮流主办，哪个国家主办就在哪个国家举行，或由成员国提出申办，由常设的执行机构或全体成员国开会通过。由于一些国际性会议能提高主办国的政治地位，同时也能给主办国带来一定的经济效益，故国际性会议地点的选择往往要经过一番激烈的竞争。

（五）明确出席对象与范围

国际性学术会议对出席对象与范围有较严格的规定，这些规定主要涉及以下几方面：

1.出席规格：即规定各国或各方出席会议代表的身份和职务。

2.人数：国际性学术会议一般对各方出席会议的人数作出规定，尤其是组团出席会议，应当明确规定人数。东道国和会议筹办组织有权要求与会国事先提供组团人员名单及有关材料，这既是为了做好接待工作，同时也可对其进行审查，如发现不宜入境者，应及时与派遣国交涉或采取必要措施。

（六）规定正式语言和工作语言

所谓正式语言是指刊行会议文件与决议以及会议讨论时所使用的语言。所谓工作语言是指会议上讨论发言和同声翻译时所使用的语言。一般的国际性学术会议使用什么语言，可由出席国之间商定，也可由主办国指定。

（七）发出会议邀请和通知

国际性学术会议的邀请书或通知应尽可能早一些发给与会各方，以便各方做好准备。会议邀请书或通知一般以会议主办国的语言或会议的正式语言书写，应当说明以下事项：

1.会议名称、目的和议程等；

2.邀请的对象和范围；

3.会议的具体时间和地点；

4.经费由谁负担；

5.会议的正式语言和工作语言；

6.报名或组团的最后期限；

7.会议的专门事项，如要求出席对象在规定的时间用规定的语言向会议秘书处送交论文或论文提纲。

（八）做好接待准备

会议秘书处根据与会国反馈的组团通知或与会者的回执，安排好食宿、交通。安排是要充分考虑与会者的宗教信仰与民族的风俗习惯。为了便于与会者办理入境签证，还应同驻外使馆取得联系。级别较高的国际性学术会议还应当做好安全保卫工作。

（九）安排和布置会场

会场应尽量靠近住处。会场的布置应当典雅、庄重。座位形状有圆形、方形、椭圆形、半圆形等，也可设主席台。座次安排一般根据国际上通行的礼宾次序。国际性学术会议主席台的座次安排一般为主办方身份最高的出席者居中，其他来宾按身份高低先右后左向两边排开。这一点与国内会议先左后右的排列方法正好相反。会场内应当配备足以保障会议进行的一切设备，如扩音、录音、录像、电子屏幕、同声翻译等设备。

（十）聘请翻译

国际性学术会议应当根据会议的正式语言和工作语言以及与会者的具体情况，聘请翻译。国际会议的翻译有以下几类：

1.口头翻译：口头翻译包括同声翻译。所谓同声翻译就是在举行会议时通过送话系统为与会者提供同步语音翻译。

2.文件翻译：即将所有需要在不同语言的会议代表之间进行交流的文件翻译成会议的正式语言或工作语言。

3.生活翻译：即为与会者提供会议期间生活方面的翻译服务。

三、国际学术会议的会间工作

（一）迎接、报到和签到

国际性学术会议要特别重视迎接工作。不仅要搞好接站，而且在每次会议开始前，应由工作人员在会场门口迎接与会者并引导入席。与会者到达后，秘书处工作人员应做好报到和签到工作，发放有关文件，并着手编制通讯录。

（二）选举或协商产生会议的领导机构

大型国际性学术会议要通过选举产生主席团和主席团主席、副主席，对会议进行具体的领导，有时也采取由成员国轮流担任主席的办法。如果会议讨论的议题较多，也可设立一些分会场，对个别问题做专题研究讨论，以提高会议的效率。

（三）报告和讨论

国际性学术会议的活动程序一般为：听取报告、进行一般性发言、大会讨论。会议的每一个正式成员代表都有发言权。发言顺序一般按报名先后次序安排。任何代表发言须经大会主席同意，并限制发言时间和发言次数。发言与议题无关时，会议主席可以提醒其注意。

四、国际学术会议的会后文件的归档

国际性会议形成的所有文件，都必须收集齐全并立卷归档。国际性学术会议的文件一般由主办国负责保存，国际性组织所召开的会议，其文件由该组织保存。

五、国际性学术会议的礼宾次序和国旗的升挂

（一）国际性学术会议的礼宾次序

1. 礼宾次序的含义和意义

所谓礼宾次序，是指国际交往中对出席活动的国家、团体、人士的位次按一定的规则和惯例进行排列的先后次序，涉及到入场先后、座次安排、发言顺序、国旗悬挂等许多方面。礼宾次序体现了东道主对各国与会者所给予的礼遇，同时也表示对各国主权地位的一视同仁。因此，在涉外接待活动中，应当充分重视礼宾次序。

2. 安排礼宾次序的几种做法

（1）按与会者身份与职务的高低排列。单独接待一个代表团，一般按对方提供的正式名单或正式通知上的身份和职务高低次序为依据；接待多个国家代表团，按每个代表团（即代表团团长的身份高低）来排列。比较代表团之间的规格，应当坚持各国平等的原则。

（2）按字母顺序排列。如果参加会议活动的国家较多，也可以按各国的英文国名的当头字母的顺序排列。当头字母相同时，按第二个字母排列。

（3）按通知代表团组成的日期先后排列。对同等身份的外国代表团，按代表团抵达活动地点的时间先后顺序，或按决定应邀出席活动的答复时间先后顺序。

由于实际情况较复杂，以上三种方法应综合应用。首先按正式代表团的规格排列，这是最基本的；当代表团的规格相等时，再按通知代表团组成的日期先后排列；当同时收到同等规格的代表团组团通知时，则按国名的英文字母顺序排列。以上三种方法也不是绝对的，有时具体安排礼宾次序时，还要考虑其他的政治因素、国家关系、活动的性质、内容和对于活动的贡献大小，以及与会者的威望、资历等。

（二）国际学术会议国旗的升挂

1. 升挂国旗的规则

（1）旗幅一致。中国国旗与外国国旗并挂时，各国国旗应按照各国规定的比例制作，尽量做到旗的面积大体相等。

（2）主左客右。即以旗的正面为准，右方挂客方国旗，左方挂主办国旗。这里所谓的主方和客方，不是以活动在哪个国家举行为依据，而是以由谁举办活动为依据。轿车上的国旗，在驾驶员左手的一方挂主方国旗，右手一方挂客方国旗。

（3）不能倒挂或者任意竖挂、反挂。悬挂国旗一般应以旗的正面面向观众，不能随意交叉悬挂或竖挂，更不得倒挂。

第三节　全国性和区域性学术会议管理

按与会者或代表来自地域范围的不同，可将会议划分为国际性会议、全国性会议、区域性会议、单位性会议。全国性会议的与会者或代表来自全国各地，区域性会议的与会者或代表来自同一个区域或者代表同一区域内的若干单位。这里的“区域”，既可以是行政区域，也可以是自然区域或经济合作区域。全国性和区域性学术会议与一般学术会议流程相似，但前者参会人数较多、社会影响较大，因此做好会议管理工作显得尤为重要。结合举办此类会议的经验，对全国性和区域性学术会议的管理重点做以下几方面的介绍：

一、做好接站工作

接站是全国性会议和区域性会议的重要礼仪，是会议接待的第一道环节。全国性和区域性学术会议的代表来自五湖四海，优质的接站服务会给与会者提供极大的方便，对初次到访的与会者来说尤其如此，要使他们一抵达会议举办地，就有一种宾至如归的亲切感。对一些带有偏见或对会议心存疑虑的与会者，优质的接站服务还能够使他们产生良好的印象，甚至在一定程度上减少偏见、消除疑虑。

做好接站工作要注意以下几点：

（一）确定迎接规格

对于重要的领导前来参加会议，主办方应派出有一定身份的人士前往机场、码头、车站迎接。

（二）竖立接站标志

与会者集中抵达时，在接站处要竖立醒目的接待标志，以便与会者辨识。接站现场较大、人员较杂时还要准备好手提式扩音机。对于个别的接站，接站人员可以手举欢迎标志，上书“欢迎×××先生（或女士）”。

（三）掌握抵达情况

随时掌握并统计抵达的名单和人数，特别要留意晚点抵达的与会者，避免漏接。

（四）热情介绍

与会者到达时，迎接人员应迎上前去自我介绍，并主动与其握手以示欢迎。

二、做好会议报到工作

为准确了解与会人员的出席情况，会议开始前要做好报到工作。会议报到与会议签到不同，一般会期较短、无需集中接待的会议只需办理简单的签到手续即可，但对于全国性和区域性学术会议这样的大会来说，就需要与会者在到达会议所在地时办理登记注册手续，即办理报到手续。

与会者报到时，会议接待人员要做好以下工作：

（一）查验证件

查验证件的目的是确认与会者的参会资格。需查验的证件包括会议通知书、单位介绍信、身份证和其他有效证件。

(二)登录信息

即请与会者填写个人的有关信息,如姓名、性别、年龄、单位、职务、职称、联系地址、电话等,会议报到登记既可以据此统计参会人数,以便做好会议期间的各项服务,又可据此编制与会者通讯录。

(三)发放文件

除了提前分发的会议文件外,其他文件应在与会者报到时一并发给。会议文件应当按照保密要求分类发放和管理。

(四)收取费用

对于参会代表的会务费、食宿费、资料费等,应在报到时安排财务人员现场预收并开具发票或收据。

(五)安排住宿

住宿要根据与会者的身份和要求,在现有的条件下尽可能合理安排。住宿安排好后,接待人员应在登记表上标明每个与会者的房间号码,以便会议期间联系。

三、做好会议的安全和卫生工作

会务人员要准时到位,不串岗,认真负责地做好本职工作,同时,要密切关注会议活动现场动态,防止不友好人员或对社会不满人员在场地内和场地外搞破坏行为,要及时稳妥地处置可能发生的意外事件。消防部门是火灾、爆炸、破坏、场地倒塌等突发事故的救援主力,所以要就近安排人员和车辆,保留最畅通的道路供其使用。

除对会场区域内外做好安全工作外,对会议活动住宿地的安全也应非常重视,会务人员要按照国家消防和治安管理的有关规定进行全面检查,并将责任落实到具体单位、部门和个人,要对涉及会议活动的有关单位和有关人员进行安全培训,增强其责任感,堵塞漏洞、排除任何不安全的隐患,确切落实住宿地的防火、防盗、防爆、防抢,确保会议活动的人身和财产的安全。会议活动的医疗卫生是为会议活动提供饮食卫生、住宿房间用品卫生、人身防病治病、环境卫生、现场医疗保健、紧急救护等服务,以保障会议活动顺利进行和全体参会人员的身体健康。对于全国性和区域性学术会议这样重要的大型会议,医疗和防疫工作要随会议活动而行动。

会务人员应视需要在会议活动现场设立医疗保健站,一般每站配 2~6 名医务人员和相应的急救箱、救护车、氧气袋(瓶)以及其他急救用药、常见病治疗用药、敷料等,用于救治会议活动人员各种急性疾病和危重病之外的常见病、多发病以及各种慢性病。

四、做好会议宣传和新闻报道工作

会议宣传是公开传达贯彻会议精神的一种方法。它同会议的新闻报道紧密相连,但又不局限于会议的新闻报道。会议宣传的主体是会议的组织者、主持者及与会人员,它通过报纸、电台、广播、宣传画、标语口号等,主动说明讲解会议的意义、会议决定的重大事项、会议取得的成果,使广大公众了解、理解、支持会议和会议所作出的各项决定、决议。会议宣传可视需要在会前、会中或会后做。

全国性和区域性学术会议因参会人员多、社会影响大、研究讨论的问题比较重要,因此常常为新闻界所关注。除机密性较强的会议外，一般会议都要做新闻报道，以扩大影响，使会议上的重要信息为公众所知。新闻报道的形式可采取请记者参加会议、召开新闻发布会等方式进行报道。会议工作人员要根据会议的纪律、规定和会议主持人的指示，帮助记者搞好新闻报道，不能越粗代庖，要尊重新闻规律，尊重记者的劳动。

五、进行全面的会前检查

会前检查是落实各项会议准备工作、保证开好会议的重要一步。对于全国性和区域性学术会议这样重要的大会要反复检查。检查的重点是会议文件材料的准备、会场检查(包括会标和标语、桌椅、席次和席位牌、通道和交通、指示标志、灯光音响、其他设备等)、食宿检查、通讯保障检查、安全保卫、交通指挥及主席台服务人员就位等。会前检查的每个细节都不应放过。

六、做好会议参观和会议文体活动

会议参观有两种情况，一种是把会议参观作为会议的一项主要内容，以增加与会人员的感性认识；另一种是会余之暇组织的参观，这种参观多在会期较长的会议上安排，是调节与会人员紧张生活的一种方式。无论哪一种参观，都应认真组织，选好参观地点和参观内容，调度好必要的车辆，参观人数较多时，还应做好分组编队工作。有些会议参观，还应配备好讲解人员。前一种参观，因是会议的一个重要组成部分，更须精心组织。

会议文体活动的目的是调节与会人员生活，使与会人员有张有弛，有劳有逸，精神愉快，开好会议。会期越长，文体活动应越丰富，以活跃会议气氛。应就近安排观看一些电影、戏剧、曲艺等，有条件的会议，可以组织专场演出或放映专场电影，还可举办舞会等，以增进与会人员之间的感情。安排文体活动，应尽量同会议的主题结合起来。

七、做好会议的善后工作

(一)会议文件的立卷归档

会议文件的立卷归档，是指会议结束后根据会议文件的内在联系加以整理，归入档案。会议文件的立卷归档是会议结束后的一项重要工作。

会议立卷归档的原则是一会一卷，其目的是便于日后查找利用。

会议立卷工作的难易，取决于会议材料的收集程度。对会议所有材料的形成、使用过程，都要加以注意，包括领导决定开会的批示，会议通知，会议名单，会议主要文件的历次修改稿，会议的议题，日程和程序安排，会议的各种文件，各种发言材料，各种记录，简报，快报，会议纪要，会议总结等。凡是印刷下发的都要留有一定的份数，对会议主要文件的历次修改稿、会议纪要的修改稿应注意跟踪，会议一结束，马上按立卷要求收回。立卷时要先区分文件类别，然后按问题、时间立卷。同一文件的不同修改稿按修改的时间顺序排列，但要把定稿放在前面。

(二)送别与会人员

会务人员要做好与会人员的送别工作，及时为他们代购火车票或飞机票，让他们在会议结束后能及时踏上归程，个别需要暂留的，要安排好食宿。

(三)处理遗忘物品

对与会者遗忘的物品，要尽快与失主取得联系，及早送还。若距离遥远，可利用邮包寄送。

（四）完善会务工作

取走会议场所剩余的物品、视听设备，向单位负责人或合适的大会当事人申报全部用品得失情况，以便做会议财务决算。

（五）寄感谢信

对给予会议帮助的有关人士，要及时寄感谢信表示谢意，措辞要热情诚恳。

（八）开总结会

肯定成绩，找出工作中的不足，以便为今后的工作积累经验。

第四节　专业委员会换届选举会议管理

一、选举和选举工作的含义

选举是现代社会所特有的民主形式和机制。随着社会政治民主和管理民主程度的不断提升，选举作为现代民主的重要形式，越来越频繁地出现在政治、经济和社会生活的各个领域，成为现代会议活动的一项重要内容。选举是指选举人根据少数服从多数的原则以及选举的有关规则，以投票、举手等表决方式进行遴选的行为过程。

所谓选举工作，是指选举的组织者围绕选举活动所开展的一系列工作，包括候选人的推荐和确定、选举人的审查、选举活动的安排和实施、选举结果的统计和公布等。

二、选举的规则

为保证选举的科学性、民主性和公正性，避免少数人操纵选举，同时也为了最大限度地减少由于程序和技术上的问题可能对选举过程造成的不利影响，应当事先制定选举规则。选举规则必须以文件形式制定。

三、换届选举的方式

（一）按表决的手段划分　书面表决、口头表决、体态表决、表决器表决、信件表决、电子邮件表决等。

（二）按保密与否划分　记名表决、不记名表决。

四、换届选举有关规定

（一）换届时间

专业委员会应在规定的时间内换届，如有特殊情况需延期换届时，应提前提出申请报经学（协）会批准。换届工作要在学（协）会的领导下进行，由相关部门负责组织实施。

（二）对选举有效性以及有效票的规定

1.选举的有效性。即有效选举，主要是指出席选举会议或表决会议的正式成员是否达到规定人数，达到规定人数的为有效人数，可以进行选举。

2.有效票。有效票是指选举时收回的选票中符合要求的选票。在选举有效的前提下,每张选票赞成当选的候选人数或项目数等于或少于规定的名额为有效票。

无效票是指收回的选票和表决票中不符合既定要求的选票和表决票。确认无效票主要看以下几点:

(1)赞成的人数或项目数量是否多于应选名额,多的为无效票。

(2)表达意志的符号是否符合规定,不符合的为无效票。

(3)填写是否清楚,不清楚、字迹无法辨认的为无效票。

五、选票的制作

(一)选票的作用

选票是书面投票,是选举人表达意志的工具,其作用有以下几方面:(1)记录凭证作用。(2)保密作用。

(二)选票的格式

1.标题。选票的标题由会议名称、选举的目标职务和"选票"组成。如果候选人要经过反复多次的推荐和遴选,可在初选阶段以"推荐票"或"推荐名单"代替选票。

2.候选人名单。一般是以姓氏笔画排序。如果是遴选候选人,也可以按前一轮推荐时的得票多少排列。候选人名单一般采用表格的形式。允许另选他人的,在设计候选人名单表格时,应留出适当的空格,供选举人填写。每个候选人姓名的上方或下方应留出空格供选举人填写表示意见的符号。

3.填写注意事项。选票上应当清楚、明确地写明填写的要求和方法,具体包括:①等额选举还是差额选举。②每张选票赞成的候选人数的上限。③是否可另选他人。④表达意见的方式及符号。

4.选举日期。

(三)制作选票的注意事项

制作选票和表决票必须严肃认真、一丝不苟、准确无误。

六、换届选举会议实施过程

(一)工作人员清点到会的具有选举权的人数,向大会主席报告,如实到人数达到规定的有效人数,选举方可进行。

(二)选举工作领导机构的负责人报告候选人或表决事项产生的过程,宣布候选人名单,便于选举人充分了解情况。

(三)计票人分发选票,检查实发选票与实到人数是否相等,并向大会主席报告。

(四)大会主席宣读选票的注意事项。

(五)在监票人的监督下,计票人当场清点选票,确认选举是否有效。计票时应当检查每张选票或表决票的有效性。计票结果应形成书面报告,并由计票人和监票人签字。

七、换届选举会议结束后相关工作

(一)换届后的专业委员会,由学(协)会发文公布并颁发聘书。

(二)凡本届卸任的主任委员,任下届名誉主任委员。名誉主任委员与新一届专业委员会成员同时发文公布,颁发聘书。

八、换届选举中的几个重要问题

(一)在委员名额分配、推荐以及资格审核等工作中严格把关,重视中青年专家队伍的建设,提高中青年委员的比例,力求通过换届选举,让更多学术水平高、热心学(协)会工作的专家进入新一届专业委员会,以此带动相关学科的建设与发展。

(二)协调好各方关系,确定一套适合专业委员会的选举方案。

(三)选举的每个过程力求公开公正,营造良性竞争的环境。

第五节　学术报告会和专题学术讲座管理

一、报告会含义和特点

报告会是指请专人做报告的会议。报告会内容不同,具体的名称也不同,有学术报告会、形势报告会、事迹报告会等。

报告会有以下特点:

(一)主题突出

报告会的主题一定要突出,换句话说,即一次报告会,突出一个主题,使人印象深刻。目前,许多报告会都在名称上加上“主题”二字,称之为“主题报告会”,其用意就是想通过突出主题来强化会议的效果。

(二)规模较大

一般来说,报告会的规模都较大。规模较大,才能形成一定的气氛,才能达到一定的效果。

二、专题讲座的含义和特点

专题讲座是由主讲人向学员传授某方面的知识、技巧,或改善某种能力、心态的一种公开半公开的学习形式。

专题讲座具有以下特点:

(一)讲座的领域广泛

从目前情况来看,专题讲座的问题几乎涵盖了哲学、社会科学和自然科学的一切领域。

(二)会议主体是专家、学者

专家学者是专题讲座的主体,这是由会议的性质决定的。这一特点使会议充满学术气氛。

(三)规模适中

为方便交流,规模不宜过大,以中小型为宜。

三、学术报告会管理要点

(一)选好报告内容和报告人

报告内容和报告人两者关系密切。一般应先确定报告内容,然后根据内容再选择合适的报告人。报告内容要有新意,能给人以启迪。报告人要选择在某一领域具有深厚造诣的专家学者,或亲自创造经验、发明技术、具有独到体会的人士。报告人口齿要清楚,能够胜任作大会报告。

(二)邀请报告人

报告人确定后要通过适当的渠道发出邀请。邀请时要将举办报告会的目的、参加的对象和会场的设置告知对方,以便报告人事先了解报告的要求和报告的对象,掌握好分寸。同时,报告人也可根据会场的设施条件,选择和准备最佳的报告形式和手段,如使用投影仪、电脑演示、现场回答提问等。

(三)安排好会场

报告会一般安排成上下对应式座位格局,也可布置成半围式格局,总之要设主席台,主席台上放置讲台,突出报告人地位。时间较长的报告会,也可不设讲台,报告人坐着作报告。主席台上方或背景处要悬挂会标。

会场内要根据报告人的要求按照必要的设备,如扩音机、投影仪、计算机等。

(四)介绍报告人

会议开始后,主持人应对报告人作必要的介绍,并表示欢迎和感谢。

(五)回答提问

现场回答提问时,主持人要控制好局面。

此外,如采取录音记录的方式,或会后散发记录稿,要事先征得报告人的同意。

四、专题学术讲座管理要点

(一)会前预告

召开会议前,要先发出预告性通知或论文征集通知。预告性通知的内容主要包括:

1.阐述会议的目的;

2.介绍会议的具体课题;

3.提出提交论文的要求、方法和时限;

4.会议的大致安排

5.经费分担。

会议的具体时间和地点可以在确定会议对象后另发正式通知。预告性通知要附上回执或报名表。

(二)审定论文、确定参加对象

为保证会议的质量,要对收到的论文进行审核评定,根据会议的规模,本着学术公正的原则,通过层层遴选,最后确定参加会议的对象。这项工作由专家完成。为此,可以建立学术委员会,专门负责审定论文的工作。

(三)布置会场

专题学术讲座的会场布置应当简朴、典雅,设施先进,能够为学术交流提供技术保障。主席台布置应当突出作讲座人的地位。如果进行分组讨论、要事先安排好分会场。

(四)印发会议通讯录

为方便会后代表们相互联系和交流，同时也为留作纪念，会务工作机构要及时为每位代表印发会议通讯录。

(五)汇编论文集

会后汇编会议论文集，是一项重要的后期工作。编好会议论文集，既能使会议成果集中体现，又能为进一步研究提供学术资料，有时还可提供给出版社正式出版。

第六节　继续教育项目管理

继续教育是指面对已经脱离正规教育、参加工作和负有成人责任的人开展的各类教育，是对专业技术人员进行知识更新、补充、拓展和能力提高的一种高层次追加教育。继续教育项目管理步骤如下：

一、继续教育项目的设立

培训项目的设定应结合目标，制定切实可行的培训方案，应遵循以下原则。

针对性原则。以实际需求为出发点，应贯彻“学以致用”的原则，避免低层次的技能和基础知识培训，提倡多学科、跨学科课程以及反映最新科技成果的课程，实现基础与应用相结合，有针对性地解决受教育者工作中现实的和未来的问题。

实效性原则。避免形式主义与空洞说教，紧密结合受教育者的实际需求，以“问题”为中心，着眼于客观现实进行有效培训。使教育对象感到只要参加学习，就一定有收获，“用中受益”。

系统性原则。以某行业整体发展为本，注重培训工作的系统性、长期性、连续性、规范性，以期提高受教育者的实际工作水平、研究水平和理论水平，通过继续教育，提高专业技术人员的整体素质，提升科技贡献率。

二、继续教育项目学分管理

继续教育学分是为考核专业技术人员继续教育的数量和质量而设的计算单位。专业技术人员继续教育学分主要依据培训、自学、科技奖和论文(著)四大类折算。目前我国继续教育学分管理尚未统一，各行各业有着不同的设立、授予、登记、考核办法，这里以医学类继续教育学分为例，说明一下继续教育学分的申报审批工作。根据《继续医学教育规定(试行)》、《继续医学教育学分授予办法》，学分分为Ⅰ类学分和Ⅱ类学分两类。其中学分又分为国家级继续医学教育学分和省级继续医学教育学分。

(一)国家级继续医学教育项目是指：

1.全国继续医学教育委员会评审，由卫生部批准和公布的项目；

2.国家级继续医学教育基地举办，由卫生部公布的项目。

(二)省级继续医学教育项目是指：

1.省、自治区、直辖市继续医学教育委员会评审，由省级卫生行政部门批准和公布的项目；

2.省级继续医学教育基地举办，由省级卫生行政部门公布的项目；

3.中华医学会、中华口腔学会、中华预防医学会、中华护理学会等一级学会举办，并向全国继续医学教育委员会备案的项目，均属于省级继续医学教育项目。自学、发表论文、科研立项、单位组织的学术活动等其它形式的继续医学教育活动授予Ⅱ类学分。

（三）继续教育项目确立后，需报相应的继续教育管理部门审批，继续教育管理部门组织相关专家对项目进行评审，审批通过后在继续教育管理部门备案，继续教育培训班举办后，根据实际参加人员、培训时间授予学员及授课老师继续教育学分。

三、继续教育项目开展

继续教育项目培训形式较为单一，即在固定时间、固定地点邀请聘任政治素质高、专业功底扎实、实践经验丰富的人员作为讲课人员，以新出台的政策法规、专业技术、理论实践、管理实务、人文素养等知识为主要内容对特定人员进行的继续教育培训。继续教育项目需按以下步骤进行：

（一）选定受教育人群，确定培训班规模

根据培训内容和培训目标选定受教育人群，了解此类人群的培训需求，根据实际情况，结合培训机构的资源和组织能力，科学分析并确定培训班规模。

（二）设计培训方式和时间

根据不同项目、不同层次专业技术人才的特点，精心设计培训方案，综合运用集中培训、研讨、进修、案例教学、技术考察、咨询服务、对口培训、特殊培养等多种培训形式，为专业技术人员提供量身打造的继续教育服务。

在课程时间设置上，可以考虑实际情况，分期开展培训，以 2 天左右的短期培训和 1 周左右的中短期培训相结合。

（三）制定培训纲要和内容

根据继续教育项目、受教育人群特点，确定培训纲要和内容，以新理论、新知识、新技术和新方法为重点，注意先进性、针对性和实用性，并结合不同层次、不同专业人员的实际工作需要，加强对技术人员创造力的开发和创造性思维的培养。

专业科目培训是继续教育的主要内容，要立足科技前沿，体现专业发展趋势，注重理论与实践相结合。通过专业科目培训学习，使广大专业技术人员掌握本专业的最新科技理论和方法，了解发展动态，及时更新专业知识，全面提高业务素质。

制订、完善专业课程体系和教材体系，汇聚优势培训资源，为继续教育对象提供优质的继续教育服务。

（四）选定讲课人员

依托高等院校、科研院所、高新技术企业、社会组织等组建师资团队，按照兼职为主、兼专结合的原则，聘任政治素质高、专业功底扎实、实践经验丰富的人员，作为继续教育培训工作的师资力量，根据培训内容组织编写高质量的继续教育培训教材，印发给受教育者，提高培训效果。

（五）联络、确定培训地点

根据培训班的规模、经费情况，与有能力在规定的时间段承担相应规模培训的机构联系，对培训场地、就餐、住宿等条件进行实地考察后，商定培训班所需各项费用，做好培训的场地、服务等准备。

(六)举办与管理

根据预先设定的时间、地点、人员,按时举办培训班。开班时应对参加培训的学员进行登记,登记内容应包括姓名、性别、年龄、单位、专业、联系方式等。从学员中选出 1~2 人作为学员代表,负责与培训机构联络,培训机构应安排专人负责培训班的日常管理及教师协调工作,与学员代表协调解决学员在培训过程中遇到的各种问题,以保证培训班的正常顺利进行。

四、严格要求,加强培训管理

从登记、评估、奖罚、考核等制度入手,把继续教育工作统抓起来,避免流于形式。

(一)要严格考勤制度,要求受教育者端正学习态度,认真参加学习,出勤情况作为培训后考核的一项重要指标,与是否授予学分挂钩。

(二)加强对培训者的监督与考评,要求培训者遵守职业道德,牢固树立"在岗尽职尽责"的思想。培训结束后,通过调查问卷、与学员谈话交流等形式了解授课者的授课效果,并将学员对授课者的评价与授课者的薪酬挂钩,以保证培训质量。

(三)实行继续教育培训效果评估

实行继续教育评估制度,对继续教育总体工作、责任目标、活动过程内容、个人学习效果等实施评估。培训过程中的评课制度与培训结束后的评估相结合。具体评估方法有:

1.授课过程中由富有教学经验的师资力量组成评课小组,对授课内容和授课效果进行评估;培训后与授课代表、学员代表进行座谈,征求他们的意见建议。

2.组织学员对师资队伍逐一作出评价,对学员普遍不认同的授课者及时调整。

五、培训班资料的整理归档

培训班产生的资料应进行整理归档。归档资料应包括:继续教育项目备案资料、培训班通知、培训班教材、授课老师名单、学员名单、培训班总结、照片、评估资料及调查表等。同时要加强统计工作,对继续教育人数、时间、内容、经费等进行统计,为以后更好地开展继续教育培训工作提供经验。

六、继续教育培训管理创新

创新继续教育的是建立起既适应市场规律,又符合教育规律的管理体系和运行机制,充分调动培训组织的积极性和专业技术人员学习的积极性。继续教育已呈现出"个性化"倾向,借助信息网络和多媒体技术,有条件拓展继续教育的开放性、灵活性和适应性,为广大专业技术人员提供快捷、廉价而高效的学习条件。因此,利用现代科技手段发展继续教育是我们面临的新任务。根据统筹规划、合理布局、分层管理、分步实施,充分发挥学术团体的积极性和优势的原则,逐步建立起培训基地,广泛开展继续教育培训工作。

第七节　业务技术考试考核管理

专业技术资格考试制度是一种特殊形式的国家考试制度，是加强专业队伍建设，提高人员素质，科学、客观、公正地评价专业人员的学识水平和业务能力的一种重要方式，对于进一步完善专业技术人才选拔机制、完善专业技术职务聘用制度过程中的重要成果有重要作用。

一、组织管理机构

人力资源和社会保障部负责或协同有关部门成立考试领导小组，负责全国专业技术人员资格考试工作的综合管理与监督。各地设立相应主考部门及考试机构，负责考试的具体组织工作。

二、考前准备

考试机构应当根据考试工作计划，拟定详细、周密的考试实施计划和实施方案，制发考务文件，明确各环节任务、程序、责任和要求。对可能发生的突发事件制定相应的应急预案。

（一）试卷的运送和交接

1.试卷（含试卷题本、答题卡、答题纸）必须派责任心和保密意识强的人员专车押运，押运人员不得少于2人。运输过程中，押运人员要做到人不离卷。严禁无关人员搭乘运卷车，途中不得经停办理其他事项。

2.试卷交接前，应当查验领卷人的介绍信函和身份证件。试卷交接双方均不得少于2人。

3.试卷交接中，交接双方要对试卷袋的种类、数量进行清点核对，并对包装和密封情况进行检查，确认无误后由双方在试卷交接单上签字。如发现问题，应立即上报。

（二）试卷的保管和分发

1.试卷必须存放在符合安全保密规定的保密室。实行24小时监控和2人以上专人值班，任何人未经允许不得进入。进出保密室，须经考试机构主管领导批准，且应2人以上，并做好进出记录。

2.任何人在考试前不得启封试卷。特殊情况需启封备用试卷的，必须按管理权限报批。

3.考前试卷在各地考试机构保存时间不得超过3天，考后试卷不得超过2天。考点领取试卷的时间为考前2小时，考场监考人员领取试卷的时间为考前40分钟。

三、报名组织工作

（一）按照属地化管理、信息公开、方便报考的原则进行。

（二）向社会发布考试公告，内容包括：报名时间、报考条件、考试时间、考试科目、报名程序、收费标准、成绩查询等考试信息。报名一般采取网络报名、网络交费确认的方式。

（三）进行资格审查工作时，要严格掌握应试人员准入资格，认真审查报考材料。

（四）每天进行网络报名考试数据的备份，妥善保管报考材料。及时分析和处理考试信息，按照规定的时间和标准及时下发或上报考试信息。

（五）报名工作结束后，及时进行数据统计和核查工作，预订试卷，制发准考证。

四、考点考场设置

根据报名情况和考点考场设置规则，统筹安排考点和考场。

(一)考点一般应选择高考、中考定点学校,大、中专院校或经考试机构认定的场所,并与考点学校签订委托协议书,明确考试的任务和责任。

(二)在考点显著位置张挂“××考试××考点”横幅,张贴考场规则、违纪违规行为处理规定、考场分布图、考风考纪警示标语等。

(三)考点设主考1名,由考试主管部门、考试机构有关负责人或考点学校负责人担任。安排必要的引导、保卫、医务等人员。

(四)考点设保密室、考务办公室,负责考试期间的试卷保管、交接、回收,以及考试材料用品的准备、考务人员的管理、考试中各类问题的上报、处理等工作。

(五)考场要安排在明亮、通风、环境安静的教室。考场入口处要标明考试名称、考场号和准考证号起止号。

(六)按科目设置考场,遇有特殊情况可设置混合考场。每个考场按30人或25人的标准设置,座位须单人单桌、间隔排列。

(七)每个考场设监考2名,考场外设流动监考若干名。

五、组织工作人员培训

制定主考人员、巡考人员、监考人员、值班人员职责。对主考、监考、巡视等工作人员进行培训,明确考务工作的任务、职责、程序和要求,并逐级签订责任书。培训内容主要包括:各自的工作职责;考试实施步骤和要求;与考试有关的纪律和规定;试卷(答题纸、答题卡)的整理、装订和密封方法;特殊情况的处理办法;试卷管理规定;其他与考试有关的内容。考试实施前,对考试的组织管理、考点考场布置、试卷保管等工作进行认真检查,发现问题及时纠正。

六、考试实施

加强考务管理,是确保考试安全顺利进行的重要手段。考试在主考机关的管理监督下,严格执行考场规则中的要求。针对各种违纪行为事先采取有效措施,严肃考风考纪。例如在考试场所设置、使用防作弊设备,使用安全检查设备对应试人员携带的物品进行必要的检查。考试工作人员必须自觉遵守考试规定和纪律,严格工作程序,认真履行职责,相互配合,共同做好考试工作。

(一)考试即将开始前,宣读考场规则、违规违纪处理办法,告知考试的注意事项。考试期间设置信号提醒考试时间,严格掌握开考和结束时间。

(二)在考试实施过程中,一旦发现违纪违规行为,必须立即制止,并按违规违纪人员处理办法执行。如发现试卷遗失泄密、群体性作弊、数据丢失等突发事件,及时启动应急预案,采取有效措施控制事态扩大,并立即将有关情况报告考试主管部门和上级考试机构。

(三)考试期间,考试机构应安排专人值班,设立考试值班电话,确保通信畅通,及时解决考试实施过程中出现的问题。

七、考试信息管理

考试信息实行计算机管理，每天进行数据分析和备份。严格按照规定采集和处理考试信息,确保各项考试信息的准确和完整。考试信息包括报考、报名、考点考场设置、准考证号编排、考试成绩和应试人员违纪违规信息等。建立考试信息管理系统和数据库、考试违纪违规数据库,并保证其安全可靠。制定考试信息使用管理的办法,保证系统安全运行。

按规定时间和标准,及时下发或上报考试信息。对考试信息、工作记录、计算机数据盘的保管、传递采取安全保密措施,对考试信息数据进行不同介质备份,妥善保存。

八、考后管理

考试结束后,各级考试机构应当按照规定回收、清点、记录、封装试卷,并做好试卷和考场纪律的记录,交保密室负责人员。所有试卷回收交接完毕,按考务规定统一保管、评阅、复查。

(一)评卷组织工作

1. 设立评卷工作领导小组,负责评卷的组织管理。评卷人员签订评卷保密责任书,认真履行保密义务。

2.评卷前,对评卷人员进行业务培训,包括评卷工作任务、纪律、职责、规范要求、注意事项。

3.在准确理解试题、标准(参考)答案和评分标准的基础上,经过试评并统一标准后,进行正式评卷。

4.选择在环境良好、外界干扰少的场所进行。评卷场所要设立试卷保管室,并配值班人员 2 名,无关人员不得入内。

5.发现异常试卷,应当填写异常试卷登记表,由评卷领导小组按规定认定和处理。

(二)考试成绩经检查验收合格、复核确认无误后,由考试机构或考试主管部门予以公布。其它单位和个人未经批准不得以任何方式公布或披露考试成绩。按照考试规定,及时给成绩合格人员发放考试合格资格证书。

(三)试卷的回收和销毁

1.考试结束后,在规定的时间内将全部试卷(含备用卷)派专人专车送交评阅试卷的部门或机构。按规定办理交接手续。考后试卷按考务规定统一保管、评阅、复查。

2.试卷评阅完毕后,由评卷的部门或机构负责集中保存,考试成绩公布 6 个月后进行监督销毁。

九、保密要求

根据原人事部、国家保密局《人事工作中国家秘密及其密级具体范围的规定》(人办发〔1989〕8 号)、《人事工作中国家秘密及其密级具体范围的补充规定》(人办发〔1992〕1 号)确定考试试题、试卷、标准(参考)答案、评分标准等材料的密级。按照绝密级、机密级、秘密级事项等级对规定保密的试题(含题库)、试卷、标准答案、评分标准、命题方案计划、命题工作情况、命题人员名单、考试成绩及统计数字分析报告、考试信息等资料进行管理。

依照《保守国家秘密法》的有关规定建立健全安全保密制度,加强对参与试题试卷命制、试卷管理、评卷等涉密人员的保密和警示教育,签订保密责任书,并进行严格的监督、检查。

第八节　提高学术会议质量的措施

学会(协会)对举办学术会议越来越重视,学术会议举办次数、参会人数、论文数量都在增加,要想学术会议得到预期的效果,提高学术会议质量就变的势在必行。

一、高度重视学术会议的策划

(一)选好会议主题,明确会议宗旨

选题应在广泛听取意见,认真掌握情况的基础上,经过委员会讨论确定。学术活动选题要尊重以下几个原则:

1. 要贯彻我国科学技术工作方针,紧密结合学科发展规划中正待解决的重大问题以及国民经济、科学技术和社会发展超前提出的课题。

2. 选择社会、经济和学科发展、学科进步中的重点、难点、热点问题,以繁荣学术、人才培养和促进科技创新、为科学决策和经济发展服务为目的。

3. 跟踪世界学科技术发展的总趋势和结合本学科国内的现实情况。

4. 坚持当前与长远相结合,普及与提高相结合,理论与应用相结合,国内与国际学术交流相结合。

5. 要注重选题的计划性和连续性。

(二)严审论文质量,带动人才成长和学科进步

论文的征集要坚持“广泛与重点相结合”的原则,采用上下联动的方式进行。要采用多种手段,广而告之,给广大的科技工作者以知情权、选择权、参与权。论文的质量会直接影响学术会议的质量和水平,要严格审查会议交流论文质量,做到宁缺勿滥,确保会议主体的一致性。

(三)认真做好会议筹备策划,细化会议安排

一般学术会议分为四个阶段,分别是会议筹备,会议组织,会议召开,会议总结。每项学术会议都要详细地做好会议的筹备策划和实施方案,包括会议主题、议程、形式、特邀人员、参加人员、论文交流、会场设施、会议报道、食宿、人员安排、经费落实以及其它会务问题等,要专人负责管理实施。

(四)落实会议日程,重视学术行为

会议交流决定着会议达到的效果。可以通过按照会议的不同层次、特点和问题,采取不同的形式促进会议内容的丰富和更新,从而达到学术报告直观清晰、激发创新火花的目的。在认真制定会议方案的前提下,切实落实会议议程,强调学术交流环节,在制定会议方案和议程时,不同类型的学术会议其侧重点也不尽相同。

1. 学术报告:报告人在本学科、本领域要有较高的学术权威,报告的内容和方式方法以及演讲的技巧,能够引起与会者的共鸣。由于学术报告会信息传递的单向性,所以互动性差,会议组织者要留出一定的时间用于参会者的提问答辩时间,给报告者和听取者之间创造有限的交流机会。

2. 综合性规模较大的学术年会、学术交流会等,要特别做好主题报告的人选和报告内容、

大会发言交流、壁报交流、论文书面交流的筹备工作，会议内容丰富，信息量大，跟踪学科发展前沿，才能切实达到学术交流学习的目的。

3. 专题学术交流会、学术研讨会，要求主题明确。这类会议多数是小而专，重视参会人员资格，注重信息和观点的交流，注重会议成果，提出解决问题的对策与措施。

二、充分发扬学术民主，倡导学术自由

学术会议区别与其它会议的最本质的特点是争鸣性，要积极贯彻“百花齐放、百家争鸣”的方针，不唯权威、不唯资历；积极倡导质疑和争鸣，鼓励科技工作者对于不同的思想观点敢于提出质疑，敢于发表自己不同的研究思想和成果。

三、重视学术会议宣传和总结，扩大会议影响

对外宣传和会后的总结评价是提高学术会议质量、扩大会议影响必不可少的重要环节。

（一）加强会议宣传，争取各方支持

学术会议在社会上的影响力够不够，会议质量起到了决定性作用，但会议宣传的作用不应忽视。虽然大多数学术会议具有较强的专业性，但与经济社会和科技发展是分不开的，要做结合的文章，找准结合点，大力加强宣传工作，争取媒体的合作，争取挂靠单位和相关单位领导的支持，最大程度地争取社会响应和社会资源，特别是对于自身经济实力较弱、经费紧张的学（协）会，更要积极争取各方面的支持，用于补助学术会议经费的不足。

（二）做好会议总结，制定客观、定量的学术会议考核办法

要重视会议质量的评价，这是会议成功与否的重要标准。在评价指标的设计上，要坚持客观、定量、贴近实际、简便易行的原则。评价的内容主要有：

1.会议组织水平与服务质量，包括会议的各项硬件设施和软件服务；

2.会议效果，包括会议内容与主题的选择、信息量的交流、交流论文的水平、参会人员的收获、会议取得的成果、会议的影响力等；

3.会议过程，包括贯彻“双百”方针、体现学术会议等情况，是否体现参会人员主体地位，主题报告、会议交流是否精彩纷呈，会议气氛是否热烈等。

评价的方法可以采用发放调查表、采访参会人员对会议的感受以及采访社会其它方面人员对会议的认知程度等。认真做好会议总结，不能泛泛地只进行面上的表述，要结合会议质量的评价，突出会议特点、创新点、取得的成果、会议的成效、参会人员的满意度以及举办本次会议的经验、体会和存在的问题与不足等，在进一步积累更多经验的同时，能够更好地得到社会各方面的认可，提高会议成果的利用率和在社会上的影响力。及时地在会后整理各种会议资料，包括会议纪要、会议论文集、会议照片、会场的基本情况及其费用、会议通知、会议日程等资料要及时存档，对于以后会议的召开做到有据可查。

四、积极推进学术成果的转化

对于应用性的科研成果，要积极向企事业单位推广，并在应用中给予指导，推动转化为生产力。对学术会议中专家、学者和科技人员提出的建议，要进行考察论证，加以研究。要使学术

交流活动向科学研究延伸,科学研究在学术活动中得到体现,形成两者不断循环和促进的学术链，既体现学术交流与科学研究相互联系的本质属性，又使科学研究与学术活动得到有机结合,相得益彰,提升学术会议的质量和学术价值。

五、要关注多学科交叉融合,实施相关学会联合办会

根据学科交叉和边缘性的特点,学(协)会之间应切实加强联系,尽可能联合举办各种相关学术会议,一方面科技工作者可以相互切磋,取长补短,有利于学科之间的交叉融合,并进一步促进学科繁荣和发展,增强解决问题的能力;另一方面避免了相同学术内容会议的重复,节省了各种资源,同时也扩大了学会和学科的影响力。

提高学术会议质量,是个相对的概念,没有止境和极限。学术会议作为科技工作者的活动平台,其发展过程具有复杂多变、曲折流动的特点,学会要依靠党和政府的领导,广泛利用政府资源、社会资源,深化改革,开拓创新,把自己放在历史的大背景下,开展学术会议要适应社会的大的气候和环境,有的放矢。社会主义市场经济建设需要科学为其提供支撑,学术会议的开展要尝试与市场运作相结合，提高学会开展活动的经济实力，这样才能做强做实学术交流活动,才能使学术交流工作与时俱进,学术会议的质量不断提高。

第九节　举办学术会议应注意的事项

一、会议筹备中的注意事项

凡事预则立,不预则废。一个会议要想开的成功,就必须要未雨绸缪,提前做好策划,筹备阶段考虑得越全面越细致,在会中、会后才会越主动,才能使会议按部就班的召开。会议筹备主要注意以下几个方面:

(一)搭建组会核心团队

会议主办方应积极协调承办方及协办方,组成会务组,确定会议地点。办好一次会议,事务繁杂,没有人力的保证,很难成功,学校可以提供大量的研究生及本科生作为志愿者,他们不仅可以提供详细周到的服务,必要时还可以组织当地学生听会,壮大声势,同时,会议服务也为这些同学们提供了难得的社会实践机会。积极争取企业参与,企业在学术会议中不仅可以提供经费上的支持,更因为企业在当地雄厚的社会资源积累可以为会务提供大量帮助,如邀请高级别地方官员、会议用车、保证紧俏的火车票、机票,宾馆、餐饮及地方旅游的资源、提供办公设备等。

(二)分工协作

会务机构一般包括秘书组,会务组,后勤组等小组。秘书组负责确定参会嘉宾、会议议题、会议地点、会议日程、协调办会各方等关键问题;会务组负责具体发放通知、联系会议酒店及场地、会议文稿、会议礼品及旅游线路、安排来往机票及火车票等、会议记录、会议资料及通讯录的制作、会议财务、培训并指导后勤组的具体工作;后勤组负责参会嘉宾、代表的接送;会场布置(主席台、牌子、灯光、投影、话筒、摄像、录像、茶水、甜点等);会议资料、礼品、通讯录、照片的

发放,旅游项目安排等工作。各组应分工明确、各司其职。

(三)会议资料准备注意事项

1.在具备条件的前提下将参会人员的资料按每人次准备好,注意区分参会人员的角色(如分成会议主持、参会领导、参会普通人员),资料按照人员角色分别准备。

2.会议资料较多时,需要按照会议议程将会议资料按次序排放,最好装订成册,编好页码,方便参会人员阅读。

3.当参会各人员因角色不同需要不同的资料时,应当按照人员或单位将资料以文件袋装好标注资料归属人员或单位,方便参会人员领取。

4.若需要给参会人员发放纪念品或礼品等,应当与会议资料一同准备好,置于资料文件袋中一并发放给参会人员。

(四)会议通知注意事项

会议通知应提前3—6个月准备,先用信件、电子邮件等普遍撒网,然后再反复联系确认,关键人物用电话结合信件发出第二、三轮通知。会议通知除了会议的基本信息外,最好标注会议酒店乘车路线(最好有详细示意地图)、会议期间各项费用、可供旅游线路等信息。

会议通知分为口头通知和书面通知,其中口头通知只适用于参会人员较少的非正式会议,书面会议通知需注意以下几点:

1.正式的书面会议通知应包含:简要的会议议程说明、参会人员、会议时间、会议地点等。

2.书面会议通知应通过正式途径发送给参会人员,如信件、电子邮箱、网站公布等,如有必要可另行电话通知参会人员。

(五)会议议程安排注意事项

1. 会议议程的内容

会议议程是为完成议题而做出的顺序计划,即会议所要讨论、解决的问题的大致安排,会议主持人要根据议程主持会议。会议议程是会议具体的概略安排,它通过会议日程显示出来。大中型会议的议程一般安排如下:开幕式;领导和来宾致辞;领导作报告;分组讨论;大会发言;参观或其他活动;会议总结;宣读决议;闭幕式。

2. 会议日程的内容

会议日程就是根据议程逐日做出的具体安排,它以天为单位,是会议全程各项活动和与会者安排个人时间的依据。

3. 会议议程和日程的作用

通过了解会议议程和日程,与会者可以更好地了解会议所要讨论的问题,清楚会议顺序计划,即获得有效信息。会议议程更是一个沟通的平台,一个高效的市场管理工具。

4. 会议议程的制定程序

(1)明确目标和参加者

(2)安排各议程事项的时间

(3)确定每一项议程

(4)决定会议讨论形式

5.会议议程的编制方法

(1)制定议程表时,应注意议题所涉及各种事物的习惯性顺序和学会章程中有无对会议议程顺序的明确规定。

(2)制定议程表之前还须明确会议活动的人员、日期和时间、地点、有关的餐饮安排。

(3)宣布议程,然后说明一些有关此次会议事务性的内容,之后再安排讨论的问题。

(4)尽量将同类性质的问题集中排列在一起,这样既便于讨论,也便于有关列席人员到会和退席。

(5)保密性较强的议题,一般放在后面。

(六)布置会场和安排座次

1. 会场整体布局安排

(1)会场整体布局的要求

要庄重、美观、舒适;会场的整体格局要根据会议的性质和形式创造出和谐的氛围;中大型会议要保证一个绝对的中心;小型会场要注意集中和方便。

(2)会场整体布局的类型:较大型会场的座次安排;中小型会议的座次安排。

(3)会场整体布局安排的工作程序

①确定会场形式;

②合理摆放桌椅;

③布置附属性设备。

2. 主席台的座次和场内座次安排

(1) 主席台座次和场内座次的要求

主席台是与会人员瞩目的地方,也是会场布置工作的重点。各种大中型会议均应该设主席台。座谈会和日常工作会议一般不设主席台或主席桌。无论是否设置主席台,都要注意使会议主持人面向与会人员,避免同与会人员背向现象。另外,一般会议不必把众多的领导人都请上主席台,只请讲话人和主持人即可。

(2) 主席台的座次和场内座次安排

①安排主席台的座次。会议主席台就坐者都是主办方的负责人、贵宾或主席团成员,安排座位时应注意以下惯例:依职务的高低和选举的结果安排座次。职务最高者居中,然后按先左后右、由前至后的顺序依次排列。正式代表在前居中,列席代表在后居侧。

②为工作便利起见,会议主持人有时需在前排的边座就座,有时可按职务顺序就座。

③主席台座次的编排应编制成表,先报主管上司审核,然后贴于贵宾室、休息室或主席台入口处的墙上,也可在出席证、签到证等证件上表明。

④在主席台的桌上,于每个座位的左侧放置姓名台签。

(3) 安排场内其他人员的座次

小型会场内座位的安排。分清上下座,一般离会场的入口处远、离会议主席位置近的座位为上座;反之,为下座。会议的主持人或会议主席的位置应置于远离入口处、正对门的位置。中大型会场内座次的安排。常见的安排方法有三种:

①横排法。是按照参加会议人员的名单以及姓氏笔画或单位名称笔画为序,从左至右横向依次排列座次的方法。

②竖排法。是按照各代表团或各单位成员的既定次序或姓氏笔画从前至后纵向排列座次的方法。将正式代表或成员排在前，职务高者排在前，列席成员、职务低者排在后。

③左后排列法。是按照参加会议人员姓氏笔画或单位名称笔画为序，以会场主席台中心为基点，向左右两边交错扩展排列座位的方法。

（七）现场安排（人员入场时）注意事项

1.会议开始前在会场入口处设立接待处，准备好签到表，对参会人员签到。

2.会议资料较少时可在参会人员签到时分发给参会人员。

二、会议进行中注意事项

（一）会议记录注意事项

1.安排好专职的会议记录员，对参会人员的发言进行记录（特别是讨论性质的会议），记录内容会后留底。

2.安排专人摄影（摄像、录音），会后留底。

（二）会议服务注意事项

1.安排专人（会议组织人员或物业人员）负责茶水服务。

2.举办大型会议或视频会议时，安排专人负责操作麦克风、调音台、投影仪、视频设备等。

（三）其他注意事项

1.参会人员就坐后提醒全部参会人员关闭手机或调成静音。

2.会议时间较长时，可适当安排中途休息时间。

三、会议后

（一）整理好会议中的文字记录和图片、视频、音频记录，进行备案。

（二）完成会议总结材料，材料内容应包括：会议议程各项内容、主要人员发言材料、会议讨论内容和总结性结论。

（三）整理完成会议总结材料后报领导审批，将审批通过的材料分发至各参会人员遵照执行。

（四）重要会议结束后可考虑在网上发布会议相关新闻。

山东省医学会秘书长　刘　岩

第十二章　科技咨询服务管理与创新

随着科学技术的迅速发展,科技在社会、经济、政治等发展进步中的作用日益重要,科技进步极大地促进了工业绩效、人民健康、国家安全、环境保护等方方面面。在科技领域内,学会协会作为连接政府和市场的一座桥梁,对社会科技进步的作用并非微不足道或可有可无。随着科技日新月异的发展,学会协会这样以人类大众公益为己任的科技组织,将越来越显示它们对科技进步和社会发展的重要作用。科技咨询服务,作为中国新兴的现代咨询业的一个重要组成部分,为我国科技工作者开辟了加入经济建设的重要渠道,作为决策科学化的重要环节,作为技术成果商品化的重要途径，学会协会开展科技咨询服务是科技生产力转化为现实生产力的桥梁和中介。

第一节　学会协会开展科技咨询的意义

随着以知识经济为标志的第三次科技革命的到来,社会分工不断细化,交叉学科和边缘学科兴起,科学技术和生产、消费也已渐渐呈现交叉融合的趋势,科学技术的供求分析和市场决策也越来越复杂,因此迫切需要有一种专门的职业为科学技术的供求双方提供服务。技术和智力服务的商品化,使得科技咨询成为了市场经济下的必须产业。科学技术咨询作为我国近年来围绕着科学技术发展而开展的重点服务型工作,经过 40 余年的努力奋斗,我国已形成了包括科技情报、标准、计量、理化测试、环境保护、气象、地震等许多领域在内的社会公益型、服务型科技服务系统。各类机构约上千家,从业人员达几十万人。科技咨询在我国已经发展成为一种以智力服务和知识服务为内容的产业。

一、学会协会开展科技咨询的涵义

科技咨询从语义来看有两种理解，其一是，对科学技术进行咨询 (The Consultation to Science And Technology),这种理解将科学技术看做咨询的客体,认为科技咨询隶属于咨询的范畴,即咨询的概念大于科技咨询。另一种理解是,运用科学技术进行咨询(The Consultation With science And Technology)，此种理解将科学技术视为咨询的手段，而咨询对象则非常广泛,这种情况下,科技咨询相当于咨询。目前来看,对科技咨询的一般定义是“运用知识、经验、能力和信息,为用户提供可供选择的科技决策的活动”。随着现代科学技术与经济社会活动的关系日益密切,科学咨询的涵义和范畴也有所更新。《科技咨询师基础知识中》对科技咨询的定义是“综合应用科技、金融、法律等知识和经验,在科技创新、科技成果转化、科技创业与投融资、高新技术产业化、技术贸易、企业策划等技术经济活动中,为用户提供的咨询服务活动。”温珂等人认为科技咨询的过程就是专家介入政策评议的过程,即专家通过不同部门的咨询机制,利用其专业知识提供专业意见。《科技咨询与科学决策》一书则将科技咨询定义为系统运用现代科学知识、技术手段和分析方法,为解决人类面临的各类经济、科技和社会发展等复杂问题而进行的创造性智力劳动。国家科学技术委员会的张登义认为科技咨询有三个方面的定义:

一、凡是以现在科学技术进步为依托的咨询,都是科技咨询;二、科技咨询是软科学事业走向市场的产物,是由软科学研究引发的;三、科技咨询业属于第三产业,由国家科委归口管理。

总的来说,科技咨询就是由具有现代自然科学、社会科学及工程技术知识和经验的专家组成的相对独立的智力团体,根据委托方即业主(含政府部门、企事业单位及集体、个人)的委托,利用自身拥有的知识、信息、经验及社会资源,运用先进的科学技术和手段,进行调查、分析、研究、预测,客观、公正地提出可供选择的方案,为委托方提供实用性、可行性决策服务,为社会发展和经济建设服务。具体情况如图 12-1 所示:

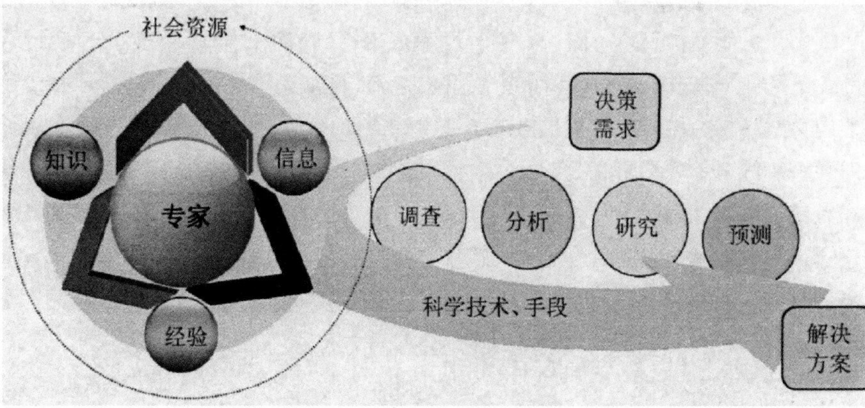

图 12-1　科技咨询的涵义和一般程序

科技咨询开始初具规模并在我国逐渐发展成为产业是在改革开放以后,中国科学技术协会则是学会协会开展科技咨询的倡导者和先驱者。中国科协科技咨询业始于 80 年代初,经过近 30 年的发展,科协咨询机构已经分布在全国广大地区、一个以社会化、综合化、智力型为特征的,为经济建设提供智能服务和物化产品相结合的科技咨询网络基本形成,成为我国规模最为庞大的网络系统。在中国科协的倡导和带领下,我国各类学会协会也开始积极开展科技咨询服务。根据 2009 年《中国科学技术协会统计年鉴》的定义,学会协会开展科技咨询活动是指"本单位在日常和重点科普活动期间(如全国科普日、科技周、科技下乡、科教进社区等)组织相关专业专家组成智力团体,以科学技术为依据,向社会和公众提供智力服务。"可以看出,学会协会开展科技咨询活动在其内涵和内容上与其他社会机构基本相同,但是学会协会开展科技咨询活动有其独特的特征,即与学会协会的科普活动紧密联系。

二、学会协会开展科技咨询的意义

(一)学会协会开展科技咨询活动,具有涉及的知识面广博、辅助决策准确、服务价值精确和相对独立客观公正的特点。

科技咨询往往涉及复杂的系统,每个环节都会包含多个复杂的相关因素,这就要求提供科技咨询的主体必须具备广博的知识,除了科学和技术的相关知识,还需要具备社会、法律、经济、决策等多方面的知识,还必须掌握咨询对象的运行规律和发展趋势,并且要善于综合各方面的知识,进行知识创新。科技咨询的主要任务是为各种决策提供咨询服务,辅助政府或者是其他用户进行决策,必须保证咨询结果尽可能准确,决策才会越有效,而学会协会作为学科或行业的联合机构,具有众多的专家学者,能够最大程度的提供各方面的知识内容和保证决策咨询的权威性、准确性。学会协会提供的科技咨询服务是一种知识性的服务,是智力劳动的商品,其价值和价格都是无法准确衡量的，因此具有服务价值非精确的特点；学会协会具有独立开展工作的权力，作为不受其他方影响的第三方，其提供的科技咨询具有独立客观公正的特点。

学会协会开展科技咨询的活动，一方面能够促进知识扩散、技术转移和科技成果转化，面向社会、面向企业，为推动我国科技进步、经济社会的发展铸就通往致富的桥梁，从而提高企业竞争力和国家竞争力；另外一方面，学会协会开展科技咨询活动为科技工作者提供向社会献智慧、展才华的又一舞台。有文章指出，科技咨询可以解决企业的如下难题：明确和落实项目任务，保证企业生产经营技改的紧急且重要的任务落到实处；通过科技咨询中的内部技术承包，节约企业经费；调动科技人员的积极性，给予他们发挥才能的平台；发现和补偿有贡献的人才，防止人才流失。

（二）学会协会开展科技咨询服务，对国民经济的发展具有重要意义

随着我国经济社会的发展和科学技术的不断进步，各行业对科学技术的需求越来越大，科技咨询咨询服务作为以提供智力服务的科技服务业，将先进的科学技术转化为经济生产力，是联接当今世界上科技与经济的纽带和桥梁。当前，随着我国政府职能开始转为服务和指导，企事业单位自主权得到强化，各行业自主权、决策权增大，对咨询、信息和技术服务的需求必将日益强烈。尤其在当前我国加快改革开放步伐，加速社会主义市场经济发展的新形势下，科技咨询服务的发展，必将有力推动经济社会发展快速走上依靠科技进步的轨道。

学会协会开展科技咨询服务，有利于加速科技成果的转化，进一步解放和发展科技第一生产力。多年来，我国的科学技术工作中比较重视研究与开发工作，而对将科技成果转化为生产的中间环节重视不够。科研与生产脱节的问题至今仍在困扰我国科技、经济的健康发展。究其原因，未形成一个发达的科技服务业来促进先进科技成果和技术的转移、推广、应用是重要原因之一。在加快经济体制、科技体制改革的同时大力发科技咨询服务，可以大大加强科研与生产的联系，充分调动科技力量为经济建设服务，进一步解放和发展科技第一生产力。

（三）学会协会开展科技咨询服务也是提高公众科学素质的需要

学会协会在促进公众科学传播、提高公众对科学的理解、增强公众的科学素养方面有很大优势，堪称公众科学传播的生力军。公众科学传播的基本目标是提高公众的科学素质，而提高公众科学素质的最终目的是满足公众个人发展完善和国家建设的需要。公众科学素质是指公众了解必要的科学技术知识，掌握基本的科学方法，具有科学思想，崇尚科学精神，以及应用它们来处理生存与发展问题、生活与工作问题，提高参与公共事务问题的能力。公众科学素质的培养必须通过学校教育和社会教育。与学校教育相比，作为社会教育的科学普及，其对象更加广泛、内容更加丰富、形式更加多样、信息传播范围更大。学会协会开展科技咨询服务可以为更多的公众接受科普、参与科普活动创造了有利条件。

在我国的各类学会协会中，集中了大批科学家、科技工作者，他们为了组织的宗旨与使命走到一起，集中了学术界、科技界的力量，把各方的智力、财力和社会资源融合在一起，在调查、研究有关问题的系统背景情况基础上，具有其他组织和团体无法比拟的专业优势、学科优势、人才优势、智力优势等。

在提高生产力方面，学会协会可以通过各种形式，一方面把各行各业的专家、学者组织起来，传播科学知识，促进企业人员业务素质和生产技能的提高，有力推动生产力的增强和经济的繁荣。另一方面，学会协会促进不同国家或地区生产力促进组织的联系，既可以分享彼此的经验，又可以建立合作关系，共同为全球生产力的提升做出贡献。同时，学会协会处于中间立场,对整个社会系统起着一定的纠偏纠错作用,甚至有可能促进现有的产业结构调整和优化。在开展科普工作方面,学会协会以其组织优势不仅可以促进对公众的科普,而且能更好的组织群众性的科普队伍。公众不仅是科普的对象,也应该成为科普的实施者。学会协会可以发掘公众中潜在着巨大的科普资源,如离退休教师、大中学生、愿意从事科普的各行各业的公众、农村致富能手等。学会协会通过挖掘公众巨大的科普资源,组建一支网络化的、专兼职结合的科普队伍,团结、组织、联络广大科技人员在做好本职工作的同时,自觉地把知识、技术、智慧和成果奉献给广大人民。

第二节　学会协会咨询的工作内容

科学作为一种实践力量,其实践过程不仅仅是成果的应用过程, 也是最重要的认识过程。这决定了科学从作为个别科技人员的思维活动发展到依靠群体力量的学术活动。从一般的定性理论发展到定量的学术研究的同时, 越来越渗透于社会经济, 学术活动, 越来越紧密地围绕经济建设的重大课题。因此无论是科学发展的客观规律, 还是人们的主观认识过程, 都要求今天学会协会开展科技咨询活动首先必须是贯彻科技发展方针, 而出发点和落脚点就是既要面向社会, 又要面向经济建设。基于这样的指导方针,学会协会的咨询业务,主要有以下几种:

一、决策咨询

决策咨询是为政府机构或企事业领导提供决策前的信息保障服务, 提供决策中的信息跟踪服务和决策实施中的信息反馈服务。国外现代领导决策咨询系统首创于英国,发达于美国,迅速普及于西欧和日本。英国在 1913 年成立了咨询工程师协会,这是现代咨询系统的雏形。美国在 1918 年创立的布鲁斯学会,1919 年创建的胡佛研究所是现代领导决策咨询系统的先驱。当今最负盛名的智囊决策机构,有罗马俱乐部、兰德公司和日本野村综合研究所等。我国的决策咨询性机构是在 20 世纪 50 至 70 年代建立并发展起来的。

随着近年来国家和中国科协都提出了大力加强决策咨询, 积极为推进决策科学化民主化作出新贡献的要求,学会协会也在开展决策咨询活动方面积极发挥了学术高地和思想库、智囊团的作用,为国家、政府科学决策和产业发展提供了不少高层次和有权威性的决策参考,确立了依靠学术服务经济,依靠专家服务决策,依靠学会服务行业的工作思路。例如,浙江省依托省级学会成立了“促进核电相关产业发展专家组”,该专家组连续几年开展相关专题课题研究,向浙江省政府提交了《关于发展核电产业的建议》,与有关部门联合推出了《浙江省核电装备制造企业名录和核电产品目录》,编制了《浙江省核电装备重大科技专(2008–2012)实施方案》,并且协助有关企业做好核电重大科技专项的申报工作, 帮助宁波两家企业争取获得国家核安全局核电站核心部件产品试制的认可。辽宁省由该省纺织工程学会完成的“辽宁省纺织行业科技发展研究报告”,引起了政府行业管理部门的高度重视,该省经信委采用了这一“报告”的研究成果,积极组织行业企业开展技术创新活动,取得了成效。

二、工程咨询

工程咨询是以技术为基础,综合运用多学科知识、工程实践经验、现代科学和管理方法,为投资建设项目决策与实施全过程以及经济社会发展提供咨询和管理的智力服务。工程咨询遵循独立、科学、公正的原则，为政府部门和投资者就经济建设和工程项目决策与实施提供全过程服务。它是经济建设中不可或缺的重要环节。国际上的工程咨询服务业，起源于19 世纪的欧洲。1913 年，以国际咨询工程师联合会的建立为标志，工程咨询成为国际型的行业。国际咨询工程师联合会是国际工程咨询界最具权威性的组织。我国工程咨询业的正式引进与发展是20 世纪80 年代以后的事情。目前我国工程咨询的业务范围主要包括规划咨询、投资机会研究、可行性研究、评估咨询、勘察设计、招标代理、工程和设备监理、工程项目管理等。我国的一些行业学会协会在工程咨询方面也做了一些工作，例如，早在1983 年，中国水利学会就曾与相关部门联合，对海南岛进行了综合考察，并就农业灌溉和生态环境保护等方面提出了有益的工程建设意见，

三、技术咨询

技术咨询是指咨询者运用各类专门知识、技术、经验和信息，就特定的技术项目为委托者提供可行性技术论证、技术预测、专题技术调查、分析评价或解决复杂技术问题的系统方案。技术咨询是咨询业中最活跃、咨询项目最多的领域。在国外的咨询业中，技术咨询约占2/3 的份额。在我国学会的咨询活动中，技术咨询占有很大比重。例如中华医学会配合中国科协开展的“金桥工程”和卫生部“十年百项科技成果推广计划”，在全国实施“中华医学会重点推广工程”，先后组织了“茶色素”、“血脂康”、“降纤酶”等几十项重点科技技术成果进行推广，并组织了中华医药科技成果推广展览会；河南省焦作市科协借助“金桥工程”，“十五”期间，帮扶企业90 多家，帮助企业开发新产品365 项，技术改造2380 项，实施合理化建议1700 多项，创了4.9 亿元的经济效益。此外，还有其他一些学会协会也在技术咨询方面开展了多种多样的工作。

四、管理咨询

管理咨询是指以各种组织的管理为主要咨询对象的咨询，是帮助政府部门、企业和企业家，通过解决管理和经营活动中的问题，鉴别和抓住新机会，强化学习和实施变革以实现政府和企业目标的一种独立的、专业性咨询服务。现代管理咨询业最早是从美国发展起来的。第一代管理咨询顾问（当时称为“工业工程师”）于1870 年—1914 年诞生于美国。进入20 世纪80 年代后，管理咨询业和管理咨询市场发展很快。20 世纪90 年代产生了最具代表性的管理咨询思想即业务流程重组。现代管理咨询的影响，已经渗透到政治经济生活的许多领域。学会协会在管理咨询方面开展的工作主要是借助管理科学的理论和实践为政府和企业提供咨询建议。

第三节　学会协会开展科技咨询的方式

在我国，学会协会既是国家与社会、政府与企业的中介，又是国家管理和发展社会的一种载体。党和政府对于学会协会不是单纯作为群众结社来对待的，而是将其视作党和政府在科技界开展群众工作的一支重要力量，是党和政府联系广大科技工作者的纽带和桥梁，这样的定位使得学会协会在为国家和政府提供决策咨询方面承担义不容辞的责任。同时，开展与本专业密切相关，促进科学技术进步的科技咨询、评价、论证、推广工作，也是学会责无旁贷的职责。学会协会开展科技咨询服务的方式，与学会、协会的定位和职责密切相关。随着我国不断完善市场经济体制和加快建设国家创新体系，学会、协会开展科技咨询技术服务也需要不断地拓宽领

域,概括来说,有以下几种类型:

一、学会协会承接政府委托项目

学会、协会承接政府委托项目,是学会、协会开展科技咨询的重要任务,也是学会、协会责任和职能的要求。学会、协会承担政府委托项目的具体方式可以分为科技管理和决策咨询两类。科技管理是指随着我国行政体制改革和政府职能转变需求,学会协会承担社会责任,接替政府开展科技管理工作。学会协会在这方面开展科技咨询服务的方式主要有,科技评审、科技人员评审、科技成果奖励、本专业条例及标准的制定、专业资格认证、成果和技术鉴定等。

决策咨询是指学会、协会充当政府部门的参谋助手,以为政府决策提供科技论证的方式开展科技咨询服务。在这类科技咨询服务中,学会、协会与政府相互独立,学会、协会需要以充足的事实为依据,对大量的资料和数据进行分析和计算,并以第三方的客观态度为政府决策提供意见和建议。在实际工作中,学会、协会在与国家经济政策、政治政策、社会政策等方面开展的发展规划制定、立项可行性评估等都属于这类科技咨询服务方式。

二、学会协会承担企业咨询项目

学会协会承担企业咨询项目是学会、协会开展科技咨询服务的主要方式,也是学会、协会发挥科研部门与企业,产品与市场之间桥梁作用的具体体现。学会、协会承担企业咨询项目的方式可以按照学会、协会与企业的关系分为独立型和联合型两类。

独立型即学会与工厂企业协作,保证各自独立地位,但加强相互之间的横向联系。具体方式有学会帮助工厂、企业解决技术难题、转让科研成果、培训人员,工厂、企业向学会提供一定经费,支持学会开展活动。

联合型即学会协会与工厂、企业联合办校,办厂。学会协会与工厂、企业同是经营者,双方利益完全融合在一起。学会协会主要承担智力投资、科技开发,工厂主要负责生产管理。单个学会协会可以按专业委员会或学组,分别与对口的多个工厂企业联合。

三、学会协会自主兴办经济实体

学会协会充分发挥专业技术、人才、网络优势,为促进科学技术为经济建设和社会发展服务,兴办民营经济实体,从事技、工、贸一体化的社会经济活动,是学会协会科技咨询方式的新探索。学会协会兴办经济实体有两种主要方式,其一是由学会协会承包若干个工厂、企业,使这些工厂、企业成为学会协会附属的单位,学会协会可对工厂企业行使经营管理权,并承担全部的权利和义务。其二是学会协会直接兴办工厂企业,创建自己的产权,甚至发展外向型经济或者发展科技群团产业。

第四节　学会协会科技咨询机构的建立、权力和义务

科技咨询是随着我国改革开放而出现的新事物,而我国的各类学会协会则是在我国最早建立科技咨询机构,开展科技咨询服务的社会团体。学会协会建立科技咨询机构,开展科技咨询服务,一方面在科技工作者走向社会,围绕经济建设开展技术服务的,调节科技力量的分布,把科技人员的聪明才智转化为生产力,促进科技成果尽快转化为商品,促进科技与经济相结合,

促进高新技术产业的发展和应用技术的推广起了重要作用。另外一方面，学会协会开展科技咨询服务也是我国目前科技咨询业的主要依靠力量，因此，探讨学会协会开展科技咨询的权利和义务既是科技咨询管理体制改革朝民主化、法制化发展的需要，也保障学会协会科技咨询机构法定社会地位和权益的需要，更是学会协会提高科技咨询服务质量的需要。

四、学会协会科技咨询机构的建立

科技咨询是在70年代末、80年代初伴随着我国的经济和科技体制的改革而出现的。随着决策权的下放，各级政府和各种组织的决策责任感增强，对于决策科学化和民主化的重要性也有了新的认识，然而，由于决策内容复杂、多样，使得许多咨询工作不可能在政府部门或组织内部完成。这在客观上为科技咨询业开拓了发展空间。鉴于我国对科技咨询服务的强烈需求，1980年，中国科协开始筹备建立科技咨询服务部，1981年2月，国家批准了中国科协系统的科技咨询机构和编制，下发了《关于在学会、地方科协建立科技咨询服务机构的通知》。1981年7月，中国科协科技咨询服务中心成立，这是我国最早建立的全国性科技咨询机构之一，也是学会协会开展科技咨询服务的典型形式。在中国科协科技服务中心成立之后，中国科协还制定了科技咨询的章程。其后，各省、市、自治区科协及其所属学会、协会、研究会相继成立了科技咨询机构。由此，在全国形成了一个组织庞大、具有科协特色的科技咨询网络，并迅速成为当前我国科技咨询的一支重要力量。

学会协会建立的科技咨询机构最初是隶属于学会协会的事业单位，这些科技咨询机构原先由国家部分或全部提供事业经费，人员编制及负责人的任免均由上级主管部门决定。同时，学会协会建立的科技咨询机构自身大多没有咨询的人员资财和设备，在提供科技咨询服务，承接咨询项目时仅在委托单位和科研部门之间起到中介作用。

近年来，随着改革开放的深入，学会协会也在自身的管理以及开展活动方面加快了改革步伐，在建立科技咨询机构方面也开始探索新的形式。一些学会协会结合自身的优势开办科技咨询实体，或者以科技入股的形式直接参与企业的生产等。

五、学会协会科技咨询机构的权利和义务

科技咨询服务作为学会协会的社会职能之一，是实现学会协会社会价值的重要途径。积极开展各种咨询和科技服务，既能有效体现科技生产力的作用，促进经济建设与和谐社会的发展，也能拓展学会协会自身的活动空间，提升学会协会的社会影响力。明确学会协会科技咨询机构的权利和义务有利于充分发挥科技咨询机构的作用，同时也有利于科技咨询服务民主化、法制化。

对于权力和义务的讨论是建立在法律的相关理论基础上的。正如马克思所指出的，“没有无义务的权利，也没有无权利的义务”。权利和义务之间是一种相互联系不可互缺的关系。其表现之一是权利的实现以相应义务的履行为保证，也就是说义务人如果不承担义务，权利人就不可能享受权利。其表现之二是权利的享有和义务的履行都不能超出法律允许和要求的范围。这使“权利人在行使自己的权利的时候必须承担一定的义务，而义务人在履行义务时也同时享有一定的权利”。因此，对于学会协会咨询机构而言，其权利是指该机构依法应当享有的各种权益，其义务是指该机构依法应当承担的各种职责。而学会协会的科技咨询机构在享受法律赋予的各项权利的同时，也必然承担着相应的义务，这是不可分割的两个部分。

对于权利和义务的讨论必须有其法律依据。法律依据的论证使学会协会科技咨询机构的

权利和义务具有合法性。目前,我国尚未有专门针对科技咨询行业的法律法规出台,现有的涉及科技咨询多分散在知识产权、技术法律和信息法规之中,且相关条款数量也较少,这使得明确我国学会协会科技咨询机构的权利和义务存在一定的困难,本文将结合国家宪法、知识产权法、版权法、专利法、社团团体登记管理条例和其他有关法规为依据,并参考借鉴中国科协 1983 年 3 月 30 日颁发的《中国科学技术咨询服务中心暂行章程》(草案)及其他省市科协科技咨询服务章程来探讨学会协会科技咨询机构的权利和义务。

(一)开展科技咨询服务的权利和义务

对于学会协会的社会功能，中国科协在其宗旨中如是描述:"……促进科学技术的繁荣和发展,促进科学技术的普及和推广,促进科学技术人才的成长和提高,促进科学技术与经济的结合……为经济社会发展服务、为提高全民科学素质服务、为科学技术工作者服务……"。同时,中国科协对其所属学会协会的任务做了明确规定,其中第七条涉及学会协会开展科技咨询服务,其内容为"开展科学论证、咨询服务,提出政策建议,促进科学技术成果的转化;接受委托承担项目评估、成果鉴定,参与技术标准制定、专业技术资格评审和认证等任务。"从中可以看出,学会协会承担着促进科技与经济结合、开展科技咨询服务的社会功能和任务。学会协会的科技咨询机构作为学会协会开展科技咨询服务的功能组织，担负着学会协会开展科技咨询服务的主要工作,因此,学会协会科技咨询机构既有从事科技咨询服务的权利,也有为社会提供科技咨询服务的义务。

(二)获取项目经费和咨询报酬的权利

科技咨询是一种知识密集、责任重大、覆盖面广、运营独特的新型服务性经营活动。科技咨询服务的完成需要高素质的咨询专家队伍,这支专家队伍需要有知识渊博,有科技造诣,有实际工作经验的人才能胜任,同时,科技咨询成果的产生必须有系统和全面的研究论证,这就需要大量的资料和数据支持,甚至有时候要开展大量的调查研究,因而需要一定的项目经费支持,此外,科技咨询成果是参与咨询的专家学者的智慧的结晶,是他们的智力劳动成果,关于学会协会科技咨询机构获取项目经费和咨询报酬的权利,《中国科学技术咨询服务中心暂行章程(草案)》有如下规定:"'中心'坚持服务为主的方针。为保证工作的正常开展,按照财政部与中国科协联发文件（82）科协发咨字第 024 号《科协系统及所属学术团体咨询服务收费暂行规定》,向委托单位收咨询服务费,对受聘参加咨询工作的科技人员及其所在单位给予酬金。"

(三)按合同约定完成科技咨询任务的义务

根据《中国科学技术咨询服务中心暂行章程(草案)》,学会协会科技咨询机构开展科技咨询工作,须与委托单位签订相关合同,一般在合同中将会明确科技咨询的内容和所应该达到的目标,项目进度安排和咨询成果的呈现形式等内容。协会协会的科技咨询机构有义务按照合同的内容按时完成科技咨询任务。

(四)为国家和委托单位保守秘密的义务

学会协会对因工作需要而接触到的国家秘密和委托单位秘密,负有保密的义务。对于委托单位提供的资料、文件等也负有保密的义务。如果泄密,要依法承担责任。

(五)学会协会科技咨询机构

开展科技咨询服务,必须遵守国家法律、法规、规章和政策,所开展的科技咨询服务不能与国家法律、法规、规章和政策相违背。在此基础上,学会协会科技咨询机构还依法承担和享有国家法律、法规、规章、政策规定的其他权利和义务。

第五节　学会协会科技咨询活动的组织

学会协会科技咨询活动的组织属于学会协会管理的范畴,在我国,对社会各项事业进行管理的根本目的,在于不断地提高劳动效率和工作效率,增加经济效益和社会效益。这就需要科学的管理,学会协会科技咨询活动的组织也不例外。

学会协会科技咨询机构的组织管理,主要包括以下几个方面:

(一)学会协会科技咨询机构的组织形式

学会协会的科技咨询机构设有委员会(专委会),委员会是科技咨询部门的领导机构,委员会由主任委员、副主任委员、委员若干人组成,委员会设秘书长一人、副秘书长二至三人。科技咨询机构还可聘请总顾问、顾问若干人,以指导科技咨询机构工作的开展。

(二)学会协会科技咨询活动的组织

包括科学技术交流、科技普及、技术咨询、继续教育等内容。科技咨询活动组织的关键在于,一是选择力所能及的科技咨询主题;二是评选出一批水平较高的咨询专家;三是贯彻"双百"方针,认真探讨;四是尽可能使咨询建议尽快转化为生产力,以求取得实际的经济效益社会效益;五是写好综合纪要,总结科技咨询成果,提出需要进一步研讨的问题。

(三)学会协会科技咨询成果档案的建立

科技咨询报告的管理,也是学会协会科技咨询活动组织的重要组成部分。科技咨询报告是科学技术成果的主要形式之一,是科技工作者开展咨询和调研工作的科学总结,是科技工作者辛勤劳动的结晶。科技咨询报告能够反映重要的科研成果、先进技术、科研动态、科技发展趋势。科技咨询报告作为推广应用某些成果或者采用的某些专家建议所取得的经济效益和社会效益的资料,是极为宝贵的科技文献资料。学会协会科技咨询机构应当充分重视对科技咨询报告的管理。应当把本学会协会历年历次科技咨询成果加以整理,立卷归案,并进行分类、编目;还要把与本咨询机构各个学科分支相关的学术论文和资料搜集起来,分类、编目、立卷归档,建立起学会协会科技咨询机构的成果资料库,进行科学的管理,以供本学会协会会员和科技工作者查找、借阅。

第六节　学会协会科技咨询的待遇、收费与使用

在我国,学会协会是党和政府联系广大科技工作者的纽带和桥梁。学会的这种地位和作用决定了学会协会开展科技咨询具有相当的服务性和公益性,这使得学会协会科技咨询服务的待遇和收费与一般的以营利为目的的咨询机构有一定的差异。同时,科技咨询成果与一般的物质商品不同,它是智慧的结晶,是智力劳动的产物,因而,科技咨询成果的产生过程与一般的物质生产也不一样。科技咨询成果是创新、复杂的智力劳动成果,它需要掌握专业知识和技能的人员付出相当程度的劳动才能完成。因此,学会协会开展科技咨询服务,付出智力劳动,应该获得一定的经费补偿和劳动报酬。

一、学会协会科技咨询的待遇

学会协会开展科技咨询,既有其公益性的一面,同时也可以成为学会协会拓展其经费来源

的重要方式，尽管学会协会目前开展的大多数科技咨询还是以公益性为主，有限的评估经费仅能维持必要的支出，不可能有太多的经济利益，而学会协会的科技咨询机构也并不是完全按照其它中介机构的模式运作，科技咨询专家一般不是该机构的专职或兼职工作人员，仅仅是该机构的外部的依托力量，但合理的专家咨询费还是必须的。关于这一点，财政部与中国科协联发文件（82）科协发咨字第 024 号《科协系统及所属学术团体咨询服务收费暂行规定》中也有非常明确的内容："科技咨询服务纯收入中可提取 10—15%用于受聘参加科技咨询服务的专家和促成咨询项目完成的科技咨询人员的津贴。提供中介服务和信息的可以从中介收入和信息收入中提取 5%，用于奖励有贡献的人员。"

二、学会协会科技咨询的收费

科技咨询成果在交易的过程中具有不同于一般物质商品的待遇。到底科技咨询成果的的待遇和收费应当如何决定呢?根据马克思的理论，商品价格是商品内在价值的外在表现，价值决定价格。马克思在《资本论》第 3 卷中明确提出了一种价值理论，即，"价值不是由某个生产者个人生产一定量商品或某个商品所必要的劳动时间决定，而是由社会必要的劳动时间，由当前社会平均生产条件下生产市场上的这种商品的社会必需总量所必要的劳动时间决定。"虽然马克思的分析是针对一般商品而言的，不过，对于科技咨询服务来说，这一理论也非常适用。这是因为，由社会需要所确定的必要劳动时间决定科技咨询商品的价值，与实际情况是吻合的，实际生活中，社会需要确定的必要劳动时间决定商品价值是通过商品经济效益高低表现出来的。若社会投入某商品生产的劳动时间低于社会需要总量确定的必要劳动时间，在出售该商品的市场，就会出现供不应求的状况，就可以获得低成本、高收益的效果；反之，则会出现高成本、低收益的现象。根据科技咨询商品的价格以价值为基础，其价值由社会需要总量确定的必要劳动时间决定的理沦，结合考虑种种相关因素，对于科技咨询服务的收费有主要有以下三种形式：

（一）按成本收取咨询费用

科技咨询的成本包括为开展咨询而支付的技术劳务费、实验费、资料费、各种技术处理费、复制费、交通费、通讯费、会议费、差旅费、科技人员津贴及对科技人员所在单位的补偿费和咨询机构工作人员的工资等。按照成本收费的方式一般适用于不易计算经济效益的咨询项目，除计算成本以外，还可加收 5—20%的咨询服务费，这是在财政部与中国科协联发文件（82）科协发咨字第 024 号《科协系统及所属学术团体咨询服务收费暂行规定》中有明确规定的。

（二）按创造的经济效益收取咨询费用

接受科技咨询服务的单位，在新增加的利润、节约的开支中，应当将科技咨询人员创造形成的那部分新增利润和节约的开支返回给科技咨询人员。可以根据不同的咨询工作情况确定效益的分成比例。按照科技咨询的经济效益收费，在财政部与中国科协联发文件（82）科协发咨字第 024 号《科协系统及所属学术团体咨询服务收费暂行规定》中也有体现，"对可以计算经济效益的咨询项目，按咨询服务后一定期间内实现的实际经济效益或该产品销售额的一定比例计算，分期或一次提成收费。"

（三）以信誉收取咨询费用

信誉也是财富。这一点在国外的科技咨询中体现的最为明显，国外咨询收费没有统一的定额标准，各咨询机构的收费由于知名度（信誉）不同而相差悬殊。有的咨询公司派一人一周咨询收费 200 一 300 美元，有的管理咨询公司的咨询专家与客户几个小时启发性谈话就收费 500

美元。因此,应当根据不同规模和不同信誉度的科技机构情况确定不同等级的信誉费用。目前在我国学会协会科技咨询的收费中,根据信誉情况收费的现象比较少见,但是随着学会协会改革的进一步深入,可以尝试在这方面有所突破。

除了以上收费方式以外,在《科协系统及所属学术团体咨询服务收费暂行规定》中规定:"提供科技信息和中介服务可按成交额的3—5%收取咨询服务费;对国外提供咨询服务,按国际惯例收费。"

三、学会协会科技咨询经费的使用

学会协会科技咨询经费的使用做基本的原则就是公平性、规范性、有效性。在市场经济的大背景下,使用好经费,运用市场机制集聚科技资源促进科技进步,是对学会协会管理能力和水平的挑战。学会协会科技咨询纯收入除去专家咨询费,其他部分的的使用途径在《科协系统及所属学术团体咨询服务收费暂行规定》也有明确规定:"科技咨询服务机构纯收入的20%上缴同级科协,用于补充科协事业经费的不足;50%用于咨询事业的发展基金;10%作为保险基金;10%用于集体福利基金;10%用于职工奖励基金,但发放奖金超过财政核定额照章纳税。"

第七节　学会协会一种特殊的咨询方式——科学家建议

科学家作为掌握专业性、权威性知识的群体,通过提供咨询意见在科技咨询中起到重要的作用。狭义的科学家特别指科技专家,是指专门从事自然科学研究的并取得一定造诣的人士。但在实际操作中,科技咨询的科学家对象可能还包括社会学家、法学家、哲学家等其他学科专家。因而这里的科学家应该做广义的理解,即包括自然科学和社会科学的研究人员。

我国的学会协会是学会是按自然科学、技术科学及其相关学科或科普业务组建,具有跨部门、跨行业、横向联系等特点的学术性群众性团体。因而它的会员大都是具有专门知识和技术的从事科研、设计、教育、生产、管理工作的高、中级科技工作者,这就决定了学会是知识密集、技术密集、人才密集的具有权威性的高智能型学术团体。这使得学会协会在开展科技咨询服务的过程中非常易于汇聚科学家的建议。而这既满足了科学家和科技工作者为了发展科学技术而进行信息沟通的需要,又满足了国家发展科技事业,推动经济、社会发展的需要。

在科学日益发达的今天,科学家不仅要从事自己的专业工作,而且作为社会精英,他们还会经常参与政府的重大决策,同时通过学会协会开展科技咨询活动,也为企业提供技术支持和建议。这使得科学家拥有了更多参与经济发展的机会。同样政府和企业通过对科学家的咨询,参考科学家的合理建议,对确立科学重点项目的前景就有了科学的把握,从而做出更合理的决策,制定出更科学的计划,在前进的道路上少走弯路。这使得科学家的建议就显得格外的重要。然而,在参与科技咨询,提供意见的过程中,科学家必须遵循两方面原则:一方面,科学家们有责任确保科学的成果运用于好的而非破坏性的目的,如果在特定的情况下科学家发现其研究成果会得到不道德的应用,他们就应有责任提醒决策者该研究项目存在的潜在危险,从而使决策者做出合理的决策。另一方面,如果某些科研项目对社会具有重大危害而其投资者是国家,那么科学家在选择该研究之时还应该考虑到资源的合理使用与分配问题,使有限的社会资源能应用于为人民谋福利上,使人人有权利去分享研究成果,而不是使其成为某一个人或团体谋取权力和利益的工具。这两个原则是科学成果能被真正地应用到为人类谋求更大福利这一宗旨的关键。同时也是保证科学家群体更好地履行其社会责任的重要因素。

学会协会作为科学家自己的组织,担负着党和政府联系科技工作者的桥梁和纽带的职责,鼓励和支持科学家多提建议,将科学家建议转化为决策咨询意见和直接生产力是学会协会应尽的责任,也是一项潜藏着巨大价值的很有意义的重要工作。

参考文献

1. 齐炳文.民间组织管理建设发展[M].济南:山东大学出版社,2000
2. 熊兆铭.科技咨询师基础知识[M].北京:中国劳动社会保障出版社,2006
3. 菲利普.科特勒/艾伦.R.安德里亚森.非营利组织战略营销[M].2003
4. 湖南科学技术咨询中心.科技咨询与科技决策[M].湖南科学技术出版社,2006
5. 王名.非营利组织管理概论[M].北京:中国人民大学出版社,2002
6. 中国科学技术协会 编 中国科学技术协会统计年鉴[M].中国统计出版社,2009
7. 陈云生.权利相对论[M].北京:人民出版社,1994
8. 孙国华.法理学[M].北京:法律出版社,1995
9. 高潮,张玉台.科协工作简明辞典[M].北京:中国科学技术出版社,1999
10. 刘洪民,杨艳东.我国科技咨询业现状及发展对策研究[J].中国信息导报,1998(2):7~9
11. 中华医学会. 从开展科技咨询与承担政府委托论学会发展[J].学会月刊, 1996(1):14~15
12. 孙红威.试论学会的科技咨询工作[J].农机化研究, 1989(3):56~59
13. 钟书华.咨询市场的概念和分类探析[J].科学管理研究,1999,2(17):46~48
14. 陈光,温坷,牟治平.专家在科技咨询中的角色演变[J].科学学研究,2008(2):385~390
15. 张登义.依靠软科学研究一推动咨询业发展[J].中国软科学,1995(3):5
16. 郑邵安.企业科协进行科技咨询的思考[J].科技咨询导报,2006(3):61~62
17. 董欣利.科协学会系统现状与发展对策研究.大连:大连理工大学,2000
18. 侯超群.我国社团管理模式转型研究.重庆:西南政法大学,2007
19. 中国科学技术协会.中国科学技术咨询服务中心暂行章程(草案),1983
20. 财政部,中国科学技术协会. 科协系统及所属学术团体咨询服务收费暂行规定,1982

陕西省医学会原副会长秘书长、研究员　詹培林

第十三章　科学技术普及管理与创新

第一节　科学技术普及的概念

一、什么叫科学技术普及

在英语中，popularize（普及）一词的基本含义是"使……通俗"，它有两层意思，一是"使……被喜欢或被羡慕"，一是"用普遍可理解的或者有趣的形式描述出来"。"普及"一词在1797年首次被人使用，该词用作"以通俗的形式讲解技术问题"的含义时，最早出现于1836年。简单理解，科学技术普及就是使之通俗化，使之更易被人接受。

科学技术普及（简称科普），称谓颇多，如我国就有科学知识普及、科学普及、科技普及、科学和技术知识普及、科学和技术普及、科学传播、科技传播、科学大众化等多种概念和称谓，而且这些概念和称谓还存在很大的差异。这说明人们对于科普的内涵、结构的理解和认识也不尽一致。1994年中共中央、国务院在《关于加强科学技术普及工作的若干意见》中指出："科学技术普及工作是普及科学知识，提高国民素质的关键措施，是社会主义物质文明和精神文明建设的重要内容，也是培养一代新人的必要措施。这是关于科学技术普及作用及性质最直接、最简洁的阐述。

二、我国公众科学素养

科普最直接目的就是提高公众的科学素养。那么，我国公众科学素养现状如何呢？

公众的科学素养即为公众对当代科学技术的理解与运用能力，也是评价科普工作一个关键指标，如果一个时期内，公众的科学素养得到较大提高，那么这一时间的科普政策是对路的，科普工作是有成效的；反之则不然。对科学技术的理解能力包括三个方面：第一，对科学技术知识的理解；第二，对科学研究的过程、方法和科学成果确认程序的理解；第三，对科学技术的社会影响和社会功能的理解。对科学技术的运用能力指公民用科学的眼光看待世界、分析问题、处理日常生活中的事务的能力。

我国从上世纪90年代开始进行"公众科学素养调查"，每两年一次，后来中断，从2001年恢复。2007年的中国公民科学素质调查结果表明，我国公民总体的科学素质指数为48。5，按照同样的方法测算，这一指数在2003年、2005年分别为38.4和43.6，这说明我国公民的科学素质指数呈现不断增长的趋势。这也表明中国公众科学素养的总体水平不高，科普工作向前推进的难度很大。

2007年我国公民具备基本科学素质的比例为2.25%，比2003年的1.98%提高了0.27个百分点，比2005年的1.60%提高了0.65个百分点。

2007年调查结果显示公民了解科学术语的比例为18.4%；了解科学观点的比例为33.5%；理解科学方法的比例为6.9%；理解科学与社会之间关系的比例为59.4%。

我国不同分类群体公民具备基本科学素质的比例存在不同程度的差异。在《全民科学素质纲要》的重点人群中，领导干部和公务员具备科学素质的比例为 10.4%，城镇劳动人口具备科学素质的比例为 3.0%，农民具备科学素质的比例为 1.0%。

基本科学素质也有性别差异，男性公民具备基本科学素质的比例为 2.9%，女性具备的比例为 1.6%。

不同年龄公民的具备科学素质的比例存在差异，呈现出随年龄增加而降低的趋势。18~29 岁年龄段公民具备科学素质的比例最高，为 3.5%；其次，30~39 岁为 3.0%，40~49 岁为 1.9%，50~59 岁为 1.5%，60~69 岁为 1.3%。

公民具备科学素质的比例与文化程度正相关，受教育程度越高，具备科学素质的比例越高。大学及以上文化程度公民具备科学素质的比例比最高，为 18.7%；大专、高中或中专、初中文化程度公民的比例分别为 8.6%、4.7%、1.5%；小学及以下文化程度公民的科学素质比例最低，不足 1%。

城乡居民的科学素质水平差异显著。城镇居民具备基本科学素质的比例为 3.6%，乡村居民具备基本科学素质的比例为 1.0%。

不同经济发展地区公民的科学素质水平存在不同程度的差异。其中，东部地区公民具备基本科学素质的比例为 3.9%，中部地区为 1.8%，西部地区为 1.3%。

这些数字是比较抽象的，那么，一些发达国家的基本科学素质公民的比例是怎样的呢？1992 年、1995 年、1999 年美国分别为 6.9%、12%、17%；1991 年日本为 3%；1989 年加拿大为 4%；1992 年欧共体为 5%。这些数字表明我们与发达国家的相比，还是有相当差距的。

我国民众基本科学素质总体偏低，这固然与我国公民受教育程度低有关，但更多与我国科普事业起步较晚，缺乏专业的科普人才，科普经费不足，科普氛围不浓，科普资源匮乏，科普资源利用率低等众多因素有关。

近几年，国家对提高公民科学素质越来越重视。2001 年，国务院批准了中国科协关于在我国开展“全民科学素质行动计划”的建议，并委派中国科协牵头，联合科技部、教育部等 13 个部门，共同推进这项超长期宏大计划的实施，力争到 2049 年共和国建国 100 周年之际，在我国实现“人人具备基本科学素质”的目标。

三、科学素养的相关因素

教育是影响我国公民科学素养的主要因素。建立和完善适应我国经济、社会发展的全民终身教育体系，特别是大力发展社会教育，使学校教育、家庭教育和社会教育互相衔接，是持续提高我国公民科学素养的主要途径。

经济是提高公民自身科学素养的驱动因素。一方面，经济投入增加会为公民科学素养建设提供物质保障；另一方面，我国国民经济建设需要大批具备科学素养的劳动力，个人需要不断提高科学素养以适应经济发展的要求。

相关政策法规的制订、政府对公民科学素养建设的重视程度、各级领导干部的科学素养水平对我国公民整体科学素养影响很大，是提高我国公民科学素养的指导性因素。

文化对我国公民科学素养的提高有深刻的影响，既有一定的促进作用，也有一定的制约作用。正确地认识我国的传统文化、扬长避短，吸收西方文化的精华，建设中国社会的主体文化，可以为我国公民科学素养建设提供良好的社会氛围。

四、科普资源

从事科普工作，离不开科普资源。所谓科普资源，就是用来科普宣传的一切要素。

通常意义上认为科普资源是指在一定的社会经济、文化条件下对科普事业发展、繁荣有着直接或间接影响的因素，而且，主要是从科普工作的投入状况、科普创作人员状况、科普作品现状、科技馆现状等角度对所谓的科普资源进行分析。这显然是一种自然资源定义观的延续。然而，科普成效的影响因素不能等同于科普资源。相对而言，影响因素的范畴要比资源的范畴要大。就科普成效而言，科普对象的心态等个体特征都会对科普成效产生影响，可是，这些显然不能成为科普资源的组成，否则，一切要素都可以归为科普资源。这在界定上有扩大之嫌。同理，科普的要素也不能等同于科普资源。因为科普要素是指对科普效果能够形成重要影响的因素，而资源则是对物质的客观描述。

再者，从我国科普工作的现状来看，长期以来，技术推广活动可以说一直是我国科普工作，尤其是农村科普工作的主要内容和重要形式，以服务于生产建设。这自然与我国的国情有直接的联系。正如中国著名科普作家李元先生在《中国的科学普及工作》一文中所说："中国是一个发展中的国家，科学技术还比较落后，中国群众关心的是怎样广泛地传播普及一些行之有效的先进技术，以提高社会生产力，创造更多更好的物质财富，使人民尽快富裕起来"。技术推广活动的深入开展对于我国经济建设取得巨大成就，广大农村居民脱贫致富，并由此认识到科学技术对提高生产力的巨大作用从而增强科技意识，无疑具有一定的现实意义，但是在科普工作中以技术推广活动为主，甚至被技术推广活动取而代之，显然，与科学普及本身的目标是不一致的。着眼于实际技能掌握和实用技术运用的技术推广活动，从性质说是一种经济行为，最终以营利为目的，应当属于社会职业教育中技能培训的范畴。这与着眼于提高国民科学素质，即从科学知识的理解、科学研究方法和过程的理解，以及科学技术与人类社会相互作用的理解三个层次上促进公众理解科学事业的现代科学普及在目标上显然是不同的。从严格界定上看，技能和技术推广不属于科普，但却是我国现阶段，甚至未来很长一段时间内的重要工作，在实际工作中也已经被纳入到科普当中。因此，上述定义在科普资源的界定上均未考虑到这一因素，不能不说还是存在着一定的不完善。

我国科普发展阶段的滞后性决定了我们不能简单移植西方国家对科普资源的一般性描述和界定，而发展阶段的差异性又决定了我们需要慎重考虑我国科普资源界定的普适性。一方面，过于考虑实际情况，可能会在与国际交流和比较中存在许多困难与挑战；另一方面，与国际完全接轨也会使科普工作脱离实际，对现实科普工作的推进不利。总而言之，科普资源的界定面临诸多挑战。

五、我国科普资源现状

（一）非实物类科普资源状况是

1. 科普政策环境好；

2.科普人力资源还不丰富,尤其科普创作人员更缺乏;

3.科普财力资源状况明显好转,但是总体上还很匮乏;

4.科普组织机构不够健全,发展也不平衡;

5.科普资源建设的激励机制特别是共建共享机制还没有真正建立起来。

(二)实物类科普资源状况是

1.总量有限,优质的更少;

2.分布广,集中度不高;

3.种类基本齐全;

4.不平衡(数量、分布、种类、质量、条块);

5.整体上质量不高,综合利用率低;

6.重复建设现象比较明显,对基层服务能力弱;

7.建设计划性不够,集成和共享程度较差。

(三)科普资源研究等基础工作比较薄弱

1.研究框架完整,问题明确,起步良好,但是缺乏项目支撑、经费支持和队伍保证等;

2.没有重视各类相关资源的科普化;

3.科普创作没有真正繁荣起来,基础薄弱。

六、科普的主要特点

(一)从传播目的看,科普的根本目的是促进公众理解科学,掌握科学技术,提高科学素质。

(二)从传播内容看,科普不受教学大纲和教材编制周期的限制,可以随时把最新科学思想和最新科技成果向公众传播,以适应当代迅猛发展、日新月异的科学技术进步和社会经济全球化的形势需要。

(三)从传播的形式看,科普形式多样,途径灵活,因需施普,因材施教,有利于人的个性和特长发展,由此,科普是群众性的。同时,通过实验、示范、培训、交流、服务,把科普与社会生活、生产实践结合起来,可直接为社会和经济发展服务。根据社会和经济生活中的热点问题开展科普是当前有效的、比较流行的方式,因此科普的社会性是显著的,科普与人文科学相结合、突出对人的关爱是科普形式发展的又一新趋势。

从本质上说,科学普及是一种社会教育。作为社会教育它既不同于学校教育,也不同于职业教育,其基本特点是:社会性、群众性和持续性。科学普及的特点表明,科普工作必须运用社会化、群众化和经常化的科普方式,充分利用现代社会的多种流通渠道和信息传播媒体,不失时机地广泛渗透到各种社会活动之中,才能形成一个规模宏大的、富有生机的、社会化的大科普。

第二节　科学技术普及的意义与作用

一、科学普及的意义

2008 年瑞士洛桑国际管理发展学院(IMD)公布的《国际竞争力年度报告》显示,中国的科学竞争力和技术竞争力在55个评比对象国当中排17位。美国居第一，韩国排第五，印度排在29位。

报告称，美国、新加坡和中国香港继续占据竞争力排名的前3位，中国内地的竞争力排名略有下降，由去年的第15位变为第17位。

这份报告涵盖了55个经济体，同上年一样，大部分经济体的排名与去年相比变动幅度不大。2008年排名前20位的经济体依次为美国、新加坡、中国香港、瑞士、卢森堡、丹麦、澳大利亚、加拿大、瑞典、荷兰、挪威、爱尔兰、中国台湾、奥地利、芬兰、德国、中国内地、新西兰、马来西亚和以色列。

此外，日本的竞争力排名从去年的第24位升至第22位，印度从第27位降至第29位，韩国从第29位降至第31位，巴西从第49位升至第43位，俄罗斯从第43位降至第47位。

显然，这个排名与我国经济地位不相称，与我国庞大的人口数量不相称。

综合国力的构成要素很多，政治、经济、科技、文化、军事等等，缺一不可。其中，科技的发展程度与发展水平是一个极为重要指标。马克思说过，科技水平是生产力水平的决定性因素。中国改革开放的总设计师邓小平更是鲜明地指出，科技是第一生产力。中国要实现全方位的现代化，实现中华民族的伟大复兴，没有科学技术的进步，没有自主创新精神的普及，没有自主创新能力的提高，没有自主创新成果的大量涌现，是很难实现的。

（一）科普具有经济、教育、文化、社会和科学等功能，在推动社会和经济发展中一直占据重要的地位

纵观人类历史，一些重大科学思想和技术成就的传播、普及，曾对人类社会的进步起到了划时代的推动作用。当今时代，科学技术发展日新月异，知识经济已经进入人类文明发展的历史进程，大力加强科学技术普及工作，引导人们树立正确的世界观、人生观、价值观，增强全社会的科技意识，提高全民族的科学文化素质，激活全体劳动者的创新潜能，使更多的科技成果得以广泛应用，使科学思想在全社会广泛传播，倡导积极向上的先进文化和科学、健康、文明的生活方式，对于从根本上铲除愚昧迷信等腐朽落后文化赖以存在的社会基础，对于把经济建设转移到依靠科技创新和提高劳动者素质的轨道上来，全面落实科教兴国战略和可持续发展战略，维护社会稳定，强国富民，增强综合国力，加速有中国特色的社会主义现代化建设，实现中华民族的伟大复兴，具有重大的现实意义和深远的历史意义。

（二）科普的根本意义在于普及科学理性（科学精神），不是知识，知识是载体

像《科学美国人》这样的科普杂志中的文章大段大段地谈实验思路，就是这个目的。那么为什么要普及科学理性，因为这是科学的根本和灵魂所在。美国著名科学家、诺贝尔物理奖得主费曼说：从科学中可以得到一种标准的正直与诚实。这就是科学的精髓，西方几百年来的发达根本就来源于此。科学为一个社会带来的最重要的东西不是技术进步、物质文明，而是社会中的个体客观理性看待、处理事物、问题的态度和方法，是独立思考的能力，是独立的人格。科学的这一根本价值是当前中国最需要的。知识不再那么重要，遍地都是，现在已不是知识饥渴的时代，而是知识泛滥的时代，如何去面对和甄别，正需要科学理性。现在的中国需要的就是对科学理性的普及，没有科学（理性），很难实现民主，至少是好的民主。至于科学主义，国内现在科学主义泛滥，却没有科学（理性）。科学主义不是个好东西，人们可能以为既然科学是个好东西，那么科学主义肯定也好了，恰恰相反，科学主义就是唯科学是从，恰恰违背了科学精神。什么是科学文化，费曼说：科学是一种怀疑的文化，是一种对待事物的客观理性的态度，这些事物中也应该包括科学本身。把科学当作一种信仰是对科学最为彻底的反讽。人类进步史已雄辩地证明：科学技术是人类进步和社会发展的巨大历史动力。而科学普及作为科学技术通向人类社会的桥梁，正发挥越来越重要的作用。

（三）从科学社会学的角度看，科学普及是一种广泛的社会现象，必然有其自身的“增长点”

科学普及的生长点就在自然与人、科学与社会的交叉点上。也就是说，自然科学与人类社会的相互作用生成了科学普及，科技与社会又作为科学普及的“土壤”，哺育着它的生长。而科技进步和社会发展，则为科学普及不断提供新的生长点，使科普工作具有鲜活的生命力和浓厚的社会性、时代性。形象地说，科学普及是以时代为背景，以社会为舞台，以人为主角，以科技为内容，面向广大公众的一台“现代文明戏”。在这个舞台上是没有传统保留节目的。

长期以来，我国政府一贯重视科学普及工作。当前，我国已进入以经济建设为中心的新的历史时期，社会转型，经济转轨，在社会主义市场经济体制下，科普工作具有更大的生机和活力，关键在于适时地将科普工作置于现实的社会、经济、文化三维坐标下，准确地找到自身的位置，建立与社会体制相一致的运行机制与操作方法，同时选择有时代性的科普选题。

第三节　开展科学技术普及的重点对象和重点内容

一、科学普及的对象

为了提高科普工作的效率，做到有的放矢，根据科普对象科学素养和需求等特点，要对科普对象进行分类。目前，科普对象主要可以分为六大类：

（一）青少年群体　青少年处于人生的求知阶段，求知欲望强烈；同时，青少年思维活跃，想像力丰富，对人类的未知世界充满好奇。根据青少年的这种特点，科普工作的重点是向他们宣传人类已知的科学知识，为他们打牢基础知识服务。

（二）农民群众　大多数农民群众更关心农业生产技术方面的知识，更关心现在和将来有什么市场前景好、经济效益高的农业新品种、新技术、新产品。这就需要我们主动把农业生产技术知识、农业科技信息、科学常识送到农村去。

（三）基层干部　基层干部肩负着管理基层、引导群众致富奔小康的重任，同时也是我们开展科普工作主要依靠的对象。科普工作的重点是向他们宣传科学精神、科学思想、科学方法，帮助他们掌握科技发展动态，以科学的思想、科学的方法作出正确的决策。

（四）城镇居民　城镇居民对科技知识的渴求主要是：(1)由于大多数城镇居民从事工业、商业、服务业，他们关注的主要是生产技能类的知识，这是他们赖以谋生的手段。(2)一部分城镇居民自己从事创业活动，他们更关心那些有市场前景，能将科技成果转化为现实生产力的新发明、新创造、新产品。(3)由于城镇存在环境污染、食品污染，一部分人群的健康问题日益突出，他们更关心医药健康方面的知识。(4)由于科技发展，各种科技新产品大量进入人们的日常生活，人们自然希望了解有关新产品的科技常识。(5)由于社会竞争加剧，失业、就业、贫困、疾病等社会问题的出现,导致一部人群心理失衡,这些情况急待我们向他们宣传一些心理健康知识。

(五)是离退休人员 他们都退出了工作岗位,闲暇时间较多,一般很愿意读一些与日常生活有关的介绍科学常识的小读物。我们应根据离退休人员的这种特点,为他们提供相应的精神食粮。

(六)领导干部和公务员 随着我国创新型国家战略的实施,党中央、国务院已明确要求将领导干部和公务员列入科普重点目标人群,以提高领导干部的科学决策水平。

在《全民科学素质行动计划纲要》中,我国政府明确提出,将继续推动未成年人、农民、城镇劳动人口、领导干部和公务员等四类重点人群科学素质行动深入开展。

在未成年人科学素质行动方面,我国将继续开展学校科技教育,进一步修订科学课程标准,推动科学教育特色学校建设项目的开展;出台《中国未成年人科学技术普及活动指南》,开展多种形式的科普活动和社会实践,增强未成年人对科学技术的兴趣和爱好;推进实施中小学教师新知识、新技能、新技术等方面的培训,启动中小学科学学科骨干教师国家级培训活动。

在农民科学素质行动方面,将以提高农民获取和运用科技知识的能力为重点,切实加强农民科学素质教育和培训。我国将探索建立农民科学素质培训共享机制,让广大农民共享农村党员干部现代远程教育、新型农民科技培训工程、新农村实用人才培训工程、农业科技入户工程、农村劳动力转移培训阳光工程、生态家园富民行动等重点项目的培训资源。

我国还将以节约能源资源和安全健康知识普及为重点,提高城镇劳动人口的科学素质。我国将推动职业院校和企业积极开展节约能源资源和安全生产知识普及主题活动,建立主题教室或主题角,将节约能源资源和安全生产培训列入职业培训大纲,开发相关教材和宣传材料,重点关注农民工等群体。

我国还把提高干部科学素质作为新一轮大规模培训干部的重要任务。推动各级干部教育培训机构把科学素质内容列入教学计划;对党政领导干部开展旨在提高科学素质的专题培训;在领导干部境外培训中进一步突出科学素质的教育培训;加强干部科学素质培训的教材和课程建设等。

随着知识更新速度的加快,全民学习,全民提高的年代已经来临,现在谁都意识不学习就要落后,不接受新知识就要被时代淘汰,终身学习观念正越来越深入人心。这为我们开展科普创造了难得的条件,也为科普人员大展宏图开辟了广阔的空间。

二、科学普及的重点内容

现代科学技术是一个极其庞大而复杂的立体结构体系,具有丰富的内涵和多种社会职能。在科普工作中,既要注重科技知识的外在功利,又不可忽视其内在的科学思想、方法和精神、观念。

中国经过近50多年的实践,已进入了"现代科普"阶段,这就要求科普工作必须树立现代科普理念,才能适应发展需要。

当前结合我国实际,科普工作应围绕以下几方面重点展开。

(一)普及科技知识 这包括四个方面:一是有关科学与技术的基础知识;二是实用知识,涉及个人技能;饮食、起居、卫生、健康、环境等方面,以提高人们的生活与生存质量;三是各类职业技术技能培训;四是科普书籍、刊物、报纸、电视、广播、互联网,成为科技知识的重要渠道。

(二)传授科学方法和实用技术　学习和掌握科学方法对于每一个人来说,都是必要的。实用技术,一般来说,是高新技术转化而成的技术成果,并通过推广与实践,已成为群众能够操作、应用的专项技术措施。向社会上各行各业的人群传授科学方法,低偿或无偿传授实用技术,是有利大众生产、生活,造福社会的有效方式。

(三)推广科技成果　科技成果的推广与应用是科研活动和科技人员劳动的出发点和归宿,是促进科技转化为现实生产力的有效途径。

(四)宣传科技精英人物　科技人员是科学文化的创造者、传播者,是新生产力的重要代表,是物质文明建设和精神文明建设的开拓者和传播者,加强对科技精英人物的思想作风、科研道德和精神风貌的宣传,能使科普宣传见事、见物、见人,具有教育人、团结人、凝聚人心、催人奋进的作用。

(五)倡导科学思想和科学观念　倡导新思想和新观念可以帮助人们解放思想,启迪思维,开拓视野,大胆创新。

(六)传播科学理论　在科学研究活动中新的理论层出不穷,不断地丰富与完善人们对未知世界的认识,也不断地对旧理论进行修正、完善乃至取代;同时也有类似过时的理论一旦得到新的证实,又会重新焕发出生命力。对科学理论的理解与掌握,存在专业与非专业的严格区别和局限,对于不同的受众,应采取不同的传播方式方法。

(七)弘扬科学精神　科学精神表现为无私的奉献精神,追求真理、敢于创造的无畏勇气,严肃的、务实求真的科学态度以及严谨细致的学风。在我国目前的社会主义初级阶段,将科学精神与共产主义人生观和科学世界观实现有机融合,具有鲜明的时代特征;科学精神与中华民族优良传统道德有机融合是社会主义精神文明建设的重要任务。

(八)推动科研活动机制对整个社会机制的促进　科研活动中必须遵循的唯实与求真原则,怀疑与探索精神、团结协作与公正平等的准则,以及科学试验中尊重规律、强调理性精神的科研规范,对我们加强政治生活中的民主、社会生活中的平等、商业发展中的公平竞争等等方面,产生积极的促进作用。

(九)评价当代科学技术　科学研究活动除专家以外,人们不一定都对其理论或技术的细节感兴趣,但对事件本身所对社会产生的影响及其意义则会有兴趣,例如对“克隆羊”、“火星探测”、“深蓝机器人战胜世界象棋大师”等等这些科学事件,公众会表现出理解、认同与接受,并由此而对某一科学领域的状况有了一些初步的认识,从而激起对科学的兴趣与向往,并根据自身感觉作为粗浅的评价。

根据现代科普理念,科普极终目的就是引导人们认识科学的目的和本质,促进公众认识科学、理解科学、增强科技意识,培养人们的自然观和世界观,提高全民的科学文化水平,以适应全球未来科技、经济与人才的竞争趋势。这是国家重视科普工作的重要意义之所在,也是国家发展科技事业的一项战略选择。

第四节　科普的主要类型与形式

一、科普的传播手段

全国人大常委会副委员长、九三学社中央主席、中国科协主席韩启德在谈到科普的表现形式时说“适用的、有效的就是好的科普形式”。并指出应创新科普手段，充分发挥电视、网络等现代科技传播手段的作用。这为科普的表现形式的探索指明了方向。

当前我国科普形式表现为传统手段和现代手段并存，继承和探索相结合良好局面。

下面我们重点谈谈普通公民最容易接受、受众最多、影响最广的几种科普形式。

（一）电视

电视已经成为中国公众获取科技信息的最重要的渠道，这和电视台的努力不无关系。目前，在中国已经形成了一个庞大的电视科学技术普及宣传网。中央电视台自 1997 年以来，专设第 7 套节目进行农村科学技术宣传；第 10 频道是科教频道，专门对大众进行科学技术普及教育。在其他频道的节目中也开设了科学技术普及及宣传的栏目，如“科技之光”、“走进科学”、“科技博览”等。各地方电视台也开设了电视科学技术普及及宣传的频道或栏目。许多省级电视台都设有专门的科技节目制作播出部门，有固定的科普节目或栏目。近年，我国的电视科普节目在规模和数量上都有了很大提高，且以其生动、形象、传播速度快和覆盖面广等特点成为进行科学传播的重要媒介。

（二）报纸

作为中国公众获取科技信息的第二大渠道的报纸，也利用其自身优势积极发挥科普作用。

自 1954 年 3 月我国第一份科技报纸《科学小报》创刊以来，至今已目前有 60 多份科技类报纸，包括科技日报、科学时报等。这些报纸既有中央和地方有关部门主办的，也有科研单位和群众团体主办的，发行遍布全国各地，读者有上亿之多。

《人民日报》、《光明日报》、《经济日报》等都设有科技版、科技类栏目，《科技日报》则设有科普周刊。科技类栏目大致包括以下几种类型：科学知识类、科学普及类、技术应用类、科技信息咨询类、科技新闻类、科技动态类。这些栏目对于提高公众的科学素养大有帮助。

（三）科普期刊

截至 2000 年，中国科普期刊达到 430 种，科技期刊发展到 4600 种。科普期刊大致可以分为以下几类：知识类、实用类、教育类、启迪类、生活娱乐类、文摘史料类。其中知识类占 50%左右，实用类占 25%左右。

目前发行量最大的是《家庭医生》、《大众软件》、《电脑爱好者》。

（四）科普图书

图书出版界在促进科技普及中也积极努力。2000 年，中国科普图书的品种总量为 4377 种，发行量为 27852 千册。

出版了诸如《物理世界奇遇记》、《暗淡蓝色》、《过去 2000 年最伟大的发明》、《生物技术世纪——用基因重塑世界》、《时间简史》等世界著名的科普译著，以及《从北极到夏威夷》、《保护环境随手可做的100件小事》、《千秋功罪话水坝》等著名的科普原创作品。同时,编辑了《新十万个为什么》丛书、《科学与文明》丛书等大型著作。

(五)因特网 目前我国约有10%的公众通过因特网获取科技信息。由于因特网具有良好的开放性、交互性和传播媒体的多样性,现已经成为近年来科普工作的新方向。目前中国大大小小的科普网站很多。科学技术部主办的"中国科普"网站、中国科学技术协会主办的"中国公众科学技术网"、中国科技信息所主办的"中国科技信息网"、武汉电视台主办的"科技之光"网站,都是科技信息的专业网站。而很多的商业网站也开设了科技栏目。随着我国网民数量的不断增加,网络科普已经成为科普的主要阵地之一。中国科普博览不仅是中科院科普的重要形式,也是我国最大的科普网站之一,现拥有70多个中英文虚拟博物馆,10万多张图片,数量众多的视频、游戏和动画,总上网数据量超过50G。截至目前,网站累计访问量约6千万人次,位居全国科普网站前列。

二、科普的表现形式

(一)科普栏目形式

目前主要分为三类。首先是有固定领域的科普栏目,它们属于科技传播中的窄播,对有特定兴趣或需求的受众有很强的吸引力。以中央电视台为例,《健康之路》着重普及医药和养生方面的知识,《今日说法》重在普法。其次是综合类科普栏目。科普的性质决定其必须做到大众化,既然是大众节目,就要符合大众文化的特点和要求,《走近科学》就是这样一档节目,它包含了自然之谜、考古发现、前沿科技、医学健康、奇人系列、致富系列、环境以及建筑等众多领域,内容涉猎范围广,信息量大,兼顾科学性和趣味性于一体,以故事化的表现手法吸引受众的关注。但同时需要指出的是,对于这类节目如何把握好娱乐的"度"很关键,受众从有兴趣问"为什么"想解开谜题,发展到精神高度紧张刺激是完全不同的两种状态。笔者认为娱乐过度会压制和削弱节目对于科学信息的传播,不利于科普的发展。最后是访谈类科普栏目,重在传播科学精神和科学思想。央视的《大家》就比较有代表性,该栏目通过采访各个领域内有杰出成就的专家学者,以平实的对话形式,向我们充分展示了他们精神世界的巨大魅力和对科学艺术矢志不渝的追求,给观众以深层次的启迪和思考,这比传播具体的科学知识更困难,也更重要。栏目化科普节目一直是我国电视科普的主导形式,虽然技术手段已经较为新颖,但是制作观念还相对滞后。不同栏目之间形态单一、结构相似、内容趋同等问题比较突出,使观众有"千人一面"的感觉。面对当前激烈的竞争,科普节目只有不断的求新求变,才能让观众保持长期稳定的关注热情。

(二)科技消息和科技报道

新闻历来是各种传媒重要内容,科技消息和科技报道又是当代新闻的重要组成部分。它强调内容的及时性和准确性,要在第一时间报道最新的科技成果,从而起到告知的作用。节目短小精悍,寥寥数语影响却不可忽视,科技消息和科技报道为后续的详细介绍做好铺垫,堪称科普的"轻骑兵"。

(三)科普记录片形式

科普记录片凭借独特的写实风格在电视节目竞争中异军突起。电视科普记录片强调记实性,强调"原汁原味"地反映人与自然以及科技发展进步,通过真实的、生活化的记录不动声色的将编导的科技意识、环保观念传达给观众，给观众创造广阔的思索空间。这类节目由于记实性的特点，有时为捕捉一个镜头就需要编创人员付出巨大的努力，往往资金投入大，拍摄周期长。

（四）科普竞赛竞猜形式

近两年电视竞赛节目以湖南卫视的《超级女生》最受关注，甚至引发了对"大众娱乐大众"这种娱乐方式的思考和争论。比较有影响力的还有央视的《青年歌手大奖赛》以及《挑战主持人》等。科普节目能否学习竞赛类节目的成功经验，举办一场科学知识电视大比拼，以此带动"大众科普大众"的风潮？在这方面部分省市电视台其实已经开始尝试，例如新疆农林牧业科普知识电视大奖赛、石家庄公众科学素质电视大赛等。它们目前规模比较小，缺乏对节目整体的策划组织和包装宣传方面的深入研究，因此影响力有限。

回想几年前火爆荧屏的益智博彩节目《开心词典》、《幸运 52》都是在借鉴国外成功的娱乐节目基础上改进而成。通过把明星嘉宾换成普通百姓，把娱乐的谈话内容换成智力问答，节目树立了以知识赢得财富的制作理念，加之主持风格幽默，形式融智力问答、娱乐游戏和过关大奖于一体，着重塑造"平民英雄"，符合电视"民间媒体"的特点，很快便得到观众的喜爱。它既能适应当前电视娱乐化的大氛围，又能在互动中让观众有所收获，从形式上看它属于娱乐节目，从科学传播的角度看，这其实也是一种新颖的科普节目形态。

（五）现场直播科普

现场直播科普是广播、电视特有的功能。现场直播科普是在对一些重大科技事件直播的同时，有意识地对受众进行科学知识的宣传。早在 1969 年，航天员阿姆斯特朗就在全世界超过 5 亿电视观众的注视下，在月球上留下了第一个人类的脚印，同时也成为了二十世纪第一个通过电视对全球转播的事件。我国"神舟 5 号"和"神舟 6 号"飞船两次发射及回收，央视都进行了直播，并通过邀请专家对航天知识进行讲解，配合生动的视频动画效果使许多人对航天技术发生兴趣，从而引发了"航天热"。虽然这类节目数量有限，但由于科技事件倍受关注，因此往往能够起到很好的宣传普及的作用。

（六）科普曲艺

曲艺是流行于人民群众中间的富有地方色彩的各种说唱艺术，如相声、小品、评书、说唱、快板等等。科学普及出版社在 2007 年刚刚出版了我国第一本《科普相声集》，虽然其中许多作品还没有被正式演绎，但这是科普曲艺从无到有并向实践迈出的重要一步。今天传媒技术日益发达，科普曲艺不仅可能通过舞台现场表演，还可通过广播、电视、互联网等媒介传播，是科普传播中一种非常有吸引力的方式。

近年伪科学与神秘主义的泛滥和农村迷信的盛行提醒我们，国民科学素质的低下甚至会影响社会的安定。曲艺节目在我国的群众基础深厚，尤其是在现代科技发展水平还相对落后的农村地区，将法律常识、常见防病知识及生活常识等融入到曲艺中，利用广播、电视等手段针对性地进行宣传，可以取到很好的稳定人心、破除迷信的作用。

（七）科普天气预报

现在广播、电视，甚至报纸都开设《天气预报》节目或栏目，由于天气预报的信息与我们的生活密切相关，从衣食住行到许多重大决策都与天气相关，因此天气预报一直具有较高的收视率和阅读率。近年来它除了提供天气服务以外，还加入了气象科学知识普及的功能，包括介绍气象科学、气象工作、气象人甚至天文知识等。气象科学知识普及的实现不仅仅是节目和栏目的需要,更是对观众和读者的负责和尊重。科普服务旨在通过气象科学知识的传播,指导大众正确应用气象信息服务于生产生活。气象科普不仅要有严谨的科学性,同时还要通俗易懂,避免专业语言过多产生晦涩难懂的情况,要在最大程度上符合我国观众和读者的实际接受能力。

(八)科普剧

主要选自科普文艺获奖作品,将科普知识等以童话剧的形式表现出来,让观众在表演和观看中了解和掌握生活中的一些科普知识,从而进一步激发他们对科学的兴趣。它以青少年喜闻乐见的表演形式开展科普宣传,不仅满足了青少年精神文化生活的需求,且通俗易懂,深受青少年欢迎。

除了以上提到的几种形式之外,还有新技术推广讲座和一些公益广告等也包含科普内容。总之,无论从科普自身还是从媒介竞争态势来看,科普节目都需要不断创新走多元化发展之路,除了常见的科教片、记录片和访谈以外,还要积极探索同媒介和跨媒介的各种优秀艺术表现形式,不断提高科普的效果并努力实现科普、娱乐和审美的理性结合,把科技节目也办得丰富多彩,动人视听,实现真正意义上的"寓教于乐"。相信这样的节目一定能够吸引受众,让更多的人发自内心的喜欢科普,从而收到事半功倍的效果。

第五节 科普队伍建设

科普是一项提高国民科技素养的长期的、基础性的公益事业,需要社会的关怀,需要众多热心人士的无私奉献,积极参与。

一、科普工作者的现状

统计数据表明,我国科普人员队伍在不断壮大,至2006年,全国共有各类专兼职科普人员162.35万人,其中专职科普人员19.99万人。科普志愿者队伍建设在近几年继续保持较好的发展势头,不仅在数量上有所增加,从效果上看,科普志愿者在各地科普活动中开始逐渐发挥作用。专职从事科普文学作品创作、科普影视作品创作、科普展品创作以及科普理论研究等工作的人员仅为8665人。

从宏观上看,我国科普工作者所占比重远低于发达国家,从微观上看,科普人员整体素质不高,科普创作人员匮乏,队伍结构老化。2006年科普图书市场排行显示,出现在排行榜中有分量的科普图书为数不多。而这些为数不多的科普图书中,又以引进版图书为主,中国本土的科普图书畅销的比较少。

相对我国人口,科普工作者总体数量不足,专业的高素质科普人才缺乏,科普队伍和科普组织不够健全和稳定,科普工作者缺乏科普培训等,这些问题的存在,都将直接关系到科普能力的建设。

二、建设科普队伍,促进科普发展

科学普及是一项量大面广的社会性工作,绝非某个部门、少数专职人员所能完成的。在一定意义上讲，社会上的每一个人都是科普对象，而每个人又都可能成为科普工作者。“能者为师”是群众性社会教育的又一特点。然而，科普工作仍然需要有相对固定的基本队伍，这就是分散在社会各行为中的科技工作者。科技人员是科技知识的拥有者，传播科技知识是他们的神圣职责。有的国家把科普工作作为科技工作者应尽的一项公益性的社会义务。

（一）建设一支稳定强大的科普队伍

科普工作者是科普工作的主体，面对庞大的素质较低的科普对象，必须建立起一支强大的高素质的科普队伍才能保证科普工作正常运行。

1.建立结构合理的科普队伍。需要有从事科普工作组织领导、科普理论研究、科普作品创作、科普音像制作、电视科普栏目制作、科技科普场馆组织和管理、青少年科普工作、农村科普宣传、城市社区科普宣传等工作的组织和人员，并组成多层次、分布广、功能全、分工合理的组织网络。

2.加强对科普人员的培训，提高科普人员的素质。一方面，我们应借鉴发达国家的做法，把科普人员培训当作一项经常性的工作来抓，提高科普人员的业务能力和创新能力；另一方面，对科普人员培训形成制度，在组织、经费支持方面给予保证。

（二）培养一批高素质科普专业人才

培养一批高素质的科普专业人才是提高科普工作质量的关键。在我国，有的大学开设了科技传播课程，有的设置了科技传播本科专业，北京大学、湖南大学等还有科技传播硕士研究生专业。这对改善我国科普人才结构，提高科普宣传水平将产生深远的影响。但是现阶段我们任务是吸引更多优秀的有志于科普事业的青年人从事科普工作，及时地补充到科普队伍中来，推动我国科普工作发展。

（三）激励社会力量参与科普工作

1.动员全社会力量，共同推进科普事业发展。动员国家机关、社会团体、企事业单位、农村基层组织等全社会的力量开展科普工作，形成政府引导、全社会共同参与科普事业发展大协作的格局。科技部门要明确牵头的职能，其他行政部门要按照各自的职能分工，做好本职工作。

2.搞好科普志愿者队伍建设。在社会各行业中都有一些愿意为科普事业作出无偿贡献的优秀人才，可以把他们吸收到科普队伍中来，通过适当培训，承担适当的科普任务。例如我国高校系统，拥有大量优秀的大学生，如果充分发挥他们的作用，那么科普队伍就不愁没有人可用了。

3.科学家和其他优秀科技工作者应该成为科普的重要力量。科学家和技术研究专家处于科技发展的最前沿，他们比任何人更加了解科学或技术的状况，包括对社会可能产生的影响，如果他们能及时、准确、全面地将科学和技术的最新成果，用公众能够理解的语言介绍给公众，积极承担起科普的责任，那么我们科普工作难度会大大改善，可惜很多专家或太专注于自己的专业了，或由于大众语言表达欠缺，他们很难参与科普中来。不过现在有些地方规定，高校教授每年至少要面向公众做1–2次免费的科普报告。

（四）建设科普人才信息管理系统

在信息时代，建立科普人才的信息管理系统能够为科普工作提供有力的支持。科普人才信息管理系统就是在科普体制和科普经费安排已有的平台之上，面向科普人才有效利用的计算机网络信息系统，包括科普人才基本信息、研究背景信息、研究成果信息等的数据库和相应管理、应用和共享机制构成。它的建立能为科普项目实施的人才筛选提供更有效的后援,能为科普资金管理提供有力的支持。在这方面,河北省进行了有益的探索,我们可以借鉴他们成功的经验。

第七节 科普工作管理与创新

中共中央、国务院在《关于加强科学技术普及工作的若干意见》指出,国家科普能力表现为一个国家向公众提供科普产品和服务的综合实力。主要包括科普创作、科技传播渠道、科学教育体系、科普工作社会组织网络、科普人才队伍以及政府科普工作宏观管理等方面。加强国家科普能力建设,提高公民科学素质是增强自主创新能力的重要基础,是推进创新型国家建设的重要保障。

《意见》同时指出,新时期加强国家科普能力建设,要立足现有基础,坚持政府引导与全社会参与、公益性与市场机制相结合的原则,力争经过 15 年左右的努力,形成一个比较完备的公众科学教育和传播体系,创作出一批适合不同人群需要的优秀科普作品,造就一支高素质的专兼职科普人才队伍,构建一个有效运行的科普工作组织网络,建设一批功能健全的科普基础设施和科普教育基地,营造一个激励全社会广泛参与科普事业发展的社会环境,推动我国科普能力的不断增强,促进公民科学素质不断提高。

《意见》明确了我国科普今后的目标、任务,这对科普管理者提出了更高的要求,作为科普主管部门应在《意见》指导下,创新管理模式,适应新形势下我国科普工作的发展需要。

一、创新管理机制

毫无疑义,科普应该坚持公益原则,但是社会市场条件下,它又具有某种市场特性,这就要求我们在对科普事业进行大刀阔斧改革的同时,应努力创新适应市场化特征的管理体制。为此,我们认为政府在领导和管理科普事业时应当做好以下一些工作。

(一)制定和完善科普法律、科普政策

在过去的科普政策中只讲义务,不讲责任,只讲做,不讲做的好坏,贵在参与,致使科普主体科普积极性不高,科普效率低下,所以,在科普法律和科普政策制定中,应大胆创新,除规定社会各阶层参加科普责任、义务外,还应规定对做出贡献者给予物质和荣誉补偿,如对社会、个人捐赠的设备、资金、图书、劳务等,政府除给予荣誉奖励外,还应给予经济补偿。

(二)通过政府行为,利用公益事业管理,引导各种媒体参与科普活动

大众媒体是科普的重要手段,对它的开发利用程度直接与科普事业发展水平相关,所以,政府要对大众媒体制定特殊的政策。譬如,可通过制定大众媒体法规定媒体的科普义务,规定固定时间内具体的科普时数和科普版面;为提高他们的科普积极性,可制定各种优惠政策,如减少所得税,增加财政补贴等。通过创建媒体联合会,沟通相互间关系,建立科普基金,探讨新的科普形式。

(三)引人竞争机制,活化运作过程

作为科普主体,政府一方面要加大科普投资力度,大力创办新型科普场所,提升科普设施现代化水平,增加科普工作人员工资,另一方面要对传统科普体制进行改革,引入竞争机制,活

化运作过程。尽管科普事业向社会开放已成为事实，但有政府兴办的科普实体仍是科普主力军，如何使政府兴办的这些实体充满活力呢？我们认为增加科普投资固然重要，但优秀科普人才的使用才是解决问题的关键。应选用那些有领导能力、能开拓进取的优秀人才进人科技馆、博物馆、图书馆等领导岗位上，让他们有职、有权，支持他们在不违背科普法的前提下，就僵化的管理体制进行适应市场机制的改革；不然，随着诸多新的科普主体的出现，就可能面临竞争的劣势。

（四）支持大学、科研院所向公众开放其具有科普意义的设施

大学、科研院所是科研基地，那里有许多具有科普意义的内容，也是广大科普公众向往的地方，但这些单位均非具体科普功能实体，也无义务开发其科普潜能，政府可利用一些优惠政策，如允许其收取补偿费，减少所得税等鼓励他们进行科普传播。

（五）创建新的机制动员广大科技人员参与科普活

现代科学及其对社会的影响问题十分复杂，实现"公众理解科学"的科普目标并非易事，如果广大科学工作者，尤其是一些知名学者参与到科普行列，通过撰文、讲座，进行科普宣传，这将起到事半功倍之效；但由于他们本职工作不在此，加上又没有一定的激励措施，他们往往不能主动而为之。所以，政府应制定政策，如在科技人员职称评定、科技奖励等方面有所倾斜，激励他们从不自觉到自觉地参与到科普活动中来。

坚持市场原则，顾及公益特点，推进科普产业化，创建多种科普主体竞争局面。现代科普的市场性特征表明，科普事业的大发展需要政府遵守科普的市场性原则，向社会开放，引入社会资金，实现产业化运作，形成多种经营主体竞争局面，同时围绕国家科普目标进行宏观调控，体现公益特征。

二、创新科普表达形式

目前世界各国的科普已经发展到了"科学技术传播"的阶段，而且，传播学已成为一门新的学科，把任何信息的传递与接受过程看成是通过媒体向受众传播的宏观活动。传播学改变了科学技术知识普及的传统理念。现实告诉我们，受众不再乐于接受传播者那种"你教我学、你讲我听"的居高临下、说教、灌输式的科普姿态。科学技术的突飞猛进，对科学知识掌握，传播者与大众之间仅限于选择上的差异，并不存在有知与无知、知多与知少的差距。因此，科普应该是传播者与受众在平等基础之上，以"多元、开放、互动"的方式和多样化的先进手段来开展。

"资本和技术主宰一切的时代已经过去，创意时代业已来临。"这句从美国硅谷到华尔街的流行语，引起全世界的共鸣。日本、韩国分别提出了"创意关系到国家兴亡"、"资源有限，创意无限"的理念。其实科普的表达创新也不例外。如在深圳，各种新颖的科普表达形式应运而生，他们创作出科幻文学、科幻动漫、科幻影视、科幻游戏、科幻主题公园等表达形式，吸引大批观众，尤其是青少年观众。

欧盟的科普一直走在世界前列，这不仅是因为他们有浓厚科学传统，国民科学素质普遍比较高，各国投入大（占 GDP 的 1.9%），还因为他们创新了很多传播手段，取得非常好的传播效果。比如他们有一个向媒体提供新闻的互联网服务台 Alpha-Galileo，它发布科学和技术方面的事件、图像和背景材料。欧盟于 1993 年起开始举办欧洲科学周，各成员也在不同层次举办类似活动。1970年,欧洲第一个科学商店在荷兰诞生,这种商店就是由地方政府和非营利协会向公众提供科技咨询服务。为充分发挥科学商店的作用和分享经验,欧盟鼓励科学商店之间建立网络,改善服务机制和公布经常性服务内容。

科普表达形式创新有着广阔的空间,只要将最新的传播手段、方法理念运用到科普中,更多更新颖、更高效的科普表达形式一定能不断走进我们的生活。

三、社会学科普要结合中国国情

社会科学普及是科普的重要组成部分,它有着与自然科学不同的特征。社会科学普及既要考虑社会科学本身的特点和功能,又要考虑广大社会公众的社会科学素质及其对社会科学的认识和态度,还要考虑我国的社会制度、价值目标以及社会发展与人的发展之间的互相依赖关系。社会科学的普及要坚持创新与普及、科学性与通俗性、系统性与针对性、政府主导与市场机制等四个方面的结合。

四、科普创新要融入民族文化

科普创新与人文科学的结合是科学能在特定国家或民族中普及的重要条件。科普不仅要让人接受科学知识,还要传播科学思想和弘扬科学精神;它只有与文化、艺术、历史等人文科学融为一体,才能在特定的国家或民族传播。

我们常说,科学是没有国家和民族界线的,但是,纵观世界各国和各民族的科学普及过程,我们可以发现,科普却融入了国家或民族的文化特征。文化的内容是科学的,而形式是民族的。科学包含在文化中,科学在文化价值中是中立性质的,没有民族性。但是,当它普及成为某个国家或民族文化时却具有了民族性。也正因为科学在文化价值中的中立性,它才能与任何具有价值色彩的文化形态相结合;并且,有了这样的结合,才能得到更容易的普及。这就是说,在科学普及过程中,科普具有显著的人文特征。这一特征在实践中证明,越是文化底蕴深厚而先进的国家或民族,越容易获得科学普及的优越条件。

显而易见,科普创新与民族文化的融合,是科普的人文特征所要求的。科学创新是面对自然的创新,而科普创新是面向大众的创新,亦是以科学理论知识为基础的人文创新。我国现阶段是"民族的科学的大众的社会主义文化"。中华民族文化中包涵着难以计数的能与科学相融合的东西。近几年,中央电视台的"百家讲坛"和"探索与发现"等节目中,经常有科学与民族文化相融合的内容。许多高深莫测、难以理解和掌握的尖端科学,通过一个形象的比喻、一段流传于民间的故事、一首诗歌等相关民族文化举例,就变得通俗易懂了。为什么会这样?这是因为,大众中存在着深厚的民族文化底蕴,科学融入了民族文化就会很快与大众贴近,使大众从相关的民族文化中体验和认识到科学的实质。

要创作出通俗易懂、新鲜活泼、能吸引人的科普作品,就必须坚持把科普创新与民族文化密切结合起来,让科普融入本民族文化。

历史证明,中华民族文化的生命力、创造力、凝聚力是世界任何国家和民族都无法比拟的,它流传久远,广泛而深刻地融化在祖国的每寸土地和人民大众之中,是我们最宝贵的财富。科普作者,只要尽可能多的、全面的了解和掌握本民族的文化,就能在科普创作中得心应手、运用自如，把民族文化融入科普之中，定会让科普长出飞扬的翅膀，让科学在大众中更多、更快、更好的生根开花。

五、科普创新要瞄准科学前沿

当今，科学对人类社会的影响、渗透，达到了前所未有的强度和深度。联合国教科文组织在《世界科技报告》中指出："发展中国家与发达国家的差距，从根本上说就是科技知识的差距，人才和劳动者科学素质的差距。"科教兴国战略，使我国人民大众对科学发展的知情、参与要求越来越迫切。这就直接给科普工作者提出了一个改变传统科普观念，树立瞄准科学发展前沿的科普创新理念。这一新理念要求我们在科普创作创新中应当做到：

（一）科普内容要新

在迅速发展的科学技术时代，科普工作者和大众之间对科学知识的享有是平等的。要摒弃以往科普活动只是向大众传授一般生活常识的老一套，而应代之以传递最新科技成果、科学方法、科学思想和科学精神。科普内容要适应迅速发展的科学信息时代的社会变化形势，要满足人民大众在现代生产与生活中对科学知识的渴求，就必须瞄准国际科学技术发展的前沿，使科普内容不断创新。这应该是一个总趋势。

（二）科普水平要高

我国改革开放30年来，人民大众科学文化素养今非昔比，对科普的要求越来越高。科普作者要站在全球科学发展的高度进行科普选题，科普作品既要包含科学前沿内容，又要贴近生产与生活实际，还要适应受众的口味和兴趣变化，更新颖、更生动、更富吸引力。相信，在广大科普工作者的共同努力下，深受大众欢迎的各类高水平的科普作品会越来越多。

参考文献

1. 尹霖，张平淡.科普资源的概念与内涵。科普研究，2007，5：36-63
2. 张瑞，郝立新.透过历史看中国科普的未来.创新科技，2008，5：73
3. 陈小敏，吕增建.科学普及中的几个重要问题.焦作大学学报，2009，23(3)：125-126
4. 陆彩荣.科技进步与综合国力.科学咨询，2005，21：卷首
5. 张润泽.科技知识如何被公众所认知.科技情报开发与经济，2007，17(7)：193-194
6. 桂莉.我国电视科普节目娱乐化研究[学位论文].2007-中国科学技术大学中国科学技术大学：传播学
7. 彭晨阳，周蒲荣.科普队伍的建设与发展.发明与创新(学生版)，2008，12：21
8. 李成芳.我国科普工作存在问题的原因分析及对策研究[学位论文].2003，武汉科技大学武汉科技大学：科学技术哲学
9. 李国荣.略论科普事业发展的双驱机制.宜春学院学报自然科学，2004，26(4)：118-121
10. 全民科学素质工作领导小组办公室.八部委出台加强国家科普能力建设若干意见.学会，2007，221(4)：41-44
11. 任福君.丰富科普资源的几点思考.科学时报，2009，8：14
12. 何薇，张超，高宏斌.中国公民的科学素质及对科学技术的态度.科普研究，3(6)：8

江西省医学会副会长　冯海燕
江西省医学会　黄国华

第十四章　国际科技会议的申报、筹备、组织与注意事项

我国的科技学术会议近30年来发展很快，呈现出一片繁荣而朝气蓬勃的兴旺局面，从最初以政府、企事业单位为主导举办发展到现今政府、企事业单位、专家共同主导举办。科技学术会议的种类和形式也发生了很大的变化，特别是无论从政府角度还是从专家角度来看，学术会议的重要性越来越成为大家的共识，科技学术会议的繁荣有力地推动了科学技术的发展；有力地推动了科技行业发展；有力地调动了全社会科技创新、科技兴国的积极性；有力的促进了科技人才的成长。随着国内科技学术会议的快速发展以及科技学术交流给人们带来的新思维、新知识，国内科技行业的眼光逐渐从国内移向国外，渴望与国外专家、同行交流、渴望这种交流更加广泛、更有深度已成为愿望和需求。因此，走出去参加国际学术会议的人数逐年增多，国际学术会议在会务管理、办会方式多样、参会人数广泛，特别是学术交流内容丰富给国内同行受益匪浅。引入国际学术会议在我国举办或争取举办国际学术会议，已成为我国科技学术发展的需要；已成为国内同行与国外同行交流的共同需要；已成为我国科技学会协会学习国外办会经念、规范本身办会方式、活跃国内科技学术交流平台现实需要。

第一节　国际学术会议的类型

一、学术年会 Convention

学术年会是某一学科就学科发展、技术更新、学术观点交流的惯例会议，地点和时间可以相同，也就是说会议地点可以固定，会议时间也可以固定，但是会议交流的主题不能固定，学术交流内容不能固定。学术交流议题可以涉及科学技术的各个领域。参会人员一般较多，一般来讲，学术年会是对过去本学科、本领域学术上取得的进步和存在的不足进行总结，从而对存在的问题进行讨论、分析、研究，能达成共识的即可达成共识，不能达成共识的留下继续研究，学术年会还可以把目前本学科存在的间题在成员中进行分工研究，就国际学术年会而言即可理解为国际合作。

国际学术年会可以由某一个国际或地区的学会协会牵头召开，如世界医学会牵头召开的国际医学学术会议。也可以由相应的专业学会牵头组织召开，如世界消化疾病学会、亚太风湿病联盟等召开的学术会议。还可以由一些国际上有影响的国家级学会牵头召开，美国医学会或美国放射学会牵头组织召开的美国学术年会，已经成为实际上的国际会议，其规模有时甚至超过了同等专科组织召开的国际性会议。

国际学术年会通常包括一次全体会议和若干分组会议；多数国际学术年会具有周期性的，最常见的周期是一年一届。称为 Annual Convention。

二、研讨会 WorKShop

研讨会的特点是会议规模较小，人数可以是几十人，也可以几百人参加的会议，这种会议选题针对性强，一般由 1 一 2 位专家或领导进行主旨发言，发言内容紧贴会议主题并进行讲解引导，然后进行讲者与听者面对面提问和讨论。

三、讲座 Lecture

讲坐也是一种选题明确针对性强的会议形式，参会人数与研讨会的区别是，研讨会、讲座几十人可以召开，但研讨会因存在面对面提问和讲解问题人数不宜太多，笔者认为最多不能超过 300 人，而讲座是属于学术传授型会议，人数多是允许的。讲座不进行提问，国际上一些大型学术会议在会前或会中会后也安排专题讲座，会议代表可以自由选择参加。

四、论坛 Forum

论坛是一种非正式并且开放程度很高的会议，其特点是针对某一共同关注的问题，对全局影响比较大的问题进行反复深入的讨论，愿意表达意见的人或会议有意安排的人进行发言，充分表达自已的见解，会议主持人应引导发言和讨论，会议代表可以自由发言，最后主持人要根据会议情况对各方意见进行总结。例如世界财富论坛（Fortune Glodal Forum）就属于这一类型会议。

第二节　我国举办国际医学学术会议的相关规定和要求

一、以我为主，讲究实效，量力而行

在华举办国际学术会议，按照我国政府及相关领导部门的相关要求，应遵循如下原则：

（一）讲求实效、少而精的原则

国家一直非常重视国际会议在华举行，作出了一系列的规定。要求："要从我国根本利益和外交大局出发，从我国的国情和扩大对外交流的实际出发，有明确的目的，贯彻以我为主，讲求实效，量力而行，少而精的原则。”从规定可以看出国家非常重视国际科技合作和交流，非常重视我国牵头举办的国际学术会议，但同时要求会议举办者应遵循以我为主，讲求实效，量力而行，少而精的原则。

（二）促进国家科学技术发展的原则

政府相关部门要求我国举办的国际学术会议“要从我国实际需要出发，从提高我国国际声望、维护我国国家利益”出发，从能否“促进我国国民经济和科学技术发展有重大作用”出发。

（三）规范、严格管理原则

我国对在华举办的学术会议还明确要求“对内容空泛、的国际学术会议要进行控制。”“避免在同一时间或短时期内，由不同单位在华举办相同或类似主题的国际会议。对有必要举办的国际会议，会议时间和规模要从严掌握，并避免确定今后定期开会的机制。”“任何单位未经批准，不得自行申办国际会议，更不允许以已同外方商妥为由，强行要求认可和批准。

二、加强会前审批，严格控制会议规模和会议次数

为进一步规范管理在华举办的国际学术会议，经国务院同意，2011 年 2 月，财政部、外交部又联合发出了《关于严格控制在华举办国际会议的通知》，从 8 个方面向各地区各部门重申对于在华举办国际会议的具体要求，严格控制在华举办国际会议的总量，未经批准不得擅自对外申办或承诺申办。要全面精简国际学术会议，严格控制会议规模，坚决纠正国际会议规模越大越好的错误认识，避免片面追求参会人数，与国际组织及外国有关团体、机构共同举办或受其委托承办的国际会议，规模原则上不超过往届。

三、举办高水平的科技学术会议，促进我国科学技术快速发展

近年来，我国有关部门已经多次重申从严控制在我国举办国际学术会议，但是，对可以促进我国国民经济和科学技术发展有重要作用的国际学术会议可以举办。对于学术水平高，且规模适度的科技专业性国际学术大会可适当多办。由此也可以看出，目前我国关于发展国际学术会议的政策中，国际科技学术会议是唯一要提倡举办的一类会议，之所以制定这样的政策，是有其深层次原因的，众所周知，在我国举办国际科技会议，是科技学术交流中的一种很好的形式，并有着重要的意义，既符合我国科教兴国的国策，也有力地促进了我国科学技术的发展，国际知名专家高质量的学术报告，给我国的学者带来了科学技术研究中的最前沿的理论，促进了我国与国际间的交流与合作、增进了解和友谊、促进了科技人才的成长。

因此，严格按照国家的相关规定，做好国际会议的申办、主办和承办工作具有重要的意义。

四、国际科技学术会议的申办

在我国，举办任何形式和规模的国际性学术会议，都是一项政治性、政策性很强的涉外工作，会议的申办和筹备必须按照规定报请有关部门批复后方可进行，按照我国有关文件的规定，国际会议是指来自 3 个或 3 个以上的国家和地区（不含港、澳、台地区）的代表参加，以交流为主要目的的研讨会、报告会、交流会、论坛以及国际组织的行政会议；国际会议的国外代表超过 150 人的，则属于大型国际会议，需要严格按程序上报并经批准后才可筹办。

五、我国成功举办的国际医学学术会议及其分类

中华医学会及其所属专科分会，至 2011 年 6 月底，经卫生部等上级主管部门批准，已经加入了 34 个相应的对口国际性或地区性医学组织。就近年来所主办、承办或协办的国际学术会议的情况来看，大致可以分为以下几个类型：

（一）国际或地区组织发起的国际学术会议，如年会、例会、专业会议，例如，中华医学会曾经承办过的国际抗癌联盟 UICC 的会议；我国卫生部委托承办的东盟 10+3 及世界卫生组织 WHO 的会议等。

（二）我国相关机构发起的国际学术会议

我国的全国性协会、研究会和他们下属的专业委员会或者分会；地区性的实体单位，如某大学、研究所和医院都可以发起举办国际学术会议。例如，中华医学会心血管病学分会发起的

每年一次的国际心脏介入会议等。

（三）与国外对应组织联合举办的多边或双边会议

为了提高国际会议的权威性，以便吸引更多的国外代表前来参加，我国的发起单位经常也会与一些国际组织、知名国际学术团体或与国外某公司等机构联合，共同发起国际会议。例如中华医学会与美国哈佛大学国际部在美国波士顿联合举办的“21 世纪东西方卫生保健展望”学术会议（简称中美医学大会），美方代表 900 余人，国内代表 500 余人；两次与日本医学会、日本医师会等多个学术团体联合举办的“中日医学大会”，每次会议都有千余名日本代表及 2 千余名国内代表出席会议；与大韩民国医师协会联合举办的“中韩医学大会”，韩国代表 700 余人，国内代表 1000 余人等。这类国际会议的规模一般都比单独由我国机构发起的国际会议的规模要大。

（四）按照国际会议的经费来源来分类的会议

如果按照国际会议的经费来源来分类的话，则可以分为“政府拨款”或政府部分拨款以及“自筹自支”等。“自筹自支”，是指会议的经费主要源于与会代表的注册费、厂商赞助费等，目前中华医学会举办的多数国际会议的经费主要为自筹解决。有些带有公益性质的或政府委托的会议，如中华医学会曾经承办过的由卫生部委托举办的世界卫生组织、联合国儿童基金会的会议等，都是根据会议经费预算由卫生部予以全额拨款的。

第三节　加入相关国际组织是申办国际科学技术会议的必备条件

要想申办相关国际组织的国际会议，就必须首先成为该国际组织的成员，这样才具备投标或竞标相应的国际会议的资格。在我国，申请加入相应的国际组织需要做些什么呢？

一、加入国际组织的程序

（一）确定拟加入的国际组织

注意选择符合我国相关规定条件的、对口的、具有广泛代表性的、有国际学术地位的、学术交流活动开展活跃且对我确有意义和有价值的国际组织参加。

（二）对拟加入的国际组织进行认真调查研究

1. 获取该国际组织的章程，认真了解加入该组织后获得的权利和需要承担的义务。

2. 确切了解目前台湾在该国际组织中的地位，如是否为会员，是国家会员 还是地区会员；如系国家会员，则需与国际组织交涉斡旋，在其官方网站及其相关文件资料中，真正变更了台湾在该组织的名称后，方可进行下一步的工作。在处理这一问题时，必须坚持的原则是在加入的国际组织内绝不允许以任何形式出现“两个中国”或“一中一台”的问题。由于历史的原因，台湾的相关学会或协会先于我们加入了一些国际组织，并以国家会员的名义占据了我国的合法地位。凡出现此种现象，首先要与国际组织交涉，我们可以同意台湾的学会或协会继续以地区会员、团体会员或个人会员的名义保留在国际组织内，但中国大陆的组织必须成为其国家会员。由于台湾问题比较复杂，表现的形式各有不同，凡是难以确定政策界限的有关问题，一定要事先向有关部门请示，避免在以后开展国际活动时出现被动局面。

（三）加入相关组织后缴纳会费的形式和金额

就中华医学会及其所属专科分会加入国际组织缴纳会费的情况来看，凡 90 年代以前加入的，会费基本上是财政部拨款解决的，随着改革开放、计划经济的不断深入，后来加入的国际组织的会费问题，原则上都由申请单位自行解决。由于有些国际组织的会费数额较高，所以有必要事先确认是否能解决会费问题，如无法解决，则暂时也不能申请加入。

（四）申请加入国际组织需要准备的资料

根据外交部等政府部门的相关规定，中华医学会原对外联络部为所属专科分会加入相应国际组织所需资料，进行了编辑整理，应该同样适用于国内其他需要加入相应国际组织的科技团体。

中华医学会所属专科分会申请加入国际组织所需材料

专科分会申请加入国际组织，需向中华医学会呈报申请函，经审核同意后，再由中华医学会按照规定程序向卫生部等上级主管部门履行报批手续。申请函主要内容及其附件包括：

1. 拟申请加入的国际组织的简要介绍（成立时间、总部地点、宗旨、大会情况、现主要领导人及会费情况等）；

2. 如果台湾方面为其成员组织，须列出其中文、英文名称；

3. 交纳会费情况；

4. 国际组织章程（中、英文）；

5. 国际组织及其成员组织名单（中、英文）；

6. 国际组织负责人签字的信函。信函主要内容应包括以下内容：

（1）欢迎我加入其组织；

（2）就有无台湾问题进行说明：

①如台湾方面为其成员组织，信中需列出台湾在该组织中的英文名称，并承诺在今后的活动及文件中，将不会出现“一中一台”或“两个中国”的问题；

②台湾方面不是该组织成员，信中也须予以说明；

③今后台湾方面要求加入该组织，对其使用的名称在该国际组织的章程、活动及其相关文件中，都将本着避免出现“一中一台”或“两个中国”问题的原则进行。

7. 递交材料：

（1） 所需材料全部要求一式三份；

（2）国际组织的章程、会员名单等需将英文翻译成中文；

（3）以主任委员的名义草拟信函，通过中华医学会外联部送交国际组织。

8.在与国际组织交涉修改台湾名称时，可参考如下方案：

（1）Society of（专科名称）of Taiwan， China

（2）Society of（专科名称）， Taiwan， China

（3）Chinese Taiwan Society of（专科名称）

（4） Chinese Taipei Society of （专科名称）

二、加入国际组织的报批

根据我国政府的相关规定，加入国际组织的申请需要逐级上报。首先需要向主管部门提交申请报告，经主管部门批准并获得正式批件。加入一般性国际组织需要正部级单位归口批准（中华医学会通常程序为上报卫生部、由卫生部会签外交部）；加入重要的国际组织还需要国务院批准。

1. 申请报告主要内容：

（1）该国际组织的性质、概况和主要活动方式

（2）该组织内是否涉及台湾问题和其他敏感性问题

（3）我国参加该国际组织的必要性

（4）参加该国际组织后我国享有的权利和承担的义务

（5）缴纳会费的数额和会费的来源

注：以国家会员的名义加入时，如果其业务涉及到国内其它几个单位或/和部门，应说明与这几个单位或部门的协调情况，并确定牵头单位。

2. 申请加入国际组织的方法

首先需要根据国际组织的要求，向国际组织提出正式书面申请；国际组织在接到申请报告后，会按照其内部程序，如召开理事会议或执委会等讨论研究接纳问题，如同意接纳，申请单位会得到国际组织的正式书面批准文件及相关资料。我国的申请单位在接到国际组织同意接纳的书面通知后，应及时向国内主管部门报告备案。

第四节　国际学术会议的申办和筹备

一、申办国际学术会议的基本常识和申办前的准备工作

（一）摸清基本情况，做到心中有数

一般来讲，相关社团组织加入了相应的国际或地区性组织后，便有了申办或竞标该组织的国际或地区性会议的资格，特别是它的全体代表大会。这类大会的周期较长，每届会议间隔的时间都在 3 至 5 年；规模比较大，会有数千名代表参加；像奥运会一样，会议通常会在欧洲、美洲、亚洲、大洋洲、非洲等几个大洲轮流举办；往往轮到各洲举办一届都要等待十几年甚至几十年，申办会议的竞争空前激烈。

另外，国际或地区性学术组织的负责人主要来自于西方发达国家，他们控制着该组织的主要活动，决定着国际或地区性会议的主办权。因此，我国专家和学者应尽可能争取机会进入这些国际或地区性组织的领导机构和各级专业机构任职，这样就可以获得更多的话语权和决策权，提高我国在这些组织中的地位，扩大中国的影响，同时也更有利于将这些组织的会议争取到我国举办。

在决定申办之前，一定要做好调研工作，就像我国申办奥运会一样，需要弄清楚该国际/地区组织召开会议的情况，例如，申办或竞标该组织会议的程序，是在理事会上竞标，还是在全体代表会上进行，每隔多长时间举办一次会议，当年竞标的会议在哪年召开，每次会议的规模，举办国国内代表及境外代表的出席情况；会议日程安排；厂商参与情况等；在我国举办的可行性、必要性、意义以及中标的可能性等。

（二）向国内主管部门报批国际学术会议的注意事项

1. 在申办国际或地区性学术会议的报告尚未得到批准以前，任何个人和机构不得擅自向国际或地区性组织做出任何承诺，也不得承诺与外方合作或协作在华举办该会议。

2. 申请举办国际或地区性会议的国内机构或组织必须是法人社团或单位，具备举办国际或地区性会议的申办、承办能力，具备承担举办会议民事责任的资质。

(三）申办国际或地区学术会议的报批程序

1. 向上级部门呈送的申请报告应以正式公函的形式，说明拟举办会议的会议名称、主办、协办单位、日期、地点、目的、意义、主题、内容、规模(预计国内外代表人数)、形式、不存在台湾问题、经费情况、拟邀请的政府或非政府支持单位和机构的名称等(一般情况下为会议经费自筹解决)、是否有产品展示会等。

2. 如果是承办国际或地区性学术组织委托的会议，则应在请示报告中附上该组织的正式委托书，并根据上级主管部门的要求，附上该国际组织的英文章程及中文翻译稿。

3. 如果所申办的国际或地区性会议，需要政府财政支持，则必须首先经过上级主管部门同意后，方可办理会议的其他报批手续。

4. 获得会议的正式批件后，即可着手进行向国际组织的申办工作。

5. 如系国际学术组织委托的会议，除了上述内容外，还需附上国际组织的正式委托书，并承诺会议期间不会出现任何形式的“两个中国”或“一中一台”的问题。

6. 根据我国的规定，国外代表人数在 150 人以下的小型国际或地区学术性会议，由各省、自治区、直辖市人民政府，中央和国家机关各部委审批。省部级以下部门无权批准举办会议。国外代表人数在 150 人以上的大型国际或地区性学术会议，以及邀请外国政府现职部长以上的官员和在国际国内有重要影响的人士出席的高级别国际或地区性学术会议，必须事先由各省、自治区、直辖市人民政府以及中央和国家机关各部委上报外交部统一报请国务院批准。

7. 举办一般性国际或地区性会议，应按照所属上级主管部门的要求报批时限，提前申报；如有特殊情况，则需及早报批并附上说明材料；需上报国务院批准的会议，要求提前 12 个月提出报批申请。需要政府经费支持的，申请报告则更应注意在会议举办前一年的 3 月份以前提出，以便在一旦批准后能够纳入其年度计划和预算。

8. 无论是主办、承办或协办国际或地区学术性会议，必须以学术交流为主，不能搞商业展览，只能附设规模、内容和形式都有利于学术交流的小型展览。按照规定要求，产品展示面积不超过 1000 平方米。展览必须作为会议的附属部分一起报批，不得单独申报。

9. 同一个会议，不得通过多渠道办理审批手续。

二、国际学术会议的会前准备

(一)申办机构的组成

申办机构应包括组织工作委员会、学术工作委员会及秘书处。

1. 组织工作委员会

组织工作委员会是申办工作中的最高组织形式，也是申办活动中最重要的领导机构，负责申办工作的全部活动。

组织工作委员会通常由主席、多名副主席和若干委员、一名秘书长、数名副秘书长组成。其成员主要由会议的主办单位和承办单位的负责人组成，有时为了工作需要，也会邀请主管部门的行政和外事部门的负责人参加。 其职责为：

(1)审定秘书处提交的申办计划、竞标书、申办经费预算及筹措申办资金；

(2)确定竞标演讲人、与国际组织保持密切联系并及时向他们通报会议筹备情况；

(3)组织工作委员会还要定期对筹备秘书处的工作给与指导、监督、检查，保证申办活动的顺利进行。

2. 学术工作委员会

学术工作委员会负责申办活动中与学术有关的所有问题与活动，如拟定会议学术交流的主题和主要专业交流内容；编制会议学术交流日程等。该委员会通常由主席、数名副主席和若干委员组成。担任该委员会职务成员的专业要与投标的国际学术会议的专业相一致，由我国在该领域内的知名专家学者组成；有时也邀请我国在国外工作的知名学者和专家参加学术工作委员会，以保证学术上的权威性。

3. 秘书处

秘书处是申办活动中的常设机构，在组织工作委员会的领导下，负责日常的申办工作，其直接领导为组委会成员秘书长。秘书处成员多为专职人员，但负责学术方面的秘书多为学术工作委员会主席或专科学会的秘书兼任。

(二)制定申办活动计划

国际组织对于申办其会议的举办国都有严格的规定。组委会、秘书处需要在申办前，尽早向国际组织索取对申办国要求的相关文件，认真透彻地研究，确信我国申办能够满足国际组织的要求后，即可着手进行下一步的工作。由于整个申办活动的时间通常在一年或更长时间，因此组织工作委员会需要按国际组织的要求，及早做出一个简单的申办工作程序发给相关的机构和人员，以便大家参照该工作程序展开工作。

(三)了解国际组织对申办国的要求

根据以往经验，每个国际组织对申办其会议的国家的要求是不同的，有的国际组织只要求填写它的专用表格，但多数国际组织则要求申办国自己制作申办报告或投标书。申办报告的内容要求包括：

1. 组织大会的能力(政府支持、申办委员会拥有良好的资源；有先期举办大型综合性会议的经验；由国内同行业机构、部门的支持等)

2. 可靠的资金保障（如何保障大会之前国际组织的官方会议；会议期间代表的部分社交活动，如招待会、晚宴、专业参观、接待国际组织对拟办会议城市的考察等）

3. 保证有足够的主办国代表人数与会(具体说明以往会议的与会人数情况。根据我国国情，通常需降低本国代表注册费，如此则需做具体陈述)

4. 主办国会议举办地必须对海外、本地代表及随行人员具有吸引力，同时具备设施、规模、数量、功能都能够完全满足会议需要的会展中心。如要求会展中心有大小不等的各类会场、会议室、国际组织、组委会、秘书处工作室、试片室、设备室、同传设备室、壁报展示厅、展会厅、茶歇区、午餐区等。附近是否有足够的不同星级酒店，是否提供会议中心至代表下榻各酒店的区间班车接送代表,具体接送安排等。要求申办国有具体数据阐述以上问题,包括会议中心的位置图、会议中心会场示意图、会议中心相对于机场、市中心及周边酒店、商场、餐馆等地形图等。

5. 承诺与会代表能够顺利获得进出境主办国的签证。要求就申办国就签证的相关事宜进行一般性讲述,并指出需要特殊申请签证的国家及对其办理签证的具体要求等。

6. 对来自第三世界的代表及学生代表的资助政策(如减少或免除部分代表注册费、为其提供设施良好、费用低廉的住宿地等)

7. 安排代表感兴趣的专业参观单位和机构等。

8. 提供供代表选择的社会活动项目-会中及会后旅游路线,特色文艺演出、特色餐饮等。

9. 承诺按照国际组织的惯例,会后向国际组织上缴规定的资金数额。

10. 提交经费预算(要求以美元为单位计算):主要包括场租费、设备费(需要同声传译的会议还应包括同传设备费及同传人员劳务费等)、展场搭建费、大会工作人员费用、开幕式费用、茶歇费、场内外横幅、标示牌、鲜花、旗帜等装饰费、大会论文汇编、日程册、胸卡及其他宣传品编辑印刷费、公杂费及不可预见的费用等。

(四)制作投标书(英文版)

在对国际组织的章程和申办要求进行了充分调查研究的基础上,结合我国国情,制作出既符合国际组织要求、又具有中国特色的大会申办报告或投标书。需要特别注意的是,投标书的内容中应对在本国举办的意义、优势等方面要做特别阐述。

另外还有一点需要特别准备,根据我们的了解和经历,国外举办国际组织的会议多数都是请专门的会议公司(简称 PCO-PROFESSIONAL CONFERENCE COMPANY 的缩写)来承办运营,由会议的主办单位和会议公司签订协议,明确责权利;有的国际组织还要求使用他们指定的国际会议公司;而我国的情况多数为申办单位自己主承办会议,把会议中的一部分交由旅行社承办(旅游、交通甚至所住酒店等),是一种合作的模式。关于这一点,也需要做好充分准备,需要给国际组织一个明确的说法,有充分的理由说服他们我们自己就是真正意义上的 PCO。

对于申办国来讲,会议的申办报告是最主要的申办文件,因内容较多,多数情况下需要印制成册。在编辑印制时,要分两部分来做。第一是参照国际组织理事会成员的人数,印制成高质量印刷、配有彩色图片、制作十分精美的申办册子,分送给有投票权的各理事成员手中;第二种情况,则是根据历届参会的代表人数(多为数千名代表),以经过精简的内容印制成相对经济但也很精美的普通版本的申办册子,用于在会议期间向参会代表发放。

旅游部分,通常是非常吸引人的重要组成部分。一般情况下,这是旅行社的长项。最好通过竞标的方式,选择一家曾经合作过的、有良好信誉的国家级大旅行社,请他们出资制作一本针对该国际会议代表的旅游册子。

(五)制作竞标演讲报告

国际学术组织的申办活动通常是在其国际会议举行期间进行, 有的是投标其下一届的会议,有的则是投标再下一届的会议,各个国际组织有自己的惯例和规定。多数情况下是采取在其召开的理事会上竞标并决定胜出者。大会的申办活动除了要递交正式书面申办报告外,每个申办国还必须选派一名代表,按照国际组织限定的时间做竞标发言。各个国际组织对演讲人的时间要求不尽相同，但一般情况下，每位代表的发言时间是 20–30 分钟。根据具体要求，制定一个严谨的实施方案，比如以 30 分钟为例，可安排 10±分钟的多媒体播放，10±分钟的陈述；另外安排 8–10 分钟不等的解答问题（根据我们以往的经验，多数情况下，问题主要集中在拟举办城市的治安交通情况，会议中心的设施情况，各类酒店离会议中心的距离、价格，对第三世界国家代表及学生代表的优惠政策以及入境签证等方面的问题）。有时候，国际组织允许陈述人以外的申办人员回答问题或补充回答问题，这些都需要事先了解清楚并做好周密的准备。最好书面准备出有可能提出的问题和解答要领，以供陈述人及申办团队作前期准备工作时使用。

有时候，陈述人的气质风度和技巧以及演讲内容所起到的作用，要远比申办报告更直接更吸引人。因此一份言简意赅的的陈述报告和挑选一名合适的演讲人，就成为了一个至关重要的问题。制作陈述报告需要注意以下几个方面的问题：

→制作高质量的多媒体宣传片（可参照奥运会宣传片的制作模式）。内容包括代表中国和举办城市的精彩画面，会展中心的推介画面、专业领域的画面和以往成功举办过的大型综合性会议、尤其是国际会议的相关画面等。宣传片的播放时间不宜超过 10 分钟。

→演讲部分，实际上就是浓缩了的国际组织要求的申办书的内容，并注意强调在我国举办的意义、特色、所具备的能力以及对国际组织的承诺等，准备出一个内容精彩、画面精巧的多媒体幻灯片（PPT）。

（六）选拔竞标陈述人

竞标陈述人，要在申办工作的组委会或学委会中选拔。一定是学术造诣高、有一定国际影响力、知识面丰富、英语表达能力、应变能力强的专家型人选。在正式竞标演讲之前，要进行多次的演练，最好能有高人指点（如在该国际组织中任职、且明确表示支持在中国举办会议的外籍华人理事、外籍朋友理事或有过竞标陈述经验的专家以及国内的专业人士等）。

（七）做好配套公关活动

1. 通过网络及通讯联络，了解该国际组织负责申办国事宜的项目负责人或秘书的具体情况，通过他们清楚知晓国际组织接收会议申办国申请书的截止日期，投标的具体时间、地点、形式（如具体在什么会议上、所参加人员和人数、具体时间、具体地点；多媒体播放几分钟、演讲几分钟、解答问题多长时间等等），该国际组织中具有投票权的人员情况（国籍、通讯址等），以便申办报告能事先准确地到达这些人手中。

2. 审时度势，加强与国际组织理事会成员的联系与沟通。在申办前期，要利用一切机会接触和分别拜会这些国际组织内有影响力的负责人，尤其是那些平时与我们关系友好、比较熟悉的理事成员，一定要有目的地和他们接近约谈，主动向他们汇报我们的申办准备情况，征求他们的具体帮助和指导意见，争取他们对我国申办的支持，同时相机打探其他申办国的情况，以便做到心中有数。在进行这些活动时，别忘了带上具有中国或申办城市特色的纪念品。

3. 加强和有实力的国家组织交往和沟通，争取我国的申办工作获得他们的支持和帮助，也是申办活动能够取得成功的重要保证。中华医学会及其儿科学分会，历时三届用 8 年的时间终于在 1997 年荷兰阿姆斯特丹的第 22 届国际儿科大会上，获得 2001 年第 23 届大会在我国的举办权。这无疑也包括美国儿科学会的支持，当然对方也期待着美国申办下届会议时中国回投给他们的赞成票。

4. 为了扩大影响,增加宣传力度,我们通常要租用该国际会议展场中的一个展台,除了对展台进行外观装饰布置外,通常还租用一台电视机,滚动播放我们的申办宣传片,在展位处发放申办宣传册子、赠送具有浓郁中国特色及举办城市特色的小纪念品以及举办城市旅游局、旅行社提供的宣传材料等,我工作人员还要热情解答前来展位咨询的代表提出的各种问题。

(八)竞标表决

我们了解的大多数国际组织是在最后一个申办国陈述完毕退出会场后,在场的理事会成员即开始以无记名投票或举手表决的方式,确定胜出国。在当次大会期间,即可宣布竞标结果。也有一些国际组织是采取通过全体代表大会决定胜出者的,一种是理事会先将申办国筛选成2–3个候选申办国,之后申办国陈述人在全体代表大会上竞标,之后进行无记名投票或举手表决,票数最多者为胜出者;还有一种是所有申办国都参加竞标,全体代表或无记名投票或举手表决,票数最多者为胜出者。这样的情况,当场就可知道结果了。

(九)做好连续申办同一个国际学术会议的准备

与申办奥运会一样,大多数国际组织的会议很难一次申办成功,因而,会议的组织者要制定长远的申办计划,做好连续申办的思想准备。这就需要有目的的出席该国际组织的历届会议,做好公关和宣传工作,为下一次的投标活动打下基础,做好准备。

(十)确保经费到位

从申办活动开始,就会不断有经费支出,除了正常的办公费用外,直接用于申办活动的费用包括申办材料的制作费用、公关费用(如宴请费用和礼品费等)、申办人员的出国费用以及接待国际组织人员来我国考察的费用(客人在华的食宿、交通及宴请费用,有时还需承担他们的国际旅费),这些费用加起来一般至少要数十万元人民币。

虽然会议产业是一个投资回报率很高的产业,但是高利润总是伴随着高风险,比如可能竞标失败,比如即使成功,由于国际组织的大型会议举办规律所至,申办的会议多数都要等到几年之后才能召开,也就是说几年之后才有可能收回投资,在漫长的会议筹备期间,也可能会遇到各种突发事件(如SARS的到来,就使我们的许多国际会议不得不延期举行),这些因素更增加了投资的风险性,因而筹集申办资金远比会议申办成功后筹集会议的筹备资金要困难得多。因此,筹集足够的申办经费,是申办活动可以顺利进行的的重要保障,否则上述讲到的申办活动便无从做起。

根据中国国情,经费的筹集渠道一是获得上级主管部门的资助全额拨款(很难,除非是政府委托承办的会议)或部分资助;二是主办或承办单位出资或寻找合作伙伴,共同出资共同承担风险并分享利益;三是举办地政府部门如旅游局等物质上(礼品、旅游宣传品等)方面的资助等。

第五节 我国社会组织发起举办国际、多边、双边会议的注意事项

一、明确主办单位、共同主办单位(均需为具有法人资格的单位)、协办单位的职责;

二、确定会议中英文名称、学术内容、会议日期及地点、会议规模、经费预算及解决办法、附设展览情况等。

三、为了提高会议的权威性,在征得批准后,将主办单位的上级主管部门作为会议的支持

单位列在会议的通知书上。

四、为提高会议的国际影响，可邀请一些国际组织和国外机构作为会议的联合主办单位或支持单位。此事除需事先与对方协商并征得对方的同意，如对方有经济上的要求，则应慎重考虑，并根据情况与这些国外机构签订合同，明确其义务和权力。

五、办理报批手续(参照国际或地区性会议的报批程序)。

六、根据我国相关规定，在我国举办的国际会议，不允许冠以"全球华人 xx 会议 ""华人"等称谓，也不得使用"中国国际 XX 会议"的名称。

第六节　国际学术会议的正式筹备

在获得上级主管部门对于举办或承办国际会议的正式批件后，即可启动会议的筹备工作。会议的筹备工作，必须严格按照批准文件执行，不得擅自变更文件内容。如遇不可抗力的原因必须变更，则需及时向上级主管部门报告并重新履行报批手续。

一、成立组织机构

根据国际惯例，结合我国国情，一般情况下，在我国举办的国际会议，在申办国际会议时的组织机构人选基础上，成立下列组织机构：

(一)顾问委员会(International Consultant Committee/ International Steering Committee)

这是一个荣誉性的组织，多由国际和国内高级别的领导人、国际上知名的学术权威等相关人士组成，主要是为扩大会议的影响力，不负责会议的具体筹备工作。

(二)本地组织委员会(Local Organizing Committee，**简称组委会**)

由一名主席(有时根据需要设共同主席)、多名副主席及委员组成，有时还会根据需要设立名誉主席。组委会是会议的主要领导机构，其职责是对国际组织和会议的其他工作班子负责，定期向他们通报情况、交流信息；选定秘书长、司库及若干副秘书长(注：秘书长是整个会议筹备工作的关键人物，应选择年富力强、英语听、说、读、写能力高、有相当行政管理和组织工作才干的专业技术人员担任)；对大会秘书处的工作给予及时指导、监督和检查；根据会议的筹备进展，适时召开全体会议，以保证筹备工作的顺利进行和会议的成功举办。(注：司库多由秘书长兼任)

(三)学术委员会 (Scientific Committee **或** Academic Committee，**简称学委会**)

由一名主席、若干名副主席及委员(具体人数视会议的规模而定)组成。

衡量一个医学学术会议是否成功的关键是学术的日程和内容，学委会负责制定学术日程、确定会议的学术交流主题和内容、论文的征集、审稿、定稿、壁报以及会议期间各会场主持人、发言人等，整个会议筹备和举办期间所有与学术相关的一切活动和协调事宜。

(四)秘书处 (Secretariat)

秘书处是一个常设机构，它在组委会的领导下负责会议筹备及举办过程中的全部会务工作。其日常工作是在秘书长的具体领导下进行。为保证工作的顺利开展，秘书处需要定期或不定期地召开会议，沟通情况，交流信息，研究商讨工作以及指导其所属各职能小组的工作；定期、如遇紧急情况及时以口头或书面形式向大会领导报告情况；根据工作内容的不同，秘书处之下需要设立不同的工作小组。各个会议主办者所设工作小组数或名称会有所不同，但所承担的工作内容基本相同。通常所设立的工作组大致如下：

1.宣传组

职责：建立会议专用网站，并随时进行网页的维护与更新；在国内外相关医学杂志上刊登大会信息；向各国相关医学组织及医生发送会议通知；向国际组织上一届会议组织者索所要与会代表个人信息，如电子邮箱、通讯址等；探讨并争取在国外相关医学杂志刊登廉价广告及为代表争取国际认可的学分的可能性；组织大会的新闻发布会；办理专家参加相关专业国际会议，为大会做宣传的相关手续；及时与其他各相关工作组的沟通、协调和衔接工作。

2.学术组

职责：配合学术工作委员会，收集整理中外代表论文并建立论文电脑处理数据库；协助学委会制定特邀代表的分类原则；协助安排特邀代表的日程；对壁报进行整理、编号和现场的管理；会议期间收集、试用幻灯片及试片室人员的组织、培训及管理工作；安排卫星会议及收集整理卫星会日程；组织审稿会；编辑、校对学术论文集及学术日程册；协助学委会安排学术日程；为大会代表申请办理继续教育学分；会议期间的学术参观活动等；及时与其他各相关工作组的沟通、协调和衔接工作。

3.注册组

职责：先期注册—用专业的数据库处理软件 ACCESS 建立与会代表数据库；解答回复代表提出的各种问题；协调安排代表的旅游及住宿；处理代表寄来的回执表；给境外代表办理签证邀请信手续。

现场注册—注册台的联络及搭建工作；利用计算机局域网提供电子化的方便快捷的现场注册服务；为注册提供有经验的工作人员；对志愿者的培训工作；及时与其他各相关工作组的沟通、协调和衔接工作。

4.会务组

职责：和组委会、学委会专家共同接待相关国际组织官员的视察活动，安排好日程并提供陪同人员；在组委会指导下，确定大会会徽；制作大会信封信纸；编辑、制作所有与大会有关的各种出版物，包括各轮会议通知、日程册、论文摘要、招展集资手册、厂商手册、代表须知、代表通讯录等；制作、打印代表胸卡；制作大会各种证书和请柬；制作会议资料袋；协助组委会、学委会准备所需礼品和标牌；安排会议期间的茶歇和代表用餐；与大会指定的特约旅行社、航空公司、展台搭建商、运营商及酒店、餐馆等，签订合同并完成跟进落实工作；预定大会会场；布置会场；会议期间的设备管理与使用；会场志愿者等人员的培训与组织管理；处理会场突发事件；负责与大会指定旅行社的联络与沟通，要求其提供大会中英文通知中的与旅游相关部分的内容，监督管理会议期间、会前、会后的旅游安排及参观活动等；及时与其他各相关工作组的沟通、协调和衔接工作。

5.社会活动组

职责：组织落实大会的开幕式/开幕宴会；邀请落实相关领导人出席、休息室等并准备发言稿；联系安排管理会议期间大会班车租用、运行、管理及其他各种车辆的使用等；组织大会其他各项社会活动；及时与其他各相关工作组的沟通、协调和衔接工作。

6.招展集资组

职责：在专家指导下，制定招展集资策略、广告与展位分配方式、催款制度、制作招展集资章程；协助厂商完成各项赞助活动；对每一笔款项进行确认；定期整理并及时汇报招商集资进展情况；展台的搭建及会议期间，展场的管理与协调；及时与其他各相关工作组的沟通、协调和衔接工作。

7.综合组

职责：办理与会议相关的各种手续，包括公安、消防、海关、交通等一系列报批手续及相关协调工作；密切配合相关安保及交通部门的工作，共同担负起会议期间的安全保卫工作（会场、展场及代表所到之处）、迅速处理突发事件（如会议代表的突发疾病、护照和钱财等贵重物品的丢失以及一些不利于我国安定团结的政治活动等）；及时与其他各相关工作组的沟通、协调和衔接工作。

8.财务组

职责：设立大会专用财务账户，并提供给会务组，用以刊登在发给代表的会议通知上；制作专门向国际组织提交的英文会前经费预算；编制供内部使用的大会经费预算；收取代表及参展商的参展费及赞助费（会前及会议期间）；支付会议期间的各种费用；阶段性地、如遇特殊情况应及时地向秘书处领导汇报会议的收入支出状况；会议结束，及时结清所有与会议相关的账目；按规定作出向国际组织报告的英文会议经费决算，并按协议规定向国际组织汇款所应上交费用；完成供内部使用的财务决算报告；及时与其他各相关工作组的沟通、协调和衔接工作。

二、会议的阶段性筹备

在完成上述会议的报批手续及组织机构的建立后，即可按照会议的前期、中期、中后期、后期、会前、会中及会后等阶段进行筹备工作。

（一）前期筹备阶段

1. 制定会议筹备工作进程表
2. 征稿/确定会议形象设计-会徽、所有出版物封面等
3. 确定大会日程、国内外特邀代表名单及待遇政策、编制中英文会议经费预算
4. 确定注册费标准和内容、注册截止日期确定展位收费标准、赞助政策
5. 通过招标方式选择确定会场、酒店、旅行社、搭展商、印刷厂、汽车公司等
6. 根据学术日程和预计参会代表人数预定会场、展场、酒店、大轿车等，确认价格，签订协议书
7. 与旅行社确认旅游路线和价格并签订协议书
8. 与会议选定的印刷厂确认价格，签订协议书
9. 建立会议网站并注意及时维护和更新网页内容
10. 编辑、印制、寄发会议的第一轮/首轮通知
11. 在选定的国内外相关出版物上刊登会议会讯和广告
12. 数据库的分别建立、启用、管理与更新（注册、论文接收、参展、住宿等方面的数据库）

13. 印刷、发放招展集资书，向企业做宣传联络工作

14. 召开第一次新闻发布会

（二）中期筹备阶段

1. 召开筹备会：通报情况、提出、研究、协调、解决问题并安排下一步的工作

2. 编辑制作会议第二轮会议通知

3. 继续做好会议宣传工作

4. 充分利用会议网站和数据库对代表的各类信息进行处理：录入、回复代表的各类问询，如注册、学术、交费、酒店、旅游、宴会、演出等

5. 做好代表分类：特邀、普通、学生、随行人员、国际组织代表，处理并回复确认代表回执表

6. 给特邀代表发邀请函、确认函（被邀做大会、分会及其他各类会议发言人、主持人；给予的待遇及费用提供情况；随行人员待遇等）

7. 接收、编辑、录入论文摘要（论文名称、国家、姓名、单位、通讯址等），同时予以编码；加工修改论文格式

8. 向每位被邀请/投稿人回复确认论文被录用情况（口头、发言、壁报、退稿等）

9. 组织召开审稿会

10. 编制印刷第二轮招展集资书

11. 做好参展商的跟进工作：意向、展位、付款方式/期限、特殊要求等

（三）中后期筹备阶段

1. 根据确认的详细日程，对会场预定做相应变更，并予以再次确认

2. 根据组委会决定和要求，上报和代拟邀请上级领导人出席大会开幕式的请示报告及代拟讲话稿

3. 编辑制作第三轮会议通知

4. 继续做好大会宣传

5. 进一步落实领导人出席开幕式的情况

6. 与海关联络并办理相关海关报批手续，为国外厂商产品顺利入境做好相应准备

7. 办理公安、消防方面的相关报批手续

8. 如需要同声传译，联络落实同传人员及设备

（四）后期筹备阶段

1. 协商、审核、确任、落实大会开、闭幕式、宴会、文艺演出等重大社会活动的的各项具体事宜

2. 制定会议班车使用计划，确认使用车辆，与大会指定的汽车公司确认落实车辆及调度等工作人员

3. 审核、确认参展厂家数、付款情况、赞助、展位、广告等方面的情况

4. 进一步确认与落实休息室、留言中心、网吧、水吧、物品寄存处、资料包及注册台等方面的情况

5. 进一步确认落实全体会议、分会场会议、卫星会议、宴会场地以及各会场所需设备的准

备情况

6. 组织召开各工作组筹备会议,汇总情况,通报信息,逐一审核、协调、确认、落实各项会务工作

7. 发送各类邀请信(含国外代表签证邀请信)

8. 安排落实为会议摄影摄像的人员,明确其职责

9. 检查落实注册台、展台及所有会议所需会议设施的搭建实施方案

10. 联系、落实志愿者及相关工作人员,制定培训计划

11. 根据需要,适时组织落实大会期间的出版物"新闻报"编辑班子的人员,拟定实施方案;写出每期初稿

三、精心做好会议期间的管理

(一)会议开幕前的工作

1. 准备出所有各类会议、各场次发言人在会场或试片室用的名卡条

2. 验收资料包、汇编、日程册、请柬、胸卡、代表须知、餐券、现场注册登记表及赞助商的印刷品

3. 接待、安排好先期抵达的 VIP 及相关工作人员的各项事宜

4. 向大会组委会做最后筹备工作汇报,同时制定出各类劳务费用标准

5. 检查验收各会场、休息室等的布置-装饰、横幅、各类设备及人员到位情况;展场、注册台、试片室、网吧、水吧、及相关服务设施搭建完毕,展位全部到位

6. 向酒店提供住房名单;按协议支付定金

7. 打印胸卡、证书

8. 准备好学分证书

9. 按要求与会议中心安保部门、所在地区公安部门召开安保、防火、防盗、处理突发事件的联席会议,明确职责,　落实到人

10. 确认落实与开幕式相关的一切事宜:工作人员迎送贵宾、送资料/纪念品、领位 – 大堂、主席台、休息室等;场地布置、设备到位、主席台鲜花、座位及名卡摆放等;大型会议一定要事先进行实地彩排

(二)会议期间的会务工作

1. 注册台分区工作:前期注册(中宾)、前期注册(外宾)、现场注册(中宾)、现场注册(外宾)、VIP 注册、团组注册、厂商注册、收费、旅游、住宿(含回程票)、领包、问询等

2. 做好各项管理与协调工作:开、闭幕式;代表餐饮;社会活动;注册台问询;会场服务人员与设备;展场问询及服务;班车人员与服务;酒店住房及问询服务;各项服务设施—网吧、水吧、留言中心、物品寄存等

3. 发放继续教育学分

4. 发放劳务费、报销各相关费用

5. 逐一核准各参展商费用到位情况

(三)会议闭幕后的会务工作

1. 及时结清所有相关账目：会场、各酒店、餐饮、交通、设备、印刷、旅游、展台搭建及其他相关费用

2. 核准、了结参展商费用方面的未尽事宜

3. 做出大会财务决算

4. 做出大会书面总结；制作大会总结光盘

5. 向国际组织提交英文总结报告；按协议规定向国际组织上缴费用

6. 完成大会档案整理工作

中华医学会对外联络部原主任　马素云

第十五章　政府职能转移与学会协会能力建设

第一节　学会协会承接政府职能转移

社会组织是政府职能转变中的重要合作者。随着我国改革开放的不断推进,政府和市场、国家和社会间的关系发生了根本的变革，中国从全能主义政府转向有限政府，政府通过扮演“掌舵者”、制度安排者和监管者的角色,将职能转变到“经济调节,市场监督、社会管理和公共服务”上来,将大量的职能移交给市场和社会组织。政府管不了、管不好的事情必须交给市场和社会组织来做,已经成为中国社会和决策层的共识。

一、承接政府职能转移的政策措施

2004 年 3 月,十届人大二次会议上的政府工作报告强调推进政府职能转变,提出“要加快政企分开,进一步把不该由政府管的事交给企业、社会组织和中介机构,更大程度地发挥市场在资源配置中的基础性作用”。

2005 年 3 月在十届人大三次会议上的政府工作报告中,再次要求“进一步推进政企分开、政资分开、政事分开。坚决把政府不该管的事交给企业、市场和社会组织,充分发展社会团体、行业协会、商会和中介机构的作用”。

2006 年,中共中央十六届六中全会在《关于构建社会主义和谐社会若干重大问题的决定》专门论述了“健全社会组织,增强服务社会功能”的问题,并提出“推进政事分开,支持社会组织参与社会管理和公共服务”。

2007 年中共十七大报告在党的历史上第一次将社会组织放到全面推进社会主义经济建设、政治建设、文化建设、社会建设“四位一体”的高度进行全面而系统的论述。

2008 年的政府工作报告和中共十七届二中全会审议通过的《关于深化行政管理体制改革的意见》都对如何转变政府职能,发挥社会组织在社会管理和公共服务中的作用作了描述。

作为改革开放的前沿地,广东省从 2005 年起,出台多个重要文件和重大举措,对推进政府职能转移,起了重要的促进作用。《广东省行业协会条例》第二十九条规定,政府及其有关部门委托行业协会承担公共事务的,应当向受委托的行业协会支付费用。中共广东省委广东省人民政府《关于发挥行业协会商会作用的决定》第 9 点提出“建立委托授权机制。以行政许可法为依据,加快政府职能转变”。2008 年 9 月,中共广东省委办公厅、省政府办公厅出台的《关于发展和规范我省社会组织的意见》明确要求，政府各部门要对各自承担的职能进行全面梳理和分解,逐步将公民、法人和其他组织能够自主解决、市场机制能够自行调节、社会组织通过自律能够解决的 3 大类 17 项职能转移出去,并结合政府机构改革,在部门“三定”规定中明确转移事项。为落实《关于发展和规范我省社会组织的意见》,省编办在部门“三定”规定(“职能配置、内设机构、人员编制”规定)中明确将一些行业管理与协调性职责、社会事务管理与服务性职责、技术服务性职责交给社会组织或事业单位，据统计，各部门明确划出此类职责130余项。

二、承接政府职能转移的情况

近年来，不少地方、部门积极探索，将各部门可由社会组织承担的事项，交由社会组织承担，通过向社会组织购买服务来实现公共责任和义务。政府相关部门则通过加强引导、扶持管理和监督，强化标准化建设、资质审查、跟踪指导和绩效评估，为社会组织提供良好的发展条件。一些社会组织承接了政府向社会分离和转移的包括资料编纂、评选推荐、资质初审、项目推荐、科研课题、人员培训、运行分析、等级评定、行业统计等社会管理和社会服务职能，体现了政府与社会组织在公共服务领域的互动和良好合作关系。据广东省统计，2009年共有138个全省性社会团体承担了政府委托、转移的职能326项(其中62个行业协会承担政府职能169项；13个联合性社团承担政府职能20项；37个学术性社团承担政府职能79项；26个专业性社团承担政府职能58项)。较其他类别社会团体，行业协会是承接政府职能转移的主体，2007-2009年，共有151个全省性行业协会承担了政府委托、转移的职能544项(其中2007年212项，2008年167项，2009年169项)。广东省食品行业协会，充分发挥质量、标准、工程师等27个专业技术专家委员会的作用，在省经贸委的协调下，起草了100多万字的《广东省食品产业竞争力研究报告》，并通过专家的论证，由省政府颁布实施。广东省特种设备行业协会接受省质量技术监督局转移的省级受理的特种设备生产有关的共5类13个行政许可项目的资质鉴定评审和11个项目的特种设备作业人员的考试工作。社会组织在推进行政管理体制改革，形成“小政府、大社会”管理格局中的作用日益彰显。

三、政府职能转移的内容

根据中共广东省委办公厅、广东省人民政府办公厅《关于发展和规范我省社会组织的意见》，“除法律法规另有规定外，政府各职能部门要逐步将公民、法人和其他组织能够自主解决、市场机制能够自行调节、社会组织通过自律能够解决的事项转移出去”。其中，主要包括3类17项职能：

(一)行业管理与协调性职能：行规行约制定、行业准入审核、等级评定、公信证明、行业标准、行业评比、行业领域学术和科技成果评审等；

(二)社会事务管理与服务性职能：法律服务、宣传培训、社区事务、公益服务等；

(三)技术服务性与市场监督等职能：业务咨询、行业调研和统计分析、决策论证、资产项目评估等。

四、政府职能转移的方式

政府有关部门通过移交、委托和授权等方式将职能依法转移给社会组织。

移交是指按照政企、政事、政会分开的原则，将政府部门行政许可等行政管理职能以外的服务职能，移交给社会组织承担，由其通过市场运作，实行为企业、事业、社会以及为政府提供公正、公开、公平的有偿服务。行规行约制定，行内企业资质认定及等级评定，专业技术职称、执业资格评定、行检行评等方面职能，可依法移交社会组织。

委托是指行政机关在其职权职责范围内,依据法律、法规、规章将相关行政职能或行政事项委托给社会组织;社会组织仍以委托机关的名义实施管理行为和行使职权。行业调查、统计、规划、培训、考核等工作,行业内重大的投资、改造、开发项目可行性的前期论证,以及对项目的责任监督,可依法委托社会组织完成。

授权是指法律、法规将某项或某方面职能授予社会组织行使,由社会组织以自己名义组织实施,并直接对外承担相应法律责任。行业评优评奖、出具产品原产地证明、泛珠三角行业区域合作等活动,可依法授权社会组织开展。

政府职能的移交、委托和授权,应以法律、法规和规章为依据。政府部门承担的行政许可、行政决策、行政处罚、行政强制、行政执法监督等职能不得委托给社会组织承担。

五、承接政府职能转移的资质

目前,对社会组织承接政府转移职能的的资质认定,最常见的做法是对社会组织进行评估,对获得3A及3A以上的社会组织推荐给政府相关部门,可以优先接受政府职能转移。

社会组织评估,是指各级人民政府民政部门为依法实施社会组织监督管理职责,促进社会组织健康发展,依照规范的方法和程序,由评估机构根据评估标准,对社会组织进行客观、全面的评估,并作出评估等级结论。

社会组织评估结果分为5个等级,由高至低依次为5A级(AAAAA)、4A级(AAAA)、3A级(AAA)、2A级(AA)、1A级(A)。

(一)社会组织评估工作原则

1.分级管理原则

2.分类评定原则

3.客观公正原则

(二)社会组织申请参加评估的条件:申请参加评估的社会组织应当符合下列条件之一:

1.取得社会团体、基金会或者民办非企业单位登记证书满两个年度,未参加过社会组织评估的;

2.获得的评估等级满5年有效期的。

(三)社会组织评估的内容:对社会组织评估,按照组织类型的不同,实行分类评估。

1.社会团体、基金会实行综合评估,评估内容包括基础条件、内部治理、工作绩效和社会评价。

2.民办非企业单位实行规范化建设评估,评估内容包括基础条件、内部治理、业务活动和诚信建设、社会评价。

(四)社会组织评估工作的程序

1.发布评估通知或者公告;

2.审核社会组织参加评估资格;

3.组织实地考察和提出初步评估意见;

4.审核初步评估意见并确定评估等级;

5.公示评估结果并向社会组织送达通知书;

6.受理复核申请和举报；

7.民政部门确认社会组织评估等级、发布公告，并向获得 3A 以上评估等级的社会组织颁发证书和牌匾。

（五）社会组织评估结果的运用

社会组织评估等级有效期为 5 年。

获得 3A 以上评估等级的社会组织，可以优先接受政府职能转移，可以优先获得政府购买服务，可以优先获得政府奖励。

获得 3A 以上评估等级的基金会、慈善组织等公益性社会团体可以按照规定申请公益性捐赠税前扣除资格。

获得 4A 以上评估等级的社会组织在年度检查时，可以简化年度检查程序。

六、承接政府职能转移的绩效评估和奖惩机制

对转移给社会组织承担的职能事项，转移出职能的政府部门对有关社会组织设立为期 3 年的指导期，对其加强资质审查、跟踪指导和绩效管理，并及时发现和研究解决政府职能转移过程中出现的新情况、新问题。对社会组织承接政府职能的组织机构、专职人员的综合素质（人员的年龄、文化、专业知识结构等）、规范运作能力和运作效率、社会公信力等进行绩效评估，对诚信守法、严格自律和作用突出的社会组织给予表彰；指导期内发现社会组织不具备承接条件或所转移职能不适宜由该社会组织承担时，政府部门按程序收回相应职能。 建立公示制度，政府对社会组织的表彰，以及对其违法违规问题的查处，以适当方式公示，接受社会舆论监督。

第二节　政府向学会协会购买服务

一、什么是政府购买服务

所谓“政府购买服务”（Purchase of Service Contracting，简称 POSC），是指政府将原来直接提供的公共服务事项，通过直接拨款或公开招标的方式，交给有资质的社会服务机构来完成，最后根据中标者所提供服务的数量和质量，来支付服务费用。简言之，即政府提供资金、社会组织承包服务、合同关系实现特定公共服务目标的机制，其本质上是公共服务的契约化提供模式。它要求作为购买方的政府和作为被购买方的社会组织之间保持独立性，社会组织独立决策、独立运作、承担责任，政府依据合同进行管理，对绩效进行独立的评估。

二、政府购买服务的范围和事项

各级财政部门会同各主管部门开展政府购买社会组织服务试点工作，一般选择在行业协会类、学术联谊类、咨询经纪类、鉴证评估类、公证仲裁类和公益服务类等六类社会组织的范围内实施，具体包括以下内容：

（一）行规行约制定、行业准入审核、等级评定、公信证明、行业标准、行业评比、行业领域学术和科技成果评审等行业管理与协调性职能工作。

(二)法律服务、宣传培训、社区事务、公益服务等社会事务管理与服务性职能工作。

(三)业务咨询、行业调研和统计分析、决策论证、资产项目评估等技术服务性职能与市场监督等职能工作。

(四)中央及上级主管部门部署或确定的需要向社会组织购买服务的职能工作。

目前,政府购买社会组织服务可在社区卫生服务、社区养老服务、城市公交服务、咨询服务、职业培训、行业评比、决策论证、成果评审等方面优先开展试点工作。

三、政府购买服务的模式

政府购买服务的模式主要分为三种:竞争性购买、指定性购买和协商性购买。

(一)竞争性购买

竞争性购买的关键要件有两个: 一是公开招投标; 二是建立在不同主体契约关系之上的购买程序和购买合同。以案例说明,2009 年,上海市民政局利用“福利彩票公益金如何使用”这个问题作为契机,在全市大规模地推动了公益服务招投标项目(以下简称“公益招投标”)。由市民政局每年制定公益招投标的方案,包括当年拟提取公益金的具体比率、拟资助的项目或资助的范围等,经市政府批准后实施。之后,市民政局将公益金资助项目的评审工作委托给第三方公益性组织(现为“上海市社区服务中心”),形成招投标的平台,由其面向社会公开招标、投标、并将评审结果报市民政局, 由市民政局实施审批。能够提出投标申请的是依法登记的社会团体、民办非企业和公益性非营利的事业单位。 福利彩票公益金改“拨”(财政拨款)为“招”(招投标),促使社会组织积极参与公共服务的提供,既是对公益金资助项目评审方法的改革探索,也丰富了政府购买社会服务的内涵。

(二)指定性购买

指定性购买意味着购买主体之间并非通过招投标, 而是通过指定、委托等方式完成的购买行为。指定、委托的对象一般是政府成立的社会组织。如在政府由于编制所限而无法承担大量事务性工作的情况下, 由政府出资建立社团或民办非企业单位, 再由这些社会组织行使政府转移的部分职能的运作方式。在此模式中,社会组织、项目等都由政府指定而非公开招投标。现在大部分官办社会团体属于此类情形。

(三)协商性购买

协商性购买是通过委托、协商等方式完成的购买行为。协商委托的对象一般是民间自发形成的社会组织,也可以是政府主导的社会组织。如上海“罗山市民会馆”模式。1995 年,上海浦东新区社会发展局兴建了罗山市民休闲中心,为了提高休闲中心管理效率,该局不是依靠街道办事处和居委会等传统的社区管理模式,而是通过协商,委托上海基督教青年会出面管理,并于 1998 年接受政府养老服务的委托。

四、政府购买社会组织服务的资金安排

政府购买社会组织服务按照支出总量控制、养事不养人的原则进行资金安排。各级财政部门根据同级政府部门职能转移的方案,对购买社会组织服务的有关事项进行梳理,优先在现有相关经费中安排,具体包括:

(一)政府购买服务的资金已经纳入预算管理的,属于县级以上财政部门直接或委托购买社会组织的服务,由财政部门按照签订的合同,审核后采取国库直接支付的方式支付给提供服务的社会组织。

(二)政府购买服务的资金已经纳入各部门(单位)专项资金和业务经费开支的,属于各部门(单位)直接或委托购买社会组织的服务,由各部门(单位)按照签订的合同,审核后通过国库授权支付的方式,支付给提供服务的社会组织。

(三)政府购买服务属于本年度新增专项资金的,按照专项资金管理的有关规定,向本级财政部门申请,经批准同意后,比照上述(一)、(二)点意见进行安排和支付。

五、承接政府购买服务的组织资格条件

(一)严格依照有关法律法规登记、设立和运作,具有独立承担民事责任的能力;

(二)具有健全的法人治理结构,完善的内部管理制度和民主监督制度;

(三)建立健全独立的财务管理、财务核算和资产管理制度;

(四)经县级以上民政部门评估,获得3A级(含3A级)以上等级的社会组织;(有关社会组织评估条件和程序见"政府委托职能章节")

(五)具备提供公共服务所必需的设备和专业技术能力;

(六)在参与政府购买服务项目前三年内无重大违法违纪行为,社会信誉良好;

(七)政府购买服务主体提出的其他专业方面的合理资质要。

六、政府购买服务的流程

(一)政府部门确定购买服务的项目。各级财政部门根据各自的工作职责,结合本地区经济发展水平、财政承受能力以及实际需求,会同各主管部门确定本年度购买社会组织服务的项目。

(二)凡符合承接政府购买服务项目的标准和要求、具备相应服务能力和资质的社会组织,都可以申请承接购买服务项目。实施购买服务主体应当采取公开招标、邀请招标、竞争性谈判、单一来源采购以及经县级以上人民政府确定的其他方式,在具备资质的社会组织中,公开、公平、择优选择承接购买服务的社会组织。

(三)确定承接政府购买服务的社会组织后,实施购买服务主体(或委托授权单位)应及时与该社会组织签订购买服务合同,明确购买服务的时间、范围、内容、服务要求、资金支付和违约责任等内容。

(四)在确定购买服务项目和承接社会组织后,各级财政部门应会同各主管部门认真制订支付标准。支付标准应以能够合理补偿承接政府购买服务社会组织的人工和耗材等成本为依据。支付标准可以随当地物价和工资水平的变动进行合理调整。

(五)考核评估。考核评估的基本内容包括社会组织资质、服务需求、服务过程、服务质量、服务效果。建立各项服务的细致的、合理的考核评估指标体系。评估标准主要包括服务供应方的资质标准、服务质量标准、服务计量标准、服务成果评价标准等。具体内容由政府主管部门根据服务领域特点分别确定。事前,采用需求及组织资质评估的办法,确定购买项目及服务提供

者；事中，采用政府部门抽查、服务消费者反馈意见、社会公众监督、服务组织自律性评估相结合的方式评估，以保证组织自身按照协议规定及行业规章制度进行运作；事后，依照合同要求和评估标准对购买的服务事项实施情况评估。

七、政府购买社会组织服务的监督和绩效评价工作

（一）政府购买服务主体应对项目实施进行全程监管，对社会组织履行协议的过程进行监督，及时发现问题并依规处理。

（二）政府购买服务主体要严格执行有关法律法规和财经纪律，政府购买服务的全过程应当公开，社会组织应当公开其提供公共服务情况、资金使用情况等信息，建立信息公开制度，并依法接受财政、监察、审计等部门的监督检查。

（三）根据绩效评价的有关规定，制订绩效评价指标、标准、方法和内容，对政府购买服务项目实施绩效评价管理。根据评价结果，提出购买服务实施过程中存在的问题和改进的建议。对评价结果优秀的，可给予适当奖励；对评价结果为差的，应取消该社会组织承接政府购买服务的资格。

八、相关政策文件

在国家层面上，《中国农村扶贫开发纲要：2001—2010》在“十一五”扶贫工作的基本思路中提出鼓励和支持中介组织、民间组织参与扶贫项目的实施。2002 年，国家艾滋病防治社会动员项目设立专项资金，每年招标，支持社会组织参与艾滋病防治工作。2006 年财政部、国家发改委、卫生部联合下发《关于城市社区卫生服务补助政策的意见》，指导政府购买城市社区公共卫生服务试点。2007 年国办发 31 号文《关于加快推进行业协会商会改革和发展的若干意见》，明确提出建立政府购买行业协会服务的制度，对行业协会受政府委托开展业务活动或提供的服务，政府应支付相应的费用，所需资金纳入预算管理。2008 年，国务院《珠江三角洲地区改革发展规划纲要（2008–2020 年）》明确提出“鼓励社会组织和企业参与提供公共服务”。这些都说明政府在使用财政资金提供公共服务方面，开始逐步考虑到社会组织的参与。

在地方层面上，2005 年，无锡市委下发市改革工作领导小组公共财政体制改革办公室制定的《关于政府购买公共服务的指导意见（试行）》，提出“政府承担、定项委托、合同管理、评估兑现”的公共服务提供方式，鼓励政府将直接举办的公共服务事项通过一定程序委托给非营利组织完成。2005 年上海浦东新区政府出台《关于促进浦东新区社会事业发展的财政扶持意见》，其后相继出台《着力转变政府职能，建立新型政社合作关系的指导意见》、《关于促进浦东新区民间组织发展的若干意见》及《浦东新区关于政府购买公共服务的实施意见（试行）》，2008 年静安区民政局、财政局共同下发《关于静安区社会组织承接政府购买（新增）公共服务项目资质的规定》，对购买服务的流程、评估和标准做了规范。

2008 年《中共广东省委办公厅、广东省人民政府办公厅关于发展和规范我省社会组织的意见》对建立政府购买服务制度进行细化，要求“抓紧制定政府购买社会组织服务的具体实施办法。政府购买社会组织服务的经费纳入年度财政预算。根据社会组织提供服务的数量和质量，按照一定的标准进行审核后支付费用；或采取‘政府承担、合同管理、评估兑现’的契约方

式。部分特殊事项在一定时期可以实行定向购买服务。为确保改革取得成效，可先在条件成熟的领域试点，在此基础上及时总结经验，逐步扩大购买服务范围”。2009 年，广东省财政厅下发《关于开展政府购买社会组织服务试点工作的意见》，明确政府购买社会组织服务的具体程序。2011 年 3 月东莞市政府出台《东莞市政府购买社会工作服务实施办法（试行）》和《东莞市政府购买社会工作服务考核评估实施办法（试行）》，进一步完善政府购买服务制度。

九、实践经验

据不完全统计，2009 年，共有 184 个全省性社会团体获得不同额度的政府购买服务收入，共获得收入 9820.8 万元（其中 32 个行业协会获购买服务收入 1094.9 万元，31 个联合性社团获 1718.1 万元，78 个学术性社团获 3855.4 万元，43 个专业性社团获 3152.4 万元）。2007–2009 年，共有 53 个全省性行业协会获得不同额度的政府购买服务收入，共获得收入 3272.8 万元（其中 2007 年为 884.9 万元，占年度总收入的 5.2%；2008 年为 1298.7 万元，占年度总收入的 7.6%；2009 年 1094.9 万元，占年度总收入 4.9%）。部分社会组织的政府购买服务收入超过组织年度总收入的 70%，

在广州，政府购买公共服务起步于 2007 年。最初的试点是海珠区政府出资 200 万元，向启创社会工作发展协会购买了 3 条街道和两所中学有关青少年事务的服务项目。接着，荔湾区投入 100 万元，向广州市大同社会服务中心、荔湾区逢源人家服务中心等多家民办社工机构购买服务，服务内容包括向该区 8 个试点街道的老年人、青少年、残疾人、困难群体的家庭服务。广州政府的"订单"在快速增加。2008 年，广州政府购买服务的资金为 400 万元。2009 年，广州市开展社工人才队伍建设暨政府购买服务试点的深化拓展工作，全市申报 47 个项目，市、区两级财政投入逾 2000 万元。2011 年，购买服务资金进一步增加为 8000 万元。

第三节　社会组织自律建设

一、社会组织自律建设的内涵

社会组织自律建设即做到对内健全法人治理结构，完善内部管理制度，坚持民主办会、民主决策，逐步形成自我约束、自我管理、自我教育和自我服务的自律机制；对外严格按照国家法规、政策和章程开展业务活动，坚持非营利性原则，提供优质诚信服务，树立良好社会形象，不断提高社会组织的社会公信力。

二、社会组织自律建设的意义

以邓小平理论和“三个代表”重要思想为指导，深入贯彻落实科学发展观，通过开展社会组织自律建设活动，规范社会组织行为，全面提高社会组织的素质，进一步加强和改善社会组织管理工作，使社会组织在建设社会主义和谐社会中发挥更大、更积极的作用。

三、社会组织自律建设的主要内容

(一)对内加强社会团体规章制度建设。

要健全权责明确、协调运转、有效制衡的法人治理结构,明确会员大会、理事会、监事会和管理层的职责,强化章程的核心地位,通过建立和完善内部组织建设、规章制度建设、民主决策机制建设等内容,提高社会组织的自身素质和活动能力,从制度上促进社会组织依法、按章程开展活动。

(二)对外全面推行服务承诺制度。

社会组织要建立服务承诺制度,公开服务内容、服务方式、服务责任,收费标准,做到内容明确,责任到位。向社会公布举报电话,以便有效地接受社会监督,更好地为社会提供服务,借助社会舆论监督机制,强化社会组织社会责任,全面提升社会组织的社会形象。

(三)建立健全社会组织监督体系。

建立社会团体综合监管体制,登记管理机关依法登记和管理,主管(指导)部门负责政策引导和业务指导,外事、公安、安全、劳动保障、财政、税务等相关部门在各自职责范围内管理监督,形成相互配合,齐抓共管的工作格局。逐步完善法律、行政、社会和舆论监督体系,加强对社会组织自律能力和自律效果的社会监督。

(四)坚决查处社会组织的违法行为。

打击非法社会组织,为社会组织的发展提供一个良好的社会环境。同时,动员社会各界参与监督,发动群众举报社会组织的违法行为。

四、目前开展社会组织自律建设的主要做法

(一)落实社会组织重大活动报告制度

社会组织开展的重大活动必须按照登记管理机关发布的社会组织重大活动报告制度,按规定的范围、内容、要求、程序、时限等来严格执行。

1.社会团体确需对章程进行修改、调整的,应在报会员大会(会员代表大会)审议前,书面征求业务主管(指导)单位和登记管理机关意见。章程修改经会员大会(会员代表大会)审议通过后,社会团体应按照《社会团体登记管理条例》规定,及时报登记管理机关核准。社会团体修改章程未履行规定程序的,登记管理机关不予受理章程核准。未经核准的章程,不作为社会团体开展活动的依据,社会团体不应擅自发布。

2.社会团体会员大会(会员代表大会)、理事会(常务理事会)的召开,领导成员的任期都应遵照章程规定。社会团体会员大会(会员代表大会)因特殊情况需提前或延期进行换届的,应事先以书面形式报业务主管(指导)单位和登记管理机关批准同意,社会团体应当在批准期限内完成换届。

3.社会团体负责人备案,按照“一届一备、变更必备”的原则进行。社会团体换届产生新一届理事长(会长)、副理事长(副会长)、秘书长后,无论是否发生人员、职务变动,均应按照相关规定,及时到登记管理机关办理负责人变更备案手续。

4.社会团体负责人的年龄、任期(届)资格条件确因特殊原因,需要突破任职资格和条件提名负责人人选的,换届选举前应以书面形式报业务主管(指导)单位和登记管理机关批准同意。届内达到最高任职年龄的社会团体负责人,一般应退出领导职位,可以改任名誉职务。

5.社会团体法定代表人须由章程明确的负责人担任,同时不得兼任其他社会团体法定代表人。拟任人选如果已担任其他社会团体法定代表人的,应事先解除已经担任的法定代表人职务。法定代表人人选不是章程明确的负责人的,或者同时担任其他社会团体法定代表人的,登记管理机关不予受理法定代表人变更登记。社会团体在产生新的法定代表人时,要及时到登记管理机关办理法定代人变更登记。

6.社会团体开展重大活动例如举办大型研讨论坛,组织展览展销活动,创办经济实体,参与竞拍、投资或承接大型项目,开展涉外(包括港澳台地区)活动,接受境外较大数额捐赠或赞助,发生对社团有重大影响的诉讼活动等,应自觉向相关业务(主管)指导单位和登记管理机关作书面报告。

(二)规范社会组织收费行为

1.社会团体要严格按照民政部、国家发展改革委、监察部、财政部、国家税务总局、国务院纠风办《关于规范社会团体收费行为有关问题的通知》(民发〔2007〕167 号)文件精神,规范各种收费行为(主要包括会费、行政事业性收费、经营服务性收费、捐赠收入等),坚持标准合理、公开的原则,并如实开具票据。

2.社会团体制订、修改会费标准,应按照《民政部、财政部关于调整社会团体会费政策等有关问题的通知》(民发〔2003〕95 号)、《民政部、财政部关于进一步明确社会团体会费政策的通知》(民发〔2006〕123 号)要求,经会员大会(会员代表大会)无记名投票通过后,向业务主管(指导)单位、登记管理机关和财政部门备案。制定或修改会费标准时,违反合理性原则,或者未履行规定程序的,登记管理机关不予备案。社会团体不得按未经合法程序制定和备案的标准收取会费,或者超标准收取会费。

3.社会团体依据法律、行政法规规定,履行或代行政府职能时收取的费用应作为行政事业性收费管理。设立收费项目应报财政部门会同物价部门批准;制定和调整收费标准,应当报物价部门会同财政部门批准。收费时应按规定到同级物价部门申办《收费许可证》,到同级财政部门购领和使用统一印制的收费票据。收费收入按规定缴入国库或财政专户,支出通过部门预算统筹安排。

4.社会团体收取经营服务性费用应依照财政部、国家发展改革委《关于事业单位和社会团体有关收费管理问题的通知》(财规〔2000〕47 号)等有关规定执行。社会团体收取不具有强制性、垄断性的经营服务性费用,应当遵循自愿、公平、公开的原则,不得强制服务和强制收费,不得转包或委托与社会团体负责人有直接利益关系的企业、事业单位实施。收费标准应向社会公开公示。社会团体应办理税务登记,使用税务发票。

5.社会团体接受社会各界捐赠,要坚持自愿和无偿的原则,禁止强行或者变相摊派。接受捐赠的社会团体必须与捐赠人订立捐赠合同,并向捐赠人出具合法有效的捐赠专用票据》或其它有效票据。捐赠所得必须用于合同约定的用途,并向捐赠人公开捐赠资金使用情况。捐赠合同约定的用途应当符合社会团体章程规定的业务范围。代行政府职能的社会团体以政府名义接受的非定向捐赠货币收入,必须按照《财政部关于加强政府非税收入管理的通知》(财综〔2004〕53 号)规定,作为政府非税收入,全额上缴国库或财政专户,实行“收支两条线”管理。

6.社会团体开展的各类收费业务必须符合章程规定的业务范围,履行章程规定的程序。收费所得除了用于组织管理、开展业务活动的必要成本及与组织有关的其他合理支出外，必须全部用于章程规定的非营利性事业，盈余不得在社会团体成员间分配。各社会组织要严格执行财务会计制度，积极推进《民间非营利组织会计制度》的贯彻落实，应做到收支规范、账目清楚。

（三）规范评比达标表彰活动

1.社会组织评比、达标、表彰活动的定义

评比、达标、表彰是指以社会组织名义主办、协办或承办的各类评比、达标、表彰活动，社会组织在其办事机构内开展的年度总结、评选表彰先进的评比、表彰活动除外。

2.举办各类评比、达标、表彰活动的范围

社会团体举办的各类评比达标表彰活动一般应在会员范围内开展，不得以此向会员收取任何费用或变相收取费用，或在事后组织要求参与对象出钱出物的活动；不得超出登记的活动地域、活动领域和业务范围举办项目；不得以营利为目的，将活动委托营利机构主办或承办。

3.举办各类评比、达标、表彰活动的基本程序

必须按照中央和省关于评比达标表彰清理规范的有关规定，并应严格按照章程规定，经会员大会（会员代表大会）、理事会或常务理事会表决通过，并经业务主管（指导）单位和登记管理机关核准备案后方可开展。

4.举办各类评比、达标、表彰活动应遵循的原则

（1）坚持合法性原则。举办的活动应在法律、法规、规章和国家政策允许的范围内进行，符合国家利益和社会公共利益，符合国家的政策导向。

（2）坚持促进发展原则。提高本行业、本领域的发展水平，促进整体社会和经济的协调发展和可持续发展。

（3）坚持文明、节俭原则。符合物质文明和精神文明的要求，禁止铺张浪费，以精神奖励为主，物质奖励为辅，注重社会效益。必须严格按照批准的方案进行，不得随意扩大范围和增加经费开支。不得以举办活动名义向基层单位转嫁经费，或变相收费。

（4）坚持自愿性原则。举办或参加活动应完全出于当事人自己的意志，有关单位和个人不得以职权强制他人举办或参加。

（5）坚持公开、公平原则。举办的评选、评比、达标等活动必须有公开的方案，公平的标准，透明的程序，民众参与的监督。

5.举办评比、达标、表彰活动一般须提交的材料

开展活动的申请书（应载明项目名称、范围、规模、周期、活动起止时间、表彰奖励形式、经费来源及数额、组织方案等内容）；业务主管单位的批准文件；举办活动的文件依据及影响评估报告；理事会或常务理事会通过的会议纪要；民间组织评比、达标、表彰审核备案表。

6.举办各类评比、达标、表彰活动的时间间隔

社会组织开展的评比、达标、表彰活动每届至少间隔一年。按照一项一报的原则，每届评比、达标、表彰活动必须审核备案。

7.业务主管（指导）单位、登记管理机关的监督管理

登记管理机关监督检查社会组织在开展评比、达标、表彰活动中严格按照批准的方案进行；对评比、达标、表彰活动的公开性、公平性和公正性进行监督，督促民间组织按照其章程和

有关规定规范操作；监督评比、达标、表彰活动遵循以精神奖励为主、物质奖励为辅和勤俭节约的原则，严格控制数量和数额，不得随意扩大范围和增加经费开支。

8.业务主管(指导)单位、登记管理机关监督管理的主要形式

听取社会组织法定代表人汇报情况； 召开座谈会或书面征求会员单位和相关理事单位的意见；现场监督指导； 审核开展活动情况报告；设立举报箱、举报电话接受投诉。

9.违规开展评比、达标、表彰活动的表现

以谋取小团体或个人经济利益为目的，缺乏客观性和公正性，影响公平竞争环境；有悖于市场公平竞争原则的；不利于政府职能转变的；超出民间组织的活动地域举办的；跨行业举办的；经费来源不明，向企业或被评对象收取或变相收取任何费用、索要赞助、要求购买民间组织服务的；搞形式主义、政绩工程的；给企业和基层组织加重负担的；以承办或协办等形式参与党政机关或人民团体举办评比、达标、表彰活动的；超出章程业务范围规定的；非法进行评比、排序活动，擅自向社会发布评比结果；在行政处罚期内举办评比、达标、表彰活动的，或者拒不接受登记管理机关监督管理的。

10.违规开展评比、达标、表彰活动的查处

社会组织未经审核备案擅自举办评比、达标、表彰活动的，以评比、达标、表彰活动为名谋利的，或在评比、达标、表彰活动中有违法违规行为的，由登记管理机关牵头，联合业务主管单位和政府有关部门予以查处，切实纠正有关违规问题。根据有关法律法规和规范性文件，视评比、达标、表彰活动违规行为的情节，分别给予警告、责令改正、限期停止活动、责令撤换直接负责的主管人员等处罚；情节严重的，予以撤销登记；构成犯罪的，依法追究刑事责任；有违法所得的，予以没收，并根据有关法规条例进行处罚。

(四)规范信息公开披露行为

1.社会团体信息公开披露的主要内容：社会团体的登记证书；组织机构代码；税务登记证书；经会员大会讨论通过的会费及其它收费标准；社会组织各项制度；经登记管理机关核准的章程(或章程摘要)；接受捐赠、资助的情况；年度工作报告；财务报告；服务承诺书；重大活动；年度(或有关事项变更)的审计报告等。

2.信息公开披露和承诺服务的方式：信息公开和承诺服务的方式：在住所(或服务场所)的醒目位置，上墙悬挂有关证书和展示有关信息的展板；将有关信息和承诺服务的内容，在电子屏幕、报刊、电视、广播、网络等媒体上披露，向社会公布，公开接受服务对象、政务部门和社会公众的监督。

(五)规范公开承诺服务行为

承诺服务的主要内容包括：服务项目、服务方式、服务质量、服务责任和收费标准。按照不同的行业、类别，根据服务内容、服务对象、服务方式等特点，分别制定承诺服务的标准。从而增强透明度，提高服务质量，全面提升社会组织的社会形象。

五、开展社会组织自律的方式方法

(一)开展自查自纠

要求社会组织把自律与诚信建设活动的开展情况在规定时间内自查自纠，并向业务主管

(指导)部门和登记管理机关上报有关情况。

(二)加强部门合作

开展社会组织自律与诚信建设活动,涉及社会组织较多,业务面广,政策性强。民政部门、业务主管(指导)单位与有关部门要加强联系,密切协作,形成合力。

(三)宣传先进典型

开展社会组织自律与诚信建设要努力探索、创造新经验,注意培育和树立自律建设的先进典型,予以表彰和鼓励。加强与电视、广播、报刊等新闻媒体合作,大力宣传在自律建设中涌现出来的先进典型、先进经验,动员社会组织开展多种形式的宣传教育和服务活动,扩大社会组织的社会影响。

(四)与日常年检监督相结合

将自律建设和日常监督检查相结合,将社会组织的自律建设作为年检的一项重要内容,对自律缺失现象严重的,责令其整改;对违反社会组织管理法规的,依法予以处罚。及时将自律失信或违法情节严重、社会影响恶劣的社会组织在新闻媒体上予以曝光,警示广大社会组织走诚信守法、以质取胜的良性发展轨道。

六、社会组织自律建设优秀典型的具体标准

(一)模范遵纪守法,自觉执行宪法、法律、法规和国家有关政策,严格按照章程开展工作,自觉接受业务主管(指导)单位和登记管理机关的指导和监督。

(二)组织机构健全、内部制度完善,运作程序规范,领导班子团结,党团组织发挥作用,事业不断发展壮大。

(三)社会责任感强,积极参加社会活动,圆满完成政府交办事项,在社会公益活动中能够根据自身能力,积极为社会弱势群体及广大群众提供形式多样、内容丰富的服务活动。

(四)关注会员利益,努力为会员服务,有很强的凝聚力,会员参与度和满意度高。

(五)决策民主公开,信息公开透明,向社会各界披露重大活动和财务状况等重要信息,接受社会监督。

(六)严格自律,坚持非营利组织性质,在社会上有良好信誉。

第四节　社会组织党建工作制度

社会组织党建工作,是党的基层组织建设的重要组成部分,是党建工作的一个新领域。加强社会组织党的建设,对于促进社会组织自身建设、推动全社会科学发展、巩固党的执政地位,都具有十分重要的意义。

一、社会组织党建工作的现状

社会组织,在我国是指相对于政党、政府等传统组织形态之外的各类民间性的组织,类型繁多、规模不一、领域分布广泛。抓好社会组织党建工作,必须按照党的十七届四中全会提出的不断提高党的建设科学化水平的要求,科学把握社会组织党组织的职能作用,全面把握社会组

织党建工作的发展规律,准确把握社会组织党建工作的内容和方法,以改革创新的精神深入推进社会组织党的建设。

中央对社会组织党建工作高度重视。党的十七届四中全会《决定》对基层组织党建工作提出了明确要求,强调必须"围绕中心、服务大局、拓宽领域、强化功能,进一步巩固和加强党的基层组织",并从着力扩大覆盖面、推进工作创新、增强党员队伍生机活力、建设高素质带头人队伍、构建城乡统筹的基层党建新格局等五个方面,作出了具体部署。2010 年 11 月,中组部、中央学习实践办联合发文,要求各地在开展第三批学习实践活动中推进社会组织党建工作。广东省委十届六次全会对加强基层党组织建设也作出了具体部署,省委印发贯彻党的十七届四中全会《决定》的实施意见,并配套出台《关于进一步加强社会组织党建工作的意见》。

近年来,广东省各级党组织深入贯彻落实科学发展观,真抓实干、开拓创新,为广东经济社会又好又快发展提供了强有力的组织保证。在这一过程中,社会组织发挥了不可替代的作用,是党和政府联系人民群众的桥梁和纽带。目前,广东省社会组织遍布全省城乡,涉及经济社会各个领域,承担着提供服务、反映诉求、规范行为等多项公共服务职能,在推动全省经济社会发展中的地位和作用越来越重要。这就决定了我们必须高度重视并切实加强这一领域党的建设,及时把党的路线、方针、政策传达贯彻到社会组织,努力把握社会组织的正确发展方向,积极培育扶持和依法管理社会组织,确保社会组织按照科学发展观的要求,更好地服务于党委、政府的中心工作。

二、社会组织党建工作存在的主要问题和困难

我国社会组织起步比发达国家和地区晚几十年，社会组织发展仍处于初级阶段，相应而言,社会组织党建工作也处于"初级阶段",即"探索阶段",社会组织党建工作不可避免地存在一些亟待解决的问题和困难。当前社会组织党建工作主要存在以下四个方面的问题和困难:

问题之一:管理体制不顺

广东省在建立社会组织党工委前,社会组织党建工作,有的由业务主管部门党组织直接管理,如社团、基金会;有的由县(区)、街道、社区党委组织部门实行属地管理,如民办学校;有的由挂靠单位党组织管理,如部分行业协会挂靠会长单位;有的由专门的党的工作委员会管理,如教育工委将一些民办学校党建工作纳入了自己的工作范围;有的本级管,下级也管。此外,不少社会组织党组织的隶属关系问题长期得不到解决,有的希望挂靠在业务主管单位的党组织,但许多业务主管单位党组织不愿管;一些社区党组织愿意管,但社会组织的党组织又不愿意进入社区。特别是广东省行业协会实行重大改革，行业协会的业务主管单位改为业务指导单位后,加快了社会组织民间化进程,自主性明显增强,自身建设得到快速发展,但行业协会与所属主管部门脱钩后,党组织管理体制不顺,隶属关系不明。

问题之二:组织覆盖面低

基层党组织组建难，党建工作覆盖面不够广。截止 2011 年 4 月，广东省共有社会组织 28509 个,其中社会团体 13058 个,民办非企业单位 15249 个,基金会 202 个;从业人员 36 万多人,而建立党组织的只有 3390 多个,党员人数 40528 余人,比例仅为 11.89%和 11.26%。目前,广东省社会组织已建立的党组织主要集中在注册会计师行业、律师行业等专职人员较多、

行业稳定的社会组织,其他新兴社会组织建立的比较少。

问题之三:党员流动性大

一方面,社会组织人员流动性大,党员人数少、所占比例低,加上市场竞争残酷、自身生存压力大等原因,决定了党组织寻找党员难度较大,特别是发展党员比较困难。另一方面,社会组织党建工作的影响力弱化,少数党员不愿“亮身份”、“树旗帜”,不愿正式接转组织关系。广东省社会组织党工委成立前,全省社会组织中约有36%的党员不愿“亮身份”,有近70%的党员未接转正式组织关系。

问题之四:党建工作保障不到位

一是党建经费投入严重不足。社会组织党员的教育管理经费目前主要来源于党费,调查问卷显示,85%的活动经费来自党费和上级党组织的划拨,而社会组织党员党费的收缴总量又不高,即使党费全额返还也捉襟见肘。在财政资金的安排上,目前普遍未列入预算。社会组织收取的各类会费,按照社会组织法规政策,必须用于全体会员的公共支出,难以列支为党的活动开支。二是党务工作人员严重不足。目前,广东省四级社会组织党建指导员总数还不到500名,按广东省2.6万多个社会组织计算,平均一人就要指导五十多家社会组织。且党务工作者均为兼职,同时又是社会组织的雇员,从事党务工作的时间、精力均十分有限。三是活动场地严重缺乏。目前,广东省各地市除少部分社会组织拥有其党员活动场地外,绝大多数社会组织基本没有党员活动室,有的党组织开展活动不得不游离于单位外,处于无地可踞的尴尬境地。

这些问题的产生有客观原因,但更主要是主观认识的问题,需要各级党组织进一步提高认识,切实把社会组织党建工作摆上重要位置,深入探索,重点突破,不断提高这一领域党建工作的水平和质量。

三、社会组织党建工作的原则和总体思路

社会组织党建工作的重要性、特殊性,要求我们必须立足这一领域党建工作的基本特性和面临的难题,以党章和中央有关精神为指导,以巩固党的执政基础为根本目的,以“理顺管理体制、扩大组织覆盖、充分发挥作用”为主要目标,以“六个创新”为突破口,大胆创新,敢于突破,闯出一条有中国特色的社会组织党建工作新路子。

第一 创新党建管理体制,在各级建立社会组织党工委、社会组织党总支(党委)和社会组织党支部三级管理体制。创新社会组织党建管理体制,关键是要解决有人管、管得住、管得好的问题。可以按照“条块结合,以块为主,以条为辅,分级负责,分类管理”的总体原则,探索在省、地市、县(区)建立社会组织党建三级管理体制。第一级是社会组织党工委,在本级党委、组织部门的领导下,负责领导行业协会和无业务主管单位的社会组织的党建工作,指导、协调归属各地民政部门登记管理的社会组织和归属省级相关部门业务对口管理的社会组织党建工作。党工委办公室设在民政部门,由民政部门作为抓社会组织党建工作的责任主体,结合登记管理业务抓党建。第二级是行业(部门)社会组织党总支(党委),负责管理本行业、本部门社会组织党建工作。第三级是社会组织党支部。通过建立三级管理体制,形成党委领导、组织部门抓总、登记管理机关牵头、业务主管单位各负其责的社会组织党建工作格局。

第二 创新党组织设置形式,全面实现把支部建立社会组织上的目标。社会组织普遍规模

较小、党员人数较少，且分散党员、流动党员较多，建立党支部难度较大。要针对社会组织的特点，创新党组织组建方式，加快建立党组织进度，全面实现把支部建在社会组织上的目标。一是具备条件的必建党组织。凡有正式党员 3 名以上的，必须建立党支部；党员人数超过 50 名的社会组织，或同行业、同类型社会组织中，有 3 个以上支部的，可以成立党的总支部委员会；党员人数超过 100 名的，可以成立基层党委。二是尚不具备条件的，创造条件建立社会组织党组织。社会组织党员不足 3 名的，可按行业相近、地域相邻的原则，建立联合党支部。三是组建党组织缺乏积极性的，要采取得力措施促其建立党组织。如广东要求成立社会组织时，条件具备的，必须同时成立党支部，并将此作为成立登记的必备条件之一；在年检时，党组织建立情况和活动开展情况列为必检的内容，不按要求建立党组织的，年检认定为不合格；把党工作作为社会组织等级评估的一项内容，占评估总分的 30 分，评估时按党建落实情况打分。这些措施，对建立社会组织党组织必将起到重要的促进作用。

第三 创新发展党员模式，建立一支充满生机活力的社会组织党员队伍。重视在社会组织中发展党员，在发展方针上，按照“坚持标准、保证质量、改善结构、慎重发展”的方针，做到成熟一个，发展一个；在发展重点上，注重突出规模较大、人数较多，具有较大社会影响的社会组织；在发展对象上，重视从社会组织负责人中的企业家和社会组织中高学历、高职称的专职工作人员中发展党员，改善党员队伍结构；在发展策略上，要变被动发展为主动发展，通过党组织行之有效的工作，选派党建工作指导员加强工作指导，不断增强社会组织中优秀分子对党的认同感，培养更多的入党积极分子；在发展对象的培训上，各级社会组织党工委要承担起培训职责。

第四 创新党建管理制度，实现社会组织党员管理工作规范化、经常化。社会组织是松散型的，党建管理工作也相对松散，制度不健全，管理不规范的问题比较突出。必须针对社会组织的实际，全面建立健全社会组织党员管理制度。当前，要重点从党支部工作制度、党员教育制度、党员组织关系管理、发展党员程序、党员档案管理、党费收缴管理、流动党员管理等方面作出具体规定，促进社会组织党员管理工作走上规范化、制度化轨道。

第五 创新党建活动方式，促使社会组织党建活动符合实际、富有特色。社会组织与党政机关、企事业单位不同，要从社会组织从业人员和职业特点和内在需求出发，按照“参与、服务、渗透、凝聚”的指导思想和“业余、小型、灵活、分散、实效”的原则，充分利用现代信息技术，因地制宜、灵活多样地开展组织活动，把党的活动融入社会组织业务工作的全过程。一要创新活动方式。可采取业务研讨、个别谈心、学习培训、网络教育等形式，组织丰富多彩的文体活动和红色之旅等活动，活跃党建活动。二要创新活动载体。指导社会组织党组织采取灵活多样、党员欢迎的形式开展活动，形成特点。如广东去年开展的“党员先锋岗”、“党员责任区”、“党员承诺制”以及“一个支部就是一个战斗堡垒、一个党员就是一个榜样”等主题实践活动，效果很好。三要创新共建模式。继续完善“党群工作一体化”模式，在开展活动时，党组织与工青妇组织共同策划、通力协作，将起到很好的激励作用。

第六 创新社会组织群团工作，充分发挥群团组织的助手作用。加强社会组织群团工作，是社会组织党建工作的重要组成部分，也是巩固党的执政基础，确保社会组织健康发展，充分发挥社会组织积极作用的重大举措。

四、社会组织基层党组织的设置及产生程序

（一）建立社会组织基层党组织的流程。根据党章规定，党员数超过100名的基层单位，可成立党的基层委员会；党员人数超过50名不足100名的单位，可成立总支部委员会；正式党员人数超过3名，不足50名的基层单位，可成立党支部。党的基层委员会由党员大会或代表大会选举产生，总支部委员会和支部委员会由党员大会选举产生。党的基层委员会每届任期3年至5年，总支部委员会、支部委员会每届任期2年或3年。基层委员会、总支部委员会、支部委员会选出的书记、副书记，应报上级党组织批准。

（二）党的基层组织领导成员职数设置的基本原则。

1.党员人数较少的党支部（如党员不足7名的党支部），可不设支部委员会，只设书记1人，必要时增设副书记1人。

2.支部委员会一般设委员3至5人，最多不超过7人，可设书记、副书记、组织、宣传、纪检、统战、保密、青年委员等，委员可兼任两个职位。党员不足7人的党支部，一般不设支委会，只设书记1人，必要时可增设副书记1人。

3.总支部委员会一般设委员5至7人，最多不超过9人，设书记1人，副书记1人。

4.基层委员会一般设委员5至9人，最多不超过11人，设书记1人，副书记1至2人。

5.基层委员会一般不设常务委员会。

（三）新建党总支（党支部）的产生程序

1.向当地社会组织党工委写出建立党总支（党支部）的请示。请示内容包括建立党总支（党支部）原因、现有党员人数；支委会组成人员方案；委员候选人名单等。

2.待本级社会组织党工委批准后，召开支部党员大会，以无记名投票方式，差额选举产生支部委员会。

3.召开支部委员会，选举支部书记、副书记，进行委员分工。

4.将选举结果和委员分工书面报告本级社会组织党工委审批。党工委批准后，及时向全体党员公布。

（四）支部委员的分工与职责

1.支部党员大会的工作规范：一是确定大会的召开时间和议题；二是向上级党委报告和发出开会通知；三是主持人报告党员出席情况，宣布开会；四是党员讨论，进行表决；五是向上级报告和材料归档；六是贯彻支部党员大会决议。

2.支部委员会的产生：定期由党员民主选举产生；支部委员会的组成一般是单数，并以3–5人为宜，最多不超过7人。党员人数不足10人的党支部，一般不设立支部委员会，只设支部书记一人，必要时可增设副书记一人，由支部正副书记主持党支部的日常工作；支部委员会委员的分工。支部委员会一般可设支部书记（必要时可设副书记）、组织委员和宣传委员。必要时可设纪律检查委员、生活委员、青年委员、统战委员、保密委员和妇女委员等。

3.支部党员大会与支部委员会的关系：支部党员大会又称支部大会，是支部的领导机关。支部党员大会每三个月召开一次。党支部委员会在支部党员大会闭会期间，负责领导和处理党支部的日常工作。党支部委员会一般每月召开一次会议，根据需要也可随时召开。支部委员会

对支部党员大会负责，对支部全体党员负责，同时也对上级党组织负责，接受上级党组织领导。

4.不设支部委员会的党支部的工作原则：不设支部委员会的党支部，凡属重要的问题，必须提交支部大会讨论决定，如改选支部书记、发展党员、处分党员等。一般日常工作可由支部正副书记商量处理；个别不适宜在支部大会讨论的重要问题，可由正副书记提出意见报请上级党组织决定。

五、社会组织党组织的主要职责

社会组织党组织应全面贯彻执行党章规定的党的基层组织的基本任务，其主要职责是：

（一）宣传和贯彻党的路线、方针、政策，执行上级党组织和本组织的决议、决定。监督社会组织社会组织遵守国家法律、法规，坚持正确的政治方向。

（二）支持社会组织及其负责人按照社会组织章程开展工作。

（三）加强党组织自身建设，做好党员的教育管理工作和发展党员工作，发挥党员的先锋模范作用。

（四）领导精神文明建设和思想政治工作。

（五）做好统一战线工作。

社会组织党组织必须自觉接受上级党组织的领导，定期汇报工作。如发现社会组织的活动违反党的方针、政策和国家的法律、法规，应及时向上级党组织或有关部门报告。

社会组织在重要活动期间成立有临时党组织发挥政治核心作用，参与社会组织重大问题的决定，制止和纠正违反党的路线、方针、政策和党中央决定的活动，保证社会组织的活动严格遵守国家法律、法规。活动结束以后，要向主管部门党组织报告有关情况。

六、社会组织党员的教育管理

社会组织已经建立党组织的，其常设办事机构专职人员中的党员，应将组织关系转入社会组织党组织，参加社会组织党的组织生活。

社会组织党组织要结合社会组织业务活动，加强对党员的教育管理工作。党员教育应体现社会组织的特点，贴近党员的实际。要加强理想信念教育，引导党员用马克思列宁主义、毛泽东思想、邓小平理论武装头脑，坚定建设有中国特色社会主义的信念，自觉地贯彻执行党的路线、方针、政策，与党中央保持高度一致。要加强马克思主义唯物论和无神论教育，大力提倡科学精神，自觉抵制各种非无产阶级思想的侵蚀，坚持用马克思主义的世界观和方法论指导社会组织的活动。要进行增强党性，发挥党员作用的教育，引导党员自觉遵守党的纪律，执行党的决定，并以自己的模范带头作用，影响和团结社会组织其他成员做好各项工作。要进行法制教育，引导党员增强法制观念，坚持依法办事、遵纪守法，自觉维护安定团结的政治局面。

机关、企业、事业等单位党组织要对本单位加入社会组织的党员进行登记并切实加强教育管理工作，经常了解党员在社会组织中的情况，发现问题，及时解决。

社会组织特别是社会团体会员中的党员要定期向所在单位党组织汇报参加社会组织活动的情况，自觉接受党组织的管理和监督。社会组织领导成员中的党员，凡经常参加社会组织活动的，除应在所在单位参加党的组织生活外，还应参加社会组织党组织的活动，接受社会组织党组织的管理和监督。

七、社会组织基层党组织换届选举工作规程

(一)党的基层委员会、党总支委员会、党支部委员会任期

按照党章规定:党的基层委员会每届任期3年至5年,总支部委员会、支部委员会每届任期2年或3年。凡任期届满的基层党组织都应按期进行改选。如有特殊情况,需要提前或延期选举的,要经上级党组织同意;基层党组织委员因工作调动或其它原因缺额,影响党组织正常工作时,经上级党组织同意,可以召开支部(总支)大会进行补选。

(二)基层党组织换届选举的主要程序

1.在党的基层委员会(党总支委员会、党支部委员会)任期届满之前(一般提前1至2个月),应及时向省社会组织党工委报告改选和候选人的基本情况,即写明候选人的姓名、性别、籍贯、行政职务、出生年月、参加工作时间、入党时间、文化程度,候选人应按党章规定差额20%。

2.党的基层委员会(党总支委员会、党支部委员会)的改选和候选人经省社会组织党工委批准后,召开党员大会,用无记名投票方式进行选举,选举结果要向大会宣布,应到会党员多少人,实际到会党员多少人,发出选票多少张,收回选票多少张,有效票数多少张,当选委员得票多少,然后监票、计票、唱票的同志签上名,归在选票上面存档。向上级党组织报告选举结果时,应写明支部应到党员数多少,实到党员数多少,当选支部委员得票情况,委员的具体分工等等。

3.党的基层委员会、总支委员会、支部委员会选举产生的书记、副书记,须报请省社会组织党工委批准。

(三)党总支(党支部)换届选举的工作程序

1.召开支委会研究换届选举的有关事项,酝酿提出委员候选人;将支委会组成人员方案、委员候选人名单、选举办法等报省社会组织党工委审批。

2.省社会组织党工委批准后,召开支部党员大会,以无记名投票方式,差额选举产生新一届支委会。

3.召开新一届支委会会议,选举书记、副书记,并进行委员分工。

4.将选举结果和委员分工书面报省社会组织党工委审批。党工委批准后,及时向全体党员公布。

附表:建立党支部流程表

八、党员组织关系接转手续的办理

党员组织关系介绍信,是党员政治身份的证明。党员因工作调动以及其他原因离开原所在地方或单位,经党组织同意,方可转移党员组织关系。

(一)转移党员组织关系,统一使用“中国共产党党员组织关系介绍信”。党员组织介绍信,要用毛笔或钢笔填写,字迹要清楚,不得涂改。介绍信必须加盖单位印章,以私人名义介绍,一律无效。社会组织党组织党员转移其组织关系,统一在当地社会组织党工委办公室办理。

(二)党员所在的社会组织已建立党支部(含联合党支部)的,应将本人组织关系转入该社

会组织党支部,参加其党的组织活动,并将组织关系介绍信交由当地社会组织党工委办公室存档。

(三)行业协会及无业务主管单位的社会组织党组织关系在原主管单位或挂靠单位的要及时将党员组织关系转入当地社会组织党工委。

九、发展党员工作程序

(一)发展党员工作指导方针 坚持标准、保证质量、改善结构、慎重发展。严格履行党章规定的入党手续,必须坚持个别吸收的原则,成熟一个,发展一个。防止把不具备党员条件的人吸收到党内来。

(二)坚持入党自愿的原则 坚持入党自愿的原则,郑重表达自己的决心,同时为了便于党组织进行考察、教育和培养,申请入党的同志一般应提出书面申请。

(三)科学制定和实施发展党员工作计划 1.依据党章和发展党员工作的有关规定,党组织要从党的事业发展的需要,对入党积极分子培养教育情况以及党组织的工作力量的实际情况出发,判定和实施发展党员的工作计划。发展党员数量要做到每年大致均衡,在基本稳定的基础上适当增长。2.提出实施工作计划的具体要求和措施,落实对入党积极分子的培养教育措施。3.采取自上而下、自下而上、上下结合的办法。4.根据实际情况,对发展党员工作计划进行调整。

(四)入党需要履行的手续 入党手续,是按照党章和有关规定,在发展党员时必须履行的程序,也是在发展党员工作中必须坚持的重要制度。

1.凡要求入党的同志,必须由本人自愿向所在单位党组织提交入党申请书。

2.要有两名正式党员作入党介绍人。介绍人可以自己选择,也可由党组织指定。党支部对申请入党的同志要建立名册,列入培养计划,落实1–2名党员负责联系培养,经常对他们进行教育。

3.由党支部确定入党积极分子:一是由党小组提名,党支部讨论确定入党积极分子;二是由党支部填写《入党积极分子考察登记表》,由党支部统一保存,不得告示本人。

4.落实培养教育措施(党支部、党小组、培养人):一要建立入党积极分子自学小组;二要经常找他们谈心,了解思想情况;三要组织他们听党课或参加党内有关活动;四要给他们分配一定的社会工作;五要定期培训。

5.定期考察(党支部、党小组、培养人):由培养人每季度考察一次。将考察的意见及时填入《入党积极分子考察登记表》,并由党小组、党支部签署意见。

6.确定发展对象会(党支部):入党积极分子经过一年以上培养教育后,在听取党小组、培养联系人和党内外群众意见的基础上,经支委会(不设支委会的由党支部)讨论确定。

7.填写《入党志愿书》:党支部向发展对象解释志愿书中的各项内容,入党介绍人一般是申请人的培养人。志愿书由申请人亲自填写,入党介绍人指导,填写要规范,字迹要清楚,不允许涂改。志愿书填好后,党支部要严格审阅。

8.召开党支部大会。接收预备党员的党员大会人数必须超过应到会有表决权的正式党员的半数才能召开,其内容:一是申请人读《入党志愿书》;二是介绍人发表意见;三是支委会报告审议情况；四是大会讨论；五是党员举手或无记名投票表决，作出决定。表决时，申请人不必离场。

9.上级党组织派人谈话，作进一步考察。再报上级党组织审查批准。

10.召开党工委会审批(党工委)。党工委审批预备党员，必须集体讨论，逐个表决；支部上报后，党工委必须在3个月内审批，如遇特殊情况，可延长至6个月；若因调查发现对象的问题而未能及时审批，时间超过6个月的，应退回支部重新复议。

11.与预备党员谈话(党支部)。向预备党员介绍党支部情况，提出要求；编入党支部、党小组参加组织生活；张贴接收预备党员的“喜报”。通过党的组织生活和实际工作锻炼，对他们继续进行教育和考察。

12.预备党员向党旗进行入党宣誓(党支部或党总支)。被批准入党的预备党员面对党旗宣誓。宣誓仪式的一般程序为：唱《国际歌》；致开会词；预备党员举起右手握拳，面向党旗宣誓；党组织负责人讲话；参加宣誓的预备党员表决心。

13.入党誓词：我志愿加入中国共产党，拥护党的纲领，遵守党的章程，履行党员义务，执行党的决定，严守党的纪律，保守党的秘密，对党忠诚，积极工作，为共产主义奋斗终身，随时准备为党和人民牺牲一切，永不叛党。

14.预备党员必须要经过一年预备期的考察，预备期满时支部大会才能讨论他能否转正。预备期满后，预备党员书面向党组织提出转正申请，经支部党员大会讨论通过，报上级党组织批准后，转为中共正式党员。

(五)预备党员因工作调动，转正手续的办理　预备期未满的党员，因工作调动，不能提前办理转正手续，由调出单位的党组织将该预备党员在本单位工作期间考察教育的情况，如实写成书面材料，介绍给所调入单位的党组织，由调入单位的党组织继续培养考察，预备期满后，调入单位的党组织应按时召开支部大会，讨论其转正。能否转为中共正式党员按有关手续程序办理，而不能因为其不是在本单位党组织发展的预备党员而推诿不管。

(六)党员入党时间和党龄的计算　1.党员入党的时间是从支部党员大会通过之日算起，党龄从预备期满为正式党员之日算起。2.党员经过留党察看，改正了错误，恢复了党员权利，其党龄连续计算，被开除党籍以及脱党、退党的重新入党，其党龄应从重新入党转为中共正式党员之日算起。

十、党员党费的收缴

(一)党员必须本人交纳党费。党员向党组织交纳党费是一件严肃的事情，通常应按月亲自交给党支部或党小组，不宜由别人代交，也不能提前或数月一次性交纳。除持《流动党员活动证》的党员应向现所在地或单位的党组织交纳党费外，其他党员的正式组织关系在哪里，就向哪里的党组织交纳党费。

(二)党员人数较多的支部，应由党员本人把党费交给党小组长，再由党小组长交给支部组织委员。

(三)在没有划分党小组的支部，由党员本人直接交给支部组织委员。党员如生病或年老体弱行动不便，或是外出时间较长等特殊情况，本人交纳党费确有困难，经支部批准，可以提前交纳党费,也可以请他人或家属转交。

(四)对于没有正当理由不按期交纳党费或集中交纳党费的,支部应及时进行教育和批评。党员没有正当理由连续6个月不交纳党费,支部应作为自行脱党处理,支部大会作出决定把他除名,并报上级社会组织党工委批准。

(五)党员必须按规定标准交纳党费。中央关于党员交纳党费的标准,是根据党员的实际经济状况决定的,不可以省交,但自愿多交不限。党员交纳党费的比例为:每月工资收入(税后)在3000元以下(含3000元)者,交纳月工资收入的0.5%;3000元以上至5000元(含5000元)者,交纳1%;5000元以上至10000元(含10000元)者,交纳1.5%;10000元以上者,交纳2%。离退休干部、职工中的党员交纳党费的比例为:每月5000元以下(含5000元)的按0.5%交纳党费,5000元以上的按1%交纳党费。

(六)必须使用人民币(包括硬币)交纳党费,不能用代价券交纳党费。党员出国出境,向国内党支部用外币交纳党费,可由支部到银行兑换后,按人民币金额登记入册。

(七)新入党的党员从支部大会通过其为预备党员之日起开始交纳党费。

十一、党费管理与使用

(一)党费的管理 党费管理是一件极为严肃的事情,必须按要求严格管理,建立和健全管理制度。做到专人管理、专立账目、定期收缴、定期检查、定期公布、定期向同级党员大会或党员代表大会报告收缴和使用情况。任何人都不准借支或侵占党费,不得任意滥用党费。党费应及时存入银行,严禁个人保管数额较大的现金。中央组织部规定,党费必须用于党的活动,主要作为党员教育经费的补充。

(二)党费的具体使用范围 1.培训党员;2.订阅或购买用于开展党员教育的报刊、资料和设备;3.表彰先进基层党组织、优秀共产党员和优秀党务工作者;4.补助生活困难的党员。使用党费应当坚持统筹安排、量入为出、收支平衡、略有结余的原则。

参考文献

1.马庆钰:《社会组织能力建设》,北京:中国社会出版社,2011
2.中共广东省委办公厅、广东省人民政府办公厅《关于发展和规范我省社会组织的意见》,2008
3.中共广东省委、广东省人民政府《关于发挥行业协会商会作用的决定》,2006
4.广州市机构编制委员会办公室《关于行业协会商会承接政府有关职能促进其改革发展的试点方案》,2007
5.民政部《社会组织评估管理办法》, 2010年12月20日民政部部务会议通过, 2011
6.中共广东省委办公厅、广东省人民政府办公厅《关于发展和规范我省社会组织的意见》,2008
7.贾西津 苏明 韩俊魁 孙洁 中国政府购买公共服务研究终期报告摘要(政策建议),2009
8.钱培华 鲁迎春 政府购买公共服务过程中与社会组织的委托-代理关系《新政治学》,2010
9.王浦劬 萨拉蒙(美)等 政府向社会组织购买公共服务研究:中国与全球经验分析 北京大学出版社,2010
10.苏明 贾西津 孙洁 韩俊魁 中国政府购买公共服务研究《财政研究》,2010

广东省民间组织管理局副局长 黎建波

第十六章　学会协会编辑出版期刊的管理与创新

第一节　学会协会创办期刊的优势与现状分析

学会是由研究某一学科的人组成的学术团体，学会协会主办的期刊中大多为科技类，是记载学科发展历程、发布学术成果、开展学术争鸣、传承科学文明的园地。基于对科学信息成果发布、学术交流平台的需求，科技期刊应运而生。科技期刊是科学交流活动的重要载体，是我国科技界和出版界不可或缺的优质出版资源，在推动现代科技发展和建设国家知识创新体系的进程中具有重要地位和作用。1978 年我国出版期刊仅 930 种，至 2010 年我国期刊总数迅速增长至近万种，反映出我国期刊业的蓬勃发展。目前我国科技期刊主要由科技社团（学会、协会）、科研机构、高等院校、出版商四大办刊主体组成。至 2010 年底，中国科协所属全国学会主办的期刊达 1003 种，约占期刊总量的 10%，占科技期刊总量的 20%；由学会协会主办的科技期刊数量约占期刊总数的 24.3%。由学会协会创办的期刊已成为我国科技期刊中最具典型意义的代表刊群，在我国学科发展和培养人才方面发挥着越来越大的作用。

一、学会协会办刊的优势

（一）覆盖面广

学会协会学科健全，囊括理、工、农、医和各个交叉学科，所主办的科技期刊几乎覆盖科学技术的所有领域，目前超过 1000 种，已经超过我国科技期刊总量的 20%。

（二）学术质量高

学会期刊大多随着学会诞生而创建，有些期刊有百年历史，学术影响力很大，在本专业具有领先地位。从进入国际著名检索系统的刊物数量、期刊评价指标、期刊获奖比例来看，学会协会主办的期刊均在我国科技期刊界名列前茅。

（三）国际化水平较高

学会主办英文版学术期刊比例高，约占我国英文版刊物总数的 25%，进入国际检索系统的期刊数量逐年增长。近年来，越来越多的期刊被海外著名出版集团所关注，并与国际出版集团建立出版或发行联系，国际影响日益扩大。

（四）自主经营能力强

大部分期刊按市场经济规律开展多种经营，不少期刊的广告收入已经超过发行收入，以中华医学会系列杂志为例，期刊发行及广告收入各占总收入的 30%，其余为多种经营收入，期刊的经营能力不断增强。

二、学会协会创办期刊的现状与分析

（一）学术地位不断提高

作为学会协会的重要组织形式——编辑出版学术期刊，搭建学术评价与交流平台是其重

要职责和基本任务，是学会发展的基础。据统计，中国科协主管的学会协会期刊中，学术和技术类期刊达到88.4%（其中学术期刊占66.9%），整体学术水平和出版质量较高，在我国科学界具有较高的影响力。尤其是近年来，随着科技期刊编辑出版的规范化程度不断提高，期刊的学术质量和影响力指标呈上升趋势，期刊的学术地位有了明显的提升。

1.评价指标国内领先。科技论文是科技产出的重要指标之一，是中国国际学术地位不断提高、国际影响不断扩大、科学技术总体水平不断进步的最好见证。据中国科技信息研究所《中国科技期刊引证报告》(2006-2010)，中国科协科技期刊学术指标5年来有较大提升，各学科总被引频次、影响因子、即年指数和引文数等学术指标均高于收录期刊总体平均值。有17个学科的平均影响因子、被引频次排名第一，占有绝对优势；学会协会期刊占入选中国百种杰出学术期刊的60%，占入选国家自然科学基金重点学术期刊资助总数的60%。学会英文版期刊发表的基金论文一直保持在60%以上，高于我国英文版期刊的整体水平。

2.表现在国际认知度上。1987年，SCI选用中国期刊仅11种，占世界的0.3%，《工程索引》(EI)收录中国期刊20种。20年来，中国科技期刊的队伍不断壮大，在世界检索系统中的影响也越来越大。2009年，SCI数据库收录中国科技期刊115种，较2008年增加6.5%。2009年EI数据库收录中国科技期刊217种，比2008年增长10.2%。2009年Medline收录中国科技期刊93种。SSCI收录中国出版的期刊2种。英文版期刊的国际论文作者由2006年的5.7%上升到2010年的14.0%；各期刊中国际编委的人数也在不断增加。目前我国科技期刊经历了数量从无到有、从少到多的积累阶段，进入了学科面齐全、出版规范的新时期。在文化体制改革大潮渐入佳境期间，中国科协及其全国学会主办的科技期刊，已经成为我国科技期刊中最具典型的代表刊群，各项指标均达到领先水平。

（二）编辑出版质量不断提高

期刊的编辑出版质量是衡量其学术质量的重要方面。近年来，国家新闻出版总署、中国科协、卫生部等期刊行政主管部门十分重视期刊的编辑出版质量，管理力度不断加大，相继出台有关政策，如《期刊出版管理规定》、《期刊出版形式规范》、《报纸期刊审读暂行办法》、《关于严格执行期刊三审制和三校一读制保证出版质量的通知》、《中国医药卫生期刊监管评价体系》、《全国报纸期刊出版质量综合评估指标体系》等。学会协会的期刊编辑出版质量明显提高：外在的包括印刷水平、纸张开本等，期刊精美程度不断提高；内在学术水平和编校质量也在不断提高。

1.出版周期不断缩短。论文发表的时效性是确认科学首发权的基本要素，也是学术交流即时性的需要。近年来，通过适当缩短刊期、增加页码、扩大期刊载容量等方式建立学术期刊的快速反应机制取得较好效果。2010年，中国科协所属学会协会主办的科技期刊中，周刊、旬刊和半月刊有58种（占6.1%），月刊和双月刊有798种（占83.6%），季刊、半年刊和年刊有96种（占10.3%）。平均每期页码为103.3页，论文发表平均周期由2006-2007年的88.7天缩减至2009-2010年的74.6天，近半数期刊可在50天内向作者反馈审稿情况。

2.编审队伍建设进一步加强。近两年来，中国科协及其全国学会遵循学术规范、同行评议、三审五定制、双盲审稿等措施和手段，确保期刊学术水平和编辑水平的高标准。科技期刊极其强调建立和完善编委会和审稿专家队伍建设，注重引进和大力培养高素质的编辑，采取会员制、举办中青年专家沙龙等吸引并培养期刊的作者、读者队伍，使学术期刊的队伍建设得到加强。截至 2010 年 6 月，中国科协期刊中刊均审稿专家规模壮大，达到 544 人；刊均编委 65.3 人，编委中刊均院士 5.2 人，刊均国际编委 6.2 人，提高了期刊在行业内的影响力和知名度。科技期刊的从业人员素质也不断得到提升，高学历、年轻编辑比例增加，每刊 7 人左右，2009-2010 年硕士以上学历人员占 35.4%。

3.期刊的组稿和选题策划得到加强。学术期刊的关键是发表高水平的论文。近两年来，为吸纳高水平、高质量的论文，许多编辑部主动出击，采取参加各种学术讨论会、组织选题策划、跟踪重要研究课题等方式，主动约稿，提高期刊论文的学术水平。目前，中国科协科技期刊中，有 67.3%的期刊根据栏目设置和来稿情况进行组稿，有 19.0%的期刊能够每期策划选题，根据选题组稿；约稿、组稿和策划重点号的科技期刊比例逐年提高。

（三）学术期刊的经营状况有所改善

近两年来，学会期刊注重从经营管理体制和运行机制等方面强化经营管理，取得一些进展。目前，中国科协科技期刊出版单位性质绝大多数没变，不具备法人资格的期刊占多数。2010 年所调查期刊中仍以事业法人出版单位（20.3%）、企业法人出版单位（17.0%）和非法人出版单位（62.7%）三种形式并存。期刊的收入来源以发行收入和广告收入为主，平均每种学术期刊的年总收入为 103.8 万元，但员工薪酬与印刷费的支出也逐年增大。科技期刊的经营项目呈多元化发展，如广告、举办学术会议、增加协办单位、成立理事会、拓展业务培训、编辑其他出版物、开展咨询活动等，使得办刊经费有了保障。

（四）国际化水平不断提高

近两年来，中国科协积极实施中国科协科技期刊国际推广计划，采取“请进来、走出去、促合作”的策略，通过参展、交流考察、合作谈判等多种方式，主动扩大科技期刊国际间的交流与合作，扩大中国科协及其全国学会主办科技期刊的国际影响力和认知度，不断提升自身质量和水平，提高我国科技期刊国际地位和市场竞争力。近几年，一些国际科技期刊集团采取培训、交流、发行合作、战略合作等多种方式，纷纷进军中国，吸引学会协会主办的科技期刊加盟，虽然期刊的一部分市场被他们占领，但也促进国内期刊在内容质量和运作模式上逐渐与国际接轨。

三、学会协会期刊发展中存在的问题

（一）期刊整体水平仍待提高

目前，科技期刊发展质量精品化、运营集群化、手段信息化、市场细分化、竞争全球化已大势所趋。与这种发展形势相比，中国的科技期刊仍面临严峻挑战，学术期刊总体质量和水平还有待提高，反应机制仍然滞后，国际认可程度仍然不高；同时，我们的科技期刊分散、低效、重复、小规模等弊端明显，市场竞争力较弱。

（二）缺少高质量的稿件

有研究表明，由于我国科技整体实力、研究水平有限，以及科技和人才评价机制等多种因素的影响，致使科技期刊缺乏高质量的稿件，不仅难以吸引高水平的国外论文，而且国内一流学术稿件也难以留住，优秀稿件大量外流，严重影响期刊的学术水平。我国科技期刊的总被引频次的平均值远低于美国科学信息研究所发布的《期刊引证报告》（JCR）所有源期刊的总被引频次平均值。另外,由于研究机构在科研成果奖励和职称评定等问题上过分抬高被SCI收录论文的地位而忽视国内一些科技期刊的份量,对我国科技期刊的发展造成极大负面影响。学术界对科技期刊评价体系的盲目推崇,是导致国内期刊学术水平停滞不前的重要原因之一。

(三)期刊同质化严重

科技期刊众刊一面、千篇一律,从内容到形式同质化严重。由于期刊没有个性,定位不准,因此不能被学术界、读者所关注,作者也无所适从。由于内容形式雷同,发行、广告、专家资源、读者、作者均受影响,缺乏市场竞争力,生存和发展存在严重问题,易造成稿源恶性竞争,高质量稿件无法集中形成合力。

(四)管理多元、力量分散

我国期刊目前采取审批制度下的主管、主办、出版"三级"管理制,全国学会协会主办的期刊,分别由中国科协、中国科学院、卫生部及其他部门或单位主管。据179家全国学会对734种科技期刊调查反馈,学会作为第一主办单位主办的期刊595种,其中真正由学会实质性形式办刊(主要能行使人、财、物管理)为279种;作为第二、第三、第四主办单位主办的期刊139种,管理上比较松散、被动,有时编辑部需要盖主办单位的公章时才能跟主办单位发生关系。同时,这些科技期刊的主办单位、业务主管部门、出版单位(承办单位)关系重叠,许多学会虽然主办科技期刊,但编辑部设在挂靠单位或参与主办的其他单位,难以实施有效管理。

(五)办刊条件亟待改善

在学会主办科技期刊自身面临诸多问题的同时,一些政策、人力投入、办刊硬件等条件因素也在制约其发展。部分科技期刊处于亏损状态,办刊经费匮乏,相关部门或主办单位扶持力度不够也是造成科技期刊片面追求经济利益、忽视期刊学术质量的原因所在。期刊主办者应针对国际合作日趋频繁、期刊细分趋势明显的现状增加经费投入,支持创办有前途的新刊及英文版期刊,使期刊作为学术交流阵地能紧跟学科发展动态,提升我国的科技出版实力,积极应对国际科技出版竞争。另外大多数期刊因资金所限网络信息化建设滞后,目前只有半数科技期刊建立了自己的网站,而且受网页更新慢、内容少、网页的功能开发和实现程度不够等影响,网络期刊受关注度低。

第二节　学会协会主办期刊的现实意义与社会影响

一、学会协会是科技期刊最佳办刊主体

我国科技期刊的主办单位分别包括学会(协会、研究会)、研究院所、高等院校、杂志社(出版社)、医院等机构。学术交流是科技社团组织的重要使命,而创办高水平的科技期刊可以完成这一使命。学会期刊出版占据了学术出版领域不少份额,与国内同类期刊相比,学会主办期刊的各项指标均高于平均水平。对国际期刊的研究数据表明,世界优秀的学术期刊绝大多数都是学会办的。据2010年中国科技信息研究所《科技期刊引证报告》,在全国总被引频次大于或等于1000次、影响因子大于或等于1的科技期刊中,中国科协所属学会主办期刊均超过半数,表明学会协会主办的期刊具有较高的学术质量和水平。

(一)学会协会期刊是广大会员学术交流的重要途径

学会期刊是传播科技信息的载体,是科研工作的重要环节,也是反映我国科技创新水平的窗口。新技术、新知识、新理论都要首先发表在学术期刊上才能达到交流、推广、传播的目的,才能得到社会承认。学会主办期刊的多少、水平高低、社会及经济效益的大小等在某种程度上反映了这一学会的学术影响学术地位和综合实力。2007–2010 年,《中国科技论文与引文数据库》(CSTPCD)连续 4 届评选发布了"百篇国内优秀学术论文",中国科协所属学会主办期刊的入选论文数均超过半数,具有很强的优势,大大高于中国科协科技期刊占全国科技期刊的比例,尤其是在医药卫生领域有 44 篇(占 75.9%),影响力较强。这些数据表明,学会协会期刊已成为刊载中国优秀论文的重要平台。

(二)发挥学会影响力,为科技期刊发展创造条件

高质量的稿源和充足的办刊经费是期刊可持续发展的重要条件。科技社团中人才济济,专家资源丰富,科技期刊可以充分利用这一优势,吸引这部分专家担任杂志的编委、审稿人。因为高水平、高素质的编委、审稿群体可以保证刊出稿件的学术水平和论文质量。学会还可以运用多方面资源广为宣传介绍刊物,鼓励会员向期刊投稿等。如目前 125 种中华医学会系列杂志中审稿专家和编委近万名,几乎囊括所有医学领域的两院院士,这既是一支高水平的审稿专家队伍,同时也是一支潜在的作者队伍,正是这些杰出的专家确保了"中华牌"杂志品牌的形成,以论文水平高、创新性强、发表速度快的特点赢得声誉。

(三)学会协会和期刊是利益共同体

学会工作与科技期刊密不可分,科技期刊在学会工作中对繁荣学术、促进学科发展起到重要作用,同时对学会在经济上的支撑乃至学会生存产生巨大贡献。科技期刊源于科技社团及科学交流,同时又促进科学及社团的发展。期刊的发展有赖于学会的支撑,学会的发展有赖于包括期刊、学术会议等在内的各项事业的共同进步,两者相辅相成,互相促进,不断壮大。通常情况下,学会把期刊的发展作为工作重心,期刊的品牌效应会提升学会形象,期刊的收入也为学会开展各类学术及科普活动提供经济保障;学会的专家资源、学术资源也成为期刊成长的沃土。

(四)出版模式立足科技社团的实际情况

学会期刊在办刊过程中遵循学术规范、同行评议等学术出版规则,为会员服务,期刊的作者、编者、审稿者和读者往往表现为"四位一体",逐渐形成符合科技社团办刊的规律。在学术资源利用、出版单位设立、办刊队伍建设以及办刊经费筹措上均充分利用学会的资源和力量,形成学会独特的期刊出版模式。学会期刊之所以能够成为我国科技期刊的代表性期刊群和不可或缺的优质出版资源,其中关键因素是学会作为科技社团,能够将国内外知名专家学者汇聚到这个开放、平等、公信力高的平台上,在办刊中担任适当的角色,发挥应有的作用,把科学共同体的资源充分利用和体现在期刊编辑出版的整个过程中。

(五)培育精品科技期刊取得显著成效

中国科协主管的精品科技期刊工程项目已经实施 5 年,是国内规模最大的科技期刊资助体系。5 年来,得到中国科协重点扶植的学会精品期刊,充分发挥其示范引导作用,极大地提高了学术质量和出版质量,而且推进了期刊国际化和网络化进程,培育出一大批有较强影响力和

辐射力的精品科技期刊,带动了我国科技期刊整体质量和水平的提高。

二、学会期刊是服务科研的重要组成部分

学会期刊不仅承担着繁荣学术、增进交流、促进科技成果转化的重任,同时承载着学术评价、学术建设、知识创新、人才培养等重要功能。目前,我国科技期刊种类已涉及到不同领域的多个学科,科技期刊已经成为学会服务科研工作的一个重要组成部分。

(一)科技期刊是科技研究过程的重要工具之一

科技期刊是一所没有围墙的大学,更是科学和技术研究工作中不可或缺的重要工具。任何一个科研课题、科学项目和工程技术项目,开题之前首先要在相关科技期刊上查阅文献,全面了解所研究问题的发展历史、研究现状、存在的问题等,从前人的工作中吸取经验、受到启发和汲取“营养”,进而找到研究方向,推动科研工作的发展。据中国知网数据库统计,2009 年中国科协所属学会期刊可被引文献总量达到 29.4 万篇,下载次数达 8061.15 万次,平均每刊下载量达 8.6 万次。

(二)科技期刊在促进科技成果直接向生产力转化方面也取得不俗的成绩

科技期刊代表国家在各学科领域内的研究水平, 以发表具有相当学术价值或创造性的科研成果、探讨新理论、介绍新技术、新方法和新进展、开展学术交流为主要任务。如何体现“科技是第一生产力”呢?当科研成果变成论文发表在有影响力的科技期刊上,就有了被广泛传播、推广和应用的可能。如《稀有金属》杂志发表徐炜等的《掺杂钨丝钾泡弥散热处理的高压电镜研究》用于生产后,迅速改变了面临困境的南京钨铝材料厂的面貌。《种子世界》发表的《论精量播种》一文也得到了较好的推广与应用。

(三)科技期刊在贯彻“百花齐放、百家争鸣”中的重要作用

目前,科技期刊在开展学术交流、传播学术思想、促进学科发展方面日益发挥着越来越重要的作用。科技期刊通过设置争鸣栏目,发表不同观点的学术论文,不仅有利于学术观点的统一,而且增强读者的参与感,最终促进学科的发展。如《中华内科杂志》开辟了争鸣园地,刊载不同学派的论文;中华医学会系列杂志也通过“病例讨论”的栏目开展学术争鸣;《建筑学报》在如何对待中国建筑遗产上也注意发表不同见解的论文……以上措施均有效促进了学术繁荣。

三、学会主办期刊的社会影响

就目前我国科技期刊的发展来看,学会主办的期刊具有广泛的社会影响。

(一)科技期刊发展水平是综合国力的重要体现,也是衡量国家科技创新水平的重要标志

学会主办期刊学科覆盖面广,基本涵盖了理、工、农、医以及跨领域交叉的各个学科,是我国科技研究创新成果首先发表的平台。有资料显示,科技创新成果有 70%率先发表在科技期刊上,有的学科领域高达 90%。新的科技成果是发展生产力和促进国民经济发展的重要因素。科技成果的创新水平和数量与科技人员的水平、实验设备和国家的经济投入密切相关,均是综合国力的体现。尤其是学会主办的科技期刊,其论文质量在国内具有绝对优势。但我国科技期刊在国际学术界的影响力与我国科技水平的发展不相符,亟需进一步提升。

(二)科技期刊是国家科技创新体系的重要组成部分

科技期刊是记载科技发展历史的主要形式，科学和技术的发展是继承性的，从科技发展史上可以看出，任何一个重大突破性的进展，都是在前人研究的基础上产生的。没有过去的科技文献，就不会有现在的科技发展；同样的是，没有现在的科技文献，就不会有将来的科技发展、交流与传播。中国的杂交水稻、河姆渡遗址发现、纳米技术应用等均代表着国家科研水平的研究成果，它们都是在高水平的科技期刊上率先发表的。科技期刊是科技成果交流的重要载体之一，因此也可以说，科技期刊是我国科技创新体系中的重要组成部分。

（三）科技期刊对人才的发现和成长起到促进作用

学会主办期刊为保护我国科学研究的首发权做出了积极贡献。例如《中华医学杂志》率先报道陈中伟首例“断手再植手术”，使医学史上关于断手再植成功的殊荣归于中国，他本人也被选为国际显微重建外科学会主席。《昆虫学报》不仅发表了程遐年等关于稻飞虱在我国东部地区迁飞规律的论文，而且编辑部为作者做了大量审校、加工和制图工作，该项目获得国家科技进步一等奖。许多著名的科学家的处女作往往是发表在有关的全国学会主办的科技期刊上面，作者因论文发表在学会的期刊上被单位破格晋升的例子并不罕见。以医生的成长为例，许多医学专家的处女作均发表于中华医学会系列杂志上，杂志被誉为“中华名医成长之摇篮”。在学会科技期刊的帮助和扶持下，一大批中青年科技工作者迅速成长。

第三节　学会协会创办期刊的管理模式分析

期刊的发展有赖于学会协会的支持，期刊品牌效应也会进一步提升学会形象，出版收入也为学会开展工作提供一定经济保障，两者相辅相成，彼此促进，不断强大。国内外知名学会大多历史悠久，有深厚的文化积淀，为期刊出版工作奠定坚实的发展基础，其期刊管理体制是历史形成的，如中华医学会系列杂志。但也有不少是近几年崛起的新兴学会，管理模式中融入了许多时代元素，学会与期刊的管理模式呈现出多样性，有些十分紧密，有些较为松散，管办关系比较复杂。

一、学会期刊的管办关系

根据我国现行期刊管理的规定，期刊实行“三级管理”——主管单位、主办单位和出版单位（编辑部或期刊社）。各级学会也是通过这一管办关系，对所主办期刊进行监督管理。由于学会协会的期刊管理在历史沿革上具有明显的计划经济痕迹，因此，期刊与学会协会的管办关系可分为两种——直接紧密型管理和分散松散型管理。

（一）直接紧密型管理

学会设专门机构或由专人负责期刊管理工作，并建立期刊出版管理制度。学会负责提供办刊所需的场地、人员、办刊经费等，期刊的所有编辑出版经营活动均由学会统一管理，财务账目归学会财务部门统管，出版单位多为非独立法人编辑部，无独立人权、财权及经营权。学会能够直接履行主办单位职责，享受主办单位权利。据统计，学会作为第一主办单位、并实质办刊（负责人、财、物经费）的期刊约占中国科协主管期刊的38%。长期以来，这类管理模式有力地保障了杂志办刊质量、编辑部人员稳定。但负面影响是易造成杂志缺乏竞争意识和经营意识，缺乏办刊自主性和灵活性。近年来,随着市场经济的飞速发展,学会协会的经营意识和创收意识增强,部分学会对所主办期刊实施事业单位“企业化管理”,内部独立核算,鼓励杂志参与竞争,有效经营,并授予相对的财权和办刊自主权,使杂志经营能力进一步得到增强,减轻学会经济负担,有力地促进了学会经济建设。

(二)分散松散型管理

期刊虽然由学会主办,但编辑部设在挂靠单位(杂志承办单位)或参与的其他主办单位,学会没有真正实施主办期刊的权利并承担相应的责任,学会的实际管理权被弱化。形成期刊与主办单位的挂靠关系是由期刊发展历史原因造成的,如学会和杂志均挂靠在某一单位,虽名义上是学会期刊,但学会没有真正的管理权和经营权。还有的期刊是随着学科发展需要而创办,一方面借助学会的影响力和学术资源,另一方面借助有实力的承办单位提供办刊条件,二者相辅相承,通过签署相关文件、协议,明确主办单位和承办单位的责、权、利的关系。此类管理关系约占中国科协主办期刊的62%。

这种分散管理形式,在一定时期,极大地促进了科技期刊的繁荣与发展,尤其是改革开放30年来,我国科学技术得到飞速发展,但限于学会协会的办刊实力,不能满足广大会员学术交流的需要,因此调动全社会有实力的科研院校,依托其学术优势、经营优势创办杂志,开创了科技期刊“百花齐放、百家争鸣”的局面,有力地促进我国科技交流信息平台建设。但这种管理方式的缺点也是比较突出的,由于承办单位(挂靠单位)拨款办刊,造成学会与期刊编辑部之间管理比较松散,需要通过制度加以规范。以中华医学会为例,目前学会主办125种期刊,其中委托承办期刊超过80%,通过学会与期刊承办单位之间签署《中华医学会系列杂志委托承办协议书》,明确双方责任、权利和义务。一般情况下,承办单位为大学或科研院(所),具有较强的学术实力和经济实力,编辑部大多享受事业单位各类政策,办刊目的主要在于推动学科专业发展及提高院系的影响。虽然这类期刊缺乏办刊自主权,但创办经费主要来自行政拨款,编辑部无需为经费发愁。学会作为主办单位(或主要主办单位)履行主办单位职责,执行和努力发挥主办单位对期刊的业务管理、编辑指导和各项服务工作。学会可以通过制定详细的规章制度来规范委托承办杂志的编辑出版工作。以中华医学会为例,先后制定了《中华医学会系列杂志管理办法》、《中华医学会系列杂志编辑委员会通则》、《中华医学会系列杂志评估体系》、《中华医学会系列杂志编排规范》、《中华医学会系列杂志编辑出版质量管理办法》等20多项条例规定,有效地加强了期刊管理,形成一套完整的期刊管理制度体系。

二、学会对科技期刊的管理

为充分发挥学会协会在我国科技期刊出版事业中的作用,促进科技交流,加强期刊管理工作,新闻出版总署于1993年发布《关于出版单位的主管主办单位职责的暂行规定》(新闻出版署[93]801号),明确提出学会必须承担主办单位职责要求。学会要依靠自身学术交流、专家资源、社会影响力等为期刊事业的发展提供一切可能条件;期刊要在保证自身发展的同时承担一定的学会工作,并在取得较好经济效益时为学会提供人、财、物支持,形成学会和期刊相互促进的良性循环机制。学会作为主办单位的管理,主要体现在以下方面。

(一)履行主办单位职则

主办单位(学会)对出版单位(编辑部、杂志社)实施具体的领导和管理,编辑部或杂志社作为期刊出版单位是期刊编辑出版的执行机构。如果期刊编辑部不具备独立法人地位,其民事责任仍由主办单位(学会)承担。主办单位必须承担并指定专门机构或专门人员负责本单位的期刊管理工作,切实担负起主办单位的职责。依照国家的有关规定,学会决定期刊经营管理国有资产的责任制形式,要求期刊遵循国家有关规定和责、权、利相统一的原则,保证期刊的经营自主权,并对期刊的各项经营活动担负监督职责(执行国家财政、税收和国有资产管理的法律、法规,定期进行审计,确保出版单位财产的保值、增值)。如果期刊为实现社会效益目标而形成政策性亏损,学会应当给予相应的补贴或者其他方式的补偿。如果期刊停刊,学会需承担出版物停办后的资产清算、人员安置和其他善后工作。

(二)负责编辑出版管理

编辑出版管理主要包括以下几方面。

1.审核选题报道计划,要求期刊认真贯彻办刊方针,制定期刊报道计划和选题计划,严格按规定程序审定稿件,负责审核期刊的重大报道内容和选题计划。作为主办单位,学会对出版单位在出版物内容等方面发生的严重错误和其他重大失误承担直接领导责任。

2.加强学术质量把关,执行有关国际标准、国家标准规范及学会制定的各项规章制度,使期刊的编辑出版工作标准化、规范化,不断提高杂志的学术水平和编辑质量。

3.建立完善的编委会。编委会是期刊的学术指导机构,具有把握期刊学术质量和学术导向的职责,对期刊的发展有重要作用。因此邀请本学科领域的学术带头人和有影响的专家担任杂志编委,可以提升和扩大杂志的品牌影响。

(三)审核确定期刊的内部机构设置

考核并提出任免出版单位负责人的建议,负责期刊的编辑部建设。科学合理的机构设置可以保证期刊高效运营,实现既定目标;科学的人事制度能够调动员工的积极性,促进期刊的健康发展。期刊负责人承担执行期刊办刊宗旨、发展方向,指导和控制编辑出版流程,负责期刊出版的学术质量和编辑质量把关等职责,岗位十分重要。对期刊负责人的任命是学会对期刊管理的重要环节。学会应制定期刊的人员聘用、绩效考核、激励机制、培训机制、财务管理等制度,调动办刊人员的工作积极性。

三、学会期刊管理模式应形成良性循环

目前,学会主办期刊有两种管理模式:一种是自设编辑部或杂志社直接编辑出版,另一种是由其他主办或杂志承办单位承担编辑出版。学会期刊在要求学会保证办刊经费的同时,也要引入经营理念,要强调编辑人员进行市场调研,把期刊办成精品,并有一定的自我经营和发展能力,也不能因有经费和福利保障而不思进取。经营性期刊更要有企业化的运作目标。因此,学会对科技期刊的管理既不能过分干涉其日常工作,也不能仅仅挂名听之任之,割裂学会与期刊的联系。

学会对期刊的管理应准确定位,为期刊与学会会员之间搭建桥梁,比如利用学会平台(如学术会议)宣传期刊,组织优秀稿件,引荐专家担任杂志编委,向会员赠送期刊等。学会要在杂志之间起到沟通协调作用,创办新刊时调整资源分配,促进杂志之间合作与交流。为各类编审

人员(总编、编辑、审稿专家)组织业务培训。学会要通盘考虑学会期刊的定位、发展战略,并作指导,要坚持社会效益第一的思想,分类管理,不搞一刀切,寻找适合我国国情的科技期刊经营和管理模式。

第四节 科技期刊的分类

科技期刊分类工作是期刊研究的一项重要工作,科学合理的科技期刊分类有助于科技期刊的检索与评价。由于我国科技期刊的数量庞大,状况复杂,随着学科的交叉和相互渗透,学科研究内容的变异和不确定性,根据科技期刊的本质特征和发展状况进行科学的、准确的、实用的分类难度很大。目前,由于划分类型的目的不同,划分角度和标准也不尽相同,科技期刊也产生不同的分类方法和分类标准。

一、按内容性质划分

根据 1991 年颁布的《科学技术期刊管理办法》,我国科技期刊按其内容性质划分为 5 类。

(一)指导类期刊

以刊登党和国家的科技方针、政策和法律、法规,以及科学技术发展动态和科技管理为主要内容的期刊。

(二)学术类期刊

以刊登科学技术研究报告、学术论文、综合评述为主要内容的期刊。

(三)技术类期刊

以刊登新技术、新工艺、新设计、新材料、新设备为主要内容的期刊。

(四)检索性期刊

以刊登对原始科技文献经过加工、浓缩,按照一定的著录规则编辑而成的目录、文摘、索引为主要内容的期刊。

(五)科普性期刊

以刊登科普知识为主要内容的期刊。

20 年来,这五大类型的划分基本满足科技期刊管理工作的需求,但随着我国改革开放的深入,科技期刊事业飞速发展,新学科、交叉学科不断产生,新创办的科技期刊如雨后春笋,此种分类模式已经不能满足科技期刊管理需求。

二、按载文形式划分

在上述五大类型划分的基础上更加细化,根据学科发展、载文类型等划分,使期刊分类更加易分辨、易区分,使用起来更加实用、方便。

(一)综合指导类

报道各门学科的研究动态、介绍各门新兴学科的理论基础和实验技术以及新的研究成果的期刊。

(二)专科学术类

主要发表基础学科和应用科学的原始性研究论文的专业性期刊。其主要专业类别有工业技术、数理化学、航天航空、生物科学(生命科学)、交通运输、医药卫生、通讯计算机、天文地理、环境科学、农业科学及新型材料科学等。

(三)大学学报类

刊登各高等院校不同专业的教学、科研、医疗、工程技术的研究论文、报告、学术活动的期刊。

(四)技术类

报道各个专业部门的应用研究成果,包括新的诊断方法、工艺方法、材料、设计、产品、管理经验等方面的期刊。

(五)信息类

报道国内外科学技术新进展、新动态和研究、设计、会议等情况以及有关考察报告、文献、公告、学术活动的期刊。

(六)科普类

通俗介绍自然科学和应用技术的基本知识及技术,讲解科技史话、科技名人生平事迹等方面的期刊。

(七)检索类

以文摘、题录、索引等形式介绍国内外科技研究成果、论文、技术报告、会议题录、年鉴、专利、专著和特种文献的期刊。

(八)公报类

报道有关科技的政府公报、法令、政策、规章制度、统计资料、技术标准等。有些公报、通讯是以内刊形式存在的。

三、其他分类方式

(一)按出版物的审批划分

正式经新闻出版总署批准,在国家行政管理部门登记注册,领取《期刊出版许可证》,编入“国内统一连续出版物号(CN)”的期刊,称正式期刊。经中央各主管部门审核同意,并在国家行政管理部门登记,领取“内部报刊准印证”的期刊称为非正式期刊,用于本系统、本行业、本单位指导工作、交流经验、交换信息,不能在社会上公开发行。

(二)按报道范围分类

分为综合性科技期刊和专业性刊物。综合性期刊的特点是选题范围广,涉及到自然范畴的各个领域。专业性期刊的特点是报道内容、选题范围局限在一个学科或专业范围内。

(三)按载体形式分类

可分为印刷版期刊、电子连续出版物(光盘版电子期刊)、网络型期刊、手机(移动终端)电子期刊等。

(四)按出版周期分类

可分为年刊、半年刊、季刊、双月刊、月刊、半月刊、旬刊和周刊。

(五)按主管部门划分

一是全国性期刊，即指党中央、国务院及所属各部门、中国科学院、中国社会科学院、各民主党派和全国性人民团体主办的期刊及国家一级专业学会主办的期刊；二是地方性期刊，指省、自治区、直辖市及所属各委、厅、局主管的期刊。此种期刊分类仅根据管辖的需要，并不反映其所刊载论文的质量与水平。

（六）按期刊被收录的数据库期刊分类

如《中国期刊全文数据库》、《中国数字化期刊群》、《中文科技期刊数据库》、《万方数据》等，根据《中国图书馆图书分类法·期刊分类表》、《中国图书馆分类法》、《中国图书资料分类法》、学科分类国家标准及国家学科、专业分类目录为基础，对科技期刊进行分类。这种分类有利于读者按内容性质选择要参考的期刊，但还存在几大类数据库分类标准不一致的现象。

（七）按期刊评价报告（要目）的期刊分类

此种分类以评价期刊为目的，尽管分类标准不统一，但基本上都考虑了期刊的学科性质、数量等因素。根据期刊是否入选期刊评价体系，有"核心期刊"和"非核心期刊"、"统计源期刊"和"非统计源期刊"等的划分。如《中国科技论文统计源期刊》、《中文核心期刊要目总览》、《中国科学引文数据库来源期刊》、《中国人文社会科学核心期刊要览》等体系中入选期刊，一般为同类期刊中学术价值高，情报密度大，利用率高，针对性强，能代表学科发展水平，占据学科信息资源主导地位的权威性、代表性期刊。其中，核心期刊是指国内几所大学的图书馆根据期刊的引文率、转载率、文摘率等指标确定的。确认核心期刊的标准是由某些大学图书馆制定的，但各学校图书馆的评比、收录标准也不尽相同。如北大《中文核心期刊要目总览》，以前每四年更新一次，现改为每三年更新一次。而入选《中国科技期刊引证报告》的期刊常被称为"统计源期刊"，通过《中国科技论文与引文数据库》对科技期刊进行引证分析，采用统计排序方法评选出若干"统计源期刊"，并以此作为统计样本，对我国科技论文的总量、水平、国内外影响力等进行分析和评价。核心期刊和统计源期刊的评价方法，从定性到定量，再到综合评价，历经几十年探索与实践，具有广泛的影响力。

我国科技期刊数量从 1991 年的 3430 种增长到 2006 年的 5100 种，仅中国科协主管的期刊已超过 1000 种。近年来由于国家对期刊采取结构性调整，所以数量一直变化不大。随着期刊数量的不断增多，为使广大科技工作者客观、准确地选择和利用期刊，也为决策管理部门公正、合理、科学、客观地评价科技人员科学活动的水平，期刊界出现的多种不同的分类方法和分类标准，各有千秋，各有所长，不能一概否定其作用。随着科技的进步和期刊的发展，科技期刊肯定会出现许多复杂的新情况，对其分类就需要根据新情况进行调整和修改，不断完善，力争向科学性、合理性、客观性和可操作性的方向发展。

第五节　创办科技期刊的条件和申报程序

科技期刊审批工作是科技管理和出版管理工作的重要组成部分，关系到我国科技事业和新闻出版业的繁荣发展。我国出版行业管理的基本制度之一是审批制，科技期刊的审批依据国务院《出版管理条例》和新闻出版总署《期刊出版管理规定》执行。根据新闻出版总署 2005 年 4 月 20 日颁布的《关于调整科技期刊申报程序和审批办法的通知》[新出联（2005）9 号]，对科技期刊申报条件和申报程序作了详细规定。审批制的优点是在一定程度上保证了期刊的质量,并可总量控制,避免重复、无序竞争。缺点是难以根据市场和学科发展需要适时推出新刊。

设立出版单位,由其主办单位向所在地省、自治区、直辖市人民政府行政主管部门提出申请;省、自治区、直辖市人民政府出版行政主管部门审核同意后,报国务院出版行政主管部门审批。设立出版单位为事业单位的,还应办理机构编制审批手续。

一、科技期刊创办的许可条件

创办科技期刊的单位,必须符合《出版管理条例》和国家出版行政部门有关规定要求的条件。

(一)有符合宪法规定的、为社会主义精神文明和物质文明建设服务的办刊宗旨;

(二)有确定的、并与主办单位、主管机关的工作业务一致的业务范围和编辑方针;

(三)有确定的、能切实担负领导责任的主办单位和主管机关;

(四)有适应业务范围需要的组织机构和符合国家规定的资格条件的编辑出版专业人员;

(五)有与所办期刊规模相适应的创办资金、办公场所等出版条件和维持正常出版所需的正当可靠的资金来源;

(六)符合国家关于期刊总量、结构、布局的规划。

二、申报程序

创办科技期刊的单位,要在充分做好调研论证的基础上,认真填写《期刊创办申请表》,并附详细的可行性论证报告,向行政主管部门提交办刊申请。行政主管部门要对拟创办期刊进行认真研究,并按照有关要求审核,切实担负起主管部门的责任。创办期刊的单位与行政主管部门的关系必须是行政隶属关系,不能是挂靠关系或合作关系。

(一)中央单位(即中央和国务院各部委、直属机构,各民主党派和全国性群众团体及其所属单位)创办期刊,由期刊主管机关审核同意后,报新闻出版总署审批。

(二)解放军系统创办期刊,由解放军总政治部宣传部新闻出版局审核同意后,报新闻出版总署审批。

(三)地方单位创办期刊,由期刊主管机关向所在地省、自治区、直辖市新闻出版行政部门提出申请,经省、自治区、直辖市新闻出版行政部门审核同意后,报新闻出版总署审批。

(四)《期刊创办申请表》主要内容

第一部分 基本情况:(1)创刊期刊名称(中英文)、主管部门、主办单位、学科、文种、刊期、页码、开本、有无涉外版权、经费来源(金额)、预期发行量、发行范围、读者对象。(2)主办单位情况,包括名称、地址、电子邮箱、法人代表、单位代码、联系电话、邮政编码。其他主办单位需填报:名称、联系人、单位代码、承担工作。(3)出版单位:名称、地址、电子邮箱、邮政编码、联系电话、联系人姓名。(4)印刷单位:名称、联系电话、地址、许可证号。

第二部分 申办理由:(1)创刊的必要性(科技、经济发展和社会进步的需求,推动本学科、本领域发展所起的作用,创刊的机遇等)。(2)办刊单位情况和具备的办刊条件(办刊经费状况、设备条件、办刊经验、主办单位在该学科、该领域方面的优势等)。(3)办刊方针、市场定位及经营方式(主要内容和重点栏目、读者群体、国内外同类学科期刊的数量、现状分析,管理组织架构,稿件来源及质量保证机制等)。(4)办刊宗旨和业务范围。(5)其他材料(主办单位认为必要的相关材料。如为联合办刊,需附主办单位之间的办刊协议书原件及主管部门的同意公函。办刊协议书应包括:各主办单位的基本情况、法人和联系人的姓名及通讯地址、在本刊中的责权利和人财物的分配,以及纠纷解决办法等)。

第三部分 人员情况:(1)主编、副主编情况(在相关学科、领域工作中,所从事过的主要工作和成就,办刊/编辑工作的经历等)。(2)社长/编辑部主任情况(专业背景、办刊经历、经营管理经验及业绩等)。(3)其他办刊人员情况(姓名、性别、年龄、学历、职称、专业、专/兼职、职务)。

第四部分 申请及审核意见(主办单位意见、行政主管部门意见)。

三、关于申报时间

国务院出版行政主管部门受理设立出版单位的申请之日起60 日内,向提出创刊申请的中央部门或省级出版行政部门做出同意或不同意的批复。

四、关于报送材料

(一)期刊主办单位申请文件(应包括期刊的名称、文种、刊期、开本、登记地、办刊宗旨、业务范围、主管机关、主办单位、发行范围、方式及出版单位名称)。

(二)主管机关同意文件。

(三)出版单位章程及主办单位和主管机关的资质证明文件(资质证明文件需提供复印件,加盖单位公章)。

(四)拟任出版单位法定代表人或主要负责人的简历、身份证明文件及国家有关部门颁发的职业资格证书。

(五)编辑出版人员学历证书、职业资格证书。

(六)办刊资金来源、数额及相关证明文件。

(七)出版单位办公场所、印刷场所使用证明。

(八)期刊出版可行性论证报告。

(九)《期刊创办申请表》。

(十)刊名商标在先权有关证明。

军队系统创办、设立期刊出版单位除提交上述文件以外还需提供解放军总政治部宣传部新闻出版局审核文件。非中央单位(即中央和国务院各部委、直属机构,各民主党派和全国性群众团体及其所属单位)的其他单位创办、设立期刊出版单位除提交上述材料外,还需提交省级新闻出版行政管理部门审核文件(如主办单位不在省会城市,还应提供所在地新闻出版行政管理部门审核同意文件)。

第六节　期刊的编辑与出版

一、期刊的编辑

（一）编辑的定义

自古人们对“编辑”有多种定义，杨焕章提出的“编辑”定义较为科学地揭示了编辑活动的本质特征，从最基本的方面对编辑活动做出了科学的定义——“编辑是策划审理作品使之适合流传的再创造活动”。此定义首先科学揭示了编辑活动的对象——作品；其次提示编辑活动有内容——策划和审理作品；第三提示编辑活动的目的——使之适合流传；第四，提示编辑活动的性质——对作品的再创造。

中共中央、国务院《关于加强出版工作的决定》中指出：编辑工作是整个出版工作的中心环节，是政治性、思想性、科学性、专业性很强的工作，又是艰苦细致的创造性劳动。编辑人员的政治业务能力的高低，直接影响着出版物的质量。编辑人员对于提供有益的精神养料、防止精神污染，负有重大社会责任。这是对编辑工作重要性和编辑人员肩负社会责任的高度概括。

（二）编辑素养

质量是科技期刊的生命。任何期刊，要想办好，办成功，都离不开一支高素质的编辑队伍，因为编辑的创造贯穿于出版的全过程，从选题策划到编辑发行整个出版链均由编辑的创造性劳动来衔接。换言之，一支高素质的编辑队伍是科技期刊生存的基础，是运作的动力，是质量的保证，更是科技期刊发展的灵魂，高素质的编辑创造了高品质的期刊。

首先要具备良好的职业素养：编辑工作的性质决定编辑必须有正确的工作态度，编辑工作常被定义为“为人作嫁衣”，服务于作者和读者。编辑的工作目标是使作者的优秀作品能够发表，使读者得到满意的读物。这就决定了编辑应当具有乐于奉献、甘当无名英雄的精神，编辑必须充分认识自己工作的社会价值和意义。科技期刊编辑工作艰辛枯燥、单调乏味，要求编辑注重自身修养，正确看待竞争，学会自我调节，尽可能化解消极情绪，在工作中始终保持积极的心态。编辑工作是一项认真细致、思维复杂、时间持久且需付出艰辛努力的活动。编辑必须长时间地集中精力面对工作量大、涉及面广的工作内容，因此，就要求他们具有坚强的意志、一丝不苟的求是作风及良好的工作习惯。

其次要有扎实的专业知识：科技期刊编辑不仅需要熟悉本学科的专业基础理论，还应该有一定的科研实践经验，在工作中不断提高自己的科研能力和学识水平。已获得较高专业学历者和具有该专业较高职称者比较适合做科技期刊编辑。由于编辑具有专业知识，对学科发展状况比较了解，能够准确地确定合适的审稿专家，更清晰地将审稿专家的意图转达给作者，并向作者提出更专业的修改意见，和作者建立更加融洽和谐的沟通渠道。因此，科技期刊编辑可以结合自己的实际情况，适时参加相应学科的科研工作。在编辑出版工作中，随着专业知识的增长和更新，经验的积累和升华，技能熟练程度的提高，能够不断培养编辑敏锐的学术鉴赏力，在审稿、编稿中去粗取精，去伪存真。

第三要有熟练的编辑技能：科技期刊专业性强，学术水平高，科技期刊的编辑大部分是相关专业的理工科毕业生,具有较扎实的专业知识,但是有关编辑出版的知识比较欠缺。编辑出版有一整套基本理论和基本知识与技能,包括选题、组稿、审稿、编校、出版等环节。编辑除了具有扎实的语言文字基础知识和熟练的运用能力,还要熟练地掌握与科技期刊编辑有关的人工语言,诸如数学语言、符号语言、图表语言、计算机语言以及自然科学中相关学科的名词术语等。编辑只有学好、掌握好编辑学知识和技能,才能编辑出内容丰富、学术品位上乘、编排规范、装帧精美、以及社会效益和经济效益俱佳的期刊精品。同时,科技期刊编辑还应积极参加编辑学的学术研究,在做好本职工作的同时,及时总结经验,把经验上升为理论。许多期刊编辑部都鼓励在职攻读博士、硕士,将编辑培养成为知识广博的"杂家",又成为在某一方面具有特长的"专家",所编辑的刊物学术品位也会提升。

第四具有综合学习能力:科技期刊已经成为国内外学术交流的园地,这就要求编辑应熟练地掌握一门以上的外语,这将有利于多渠道地获得信息和知识,使科技期刊更好地参与国际交流和合作。近年来,计算机及网络技术在期刊领域的广泛应用,使科技期刊及出版业在创作、编辑、印刷、出版及发行方式上实现了质的飞跃。计算机技术的迅速发展和它在编辑工作中的应用,是期刊出版业繁荣和发展的主要因素之一。在知识不断更新的时代,如果不能及时补充、更新自己的知识,就无法胜任知识传播和创新的重任。这就要求科技期刊编辑应能熟练掌握计算机及网络的基本操作技能和相关软件,实现稿件管理、编辑加工和情报处理一体化。

(三)编辑策划

在期刊总体设计思想指导下,对期刊的编辑活动实施超前谋划和编辑构思,预先设计编辑选题、操作程序、实施计划和策略,以及对编辑方案的制订和实施的过程,称为编辑策划。实施编辑策划有利于实现和落实办刊方针和期刊的总体设计,对提高期刊编辑和经营的计划性有着重要作用。编辑策划涉及范围较广,从编辑方针到办刊宗旨,从内容定位、读者定位、市场营销等,到选题策划、专题策划、栏目策划等。

1.选题策划是保证期刊质量和提高竞争力的重要手段,是编辑的常规工作,编辑可根据栏目设置进行选题。选题要切中学科发展中的难点、热点和焦点问题,有针对性地进行命题,向有关专家组稿,而不是单纯靠自由来稿随机编辑,要避免学术报道的盲目性。

2.学术导向策划不可忽视。在学科和学术发展中,特别是在科研和教学中,往往出现某些误区,要引导学术健康发展,就需要期刊实施有效的学术导向。编辑可根据存在的问题,召开专题座谈会,通过专家讨论达成共识,提出指导性意见,并通过座谈纪要、建议、指南等形式发表,同时约请有关学术带头人撰写评论性文章,对存在的问题、应采取的对策等进行评述,加以正确引导。

3.栏目策划是体现办刊方针和充分体现学科及期刊特色的重要表现形式。因此,科学而合理的栏目设计对办好期刊尤为重要,它可有效发挥栏目的导读功能、学术导向功能、分类功能、索引功能等,而且成功的栏目设计可反映编者的编辑思想,体现办刊宗旨和学术报道的重点,同时彰显期刊的特色和学科特点。

4.期刊品牌策划要树立期刊在目标读者中的良好形象,扩大期刊的影响力,积蓄期刊的无形资产,除不断提高期刊的学术和编辑出版质量外,还应实施期刊的品牌宣传策划,注重期刊的内在文化建设,在科技人员中树立良好的期刊品牌形象。

5.广告策划，科技期刊的广告经营应以学术为主导，以学术引导期刊广告的经营。科技期刊只要重视和发挥编辑策划的作用，真正发挥优势，突出难点，体现热点，抓住学科关注的热点问题，以学术引导期刊的经营，是会赢得读者，引来作者，吸引商家，实现学术效益、社会效益和经济效益的最佳结合。

6.发行策划，是编辑、发行工作人员针对期刊发行实施的策划。发行策划具有多种手段和形式，如结合专题策划同时实施的发行策划，专门采取的优惠发行、有奖发行、会员制发行等多种形式的策划手段，还可以根据期刊重点发布内容与企业或作者联系，实施单行本或抽印本发行服务。

（四）审稿流程

审稿是对论文稿件质量的全面审查和评价，是科技期刊编辑工作的重要环节。审稿过程既是一个选择优秀稿件的过程，也是一个帮助作者完善稿件的过程。不同期刊因其办刊宗旨及读者对象不同，选稿标准也不同。以中华医学会系列杂志的审稿程序为例，多年来实行“三审五定”制，即编辑部内审、同行专家外审、编委会终审的三级审稿制度。

1.内审：在初审环节，编辑主要针对论文的格式、基本内容进行审核，对符合本刊内容要求的论文按照不同的专业技术范畴选择外审专家。由于内审（初审）受编辑专业知识和掌握信息量的限制，一般只能起到粗略分类的作用。

2.外审：由审稿专家对论文的技术内容进行评审，对论文的创新性和实用性给出客观的评价。采用对口、交叉、分散、回避、保密原则，至少2名专家审核通过。要求审稿专家在规定时间内对送审论文提出总体评价、指出存在问题、给出明确的审稿结论。

3.终审：终审则需参考内审（初审）和外审意见对论文进行综合评价。终审不仅要对稿件的科学性、创新性、实用性等方面进行全面考查，同时还要结合期刊的出版计划和选题重点，考虑不同专业等多种因素做出决定。一般组织召开审稿会，通过集体讨论、集体审稿等决定稿件的取舍。

4.退修和退稿：缩短稿件处理周期，尊重和善待每一篇来稿，让作者及时了解稿件的处理意见和结果，是编辑的责任和义务。在处理稿件时要提供人性化服务，增强服务意识。编辑在文稿退修、退稿时应积极热情地给作者提出建设性意见，促其拓宽思路，改进试验，深入研究，或建议作者改投他刊等，按照“退稿不退人”的思想保护作者的投稿热情。

（五）编辑加工

为保证期刊的学术质量，编辑部不仅要依靠专家把好文稿的学术质量关，编辑对文稿的加工把关也非常重要。在编辑工作中，为了使所发表文稿的科技信息密度更大、信息更明确、信息传播效率和学术质量更高，编辑就需要对文稿进行编辑加工，从而使之更加符合出版规范，达到期刊的出版要求，更好地提升文稿的质量。

科技期刊的编辑加工是根据国家有关科技期刊标准化、规范化的规定，对拟采用的稿件不仅从文字到技术内容作增删、检查、修改、润饰和提高，还应审核原稿内容是否科学、新颖，语言是否准确、简练，逻辑是否合情合理等，以此消除一些技术性的差错与疏漏。通过编辑对栏目、文题、图表、摘要、数据和结论等逐一把关和精细加工，可以使文稿内容更加完善，使表达更加规范。

1.内容审核及加工:包含政治性、法律性、科学性、保密性4部分内容。在编辑过程中,应该注意政治问题的表达、检查和处理;检查文稿是否侵犯他人著作权,引文是否有误;重点要检查其中的概念、定义、原理等是否正确,稿件中涉及的重要学术事实是否准确,内容阐述是否周密并符合逻辑规则等;对文中涉及保密的内容应做慎重、稳妥处理。

2.技术编辑:在确认文稿内容没有疏漏后,还要使之符合排版印刷的国家标准。编辑加工时,需分别按照国家标准中有关参考文献、量和单位、图表、文字、标点符号和数字用法等规范要求进行编辑加工。尤其是在对文章进行图文混排时,技术处理要达到结构美观、图片清晰、说明性强等要求。

3.文字加工:文字加工除了要注意关注文稿版式、错字别字、错用标点符号等,还应将重点放在把握论文的主题、检查论文的主要部分是否符合写作要求上,要求作者根据审稿专家的评审意见对文稿进行修改。文稿经过编辑的精心加工后,要改正原稿中的错漏字句以及不规范处,核对事实材料和引文,并且按照出版物的要求统一技术格式,使文稿结构更加严密,衔接更加紧密自然,语言更加流畅贴切,观点更加鲜明准确,论证更加全面充分,论据更加典型有力,从而保证信息传播的正确性和传播质量,使文稿成为学术质量高、表达规范的优秀文字作品。

二、期刊的出版

(一)出版的定义

《辞海》编委会将出版定义为“把著作物编印成为图书报刊的工作”。《汉语大字典》界定出版为“把书刊、图画等编印出来”。也有学者将出版定义为“人类创作、编辑作品,经过复制公之于众并被接收或接受的社会传播现象(活动)”。

(二)排版

指按照文稿的设计要求,把文字、图表等排在一起,拼成版面的工艺,它包括文字排版、表格排版、图像排版等。目前排版主要使用计算机排版技术,借助计算机进行文字输入、编辑排版、控制激光印字机或激光照排机输出文字的排版技术和方法。目前,计算机技术已经实现文字、图表合一排版技术。选择排版软件时应考虑:(1)文件的兼容性,即文件的交换与管理是否方便,能否利用作者投稿的文件以及其他软件制作的图形图像、表格文件。(2)能否实现图文混排:图文混排是否方便,有无图形图像处理功能,插图质量如何。(3)后端输出是否安全、质量是否有保证。这是印前工作的重要环节,但往往被忽略。(4)期刊的电子版能否方便生成ebook和PDF文件,随着网络技术的发展,不远的将来,基于网络平台的结构式排版将成为新的主力。

(三)校对

校对工作是把握期刊出版质量的最后一道关口,是编辑工作的延续、补充和完善,是保证期刊出版质量的重要环节。校对是依据原稿复核校样,提出疑问,订正差错,确保出版物质量的一个重要工序。随着计算机技术的提高,校对软件也成为编辑校对工作的有力助手。由于网络和信息技术的发展,作者的稿件电子化使编校工作在实践中出现了许多“编校合一”的情况。但是由于录入、排版、复制过程中仍会产生错漏、干扰和破坏,因此校对工作要与时俱进,以适应编辑出版工作电子化、网络化带来的变化。

(四)印制

印制是一项复杂的工作,从原稿(对编辑而言为核红后的胶片)、设计、制版到印刷出成品,要经过组版、拼大版、制版、印刷、装订等各种工序,每一步均与期刊质量息息相关,必须认真对待。(1)校样刊。经过3校后的清样(正反面打印),按照页码顺序排好,再将封面及彩色插页配好后装订起来而成的类似于期刊的第一本样刊。拿到它后,首先要从宏观角度检查封面、目次、版权部分,核对每篇文章的题名、作者姓名、栏题、层次标题的字号序号等;要确保题名、作者及其单位的绝对准确并进行抽查复校。(2)校软片。利用软片的透明特性,将其置于清样之上,使两者的字符完全重合进行核校,可以有效地发现谬误。使用CTP技术制版后,编辑可直接核对蓝样。(3)到印刷厂控制质量。印刷时要注意套红准确、彩印生动、装订顺序、裁切尺寸等。印制业务包括期刊的开本、装帧设计、纸张选用、成本和定价的计算等。编辑出版人员要做好印制计划,熟悉印制质量标准,以达到缩短印制周期、保证印制质量和减少印制成本的目的。

三、网络出版

随着网络的不断普及应用,借助计算机技术和网络平台,实现期刊组稿、收稿、审稿、编辑加工到发排等出版全过程已经成为期刊编辑出版的发展方向。出版的网络化是指传统纸质的期刊借助于网络手段,实现期刊内容与服务的网络提供过程,在线实现编辑流程、出版流程、期刊管理等一系列期刊出版相关流程的自动化和网络化。

(一)定义

新闻出版总署、信息产业部联合制定的《互联网出版管理暂行规定》中对互联网出版进行了定义。互联网出版是指互联网信息服务者将自己或他人创作的作品经过选择和编辑加工,登载在互联网上或者通过互联网发送到用户端,供公众浏览、阅读、使用或者下载的在线传播行为。互联网出版的作品主要包括已正式出版的图书、报纸、期刊、音像制品、电子出版物等出版物内容或者在其他媒体上公开发表的作品,以及经过编辑加工的文学、艺术和自然科学、社会科学、工程技术等方面的作品。按照上述有关规定,作为以传播科技知识为主要任务的科技期刊,其出版单位是经国家新闻出版总署核准的正式机构,具有合法的网络出版资格。

(二)期刊网络出版的优势

1.发行简便迅速,方便读者获取利用。互联网的即时性和交互性,使传播者和接受者随时可以交流。互联网使得信息的传播、交流和获取格外便捷,基本上消除了地域、时空的限制,实现最大程度的资源共享。互联网的现代化特性使期刊具有了传统媒体所没有的优势。

2.检索高效快捷,实现资源共享。随着互联网检索方式的不断开发,用户在查找相关信息和进行追溯检索时,能够高速快捷地检索到所需要的相关信息,其输出的格式也多样化,在很大程度上方便了用户。对文献的二次开发,可以实现信息检索与直接阅读的一体化。此外,网上检索还打破了综合性与专业性的界限,能够针对用户需求进行精确的定量分析。

3.缩短出版周期,加快信息传播速度。作者投稿、专家审稿、组稿、编辑等都在网上进行,可以直接在网上讨论和反馈信息。由于免去了印刷、发行等环节,使论文"即时出版,即时发行",不必分期,因此缩短了期刊文献的编辑时滞。在线直投方式节省了大量的时间,使期刊网络出版具有较高的信息传播速度。如*Nature*、*Science*等国际性著名学术期刊在出版纸制版的当天即可出版网络版,使用户在互联网上可以先睹为快。

4.直观性强,表现形式丰富。网络不仅可以传播文字信息,而且可以传播音频和视频信息,极大地丰富了科技期刊信息的传播力度和方式,形成一种动态的立体传播效果,多媒体兼容互动,文、图、音、像并茂,有利于人们的参与、接受。网络出版可以运用多媒体动画、数字仿真等技术使一些抽象、陌生的专业术语、技术性概念以及研究成果变得生动、易于理解,可提高传播效果。

5.减少印制发行成本:期刊在进行组稿、审稿、编辑、排版之后,可直接上传服务器,上网发行,省去了印刷、装订和运输等发行过程,而且可以直接在网上与读者、作者进行互动和交流,实现零库存,节省大量成本。网络出版的数字化期刊性价比较高,并且生产方式更环保,节约资源。

6.开发网络投审稿系统,实现编辑手段现代化。利用网络出版实现网络征稿、审稿,实现编辑出版手段的现代化。编辑可以利用计算机来完成送审、编辑加工、发排等,对来稿的文字、数据、图片甚至音像进行审改和处理。

7.提供个性化服务。网络出版具有人机交互性、及时更新、海量存储的特点,可以使读者随心所欲地阅读自己感兴趣的内容,读者还可随时转换成传播者,参与作品的修改和创作,而出版者也可根据读者的要求为其提供个性化服务,满足不同读者的需求,利用网络平台,期刊编者、作者、读者可以方便地进行面对面交流。网络出版将为学术交流提供前所未有的便捷。

(三)我国科技期刊网络化发展现状

期刊作为记录人类活动、进行学术交流、传递知识信息、促进科学技术和社会经济进步、培养与发现人才的文献工具,越来越受到世人的瞩目。而期刊网络化为期刊信息传播带来了质的变化:无论是传播范围、传播速度、传播质量,网络都为期刊传播插上了飞翔的翅膀。

1.我国科技期刊网络化发展始于20世纪90年代,随着互联网的发展而逐渐壮大。尤其是近年来,随着几个大型中文期刊数据库——CNKI、万方数据、维普中文科技期刊数据库等的建立,至2001年我国有80%的科技期刊、特别是科技核心期刊都通过互联网为读者提供全文检索服务,宣告中国科技期刊大规模集群上网时期的到来。2003年以后,开放存取(OA)出版模式开始实行。截至2007年,我国上网期刊已接近7000种。有实力的科技期刊,如中华医学会麾下的所有期刊与万方数据签署独家数据库协议,产生巨大的社会效益和经济效益。一批科技期刊已经开始在网上创建自己的网站和开设在线投稿与远程编审系统等。期刊网络出版蓬勃发展极大地提高了期刊的核心竞争力,为其不断积累"知本"插上了双翼。

2.我国科技期刊网络化发展存在的问题。我国科技期刊网络化作为一种新型传播技术,在蓬勃发展的同时也面临着诸多问题。

(1)缺乏自主性,受技术及资金等影响,大多数期刊自办网站规模小,缺乏盈利能力,网站建设步伐远远落后于国际上发达国家的同类期刊。

(2)未形成产业链,产业链处于初创阶段,还不完善,无法进行正常的产业循环,主要以数据库产品和网上信息服务两种经营模式为主,建立在传统出版的基础上,仅将传统出版物数字化,是印刷版的重复,传统出版资源再利用成为科技期刊网络化的主要内容。所以,产业链间的合作亟需加强。

(3)知识产权、信息安全等问题也是科技期刊网络化发展中必须解决的难题。因特网的出版模式打破了传统的信息获取方式,使知识产权的保护问题变得更加尖锐、复杂。同样,网络出版内容应经作者授权方可将论文进行网络传播,以避免引起知识产权纠纷。网络资源的共享面临着包括黑客入侵、内部攻击、病毒感染、信息污染、机密信息泄露等威胁，这些威胁会造成严重的经济或政治损失。

3.期刊网络化发展的需求特征。近年来，我国科技期刊网络化建设发展得较快，主要有2种不同方式：其一为自建独立网站，提供数字化的内容和服务。另一种是集群建网站，多个期刊联合建立一个专门网站。两种方式各有千秋，互为补充。

（1）实现核心期刊的需要：继中国科技信息研究所、中国科学院文献情报中心在20世纪90年代相继推出中国科技期刊的相关引证报告，北京大学图书馆推出《中文核心期刊要目总览》后，使我国科技核心期刊评价逐渐成熟并获得认可。期刊统计指标是在科学引文索引数据库基础上提出的，科技期刊上网所形成的论文引文数据库经规范标引，可较快地形成论文统计用的原始数据库，可以统计包括被引频次、影响因子在内的期刊计量指标。许多科技期刊为了尽快拥有这些统计指标，能够参与核心期刊测评，先后加入了期刊全文上网行列。

（2）国际化发展的需要：期刊上网或建立网络版期刊成为扩大国际影响和促进国际化学术交流的有力武器。论文作者、编委、审稿专家及发行的国际化将是科技期刊走向国际的必由之路。通过网络了解中外办刊概况、拓宽国内外读者群，可以向世界宣传并展示自己。部分编辑部开始把期刊上网作为扩大期刊影响和促进国际学术交流的有效途径。我国多数英文版期刊在积极筹建自身网站的同时，积极加入国内及国际著名出版机构的网络平台。

（3）优化编审流程的需要：随着因特网的发展，科技期刊采用远程编审平台系统，可以提高稿件处理效率，实现从投稿、组稿、审稿、编辑等全过程的网络化管理，扩大审稿专家范围，扩充优秀稿源。我国部分科技期刊引进国外的远程编审系统，有的编辑部与相关软件开发商合作开发适合于自身流程的远程编审系统，还有的编辑部引进国内相关编审系统，构筑编委交流平台，直接在网上与作者、审稿人和读者交流，这些举措极大地提升了编辑部自身的网络应用水平和能力。

（四）网络期刊的出版模式

1.以信息服务商为主体的期刊网络出版。目前急需建立公开、平等、互利互惠的合作机制，理顺数据库建设与期刊编辑业务之间的利益关系，研究一套成本核算及补偿原则，依据投资额、影响力、检索量、收益率等多个因素综合考虑回报率，建立一种基于电子商务的网络发布平台和收费认证系统，形成透明、可监控的分配机制。让编辑部通过电子商务平台，参与期刊的订阅过程，自主上传全文内容，自主定价，自主决定上网时限，自由查询订阅情况，监督计账收费情况，实现公开透明的订阅计账机制，从而减少投入与获益分配不均的现象，以便长期维持互利互惠的合作关系。

2.合作方式正在悄然走向独家授权。部分刊社实行独家授权，这一举措重组了现有网络出版产业链的业务关系，挑战现有以几家信息服务商为主体的网络出版格局，冲击目前国内期刊数据库同质化的产品结构和市场竞争态势，改变现有以传统资源数字化为主要内容，低价格消费数字化期刊产品的状况。独家授权无形中调整现有产业链中的利益关系，迫使刊社与信息服务商加强合作，从期刊内容的单纯数字化和网络发布，向深层次的网络出版和信息服务拓展，推进双方整体品牌的提升和长期利益的获得，促进产业链条更加合理化。中华医学会与万方数据多年合作的成功经验印证了这种合作的可行性。

科技期刊网络化是一个动态的、循序渐进的过程，我国科技期刊网络化虽然实现的数量较大，覆盖面较高，但是真正实现编辑出版全流程网络化的期刊还不多，自主经营者更是寥寥无几。为科技期刊网络出版提供良好的发展环境，必须健全网络出版管理制度，维护著作权人的权益，促进传统出版和网络技术优势互补，进而培育科技期刊网络出版产业链，搭建良好的网络出版技术平台。

第七节 期刊的管理与创新

一、科技期刊的管理现状

期刊作为记录、累积、传递、交流和创新人类已有知识信息的载体及工具，一直受到知识界和学术界的重视。科技期刊从诞生以来一直是学术传播体系中最为稳定、重要的传播媒介，为科学研究和社会发展做出了重大的贡献。目前，我国科技期刊的发展正处于一个全面而深刻的历史转型期，科技期刊已经成为国家科技创新体系的重要组成部分，针对科技期刊实施有效管理，在质量管理、经营管理、人才管理等方面形成特色，在运行机制、管理体制等方面探索和积累经验，有助于培育精品期刊，促进出版业繁荣与发展。

（一）行政管理

1.从审批管理政策看，建国后国家对科技期刊实行的一直是审批制度和主管主办单位管理制度。审批制虽然有利于行政管理部门对期刊的统一管理，对新办期刊总量控制；但是也限制了对新兴学科办刊的扶持，不利于立即建立急需交流的学科平台。

2.改革开放以来，科技期刊管理逐步走向规范化。《科学技术期刊管理办法》的实施，使科技期刊走向了法制化管理的道路，《出版管理条例》、《中华人民共和国著作权法》、《中华人民共和国广告法》、《互联网出版管理暂行规定》等一大批与科技期刊出版相关法令法规的相继出台，使期刊的管理有法可依，有章可循，使我国科技期刊制度化、规范化、科学化管理水平有了极大提高。

3.主管、主办和出版三级管理体系日益完善。因期刊管办关系复杂，必须明确主管、主办单位职责，突出学会作为期刊主办者的责任与义务——管理、指导、服务和支持。发挥期刊主办单位的积极性，充分利用学科、人才优势，根据自身学科优势发展重点专科杂志，通过资源整合，调整科技期刊的结构、布局和规模，创办精品期刊，提高学会协会的社会服务能力。

4.学会主办期刊管理方式趋于差异化。因学会的机构设置、办刊规模不同，对其主办期刊的管理也存在差异。方式一：学会成立常务理事会领导下的编辑出版工作委员会指导科技期刊出版工作；方式二：成立科技期刊分会或专业委员会定期开展期刊出版工作交流；方式三：设专门出版机构既承担具体编辑出版工作，同时负责其他期刊的管理工作，并制定完善的规章制度。

（二）质量管理

质量是期刊的生命，是科技期刊编辑出版永恒的主题。

1.在制度建设上，国家为加强期刊质量管理，颁布了《科学技术期刊审读办法》、《关于五大类科技期刊质量要求及评估标准》、《期刊出版形式规范》等文件，对科技期刊按分类提出了质量要求和评定期刊质量的详细规定，为科技期刊审读工作、评优工作、期刊自检自查指明了方向、提供了依据。

2.在编辑规范化建设上，为加强科学管理、促进学术交流、便于编辑和出版工作，国家标准化委员会相继出台一系列国家标准：科技期刊的编排格式、数字用法、标点符号用法、量和单位、参考文献著录规则等，国家名词审定委员会对科技名词的使用也审定出版了专门的规范化名词。卫生部对医药卫生期刊行业实施了《中国医药卫生期刊监管评估体系》，指导行业规范。以上文件均为我国科技期刊质量的快速提升奠定了基础。

3.期刊质量控制上，国家主管部门通过举办国家期刊奖、中国出版政府奖等活动，评选优秀期刊，这既是对优秀期刊的激励与肯定，也是对所有科技期刊进行的全面质量检查，鼓励期刊重视质量建设。《期刊审读暂行管理办法》和 2010 年新闻出版总署颁布试行的《全国报纸期刊出版质量综合评估指标体系》也对期刊的质量控制提出了明确的要求。

（三）经营管理

学会期刊的出版单位性质多数不具备法人资格，以单刊独立经营模式为主，能够完全独立核算的期刊出版单位接近 30%。学会主办的科技期刊从财务管理角度大致分为以下几类：一是与主办单位或杂志（或挂靠单位）松散联系，杂志有独立账号，刊社有较大独立支配权，有专门的财务部门，每年须向学会交纳一定的管理费，剩余利润可以用于再投入。二是与主办单位保持一种二级机构关系，具有一定的财务独立支配权，每年需要完成一定的经济指标，同时上缴一定利润，财务制度与主办单位或挂靠单位保持一致。三是财务支配完全由主办单位或挂靠单位管理，无自主经营权。

从挂靠单位设立来看，根据 2010 年调查，只有 30%的中国科协期刊直接隶属于科协所属单位及学会，其余均挂靠在其他主办单位、承办单位，主要包括科研单位、高校、企业等。挂靠单位对学会主办期刊予以资助，并将编辑部纳入其科研业务部门的管理体系，注重对期刊的考核，更注重学术水平和学术影响力的提升，而不是期刊的经济效益。这种管理模式既能满足学会主办期刊所需要的基本办刊条件（资金和用房），也有利于调动多方面积极性，使各种资源在办刊中得到充分利用。

（四）人员管理

为加强各期刊编辑部人才队伍建设，储蓄后备力量，期刊行政主管部门也加强了编辑人才的培养战略。通过实施《关于在出版行业开展岗位培训实施持证上岗制度的规定》和《新创期刊上岗前主编持证上岗》等文件，进行出版人员职业资格考试、主编持证上岗、责任编辑注册登记、编辑人员业务培训等措施，大幅度提高了编辑出版人员的整体素质、政策水平与业务能力。

学会期刊普遍建立健全了人事管理制度，包括人员聘用制度、绩效考核制度、激励机制等。有的学会已开始引进高学历人才，补充经营人员，内部实行竞聘上岗等人事制度改革。人才是出版业的核心竞争力，创办精品期刊，必须培养一批精通编辑出版业务、熟悉科技期刊运营、能够把握市场机遇的经营管理人才，这是当前需要解决的首要问题。

二、科技期刊的创新与发展

以发展为主题，以改革为动力，以体制机制创新为重点，调动广大出版工作者的积极性和创造性,解放和发展出版生产力,既是国家推进出版体制改革的基本要求,也是全国科技期刊发展的客观要求。近年来,随着文化体制改革的深入,杂志在探索体制机制改革、提高杂志竞争力和影响力等方面进行了许多创新性工作。

(一)期刊集群化发展

由于我国科技期刊实行审批制,再加上历史原因,导致期刊出现小而散的困局,平均每个出版单位仅有不足2种期刊。大多数期刊出版单位存在经营规模小、经济实力弱的状况,多数不具备市场主体地位。因此加快期刊集团化建设,整合期刊出版资源,成为促进科技期刊做大做强的一种趋势。通过资源共享、成本控制进而形成规模发展,既能够增大期刊收益,又可扩大期刊的影响,能够实现社会效益和经济效益的完美结合。经过几年的发展,学会主办期刊已经显现出学科化的集群效应,同时,作为科技社团吸纳本学科领域内其他单位主办的科技期刊参与集团化建设也具有独天得厚的优势。中华医学会系列杂志作为我国医学传媒领域最具影响力和代表性的专业期刊群,目前已发展到125种。中国光学会主办和参与主办的期刊,以《中国激光》《光学学报》等为龙头,通过成立光学期刊联合编辑部和创办中国光学期刊网,探索出一条基于网络平台的光学期刊集群化发展之路。数字化、网络化技术的不断拓展,为科技期刊跨主管、跨主办、跨地域整合共享资源提供了技术支撑和实现的可能。

(二)出版手段创新

技术的发展是期刊业创新的重要条件,对于当前的期刊业来说,如何在采编、印刷、发行等环节充分应用新的技术设备、传播手段及管理系统,已成为编辑出版人员普遍关注的问题。科技信息快速传播的需要促使科技期刊多方面的创新,主要表现在以下几方面。

1.载体创新:信息载体的创新表现在从纸版发展到光盘电子版,再发展到网络版、在线版,再发展到数据库。

2.印制方法的创新:从古代的雕版、泥活字、金属铅字印刷,发展到现代的照相排字、激光照排及编排印一体化设备。

3.刊期及版本的创新:刊期从年刊-半年刊-季刊-双月刊-月刊-半月刊-旬刊-周刊;版本16开本-大16开本。

4.出版发行创新:个别杂志通过网络宣传拓展网络发行渠道,开通网上支付平台,实现网上销售。

5.网站建设快速发展:学会期刊顺应由传统出版模式向数字出版模式的转变,通过自建网站、加入商业数据库和学科期刊网等,充分利用内容资源优势,实现期刊的数字化出版,实现信息深度挖掘和综合利用,扩大期刊的国内外显示度。各刊自建网站的数量也逐年增加,功能日渐增强,内容日益丰富。据调查,2010年中国科协1003种期刊中自建独立网站的达642种。其中有近半数期刊网站开通"在线投稿"、"在线审稿"、"在线查稿"和"远程编辑"4种在线处理功能,初步实现了编辑部办公的网络化,网站运营以公益性为主。

6.出版观念创新——开放获取:相对于传统的出版模式,开放获取的基本特征是"作者付费发表,读者免费使用",其宗旨是通过互联网实现学术成果的广泛传播和共享,使任何人在任何时间、任何地点、不受经济状况的影响平等免费地使用学术成果。开放获取的内容对读者而言是免费的,允许个人阅读、下载、复制、列表、检索或连接到经过同行评议或印前出版的论文或做其他合法的用途,唯一的限制是在复制及发布时,必须提到作者的名字,并把著作权归于作者。2010年中国科协1003种期刊中实现开放获取的期刊241种,占24%。有调查显示,实现开放获取的期刊总被引频次、影响因子、即年指数的增长率分别高于非开放获取的期刊。

(三)经营手段创新

在改革开放30年中,科技期刊也取得了长足的进步,在经营手段上有所创新。随着市场经济的深化,期刊编辑们在经营理念上发生了质的变化,各刊自主发展、自主经营意识明显增加;期刊经营内容多元化,出现一些新的经营领域,如利用期刊品牌二次开发,承办展览、举行会议、出版增刊,扩大影响并增加收入;期刊的服务意识加强,服务理念提升;尤其是科技期刊的数字化营利模式取得突破性进展。

1.坚持以学术创新引导经营:学术创新是科技期刊质量控制的首要任务。科技期刊学术创新是指刊物体现出来的学术风采和思想创新水平。学术创新不仅是作者创造的精华,更是编辑创新的核心。编辑部首先要注重期刊内容选题的策划,然后才是约稿、编辑,稿件要符合选题方向。倡导、鼓励并奖励好的策划,就是期刊产业化经营管理的机制创新,就是科技期刊发展壮大的根本。

2.重视品牌营销活动:要改变科技期刊、特别是学术期刊只管编印不管经营的思想,应该及时调整办刊思路,关注市场的全新变化,重新确定期刊的经营策略。要想在众多的同类期刊中脱颖而出,就需要采取创新的品牌经营策略。如,定期举办一些高层读者参加的论坛,组织有效的广告营销活动。在广告经营中,要充分发挥期刊的品牌效应,与厂家建立合作共赢思想,不断提升期刊的影响力。通过经营活动,也会拉近期刊、读者、广告客户的距离,在行业中树立较好的品牌形象。优秀的内容加上良好的品牌形象,将有助于期刊的长期稳定发展。

(四)体制机制创新

改革开放30年来,科技期刊事业取得了飞速发展,在学术交流和知识传承中扮演着十分重要的角色,极大地推动了科学技术信息的传播。但长期以来,我国对科技期刊采取的是计划经济体制下的管理模式,大多数期刊社和编辑部实行的运营方式为"事业单位企业化管理"。受出版发行体制改革政策的推动和工商部门规范广告经营因素的影响,在科技期刊出版体制改革尚未全面启动的情况下,少数学会已经在塑造期刊出版市场主体方面成为改革"先行者",尝试成立法人杂志社或杂志社有限公司,但大多数期刊仍然是非法人编辑部。鉴于科技期刊具有小众化、公益性、非盈利等特点,在寻求体制机制的改革时不能一刀切,必须因刊而异。

创新是科技期刊永恒的主题。在信息化时代和知识经济社会,科技期刊编辑首先要转变观念,在坚持社会效益第一的前提下,努力以市场为导向,借助高科技提高办刊能力,并积极开拓适应自身发展的道路;其次要改变传统的编辑工作模式,熟练地使用多媒体及新技术,通过网络技术和作者、审稿人、大型数据库建立联系,使优秀论文得以快速发表。通过不断地创新与发展,才能使科技期刊保持不朽的生命力。

中华医学会杂志社社长兼总编辑编审　游苏宁
中华医学会杂志社社长助理副编审　王　旌

第十七章　医疗事故技术鉴定

第一节　医疗事故技术鉴定概述

近10多年来,医患矛盾日益突出,医疗事故争议在各级各类医疗机构中的发生率呈上升趋势。医疗事故争议的频频发生,使医患双方在人力、物力等各方面受到很大损耗,产生了许多不良影响,个别甚至演变成了恶性事件,影响社会安定团结。因此,妥善处理医疗事故争议具有十分重要的意义。

目前,我国解决医疗事故争议的途径有四种,一是医患双方协商解决;二是卫生行政部门处理(行政调解);三是人民法院处理(民事诉讼);四是近期推行的医疗纠纷人民调解。由于医疗事故争议专业技术性强,情况复杂,所以,处理机关在处理医疗事故争议过程中,往往需要委托专业技术鉴定机构进行医疗事故技术鉴定。又由于医疗事故技术鉴定的鉴定结论,是卫生行政部门进行行政调解和人民法院进行司法判决医疗事故争议的重要依据之一，其结论是否客观公正，直接影响着处理机关处理医疗事故争议的公正性，关系到医患双方的合法的切身利益。所以,医疗事故技术鉴定成为整个医疗事故争议处理过程中最关键的环节。

在我国,如何建立一个科学、完善、社会认同性高的医疗事故技术鉴定体制是社会各界十分关注的焦点。1987年6月29日国务院发布了《医疗事故处理办法》(以下简称《办法》),它是建国后我国颁发的第一部有关医疗事故处理的行政法规，它终结了医疗事故处理曾经无法可依的混乱局面。该《办法》规定,医疗事故技术鉴定由各级医疗事故技术鉴定委员会进行鉴定,卫生行政部门承担鉴定机构的日常事务性工作,并就如何组织鉴定作出了较明确的规定。应该说,该《办法》在当时的历史条件下,对于妥善处理医疗事故,解决医患纠纷,保障医患双方的合法权益起到了较大的作用。但是,随着社会主义市场经济体制的逐步建立,医药卫生体制改革的不断深入,特别是我国社会主义法制建设的不断加强,该《办法》的有关规定已经不能适应新形势的需要。2002年4月4日国务院颁发了《医疗事故处理条例》(第351号令,以下简称《条例》),《条例》在总结《办法》实施近15年的经验和借鉴国内外有益做法的基础上,对《办法》中医疗事故技术鉴定所涉及的事项进行了较大的改动与充实,力求使其更适合我国国情,更能维护医患双方的合法权益,更有利于医疗事故的公正处理,更具有可行性和操作性。

《条例》第三章为医疗事故的技术鉴定,共15条。主要内容概括为:1.医疗事故技术鉴定程序的启动方法;2.医疗事故技术鉴定机构的设置;3.建立承担医疗事故技术鉴定工作的专家库及专家库人员的条件;4.参加医疗事故技术鉴定工作专家的产生方法;5.专家鉴定组人员的专业组成原则;6.医疗事故技术鉴定实行回避制度;7.医疗事故技术鉴定所需材料的收集与提供;8.医疗事故技术鉴定的期限;9.医疗事故技术鉴定书应当写明的主要内容;10.推定为医疗事故的情形;11.不属于医疗事故的情形;12.鉴定费支付办法。由此可见,《条例》对医疗事故技术鉴定作出了较为具体的规定。在此基础上,卫生部又根据国务院的授权,于2002年7月31日发布了《医疗事故技术鉴定暂行办法》(卫生部第30号令,以下简称《暂行办法》),进一步细化了医疗事故技术鉴定的程序和具体操作规定，同时出台了与鉴定相关的配套规章和文件。尽管《条例》关于医疗事故技术鉴定的规定中仍可能存在一些有待改进的地方，但可以说，我国在《条例》实施之日起，初步建立了一个较为科学、完善、社会认同性较高的医疗事故技术鉴定体制。

《条例》在医疗事故技术鉴定由谁来组织、由谁来鉴定问题上，作出了非常大的调整，规定医疗事故的技术鉴定工作不再由卫生行政部门组织，改由医学会负责建立专家库，并组织相关专业的专家独立地进行医疗事故技术鉴定工作。

《条例》把十分重要的医疗事故技术鉴定的组织工作赋予医学会，这是政府转变职能的一个重要举措，同时也是对医学会的极大信任和考验。实践证明，医学会完全有条件、有能力完成《条例》赋予的组织医疗事故技术鉴定的职责任务。

第二节　医疗事故技术鉴定的工作程序

为使我们对《条例》及《暂行办法》规定的医疗事故技术鉴定程序有基本了解，现将主要程序以概要形式分述如下：

一、鉴定程序启动

鉴定程序的启动方式有三种：一是卫生行政部门移交（委托）；二是医患双方当事人共同委托；三是司法部门委托。

二、鉴定受理

（一）设区的市级和省、自治区、直辖市直接管辖的县（市）级地方医学会负责受理首次鉴定；省、自治区、直辖市地方医学会负责受理再次鉴定；

（二）对符合受理条件的委托，向委托方发出受理通知书，医患双方在接到受理通知后10天内交齐鉴定材料及缴交鉴定费；

（三）对不符合受理条件的委托，向委托方发出不予受理通知书，并说明理由。

三、抽取鉴定组专家

（一）由医学会根据医案涉及的学科专业，确定专家鉴定组的构成和人数；

（二）向委托方发出请双方当事人随机抽取鉴定专家的通知；

（三）抽取鉴定专家前，核对双方当事人有关证件如身份证、委托证明等，介绍抽取专家规则，向当事人明示备选专家信息，从专家库中撤出应回避的专家等；

（四）医患双方在专家库中随机抽取相同数量的相关专业的鉴定专家，最后一个专家由医学会随机抽取（医患双方只知抽取的号码，不知号码对应的专家姓名）；

（五）将随机抽取专家的资料由医患双方签名后当场封存，由办案负责人保管。

四、鉴定会前准备

（一）会议通知

1.确定鉴定会日期后，在会前7日向专家发出参加鉴定会的通知，同时，向每位专家寄送鉴定材料一套；专家组成员认为应回避的或因故无法参会的，应及时书面告知医学会，以便候补专家补上；

2.在会前7日，将鉴定的时间、地点、要求等书面通知双方当事人或通过委托方转通知双方当事人；

3.会前1—2天电话确认被通知人是否收到通知。

(二)调查取证

1.根据鉴定的需要或专家组成员审阅材料后的反馈意见，需要调查取证的，派出2人以上调查小组进行调查取证；

2.调查小组提供调查报告和取证材料。

五、召开鉴定会

(一)鉴定组专家和医患双方当事人签到(医患双方每一方当事人不超过3人参会)；

(二)召开预备会，推选鉴定组组长；会前针对性对专家进行法规学习；

(三)医患双方当事人进场；

(四)宣布会场纪律，启封抽取专家等封存材料，介绍鉴定组专家及鉴定组组长；

(五)鉴定组组长主持鉴定会，按以下程序进行：

1.双方当事人在规定时间内分别陈述意见和理由，陈述顺序先患方，后医方；

2.专家鉴定组成员根据需要提问，当事人应当如实回答；必要时，对患者进行现场医学检查；

3.双方当事人退场；

4.专家鉴定组进行讨论，充分讨论后，专家鉴定组成员填写个人鉴定意见表并签名；

5.合议：鉴定组组长收集、统计专家鉴定组成员个人鉴定意见，根据半数以上专家鉴定组成员的一致意见形成鉴定结论。

6.专家鉴定组成员在鉴定结论表上签名。专家鉴定组成员对鉴定结论的不同意见，应当予以注明。

7.鉴定组组长主持完成分析意见等鉴定书重要内容的初稿。

六、鉴定书的制作及签发

(一)医学会工作人员根据鉴定结论制作医疗事故技术鉴定书，其文稿由专家鉴定组组长审定签发；

(二)医疗事故技术鉴定书由医学会逐级审核后盖医学会医疗事故技术鉴定专用章发出。

七、鉴定资料的整理归档

(一)按规定分类整理鉴定资料存档；

(二)按档案管理规范管理，保存期限20年。

第三节　医疗事故技术鉴定工作的管理

医疗事故技术鉴定工作是一项法律性、政策性和专业性非常强，而且十分繁杂和敏感的工作，要求高、社会压力大。医学会要完成《条例》赋予的该项职责，必须建立、健全一套专门的管理制度和措施。否则，将无法有条不紊、保质保量做好该项工作。

一、对医疗事故技术鉴定鉴定人的管理

医疗事故技术鉴定的鉴定人，即是进入医学会医疗事故技术鉴定专家库（以下简称专家库）中的所有专家。这些专家一旦被某医案根据规定程序从专家库中随机抽取，即成为该医案的专家鉴定组成员。鉴定结论由鉴定组成员经讨论合议形成。鉴定结论是否科学公正，真正意义上取决于专家鉴定组成员的综合素质如业务素质、执业品德、鉴定能力等。由此可见，加强对专家库的建设及管理，至关重要。

（一）把好专家库专家的准入关

《条例》第二十三条对进入专家库的鉴定专家应具备的条件作出了明确的规定：有良好的业务素质和执业品德；受聘于医疗卫生机构或医学教学、科研机构并担任相应专业高级技术职务3年以上的医疗卫生专业技术人员。《条例》把入库专家必须有良好的业务素质放在前，是基于医疗事故技术鉴定的实质是专门的技术鉴定，强调良好的业务素质是承担医疗事故鉴定工作的基础条件，是鉴定人本身具有的无可替代的内在功底，不具备良好的业务素质就无法保证鉴定结论的科学性，因而无法胜任鉴定工作。《条例》同时强调鉴定专家必须有良好的执业品德，是因为医疗事故技术鉴定工作的重要性之一，就是要实现鉴定结论的科学性与公正性。而公正性的前提，则取决于鉴定专家是否能够办事公道、秉公鉴定，在感情上对争议双方当事人不偏不倚，不被任何一方的权势、背景与利益所诱惑，尊重事实、尊重科学，认真负责地提出自己的鉴定意见，具有良好的执业记录与社会评价。《条例》还强调鉴定专家必须具有一定的资历和工作经验，是因为临床医学是一门经验科学，需要一定时期和一定实践的学习与积累。因此，医学会在组建专家库时，应深刻理解《条例》规定的鉴定专家条件的含义，多方深入了解，严格审核把关，确保入库专家的合法性及高质量。

（二）加强对进入专家库专家的培训

能够进入专家库的专家都是临床相应学科专业的精英，在学术上颇有造诣，理论上具有很高的水平。但是，这些专家多数都身兼临床、教学、科研等工作，工作十分繁忙，难以抽出更多时间学习法学知识，深刻钻研《条例》等法规以及鉴定相关知识，以致对这方面的知识掌握有所欠缺。然而，医疗事故技术鉴定是医与法结合的学问，鉴定不仅涉及医学专业知识，往往还涉及法学理论、政策法规等多方面的知识。因此，非常有必要对入库专家进行法学理论、《条例》等法规以及鉴定相关知识的培训。培训的形式有多种，如集中大型培训、学科专业分别培训、鉴定会前针对实例培训、鉴定研讨会等。只有我们坚持采用多种形式对专家进行培训，以及不断总结、积累鉴定经验，才能建立起一支既懂医学，又懂法、懂政策、懂鉴定的高素质鉴定专家队伍，亦只有这样，才能保证鉴定结论的科学公正。

（三）加强对专家库专家的监管：

《条例》对鉴定专家的权利、义务，以及违纪违规的责任等已作较明确的规定，这些规定对规范鉴定专家在鉴定过程中的行为起到了重要作用。但是，因《条例》的相关规定不可能过细，比较原则专家在行政上不隶属于医学会管理等，给医学会对专家库专家的监管带来诸多困难。事实证明，监管不力将对鉴定工作产生不利影响，如某专家被抽取为鉴定专家时，常以“有事”为由不参加鉴定会，造成医学会经常需因此而补充抽取鉴定专家，一定程度上影响鉴定工作的效率，也违背便民原则。又如对医学会经法院准许，鉴定专家不出庭接受质证，而组织专家鉴定组在规定的时间内以书面形式向法院回复当事人提出的质询时，一些鉴定专家常会以种种理由不准时函复，造成法院意见很大，甚至造成鉴定结论因未经质证而不被采信。以上等一些细节情况因《条例》及《暂行办法》无相关管理规定，医学会难以处理。因此，医学会应针对性制定明细可行的专家库管理办法。管理办法应当包括：专家库成员的聘用条件、审批程序、鉴定专家应承担鉴定相关的责任、专家库成员在聘用期内调整的原则、专家库成员违纪的责任追究等重要内容，以加强医学会对专家库专家的监管，促使医疗事故鉴定工作保质保量完成。

二、对医疗事故技术鉴定组织者的管理

医疗事故技术鉴定组织者，是指医学会设立的医疗事故技术鉴定工作办公室（以下简称医鉴办）的工作人员，其主要职责是具体负责有关医疗事故技术鉴定的组织和日常工作。

（一）用制度、职责规范组织者的行为

《条例》、《暂行办法》规定的医疗事故技术鉴定的组织工作程序比较复杂，与鉴定相关的“日常工作”更是繁杂，如来自医患双方、各级卫生行政部门、各级司法部门等的来电、来函咨询、质询及当事人上访，甚至非理性“讨说法”等均需处理。干扰因素甚多，非常容易在忙、杂、乱中出错，甚至影响鉴定工作的顺利进行。因此，医学会除要严格执行《条例》、《暂行办法》对组织程序的相关规定外，还必须建立健全一系列相应的规章制度和明确的岗位职责。如医鉴办工作人员守则、医鉴办咨询接待工作制度、医鉴办保密制度、以及医鉴办主任、副主任工作职责、医鉴办办案人员工作职责、医鉴办内勤人员工作职责等。用制度、职责规范医鉴办工作人员的行为，使医鉴工作进一步步入法制化、制度化、规范化管理的轨道，使医学会的医疗事故技术鉴定以及相关工作能规范有序进行，保质保量完成。

（二）加强对鉴定组织者的培训

高质量的鉴定除了需要高素质的鉴定专家，同样需要高素质的组织者。因为在实际鉴定工作中，由于鉴定专家是临时在专家库中抽取产生，不是专职从事鉴定工作，对要把握的鉴定原则、判断标准有些不能充分掌握。所以，医学会工作人员不仅要对相应程序负责，还往往要围绕委托鉴定的争议要点，积极帮助鉴定专家提前准备有针对性的相关法律、法规、医疗常规和规范，整理鉴定专家的分析意见，制作完善的鉴定书等。可见，鉴定组织者不仅要掌握《条例》规定的鉴定程序，还需要懂法、懂医、有良好的组织协调和文字表达能力等综合素质。否则，鉴定质量将会受到影响。但因医学会的人员编制、社会地位、工作压力、工作待遇等原因，造成高素质人员进入医鉴办工作的不多，且流动性大，进而造成医鉴办工作人员的综合素质参差不齐，总体不高，一定程度上影响鉴定的质量。因此，医学会在加大对鉴定专家培训力度的同时，应加大

对医鉴办工作人员的培训力度，并采取措施保证医鉴办工作人员队伍相对稳定，从而进一步提高医鉴办工作人员的综合素质，以保证鉴定的质量。

（三）加强对鉴定组织者的监管

《条例》及《暂行办法》在鉴定程序上，设置了体现公平、公正的一系列措施，医学会在严格遵照执行的基础上，还必须强化自身制约、监督管理措施，以及强化接受社会监督措施，以进一步提升医学会的医疗事故技术鉴定的质量和社会公信力。

1.实行专案专人负责及重点监控制度

医学会对受理的医案按程序组织鉴定具体实施的方法有多种，有工作人员分工合作共同完成的，有分小组再分工完成的，实行专案专人负责制也是其中一种办法。笔者认为，实行专案专人负责制度，即该工作人员必须对所负责医案的整个鉴定程序负责，如委托单位或医患双方当事人对鉴定程序有质疑的，由该工作人员负责答复；如出现违反鉴定程序问题，则追究该工作人员的相应责任。该制度的优点是可增强工作人员的责任心。与此同时，学会分管领导、医鉴办主任二级管理人员应在对工作人员执行鉴定程序进行常规监管的基础上，对重要程序如专科设置程序、鉴定会程序、鉴定书制作审核程序等实行重点监控把关，以保证医学会负责的鉴定程序符合《条例》规定，从而保证鉴定专家负责的鉴定结论的合法性和科学公正性。

2.强化社会监督措施

目前，社会上对医学会负责建立专家库，并组织相关专业的专家独立地进行医疗事故技术鉴定的鉴定方法仍夹杂着一些不信任的声音，在这种情况下，医学会在组织鉴定过程中，增加透明度、强化社会监督措施，具有重要的现实意义，有利于提升鉴定的质量和公信力。

（1）落实公开制度。公开、公平、公正解决医疗事故争议，切实维护医患双方的合法权益，是《条例》的立法目的之一。就公开、公平、公正三者而言，公开是公正的保障，公正是公平的基础。公开尽管是形式上的要求，但具有实质上的意义。因此，医学会要认真落实公开制度。原则上，制度允许公开的均应公开，常用的、重要的事项为便于群众了解，应上墙公开，如医疗事故技术鉴定程序、鉴定会程序等，以便当事人监督医学会执行鉴定程序的情况。在此基础上，应设立并公开投诉电话、投诉信箱等，便于接受当事人及社会的监督。这样，可提升医学会组织鉴定的质量和公信力。

（2）建立鉴定会旁听制度。《条例》并无明文规定可否实行鉴定会旁听制度。笔者认为，允许案件审理法官、人大代表、政协委员列席旁听鉴定会，增加鉴定的透明度，可消除当事人对鉴定会可能存在“暗箱操作”的疑虑，进而提升医学会组织医疗事故技术鉴定工作的质量、当事人的认可度及社会公信力。

第四节　医疗事故技术鉴定存在的一些值得商榷的问题

自《条例》实施以来，医学会按照《条例》及《暂行办法》的有关规定组织医疗事故技术鉴定的质量和公信力不断提高，给医疗纠纷行政处理和司法判决提供了大量技术依据，为保护医患双方的合法权益、规范医疗行为、促进医学科学健康发展、维护社会稳定发挥了积极作用。这说明，《条例》设定的医疗事故技术鉴定体制、以及鉴定程序等的相关规定是较为科学和完善的，总体符合现阶段的国情，得到了社会各界的较广泛认同。但是，毋庸讳言，随着社会的发展，特别是社会主义法制的不断进步，在医疗事故技术鉴定实践中逐渐发现现行鉴定体制及其一些规定亦存在值得商榷和调整的地方。现就如下问题逐一浅析及提出调整或改进建议。

一、关于实行医疗事故争议异地鉴定制度问题

《条例》、《暂行办法》对医疗事故争议的处理及医疗事故争议的技术鉴定均采用属地化原则，主要原因是处理医疗事故争议既要考虑维护医患双方的合法权益，也要尽可能降低当事人的负担，做到方便、及时。因为负担的提高必然导致当事人的合法权益在另一个方面受到损害。所以说，医疗事故争议实行属地鉴定，符合便民、利民原则，具有其现实意义。然而，在医疗事故处理及技术鉴定实践中发现，多数患方当事人对医学会组织医疗事故技术鉴定表示认可，因为它具有医疗事故技术鉴定所需要的独特优势和综合能力。但相当一部分患方当事人对由当地医学会组织鉴定的公正性表示担忧，主要原因是患方当事人认为医疗机构与当地医学会关系比较密切；对由当地专家组成鉴定组作出的鉴定结论的公正性同样表示担忧，主要原因是患方当事人认为同一地方的专家相互多认识，有着各种特殊关系。因此，对由属地鉴定得出的与自己预期有差距的鉴定结论，多不能接受，导致再次鉴定率较高，有些甚至引发鉴定方面的争执、闹事。鉴此，不少专家学者及业界同仁提出，有必要对现行的属地鉴定制度做适当调整，允许实行异地鉴定制度。

（一）异地鉴定制度的含义

所谓异地鉴定制度，是指医疗事故技术鉴定由医疗事故争议发生地以外的地方医学会组织的制度，也就是组织医疗事故技术鉴定的医学会，与发生医疗事故争议的医疗机构，不属于同一个行政区域，进行医疗事故技术鉴定的专家鉴定组亦由异地专家组成。

（二）实施异地鉴定制度的积极意义

1.可以在一定程度提高患方当事人及公众对医疗事故技术鉴定结论的信任度。对患方来说，最担心的是医疗事故技术鉴定的公正性。因此，在这种心态下，患者很难接受与自己预期有差距的由属地鉴定得出的鉴定结论。异地鉴定虽不能完全避免鉴定专家"同行保护"问题，但这一制度进一步避免了来自行政等方面的干涉。从有利于患者申张自己权利角度看，异地鉴定是给患者以及医疗机构多一个选择的权利和机会，这是一个相互认可解决问题的有效机制，公众对此的积极评价显然要大于消极影响。

2.可以有效消除鉴定专家的顾虑。应该看到，鉴定专家在进行鉴定时是承受着一定压力的，这种压力有有形的也有无形的，压力可来自医方也可来自患方。与属地鉴定专家相比，异地鉴定专家相对超脱一些，没有那么多的利害关系需要考虑，鉴定结论更为客观、公正。

3.有利于医疗事故争议的妥善解决。首先，对卫生行政部门处理医疗事故争议来说，如果实行异地鉴定，将案件跨地区交出去鉴定，打消了患方当事人误认为当地卫生行政部门会给当地医学会批条子、打招呼、干预案件而导致的"鉴定不公"的疑心，按鉴定结论处理医案会相对顺利。其次，对人民法院判决医疗事故争议来说，因异地鉴定可以在一定程度上消除人们（包括当事人及法官）对"鉴定不公"的疑虑和担忧，围绕鉴定公正性的争议将减少或不那么激烈，其鉴定结论的采信率亦会提高，利于法院对医疗事故争议的公正判决，从而，使医疗事故争议得

以较快和妥善解决。

(三)异地鉴定制度的可行性

实行医疗事故争议异地鉴定制度,在现行鉴定体制下,只要做好如下几点是可行的。

1.将医疗事故异地鉴定作为一种可供选择的鉴定制度。建立异地鉴定制度的目的,并不是为了否定现行的医疗事故技术鉴定制度,而是在保留现行鉴定制度的同时,给医患双方多一个选择。在实践中,医患双方究竟选择异地鉴定(包括同省的异地、跨省的异地),由他们自己协定。在协商不成时,建议优先采用患者一方的选择。

2.异地鉴定要有组织的进行。在现行鉴定体制规定下,不同地区之间开展医疗事故异地鉴定的合作,必须事先形成共识。有关的医学会、卫生行政部门应当就具体操作问题达成协议,但不宜搞成固定对应管辖模式,即不能搞成你地区的医疗事故争议到我这里进行鉴定,我地区的医疗事故争议到你这里进行技术鉴定,防止因此产生负面效应。

3.异地鉴定应当采取就近原则。异地鉴定与属地鉴定对比,无疑将会不同程度增加双方当事人的经济负担,尤其是患者一方的经济负担。所以,在注重考虑提高患者一方对鉴定的信任度时,也要考虑患者一方经济负担的承受力问题。采取就近异地鉴定的原则,既可以达到医疗事故异地鉴定的目的,也方便当事人,而且可以减轻患者的负担。

综上所述, 医疗事故争议异地鉴定对提高医学会组织的医疗事故技术鉴定质量和社会公信力等具有积极的意义,亦是可行的。建议在保留医疗事故争议属地鉴定的同时,允许实行医疗事故争议异地鉴定制度,给医患双方多一个选择。

二、关于鉴定专家出庭接受当事人质证问题

《最高人民法院关于民事诉讼证据的若干规定》第47条规定:“证据应当在法庭上出示,由当事人质证。未经质证的证据,不能作为认定案件事实的依据。”因此,质证是审判过程中认证证据的必经程序。鉴定结论为专家意见,属证据之一种,同样需要经过质证,才能确定其效力和证明力。故《最高人民法院关于民事诉讼证据的若干规定》第59条规定:“鉴定人应当出庭接受当事人质询。”目前,医学会受理的医疗事故技术鉴定由人民法院委托的比例越来越大,法院要求鉴定专家出庭接受质询比例亦随之增多。尽管作为鉴定人的鉴定专家出庭接受医患双方的质询和法官的询问是应当履行的法定义务,有利于案件审理工作。但因《条例》为行政法规,未对鉴定专家出庭接受质证问题作出规定,故在《条例》规定的医疗事故技术鉴定体制下,在鉴定专家出庭质证问题上仍面临诸多的困难,应认真探索解决。

(一)现阶段鉴定专家出庭质证所面临的困难

1.鉴定结论为合议意见

《条例》中规定:经合议,根据半数以上专家鉴定组成员的一致意见形成鉴定结论。由此可见,医疗事故技术鉴定的鉴定人是一个鉴定组集体。理论上,若要鉴定人出庭接受质证,应全部鉴定组成员出庭,任何一个成员(含组长)都不能代表其他专家的意见。但实际操作上却是非常困难的。因为,鉴定专家通常为当地的学科带头人,有着繁重的医疗、教学、科研等本职工作任务,组织这样繁忙的全部鉴定组专家在同一时间到法庭参加质证是比较困难的。

2.专家出庭准备及能力尚不足

医疗事故技术鉴定的鉴定专家不是专职司法鉴定人，在其所在单位本身有着繁重的医疗、教学、科研等本职工作任务，难以抽出更多的时间(有些专家实际上是存在抵触情绪，不愿抽出更多的时间)对某医案出庭质证作充分准备。另外，在出庭能力、经验上部分专家亦存在一些问题。鉴定专家对本专业的问题可准确答复，但面对一些法律知识丰富、口齿凌厉的提问人，面对陷阱颇多并带有刁难性的提问，目前部分专家尚难在出庭过程始终保持冷静的头脑，缺乏足够的应对经验。上述这些均不利于顺利完成出庭质证活动。

3.专家出庭安全等权利难以保障、出庭动力和管束措施缺乏

鉴定专家对出庭质证，顾虑最大的问题之一是受到当事人滋扰而得不到有效的司法保护。目前的司法保护制度不够完善，尤其是立法侧重于事后保护而忽视事前预防性保护措施。医疗事故技术鉴定涉及当事人的切身利益，矛盾尖锐，一旦在庭上更明确地摆明专家的态度，不排除个别不理智的当事人把矛盾转移到鉴定专家身上，事后找到其工作单位或居住地滋扰、威胁、甚至有更过激行为。鉴定专家对此不可能没有顾虑。另外，为使目前的医疗事故技术鉴定体制适用司法审判制度，注重强调专家参加鉴定及专家出庭接受质询是法定义务，并无真正能促使专家必须履行上述义务的动力和具管束力的措施。假如某鉴定专家拒绝出庭接受质询，医学会最重的处罚就是取消其鉴定专家库成员资格。然而，这对该专家的本职工作，及其待遇、晋升等并无影响。这种状况若不改变，必定影响组织专家出庭质证的落实，甚至影响医鉴工作的可持续发展。

(二)解决专家出庭质证问题的一些建议

1.加强培训，提高出庭质证能力

作为医疗事故技术鉴定的鉴定人的鉴定专家，应当出庭接受质证既然是法定要求，则应当创造条件执行。为使医学会组织专家出庭质证工作得到很好的落实，首先应进一步加强对鉴定专家的培训，培养并强化鉴定专家出庭质证的意识，加深对出庭质证重要性和必要性的认识，使其主动配合法院工作，积极参与出庭质证活动。在培训过程中，除学习相关法律知识外，还应在心理承受能力、应变能力、表达能力等方面做必要的培训，促使鉴定专家熟悉法庭环境、转变思维模式，消除对出庭的顾虑和因此带来的紧张或抵触情绪，使之较快适应出庭质证工作，具备出庭质证能力，从而出色完成出庭接受质证工作。

2.完善鉴定专家出庭的权利保障措施

(1)制定并实施有效的鉴定专家保护制度。有效的司法保护措施可以认为是鉴定人出庭质证的基本条件。然而，这不是卫生行政部门或医学会层面能解决的问题。因此，建议立法部门在立法上应该进一步完善对鉴定人及其近亲属的法律保护制度，不仅要保护鉴定人及其近亲属的身体及财产权，还要保证他们能够正常工作生活不受侵犯。保护措施和程序相应配套，不要只注重事后救济性保护，而忽视事先预防性保护。同时，还要制定相应的法律法规追究司法机关人员在保护鉴定人及其近亲属方面的渎职行为，以强化其保护鉴定人的司法意识。只有这样，才能解除鉴定人出庭质询的后顾之忧，利于医学会组织鉴定专家出庭质证制度的落实。

(2)进一步明确鉴定专家出庭质证的经济补偿标准。尽管多数鉴定专家对参加鉴定及出庭质证的经济补偿并不十分在意，但从法律层面上，权利与义务应是对等的，并应有保障权利得以落实的相应制度。因此，对鉴定专家在人民法院指定日期出庭质证所发生的必要费用应予以补偿，其补偿标准除可参照有关法规规定外，还须考虑鉴定专家为非专职司法鉴定人，一些补

贴项目如误工补贴、外地专家交通补贴等采用何标准应进一步予以明确。

(3)尽量给予鉴定专家更多的权益。目前专家进入医疗事故技术鉴定专家库的积极性不高,主要原因是其义务明显多于权利。因此,要提高专家进入专家库的积极性,应尽可能给予鉴定专家更多的权益。如可明文规定,进入医疗事故技术鉴定专家库的专家,享有职称及职务晋升、评先进、提高待遇等的加分权利,并采取措施让专家感觉到进入医疗事故技术鉴定专家库与不能进入专家库在医学会、在本单位、在本学科专业、甚至在社会上的地位是不一样的,以增强成为鉴定专家的吸引力,促进鉴定专家履行法定义务的积极性和依从性。

3.进一步强化鉴定专家履行出庭质证义务的管理

在有效保障鉴定专家权利的基础上,应明确规定:专家在进入专家库前表示不同意就鉴定结论出庭接受质证的,不应吸收进入医疗事故技术鉴定专家库;已进入专家库的专家出现无正当理由拒绝出庭接受质证的,应取消其专家库成员资格,并通知其所在单位。但该管理措施只适用于符合入库条件专家较充足的省市。

4.尝试组建专家库改革措施

为使组织鉴定专家出庭接受质证制度的有效落实,一些医学会在不违反《条例》关于建立专家库的有关规定的前提下,尝试在现有医疗事故技术鉴定专家库基础上,聘请一批医德高尚、为相关专业公认的学术权威、并且有一定法律知识,同意出庭质证的常任专家,单独再建库。这样,便形成了一个相关学科常任专家库和一个原有的分类学科专家库。在随机抽取鉴定专家时,分别在两个专家库中抽取,原则上鉴定组专家在相关学科常任专家库中抽取产生,当常任专家库不能满足学科设置需要时,再从相关学科分类专家库中抽取。这样,在目前鉴定专家仍未能都接受出庭质证的实际情况下,既可有效落实专家出庭质证制度,又不会因为强行要求专家出庭质证造成专家库专家不足而影响鉴定工作的正常开展。

5.适度采用书面答复当事人质询

《最高人民法院关于民事诉讼证据的若干规定》第59条第二款规定:“鉴定人确因特殊原因无法出庭时,经人民法院准许,可以书面答复当事人的质询。”尽管医学会在组织鉴定专家出庭质证的问题上做了多种努力和尝试,但专家出庭仍存在较大困难。因此,目前医学会较多的做法仍是请人民法院准许,以书面答复当事人的质询。这是无奈之举,但也是法律允许的。医学会在收到法院的质询函后,一是要及时函复,在质证有效期内提交给法院;二是要回答切题,通俗易懂,尽量全面;三是切忌节外生枝,更不能自己否定自己的鉴定分析意见及鉴定结论。书面答复当事人的质询性质仍属于书面证言,其法律效力及能否采信,如何采信仍取决于其质量和一定程度的法官心证,可适度采用。

参考文献

1、《医疗事故处理条例》起草小组·医疗事故处理条例释义·北京:中国法制出版社,2002

2、汪建荣·建立医疗事故异地鉴定制度的可行性分析·医鉴工作通讯,2008,6(3):1-3

3、李国红·冷静面对鉴定专家出庭质证问题·2009年全国鉴定工作研讨会论文汇编,2009,272-275

广东省医学会医疗事故技术鉴定工作办公室常务副主任　王绍强

第十八章　学会协会经营管理与创新

第一节　发挥学会协会开展经营活动的优势

学(协)会创建的历史悠久,长的近百年,如广东省医学会,短的也有几十年,随着学(协)会组织的发展壮大,整合了行业人才荟萃、技术力量雄厚的优势,充分发挥学科带头人、学术权威的作用,建立了广泛的学(协)会经营活动的重要平台,在社会主义市场中,有着不可替代的作用。

学(协)会是行业性、民间性、自主性和非盈利性的团体组织,按照章程确定的宗旨开展经营活动。

一、增强公信力、凝聚力,是学(协)会经营活动的基本要求

坚持为会员和社会提供良好的服务是学(协)会的使命和宗旨。随着时代的发展,市场经济体系的逐步建立,政府职能的转移,学(协)会做好服务是塑造良好社会形象,实现自身的价值观,在为经济发展服务、为社会服务的同时,增强了学(协)会的公信力和凝聚力。

二、创新经营,是学(协)会发展的根本保证

在市场经济条件下,学(协)会等非营利组织,要解决自身的生存和发展问题,离不开经营,离不开营销。过去,营销被误认为只能是企业的行为,与社团组织无关,实质上营销是一种理念,是运营手段和策略。树立营销理念,开展营销活动是社团组织生存发展的必由之路。当然,非营利组织的营销不能完全商业化的营销,其提供的服务,如学术活动、继续教育、咨询服务、科普宣传等,其目的是促进实现会员和受益者的目标。学(协)会是在满足社会需要而建立起来的,获得较好的生存和发展空间,但还需要向社会张扬自己,树立自己在社会上的良好形象,这种自我宣传,就是营销的具体体现。为满足会员和社会需要,在服务前就要有营销活动,如市场调查,对服务对象的需求进行分析研究,结合本组织的优势,确定经营方向和方式,营销活动进行当中,注意收集和听取服务对象的反映和意见,为改进服务作参改。营销理念的确立,给予学(协)会一种行之有效的发展意识,即与市场和需求为导向,促使社团领导人到部门负责人以及每一个员工,都要树立经营意识,立足经营,开展各项活动,广泛听取会员和服务对象对发展社团组织的意见,形成遵循市场规律并以市场为导向,鼓励员工创新意识,最大限度地满足会员和社会的需求。

三、提升服务能力,增强经济实力,是学(协)会持续健康发展的有效途径

学(协)会服务能力体现在服务内容和质量。服务内容和形式要坚持创新,既要有共性服务,也要有个性服务。在选择共性服务上要及时增补新的、先进的服务内容,不断扩大服务领域。服务质量要体现在针对性、适时性。要诚心诚意解决会员和服务对象急需解决的实际困难,

这需要保持与会员经常性的联系，从中了解会员的要求。同时，千方百计发掘学(协)会各专业领域高素质人才、学术权威的力量，做好服务工作，使服务对象满意，这样必然增强学(协)会的向心力。保持经常性、持续性的服务，巩固和扩大服务成果。如学术会议、研讨会一旦形成品牌，这就是社团服务质量好的特定标志。由于服务工作做好了，使会员参与学(协)会活动的积极性越来越高，学(协)会在运营中，开展有偿服务，极大地改善经济状况和服务条件，也增强了学(协)会的综合实力，增强了学(协)会自我发展和持续发展的能力。

第二节 经营活动的运作模式

学(协)会经营活动的运作模式主要有八个方面。

一、人才培训

学(协)会把人才培训作为重要的职责，尤其是科技社团组织，其会员和服务对象，通过人才培训，提高专业技术水平和技能，造就一支学科带头人、领军人才和创新型人才队伍，事业才能不断向前发展。学(协)会以自身的优势，举办短期脱产培训班，系统培养专业技术人才和管理人才；举办岗位培训班，提高专业知识水平，适应新技术、新方法的开展，拓展业务范围，促进业务的发展。

二、继续教育

尤其是继续医学教育，在各级各类医疗单位都是不可缺少的内容，学(协)会承担着重要任务。按照从事的专业，分别举办学习班和研修班，进行培训，跟上学科发展的需求。

三、学术交流

开展学术交流，活跃学术思想，促进学科发展。学术交流形式多种多样，从国内到国外，从单科到综合。学术会议在学术交流中起着重要的作用，通过学术会议，交流学术思想，引起共鸣或争论，通过讨论和争鸣，启迪思维，掌握新知，纠正缪误，产生新的思想和灵感。学术交流还可以通过学术期刊和互联网以及学术著作、人才流动进行交流。

四、组织考察

这是一项学习和借鉴别人的经验或科学研究的学术交流活动，一般提出相关的调查资料和研究对策，为解决研究课题提供科学依据和意见。

五、技术资格的评价认证

在我国事业单位职称制度改革中，实行评聘分开，评的是技术资格，聘的是技术职务。专业技术资格认证由社团组织承担，学(协)会担负责专业技术人员技术资格的评审和执业医师、执业护士的资格考核认证等。随着政府职能的转移，科技成果评定、项目评估、优秀论文评审、医疗事故的鉴定等都由学(协)会承担，有效地保证了评估、认证的质量。

六、办学术期刊

学术刊物是学术交流的平台，是记录科学发展历程，发表学术成果，开展学术争鸣的载体。学术刊物基本特点是基础性、专业性和科学性。学术刊物既是学术交流的园地，又是学(协)会联系会员和服务对象的纽带。学术期刊在推进知识创新的同时，提高科技知识的普及，促进创新知识和成果转化。

七、开展科普活动

科普是实施《全民科学素质行动计划纲要》的重要举措，学(协)会开展科普活动，促进社会对学科、行业科学技术发展的知晓，满足了公众对科学技术了解的愿望，科普活动必须针对不同对象的特点开展活动，达到传播科学思想，普及科技知识，倡导科学方法，弘扬科学精神。

八、下基层扶贫

我国地域广阔，东部与西部、城市与农村社会经济发展差异较大，专业技术水平也差距很大，特别是农村，人才、技术普遍比城市落后，学(协)会按照国家的政策大力组织城市医院到农村基层开展对口扶贫活动。在扶贫活动中，重视对技术力量的帮扶，培养扎根农村医疗卫生技术人才，同时对适宜技术传授给基层单位，使之普及，方便群众就近就医，解决群众看病难、看病贵的问题。

第三节 “四位一体”模式服务会员

广东省医院协会创建“四位一体”模式，为医院提供全方位的服务，是学(协)会创新经营的典范。广东省医院协会从医院管理学会更名成立，经历了三十年的发展历程，规模从小到大，实力从弱到强，活动从少到多，进入了良性发展阶段。近十多年来，组织架构走创新之路，将经省科委批准的广东现代医院管理研究所，经国家出版局批准，具有国内外发行刊号的《现代医院》杂志(月刊)，经省工商管理局批准成立广东现代医院顾问公司，组合形成了以协会为核心的“四位一体”组织模式，成为协会发展做强做大的载体和基础，充分发挥协会联系医院的纽带与桥梁作用；成为医院管理的学术交流，繁荣医院管理的学术园地；大力开展医院管理继续教育和岗位培训，提高医院各类管理人员的业务水平，同时加强国内外和港台地区合作交流。使协会办成一个充满生机活力，有凝聚力、公信力，受到全省医院拥护和信赖。

1992 年在深化卫生改革的大潮中，为加强医院管理的研究工作力度，学会领导决定成立广东现代医院管理研究所，是具有独立法人的民办科研机构，所长由学会会长兼任，常务副所长主持日常工作。团结全省医院管理专家、有实践经验的院长及管理干部，开展医院改革管理发展的研究，研究所挂靠省卫生厅，接受学会领导，并与学会结成互补关系的协作体。研究所成立后，选择医院管理中的热点、难点组织课题研究。近十年来，向省卫生厅申报立项 16 项，结题 11 项，由研究所立项 15 项，结题 12 项。有些申报了科研成果，其中《广东省医院基本实现现代化建设标准》，由省卫生厅印发全省试行，《单病种医疗费用相关因素分析与预测》、《医院图书馆规范管理》等课题,其成果得到省卫生厅支持并推广应用。

2001 年国家出版局批准的《现代医院》杂志诞生,由协会主办,正副会长兼任杂志社正副社长。该刊物成为协会与广大医院管理工作者和医务人员联系的纽带,成为学术交流的平台,是促进广东医院改革发展的重要软实力。

2003 年,协会创办广东现代医院顾问公司,为医院提供管理咨询、托管、融资,帮助医院在深化改革和建设中出谋策划,为医院管理诊断切脉,改善经营,提高服务效益。成立以来,为 52 所医院提供服务。

广东省医院协会一套"人马",四个牌子,"四位一体"的运作模式,对发展协会,繁荣医院管理起到了积极作用,也为医院协会不断发展奠定了良好基础。

第四节　开展经营活动的资产监督与管理

学(协)会开展经营活动,必须有健全的财务管理,这对于提高组织内部效率和降低运营成本有积极的作用。学(协)会的资金来源,一是会费,这是基本的收入来源,为学(协)会生存发展奠定基础。二是有偿服务的收入,开展学术交流、专业培训、咨询服务等,通过服务收费,这是主要收入来源。三是企业捐赠,有现金捐赠,有实物资助。四是政府资助,是通过购买服务的方式来资助社团的发展。五是国际资助,主要是项目支持,捐赠专项基金或低息、无息贷款,支助参加国际会议或学习。学(协)会必须合理运营资金,实现资金的保值和增值,在不违背国家有关政策、法规的前提下,科学运营来提高运营的效率。鉴于资金来源多样化,学(协)会应严格执行财政部颁发的《民间非营利组织会计制度》。资金用于章程规定的业务范围和事业发展,不得在会员中分配。财产及其收入受法律保护,任何单位、个人不得侵占和挪用。建立严格的财务管理制度,保证会计资料合法、真实、准确、完整。学(协)会的资产管理执行国家规定的财务管理制度,接受会员代表大会和财税部门的监督。资产来源属于政府资助或社会、企业捐赠的,要接受审计机关监督。更换法人之前要接受登记管理机关组织的财务审计。

第五节　开展经营活动要处理好几个关系和应注意的几个问题

学(协)会在开展经营活动中,要处理好如下几个关系。

一、学(协)会是非营利性组织,在坚持非营利的基础上,树立经营的观念

经营活动不等于不盈利。学(协)会在提供服务中取得合法的净收入,就是盈利,这些资金按照章程规定,只能用于业务活动,不得在会员中分配。

二、盈利不是企业独有的理念,而是存在一切组织中,凡有供需关系的场合,都适用营销的理念和方法

应该清楚,企业的经营主要靠商品,满足社会公众个性化的需求。企业的经营,提供的服务是为了获得利润,实现利润最大化目标。社团组织的经营靠价值观和利益聚合,满足社会特定

公民群体的愿望和公益性的需要，提供会员和受益者的服务，其目的不是盈利，而是一种手段，促进会员和受益者实现核心目标。

三、学(协)会参与社会服务，是职责所在

随着政府职能的转移，学(协)会承接委托和授权的任务越来越多，认真做好社会服务的同时，需要争取获得政府购买服务的费用补贴，以利于调动学(协)会的积极性，促进其健康持续发展。

广东省医院协会副会长、秘书长　胡荣枢

第十九章　学会协会设奖管理与创新

第一节　我国科技行业性学会协会奖励制度的产生

1999 年 5 月 23 日时任国务院总理朱镕基签发第 265 号中华人民共和国国务院令:《国家科学技术奖励条例》已经 1999 年 4 月 28 日国务院第 16 次常务会议通过,现予发布施行。

1999 年,我国科技奖励体系进行重大改革,国务院设立五大科技奖,即国家最高科学技术奖、国家自然科学奖、国家技术发明奖、国家科学技术进步奖和中华人民共和国国际科学技术合作奖,同时减少省部级奖励的数量,对省部级设立的科技奖励施行备案制度,社会力量设立的科技奖实行审批登记制度。这样,国家科技奖励与省部级科技奖励和社会力量设立的科技奖励一道,共同构成我国多方位、多渠道、多层次的科技奖励体系。

《国家科学技术奖励条例》第七条规定:社会力量设立面向社会的科学技术奖,应当在科学技术行政部门办理登记手续。具体办法由国务院科学技术行政部门规定。

1999 年 12 月 26 日科学技术部第 3 号令发布《社会力量设立科学技术奖管理办法》。按照该管理办法规定,2001 年 3 月科技部首批登记注册的设立科技奖的单位为 26 家。2001 年 3 月 8 日,中华医学科技奖成为首批通过科技部审核批准的 26 个由社会力量所设奖项之一,并颁发了证书。

从此开启了我国学(协)会设立科学技术奖奖励的新纪元。国务院颁发的《国家科学技术奖励条例》,确立了社会力量设立科技奖励的地位与作用,科技部颁发的《社会力量设立科学技术奖管理办法》对社会力量设奖进行管理与规范,是国家科技奖励体制的重大改革,也促进了我国科学技术奖励事业的蓬勃发展。

2001 年 3 月国家科技奖励工作办公室在科技部礼堂,对首批获准登记注册的 26 家设奖举行了发证仪式。

2004 年《行政许可法》施行后,国务院批准社会力量设奖列入科技部保留的六个行政许可项目之一。科技部负责包括跨国境的、面向全国的及跨省级行政区域的科学技术奖在内的社会力量登记管理工作。

2006 年 2 月 5 日时任科技部部长徐冠华签发中华人民共和国科学技术部第 10 号令:《关于修改〈社会力量设立科学技术奖管理办法〉的决定》已经 2006 年 1 月 6 日科学技术部第 1 次部务会议审议通过,现予发布,自公布之日起施行。

从学(协)会的性质:是党和政府联系团结科技工作者的桥梁和纽带,学(协)会依法设立科技奖,表彰科技工作者,正是其性质的体现;筹集社会资金奖励科技工作者,没有使用政府财政收入的钱,为科技工作者办实事办好事,承认他们的劳动成果,鼓励他们的科技创新;为优秀人才的成长起到了积极的促进作用,为选拔优秀人才提供了客观依据,也反映了同行的认同程度;为国家自然科学奖、国家技术发明奖和国家科技进步奖评选有了同行评价的基础,也为国

第二节 我国科技行业性学会协会设奖的现状

截至2011年6月1日，在国家科技奖励工作办公室依法登记注册的社会力量设奖共计221项，正常开展活动的共208项，已注销13项。见表19-1

表19-1 社会力量依法登记注册的设奖项目名称及设奖者

序号	奖项名称	设奖者	登记时间
1	中国汽车工业科学技术奖原名称：中国汽车工业科学技术进步奖	汽车工业科学技术进步奖励基金委员会	2001年3月
2	何梁何利基金科学与技术奖	何梁何利基金信托委员会	2001年3月
3	杜邦科学技术奖	杜邦中国集团有限公司	2001年3月已注销
4	刘永龄科学技术奖	香港亿利达工业发展集团有限公司	2001年3月已注销
5	森泽信夫印刷技术奖	森泽信夫	2001年3月已注销
6	李四光地质科学奖	李四光地质科学奖委员会	2001年3月
7	中华医学科技奖	中华医学会	2001年3月
8	詹天佑铁道科学技术奖	詹天佑科学技术发展基金委员会	2001年3月
9	孙越崎能源科学技术奖	孙越崎科技教育基金委员会	2001年3月
10	中国药学发展奖	北京长江药学发展基金会	2001年3月
11	沙产业科学技术奖	促进沙产业发展基金管理委员会	2001年3月已注销
12	侯祥麟石油加工科学技术奖	侯祥麟基金管理委员会	2001年3月
13	侯德榜化工科学技术奖	侯德榜科技发展基金管理委员会	2001年3月
14	14 詹天佑土木工程科学技术奖	中国土木工程学会	2001年3月
15	青少年21世纪科学奖	中国青少年21世纪科学基金管理委员会	2001年3月
16	中国仪器仪表学会科学技术奖	中国仪器仪表学会	2001年3月
17	中国煤炭学会青年科学技术奖	煤炭学术交流发展基金	2001年3月
18	中国电工技术学会科学技术奖	中国电工技术学会、正泰公益基金会	2001年3月
19	高士其科普奖	高士其基金管理委员会	2001年3月

续表

20	神内基金农技推广奖	中华农业科教基金会	2001 年 3 月
21	中国电力科学技术奖	中国电机工程学会、国家电网公司、中国南方电网公司、中国华能集团公司、中国大唐集团公司、中国国电集团公司、中国华电集团公司、中国电力投资集团公司、中国广东核电集团有限公司、北京华电有限责任公司、北京联合电力有限责任公司、中国水利水电建设集团公司、中国水电工程顾问集团公司、中国电力工程顾问集团公司、中国葛洲坝集团公司等	2001 年 3 月
22	茅以升科学技术奖	北京茅以升科技教育基金会	2001 年 3 月
23	中国机械工程学会科技奖	中国机械工程学会	2001 年 3 月
24	中国机械工业科学技术奖	中国机械工业联合会 中国机械工程学会	2001 年 3 月
25	中国有色金属工业科学技术奖	中国有色金属工业协会 中国有色金属学会	2001 年 3 月
26	邓稼先、于敏科学技术奖	邓稼先、于敏科技奖励基金管理委员会	2001 年 3 月
27	毕升印刷技术奖	中国印刷技术协会	2002 年 3 月
28	侯德封矿物岩石地球化学青年科学家奖	中国矿物岩石地球化学学会	2002 年 3 月
29	王大珩光学奖	中国光学学会及王大珩院士	2002 年 3 月
30	中国兵工学会科学技术奖	中国兵工学会	2002 年 3 月
31	中国昆虫学会青年科学技术奖	昆虫学会奖励基金管理委员会	2002 年 3 月
32	中国分析测试协会科学技术奖	中国分析测试协会	2002 年 3 月
33	中国石化集团科学技术奖	中国石油化工集团公司	2002 年 3 月
34	中创软件人才奖	山东中创软件工程股份有限公司	2002 年 3 月
35	中冶集团科学技术奖	中国冶金建设集团	2002 年 3 月
36	广济药业科学技术奖	湖北广济药业股份有限公司广济药业科技奖理事会	2002 年 3 月已注销
37	发明展览会奖	中国发明协会	2002 年 3 月
38	光华工程科技奖	中国工程院	2002 年 3 月
39	胡刚复、饶毓泰、叶企孙、吴有训、王淦昌物理奖	中国物理学会	2002 年 3 月
40	大禹水利科学技术奖	中国水利学会	2002 年 3 月
41	中国铁道学会科学技术奖	中国铁道学会	2002 年 3 月
42	中国商业联合会科学技术奖	中国商业联合会	2002 年 3 月
43	中国钢铁工业协会、中国金	中国钢铁工业协会　中国金属学会	2002 年 3 月

续表

	属学会冶金科学技术奖		
44	中国公路学会科学技术奖	中国公路学会	2002年3月
45	中国航海学会科学技术奖	中国航海学会	2002年3月
46	中国食品工业协会科学技术奖	中国食品工业协会	2002年3月
47	中国黄金协会科学技术奖	中国黄金协会	2002年3月
48	中华中医药学会科学技术奖	中华中医药学会	2002年10月
49	中国石油和化学工业联合会科学技术奖(原名称：中国石油和化学工业协会科学技术奖)	中国石油和化学工业联合会(原组织：中国石油和化学工业协会)	2002年10月
50	宋庆龄少年儿童发明奖	宋庆龄基金会	2002年10月
51	吴阶平医学研究奖--保罗杨森药学研究奖	西安杨森制药有限公司	2002年10月
52	全国生物制药信息中心、中国生化制药工业协会医药科学技术奖	全国生物制药信息中心 中国生化制药工业协会	2002年10月
53	中国电子学会电子信息科学技术奖(原名称：中国电子学会信息科学技术奖)	中国电子学会	2002年10月
54	中国职业安全健康协会科学技术奖（原名称：中国劳动保护科学技术学会科学技术奖）	中国职业安全健康协会	2002年10月
55	中国建筑材料工业联合会、中国硅酸盐学会建筑材料科学技术奖	中国建筑材料工业联合会 中国硅酸盐学会	2002年10月
56	中国技术市场协会金桥奖	中国技术市场协会	2002年10月
57	中国煤炭工业协会科学技术奖	中国煤炭工业协会、中国煤炭学会	2002年10月
58	中国民用航空运输协会科学技术奖（原名称：中国民用航空协会科学技术奖）	中国民用航空运输协会	2002年10月
59	中国物流与采购联合会科学技术奖	中国物流与采购联合会	2002年10月
60	亿利达青少年发明奖	刘永龄(香港亿利达工业发展集团董事长)	2002年10月
61	中国通信学会科学技术奖	中国通信学会	2002年10月
62	中国科学技术发展基金会科技馆发展奖	科技馆发展基金管理委员会	2002年10月

续表

63	华罗庚数学奖	中国数学会　湖南教育出版社	2002年10月
64	陈省身数学奖	中国数学会	2002年10月
65	黎鳌烧伤医学奖	中国人民解放军第三军医大学	2002年10月
66	蔡诗东等离子体物理奖	周培源基金会	2002年10月
67	周培源力学奖	周培源基金会	2002年10月
68	周培源物理奖	周培源基金会	2002年10月
69	王天眷波谱学奖	王天眷基金会	2002年10月
70	钱宁泥沙科学技术奖	国际泥沙研究培训中心	2002年10月
71	赵九章优秀中青年科学奖	“赵九章优秀中青年科学奖”理事会	2002年10月
72	中国造船工程学会科学技术奖	中国造船工程学会	2002年10月
73	中国电影电视技术学会科学技术奖	中国电影电视技术学会	2002年10月
74	中国土地学会、中国地质学会、中国地质矿产经济学会国土资源科学技术奖	中国土地学会、中国地质学会、中国地质矿产经济学会	2002年10月
75	中国测绘学会科学技术奖	中国测绘学会	2002年10月
76	王忠诚神经外科科学技术奖	王忠诚（北京神经外科研究所所长）	2002年10月 已注销
77	欧维姆预应力技术奖	（原名称：欧威姆预应力技术）北京詹天佑土木工程科学技术发展基金会、欧维姆预应力技术发展专项基金管理委员会	2002年10月
78	华夏建设科学技术奖	中国建筑设计研究院	2002年10月
79	中建总公司科学技术奖	中国建筑工程总公司	2002年10月
80	中国民营科技促进会民营科技发展贡献奖（原名称：中国民营科技促进会科技创新奖；80、81、114合并）	中国民营科技促进会	2002年10月
81	中国民营科技促进会科技促进奖	中国民营科技促进会	2002年10月 已注销
82	陈嘉庚科学奖	陈嘉庚科学奖基金会	2003年9月
83	中国生产力促进中心协会生产力促进奖	中国生产力促进中心协会	2003年9月
84	全国总工会职工技术成果奖	全国总工会	2003年9月
85	青藏高原青年科技奖	中国青藏高原研究会	2003年9月
86	中国石油天然气集团公司科学技术奖（2010年7月更改）	中国石油天然气集团公司	2003年9月
87	中国海洋石油总公司科学技术奖	中国海洋石油总公司	2003年9月

续表

88	中国邮政集团公司科学技术奖	中国邮政集团公司	2003年9月
89	中国环境科学学会环境保护科学技术奖	中国环境科学学会	2003年9月
90	精瑞住宅科学技术奖	中华全国工商业联合会住宅产业商会	2003年9月已注销
91	中国创造学会创造成果奖	中国创造学会	2003年9月
92	中国金属学会冶金医学奖	中国金属学会	2003年9月
93	中国纺织工业协会科学技术奖	中国纺织工业协会	2003年9月
94	中国制冷学会科学技术奖	中国制冷学会	2003年9月
95	王选新闻科学技术奖（原名称：中国新闻技术工作者联合会科学技术奖）	中国新闻技术工作者联合会	2003年9月
96	中国体育科学学会科学技术奖	中国体育科学学会	2003年9月
97	中国冶金矿山企业协会科学技术奖	中国冶金矿山企业协会	2003年9月
98	中国膜工业协会科学技术奖	中国膜工业协会	2003年9月
99	中国防腐蚀技术协会科学技术奖	中国防腐蚀技术协会	2003年9月
100	中国工程爆破协会科学技术奖	中国工程爆破协会	2003年9月
101	浪潮高性能计算创新奖	浪潮电子信息产业股份有限公司	2003年9月
102	中国中西医结合学会科学技术奖	中国中西医结合学会	2004年10月
103	中国机械工业集团科学技术奖	中国机械工业集团有限公司	2004年10月
104	梁希科学技术奖	中国林学会	2004年10月
105	中国包装总公司科学技术奖	中国包装总公司	2004年10月
106	中国营养学会科学技术奖	中国营养学会	2004年10月
107	CSIAM苏步青数学奖	中国工业与应用数学学会	2004年10月
108	中国科技咨询会咨询项目创新奖	中国科技咨询会	2004年10月
109	石油和化工自动化行业科学技术奖	中国石油和化工自动化应用协会	2004年10月
110	食品药品质量监测技术基金科技奖	国家药典委员会	2004年10月已注销
111	中国中医科学院唐氏中药发	中国中医科学院	2004年10月

续表

	展奖（原名称：中国中医研究院唐氏中药发展奖）		
112	中国铁路工程总公司科学技术奖	中国铁路工程总公司	2004年10月
113	中国粮油学会科学技术奖	中国粮油学会	2004年10月
114	中国民营科技促进会科技企业奉献奖	中国民营科技促进会	2004年10月 已注销
115	CT和三维成像新科技新进展奖(原名:CT和三维成像新进展荣誉奖)	中国体视学会	2004年10月
116	中国质量协会质量技术奖	中国质量协会	2005年4月
117	李时珍医药创新奖	中华中医药学会	2005年4月
118	钟家庆数学奖	中国数学会	2005年4月
119	中国通信标准化协会科学技术奖	中国通信标准化协会	2005年4月
120	中国铁道建筑总公司科学技术奖	中国铁道建筑总公司	2005年4月
121	中国土壤学会科学技术奖	中国土壤学会	2005年4月
122	中医药国际贡献奖	世界中医药学会联合会	2005年4月
123	发明创业奖（原名称：中国发明协会发明创业者奖)	中国发明协会	2005年4月
124	黄昆固体物理和半导体物理科学研究奖	黄昆	2005年4月
125	中国化学会青年化学奖	中国化学会	2005年7月
126	钱伟长中文信息处理科学技术奖	中国中文信息学会	2005年7月
127	中照照明奖	中国照明学会	2005年7月
128	中国防伪行业协会防伪科学技术奖	中国防伪行业协会	2005年7月
129	中国药学会科学技术奖	中国药学会	2005年7月
130	段镇基皮革和制鞋科学技术奖	中国皮革和制鞋工业研究院皮革和制鞋行业生产力促进中心	2005年7月
131	中国计算机学会王选奖（原：中国计算机学会创新奖）	中国计算机学会	2005年7月
132	中国气象学会涂长望青年气象科技奖	中国气象学会	2005年9月
133	中国材料研究学会科学技术奖	中国材料研究学会	2005年9月

续表

134	中国岩石力学与工程学会科学技术奖	中国岩石力学与工程学会	2005年9月
135	中国轻工业联合会科学技术奖	中国轻工业联合会	2005年9月
136	方达国际五金科技奖	广东方达集团有限公司	2005年10月
137	中国化工集团科学技术奖	中国化工集团	2005年10月
138	中国腐蚀与防护学会科学技术奖	中国腐蚀与防护学会	2005年10月
139	泰达生物奖	中国光华科技基金会 泰达华生生物园	2005年11月 已注销
140	中国青年科学家奖	共青团中央、中华全国青年联合会	2005年11月 2010年注销
141	中国青年科技创新奖	共青团中央、中华全国青年联合会	2005年11月 已注销
142	神农中华农业科技奖	中国农学会等	2006年1月
143	冯康科学计算奖	中国科学院系统与科学研究院	2006年2月
144	中国针灸学会科学技术奖	中国针灸学会	2006年2月
145	中国作物学会作物科学技术成就奖	中国作物学会	2006年5月
146	华夏高科技产业创新奖	北京星网联亿科学技术研究院	2006年5月
147	中国管理科学学会管理科学奖	中国管理科学学会	2006年8月
148	大北农科技奖	北京大北农饲料科技有限有限责任公司	2006年8月
149	淮海科学技术奖	淮海经济区20个地级市科协联合设立	2006年8月
150	中国食品科学技术学会科技创新奖	中国食品科学技术学会	2006年10月
151	中国证券业协会证券期货科技进步奖	中国证券业协会	2006年10月
152	中国商业联合会服务业科技创新奖	中国商业联合会	2006年10月
153	杜邦中国包装奖	杜邦中国集团有限公司	2006年10月 已注销
154	中国施工企业管理协会科学技术奖	中国施工企业管理协会	2006年10月
155	中华预防医学会科学技术奖	中华预防医学会	2006年10月
156	中国抗癌协会科技奖	中国抗癌协会	2006年10月
157	中国爆破器材行业协会科学技术奖	中国爆破器材行业协会	2006年10月
158	中国广播电视设备工业协会	中国广播电视设备工业协会	2006年10月

续表

	科技创新奖		
159	中国水土保持学会科学技术奖	中国水土保持学会	2006年10月
160	中国港口协会科学技术奖	中国港口协会	2006年10月
161	药明康德生命化学研究奖	上海药明康德新药开发有限公司 天津药明康德新药开发有限公司	2006年10月
162	宋庆龄儿科医学奖	中国宋庆龄基金会	2007年3月
163	中国钢结构协会科学技术奖	中国钢结构协会	2007年3月
164	恩欧希教育信息化发明创新奖	《网络科技时代》杂志社有限公司	2007年3月
165	中国青年女科学家奖	全国妇联、中国科协、联合国教科文组织全国委员会、欧莱雅（中国）有限公司	2007年4月
166	中国航空学会科学技术奖	中国航空学会	2007年4月
167	中国水产学会范蠡科学技术奖	中国水产学会	2007年4月
168	中国颗粒学会青年颗粒学奖	中国颗粒学会	2007年8月
169	中国植物保护学会科学技术奖	中国植物保护学会	2007年8月
170	中国烟草总公司科学技术奖	中国烟草总公司	2007年8月
171	中央企业青年创新奖	共青团中央企业工作委员会、中央企业青年联合会	2007年8月
172	中国运筹学会科学技术奖	中国运筹学会	2008年2月
173	中国茶叶学会科学技术奖	中国茶叶学会	2008年2月
174	蔡伦造纸科学技术奖	中国制浆造纸研究院	2008年2月
175	华夏医疗保健国际交流促进科技奖	中国医疗保健国际交流促进会	2008年2月
176	邹竞蒙气象科技人才奖	中国气象学会	2008年2月
177	中国科普作家协会优秀科普作品奖	中国科普作家协会	2008年5月
178	中国农药工业协会创新贡献奖	中国农药工业协会	2008年5月
179	中国消防协会科学技术创新奖	中国消防协会	2008年5月
180	中国电子视像行业协会科技创新奖	中国电子视像行业协会	2008年5月
181	中信铌钢科技发展奖	中信微合金化技术中心	2008年5月
182	夏坚白测绘事业创业与科技创新奖	武汉大学	2008年5月
183	中国女医师协会五洲女子科	中国女医师协会	2008年5月

续表

	技奖		
184	谈家桢生命科学奖	联合基因科技有限公司	2008年5月
185	中国水运建设行业协会科学技术奖	中国水运建设行业协会	2008年9月
186	曾呈奎海洋科技奖	中国海洋湖沼学会	2008年9月
187	中国实验动物学会科学技术奖	中国实验动物学会	2008年9月
188	刘光鼎地球物理科学奖	北京市刘光鼎地球物理科学基金会	2008年9月
189	中国科学技术法学会科技法学奖	中国科学技术法学会	2008年9月
190	中华全国工商业联合会科学技术奖	中华全国工商业联合会	2008年9月
191	中国产学研合作促进会产学研合作创新与促进奖	中国产学研合作促进会	2008年9月
192	周光召奖	周光召基金会有限公司	2008年9月
193	中华护理学会科技奖	中华护理学会	2009年3月
194	中国技术创业协会科技创业投资奖	中国技术创业协会	2009年3月
195	恩德思医学科学技术奖	张阳德、何继善	2009年3月
196	精瑞科学技术奖	北京精瑞住宅科技基金会	2009年3月
197	中国医院协会医院科技创新奖	中国医院协会	2009年8月
198	中国农业资源与区划学会科学技术奖	中国农业资源与区划学会	2009年8月
199	中国建筑材料流通协会科学技术奖	中国建筑材料流通协会	2009年8月
200	杨嘉墀科技奖	中国自动化学会、中国宇航学会	2009年8月
201	水力发电科学技术奖	中国水力发电工程学会	2009年8月
202	中国资源综合利用协会科学技术奖	中国资源综合利用协会	2009年12月
203	地理信息科学技术奖	中国地理信息系统协会	2009年12月
204	中餐科技进步奖	中国烹饪协会	2009年12月
205	李善邦青年优秀地震科技论文奖	中国地震学会	2009年12月
206	农业节水科技奖	中国农业节水和农村供水技术协会	2009年12月
207	中国珠宝玉石首饰行业协会科学技术奖	中国珠宝玉石首饰行业协会	2009年12月
208	中国城市发展研究会促进城市发展科技奖	中国城市发展研究会	2010年3月

续表

209	吴阶平医学奖	吴阶平医学基金会	2010年3月
210	中国安装协会科学技术进步奖	中国安装协会	2010年3月
211	草业科学技术奖	中国草学会	2010年3月
212	卫星导航定位科学技术奖	中国全球定位系统技术应用协会	2010年7月
213	中国质量评价协会科技创新奖	中国质量评价协会	2010年7月
214	中国核能行业协会科学技术奖	中国核能行业协会	2010年7月
215	中国金属学会冶金青年科技奖	中国金属学会	2010年7月
216	中国免疫学会学术奖	中国免疫学会	2011年1月
217	驼人医疗器械科技创新奖	河南驼人集团	2011年1月
218	吴文俊人工智能科学技术奖	中国人工智能学会	2011年1月
219	中国可再生能源学会科学技术奖	中国可再生能源学会	2011年1月
220	中国电源学会科学技术奖	中国电源学会	2011年1月
221	中国海洋工程咨询协会海洋工程科学技术奖	中国海洋工程咨询协会	2011年1月

注:正常开展活动的共208项,已注销13项。

以上登记的社会力量设奖几乎覆盖了科技活动的所有领域,反映了境内外社会力量从多角度、全方位对我国科学技术进步的关注和支持,初步构建起了科学、规范的我国社会力量设立科学技术奖的体系,为进一步发展奠定了良好的基础。

从登记注册的年份及数量,见表19–2

表19–2　登记注册的年份及数量

年份	登记注册数量
2001年	26
2002年	55
2003年	20
2004年	14
2005年	26
2006年	20
2007年	10
2008年	21
2009年	15
2010年	8
2011年	6
合计	221

目前我国社会力量设奖的主流是全国一级学(协)会,达 141 家,占总数的 63.8%,这些学(协)会是我国某一学科或行业的最高学术团体,他们设立的科技奖代表了该学科领域或行业水平,在本学科领域或行业具有较高的声望。从社会力量设立科技奖的范围和对象来看,以奖励科研人员为对象的奖项达 90%以上,其中奖励中青年科研人员的有 7 项,奖励少年儿童的有 3 项。

绝大多数社会力量设奖以其鲜明的特色、规范的运作,赢得了良好的社会声誉,丰富了我国科技奖励的内容,达到了对不同行业、不同层次科技人员激励的目的,充实和完善了国家科技奖励体系。社会力量设奖的主要特点和作用是:促进创新,推动了学科和行业领域的科技进步;以人为本,激励科技人员不断创新的热情;特色明显,满足了不同学科领域、不同层次科技人员的需求;奖种全面,丰富了国家科学技术奖励体系;依法奖励,得到科技界普遍认可和信任。

培育和支持社会力量设奖是社会发展的客观需求,符合国际科技奖励的发展潮流。同时,社会力量设奖也是国家科学技术奖励的基础和授奖项目来源,它丰富了国家科学技术奖励体系,为国家科技奖励的实施提供了借鉴。

在医药卫生行业中,截至 2011 年 6 月国家科技奖励工作办公室予以注册的奖励项目 29 个,见表 19–3

表 19–3 医药卫生行业登记注册的奖项名称与设奖者

序号	编号	奖项名称	设奖者	登记时间
1	7	中华医学科技奖	中华医学会	2001 年 3 月
2	10	中国药学发展奖	北京长江药学发展基金会	2001 年 3 月
3	48	中华中医药学会科学技术奖	中华中医药学会	2002 年 10 月
4	51	吴阶平医学研究奖--保罗杨森药学研究奖	西安杨森制药有限公司	2002 年 10 月
5	52	全国生物制药信息中心、中国生化制药工业协会医药科学技术奖	全国生物制药信息中心 中国生化制药工业协会	2002 年 10 月
6	54	中国职业安全健康协会科学技术奖(原名称:中国劳动保护科学技术学会科学技术奖)	中国职业安全健康协会	2002 年 10 月
7	65	黎鳌烧伤医学奖	中国人民解放军第三军医大学	2002 年 10 月
8	76	王忠诚神经外科科学技术奖	王忠诚(北京神经外科研究所所长)	2002 年 10 月 已注销
9	92	中国金属学会冶金医学奖	中国金属学会	2003 年 9 月
10	102	中国中西医结合学会科学技术奖	中国中西医结合学会	2004 年 10 月
11	106	中国营养学会科学技术奖	中国营养学会	2004 年 10 月
12	110	食品药品质量监测技术基金科技奖	国家药典委员会	2004 年 10 月 已注销
13	111	中国中医科学院唐氏中药发展奖(原名称:中国中医研究院唐氏中药)	中国中医科学院	2004 年 10 月
14	115	CT 和三维成像新科技新进展奖(原名:CT 和三维成像新进展荣誉奖)	中国体视学会	2004 年 10 月

15	117	李时珍医药创新奖	中华中医药学会	2005年4月
16	122	中医药国际贡献奖	世界中医药学会联合会	2005年4月
17	129	中国药学会科学技术奖	中国药学会	2005年7月
18	144	中国针灸学会科学技术奖	中国针灸学会	2006年2月
19	155	中华预防医学会科学技术奖	中华预防医学会	2006年10月
20	156	中国抗癌协会科技奖	中国抗癌协会	2006年10月
21	162	宋庆龄儿科医学奖	中国宋庆龄基金会	2007年3月
22	175	华夏医疗保健国际交流促进科技奖	中国医疗保健国际交流促进会	2008年2月
23	183	中国女医师协会五洲女子科技奖	中国女医师协会	2008年5月
24	193	中华护理学会科技奖	中华护理学会	2009年3月
25	195	恩德思医学科学技术奖	张阳德、何继善	2009年3月
26	197	中国医院协会医院科技创新奖	中国医院协会	2009年8月
27	209	吴阶平医学奖	吴阶平医学基金会	2010年3月
28	216	中国免疫学会学术奖	中国免疫学会	2011年1月
29	217	驼人医疗器械科技创新奖	河南驼人集团	2011年1月

在以上登记注册的奖项中，目前反映较好的是中华医学会依法登记注册的中华医学科技奖，该奖在推荐、评审及奖励方面有如下的做法。

一、抓住机遇　高起点设立中华医学科技奖

1999年5月23日，第265号国务院令发布的《国家科学技术奖励条例》中规定，除国家安全和国防部门以外，各部委不再设立科学技术奖，社会力量可以设立科技奖。在这样的背景下，医学界的专家们呼吁，在取消部委级科技奖后，按照国务院的规定，应建立适应科技奖励体制改革与发展需要的评审、评价和评奖体系，这符合我国的现实状况，中华医学会可以担负起这项使命。

机遇可遇而不可求，学会领导决定抓住这个机会。医学会增设科技评审部，有专职人员负责这项工作，起草《中华医学科技奖奖励条例》及其《实施细则》、制定评审程序和规章制度、填写有关表格、请教卫生部有关负责同志，在科技部开始审批时，就及时、无误地组织报送有关材料。这项工作得到了卫生部批准和支持，2001年3月8日，科技部第一批批准了中华医学科技奖，颁发了《社会力量设立科学技术奖登记证书》。

中华医学科技奖的设立是中华医学会团结全国医学科技工作者的一面旗帜，党和政府团结科技工作者的桥梁和纽带作用将得到进一步发挥。

高起点设立的中华医学科技奖体现在：(1)按照国家科技奖的原则和标准设计中华医学科技奖的评审程序与步骤。按照国家科技部对成果管理的要求，审核推荐的材料；表格设计上，除封面外，内设栏目与国家科技进步奖的要求保持一致，方便推荐国家科技奖；(2)中华医学科技奖秉承"大中华"的理念，在推荐单位和评审专业两方面都极具广泛性。推荐项目的单位范围广，包括了卫生部和卫生厅系统、解放军和武警卫生部系统、国家药品监督管理局系统、国家中医药管理局系统和国家计划生育委员会的全国五大系统，还有教育部所属高校的附属医疗机

构;(3)推荐项目的专业涵盖了医药卫生所有的专业;(4)评审程序严密,要经过独立法人单位推荐、医学会进行形式审查、组织全国的专家进行初审和终审、初审结果在行业媒体公示30天、中华医学会最高权利机构—常务理事会确认后,中华医学会做出奖励决定;(5)评审条件严格,要达到国际、国内领先水平;(6)从获奖项目中推荐国家科技奖,从2005年起中华医学会被批准可以直接推荐国家自然科学奖、国家技术发明奖和国家科技进步奖。

二、依法进行评审

(一)依法进行评审工作,强化法制观念

从单位推荐起,在评审中的任何环节,发现不符合《中华人民共和国药品管理法》《中华人民共和国食品安全法实施条例》等相关法律法规的项目,立即终止对该项目的评审。

(二)依法评审和奖励从推荐项目的源头抓起

2002年12月初在珠海召开了2002年中华医学科技奖研讨会,请国家药品监督管理局参与起草和修改《药品管理法》的专家进行"医学科学研究与有关法律问题"的讲座,提高科研管理人员对依法评审意义的认识,并在很大程度上避免推荐不合法的项目,依法评审和奖励是本次研讨会的主题,也是中华医学科技奖的办奖宗旨,全国科研管理负责人197人参加研讨会。

之后每一或两年召开由全国各医疗、科研、预防等单位科研管理人员参加的研讨会,沟通信息,交流经验,统一认识,达成共识,共同努力,把中华医学科技奖真正成为行业科技奖。每次研讨会参加者在100人以上。

三、用制度保证评审的公平和公正

(一)组建具有广泛代表性的中华医学科技奖评审委员会

从医学会各专科分会、全国有关高等学校、医疗、科研和预防机构等推荐评审委员,遴选知识面广、作风正派、评审公正、年富力强的专家,同时考虑学术水平、评审经验、地域分布、学术权威等因素,组建了卫生部领导、卫生部主管司局领导、医学会领导、院士、著名科学家组成的评审委员会。卫生部领导为授聘的评审委员签发聘书。

目前为止评委遍布全国31个省、自治区和直辖市。

2001年5月30 日在人民大会堂举行的中华医学科技奖发布会上,中华医学科技奖评审委员会名誉主任委员吴阶平为首届评审委员代表颁发聘书。

(二)严格执行评审制度

实行限额择优推荐项目;有项目的评委不参加本年度的评审;讨论同一法人单位项目时本单位的评委回避;评审专家的数量尽可能地多一些,使每个专家的个人因素降低或减少;在一次评审活动中,同一单位的评委人数不能过多;初审、终审评审专家不重复。程序步骤设计一环衔接一环,上一步骤对下一步骤保障,下一步对上一步骤补充及完善。制度严明。形式审查,每一分材料有一份审查表;初审有专家评审意见表,终审有投票结果并当场宣布投票结果;

(三)坚持严格的评审原则

从推荐、形式审查、初审和终审、评审委员投票等各个环节都有严格的规定,对工作人员和评审专家都有严格的要求并有一定的措施。

(四)通过媒体向全社会进行公示30天

四、中华医学科技奖产生的影响

高起点创立中华医学科技奖,严密科技奖评审程序与制度,坚持评审原则,使中华医学科技奖产生了良好的社会影响和行业内的广泛认同,成为医学科技工作者追求的一种荣誉。推荐给国家科技奖励工作办公室的奖项都有项目获得国家自然科学奖、国家技术发明奖和国家科技进步奖;

每年在颁奖前后,中央电视台、上海卫视在主要频道和重要时段播发颁奖大会新闻报道,健康报、中国医药报等行业主流媒体发布颁奖大会消息还长篇介绍获奖项目;

每年度的中国医药卫生科技十大新闻中有中华医学科技奖获奖项目。

中华医学科技奖是我国第一批获准登记注册的科技奖项,并引领和带动了地方医学会发展思路。上海市医学会、贵州省医学会经上级有关部门批准设立了面向本地区医学科技奖。据不完全统计,在各省、自治区和直辖市经过当地卫生行政主管部门和科技行政主管部门批准登记注册设立面向当地的医学科技奖的学协会截至2010年3月有,上海市医学会、湖南省医学会、吉林省预防医学会、新疆自治区医学会、贵州省医学会、山东省医学会、内蒙古自治区医学会、宁夏医学会、福建省医学会、四川省医学会、浙江医学会。在省、自治区和直辖市科技行政部门登记注册的各领域的奖项中,医学领域的数量是最多的。

2007年国家科技奖励工作办公室公告表扬(是否要原件扫描件)

中华医学科技奖走过十年评选历程,我们确实看到中华医学科技奖的设立在一些方面起到了不可替代的作用:

在反映全国医药卫生行业总体科研水平,促进全国医药卫生行业内科技创新方面,全国高等医学院校、科研、医疗,预防等单位精心组织,严肃推荐过程并将推荐工作与单位科研部门的自身建设相结合力求推荐为中华医学科技奖的项目最终有较高的获奖率。另一方面,在带动地方奖励同步协调发展。

同时,我们也清楚认识到中华医学科技奖作为国家科技奖励制度改革新形式下的新生力量,它的壮大、发展与政府的关注、支持是分不开的;与广大科研管理人员的组织,配合是分不开的;与科技工作者的认同与参与是分不开的。

中华医学科技奖已经成为医药卫生行业中科技工作者追求的荣誉。

五、中华医学科技奖的数据

2001-2010年10年间中华医学科技奖获奖项目总数:774项。

其中一等奖:75

二等奖:251

三等奖:441

其他:7项(2个国家合作奖;1个科普奖,4个管理奖)

获奖单位总数1427,获奖总人数:6744;

获奖单位数 167,一等奖获奖人数:916;

获奖单位数 490,二等奖获奖人数:2348;

获奖单位数 761,三等奖获奖人数:3438;

获奖单位数:9,其他 7 项获奖人数:42;

每年的获得项目数(见表 19–4),744 项目按分布见表(19–5),临床医学专业 572 项分布见表(19–6),外科分布情况见表(19–7),内科分布情况见表(19–8)。

表 19–4　2001~2010 年中华医学科技奖获奖项目数

年份	项目数	一等奖数	二等奖数	三等奖数	其他
2001 年	64	8	25	30	国际合作 1
2002	69	6	25	37	国际合作 1
2003	77	6	25	46	
2004	80	8	25	47	
2005	80	8	25	47	
2006	80	7	25	48	
2007	80	9	24	47	
2008	80	8	25	47	
2009	83	7	26	47	卫生管理 2 科普 1
2010	81	8	26	45	卫生管理 2
2001-2010	774	75	251	441	7

表 19–5　中华医学科技奖项目按专业分布

临床医学	527
基础医学（和药学）	115（97+18）
预防医学与卫生学	83
中医、中药学	42
管理奖	4
国家合作奖	2
科普奖	1
科普奖	1
合计	744

表 19-6 临床医学专业（527 项）分布情况

外科学	164
内科学	145
临床诊断学	37
肿瘤学	35
儿科学	23
妇产科学	20
眼科学	20
口腔医学	20
神经病学	16
耳鼻咽喉科学	13
皮肤病学	12
精神病学	6
麻醉学	5
核医学	3
保健医学	2
急诊医学	3
计划生育	3

表 19-7 外科学专业（164 项）分布情况

骨外科	34
普通外科	30
神经外科	26
泌尿外科	17
心血管外科	16
器官移植外科	13
整形外科	10
显微外科	9
烧伤外科	5
胸外科	1
实验外科	1
小儿外科	1
外科其他	1

表 19-8 内科学专业（145 项）分布情况

心血管	33
血液病	26
呼吸病	20
消化病	18
肾脏病	14
内分泌病学与代谢病	13
感染性疾病	11
结核病	4
风湿病学与自身免疫病	4
内科其他	2

第三节　学会协会设立科技奖励现实意义与优势

国家科学技术奖励工作办公室近期指出，我国科技奖励体系是由国家科学技术奖、省部级科学技术奖、社会力量设立的科学技术奖共同组成的。

2001 年我国开始进行社会力量设立科技奖励的实践探索，近十年来得到了稳步发展。目前，经过登记的全国性社会力量设立科学技术奖 221 项，得到备案的地方性社会力量设立科技奖 153 项，数量上已经初具规模。围绕提升管理工作的质量和效率，国际科技奖励工作办公室以信息化和质量体系将成为抓手，进一步健全了奖项登记审批流程和监管机制，强化社会力量设立奖项的年度检查制度；社会力量设奖管理系统正式运行使用，增强了实时发布社会力量设奖信息和动态的能力，提高了社会力量设奖登记、延续、变更、年检、监管等工作的效率，促进了社会力量设奖的健康发展。

作为学会协会经批准登记注册设立科技奖的现实意义

一、体现了学会的性质

通过设奖鼓励了科技工作者的创造，承认了科技工作者的劳动，团结了广大的科技工作者；尊重知识、尊重创造、尊重劳动、尊重人才；

二、鼓励科技人员创新的热情与积极性

对推动我国科技创新的整体水平起到积极作用，社会力量设奖是国家科技奖励体系的一个组成部分，而且是一个重要的部分；有些奖项评出了能够代表行业科学技术水平的研究成果；

三、成为国家科技奖励遴选的基础，为提高国家科技奖励项目的水平起到了很大的作用

（一）发挥了学（协）会知识密集、人才荟萃的专业技术优势，对科学技术研究的成果做出专业性或行业的评价。

（二）促进高级人才的进步成长，在遴选中国科学院院士、中国工程院院士过程中，在体现学术带头人科学技术贡献的考量时，是一个客观的或行业性值得参考的因素。

自 2001 年起，国家科学技术奖励大会由党中央和国务院召开。最高科学技术奖由国家主席颁发，党和国家领导人接见获奖人员代表，反映党中央、国务院实施科教兴国战略的决心，体现党和政府关心、爱护、重视科技工作者，这对全国的广大科技工作者是很大鼓舞。

第四节　设奖的项目内容与操作模式

一、项目内容

目前，从国家科技奖励工作办公室登记注册的设奖者有学（协）会、基金会也有以科学家名义申请注册的，在医药卫生行业 24 个 2 个设奖者（75.9%）是学（协）会和事业单位，3 个设奖者

(10.3%)是基金会,2个设奖者(6.9%)是企业,2个设奖者(6.9%)是科学家个人名义。

从设奖名称上看,大多设奖者是奖励科学技术项目为主的,以完成的科技项目,从其科学性、先进性、可行性和实用性等方面对行业(专业领域)的贡献进行评价。

奖励人物为主的奖项,突出人物的作用,以其在本专业或领域对科学技术的贡献为视角,

二、操作方式

评审奖励的时间周期:大多数设奖学(协)会为一年一次的评审与奖励,也有两年为评审奖励周期。

操作形式上,大多数设奖学(协)会是请同行、同领域、同专业的专家以会议方式进行评审,也有利用网络技术远距离进行的网上评审,也有纸质材料邮寄方式进行函审。

操作的程序上,采取二审制即初审和终审两个评审程序,要求项目负责人到场答辩、评审专家提问,记名或无记名投票方式产生一等奖、二等奖获奖项目。评审结果在行业中主流媒体进行公示。

第五节　设奖存在的问题和面临的困难

一、存在问题

从近期国家科学技术奖励工作来看,取得的成绩应当充分肯定,但同时也应当看到,当前国家科学技术奖励工作依然存在薄弱环节,不少关乎未来发展的重要问题需要研究。如:全国科学技术奖励体系的科学建设和规划发展需要研究;当前科技奖励体系中的三大方面如何实现有效互动,做到相互补充、相互促进需要研究;以世界眼光,学习借鉴国际先进经验,提高对奖励工作规律性的认识需要研究。

作为管理者和主管部门近期工作重点与发展思考:加强对社会力量设奖的指导、规范和考评,提高依法办奖、管奖的水平,充分发挥社会力量设奖在我国科技奖励体系建设和科学发展中的重要作用,引导和鼓励社会力量设奖打造国内国际品牌。

作为国家科技奖励体系的一个组成部分的社会力量设奖,笔者认为,登记注册的标准与具备的条件还需要完善,在具备一定社会力量设奖数量的前提下,设奖组织的管理水平及评奖的质量是关系到可持续发展的大问题。

国家科技奖励工作办公室批准登记的社会力量设奖,学(协)会大小不一,几级学科的学会都有,管理水平和能力参差不齐。

注册设立的奖项过多过滥,门槛过低,良莠不齐。

专职工作人员多少不等,有专职的、有兼职的、有在社会上招聘的。队伍不稳定的。

不执行规定收取评审费用,没有按照设奖章程进行评审与奖励,设奖不发奖金,
不切实际或名实不符地进行虚假宣传,误导公众。

工作经费没有发挥出全部的效能。以中华医学科技奖为例,目前采取的是企业给予经费支持评审奖励。企业支持中华医学科技奖的经费是企业从自己的纯利润中拿出的真金白银,企业

已经按照国家的规定缴纳了应该缴纳的税，这些真金白银的钱款转账到学会的账户上，学会还要缴纳5.5%营业税，经过专家几轮评审遴选，获奖项目的完成人在拿到个人奖金时还要缴纳个人所得税，仅此过程已经是两次付税了。对于大多数设奖学会来说，利用社会资金运作奖项的评审与奖励，筹集有限的资金用于奖励科技工作者是一项公益事业，应该从政策层面上给予鼓励与支持，才能使社会力量设奖长期发展下去。

专职工作人员数量不足，政策水平有待提高。要长期和可持续发展社会力量设奖，人员素质的提高势在必行。评审项目是门科学，要有专门的人员，专门的人员要进行专门的研究。

设奖学会工作人员的政策水平，也制约着奖项高水平运作，高质量发展，可持续发展面临着困难。

二、解决问题初探

作为社会力量设奖可以从几个方面更好地整合资源获得发展：努力争取社会力量设奖的减免税政策；加强政策引导与支持，将部分有较好影响的设奖组织纳入国家科技奖励推荐渠道，扩大社会力量设奖的影响力；加强国家、省部级对社会力量设奖的交流、指导工作，抓好典型，树立品牌。提高声望；利用多种宣传途径，加大对社会力量设奖的宣传，营造科技创新的良好环境；对设立奖项的管理人员加强培训，特别是有个政策方面的培训；加强调研，深入开展社会力量设奖的发展研究，保障社会力量设奖的健康发展；提高服务意识，建立上下互动的沟通机制；依法加强管理与监管，对违背规定与要求的给予教育、通报直至撤销其设奖；

管理创新制度，引入专家对申请注册的机构或组织进行评价的机制，建立客观标准，规定刚性要求，严格登记注册的准入门槛条件，

目前国家奖励办公室在筹备修改社会力量设立科学技术奖励的管理办法，渴望在近期对这个社会力量设奖方面有改进，有变化。

第六节　学会协会设奖应注意的几个问题

一、冠名

社会力量设奖的名称以登记在先为原则，不得与在先登记的其他社会力量设奖及奖项名称相同，并不得使用与国家科学技术奖或者国际知名的科学技术奖相同或者近似的名称；奖项名称应当科学、准确，与其设奖宗旨向一致，与设奖者的性质和奖项规模相符合，除前期批准登记的奖励项目外，现在批准登记的奖励名称原则上不得冠以“中国”、“中华”、“全国”、“国家”、“国际”、“世界”等字样；可以使用自然人的姓名命名，但不得违反法律的禁止性规定，不得违背社会公德；使用党和国家领导人姓名命名的，设奖者按照国家有关规定获得有关部门的批准文件。

二、不得超出设奖章程规定设奖

科技部对社会力量设奖获得批准登记的限定还有：不得超出设奖章程规定的宗旨和范围进行评审与奖励；自取得《中华人民共和国社会力量设立科学技术奖登记证书》之日两年内要

开展科学技术奖励活动;不可以无正当理由停止科学技术奖励活动连续两次以上;不可以非法筹集或不正当使用奖励经费和资金;不可以夸大并带有欺骗性质的宣传;不可以违反国家的法律法规。

三、要有专职工作人员

以笔者经历体会,要想办好面向全国的科技奖,要有专职的工作人员,专门研究评奖过程中出现的问题,对如何提高办奖的水平,国家有关政策要学习与领会并运用在办奖过程中。做到专业管理、专业评审、专业办奖。

四、寻找或解决运作评审奖励的稳定或且具有一定数量的资金。

五、学习与掌握国家有关法律法规与政策,运用到办奖过程中,依法评奖,依法办奖。

六、公平是办奖的灵魂。体现在评审程序的各个环节,评审过程的各个方面。

七、评审制度要科学,执行制度要严格,原则底线不突破。

中华医学会科技评审部主任　刘俊立

第二十章　学会协会信息化建设与管理

加强学会协会信息化建设与管理是创新学会协会组织体系的一项重要工作。学会协会信息化建设与管理的路径选择应注重学会协会信息化建设的各层次建设内容，即网络基础平台、数据支撑平台、业务管理系统、应用服务系统等。辩证把握信息化建设中的“四个结合”，即：上下结合，顶层设计和挖掘各类学会协会积极性相统一；快稳结合，稳步推进与跨越式发展相统一；兼专结合，立足自我培养与吸引人才相统一；建用结合，成果创新与转化为学会协会实用相统一。

第一节　实行信息化建设与管理的现实意义

20世纪60年代末，人类社会开始步入以电子计算机网络为主要标志的信息时代。不过几十年的光景，信息网络已深入到经济社会生活的方方面面，几乎一切组织与活动都跟信息有着千丝万缕的联系。信息正以无形的巨大能量在一定条件下决定着经济社会发展的形式和速度。信息化，是指培育、发展以智能化工具为代表的新的生产力，“信息化是充分利用信息技术，开发利用信息资源，促进信息交流和知识共享，提高经济增长质量，推动经济社会发展转型的历史进程”，并使之造福社会的历史过程。信息化是以对信息的收集、存储、传递、处理为代表的信息技术作支撑的，是工业社会向信息社会的动态发展过程，是在国民经济和社会发展各个领域，广泛应用计算机、通信、网络等信息技术和其他相关智能技术，以达到促进社会进步的目的。信息化表现为电子化、数字化、网络化。就其发展趋势而言，信息化的核心是信息资源建设和使用社会化。

党中央、国务院一直高度重视信息化工作。党的十五届五中全会把信息化提到了国家战略的高度；党的十六大进一步作出了以信息化带动工业化、以工业化促进信息化、走新型工业化道路的战略部署；党的十六届五中全会再一次强调，推进国民经济和社会信息化，加快转变经济增长方式。党的十七大把指导我国社会主义新时期建设的战略发展纲领“工业化、城镇化、市场化、国际化”，扩展为“工业化、信息化、城镇化、市场化、国际化”。党的十七大报告将推进信息化的思想贯穿全篇，成为报告的一个重要亮点，与之直接相关的表述共有十处之多。无论是深入贯彻落实科学发展观，促进国民经济又好又快发展，加快行政管理体制改革，推动社会文化大繁荣，还是民生建设、军队和国防建设、党的建设，处处都贯穿着信息化的思想。特别是报告首次提出了信息化与工业化融合发展的崭新命题，充分反映出十六大以来党中央对信息化的认识不断深化，对信息化重视程度不断提升，这对今后我国信息化推进和发展必将产生重大而深远的影响。

我们已经看到，以计算机和网络技术为代表的信息化浪潮正以前所未有的覆盖方式和力度，涌向人们工作和生活的各个方面，带来生产方式、经济活动和社会生活的深刻变化，同时也冲击着由工业比较发达阶段蓬勃发展起来的我国各类学会协会，冲击着学会协会发展与管理的思想观念和工作方式，引发着学会协会发展与管理的工作方式和工作方法的变革，给新时期学会协会发展与管理带来了新的挑战。这一挑战比工业化带来的挑战更加迅猛、严峻，学会协会发展与管理应对这一挑战的任务也更为艰巨。

一、信息化对学会协会发展与管理思维方式的挑战

思维方式是一定历史条件下的产物，它依赖于人类的实践活动，随着人类社会的变革而改变，反过来又影响人类的认识和实践活动，对经济社会发展起着重要的促进或制约作用。随着信息化大潮的扑面而来，我们的思维方式首先受到冲击。在信息化社会里，信息量呈几何级数增长，信息的传播速度也极大地加快，各式各样的信息都会涌现，尤其个性化需求的信息越来越多，人们的思想空前活跃。面对这种新的态势，我们必须转变陈旧的思维方式，坚持以开放、开明的态度看待身边的信息，看待人们思想的解放，看待人们思想观念的嬗变，确立适应信息时代要求的思维方式。也就是说，要根据社会变化的需求，改变原有相对落后的思维习惯、思维程序、思维方式，把思想从禁区、禁令和单一的经验中解放出来，从变化了的客观实际出发，从多角度、多方向、多层次思考问题，建立起适应信息化社会的需求型、服务型、立体的、多维的思维方式。

二、信息化对学会协会发展与管理学习方式的挑战

一方面信息呈爆炸之势，另一方面又迅速过时老化，这就是信息时代的特点。据统计、预测，人类进入信息时代之后最近 40 年的知识量等于过去 2000 多年知识量的总和；到 2020 年，知识的总量将是现在的 3~4 倍；到 2050 年，目前的知识量还不占届时知识量的 1%。农业经济时代，7~14 岁接受了教育，就足以应付终生工作之需；工业经济时代，求学时间延伸为 5~22 岁，受十几年的教育就可基本满足工作之需；在信息时代，由于信息日新月异，不断出现、迅速传播又不断过时，因此必须增强学习能力，增强接受处理信息的能力，否则就会在时代大潮中落伍，甚至被淘汰。

三、信息化对学会协会发展与管理工作方式的挑战

在工业化社会，原材料、资金是创造财富的主要条件；而在信息化社会，知识与信息成为创造财富的主要源泉。它要求管理者必须由以"物"为本转变为以人为本，高度重视信息资源和智力资源的开发与增值，充分发挥人的积极性和创造性。传统的管理方式是以层层传达上级指令布置任务、靠行政命令推动工作为主要特征，信息化则为工作方式提供了更多的灵活性，工作方式的变化又必然会带来管理方式的变化。

四、信息化对学会协会发展与管理工作方法的挑战

目前我们不少学会协会的组织形态还是工业社会的产物，有的甚至是农业社会的产物，与工业化的管理需求和工业技术经济环境相适应，现有工作方法也大多是在这一体制框架内应运而生的。随着信息社会的到来，学会协会的组织形态也必然随信息化管理需求和信息经济技

术环境的变化而变化。传统的工作方法不少已很难适应信息社会工作的要求。各类学会协会必须了解各自专业范围内的信息,如果不借助于信息处理技术,即便每天什么都不做,也难以全面掌握。适应信息化的要求,必须改进传统的工作方法,包括调查研究方法,要充分利用现代信息技术,真正实现信息收集处理的自动化。

五、信息化对学会协会发展与管理信息素质的挑战

信息化是现代社会生产和生活方式由传统模式向网络化模式的重大转变。这个转变为各社会主体共同分享技术进步和信息资源,提高劳动生产率和人们生活质量,提供了前所未有的渠道和空间。但是,随着信息技术的发展,一方面是信息来源渠道迅速扩充,学会协会管理者和实务者对信息的独自享有和控制程度下降,被服务人群通过各种渠道同样能够获取各种信息。这就对学会协会管理者和实务者提出了新的挑战,由于其各自的服务人群都要掌握新技术,了解新信息,如果自己对信息、技术的了解和掌握还不如服务人群,则势必会影响其管理和实务的权威性和有效性。信息多的管理者和实务者可以利用信息为他人提供服务和帮助,借助信息赢得人们的信任和支持。另一方面,信息的传播速度加快,互联网冲破了地域、国界的限制,进入了亿万民众家庭。原来相隔千万里发生的事情,是以年月为单位来计算传递时间的,现在则是电子运行的“秒速度”,信息一秒钟可以传到月球,可以绕地球七周半,世界各地只要有通讯和网络的地方,瞬间就可以知道,决策者的回旋和修正空间很小。如果管理者和实务者不能适应信息化发展的要求,在信息技术和办公自动化方面还是“文盲”、“半文盲”,仍然习惯于传统的手工操作方式,就很难在纷繁复杂的信息海洋中保持清醒头脑,进行正确的判断和指导。

随着信息技术的不断发展, 学会协会发展与管理方式正在向创新管理和知识管理转变为适应新时期学会协会发展与管理展方式的变革,学会协会必须加强信息化建设。学会协会信息化建设有四层含义:一是创新学会协会体系离不开信息化,信息化要服务于学会协会体系。二是学会协会要统一规划,统一组织信息化建设。三是学会协会各个领域要广泛应用现代信息技术,开发和利用信息资源。四是学会协会信息化是一个不断发展的过程。

学会协会信息化是整个学会协会体系的技术支撑,它涉及学会协会体系的各个层面,贯穿于学会协会工作的各个环节。加强学会协会信息化建设与管理, 在学会协会信息化发展过程中,通过建设学会协会信息系统和采用学会协会理论建设,可以对学会协会的业务流程和组织机构进行改革和简化,使得信息流动更为顺畅,从而可以提高学会协会工作的效率和水平。学会协会信息化有利于学会协会制度规范化, 学会协会制度的建立和运行都需要技术手段的支持,而技术手段的应用反过来也可以促进业务的规范化。学会协会信息化有利于提高组织及员工的整体素质,可以增强对外交流与合作,通过信息系统将各类信息有机地组织在一起,实现信息共享,既可节约资源,又可以充分发挥学会协会体系的整体效应。学会协会信息化有利于增加学会协会工作的透明度和提高学会协会信息披露的真实性。

面对信息化带来的种种挑战和学会协会信息化建设与管理的现实意义, 每一个学会协会管理者和实务工作者都要重视学会协会信息化建设与管理,都应当强化信息意识,提高驾驭信息的能力,勇于面对挑战,不断探索信息时代学会协会信息化建设与管理的特点和规律,推动我国学会协会健康有序发展,促进学会协会在社会主义经济建设、政治建设、文化建设、社会建

设以及生态文明建设中充分发挥积极作用。

第二节　信息化建设与管理的路径选择

推进学会协会信息化建设科学发展,需要采用先进的规划方法统筹安排,需要创新管理理念,完善规划机制,不断提升管理能力。也就是说,学会协会信息化建设是一个“始于技术、成于管理”的时代工程。路径的选择应该运用“路线图”方法推进信息化建设。

我们知道,传统的规划方式所固有的局限性,致使信息化建设主观设计与现实变化之间的“断层”越来越大,需求与技术脱节、规划与实施脱节的问题越来越突出,这已成为世界各国共同面临的重大难题。

信息时代,各类新技术蓬勃涌现,其更新换代的周期越来越短。就信息技术而言,微处理器的处理能力每 18 个月翻一番,网络传输带宽每 6 个月增长一倍。技术发展预测、发展路径选择的难度越来越大,使适应技术进步动态调控信息化建设进程愈加困难。

信息化建设的宏观性、综合性、整体性越来越突出,需要整合各方面的需求,把多方面建设任务衔接起来,把众多专家的集体智慧凝聚起来,特别是复杂信息系统建设,要素多、环节多、关系复杂。如何使复杂问题简明化,简明问题流程化,流程问题定量化,已成为大系统建设整体优化和综合集成的关键环节。

资源配置是科学管理的重要环节。怎样按照信息化发展不同阶段的目标和重点,以时间为序,从整体上合理分配和动态调节人力、物力、财力资源,是实现建设效益最大化和对建设风险的有效控制必须认真考虑的重点。

信息化建设管理不仅要对建设目标、任务和保障条件予以明确,还必须规范实现路径、执行标准等操作层面的问题。如何提高规划计划的执行力,通过一套严格的管理程序和工作流程,把管理的要求落实到每一进程、控制到每个节点,也是信息化建设管理必须高度关注的问题。

为了解决这一系列仍在发展的“更高要求”问题,路线图的管理思路和方法,近年日益受到各国政府、军队、部门和企业的高度关注和重视。学会协会信息化建设与管理的路径选择也应该注重“路线图”这一种先进的方法和工具。

管理学范畴的路线图始于 20 世纪 70 年代。90 年代以来,越来越多的行业、领域开始重视和运用这一方法。我国历史上一些工程建设中,虽未明确使用路线图概念,但在总体设计、方案优选、进度控制和关键技术攻关等方面,都体现着路线图的思想和理念。

由于不同领域的现状、目标、方向、路径存在较大差异,路线图的具体运用也会有不同的思路和模式。但路线图体现一个发展过程,不仅包括起点和终点,更明确从起点到终点的方向和路径,设计随时间向前推移的各个节点,涵盖事物发展的主要进程,是连接现实与未来的纽带;路线图代表一种综合集成,充分考虑影响、制约事物发展的各重要相关因素,并将各种相关因素放在同一环境中通盘考虑,使管理人员对事物发展的相关性有更加深刻的认识,能有效防止顾此失彼、一叶障目等问题;路线图一般采用各种图示方法或图示与文本结合的方式,对事物发展的要素、方向、顺序、路径进行综合表达,给人一目了然的形象直观之感;路线图还是一种操作依据,通常采取量化方式描述事物发展进程中的重要工作和项目,为管理操作提供较为具体的参照和依据,较能达成准确控制之目的。

路线图通常包括5个基本要素:一是目标任务,基于对建设现状和支撑条件的可行性分析,确定发展目标和建设任务;二是需求分析,针对建设现状与规划目标之间的差距,找出薄弱环节,对建设发展提出具体需求和量化指标;三是发展路径,依据技术发展趋势和经费保障条件,选择可行的技术和技术体制,确定正确的发展方向和道路;四是建设步骤,根据目标任务,采取工程化建设思路,明确发展顺序、建设重点和时间节点;五是实施措施,把握影响建设发展的相关要素,创造有利于实现路线图构想的必要条件和良好环境。

与传统的规划方法相比,路线图采用定性与定量分析的方法,使发展目标更加清晰;采用目标与现状对比分析的方法确定发展需求,使需要与建设发展实际结合更加紧密;采用优选关键技术和实现路径的方法,使建设项目的安排更加科学合理;采用文图表结合的表现形式,使规划内容更加简明直观;采用动态更新的方法,使定期修改的文本指导性、针对性更强。

一、在学会协会信息化建设中运用路线图方法,可以概括为"一个起点、两条路径、八个步骤"。

(一)"一个起点"

是指从使命任务出发,把目标任务量化细化具体化,使学会协会信息化标准贯穿信息化建设的全过程。

(二)"两条路径"

是指能力研究路径和业务研究路径。一般规划计划论证,只研究能力路径,不研究业务路径,缺少对工作流程、信息流程的分析论证。路线图方法将两条路径结合起来,确定出的支撑项目更具有合理性、科学性和可操作性。

(三)"八个步骤"

第一步是确定学会协会信息化体系框架,把学会协会信息化建设内容体系勾画出来,主要包括能力框架、技术框架、系统框架、数据框架、差距分析、职能领域和信息关系。第二步是确立量化的能力需求总体目标和阶段性目标,组织共性技术研究,提出技术发展策略。第三步是分解细化能力需求,提出分领域的关键技术和关键项目。第四步是对学会协会各类建设项目进行研究分析,选取对形成和提高学会协会体系能力起关键支撑作用的重大项目。第五步是确定重大项目的关键技术、子项目及其相互关系和实施步骤,形成分领域的技术路线图。第六步是汇总分析分领域技术路线图,研究形成总技术路线图。第七步是根据建设发展的要求,从体制改革、理论创新、法规建设和创新转型等方面,研究提出推进信息化发展的对策措施。第八步是发布实行,定期验证评估,动态调整优化。

按照这个思路制定路线图,既包括对目标的确立,也包括对过程的设计;既涉及宏观的预测,也涉及微观的前瞻;既注重系统的分解,也注重体系的融合,是学会协会信息化建设与管理的重要方法与手段,可有效弥补和改进传统规划重研究与制定、轻实施与监控,重方向性描述、轻具体化对策措施等不足,对提升学会协会信息化建设与管理水平具有重要作用。

二、学会协会信息化建设与管理，实现路线图应采取工程化建设思路

工程化建设思路的实质，是综合运用系统科学的思想、现代管理的理念、工程技术的手段，研究解决复杂系统的建设管理问题，以实现最优规划、最优设计、最优管理和最优控制。又是一个管理创新的过程，其基本内涵可以概括为五个方面：

（一）在建设指导上强调需求牵引

工程化建设思路要求，采取定量为主、定性定量相结合的分析方法，把需求内容量化为具体的指标体系，以此作为不同建设阶段的"标尺"。这个复杂过程，强调建立由使用人员、技术研发人员和专业需求分析师共同组成的需求分析团队，把应用方与技术方紧密结合起来，形成建用互动、渐进获取的需求分析机制；强调采用需求获取、建模、验证与管理工具，规范需求表述，提高论证效率，加强需求可行性验证。

（二）在建设筹划上注重体系设计

工程化思路要求把研究对象看成一个整体全盘统筹，把握关键、化解冲突，实现整体有机协调、群体和谐共生。落实路线图确定的任务，需要建立明晰的目标体系，把战略目标、领域目标和项目目标统一起来，细化目标内容及优先顺序，构建远中近衔接配套的目标体系；需要理清建设的约束条件，力求在能力需求、技术支持、资源投入之间找到一个平衡点，在约束条件的范围内定方案，明确建设的任务区分、资源配置和具体要求；需要制定可行的具体发展路径，理清工程项目和相关技术的发展顺序、关键环节、相互关系及实施步骤，把最佳路径找出来。

（三）在建设组织上突出过程管控

工程化以整体最优为追求目标。在实施复杂系统建设时，应从行政、技术两个方面加强项目建设组织领导，做到分工明确、责任明晰、责权一致。应分阶段实施里程碑式管理，对工程建设的启动、计划、执行、控制和收尾等五个阶段进行全过程管理，促进建设任务按时间节点、按质量要求、按经费预算有序推进。应强化风险管理和效果评估，对工程建设中可能存在的风险进行预测、识别、评估、处理和监控，把"不希望事件"发生的可能性降到最低。

（四）在建设模式上要求规模化推进

工程化的基本特征是规模化建设，把涉及多领域的零散项目整合起来，集中研发、快速成型、普遍推广。以龙头工程实现集中突破，有效解决信息化建设投入大与成功概率低、信息技术发展快与建设周期长的矛盾。从标准化入手推动体系建设，以统一技术标准、数据标准和管理标准为基础，走通用化、系列化、模块化的建设路子，确保各类系统的互连、信息的互通和功能的互操作。靠大范围推广发挥规模效益，实现建设效益的最大化。

（五）在建设内容上重视全要素发展

全要素协调发展，是工程化建设的基本要求。复杂系统往往由诸多要素构成，结构复杂、层次众多，既有物质要素，也有精神要素；既包括有形的东西，也包括无形的东西，其中每一个要素对系统功能都具有不可替代的地位，必须统筹兼顾。科学界定建设内容，梳理系统各构成要素，明确系统建设边界，规范"建什么"的问题。理清要素相互关系，在千丝万缕的联系和纵横交错的矛盾中，抓住主要矛盾优先解决，并兼顾次要矛盾，防止其成为制约发展的瓶颈。促进软、硬要素协调发展，不仅注重直观可见的硬要素建设，对那些目标、边界和约束都不清晰的软要

素，比如理论研究、体制机制、人才培养等基础性工作。

路线图方法和工程化建设思路，充分体现了科学发展的理念，是学会协会信息化体系建设的有效方法。强调管理创新，不能将其作为一个口号，更不能作为一个“标签”，必须结合信息化建设实际，把科学的理念与方法具体化、实用化、普及化，使之真正焕发出生机和活力。

于是，面对学会协会信息化建设与管理这一项复杂的系统工程，既包括硬件等基础设施建设，也包括信息资源等软件建设。不同的学会协会条件，信息化发展水平差异很大，有基础设施的差异，地区经济水平差异，用户对象的差异，各类学会协会领域的差异，管理体制的差异，它们互相交织，形成了非常复杂的系统建设环境，增加了学会协会信息化建设的难度。我们将学会协会信息化建设分成网络基础平台建设、数据支撑平台建设、业务管理系统建设和应用服务系统建设等四个层次。四个层次构成学会协会信息化建设的整体，低层是上层的基础，上层是低层系统建设的目标，每层完成其特定的功能，各层协调工作实现学会协会信息化建设的总目标。

一、网络基础平台

网络基础平台作为学会协会信息化建设的最底层，是信息化建设的基础，大部分硬件投入在此层完成。包括学会协会网络布线，网络设备的安装、调试与管理，各种应用服务器的配置与管理，网络安全体系的建立等学会协会网络基础设施建设。学会协会信息化建设中各种传输介质和物理设备繁多，通信手段、联网方式也各有不同，网络基础层的作用就是屏蔽这些差异，使上面的数据支撑平台感觉不到这些差异，保证网络设备的可靠、稳定运行。

二、数据支撑平台

建设内容为：学会协会标准的信息代码，BOM 表，并在标准的信息编码基础上，建立学会协会分类及业务范围、服务产品、项目设计、项目内容、项目执行、合作机构、政府购买、捐赠、筹资、员工管理、志愿者招募和管理、财务资产等统一的、规范的、共享的信息资源数据库，支撑各种业务的开展及应用软件开发。

三、业务管理系统

是学会协会类别及业务范围、服务产品、财务、资产、设备、项目设计、项目内容、项目执行、人事、后勤等各业务部门开发使用的业务管理软件，为管理人员、服务人群提供及时、有效的个性化信息服务。目前有些学会协会采用企业的信息化建设的作法，即采购了网络硬件系统后，又使用了几个单项的业务管理软件，如 CAD、财务、OA 等，信息化建设还停留在单项系统的使用方面，忽视了学会协会信息数据库支撑平台的建设，无法利用网络自动实现各业务管理信息的共享与沟通，数据的转换只能用手工录入，降低效率，形成了信息化建设发展的瓶颈。企业的信息化建设与学会协会的信息化建设有着很大的区别。

各类学会协会业务管理软件的开发与设计可以根据各自情况独立进行，但建设过程中应保证以下原则：

（一）标准化与规范化原则

学会协会各业务管理系统的开发与建设应在数据支撑平台标准数据编码的基础上进行，

只有这样才能保证数据的唯一性、共享性、准确性。

(二)开放性与兼容性原则

学会协会各业务管理系统的开发与建设应采用分层设计的思想,以利于维护、扩展升级,兼容多种网络环境与其他相关软件,并最大限度地保证与原有业务软件系统的兼容,否则将造成原有数据的浪费。

(三)实用性与可靠性原则

系统建设应结合实际,应充分考虑软件使用人员的水平,尽量简单易用。同时做好数据的安全及存储,系统的稳定与方便,操作简单,管理灵活。

四、应用服务系统

应用服务系统包括电子网站、信息发布网站、网上办公系统等,将整合各自业务管理系统的各类信息,为管理者及服务人群提供更多的信息服务功能,这是信息化建设的重要目标之一。应用服务系统的各类软件具备信息的汇总、分类、搜索、发布等功能,能够基于统一的开发模式和丰富的开发接口对各类应用进行有机的集成,内容包括:服务产品、项目设计、项目内容、项目执行、合作机构、研究、新闻、通知、会议等各方面信息有序集成起来,通过灵活的信息导航和信息搜索,实现综合化的信息利用。

学会协会信息化建设的关键点在于信息的集成和共享,即实现将关键的准确的数据及时传输到相应的决策人手中,为学会协会运作决策提供数据。学会协会信息化建设是学会协会对外宣传、对外交流的一个重要的窗口,是增强学会协会文化品位,扩大学会协会影响力,宣传学会协会品牌,而且能降低学会协会运作成本,提高效率,提高学会协会公信力的重要保证。其最主要的作用是将政府、员工、服务人群、合作伙伴、赞助者等与学会协会生存发展密切相关的人员联系起来,整合资源,为社会公益事业提供更好的服务。

第三节　辩证把握信息化建设中的"四个结合"

学会协会信息化建设,具有鲜明的自主性、跨越性特征,但是由于没有现成的经验借鉴,建设过程中不可避免地存在着一些深层次矛盾,比如统与分、快与慢、建与用等等。要处理好这些矛盾,必须在辩证统一中去理解、把握和筹划,具体地讲,就是要把握信息化建设中的"四个结合"。

一、上下结合,顶层设计和挖掘各类学会协会积极性相统一

学会协会信息化建设是一项十分复杂的系统工程,涉及到各类学会协会,必须搞好顶层设计,以避免各自为战、重复建设和互不兼容。同时,信息化建设也是一项具体任务,需要各级学会协会管理部门和各类学会协会扎扎实实地在实践中抓落实。另外,各类学会协会的基础、担负的工作职责及所处的环境也不尽相同,决定了信息化建设不可千篇一律,套用一种模式。这就要求必须联系实际为自己定准位,摸索搞好自身的建设。要搞好上下结合,避免统"得太死"或放"得太宽",要做好两个方面的工作:一是决策机构要精干、高效。决策机构应做到上下结

合，在确保信息化建设决策层的权威性、能够统筹和领导学会协会信息化建设的基础上，吸收部分学会协会管理部门领导和专家参加，使决策群体既宏观掌握政策方针，又了解学会协会实际；既精技术，又通方法；既善于宏观筹划，又能具体技术指导，从而使信息化建设决策实现权威性、科学性和群众性的统一。二是充分调动各类学会协会的积极性。解决在学会协会信息化建设存在的一些模糊认识，即：一种是将信息化建设"神秘化"，认为搞信息化建设高不可攀；另一种是将信息化建设"简单化"，认为全面开展信息化建设只要投入相应的人力、物力就一定成功。因此，各类学会协会要采取多种方法途径，使大家认清形势，明确学会协会信息化建设的优势所在，充分调动大家的积极性，将积极性引导到正确的轨道上来，按照上级的统一部署和要求，有计划、有重点、积极稳妥地推进信息化建设。

二、快稳结合，稳步推进与跨越式发展相统一

学会协会信息化建设是一项长期的战略任务，不可能一蹴而就、一劳永逸。要遵循学会协会信息化建设的内在规律，由易向难、由简向繁，循序渐进、扎实稳步地向前推进。但是，稳步推进并不意味着按部就班、跟在别人后面亦步亦趋。一方面要看到学会协会信息化建设起步较晚，技术条件相对落后，面对信息化与工业化融合发展的新形势，惟有选择跨越式发展，才能适应时代潮流而不落伍。要正确处理稳步推进与跨越发展，应从三个方面分析把握：一要以人为本，强化人的信息素养，为跨越式发展打牢"智力基础"。实现信息化建设的跨越式发展，必须首先以人的思维的彻底解放和人的素质的全面提高为前提。先进的技术，可以通过引进或从市场中直接购买的方式迅速实现跨越，而人的素质却不能直接引进和购买，必须实打实、一步一个脚印地做工作。二要整合各种资源，谋求高起点、快步走。日本、德国作为二战战败国，能够在战争的废墟中迅速崛起，重要的原因就是发展的起点高。学会协会信息化建设也是"后发者"，惟有起点高，才有可能"先至"。只有直接借鉴运用国际国内一些先进的信息化理念和技术成果，并创造独特的学会协会信息化系统，才能达到事半功倍的效果。因此，推进学会协会信息化建设，要注重广泛运用新理念、新技术、新原理、新成果、新方法来创新学会协会信息化系统，提高建设的起点和水平。三要突出建设重点，带动信息化建设全面快速发展。"点上结果，面上开花"，是我们党长期工作实践总结的宝贵经验财富。各级学会协会管理部门要注意总结信息化建设的经验，各类学会协会要结合本单位实际，突出解决信息化建设的重点和难点，有计划、有步骤地展开建设，以点上的突破带动学会协会信息化建设其它方面的快速发展。

三、兼专结合，立足自我培养与吸引人才相统一

尊重信息化人才成长规律，以信息化项目为依托，培养高级人才、创新型人才和复合型人才。坚持"兼专结合"，一方面培养学会协会内的信息化人才，在兼职的基础上是其更专业化，一方面发挥市场机制在人才资源配置中的基础性作用，立足自我培养人才与吸引人才相统一，高度重视"内培养，外引进"，依托科技类社会团体和信息产业类学会协会的作用，充分发挥其科技资源雄厚的优势，着力搞好学会协会信息化建设的科技资源优化重组和系统整合，加强交流与合作，建立信息化人才培养互动架构，并健全有关法规制度，完善工作运行机制，优化人才结构，为学会协会信息化建设奠定人才基础。

四、建用结合，成果创新与转化为学会协会实用相统一

必须把学会协会信息化建设成果创新与转化为学会协会实用统一起来，否则就会陷入为了信息化而搞信息化的“怪圈”。一是要提高信息资源的深度利用率。在搞好软件的研发、兼容性等方面下功夫、求突破。二是要大力推动信息化建设成果的有效转化。学会协会信息化建设成果，只有及时被运用到学会协会的实践中，才能发挥作用。因此，要尽快建立起能够确保信息化建设成果转化的机制，对那些符合学会协会需求、适应学会协会发展的学会协会信息化创新成果，给予必要的政策和奖励支持。

学会协会信息化建设是一个永远完善的过程。党中央国务院提出信息化建设要“坚持政府主导、社会参与，缩小区域之间、城乡之间和不同社会群体之间信息技术应用水平的差距，创造机会均等、协调发展的社会环境。”在信息时代的今天，学会协会信息化建设要在党和政府的领导下，各级学会协会管理部门和各类学会协会，紧紧围绕推进信息化、拓展服务功能、提升服务水平、促进社会发展，去掌握最新、最全的信息，并把有价值的信息及时有效地应用到日常工作中，使学会协会展开信息化的翅膀，在“服务”、“规范”和“发展”的天空中飞得更快、更高。

中国工合国际委员会执行委员、中国社会组织促进会副秘书长　张高陵

第二十一章 学会协会核心竞争力建设与创新

进入新世纪以来的10年,核心竞争力(Core Competence)的研究受到了广泛的重视,已逐步渗透到越来越多的领域,成为管理界研究的热点。学会协会(本章主要指的是科协系统的学会协会)是由某一学科或某一学术领域或某一行业内的专家、学者、从业人员,以及行业内的单位成员,所组成的非营利性社会组织。随着公共管理理论在我国的兴起,政府与社会合作共治性日益显现。合作共治的公共管理主体将会是多元的,这就意味着政府组织与包括学会协会组织在内的各类非政府的社会组织都将作为公共管理的主体。这对学会协会组织而言是难得的机遇,学会协会如何明确定位,改善管理,抓好机遇,是摆在学会协会工作者面前的重大课题。而引入核心竞争力理论,加强核心竞争力建设与创新,有助于学会协会在这一特定时期充分发挥自身优势,体现自身价值,在社会发展中作出应有贡献。

第一节 学会协会核心竞争力的概念

核心竞争力的理论研究最早来源于对竞争理论的研究。专家们发现,竞争是构成经济活动的原动力,并围绕竞争展开了多视角的理论研究。上世纪90年代,核心竞争力的理论和概念被提出,并被广泛应用到越来越多的领域。目前对于学会协会核心竞争力还没有规范和统一的定义,本节通过对核心竞争力理论的演进过程的分析,结合学会协会的工作特点,试对学会协会核心竞争力的概念进行探讨。

一、核心竞争力理论的起源

竞争理论是核心竞争力理论产生的渊源。竞争是自然界和人类社会中的普遍现象,可谓无处不在,无时不在,优胜劣汰、适者生存已成为一条亘古不变的真理。随着社会的发展,竞争逐步成为管理学界研究的焦点,越来越多的专家学者开始研究起竞争理论。从竞争理论的产生和发展的整个历程来看,大致可分为3个阶段,即:古典的竞争理论、均衡的竞争理论以及互动的竞争理论。早于1776年苏格兰经济学家、哲学家亚当·斯密(Adam Smith)就在《国富论》中对竞争理论进行了系统研究,首创了古典自由竞争理论,开创了竞争理论研究的先河。其主要内容有:“经济人”假设、竞争机制和自然秩序。亚当·斯密认为经济人在市场作用中,受到“看不见的手”——市场价格机制的约束与调节,追求个人利益最大化的行为亦可实现个人利益与社会利益的统一。竞争就构成了经济活动的原动力。在这种理论模式下,竞争是自我维持的,竞争的事实性和价值性都得到充分展现。均衡的竞争理论是指不管是完全竞争还是不完全竞争,均采用均衡的研究方法,即静态分析。互动的竞争理论是将决策者的相互影响纳入到研究视野中,形成一种以互动为特征的竞争理论,即博弈论(Game theory)。目前经济学家们现在所谈的博弈论一般是指非合作博弈,由于合作博弈论比非合作博弈论复杂,在理论上的成熟度远远不如非合作博弈论。非合作博弈又分为:完全信息静态博弈,完全信息动态博弈,不完全信息静态博弈，不完全信息动态博弈。与上述四种博弈相对应的均衡概念为：纳什均衡（Nash equilibrium），子博弈精炼纳什均衡（subgame perfect Nash equilibrium），贝叶斯纳什均衡（Bayesian Nash equilibrium），精炼贝叶斯纳什均衡（perfect Bayesian Nash equilibrium）。

1939年，英国经济学家张伯伦（E.Chamberlin）通过研究竞争理论，在《垄断竞争理论》一书中，率先提出了"竞争优势"这一概念，1978年霍弗和申德尔（Hofer&Schendel）将竞争优势引入到战略管理领域，随后又得到了以哈佛大学商学研究院著名教授迈克尔？波特（Michael E. Porter）为代表的战略管理学者们的重点关注和深入研究。竞争优势生成的理论主要有定位论、资源论和能力论。竞争优势理论的形成为核心竞争力的研究奠定了重要的理论基础。

二、核心竞争力概念的提出

"核心竞争力"一词最早由密西根大学公司战略与国际商务专业教授普拉哈拉德和伦敦商学院商业政策与管理专业讲师哈默（C.K. Prahalad and G. Hamel）在1990年发表于《哈佛商业评论》上的《企业的核心竞争力》一文中提出。他们认为，核心竞争力是在一个组织内部经过整合了的知识和技能，它不是简单的整合，还意味着对工作进行组织和提供价值。核心竞争力不会随着使用的增多而减少。有形资产会随着时间的流逝而减损，但核心竞争力却会随着应用和共享的增多而增强。核心竞争力也需要培育和保护，因为知识不用就会消亡。核心竞争力是把现有业务维系在一起的黏合剂，也是新业务开发的动力。通俗地讲，核心竞争力就是一种独特的、别人难以靠简单模仿获得的、整合了多种知识技能的综合能力，它能从根本上推动自身的发展。

核心竞争力被广泛应用到各个领域。核心竞争力的研究角度也出现了不同，形成了多个流派，影响比较大的有能力说、资源说、知识说等三种。能力说认为核心竞争力是能够显著实现顾客看中的价值需求，领先于竞争对手，不易被竞争对手所模仿的能力。麦肯锡的定义则是："核心竞争力是群体或团队中根深蒂固的、互相弥补的一系列技能和知识的组合，借助该能力，能够按世界一流水平实施一到多项核心流程。"显然把核心竞争力定义为创世界领先水平的能力。能力说认为核心竞争力是竞争力的子集，而且是竞争力中最核心和关键的因素，是竞争力中其他因素（如经济、政治、文化、机制、管理、技术、制造等）的集中统一和升华。资源说首创于1984年，以伯格·沃纳非尔为代表。该理论的核心观点是：企业是由一系列资源束所组成的集合，其中异质性资源，即是指有价值、稀缺、不可完全模仿和替代的战略资源，是持续竞争优势的源泉，构成企业核心竞争力。资源说侧重于战略资源的研究，认为企业核心能力是战略资源的一部分，核心能力是最大限度地培养和发展企业独特的战略资源以及优化配置这种资源的能力，当核心能力达到一定水平后，企业才能整合形成自己独特的、不易被模仿替代和占有的战略资源，才能获得和保持持续的竞争优势。从资源的类型看，资源说认为构成核心竞争力的是那些具有稀缺性、独有性、持续性、专用性、不可模仿性、非交易性、无形性和非替代性特征的资源，核心竞争力就是识别、积累、储存和激活这些特殊资源的能力。核心能力是用什么支配的？什么样的资源才是取之不竭、用之不尽的？专家学者们围绕核心竞争力的研究不断深入，知识学说由此应运而生。美国著名学者巴顿（D.L.Barton）是该学说的代表。巴顿指出，核心能力既能帮助企业取得竞争优势，同时企业也会由于核心能力的长期积累而产生一种难以适应变化的惰性即核心刚性(core rigidities)。他认为核心竞争力是使企业独具特色并为企业带来竞争优势的知识体系,它随时间积累而不易为其他企业所模仿。隐藏在能力背后、决定能力的是知识以及与其密切相关的认知学习。企业的持续发展来自于资源效用最大化,这要归结为企业配置、开发、保持资源的能力,而这种能力的提高在于不断创新,所以不断创新是企业竞争优势的根本。不论是技术创新还是管理创新,都在于其背后的知识支撑,即知识的存量和增量。存量决定能力的差别,而存量和增量决定未来市场的发现和战略目标的决策。所以企业所拥有的、且唯一独特的资源就是知识,企业实质上是一个知识的集合体。

虽然以上各种研究理论的侧重点不同,但对核心竞争力的基本特征的认可是相同的。从目前涉及核心竞争力研究最多的企业角度来说,核心竞争力主要有价值性、独特性、整合性、延展性等基本特征。价值性是指核心竞争力富有战略价值,不仅能提供顾客看重的价值,也为企业带来较为可观的超额利润。独特性是指核心竞争力必须是企业经过长期积累所特有的并且不易被竞争对手模仿的,具有较大的领先性、超前性是核心竞争力的必要条件。整合性是指核心竞争力是经过整合了的综合性的能力。延展性是指核心竞争力能够较大程度地满足客户的需求和潜在需求,这种需求的满足往往是通过核心竞争力在新领域的积极运用而得以实现,从而可以为企业不断创造新的利润点。因此核心竞争力更是一种"通用"的技术专长,而不是对应于一两种产品本身,通过延伸,源源不断地为企业创造价值,这才是核心竞争力的本质属性之所在。

三、学会协会核心竞争力概念的界定

以上探讨的核心竞争力理论主要是针对于企业发展中的应用,近些年来核心竞争力理论已逐步扩大应用到越来越多的领域,并呈现出蓬勃发展的势头。那么,作为非营利组织的学会协会如何引入核心竞争力理论推进自身的发展?什么才是属于学会协会的核心竞争力?如何加以建设和创新?这些都值得我们广大学会协会工作者在工作实践加以领悟和理解。

对于企业而言,面对竞争十分激烈的市场环境,一直在苦苦找寻能够克敌制胜的秘诀,通过打造自身的核心竞争力,能使其不断扩大市场份额,形成经济规模,源源不断地产生和增强经济效益。而对于学会协会而言,虽然不以追求经济利益为目的,但其拥有特有的资源、知识体系,具有核心竞争力理论中的独特的核心内质。将核心竞争力理论引入学会协会建设中来的目的是为了充分发挥自身特有的优势,以最佳的方式推进自身的发展。

根据核心竞争力理论拓展分析,结合学会协会工作的自身特点,学会协会核心竞争力的概念可以界定为:学会协会在规定的业务范围内,通过自身发展积累并不断创新、延续的独特的知识体系和核心理念,是在整合资源、优化管理基础上形成的有别于其他类似组织的竞争优势的高度概括,是激发学会协会实现自身组织目标、体现自身价值的力量之源和动力之泉。这种核心竞争力与学会协会的组织职能、组织文化、组织环境、资源优势和内部治理等要素密切相关,学会协会核心竞争力作用主要体现为会员凝聚力、学术影响力、社会公信力和综合发展力。

第二节 加强学会协会核心竞争力建设的现实意义

在世界多极化和经济全球化的背景下,科技创新已成为国际竞争的主要标志。当前,我国

正处于建设创新型国家的关键时期，而科协系统所属学会协会是国家创新体系的重要组成部分，负有孕育创新思想、激发创造活力的重要功能和独特的桥梁和纽带作用，学会协会的大力发展对于完善国家创新体系具有十分重要的意义。然而，由于方方面面的原因，困扰学会协会发展的体制机制问题仍没有得到根本解决，管理方式没有得到有效转变，快速发展遇到了瓶颈。随着市场经济体制改革的不断深入，学会协会的发展迎来了新的机遇与挑战，加快推进学会协会改革步伐以适应市场经济发展要求而使其迈上科学发展的正轨，显得十分的重要和迫切。加强学会协会核心竞争力建设，对于加快学会协会的改革创新具有特殊的时代价值和现实意义。

一、加强学会协会核心竞争力建设是适应市场经济发展的要求

长期以来，学会协会在计划经济体制的影响下，几乎都具有行政色彩，在工作方式上也均按照行政指令为主。进入市场经济改革阶段，学会协会原有的管理体制、运行机制、管理模式的弊端逐步显现，旧的枷锁不打破就不能迈开快速发展的步伐。加强学会协会核心竞争力的建设就是要深化学会体制改革，创新学会工作理念，建立与社会主义市场经济发展要求相适应的，符合社团发展规律的，具有时代特征、行业特点、自身特色的现代社团。

一是市场经济发展的直接要求。我国市场经济体制已经基本确立并正在逐步完善，市场体系的日渐成熟迫使学会协会必须走市场化路线，参与公平竞争。加强核心竞争力建设首先就是要促进学会协会根据市场要求转变发展方式，增强竞争实力，发挥应有作用。计划经济时代，学会协会在经费渠道上，主要来源于政府部门的拨款，依附性较强。随着改革的推进，采取“三不”方针(不给行政或事业编制，不拨经费，不定级别)，学会协会原有的工作模式遇到了极大挑战。不少学会协会转而依赖于挂靠单位。一方面挂靠单位提供的人财物条件满足了学会协会工作人员基本生活和开展活动的需要，另一方面挂靠单位利用提供条件之利，借学会之形，为社会服务。表面上来看，这似乎是一个两全齐美的方案，然而由于学会协会的发展完全依赖于挂靠单位领导的重视程度，而且实质上又变成了另一种形式的行政指令控制，学会协会的发展从某种程度上讲失去了自主能力，社会服务水平不能得到充分发挥，学会协会往往侧重于对挂靠单位的过度服务而丧失了应有的中立性。所以从有利于学会协会自身发展的角度考虑，必须要独立地走向市场，这也是市场经济发展的客观规律所要求的。加强核心竞争力建设，是针对学会协会的内在特点，挖掘潜力，激发活力，提升效率，赢得效益。当然，学会协会是从事公益性活动的非营利组织，理应与追求利润最大化的企业性质截然不同，这是无疑的。但是，公益不代表不需要收益，学会协会的运行需要成本，因此学会协会没有必要也不能拒绝合法的收入，相反应当提倡实现社会效益与经济效益的最佳结合，努力实现社会效益、经济效益双丰收，这也是现阶段打造学会协会核心竞争力的目的之所在。

二是政会分开、政府职能转变的基本要求。发展社会主义市场经济，要求政治体制改革与之相适应，随着改革的深入，政会分开、政府职能转变成为必然趋势。政会分开，就是政府与学会协会的管理分开，使学会协会由官办民办的二重色彩向民办色彩回归。学会协会过去往往都挂靠在政府部门，学会协会的领导一般由政府部门领导兼任，政府行政管理的思维方式和工作方式已经完全融入了学会协会工作的方方面面，学会协会与政府联系紧密，边界很难划分，甚

至成为了“第二政府”，而民间色彩十分模糊。这种管理方式随着改革的推进已经严重制约了学会协会的发展。政府职能转变，就是政府对传统的管理方式、管理手段进行变革，从部门管理转向行业管理，从微观管理转向宏观管理，从直接管理转向间接管理，并且开始注重从监管向服务的转变，把原来不应该由政府承担的也做不好的职能还给社会。对政府来说，把一些适宜市场机制发挥作用的职能转移给社会中介组织，依法发挥法律法规赋予学会协会的职能，也是转变自身职能的需要。加强学会核心竞争力建设，就是要对学会协会的发展方式进行转变，以最佳的状态对接政府职能转移，发挥“第三部门”应有的作用。

二、加强学会协会核心竞争力建设是落实科学发展观的体现

党的十七大报告指出：“科学发展观，第一要义是发展，核心是以人为本，基本要求是全面协调可持续，根本方法是统筹兼顾。”学会协会作为中立性、公益性的社会组织在行业发展和公共管理中发挥出了越来越重要的作用，在学会协会的建设中必须要把科学发展观放在更加突出的位置。落实科学发展观，就是突出重视学会协会的全面、协调、可持续性发展，加强学会协会的服务平台建设，以会员为本，立足专业行业，坚持民主办会，发挥综合调节作用，弥补“政府失灵”和“市场失灵”的不足，参与合作共治。这也要求学会协会必须加强核心竞争力的建设，当然核心竞争力的建设是一项系统工程，需要对学会协会按照科学发展观的要求，对整个流程进行科学分析和完善甚至需要流程重造。

在学会协会的发展过程中，矛盾和问题无处不在，无时不在。特别是在当前转型期尤为突出，学会协会方方面面的矛盾和问题层出不穷。如果不反思不解决这些矛盾和问题，不在发展理念上与时俱进，加以更新，就很难在新的条件下实现全面、协调、可持续性的发展。加强学会协会核心竞争力建设就是要更新发展理念，转变发展方式。只有思想观念不断更新，才能形成科学发展的共识，激发科学创新的活力，才能有新的发展思路和新的改革举措，从而在科学发展的道路上阔步前进。

一是要不断解放思想。要不为教条、不为常规所束缚，根据新时期新形势的要求，把握学会协会发展规律，勇于创新，大胆实践，与时俱进地推动学会协会科学发展。要围绕什么是学会协会、为什么要建立学会协会、建立什么样的学会协会等重大问题从根本上进行分析研究，不断解放思想，积极探索学会协会改革发展的最优途径。

二是要强化竞争意识。在市场导向的大背景下，学会协会也要按经济规律运作，参与市场竞争。当然这里所指的竞争是广义的竞争，竞争意识的强化不仅仅是为了经济目的，而是强调了一种效率理念。虽然公益性的社会组织应当更多的强调使命感、责任感与正义感，但也要有竞争所带来的危机感和紧迫感，这就要求学会协会必须加强核心竞争力建设，提高工作效率。三是要树立经营理念。学会协会要树立经营理念，这也是市场经济体制和科学发展观的内在要求。学会协会要可持续的发展必须要有坚强的、可持续的支撑，这其中包括经济的支撑，经营学会不是要求学会协会都去参与商业活动，而是指运用学会的无形资产，本着公益性、公正性的原则，通过为政府、企业和社会各界提供有效的服务，获得合法报酬，作为学会协会的收入，用于支撑学会协会的正常运作。经营能力的增强，需要通过打造核心竞争力来提供可持续的不竭动力。

四是要转变发展方式。科学发展观要求的发展是速度与质量、效益相协调的科学发展。在学会协会工作中，落实科学发展观，就是要以超前的理念、前瞻的眼光指导当前的学会协会工作实践，加快发展方式转变，实现学会协会又好又快的发展。发展方式转变的根本在于创新，而增强学会协会核心竞争力，可以不断提高其适应新环境、新形势的能力，全面推进学会协会工作模式的改革创新。

三、加强学会协会核心竞争力建设是提升服务水平的途径

服务是学会协会最主要的工作使命和任务，服务水平的高低也直接反映着学会协会工作能力的强弱和工作水平的高低。2005 年，中国科协对科协组织提出了“三服务一加强”的工作定位，所谓“三服务”就是要为经济社会发展服务，为提高全民科技素质服务，为广大科技工作者服务。在此基础上，我们根据学会协会的特点，将其服务对象细分为 5 个方面，即：为会员服务，为行业（专业）从业人员服务，为行业（专业）发展服务，为政府服务，为社会服务。其中为会员服务是根本，会员的满意程度也是衡量学会协会工作的主要标准。学会协会具有着多个方面的服务使命，而且随着经济社会的飞速发展显得越来越重要，学会协会提供不了优质的服务，就不能赢得自身的发展，甚至会带来生存的危机。这就要求学会协会必须要通过加强核心竞争力的建设，促进自身管理创新，不断适应各类服务对象日益增长的服务需求，在服务中充分展现其重要的存在价值。

加强核心竞争力建设是提升学会协会服务水平的最佳途径。核心竞争力是综合性的能力，是凝炼出来的学会协会发展的原动力，核心竞争力的加强也直接带动着学会协会服务质量的提升。当然，核心竞争力不是什么让学会协会一蹴而就的灵丹妙药，它是需要学会协会在实际工作中一步一个台阶地通过实践总结逐步积累而提炼出的。对于提升服务水平而言，加强核心竞争力就要对“服务”的内涵和外延进行调研分析，在此基础上做出科学判断，并根据正确判断付诸实施。一是要不断对服务对象的现实状况进行跟踪分析。对于所要服务的人员，要充分了解其现实需求和潜在需求，量身定度地为其提供服务；对于要服务的行业（专业），要了解其发展动向，把握发展趋势，通过服务创新，推进行业（专业）学术进步和事业繁荣；对于政府，要努力做好参谋助手，积极为其提供决策咨询服务，勇于承担授权任务，并保证高质量完成；对于社会，学会协会要发挥中介组织作用，为社会各界提供技术咨询与服务，转化行业（专业）研究成果，同时要结合自身特点，承担科普职责，发挥非营利组织的公益性，切实为全民服务。二是要创新服务方式。学会协会提供的服务不能一成不变，学会协会所处的大环境无时无刻不在变化，服务对象的需求也在不断地进行调整，这就要求学会协会要根据服务需求的调查分析结果，因时制宜、因地制宜、因人制宜地进行服务策略调整。三是要丰富服务内容。学会协会的服务内容也不能单一化，也不断进行丰富，通过高质量的服务内容，激发服务对象的创造力，促进人才培养，推动行业发展和社会进步。

综上所述，在我国经济社会快速发展的新时期，加强学会协会核心竞争力的建设对于学会协会的发展具有着特别的现实意义。这是学会协会在当前我国社会转型期所面对的必然选择，是适应市场经济发展的基本要求，是落实科学发展观的直接体现，也是提升学会协会服务水平的最佳途径。

第三节 核心竞争力的构成

核心竞争力包含了价值性、独特性、整合性、延展性等多种基本特征，具有着丰富的内涵和广泛的外延。作为学会协会，如何在加强对核心竞争力的建设与创新中体现这些特征？这些特征的载体到底是什么？这就需要我们对学会协会核心竞争力的具体构成作一系统分析和探讨。通过对学会协会的运作流程的系统分析，我们认为学会协会核心竞争力构成要素主要有职能要素、资源要素、文化要素、环境要素、内部治理等5个方面。

一、职能要素

《中国科协关于加强学会工作的若干意见》(2007年6月12日)指出，学会作为科技工作者自愿组成的社会团体，是科学共同体的重要组织形式，负有孕育创新思想、激发创造活力的重要功能，承担着促进学科发展和人才成长、推进自主创新、传播科学文化、规范学术行为、推动学术生态建设、提供服务和反映诉求的重要职责，在国家创新体系建设中发挥着不可替代的作用。充分调动广大科技工作者投身创新型国家建设的积极性、主动性和创造性，加快构建社会主义和谐社会，必须充分发挥学会的重要作用。基于此，学会协会应在如下一些方面发挥职能优势。

(一)学术职能

学术交流是学会工作的核心，应切实加强学术交流，举办高质量学术活动，做好继续教育和专业培训工作，规范学术行为，推动学科发展。把学术活动是否丰富、活动形式是否创新、活动成效是否显著，以及能否加快人才培养、能否推动学术繁荣、能否促进事业发展等，作为学会协会核心竞争力评价的重要方面。

(二)评价举荐职能

胡锦涛总书记2008年12月15日在纪念中国科协成立50周年大会上讲话中指出："要把进行科技评价、举荐创新人才作为科协所属学会的重要职能，积极探索科学合理、具有中国特色的科技评价体系，用对科技工作者科研能力和科研成果的社会承认来引导和激励科技工作者，更加充分地激发广大科技工作者的聪明才智。"学会协会工作中应当将这一职能放在更加突出的位置。

(三)科普职能

学会协会的公益性，就决定了其必须要承担为社会民众服务的职责，科普是学会协会开展为民服务的最直接也是最基本的一种方式。学会协会要不断创新科普工作机制，开展形式多样、让大众喜闻乐见的科普活动。通过多种方式向社会公众展示创新成果，普及科学知识，弘扬科学精神，传播科学思想和科学方法。

(四)维护会员为主体的广大行业(专业)从业人员合法权益职能

学会协会要反映以会员为主体的广大从业人员诉求，维护其合法权益，努力把学会协会打造成行业(专业)工作者之家。对于团体会员，要积极为其发展提供有力支撑，发挥好学会协会的评估、协调和助推作用，促进会员单位科学发展。

（五）社会职能

学会协会应做好承接各项社会中介服务职能，面向社会开展公益性、群众性科技咨询活动。积极促进成果转化，大力开展科技服务。

（六）承担政府职能

随着政府职能转变，政府将越来越多地将学术性、技术性、事务性工作交给学会协会承担，学会应主动争取，积极承担。如《中共江苏省委关于进一步加强新时期科协工作的意见》（苏发〔2009〕15号 2009年12月26日）提出，支持和鼓励学会承接政府职能转移，在专业资质认证、职业资格培训、社会设奖和科技成果评估等方面发挥积极作用。

二、资源要素

在学会协会核心竞争力构成要素中，资源要素是最重要的组成部分。打造核心竞争力，就是要充分发挥出学会协会的资源优势。学会协会拥有着多种丰富的优势资源。其中重中之重的就是要发挥利用好以下资源优势，这也是打造核心竞争力的着力点。

（一）人才资源

这里包括有两层含义，一是指学会协会工作机构自身内部的人才资源，一是指学会协会发展所依靠的外部（区别于学会协会工作机构而言，实际上也是属于学会协会系统内的）的人才资源。内部人才资源是根本，没有一支素质良好的内部人才队伍，就不能开展高效的学会协会工作，同样也不能发挥利用外部专家的资源优势。外部人才资源是保证，这是学会协会紧紧团结和依托的重要对象，是学会协会的最为宝贵的财富，能为学会协会工作的开展提供坚强的智力支持。特别是后者，是学会协会区别于其他组织的独特优势，也是学会协会打造核心竞争力的重要方面。学会协会一般都拥有若干的专业委员会、专家委员会、工作委员会等专家组织，这些组织的成员是学会协会最主要也是最得力的专家资源，对学会协会发展发挥着重要的作用。学会协会的专家人才资源不是学会协会与生俱来的，这需要学会协会在工作中逐步培育和壮大，不断加强组织建设，人才培养，构建出科学合理的专家人才队伍。

（二）信息资源

学会协会作为政府联系行业（专业）及其从业人员的桥梁和纽带，成为了信息的集散地。信息资源是学会协会的一大独特优势。学会协会要利用这一优势，大力加强信息的收集、整理与开发，全面提升信息服务能力。学会协会的信息资源主要包括以下几类信息资源。一是政策信息资源，学会协会应当把握最新政策信息，能在宏观上正确引导行业科学发展，为行业内相关机构提供发展思路设计和建议；二是行业信息资源，学会协会对行业信息的掌握具有无可比拟的优势，学会协会可以通过提供行业信息服务促进行业内的交流，还可通过对行业信息的研究和分析及时为政府提供决策咨询服务；三是学术信息资源，学会协会要及时掌握国际国内最新的学术发展动向，了解其发展趋势，并在第一时间向会员为主体的相关人员提供学术信息，促进学术交流，提升其学术水平和业务能力；此外学会协会还可以提供各类需求服务信息，而成为信息交汇的枢纽。

（三）社会资源

学会协会作为中介性组织的性质，就要求其要充分调动行业内外的方方面面的社会力量推动行业的发展,与此同时也促进着自身的发展。学会协会拥有着广泛的社会资源,学会协会通过社会资源的整合发挥着重要的调节作用。在问题发生的各个领域,学会协会更是能拓展空间,集聚和动员社会资源,构建基于公益性的服务体系并不断增强其专业化能力,从而维护并增进社会的公共利益。

三、文化要素

学会协会文化是指学会协会内部的一种共享价值观体系,是特定价值、信念、情感、态度和道德规范的综合。它渗透在学会协会的各项工作和学会协会会员的价值观、举止言谈、行为规范中;学会协会文化是学会协会组织系统在长期的组织活动中逐渐形成并为学会协会全体成员共同遵守和奉行的群体意识和行为准则。学会协会文化通过建立这种共同的价值观和统一的目标,在学会协会内部形成巨大合力,增强了学会协会的凝聚力,使得学会协会的每一个成员都能自觉地为共同目标的实现而努力奋斗,从而推动学会协会工作的全面发展。

文化是构成学会协会核心竞争力的重要组成部分。学会协会文化可以划分为物质层、行为层、制度层和理念层四个层次。(1)物质层。主要指学会协会工作的物质条件,包括办公场所、办公设备等等。物质是基础,学会协会开展工作必须依赖于这一基础。只有夯实这一基础才能确保学会协会文化建设的胜利进行。这就要求我们在学会协会工作中,要在硬件实施上舍得投入,该配备的一定要予以配备,不能因为设备落后而影响学会协会工作的开展。当然,物质条件的具备也要本着勤俭节约的原则,不能盲目追求“最新最贵的”,必须结合学会协会工作实际进行。(2)行为层。主要是指学会协会形象、会徽、会歌、口号等外化符号。学会协会文化建设的本质是要在精神层面取得一致的认同,然而也要有外化的体现,这就是展现出来的外在符号。学会协会要进行形象设计,通过会徽、会歌、口号等展示学会协会的文化魅力,给人以精神力量。(3)制度层。主要指学会协会的规章制度、内部机制、方针政策等。在文化建设中,制度层面建设必不可少,要通过制度建设实现管理的规范化,这也是文化建设的内在要求。(4)精神层,即核心文化。主要指学会协会精神、价值观、工作作风、职业道德等。一般而言,学会协会必须要通过以上3个文化层次的锤炼才能实现核心文化的确立,这是文化建设需要得到的最高境界和本质目的。学会协会的文化形成是一个长期的动态过程,它贯穿于核心竞争力建设的始终。在培育文化的过程中,由于各个学会协会自身的情况和所处的环境不同,其文化特征也各有区别,即使同一个学会协会其文化理念也会在发展过程中根据实际情况的变化而进行动态调整。但不论如何变化调整,其所拥有的功能仍是相同的。学会协会文化具有导向、凝聚、激励、约束、规范、辐射功能,能有效激发学会协会学习力和创造力的产生。前面已经提到以巴顿为代表的知识学说认为,知识体系在核心竞争力中的重要作用。而文化建设通过提高学学会协会组织的学习力,不断更新组织的知识体系,从而不断促进着学会协会核心竞争力的创新和增强。

四、环境要素

学会协会环境是学会协会身外所有能够直接或间接对学会协会存在与发展产生影响的因素的总和。学会协会环境亦可以分为外部环境和内部环境。外部环境是指影响学会协会运行的外在因素,包括政治环境、经济环境、文化环境、技术环境、行业(学科)环境、舆论环境等,这些都对学会协会的核心竞争力的形成具有重要影响。(1)政治环境直接决定了学会协会能否存在及其地位和作用。目前我国正在处于社会转型期,政治体制改革已逐步推进,一方面,原有的学会协会等社会组织和机构在不断调整(或分化或合并);另一方面,不少新的学会协会等社会组织也应运而生,管理部门对于新成立的社会组织初期的发展持谨慎观望的态度,一旦出现问题就从严限制甚至撤销,这是我国政治体制改革转型期的特点所决定的。(2)经济环境直接决定了学会协会的动机和行为。经济环境对于学会协会有着重要的影响,虽然学会协会是非营利组织,但是如果其面临严重的经费问题,其生存就会产生危机,其开展的工作以及所有的动机也仅仅为了求生存而已。所以为学会协会创造良好的经济环境,才能促使其更好地发挥其应有的作用。(3)文化环境影响相对滞缓,但也直接影响着学会协会的价值取向。文化环境所带来的影响是精神层面的影响,由于文化自身的特点,其发挥作用的时间具有滞后性,短期内不会出现明显变化,但是随着时间的推移其发挥的作用将逐步显现,由于它的影响涉及到核心的精神层面,所以会直接导致学会协会价值取向的改变,影响深远。(4)技术环境近年来影响尤为突出,特别是信息技术环境对学会协会原有工作方式带来了巨大的挑战,当前学会能否很好地适应信息技术环境,已成为其能否取得快速发展的关键。学会协会要充分抓住飞速发展的信息技术环境给学会协会发展带来的前所未有的机遇,要根据学会协会的工作特点,更新理念,创新工作方式,全力打造e时代新型会员之家,实现学会协会新一轮快速发展。(5)行业(专业)环境直接决定了学会的组织规模和活动范围。学会协会的发展与其所处的行业(专业)背景密切相关,行业(专业)的发展状况也直接决定了学会协会的发展程度。在经济社会发展中占据主导作用的行业,其学会协会发展相对较快,规模和活动范围也相对较大;相反,在经济社会发展中未占据重要位置的行业(专业),其学会协会的发展就相对较缓,规模和活动范围也相对较小。此外,在行业区域覆盖上,全国性的组织规模和活动范围相对较大,基层的相对较小;在地理位置上,发达地区的组织规模和活动范围相对较大,欠发达地区的相对较小。(6)舆论环境对于学会的目标和行为亦有着一定影响,今后应加强重视。

内部环境是指学会协会系统本身,包括学会协会组织自身的体制、人员、资源、政策等。其中学会协会资源合理配置整合水平如何,是衡量学会协会核心竞争力水平高低的重要依据。而学会协会组织自身的体制特别是学会协会办事机构的体制问题已成为影响学会协会发展的重要因素。当前学会协会发展很不容乐观,大多数学会协会存在办事机构组织松散、人员编制有限、退休人员兼职、几乎无引进优秀人才渠道等情况。要增强学会协会核心竞争力,学会协会办事机构体制建设和人才建设是至关重要的方面。

五、内部治理

内部治理是学会协会加强内部管理,形成内部制衡机制,做到决策科学民主,实现其效能最大化的重要举措,这是构成学会协会核心竞争力的重要组成部分。

一是要主动适应改革形势,创新学会协会管理思路。学会协会要强化改革新理念,突破传统思维的定势,努力在办会思路调整上下功夫,在工作方式创新上下功夫,进一步确立新时期正确的办会目标。

二是要积极建立决策调查研究制度,充分反映学会各方意见。要推进学会协会重大决策的科学化、合理化、规范化建设，坚决杜绝决策中“拍脑袋”式的主观决策、经验决策行为。学会协会进行决策前必须开展调查研究，全面深入地对问题加以考虑，征求各方意见，确保决策结果能惠及各方。

三是专家委员会等组织架构实行民主化，人员公开差额竞聘。要加强学会协会组织的民主化建设，对任职人员实现由“聘任制”向“竞聘制”转变，要本着“公平、公正、公开”的原则，全面实行公开差额竞聘，变“要我干”为“我要干”，充分地调动广大专家的工作积极性。

四是要推行学会协会工作透明化，实行信息披露制。在学会协会工作中，要全面实行阳光运行，公开透明，确保公平。要建立和实行信息披露制，在第一时间发布学会协会工作信息，通报广大会员和相关人员，以制度形式保障其知情权和参与权。

五是要加强激励与约束，推行问责制。在学会协会管理中，一方面要加强学会协会相关人员的激励，调动其工作热情，充分发挥其在学会协会工作方面的聪明才智；另一方面，也要加强约束，防止相关人员在学会协会工作违规滥用权力，造成不良后果。还要逐步推行责任追究制度，对于工作中的违规行为给予问责。

六是要加强监督，防止学会协会领域的“异化”与“寻租”现象。要进一步拓宽和健全监督渠道，加强学会协会工作中的监督。学会协会异化是在指市场社会中，为追求自身利益和交换价值，学会协会被市场等外界力量所控制，最终偏离了自身服务大众的宗旨，导致组织活动与组织自身属性相疏离的现象。学会协会权力寻租是指，学会协会把权力商品化，或曰以权力为资本，去参与商品交换和市场竞争，为自身谋取金钱和物质利益，而偏离学会协会自身的属性。要通过加强监督，杜绝“异化”与“寻租”现象的出现。

七是要加强制度建设，完善议事规则。健全的规章制度是各项工作正常高效运转的重要基础和基本保证，也是加强管理的有效途径。在学会协会建设中，要不断健全完善规章制度和议事规则，将各项工作全面纳入到规范化运转轨道，促进学会协会工作更加科学、有序、高效的开展。

八是要加强学会人力资源建设，建立一支高素质、专业化的学会协会工作人员队伍。学会协会工作的工作关键在于人，要积极为学会协会专职人员的发展创造有利的条件，确保其合理待遇。要在学会协会内部构筑其合理人才发展梯队，为学会协会工作的可持续发展提供保障。总之，实行科学的内部治理，能实现学会协会组织效能的最大化，可有效提升学会协会的核心竞争力。

第四节　核心竞争力的体现

学会协会核心竞争力有多种要素构成，是经过整合了的内在发展原动力，这是无形之力，看不见，摸不着，但却能感受得到。在学会协会工作中，学会协会核心竞争力到底体现在哪些方面呢？通过对核心竞争力的系统分析，我们认为其发挥出来的作用主要体现在会员凝聚力、学术影响力、社会公信力和综合发展力四个方面，本节将进行讨论。

一、会员凝聚力

会员凝聚力是学会协会的生命力之所在。要具备会员凝聚力，就要求我们按照学会协会宗旨,一心一意为会员着想,一切围绕会员开展工作。会员是学会协会的主体,是学会协会存在的重要基础和必备条件。学会协会的重要使命就是要实现会员的共同意愿,这也是学会协会的工作准则。要让会员能凝聚到一起,就必须要求学会协会做好服务。

一是要加强会员之家建设,增强会员归属感。学会协会要树立会员为本的服务意识,竭诚为会员服务。学会协会是属于广大会员的组织,而不是仅仅属于学会协会工作人员的组织。要通过会员之家建设,让会员真正感觉到学会协会就是"娘家",有归属感。

二是要树立学会协会的行业权威形象,增强会员荣誉感。学会协会能不能生存立足、发展壮大,能不能吸引会员,很重要一点就是要看学会协会是不是行业权威。要想发展会员,学会协会必须要树立自己的鲜明的行业权威形象,要让会员有荣誉感、自豪感,这样才能激发他们加入学会协会的热情。当然,发展会员也要设置好准入门槛,按照标准把好关,注重发展行业内高质量、高水平的会员。那么,学会协会如何才能树立自己的行业权威地位呢?实际上,这是和打造核心竞争力一脉相承的,也是一项复杂性系统工程,是需要学会协会长期在工作中探索,通过实践逐步积累的。比如:学会协会可以通过不断举办"规模大、水平高、影响深"的高层次活动,极大地扩大自身影响,充分展示其行业权威形象,确立学会协会的权威地位。

三是要反映会员心声诉求,保障会员合法权益。学会协会要围绕会员需求开展工作,时刻为会员考虑,想会员之所想,急会员之所急。学会协会要发挥桥梁纽带作用,承担起反映会员心声诉求的使命。对于会员而言,有问题愿意到学会协会来反映,学会协会能做到及时妥善地为会员解决好问题,维护其合法权益。

四是要在会员中积极开展评优奖励活动,大力促进人才培养。学会协会要积极开展评优奖励活动,对涌现出的优秀会员进行表彰,这样才能充分调动他们协作、参与的积极性,激发广大会员的创造性,为会员提供体现自身价值、展现自我风采的机会。国家出台了《社会力量设立科学技术奖管理办法》,将学会协会设奖作为对科技人员奖励的有益补充,是对各学科、不同领域科技工作者激励的有效举措。我们要积极组织参与这项工作,让会员有荣誉感、成就感,从而激励会员以更大的热情投入到实际工作中。同时通过这项活动,可以营造尊重知识、尊重人才的良好氛围,有利于促进人才培养。

五是要积极提供学术信息服务,让会员及时获取最新行业资讯。要让学会协会成为会员获得学术信息、知识、思想的重要渠道,让会员在第一时间掌握学术信息和行业动态。在新时期,要积极探索能够密切与会员的联系的新形式、新手段和新途径,科学分析、研究会员新时代的新需求,思考为会员服务的新领域和新内容,利用网络平台为会员提供快捷的信息服务,促进网络学术交流。

二、学术影响力

学术性是学会协会特别是学会的最根本的属性,学术影响力是学会协会的权威性象征,也是学会协会核心竞争力的体现出的重要方面。影响是一种普遍现象,任何具有一定功能和形象的事物都能给周围环境施加影响,影响力的强弱取决于功能的大小。对于学会协会而言,其学术功能的大小也直接决定着其学术影响力的强弱。学会协会所具备的学术功能和由此产生的学术影响力,可表现为以下几个方面。

一是开展高层次、高质量的学术活动和培训活动,能为广大会员喜闻乐见并踊跃参与。要通过大量高质量的学术活动和培训项目的举办,让会员各取所需,有效促进其业务水平提高。会员通过高质量的学术活动和培训项目能够拓展业务视野,提高工作能力,同时还能增进与同行的交流,获得同行的认可。学会协会应当把举办高质量学术活动作为学会协会的主要任务和工作着力点,不断拓展学会协会的学术功能,增强其学术影响力。

二是学会协会拥有最顶尖的学科专家队伍,且专家参与学会协会工作热情度高。判断一个学会协会是否具有学术影响力,最直接的方法就是看看学会协会有没有把业务领域内最顶级的专家吸纳到学会协会中,并且专家们十分热心于学会协会工作。专家队伍是学会协会重要的依靠对象,对于一个具有学术影响力的学会协会而言,其带来的荣誉感是双向的。一方面,学会协会为拥有着最顶级的专家而感到自豪,十分利于学会协会发挥专家资源优势,开展高层次工作;另一方面,专家们为加入高影响力的学会协会而骄傲,其参与学会协会工作的热情也会受到激发,同时利用平台,专家们也会获得自身的所需以及更多的尊重。

三是学会协会学术影响面广,具有辐射性。学会协会所具有的学术影响力应当具有渗透性和辐射性。在行业内,学会协会的学术影响力可以覆盖到方方面面,能得到所有从业人员的普遍认可。在行业外,也应当能得到充分肯定和高度评价。增强学会协会学术影响力,就是要将学会协会打造成学术权威平台,在行业内外产生广泛影响。学会协会作为影响的主体,要主动切入行业中心工作和社会广泛关注的问题,拓宽活动领域,延伸工作手臂,围绕问题,发挥优势,不断拓展工作的新局面,全力扩大自身的影响面。

四是学术活动具有创新性和前瞻性,能切实引领学术进步,促进学科发展,推动学术繁荣。学会协会在开展学术活动过程中,要紧紧围绕学术的前沿动态以及热点难点疑点,不断寻找亮点,突出特色。在举办学术刊物方面,要做好选题策划,注重学术成果的质量,提升刊物的品位。要发挥学会协会的行业学术引领的作用,分层次分类别推进学术进步,全面促进人才培养。要以前瞻性的眼光审视行业发展,依靠学会协会的学术影响力,大力推进学术技术创新,促进行业繁荣。

三、社会公信力

社会公信力是学会协会核心竞争力的重要的体现形式。公信力是指主客体之间相互作用的关系概念,即主体(社会公众)对于客体信用期望,而客体的期望就是赢得主体信任。对于学会协会而言,其社会公信力就是学会协会在长期开展社会活动过程中,形成的得到学会协会服务对象在内的社会公众对其行为的信用度的评价。学会协会作为非营利性的社会组织,具有社会公益性。在资源上对社会各方面的依赖和它为社会进行公益服务的特点,使得它必须获得社会的信任和支持。社会公信力是因社会公众信任而产生的社会权利和特殊资源。社会公信力越高,学会协会的社会声望就越高,从而就能获得越多的社会资源支持。相反,学会协会的公信力低,所获得的社会资源支持就会较少,学会协会也就无法充分发挥其功能和作用,最终影响组织的维系和发展。

学会协会社会公信力的形成是一个长期的过程,也有赖于凝聚力、影响力的形成。学会协会通过开展高质量的活动,让行业从业人员在内的社会公众感受到学会协会行为能符合其心理期待，满足其实际需要，从而使得学会协会得到充分肯定和积极评价，久而久之，就形成了学会协会的社会公信力。学会协会的社会合法性、办会民主性、工作诚信度以及非营利的性质和第三部门独立自治的能力，是形成其社会公信力的重要基础。当前，政府职能转移给学会协会社会公信力的提升提供了难得的机遇，学会协会要充分发挥自身优势承接职能转移，争取为社会提供更多的服务机会，通过提供满足社会需要而又令人满意的公正、公开、透明的一流服务，赢得到社会各界的充分了解和好评，进一步确立自身的社会地位，提升社会公信力。

在行业（专业）内，学会协会要在行业规范、行业调解、行业自律等方面发挥发挥积极作用，体现自身的社会公信力。一是要加强行业标准的制订。在市场准入、行业标准、专业规范、职业公约等方面加强研究制定，促进行业的规范化发展，维护正常的行业运行秩序。二是要做好协调工作，合理公平地化解行业矛盾。作为政府与行业的桥梁纽带，学会协会要真诚为行业及从业人员服务，协调争议，化解矛盾，维护公平与正义。对于通过自身不能解决和协调的合理诉求，学会协会要及时向政府进行反映，并且代表行业及从业人员与政府进行平等对话，维护行业的合法权益。三是要做好监督审查。学会协会要在政府的统一要求下，自觉承担起行业监督职责，促进行业自律，褒扬诚信者，惩戒失信者，促进行业良性发展。

四、综合发展力

学会协会的核心竞争力另一个最重要体现就是学会协会的综合发展力。主要包括：人力（人力资源发展力）、物力（物质发展力）、财力（经济发展力）、对外服务力和内部管理力。这几个方面中，经济是基础，物质是条件，人才是关键，服务是宗旨，管理是手段。

（一）人力（人力资源发展力）

学会协会核心竞争力增强的标志之一就是要建立起一支高素质、高水平、业务精湛、结构合理的专业化学会协会工作人员队伍。学会协会要为工作人员的成长提供良好的发展空间。要不断促进工作人员的知识更新，建立人员培养和继续教育制度。要确立“秘书长”职业定位，健全学会协会工作秘书长负责制，并不断完善秘书长及专职人员职业标准，建立专业职称体系和职位晋升机制。要积极营造良好的文化氛围，坚持用待遇留人，用事业留人，用感情留人，使人员保持着良好的稳定性，确保学会协会工作的连续性和稳定性。

（二）物力（物质发展力）

物质基础是学会协会开展工作的必备条件。加强学会协会核心竞争力建设必须要有坚强的物力基础作保证，这也是构成核心竞争力的文化要素的物质层要求。

（三）财力（经济发展力）

有人认为，学会协会是非营利性组织，不能太多地强调经济发展。我们认为，学会协会虽然是公益性组织，但公益不代表不需要经济效益，特别是在当前正处于社会转型期，有关学会改革的政策还不配套，学会发展面临经济困境的前提下，就更应当在业务范围内，通过拓展职能等形式，利用学会的品牌优势增强学会经济发展力，如：开展厂（院、所、校）会合作、收费性技术咨询服务、专题培训等等。总之，拥有坚强的经济实力作后盾，就能为学会协会更好地发展提供强有力的保障。

（四）对外服务力

服务是学会协会工作的宗旨和主要任务，打造核心竞争力就是要增强学会协会的对外综合服务能力。要搭建好为学术建设和专业（行业）发展服务、为经济社会发展服务、为会员和从业人员服务的"三个服务平台"，不断完善服务制度，创新服务方式，加大服务力度。要进一步完善服务承诺制，在服务项目、服务方式、服务质量和服务责任等方面制定服务行业标准，增强服务能力。核心竞争力增强的重要体现就是学会协会的对外综合服务水平全面提升，能够满足社会、行业及服务对象的多样化需求，赢得极高的满意率。

（五）内部管理力

学会协会核心竞争力体现为科学而完善的内部管理体系。要不断提高内部管理水平，加强自身建设，规范自身行为，实现科学治理。要制定和完善各项规章制度，确保按章办会，民主办会。严格规范财务管理，建立财务收支公开制度和财务风险管理制度，不断健全和完善学会财务决策、执行和监督机制。要加强内部权力运行监督管理，建立权力制约机制，增强自律能力。

第五节　加强学会协会核心竞争力建设的方法与措施

学会协会核心竞争力是推进学会协会发展的最强劲的内在动力。在学会协会建设中，要大力加强核心竞争力的建设与创新，不断开创学会协会工作新局面。学会协会要针对自身个性化特点，积极探索核心竞争力建设的途径，研究其方法和措施，通过不断的创新性实践，全面提升核心竞争力。

一、主要方法

加强学会协会核心竞争力建设的方法和途径多种多样，但是殊途同归，其共同目的都是为了促进学会协会的不断发展，充分发挥其自身应有的价值。下面主要介绍四种方法。

（一）实施品牌战略

核心竞争力实质上就是一种不可替代的品牌，打造核心竞争力的过程实际上也是一个塑造品牌的过程。要大力实施品牌战略，全面推进学会协会大发展、大繁荣。打造品牌是一项艰巨的工程，也是一项复杂的工程，必须采用多学科、多角度、多层次的方法。首先要进行品牌调研。主要是对计划打造的品牌和现有的品牌系统进行充分的了解，掌握服务对象对品牌的关注度，分析影响服务对象对品牌关注的因素，便于制定和完善品牌计划。第二，要制定品牌计划。品牌建设方案的设计要在充分调查研究的基础上，遵循科学的方法和原则，结合学会协会整体发展规划进行，要明确总体战略目标和实施步骤，确保计划的可行性。第三，计划实施与品牌推广。计划制订之后，就要根据按照计划内容进行分步实施，在实施过程中也要结合实际情况，随机应变，因地制宜，因时制宜。要大力加强品牌推广，利用媒体、人际等多种渠道加以宣传推广，树立品牌形象。

学会协会要重点打造好以下两个方面内容的品牌。一是要打造好品牌活动。要整合资源，构筑综合性活动平台，强化品牌建设，形成品牌效应，扩大自身影响。比如，学会协会可以精心打造品牌论坛，真正把论坛创办成学会协会新观点、新研究集中展示的窗口和智慧碰撞交流的平台，并保证论坛举办的延续性，成为会员和广大从业人员以及社会各界共同关注和期待的焦点。二是要打造好精品项目。学会协会要积极加强项目的精品化建设，有组织、有计划地重点开展人才表彰、科技奖励、文化普及等精品项目。比如：人才表彰项目方面，可以重点打造"学会协会十佳青年人才之星"、"杰出人才"等评选项目；科技奖励项目方面，可以重点打造"学会协会科学技术奖"、"学会协会年度行业进步奖"等评选项目；在文化普及项目方面，可以重点实施"文化大篷车"、"科普快车"等品牌项目。所有精品名牌项目的打造，都需要学会协会紧密结合自身的实际特点，寻找到最适合自己发展的品牌化建设之路。

（二）放大特色优势

学会协会核心竞争力的根本点在于学会协会的特色优势。要增加核心竞争力，就必须在学会协会的特色优势上做文章，放大特色优势，促进全面发展。一是要大力加强学会协会特色优势的研究与挖掘。学会协会到底在哪些方面具有独到的特色？其优势领域是哪些？这些问题必须得到有效解决，并以此作为加强核心竞争力建设的切入点和突破口。学会协会的特色优势表现在多个方面，比如学术特色、行业特色、资源优势、人才优势等等。在学术特色方面，学会协会特别是学会的一个重要的属性就是学术性，促进学术繁荣与发展是根本使命，这一特色就决定了学会就要围绕学术研究和学术交流开展工作，在学术领域承担着不可替代的重要职责。在行业特色方面，协会具有协调、监管等多项行业职责，这一特色也决定了协会在行业发展中所占据的不可替代的重要位置。在资源优势方面，由于其组织结构的性质原因，学会协会拥有着多方面的资源优势。在人才优势方面，学会协会拥有着实力雄厚的专家资源和其他各类人才资源，这也是学会协会的最为重要的智力财富。这些特色优势相对而言，都是显而易见的，除此之外还有不少的特色优势需要我们通过不断地进行比较研究才能进一步发现。二是要充分发挥特色优势作用。放大特色优势的策略就是要变小特色为大特色，变优势为强势。在打造核心竞争力过程中，学会协会要充分利用其特色优势开展工作，并不断拓展其职能范围，创新工作形式，在实践的基础上努力形成新的特色优势，扩大学会协会的特色内容和优势领域，进一步增强学会协会核心竞争力。

（三）强化质量管理

质量管理（Guality　Management）是指确定质量方针、目标和职责，并通过质量体系中的质量策划、质量控制、质量保证和质量改进来使其实现的所有管理职能的全部活动。质量管理最初主要应用于制造业，现已逐步扩大到其他诸多行业和领域。对于学会协会而言，引入质量管理，可以对学会协会的工作流程进行科学设计和优化，规范工作程序，提高工作质量，提升工作效率，有利于提高学会协会工作人员素质，增强学会协会的核心竞争力。

1.质量策划

质量策划是指为确保质量目标和要求的实现所进行的计划和设计活动，这主要体现为质量体系要素的选定过程。质量策划是学会协会强化质量管理中首先要开展的关键环节。学会协会要根据工作目标，对需要开展的所有项目和工作进行质量规划设计，对其实施的可行性、主客观条件以及相关要求进行充分研究分析。学会协会质量策划工作，对于学会协会工作后续发展具有极其重要的影响，决定了学会协会项目和工作实施的成败。

2.质量控制

质量控制是指学会协会对质量形成的各个阶段进行及时的检验、评定，以便及时发现问题，查找出影响工作质量的原因，并通过及时采取纠正措施，防止质量问题的重复发生，或是使已经发生的质量问题能够得以及时解决。在学会协会工作中实施质量控制，有利于将问题控制在萌芽状态，防微杜渐，有效地保证了学会协会的工作质量和服务水准。

3.质量保证

质量保证是指为使学会协会广大服务对象确信学会协会能够满足其服务质量的要求，而在质量体系中开展的并按照服务对象需求进行证实的有计划、有系统的全部活动，它包括能够促使学会协会对自身服务质量形成信任的内部质量保证以及在合同或其他环境中能够使服务对象以及社会公众对专门服务或者供公共服务的质量形成信任的外部质量保证。

4.质量改进

质量改进是学会协会指根据服务对象等各方信息的反馈，根据自身的实际情况，为不断适应和满足服务对象以及公众对其的服务需求，而及时进行工作处理，对可能产生的质量问题进行积极预防，以提高质量管理的功能效果，从而使质量体系更趋完善而质量管理各个环节的运转更为畅通。

上述四个环节被称为质量管理的“四大支柱”，必须认真做好每个程序，突出强调全过程控制管理。在学会协会质量管理中，要以学会协会行业发展动向以及服务对象需求为重点关注的核心，全方位提升服务质量，以此来增强学会协会核心竞争力。

（四）加强服务创新

学会协会的服务创新是指将新的设想、新的技术手段转变成新的或者改进的服务方式，以使服务对象和潜在的服务对象感受到不同于以前的服务内容。创新服务方式是推动学会协会发展的重要途径，也是增强学会协会核心竞争力的必然要求。学会协会加强服务创新可以采取以下几种方式。一是全面创新，特别是在面对学会协会体制机制转变等重大改革以及技术手段重大突破的背景下，对服务理念进行全面革新，创造全新的整体服务。实行市场经济体制和政府机构改革的这些年以及今后一段时期，是学会协会的体制机制调整转型的重要阶段，而这一段时期以信息技术为代表的现代科技迅猛发展，学会协会的服务方式也正在发生着全面革新。学会协会要充分抓住这一难得的历史机遇，全面促进服务创新，培育和增强自身的核心竞争力。二是局部革新，在学会协会服务内容的某些方面，比如学会协会开展的部分活动中，通过构思精巧的服务概念，创新工作形式，充分展现自身的特色优势，达到良好的服务效果。三是外部引入，通过购买服务设备、引进先进技术、聘用专门人才等方式将外部的的新型的服务技术、服务方式和服务理念引入到本学会协会中，推进行学会协会的服务创新，以更好地增强学会协会的核心竞争力，为学会协会的发展注入新血液。

二、保障措施

（一）强化政策导向，拓宽服务渠道

学会协会核心竞争力的建设，需要一定的政策和法律、法规的支持。政府作为学会协会的管理部门，应当积极实施倾斜措施和优惠政策，促进机构职能转移，努力营造学会协会健康发展的政策环境。当前，从国家政策层面而言，也越来越重视发挥学会协会等社会组织的作用，积极支持社会组织的发展。《中共中央关于制定国民经济和社会发展第十二个五年规划的建议》

中明确表示，要完善法律法规和政策，健全基层管理和服务体系，发挥群众组织和社会组织作用，形成社会管理和服务合力。

学会协会在工作中应当大力强化政策导向，充分利用政府的政策支持，促进学会协会的核心竞争力的建设与创新，推动自身的快速发展。学会协会要主动适应政府机构改革发展的新形势，以积极的态度迎接政府职能转移，更多地承担社会职能，拓宽工作领域和服务渠道，并且把各项工作纳入到法制化轨道。

（二）加强组织领导，明确责任制度

学会协会的最高权力机构是会员代表大会，理事会是会员代表大会的执行机构，而常务理事会则是在会员代表大会和理事会休会期间，行使理事会职权。学会协会的最高决策者是理事长领导下的常务理事会，秘书长负责执行理事会的决议。秘书长是学会协会工作的核心人物，在学会协会发展中发挥着决定性作用。在学会协会工作中，必须加强组织领导，推行秘书长负责制，由秘书长向学会协会理事长负责。

在加强学会协会竞争力建设过程中，要强化责任意识，明确责任制度。秘书长是学会协会核心竞争力建设的第一责任人，要全面负责领导落实好各项方法措施，统筹考虑，分工协调，督促开展各项工作。秘书长要把增强核心竞争力的工作业绩作为重要指标纳入到工作人员考核项目中，对不能完成相关指标的，要严格实行责任追究制度。

（三）完善评估机制，建立指标体系

加强学会协会的核心竞争力建设，要建立科学合理的评估机制，制定出相应的指标体系。指标体系要突出三项功能。一是导向功能，要通过指标体系的构建，正确引导学会协会加强核心竞争力建设；二是评价功能，要用完善的指标和科学的方法全面衡量、评判核心竞争力的水平；三是预测预警功能，要对学会协会核心竞争力未来发展趋势作出准确判断，并及时预警核心竞争力建设过程中发现的问题。在指标体系构建过程中，要坚持三个原则。一是科学性和实用性相结合，在体系设计、数据处理等方面都要按照科学而严谨的方法完成，同时为了便于获取和易于判断，又要使其具有实用性和可操作性。二是定性指标与定量指标相结合，指标体系既要包括定量指标，作为具体、直观且能产生明确客观数值的结果的评价标准；又要包含定性指标，以弥补定量指标的不足。三是核心指标和细化指标相结合。指标体系既要选取具有代表性、能够体现学会协会总体水平的综合指标作为核心指标；又要包含细化指标，作为补充和支撑，从不同角度反映学会协会各方面工作的具体情况。在指标体系设计中，要综合考虑影响学会协会核心竞争力建设的各种因素，科学设置指标类别和层级，并赋予合理的分值和权重，要通过实践不断进行完善。

（四）强化网络建设，提高信息化水平

以互联网技术为代表的信息科技的迅猛发展，给社会的方方面面带来了越来越深刻的影响，与此同时也在潜移默化地对学会协会的办会理念和方式发生着变革。加强学会协会核心竞争力建设，就要充分利用信息时代的这一技术优势，夯实网络基础，强化信息化建设，全面提升学会协会服务水平。一是要加强学会协会数据库建设。学会协会拥有着丰富的资源优势，要科学管理资源、开发资源、利用资源，就必须积极引入计算机管理理念，加强资源数据库的研发。学会协会必须大力加强会员数据库、专家数据库等各类基础信息数据库的建设，构筑科学、高效、便捷、完善的信息数据系统，为学会协会工作的开展奠定坚实的基础。二是要加强网上会员之家建设。学会协会要积极建立自己的独立网站，努力将其打造成具有自身特色、能不断满足会员需求的网上会员之家。学会协会要通过网站及时发布行业（专业）信息以及学会协会最新资讯，在第一时间为包括会员在内的广大受众提供信息服务。三是要强化网络化办公理念。学会协会要通过信息化建设，更新工作理念，形成高效快捷的网络化办公格局。要充分利用网络优势，打破时空限制，通过网络开展形式多样的学会协会活动。要积极引入远程教育系统、远程会议系统、远程办公系统等各类信息应用系统，打造信息化、智能化学会协会，全面增强学会协会核心竞争力。

学会协会核心竞争力的建设是一个系统性、复杂性的工程，需要广大学会协会工作者结合各学会协会自身特点，综合运用多种方法与措施，在实践中不断地探索和创新。

参考文献

1 汪涛.竞争的演进——从对抗的竞争到合作的竞争.武汉：武汉大学出版社，2002

2 黄亚博,冯广清.学会核心竞争力初探.社团管理研究，2010(5)：44–46

3 C.K. Prahalad,G. Hamel .The Core Competence of the Corporation.Harvard Business Review, 1990,33 (May–June):79–91

4 李志东.论核心竞争力的识别和培养.经济视角，2005，11(B)：34–36

5 赵建辉.学习：组织核心竞争力的本源——以企业组织为例.管理世界，2006(3)：148–149

6 马凤云.构建学会文化的思考.学会，2005(5)：34–36

7 龚常,高义强.当代中国社团发展的问题与路径探讨.华中师范大学学报(人文社会科学版)，2003，42(4)：83–87

8 黄亚博,费忠东,冯广清.会员为本 立足服务.学会，2005(6)：41–42

9 王兵,周景山,李鸿伟.论科技社团社会公信力的影响因素. 现代经济,2008,7(8):122–123

10 汪茂卿.以系统观整合要素发展学会影响力.科协论坛，1998,13(11):20–22

11 吴庆晓，李娟，许友传.行业协会核心竞争力的评价及实证研究：以上海市行业协会为例.上海管理科学，2008(3)：78–84

12 黄亚博,费忠东,冯广清.全力打造 e 时代新型会员之家.学会，2004(9)：39–41

13 雷育林.科技社团社会公信力生成机制探析.东南大学学报(哲学社会科学版)，10 2008，10(增刊)：48–50

江苏省中医药发展研究中心主任、江苏省中医药学会秘书长 黄亚博
江苏省中医药发展研究中心办公室副主任 冯广清

第二十二章　学会协会人事管理与创新

第一节　做好人才队伍建设的现实意义

这里讲的人才，主要是纳入学会协会办事机构作管理的专兼职工作人员。学会协会办事机构是体现学会服务的窗口，是贯彻理事会各项决议和联系各级组织的枢纽。而办事机构的工作人员，不论是专职人员还是兼职人员，他们的行为可以说决定了学会协会的形象和工作效率。任何学会协会如果没有一批有事业心、有能力的专兼职工作人员，要做好学会协会的工作是很困难的。

我们现在一提到人才队伍建设，总会联想到学历、专家，学会协会属于社会组织，从事学会协会管理、服务工作很难与人才挂钩。一些学会协会的专兼职工作人员，多是由退休的人员或在政府部门、事业单位退二线的人员组成，在工作中，积极性高的做得好一些，积极性不高的可以使学会协会工作停滞不前。但也有一些学会协会，不仅有多个层次的专兼职工作人员，还对各层次的工作人员进行有计划的近、远期培训，使工作人员素质不断提高，体现在学会协会工作上是工作的与时俱进、创新发展。

学会协会作为社会组织，按理说应当是一个按照章程要求长期、稳定的，但事实上，我们经常看到：某个学会的专秘书长工作非常积极、敬业，学会工作很出色，但当这个秘书长因换届不再任职后，另一个秘书长工作不太积极，这个学会的工作马上来个 180 度转弯。这种学会协会工作几年好、几年不好的情况在我国非常普遍，这与学会协会人才队伍建设有着直接的联系。

一、做好人才队伍建设首先要提高认识

学会协会有没有必要做好人才队伍建设？这个问题首先要在学会协会的各个层面统一思想。要站在当今社会组织的发展趋势和国家的改革发展需要的高度来认识，要从本学会协会的宗旨和发展目标来考虑。学会协会是一个人数众多的群体，要真正发挥其影响力和实现其宗旨是一个十分艰巨的任务，而专门为学会协会提供服务的工作人员则是少数。这些少数的工作人员要有效的联系人数众多的群体，并引导其为实现宗旨努力，是非常不容易的。因此，建立了一个学会协会，要首先考虑建设一支能为这个学会协会服务的工作人员人才队伍。我们试想，如果成立一个学会协会，仅仅是为了个人有一个学术或行业的头衔，有几个专兼职人员去应付一下事务就了事，那就谈不上发展，更谈不上人才队伍建设了。

二、做好人才队伍建设关键在领导

这里说的领导主要是会长和秘书长。会长须给予方向性的指导和支持，秘书长则具体策划、实施。一是在引进人才方面，要争取人事部门的支持。比如要解决调入人员、聘用人员的社会身份和社会保障甚至技术职称等问题。二是在培养人才方面，要有自己的规划。秘书长应当根据本学会协会实际工作需要，制订人才培养规划，不仅考虑本届任期，还要考虑到长远需求。

三、做好人才队伍建设需要一批人

谈到队伍，就不是一两个人。一旦某个学会协会把做好人才队伍建设作为工作任务的时候,就意味着它已经有一批或将计划组织一批专兼职工作人员。而这一批工作人员中,应当有管理人员、专业人员、工勤人员,而且他布在各个年龄段,这样才有建立人才梯队的基础。目前,我国学会协会的专兼职人员为一两个人的还占相当大的比例,如果不改变这一现状,要做好学会协会人才队伍建设还是有很大难度的。因此,做好人才队伍建设对于一个真正希望发展的学会协会来说,具有十分重要的意义,人才队伍建设好了,这个学会协会的工作也就发展了。否则,学会协会的宗旨和目标会因为没有人去具体实施而最终落在空处。

第二节　学会协会人才队伍的现状和存在问题

一、学会协会办事机构现状

由于我国国情的特殊性,学会协会办事机构的设置可以说是五花八门,归纳起来大致有以下几种形式:

(一)设置在政府部门:相当数量的学会协会办公室就设置在政府部门的科(处)室,科(处)长就是秘书长。

(二)设置在企事业单位:有的是由企事业单位的一个部门直接承办学会协会工作;有的则相对独立,与企事业单位仅是挂靠关系;有的则仅仅是租用企事业单位的地点,与办事机构所在单位没有任何关系。

(三)设置在任何单位之外,如租用宾馆或写字楼。

(四)独立建制,有自己房产作为专用办公地点。

二、学会协会专兼职人员现状

鉴于我国国情和学会协会发展定位所限,学会协会专兼职人员组成方式与公务员、企事业单位有很大不同。从云南省科学技术协会2009年统计,在其128个省级学会协会中,专兼职人员共有350个,平均一个学会协会不到3人。当然,全国性学会协会多一些,各省市也因其经济发展不同、对学会协会的重视不同,专兼职人员的现状也不一样。正由于学会协会的特性,使其专兼职人员具有多样性,主要有以下几种:

(一)挂靠单位主管学会协会部门的处(科)长和该处(科)人员为主的专兼职人员。

(二)已退休的原部门领导为主的专兼职人员。

(三)离退休人员为主的专兼职人员。

(四)社会化聘任为主的专兼职人员。

(五)具有事业编制的专职人员。

三、存在问题和改革方向

解决学会协会人才队伍建设的焦点是办事机构和专兼职人员。从办事机构来说，办事设置在政府部门和企事业单位的，其受所在单位的影响较大，或有使学会协会行为带有行政色彩、或受单位工作影响弱化学会协会工作。但另一方面也会得到所在部门和单位人财物方面的支持。办事机构独立设置的，学会协会受外界干扰少，工作专一性相对强一些，但受人财物制约较大的学会协会，得到挂靠单位支持的力度又小一些。兼职人员由于双重工作责任，公务员或企事业单位为主业的兼职人员，一般偏重于主业，对于学会协会工作只是放在次要位置，不能全心致力于学会协会工作，但另一方面，由于其主业工作的身份，在学会协会工作的号召力和影响力方面有一定积极意义。

专职人员虽能全心致力于学会协会工作，但由于专职人员情况的不同也存在相应问题：

1.专职人员为离退休人员：离退休人员在经验、知识、能力、影响力方面都具有优势，但在精力、行政约束方面较在职人员就差一些，这个行政约束有两个方面的含义：一方面是对所在学会协会的工作而言，由于中国官本位思想的长期存在，其工作能不能保持在职时的力度，一般要打折扣；另一方面则是对专职人员本人而言。因已离退休，不受行政要求的制约，如年终考核、晋级等，这时，专职人员优势的发挥就取决于专职人员对学会协会工作的热心程度。由于聘任离退休人员有很大优势，特别在社会保障方面有原单位的基础，目前，大多数学会协会多采用这一方式设置专职人员。

2.专职人员为社会招聘人员：社会招聘人员具有想做事、有精力、有潜力且不受学会协会原行业惯性影响的特点。学会协会招聘社会人员作为专职工作人员，可以从学会自身需要和社会人员能力进行双向选择，可以充分体现学会协会用人的自主性，在市场经济条件下，这一方式应当是大多数学会协会专职人员来源的最终方式。但如果某个学会协会希望自己面向社会招聘的专职工作人员要长期工作下去，一是要解决学会协会本身的凝聚力问题，二是要解决社会人员的社会保障、职称、调动、工龄等问题，否则，社会招聘人员在学会协会的所谓专职工作也只会成为一种临时行为。我们看到一些学会协会招聘的社会人员，特别是年轻人，往往流动性很大，其中就有社会保障制度和人事制度的因素，一方面学会协会没有把现有的社保、人事政策用好，另一方面现行社保、人事政策在学会协会这个领域还有缺失。

3.专职人员为具有事业编制人员：这里指的事业编制系政府各级编委专门给学会协会设置的纳入政府预算的编制。鉴于我国国情和学会协会的历史情况，有少部份学会协会属于这一种情况，而且多是由于历史原因保留了事业编制。这样的学会协会，由于人财物相对稳定，其运作相当于一个事业单位，在工作的专一性和人员的稳定性方面有很大优势，工作开展的连续性没有太大问题。但由于事业单位体制带来的“大锅饭”、缺乏有效的竞争环境、学会协会没有真正的人事自主权等问题，也会给学会协会的创新发展带来消极影响。现阶段，由于国家对财政供养人员的数量是一个限制的趋势，因此，学会协会要想得到事业编制相当困难，大量的学会协会很难争取到事业编制。

第三节　营造学会协会人才成长的环境

学会协会人才成长的环境有硬环境和软环境。从硬环境来说，应当包括基本的办公条件，基本的组织架构和经济保障。软环境则包括国家的政策、学会协会的影响力、办事机构的作风和工作人员的素质等。不管是硬环境或软环境都会不同程度地影响着学会协会人才的成长。

一、正确认识学会协会所处的环境

一般来说,在我国的现实情况下,如果要把政府、企事业单位、民间组织的硬件、软件相比较的话,大多数民间组织是弱势。人往高处走,水往低处流,要留住人才,没有一个好的环境是非常难的。因此,营造一个好的环境,对学会协会吸引人才、培养人才是十分重要的。

实际上,虽然总体上学会协会的实力不能与政府和企事业单位比,但由于学会协会的特殊性,可以根据自身业务来扩大或缩小硬件要求,做到尽可能减少成本,处理得好,仍然可以保证工作的顺利开展。在软环境方面,首先是国家对社会组织的政策。从目前来看,国家支持社会组织规范、有序发展是明确的,但在具体政策上,如财政、税收、职能方面的支持力度还待不断完善。其次,学会协会自身建设是重要的另一方面,包括学会协会对会员的凝聚力、社会的影响力、公信力、办事机构工作作风和专兼职人员素质等。

学会协会目前的环境,实际上是一个充满挑战与机遇的环境。我国处于社会主义的转型时期,各行各业的改革创新此起彼伏,特别对于我国的学会协会创新发展来说,没有历史可以借鉴,也不能照搬西方国家模式,这就对我们学会协会工作者提出了更高要求,对我们国家的学会协会模式的改革和环境的改变提供了操作平台,而这些改变与学会协会的人才培养密切相关,只有一个好的变革和好的运作,才可以确保人才的成长和学会协会工作的长久进步。

二、营造人才成长环境要从具体事情做起

营造,就是一个怎样做的问题。应当做到以下几点:

(一)要有固定的办公地点,地点可以是自有产权的,也可以是租用的或借用的,但要相对固定,这是各学会协会章程的要求,也是学会协会办事机构开展工作的基本要求,否则就成了“皮包公司”。筹办基本的办公设备,如微机、复印,条件好一点的还应有交通工具和网站。在机构和人员设置上,会计、出纳按法规至少各一人,有条件的可以将办公室和业务部室分开。

(二)参照《劳动合同法》和事业单位全员聘用的有关规范,完善专职人员的工资、福利、绩效和社会保障,建立较完善的保障机制和激励机制,如果能争取在技术职称方面与人事部门同步最好。

(三)建立学习培训制度。一是学会协会内部的学习与培训,如新老专职人员的相互交流、学习;二是向兄弟学会协会学习;三是按学会协会工作发展派出进修,如微机软件、外语、行政档案管理、继续教育管理等。

三、营造人才成长环境,团队精神最重要

学会协会本身就是一个团体,任何个人都需要通过这个团体才可以发挥作用,体现自身价值。只有一个好的团队,才可以留住好的人才。因此,把学会协会专职人员打造成一个团结、和谐、有战斗力的团队,对营造人才成长环境具有十分重要的意义。

一般来说,大多数学会协会的专职工作人员不会象企事业单位的机关一样有很多的部门

和人员,而且多数没有财政支持,只能用尽可能少的工作人员来完成工作。因此,学会协会工作那怕分部门也不能够仅仅满足于各行其责。有的工作需要多部门合作或全部专职人员共同完成,必须打破部门界限,在工作需要时,就是一个团队,不分彼此。长此以往,将形成一个良好的风气,既提高了学会协会的凝聚力,又使专职人员得到相互学习和实践的机会,也可以在团队的工作中发现人才、培养人才。

第四节 学会协会干部应具备的政治素质要求

一、坚定正确的政治方向

鉴于我国社会主义初级阶段的属性,学会协会也有自己的特点,不能盲目与西方国家的学会协会比。我国学会协会的发展必须在整个国家体制的框架下运行,不可能脱离国家的实际真正象西方国家学会协会一样的"自由化"、"民间化"。学会协会尽管是民间组织,仍然要坚持四项基本原则,拥护党和政府。按照民政部门要求,有条件的学会协会还应建立党的基层组织,在党组织的保障监督下规范学会协会行为,按章程开展工作。因此,作为学会协会干部来说,首先应坚持正确的政治方向。

二、牢固树立大局意识

识大局, 顾大体应是学会干部应具备的政治素质。由于学会协会具有对特定人群的代表性,对特定的战略区域具有较大的社会影响,在学会协会利益与国家利益相冲突的时候,一定要服从大局,不能只从自身利益考虑,造成新的不稳定因素。包括与挂靠单位、政府有关部门间的关系都要分清主次。另一方面,在处理办事机构与会员或团体会员或兄弟学会协会之间的关系时同样存在大局问题。

三、围绕本领域中心工作的自觉性、敏感性

我们常说,学会协会是党和政府的助手。既然如此,就应当在党和政府需要的时候及时给予帮助。党和政府的中心工作就是需要学会协会帮助的工作。作为学会干部应当具有这样的政治意识,而且也只有在真正帮助了党和政府,才能做出成绩,得到认可。目前,各行各业都在进行深化改革,改革中很多事物需要探索,很多工作也相应派生出来,其实在这种时候学会协会最容易找到工作的切入点,最容易帮上党和政府的忙,既当好党和政府的助手,也促进了学会协会工作的开展。

作为学会干部,提高对本领域中心工作的敏感性也十分重要。现在一些学会协会一提到争取政府职能转移或是委托的工作的时候,总是抱怨政府部门不愿意放权。但实际上,这类所谓不愿意放权的工作,部分原因是已经在政府部门经多年惯性运作相对稳定了,人家为什么要交给你呢?但在改革过程中,特别是特定领域的中心工作转变时,一些工作有时连政府也没做过,又因为是中心工作而必须要做,因此相对容易争取。如果学会干部能在早期敏感的查觉这些信号,提前做好工作,既帮了政府的忙,又充实了学会协会工作。

第五节 学会协会干部应具备的知识结构和能力结构要求

鉴于学会协会的工作特点具有专业性、广泛性和交叉性，学会协会干部需具备多方面的知识和能力。

一、专业知识

学会协会一般是按专业或行业成立的，它的宗旨均蕴含着专业或行业的目标，其具体工作任务也是与专业和行业有紧密关系。因此，学会干部应当具备相应的专业知识。当然，这里说的专业知识，可以是本来就是本行业科班出身，也可以是别的专业人员经过学习和实践而具备相应专业知识。

对于学会协会干部掌握专业知识的要求，并不一定象专家一样精通，但一定要尽可能的多掌握，并应当向广泛性、全科性努力。我们知道，哪怕是一个行业或专业，也有很多的专业分支和交叉，作为学会干部，需要与所有的分支和交叉的会员打交道，如果没有相应的专业知识，工作就不能做到位。所以，学会协会干部不能满足于自己学具备的专业知识，还要不断学习本学会协会领域的其他知识，只有这样，工作起来才会得心应手，工作效率和成绩才会提高。

在具体操作上，要鼓励学会协会干部除了参加自己举办的各种专业活动以外，还要选择性参加相关专业的学习和培训。从理论到实践，从自学到送出培训，不断强化学会协会干部专业知识能力，为做好学会工作打下坚实基础。

二、公共知识

学会协会工作不是搞科研、教学，实际上是一个社会工作。因此，学会干部仅有一技之长是远远不够的。比如举办一个学术会议，其中就涉及财务、税收、接待、公关、产品、安全等知识；要承接一项政府委托工作，就需要了解相关法律、法规、政策和行政事业收费制度。如果有涉外活动，还要有相关国家外事工作知识。从某种意义上来说，对学会协会干部的公共知识的要求，要比其他行业的工作人员高，反过来说，一个称职的学会协会干部，其具备的公共知识也较之其他行业工作人员高。

提高学会协会干部公共知识是人才培养的一个重要方面。一要倡导学习相关知识，多参加观摩、学习；二要多实践；三要有针对性的派出培训。

三、组织管理能力

学会协会干部是为会员服务的。这里的服务不仅仅是像宾馆、饭店的服务，而是以服务为目的、通过服务实现管理的服务。一个社会组织，不能没有服务，也不能没有管理，服务与管理的有机统一应成为学会协会干部的工作努力目标。学会协会本身就是自愿参加的民间组织，如果没有管理概念，就将是一盘散沙。

我们有的学会干部是官员出身，有的是专家出身，有的是刚毕业的学生，组织管理能力参差不齐。要指出的是，学会协会的组织管理有其特殊性，它与行政管理、教学管理、学科管理、企事业单位管理还不一样。比如，学会协会的管理对象基本是不在学会协会领取固定工资的会员，管理的内容基本不是属于法定的或行业强制的等等，因此，不论学会干部原来的组织管理经验如何，都要不断学习、研究，不断实践，努力提高组织管理能力。

四、实践和分析能力

学会协会工作没有一个统一的规范和固定的模式，它的任务和工作方式基本随行业需要而不断发展、变化。学会协会工作的经验或规律是教科书和行规范中找不到的，因此特别需要在实践中探索。学会协会干部应当具备很强的实践能力，通过不断的参与，找到感觉，不能停留在思想上、口头上。当然，在实践的过程中还需要有较强的分析能力，正因为学会协会工作没有现成借鉴，所以分析能力对于学会协会干部来说显得格外重要。比如举办学术活动，有时候人气旺，学术活动热烈，有时候人不多，学术活动冷清，这就要认真分析，是质量问题还是经费问题。如果一个学会协会干部分析问题能力不强，不论从事学会协会工作多长时间，也不会有太大进步，更谈不上人才培养了。

第六节　学会协会专兼职人员管理

前面讲到学会协会专兼职人员来源于多种渠道，身份、心态体制都不一样，因此对专兼职人员的管理应当更具有公平性和可操作性。

一、建立制度

在对人的管理上，最重要的是做到以制度管人，而不是人管人。没有制度，以长官意志作为尺度，弹性太大，将造成人员管理的无序和不公正，时间长了则人心不稳，整个专兼职队伍就没有战斗力。首先需要建立的制度是人员聘用制度，包括对事业编制人员实行全员聘用，对社会招聘人员签订劳动合同等。其次对中层干部实行竞争上岗制度，不搞任命制。最后要制订一系列的有关人员管理制度，如继续教育制度、劳动纪律制度、绩效奖励制度等等。

二、以人为本

人事管理制度有铁面无私的一面，但也需要在原则下的爱护人、关心人的一面。首先要充分使用好现行政策，如为专兼职人员扣缴五险一金，为专业技术人员争取技术职称的评聘资格；其次，在岗位设置中根据专兼职人员的不同层次设置合理的岗位；最后在专兼职人员的薪金标准中，除事业单位人员按照国家标准外，其余人员应尽可能接近市场标准，有条件的还应当高于市场标准。

三、监督管理

再好的设想与制度，如果没有一个监督执行机制，就只能是一纸空文。特别对于大多数学会协会的办事机构而言，本来就相对政府和企事业单位松散，如果再失去监督，就谈不上管理了。

人事管理是一个非常重要的管理环节,一是要按学会协会章程规定的常务理事会、秘书长对人管理的权限执行。二是要实行双向的监督机制,即上级与下级的相互监督;三是会员对专兼职人员的监督,这一点要逐步与国际接轨,要建立学会协会不仅仅是专兼职人员的事,学会协会理事、分枝机构、会员都有监督管理的义务。

第七节　学会协会人事管理要处理好的几个关系和应注意的问题

人事管理涉及到专兼职人员的切身利益,现实中尚待解决的问题和需要协调的关系也不少,归纳起来主要有以下几个方面:

一、编制问题

有的省市民政部门在前一段做过不同于事业编制的社团编制试点工作,目的是规范社会组织的聘用人员编制。但由于相关人事政策不配套,社团实行起来感觉和社会用工样,没有实惠,反而多些麻烦,因而现在又逐渐又淡化了。

谈到编制,应当是有别于没有编制,否则就作为社会用工处理还好一些。从学会协会的发展来说,社会用工可能是将来的主流。如果要设计社团编制,则应独立作为一块来制订人事政策,应明确相应的权利义务,或参照国营企业标准或以社会团体的非营利性参照事业单位的相关标准设置,与社会保障挂钩。

二、技术职称问题

多数学会协会的专兼职人员的技术职称主要是在原单位取得的,作为社会团体能够有直接申报职称资格并得到人事门认可的并不多。随着今后学会协会专兼职人员社会化的情况不断增多,这些原来没有单位的专业人员一旦进入学会协会工作,其专业技术职称的晋升就成了问题,也会因此导致学会协会人才的流失,从而阻碍学会协会改革发展及与国际接轨的进程。

三、不同体制人员分别对待的问题

(一)政府公务员,全额拨款、差额拨款、自收自支

事业单位编制的人员:这部份人员系历史形成的、现阶段实际存在的体制造成的结果,实际形成有财政供养的学会协会专职人员的现状,对于学会的发展是有利的,虽将来有可能被弱化,但应当承认这个现实,不论改革如何发展,仍应遵循“老人老制度”的原则,保持原有的人事制度。

(二)企事业单位离退休人员:这部份人不占编制,又有原单位的社会保障,学会协会聘用这部份人员相对成本较低,当前仍应为学会协会的重要组成部份。

(三)社会招聘人员:这部份人员关键在于完善社会保障制度和人事制度的支持力度,处理得好将为学会协会长期稳定发展奠定人才基础,也是将来学会协会用人的主要渠道。

云南省医学会副会长兼秘书长　把志刚

第二十三章　学会协会财务管理与创新

第一节　学会协会财务的任务与原则

一、财务是学会协会管理、核算、监督的部门

（一）具有法人资格的学会（协会）可作为独立财务核算单位，在银行开设一个资金帐户，各专科委员会及非独立法人实体不实行财务独立核算，不允许在银行开设资金帐户及多头挂帐。

（二）学会（协会）执行财政部颁发的《中华人民共和国会计法》及《民间非营利组织会计制度》，按要求设置会计科目和帐册，编制会计报表，全面反映资金、资产来源和运用情况，学会（协会）财务工作必须配备持有会计证的专（兼）职会计人员，不具备财务独立核算条件或财会人员配备有困难的学会（协会），可由财务主管部门配备财会人员集中进行会计核算工作。

（三）学会（协会）经费纳入省级预算外资金管理范围，按预算外管理办法进行管理。各学会（协会）按规定报送财务收支计划和财务决算报表。

（四）学会（协会）使用的行政票据由学会（协会）主管部门发放，学会（协会）购领票据时须将已使用票据存根交发放部门审核，各学会（协会）要加强票据使用管理，严格按规定使用票据，不得擅自提高收费标准，扩大收费范围和混用收费票据，也不得将票据借给其他部门使用，要妥善保管，避免遗失。

（五）建立学会（协会）季报、年报制度

（六）健全学会（协会）内部财务工作制度

1.建立民主理财制度。学会（协会）财务接受理事会监督检查，每年财务执行情况要经理事会审议，每届代表大会要提出财务工作报告。

2.确定学会协会经费支出审批制度。确定秘书长、理事长审批权限。

3.落实学会协会固定资产管理制度，按会计制度建立固定资产帐目，健全固定资产购置、登记、使用、报废、转移等制度。

4.制定学会协会收入管理制度。学会协会各项业务实行成本独立核算，按国家有关政策合理开支。

5.制定学会协会年终经费结余管理制度。（不含实行预算外资金结余上缴办法规定的预算外资金结余）除专项资金按照国家规定结转下一年度继续使用外，可以按照国家规定提取职工福利基金，剩余部分作为事业基金用来弥补以后年度单位收支差额。

（七）其他

1.学会协会财务管理是学会管理的一项重要内容，各学会协会要认真贯彻执行财务管理规定，严肃财务工作纪律，对违反财务纪律，侵占学会协会财物的事件、人员要由财务主管部门认真组织查处，处理结果向常务理事会或理事会通报。

2.学会协会经费只用于学会活动，任何单位、部门或个人不得擅自截留、侵占或挪用。与学

会协会无关的差旅费、出版费、出国费等不得在学会协会经费中开支，学会协会购置、受赠的资产属学会协会所有。

二、学会协会财务管理的主要任务是

（一）积极组织收入，努力节约开支，增强经济自主能力。

（二）建立和健全财务制度，加强财务监督。

（三）加强经济核算，提高资金使用效益。

（四）维护财产物质的完整和安全，不断挖掘潜力，充分发挥财产物质的使用效益。

三、学会协会财务管理的原则

学会协会经营运作实行会计监督，严格遵守和维护财经纪律，保护国家和集体资金，财产的安全完整。

学会协会会计核算遵循权责发生制原则。学会协会财务管理部门对财务管理工作负有组织、实施、检查的责任，财会人员要认真执行《会计法》，严格按财务制度办事。

（一）收入、成本平衡原则

对每一项具体的财务活动全面分析其收益性和安全性，按照风险和收益适当均衡的要求制定方案，节约成本费用，压缩不合理开支，避免盲目决策，力争做到既降低风险，又能取得较高的收益。

（二）资金合理配置原则

严格执行学会协会财务预算，对资金的收入与使用按预算进行、对固定资产及无形资产的购置、研发的合理性严格控制，以达到资金合理配置原则。

（三）利益关系协调原则

学会协会内部各部门及个人将按劳分配、按资分配、按知识和技能分配、按绩分配等多种分配要素有机结合起来。并处理好外部各利益的关系，营造一个和谐、协调的发展环境。

（四）分级分权管理原则

在全面协调、统一的前提下，按照管理物资与管理资金相结合、使用资金与管理资金相结合、管理责任同管理权限相结合的要求，实行各级、各部门共同承担责任的财务管理，以图调动全体员工的管理积极性，将各项管理措施落到实处，务求有效。

第二节　收入管理

一、在国家政策和法规允许的范围内，多渠道地开辟经费来源，其主要收入来源是

（一）举办学术活动收入　学会协会按章程规定开展活动，所收取的医疗技术培训收入，注册费，资料费，按国家、省的有关规定，收取使用税务部门监制的票据。

（二）会员会费　个人、单位和团体参加学会协会组织，应按章程规定交纳会费。学会协会收取会员会费收入应使用财政监制的票据。

(三)项目费 学会协会承担有关部门和单位委托的项目,科研协作,继教项目等工作取得的经费。

(四)行政部门拨款 有关部门用于发展学会协会事业、科普活动、下乡讲学、专项活动资助的资金收入。

(五)其他收入,指上述范围以外的各项收入,包括捐赠收入、利息收入。

二、学会协会必须严格按照国家政策规定依法组织收入,各项收费必须严格执行国家规定的收费范围和标准

学会协会财务部统一收取各项收入,并使用符合国家规定的合法票据并加盖财务收款专用章。各项收入必须纳入学会协会帐目,统一管理、统一核算。

三、收入方式

现金收款、银行转帐

(一)现金收入的管理 严格执行人民银行颁布的《现金管理暂行条例》,根据实际需要,合理核实现金的库存限额,超出限额部分要及时送存银行。

(二)支票收入 接受支票收入时应对支票填写的日期、金额、印鉴、大写金额及填写珠墨水等进行鉴定,以防差错。在鉴定无误收下支票后应尽快将支票送存银行办理入帐手续。

(三)银行转帐 对以银行转帐方式收取的收入,应通知付款人在汇款单上填写付款人或单位名称。财务部出纳在取得对方汇款单后应及时与银行取得联系以便确定款项到帐后才能办理相关入帐手续。

四、各收款经办人如丢失现金、支票、收款凭证或收取假币所造成的损失由各经办人自行负责,按实际损失额度等值赔偿。

五、学会(协会)收入严格按照《中华人民共和国会计法》及《民间非营利组织会计制度》进行核算。

第三节 支出管理

学会协会应本着量入为出、勤俭节约的原则,根据国家有关财政法规和制度有计划地合理支出。学会协会的支出范围包括:

一、学会协会召开学术年会、学术报告会、研讨会、理事会、工作会和表彰奖励会的开支。

二、按国家规定经有关部门批准编印、出版、发行书刊、杂志和资料所需的费用。

三、开展科普活动、人才培训活动的费用。

四、开展技术咨询、技术服务、科研课题的各项开支及有关政策规定支付有关人员的津贴、报酬,以及学会(协会)承担委托任务所需的费用。

五、学会协会的外事活动开支,其开支范围和标准按有关外事规定和协议办理。

六、邀请省内外科技人员作学术报告、讲学、科学论证、科学考察、技术鉴定等活动所需的开支。其开支标准按财政部门有关规定办理。

七、订购学会协会必需的杂志、书报、资料和购置仪器设备开支。

八、学协会设立的表彰先进和优秀论文等奖励项目的开支。

九、学会协会办事机构所需的人员经费、公用经费等行政性费用，其开支范围和标准比照行政事业单位的有关规定执行。

十、其他支出。

以上各项支出按国家相关法律法规及学会协会规定的范围执行。要严格实行分级审批手续。

第四节　资产管理

一、的资产管理部门统一管理学会协会所有资产

负责学会协会仪器设备、办公用设备、家具、房屋及构筑物等所有资产的综合管理，对所有资产管理情况进行指导、检查和考核，并向理事会报告。

（一）资产管理部门负责全学会协会资产的管理，对所有资产设立台帐、卡片，并对各项资产的入库、使用、领用进行管理，做到帐实帐卡相符。

（二）资产管理部门负责对资产进行每月盘查、登记及日常监督、维护工作，防止资产流失。

（三）资产管理部门负责资产的移交、调拨、转让、报损、报废的报批手续及报损、报废后的资产回收处理。

（四）资产管理部门负责全学会（协会）资产配置合理规划，参与资产采购、验收入库、维护保养及基建验收等管理工作。

（五）资产管理部门每年与财务部联合对固定资产进行全面清查盘点，对盘盈、盘亏的固定资产，要查明原因，分清责任，及时处理盘点及核对帐实相符情况。

二、固定资产标准、分类及管理

（一）凡由学会协会经费购置和建造的以及接受捐赠的资产，符合以下标准的，必须作为固定资产管理。

1.单件价值在500元以上（含500元），且耐用期限在1年以上并能独立使用的一般设备。

2.单件价值在800元以上（含800元），且耐用期限在1年以上并能独立使用的专用仪设备

3.位价值在100元以上（含100元），且耐用期限在1年以上并能独立使用的各类家具。

4.房屋及构筑物、文物及陈列品、图书、其他固定资产。

（二）固定资产的分类

1.房屋及构筑物，是指房屋、构筑物及其附属设施。房屋包括学会协会用房、行政办公用房、生活用房、产权为学会协会所有的住宅等；构筑物包括道路、围墙、水塔、雕塑等；附属设施包括房屋和构筑物内的电梯、通讯线路、水气管道等与房屋、构筑物不可分割的、不能单独计算价值的配套设施。

2.专用设备，是指各种具有专门性能和专门用途的设备，包括仪器仪表、机电设备(除交通运输车辆)、电子设备、印刷机械、卫生医疗器械、文体设备等。

3.一般设备，是指办公和事务用的通用性设备、交通工具等，包括行政办公设备和交通运输车辆。

4.文物及陈列品，是指古玩、字画、纪念品、装饰品、展品、藏品等。

5.图书，是指图书馆(室)、阅览室保存的图书、资料等。

6.其它固定资产，是指家具、标本模型、被服装具等未包括在上述各类资产的固定资产。如家具、标本模型、被服装具、牲畜、土地及植物、工具、量具和器具等。

(三)固定资产购置

固定资产的购置必须根据规划与年度经费投资制定年度购置计划。购置固定资产和低值易耗品须遵照“先报批、后购买”的原则。

固定资产的购置必须要货比三家并签订购买合同。对大型设备要进行招标方式进行采购。

(四)固定资产的验收

1.固定资产的验收工作必须做到严肃认真，应严格按照采购合同、招投标文件等规定进行验收。

2.新购置的单价在 2 万元以上或者批量价值在 10 万元以下的固定资产，一般由资产使用单位组织验收(2 人以上)。

(五)固定资产的使用管理

1.学会(协会)应当加强固定资产的使用管理，建立健全的固定资产使用效益考评体系，促进科学、合理利用固定资。

2.建立健全登记审批制度，加强对因工作需要配备给个人使用的固定资产的管理，严格履行领用和交还手续，确保其安全完整。

3.领用固定资产的人员，在发生人事变动时，应办理固定资产交还手续，并经所在资产管理处确认后方可离职。

4.固定资产实行清查盘点制度，学会(协会)每年进行一次固定资产清查盘点工作，每年联合财务部对所有固定资产进行大盘点。盘点表需由财务部门、使用部门及资产管理部门责任人审核确认，确保固定资产账实相符。

(六)固定资产的借出、维修与报废管理

1.资产的出借

(1)资产的借出、调拨都要经过严格的申报及审批制度，要指定专人办理并设立专册登记。

(2)一般设备的借出必须填写“借出单”，列出需借出资产的名称、数量、资产状况，由会长签名确认后方可借出。

(3)为保证学会(协会)的资产管理，所有资产借出期限最长为 3 个月。确属需要，应办理续借手续。

(4)设备及仪器借出收回时要经双方当面检查，如有损坏应及时追查责任。由经办人负责赔偿或维修。

2.资产的维修

(1)资产购入后应及时开箱验收及试用,发现故障及时报告采购部门处理。

(2)设备或仪器出现故障后应填写故障维修申请单上报后方可进行维修。

3.资产的报废

(1)仪器或设备符合以下条件的可办理报废。

①使用年限已满,丧失使用效能,无修复价值的;

使用年限未满,但因生产条件改变,已丧失原有使用价值的;

使用年限未满,但缺乏配件无法修复使用的;

固定资产因受自然灾害毁损无修复使用价值的;

城建规划,必须拆除且再无利用价值的固定资产;

装置更新改造必须拆除更换的;

因技术落后必须淘汰的;

严惩污染环境,危害人身安全与健康,进行改造又不经济的,经国家质量监督部门、环保部门鉴定,不符合安全环保要求又不能修复利用的;

整套设备拆除时不能利用的部分;

其他符合报废条件的固定资产。

②因被盗而损失的固定资产(保管不当除外),使用部门必须提交书面报告,并附公安部门出具的证明材料,证明不属管理不当而被盗的,经资产管理员和理事会签字同意免予赔偿后,办理固定资产注销手续。

③因自然灾害或不可抗力因素造成的固定资产损失,由使用部门提供合法的证明材料,报资产管理部门审核,经理事会审批同意免予赔偿后,办理固定资产注销手续。

④因管理措施不到位,造成固定资产被盗或毁损的,有关部门和人员要查明原因、明确责任,并向理事会提供书面报告,进行赔偿处理后,方可办理固定资产注销手续。

⑤符合上述报废条件需要办理报废的固定资产,由使用部门提出并填写“固定资产报废申请表”,经专业人员鉴定上报会长批准后才可报资产管理部门办理报废手续。

⑥资产管理部门接到资产报废申请单与鉴定书后填写“固定资产报废处理清单”并登记造册后主能出售。

⑦经批准办理出售的资产的清理收入及报损、报废后的资产回收的残值作为学会协会重置资产的专项资金。

(七)固定资产的管理责任

学会协会定期开展资产管理工作的总结、评比工作。对认真执行本办法,在固定资产管理工作中取得显著成绩的部门和个人给予表彰和奖励;对不认真执行本办法,造成本协会固定资产管理混乱的部门和个人,根据情节轻重进行处分。

1.各部门及有关人员有下列情形之一的,由学协会)责令其限期改正,逾期不改的,要追究部门及相关人员的责任,同时可按违反财政法规处罚规定并处一定金额的罚款,由财务部门根据协会决定扣缴;触犯刑律的,移交司法机关处理。

(1)没有配备固定资产管理人员,未落实管理目标责任的。

(2)不按规定办理固定资产增加或减少手续,造成固定资产有物无账、有账无物,致使单位固定资产账实严重不符的。

(3)擅自处置固定资产实物的。

(4)固定资产管理员发生人事变动时,未完清交接手续,致使单位固定资产管理职责不清、实物遗失的。

(5)不按规定保管、使用、管理协会固定资产,导致协会固定资产管理混乱,造成国有资产流失的。

2.发生固定资产损坏、丢失等损失时,必须查明原因,除免责情形外,均应追究相关人员责任并赔偿,赔偿额度由资产管理部门及财务部联同按固定资产原值的一定比例(新旧程度)以及其他损失计算确定,赔偿金由财务部代收。

(八)无形资产管理及其它资产

无形资产,是指学会(协会)拥有或者控制的没有实物形态的可辨认非货币资产,即能够从公司中分离或者划分出来,并能够单独或者与相关合同协议、资产、负债一起用于出售、转移、授权许可、租赁或者交换的,以及源自合同协议性权力或其他法律权利的非货币性资产。

无形资产通常包括专利权、非专利技术、商标权、著作权、特许权、土地使用权等。

1.无形资产的取得:外购的无形资产,必须取得无形资产所有权的有效证明文件,仔细审核有关合同协议等法律文件,必要时应听取专业人员或法律顾问的意见。

2.学会协会外购和自创形成的无形资产,通过接受捐赠、调拨等形式取得的无形资产,以及依据国家法律、法规或者依法由合同约定应界定为学会所有的无形资产,其所有权均属学会(协会)。

3.据无形资产的使用效果、生产经营发展目标等因素拟定无形资产投资项目,对项目可行性进行研究、分析,编制无形资产投资预算,并报资产管理部门及理事会审批,确保无形资产投资决策科学合理。

4.对验收合格的无形资产应及时办理编号、建卡、调配等手续。

5.学会协会无形资产主要包括:

(1)专利权:依照《中华人民共和国专利法》的规定,界定学会为专利权人的,在法定期限内为学会(协会)所占有或专有的各种发明创造;

(2)商标权:以学会协会名义申请注册的,一定期限内在指定的物品上使用特定的名称、图案、标记的权利;

(3)著作权即版权:由学协会持,代表学会协会意志,并由学会(协会)承担责任的文学艺术创作、科学著作、音像制品、图纸、模型、计算机软件等,依法界定学会(协会战为著作权人,学会(协会)享有出版、发行等方面的专有权利;

(4)专有技术(非专利技术):是指学会(协会)作为发明人,由学会(协会)独有的、不公开的、具有实用价值的先进技术、科研成果、资料、技能、知识等;

(5)土地使用权:学会协会依法、有偿取得的土地使用权,视为学会协会的无形资产。国家土地管理部门无偿划拨的,专门用于与学会协会事业活动有关的土地使用权,一般不作为无形资产;

(6)特许经营权:是指学会(协会)所属经济实体在某一地区经营或销售某种特定商品的权

利,或是依法取得使用他人商标、专利技术的权利;

(7)商誉:是指学会协会由于具有较高的社会信誉,或在某些方面有一定的优势,使得学会协会的冠名权具有为使用者带来较多经济利益的能力。

(九)无形资产取得

1.外购的无形资产按取得时发生的总支出计价。总支出包括所付的价款、聘请律师的费用及其他有关的支出;

2.以出让方式单独取得的土地使用权的计价,应根据土地出让合同约定支付的土地使用权出让金和相关支出确定;

3.作为整批资产中的一部分取得且独立发挥作用的无形资产的计价,应根据所取得各项无形资产的公允价值,将总支出按比例分配确定;

4.学会协会自创并依法取得的专利权、商标权等无形资产的计价,应根据依法取得时发生的注册费、律师费以及开发过程中实际发生的支出确定;

5.接受捐赠的无形资产的计价应根据其公允价值确定;

6.盘盈的无形资产,按现行市场价值计价;

7.其他形式形成的无形资产按有关规定计价。

无形资产一般在发生自行开发、购置、受让、转让、对外投资等行为并经过法定机构评估后,才能计价。

(十)无形资产的使用

按学会协会具体情况确定无形资产分类标准和管理要求,并制定和实施无形资产目录、确定无形资产摊销范围、摊销年限、摊销方法、残值等。摊销方法一经确定,不得随意变更。

每年年末由无形资产使用部门和财务部门对无形资产进行检查、盘点。

学会协会无形资产交付使用时由交付双方共同验收并确认, 确保无形资产符合使用要求无形资产交付使用的验收工作由使用部门及资产管理部门共同实施。

(十一)无形资产的处置

1.对使用期满、正常报废的无形资产,应由无形资产使用部门填制无形资产报废单,经授权部门或人员批准后对该无形资产进行报废清理。

2.对使用期限未满、非正常报废的无形资产,应由无形资产使用部门提出报废申请,注明报废理由、估计清理费用和可回收残值、预计出售价值等,按规定程序审批后进行报废清理。

3.对拟出售或投资转出的无形资产,应由有关部门或人员提出处置申请,列明该项无形资产的原价、已提折旧、预计使用年限、已使用年限、预计出售价格或转让价格等,报经理事会批准后予以出售或转让。

4.对于重大无形资产的处置,应当采取集体合议审批制度,并建立集体审批记录机制。

5.无形资产处置涉及产权变更的,应及时办理产权变更手续。

其他资产:

其他资产指除固定资产及无形资产外的资产。

(十二)财物及资产的盘点制度

1.盘点范围:

(1)存货,包括材料、燃料、包装物、低值易耗品等;

(2)固定资产、无形资产;

(3)其他财产,包括现金、票据、有价证券、租赁契约等。

2.盘点方式:

(1)月度盘点:资产保管员每月月底对所保管的资产及物料进行盘点,盘点后与资产及物料台帐进行核对。如有差异应及时提交盘盈、盘亏原因说明及盘点表报资产管理部门,由资产管理部门进行核实后作出处理意见并上报理事会,理事会批准后财务才能时行帐务调整。

(2)季度及年度盘点:由资产管理部门、财务部及资产保管员共同盘点,对各种资产合面清点。盘点完毕三方签名确认,如有差异按月度盘点流程执行。

(十三)资产的减值准备

为真实反映学会财务状况和经营成果,合理预计各项资产可能发生的损失,有效保证资产核销工作的正确,学会每年度末应对所有固定资产及无形资产进行详细盘查,核实资产的的使用状况,以确定各项资产减值的准备金额并上报理事会批准后进行帐务处理。

第五节 会费管理

一、会费可用于下列支出

按《社会团体登记管理条例》规定,会费可用于下列支出:

(一)办公费(含办公用品购置费、文印费、书报费、邮电费、电话费、资料印刷费等);

(二)差旅费;

(三)办公场所租赁费、水电费;

(四)专职工作人员的工资、补贴及福利费;

(五)公务费(会员大会、理事会、常务理事会、秘书处工作会议,以及以本学会协会名义召开的其他会议费用);

(六)学会协会的外事活动经费;

(七)学会协会举办为会员服务的各项活动支出;

(八)与学会协会有关的其它正常开支。

二、会费使用注意事项

(一)本学会协会的财务工作必须执行国家规定的财务管理制度,接受主管部门和社团登记管理机关以及会员代表大会的监督管理,接受审计部门的监督审计。财务部设立专人收款,对所有会费收缴、使用与管理实行专人专户管理,建立收支明细帐,坚持“帐钱分管”的原则,会计不得兼任出纳。财会人员调动工作或离职时,必须与接替的财会人员办理交接手续。

(二)学会协会每年向理事会或会员代表大会公布会费收支情况,接受理事会和会员代表大会的审查,并在社会团体年检时向省市主管部门报告会费收支情况。

(三)学会协会建立严格的财务管理制度,学会协会的资产管理严格执行国家规定的财务管理制度，接受会员代表大会和市财政部门的监督。任何单位、个人不得侵占、私分和挪用协会的资产。

（四）会费支出实行预算制度，每月对下月费用列支按预算制定开支明细表，报会长审批后才能按预算开支。

（五）会费的收缴、使用、管理要做到公开、透明，每年对会费的收支进行审计及公开。

第六节 基金管理

为积极推进科研事业的发展，学会协会可设立科研基金或其他公益性基金，基金的管理，将根据民政部发（1999）50号文《社会团体设立专项基金管理机构的暂行规定》的原则精神，按照专款专用、专人管理的原则，并制定一系列管理办法。

一、宗旨与任务

设立科技专项基金的宗旨，是遵循国家发展科技事业的方针政策，致力于激活会员的创新精神，活跃学术思想，促进科学发展，促进医疗技术的普及推广。其任务是积极争取社会各界的支持，接受社会各界的支助和捐赠，开展并支持我会员开展国内外医疗学术交流和新技术普及，表彰奖励优秀科技工作者。

二、专项基金来源

（一）政府支持和专项资助；

（二）上级业务主管单位资助；

（三）企事业单位，海内外团体和个人的捐赠；

（四）基金利息等增值收入；

（五）其它合法收入。

三、专项基金的使用方向

（一）资助有利于促进医疗新技术普及和推广的项目；

（二）为活跃学术思想和繁荣医学交流而组织的国内外交流项目；

（三）为促进医疗普及和学术繁荣所举办的各类表彰奖励项目。

（四）资助符合本会宗旨的其他有关活动；

（五）资助按照本会宗旨和捐赠人意愿实施的慈善项目；

四、专项基金的管理

（一）管理机构

1.根据民发（1999）50号文精神，为加强专项基金管理，设“专项基金管理委员会”（以下简称“基金管理委员会”）专职管理机构，并经社会团体登记管理机关审批。

2.基金管理委员会由医学会聘请医疗工作者、其它有关人员以及资助和捐赠者代表组成。

医学会主要负责人兼任基金管理委员会主任。基金管理委员会实行任期制，每届任期与医学会理事会任期同步。

3.基金管理委员会下设基金管理委员会办公室，在基金管理委员会主任领导下负责日常工作。

（二）基金使用管理

1.使用专项基金实行申报审批制度。

2.申报程序

（1）申请方填写《专项基金资助申请表》交基金管理委员会办公室；

（2）申请表由基金管理委员会办公室汇总，提请基金管理委员会评审会评审；

（3）评审会议根据本办法第一、三条规定对项目及经费预算进行评审，评审通过的项目由基金管理委员会主任签发；

（4）评审原则上每年举行两次，上半年一次，下半年一次。

3.项目完成后，申请方须及时作出项目执行情况的书面报告及经费决算报告送基金管理委员会，并向基金管理委员会无偿提供有关录音、录像、图象、图片、照片、书籍等项目资料。

4.预算与决算不符的项目，如有节余，应按投入比例退还基金管理委员会；超支不补。

（三）专项基金财务管理

1.专项基金纳入学会（协会）财务统一管理，要根据基金使用方向专款专用，不得超出其专项基金管理办法规定的使用范围，不得用于其它任何形式的经营性投资。专项基金可以将资金存入金融机构收取利息，也可以购买国债，但不得用于购买企业债券、股票、投资基金。

2.专项基金实行独立会计核算，并编制单独的财务报表。专项基金管理机构编制的专项年度预算报表、决算报告，要报学会（协会）理事会或常务理事会审议批准。

3.基金管理委员会的管理成本费用可以在专项基金中列支，但应控制在合理的范围内。

4.学会协会在年检时应向主管部门和登记管理机关报送专项基金财务报表。专项基金来源于损赠、资助的，应当根据资助、捐赠人的要求，定期向其通报专项基金使用情况和提供相应的会计资料。

5.基金管理委员会接受社会团体登记管理机关组织的专门审计，专项基金来源于政府部门资助的，应按照有关规定接受财政、审计部门的监督。管理委员会主任离任，应按照有关规定接受社会审计机构的审计。

6.学会协会参照事业单位的会计制度按会计年度实行独立核算，配备具有从业资格的财会人员，开设独立的人民币和外汇帐户，严格按照国家有关规定管理本会基金帐务。

7.基金的募集、管理和使用接受民政、审计、本会理事会等部门的审计、监督，并定期上报基金收支情况。

8.学会协会应接受捐赠人对基金的使用和管理情况进行查询、监督。

9.学会协会应定期向社会公布基金收支情况，年度审计报告向社会公布，接受社会各界的监督。

五、基金管理委员会的撤消

由于专项基金用途变化或其它原因撤消基金管理委员会，应向社会团体登记管理机关办理注销登记。

第七节　捐赠财物管理

为进一步规范捐赠资助和受赠受助行为，加强学会协会接受社会捐赠资助财产管理，保护捐赠资助人和受赠受助人的合法权益，根据《中华人民共和国公益事业捐赠法》及《中华人民共和国合同法》等相关法制规定并结合本协会实际特制定本管理办法。

一、总则

（一）凡是国外政府、国际组织和机构、国内外单位、友好人士等向本协会捐助、赠送的用品都适用本管理办法。

（二）社会捐赠资助是指自然人、法人和其他组织（以下简称捐赠资助方）自愿无偿向本学会提供资金或物资等形式的支持和帮助。包括国内外企业、协会、学会等赠送现金、药品、医用耗材、医疗仪器设备，资助医疗卫生技术人员开展学术交流、人员培训等学术活动。

（三）学会协会接受社会捐赠资助必须遵守国家法律、法规，捐赠资助要坚持自愿无偿原则，符合公益目的。遵循尊重捐赠者意愿与符合协会利益相统一的原则。不得损害公共利益和公民的合法权益，不得接受附有影响公平竞争条件的捐赠资助，不得将接受捐赠资助与采购商品（服务）挂钩，不得以任何方式索要、摊派或者变相摊派。

（四）学会协会以法人名义接受社会捐赠资助，捐赠资助财产由财务科和资产管理部门统一管理。个人一律不得接受捐赠资助。特殊情况下，捐赠资助方要求以个人名义接受捐赠资助财产的，应当事先报告理事会审核同意，并将捐赠资助财产纳入财务科和资产管理部门统一管理。

（五）学会协会接受的社会捐赠资助财产及其增值均属于协会公共财产，须办理报增手续入固定资产账，不得账外滞留。任何部门和个人不得侵占、挪用或损毁。

（六）学会协会接受社会捐赠资助，由资产管理部门会同财务科及相关科室组成捐赠资助审核组，对捐赠资助方的捐赠资助方案予以审核，根据捐赠资助项目是否属于公益非营利性质、是否涉嫌商业贿赂和不正当竞争等情况，提出接受捐赠资助意见，并理事会审核同意。

（七）学会协会接受社会捐赠资助现金和物资，应当与捐赠资助方签订书面协议，明确捐赠资助财产的种类、数量、质量、价值、用途以及双方的权利、义务。捐赠物资资助方提供有效凭证的，可按凭证上标明的金额作为实际价值；捐赠资助方未提供有效凭证的，可参照同类或类似物资的市场价格估价，经捐赠资助方同意，经理会事批准后财务部作为实际价值办理入帐手续。协会接受社会捐赠资助本协会人员开展学术交流、人员培训等学术活动，应当填写《捐赠资助学术活动登记表》经理事会审批后实施。捐赠资助方应当依法履行协议，按照协议将捐赠资助财产交付财务部登记建账，任何个人不得私自接受社会捐赠资助，逃避财务监督。

（八）学会协会接受的捐赠资助财产纳入协会资产管理制度和财务核算制度以加强对受赠

资产的管理。财务科建立捐赠财产备查账，及时登记捐赠财产的取得、验收、分配、发放、领用等情况，做到账目清楚，及时准确，手续齐备，记录完整，账实相符。

（九）学会协会接受社会捐赠资助，必须向捐赠资助方出具加盖协会财务专用章的票据或证明。

（十）接受境外捐赠资助财产的，应当按照国家有关规定办理入境手续；实行许可管理的物品，按照国家有关规定办理许可申领手续。

（十一）不得接受不符合国家有关质量、环保等标准与要求的捐赠资助。

（十二）接受捐助方必须尊重捐赠资助方意愿，严格按照协议约定开展活动，不得擅自改变捐赠资助财产的用途。如果确需改变用途的，需征得捐赠资助方同意。

（十三）学会协会接受的社会捐赠资助财产主要用于学会（协会）人员培训、学术交流、科学研究和服务设施建设等业务活动。接受捐赠资助财产应充分整合资源，切实发挥受赠资产的最大使用效益；捐赠资助资金不得用于发放员工奖金、津贴及其它个人支出。捐赠资助项目完成后形成的资金结余，纳入协会经费结余管理。

（十四）对受赠资金的使用应公开透明，接受的捐赠资助资产使用管理应及时向员工和捐赠方定期公示。捐赠者有权对捐赠物资的使用进行监督并提出异议。

二、捐赠方式

（一）会员捐赠可以在本学会协会网站上捐赠平台通过网上银行直接转账，也可以通过邮局汇款、银行转帐或直接缴至本协会财务处。

（二）单位捐赠一般通过银行转账或由捐赠单位与协会商议以适当方式进行。

（三）通过邮局或银行向协会捐赠的捐赠人须在汇款单或转账票据上说明捐赠者的姓名及联系方式等。

三、接受捐赠资产入账价值

（一）捐赠方提供了有关凭据的，按凭据上标明的金额加上应支付的相关税费作为入账价值。

（二）捐赠方没有提供有关凭据的，按如下顺序确定其入账价值。

1.同类或类似资产存在活跃市场的，按同类或类似资产的市场价格估计的金额，加上应支付的相关税费，作为入账价值；

2.同类或类似资产不存在活跃市场的，按接受捐赠的资产的预计未来现金流量现值，作为入账价值。

3.如果受赠的系旧的固定资产，按照上述方法确认的价值，减去按该项资产的新旧程度估计的价值损耗后的余额，作为入账价值。

第八节　会计应遵循的会计制度与原则

会计控制制度是我国的法律法规在各单位具体体现，学会协会在制订、修改内部会计控制制度时，以国家的法律法规和政策为依据。保证联络渠道的畅通，要做到责权分明，对组织中每个部门、每个人实现有效会计控制。

学会协会在制订会计制度时应遵循以下四个原则

一、全面性和系统性的原则

全面性包含两层含义，一是指内部会计控制制度的触角渗透到单位各项业务过程和各个操作环节，覆盖所有的部门和岗位。由于会计工作贯穿于单位整个经济活动，是对单位整个经营管理活动进行会计核算和会计监督，因此制定会计控制制度要求全面。二是指内部会计控制制度对全体员工都有约束力，即制度面前人人平等，也指在设计过程中，充分听取和吸收执行人员的意见和建议，发挥员工的积极性，使员工自觉执行制度。

本制度建立时应将各部门和各岗位形成既相互制约又具有纵横交错关系的统一整体，以保证各部门和各岗位均能按照协会的目标相互协调地发挥作用。同时，内部会计控制制度要与其他内部控制制度相互衔接，形成目标统一的内部控制制度，从而发挥内部会计控制制度的总体功能，实现内部会计控制的总体目标。

二、体现内部牵制的原则

内部牵制是指在部门与部门、员工与员工及各岗位间所建立的互相验证、互相制约的关系，其主要特征是将有关责任进行分配，使单独的一个人或一个部门对任何一项或多项经济业务活动无完全的处理权，必须经过其他部门或人员的查证核对。从纵向来说，至少要经过上下两级，使下级受上级的监督，上级受下级的牵制，各有顾忌，不敢随意妄为；从横向来说，至少要经过两个互相不隶属的部门或岗位，使一个部门的工作或记录受另一部门工作或记录的牵制，借以相互制约。在学会（协会）收入环节中，发票开具环节由财务部门的人员处理而不是由举办收入业务活动人员处理，目的在于增强牵制作用。

三、讲究成本效益原则

实行内部会计控制制度本身就是通过完善的内部控制，降低成本和人为因素，最大程度上提高单位的经济效益。如果实行这项制度所花费的成本大于其本身所能带来的效益，就不存在实行内部控制的必要性。因此，对重要经济业务活动要进行重点控制，对一项经济业务活动的关键环节实行重点控制。选择关键控制点是实现少花费而高效率控制的重要途径。

学会协会的会计机构要积极修订完善单位内部会计控制制度，与时俱进，不断修订和完善单位内部会计控制制度，以始终保证内部会计控制的适应力和活力。同时，由于各部门的内部实际情况是不断变化、发展的，面临的外部环境也是随着社会进步而变化和发展，但是，内部会计控制制度又是相对稳定，为了既要符合现时需要，又要与未来发展相结合，保证在一定时期内的适应力和活力，在设计时要有一定的前瞻性。

四、坚持事前、事中、事后全过程控制的原则

（一）学会协会的会计控制制度应坚持以预防为主，对经营活动过程的重要活动、关键环节进行控制，并采取内部稽核、审计和书面报告等方式进行检查。

（二）在日常的管理活动中，会计部门负责管理成本。如：正确核算收入、成本、计算交付使用的财产价值和预算执行情况；及时采取措施，控制预算执行情况，查究预算项目以外的支出等。

（三）在每个收入活动结束后，会计部门应及时开展各项结算工作，对监督检查过程中发现的内部控制中的薄弱环节，及时采取措施，加以纠正和完善。

第九节　会计科目和会计报表

根据自身性质决定，学会协会适用的财务制度为《民间非营利组织会计制度》，因此会计科目和会计报表都是根据《民间非营利组织会计制度》的规定进行设定、使用及编报。

一、学会协会会计科目

（一）学会协会会计科目的设定及使用原则

1.按照《民间非营利组织会计制度》的规定，学会协会应统一规定会计科目的编号，以便于编制会计凭证，登记账簿，查阅账目，实行会计电算化。会计科目不得随意打乱重编。某些会计科目之间留有空号，供增设会计科目之用。

2.学会协会应按照《民间非营利组织会计制度》的规定，设置和使用会计科目。在不影响会计核算要求和会计报表指标汇总，以及对外提供统一的财务会计报表的前提下，可以根据实际情况自行增设、减少或合并某些会计科目。明细科目的设置，除制度已有规定者外，在不违反统一会计核算要求的前提下，学会协会可以根据需要自行确定。

3.对于会计科目名称，学会协会可以根据本组织的具体情况，在不违背会计科目使用原则的基础上，确定适合于本组织的会计科目名称。

4.学会协会在填制会计凭证、登记会计账簿时，应当填列会计科目的名称，或者同时填列会计科目的名称和编号，不得只填科目编号，不填列科目名称。

（二）学会协会会计科目的类别

学会协会会计科目有四大类，分别为资产类、负债类、净资产类及收入费用类，具体如下：

顺序号编号名称

1.资产类

11001 现金

21002 银行存款

31009 其他货币资金

41101 短期投资

51102 短期投资跌价准备

61111 应收票据

71121 应收账款

81122 其他应收款

91131 坏账准备

101141 预付账款

111201 存货
121202 存货跌价准备
131301 待摊费用
141401 长期股权投资
151402 长期债权投资
161421 长期投资减值准备
171501 固定资产
181502 累计折旧
191505 在建工程
201506 文物文化资产
211509 固定资产清理
221601 无形资产
231701 受托代理资产
2.负债类
242101 短期借款
252201 应付票据
262202 应付账款
272203 预收账款
282204 应付工资
292206 应交税金
302209 其他应付款
312301 预提费用
322401 预计负债
332501 长期借款
342502 长期应付款
352601 受托代理负债
3.净资产类
363101 非限定性净资产
373102 限定性净资产
4.收入费用类
384101 捐赠收入
394201 会费收入
404301 提供服务收入
414401 政府补助收入
424501 商品销售收入
434601 投资收益
444901 其他收入

455101 业务活动成本

465201 管理费用

475301 筹资费用

485401 其他费用

(三)学会协会会计科目的使用

学会协会会计科目的使用,应当参照《民间非营利组织的会计制度》中关于会计科目的使用说明进行。

二、学会协会会计报表

(一)学会协会会计报表的编制原则

学会协会应当根据《民间非营利组织会计制度》有关财务会计报表的编制基础、编制依据、编制原则和方法的要求,对外提供真实、完整的财务会计报表。学会协会不得违反规定,随意改变财务会计报表的编制基础、编制依据、编制原则和方法,不得随意改变《民间非营利组织会计制度》规定的财务会计报表有关数据的会计口径。

(二)学会协会会计报表的种类

根据《民间非营利组织会计制度》的规定,学会协会的会计报表主要包括年度和中期财务会计报表。这两种会计报表至少应当反映两个年度或两个相关会计期间的比较数据。

(三)学会协会会计报表的格式

编号 会计报表名称 编制期

会民非 01 表资产负债表中期报告、年度报告

会民非 02 表业务活动表中期报告、年度报告

会民非 03 表现金流量表年度报告

(四)学会协会会计报表的编制方法

学会协会会计报表的编制,应当参照《民间非营利组织的会计制度》中关于会计报表的编制说明进行。

(五)学会协会会计报表附注

学会协会会计报表附注应披露的内容,应当参照《民间非营利组织会计制度》中关于会计报表附注的说明。

第十节 财务监督

学会协会的财务监督,分为内部监督和外部监督两种。

一、学会协会财务监督之内部监督

内部监督主要分为财务部门内部监督、单位领导层审核监督以及单位内各部门监督三大类型。内部监督主要依据为:1、学会协会财务制度、;2、学会协会根据本组织的财务制度而对相关财务和业务部门岗位量身设定的审核复核制度;3、学会协会财务部门内各岗位间职责权限互相复核制约的制度。

(一)财务部门内部监督

财务部门应设置财务主管、会计、报税员及出纳四个岗位。如会计核算业务需求,可增加会计人数。

财务部门应遵守财务制度开展日常业务工作,凭证及账目制作由会计负责,财务主管复核;出纳帐由出纳负责,财务主管复核;税务申报及缴纳由报税员负责,财务主管复核。

值得提出的是,在财务部门岗位职能设置上,需要注意避免同一项工作的执行和审批是同一个人,应时时处处按照分权互相审核制约的原则,避免不必要的错误和漏洞。

(二)单位领导层审核监督

单位领导层的审核监督分为两类,一类是日常业务的监督,另一类是对财务数据的审核。

学会协会日常办公费用报销、购买固定资产、开展各项经济业务,需按照财务制度执行,各部门主管审核,再由财务主管审核,最后交由学会协会领导签批。

季度、半年度及年度终了,由财务主管负责将财务报表提交学会协会领导层审核。同时财务主管需根据领导层的指示,不定期或定期提交各种分析报表及报告。

(三)单位内部各部门监督

学会协会各部门开展业务活动与财务部门息息相关,在工作中发现问题,各部门需及时反馈给财务主管及单位领导层,并将问题解决;对继发性问题各业务部门需和财务部门商议出具体执行措施并报领导层审批后执行。

学会协会内部的财务监督机制,要对应本组织的发展计划、组织内人员岗位架构设置变动、本组织的职能发展变化、各类财务法规更新变动以及各上级部门的要求,不断地更新发展及完善。

二、学会协会财务监督的外部监督

外部监督主要分为上级主管部门监督、社会中介咨询机构监督以及社会广大群众监督三大类型。

(一)上级主管部门的财务监督

上级主管部门的财务监督具有强制性、常规性及全面性等特点。上级主管部门主要是通过年度上报会计报表及不定时上报各类财会报表对学会协会进行财务情况的了解,从而发现问题并对学会协会进行教育并促进其改进。同时上级部门会定期或不定期对学会协会进行审计或者财规检查,对审计或检查中发现的问题出具相应的报告并要求学会协会进行整改。

(二)社会中介咨询机构的财务监督

社会中介咨询机构的财务监督具有非强制性、不定期性及专业性等特点。学会协会通常需要聘请社会中介咨询机构对本组织的财务情况作出具有公信力的独立第三方的专业评价,内容主要包括年度财务情况的审计、离任财务情况的审计、年度所得税汇算清缴审计以及不定期的各类财务专业咨询报告。

社会中介咨询机构可对学会协会有针对性地提供财税专业服务,可协助提高学会协会财务人员的专业能力,可提出对财务工作不足的改进意见。因此社会中介咨询机构的财务监督虽是非强制性的,但对学会协会的财务工作不可缺少。

(三)社会广大群众的财务监督

学会协会的经济业务活动是在社会中进行,受全社会人民监督的,这种监督具有广泛性及不定期性等特点。在社会主义中国,广大群众如对学会协会的经济业务活动认为有不足之处的,可向学会协会的工作人员及领导层了解具体情况并投诉,可向学会协会上级主管部门反映情况并投诉,还可利用法律武器维护自身的利益。因此,学会协会在进行经济业务活动时,应时时处处遵守国家各项法律法规,既保护了广大群众的利益,也维护了本组织的切身利益。

第十一节　法人离任审计

一、法人离任审计的依据

学会协会有其组织章程,按章程规定法人任期满或法人到退休年龄,均应按章程规定,对法人任内经济责任情况进行专项审计,并出具有法律效力的审计报告,作为证明法人任内经济责任的文件,由上级主管部门及本组织存档。

二、法人离任审计的类型

法人离任审计包括上级主管部门专项离任审计和会计师事务所专项离任审计两种类型。

(一)上级主管部门专项离任审计

学会协会在法人即将离任期间,上报上级主管部门,由上级主管部门安排审计小组进驻学会协会机关单位,进行专项离任审计。

此专项审计内容为法人任内的财务数据及经济业务活动数据,审查依据为审计法及各项财经法规,审计报告内容将集中在法人任内其经济责任是否合法合规,法人任期内学会协会的经济情况是否良性发展,法人任期内是否有其他违反法律法规的问题存在。

待审计完毕,上级主管部门会出具正式的审计报告下发到学会协会。如报告中提出存在需整改的问题,学会协会需出具正式的整改报告文件上报到主管部门,待主管部门复核无误后,此专项离任审计才正式结束。学会协会应将审计报告及整改报告一并归档,以备查验。

(二)会计师事务所的离任专项审计

学会协会在接受上级主管部门做专项离任审计的同时,应该聘请会计师事务所来进行专项离任审计。此举是因为法人换届后,学会协会的各类营业证照证书需更改法人名称,根据目前有相关的政府部门的规定,学会协会需提供会计师事务所的专项离任审计报告作为依据文件。

会计师事务所的离任审计报告侧重点主要为学会协会法人任内的财务数据是否完整、真实,财务报表披露信息是否公允客观,财务制度是否健全有效。这与上级主管部门的离任专项审计侧重点有所不同。

第十二节　学会协会财务管理应注意的几个问题

学会协会财务管理的方方面面范围涉及很广,在此仅与读者探讨以下三个方面。

一、资金理财活动的开展

学会协会虽属民间非营利组织，但会开展各项经济业务，要负担本组织所有工作人员的薪金、福利费用、办公费用和离退休员工的离退休费用，是属于自负盈亏的组织机构。因此，学会协会的财务主管需具备专业的理财知识以及资金筹划能力，在学会协会的经济业务不断发展的情况下，积极地进行资金理财活动，实现增收创收，提高资金利用率和收益率。

在现行的资金市场环境下，学会协会的资金不能参与有风险及期间过长的理财项目，只能参与保本、无风险、短期的中等收益理财活动。例如：协定存款、通知存款、结构性理财产品等。在作出理财活动前，财务主管需全面了解理财产品的详细内容，确保无风险及收益在预期范围内，再向领导层作出建议，进行理财活动。进行理财活动时，学会协会应与相关金融机构（如：银行）签订正式的合作框架协议以及具体的合作协议，所有协议一式两份，双方各保存一份。

在进行资金理财活动时，应注意以下问题：1、避免参与有风险或期间过长的项目；2、所有合作协议应完整存档备查；3、资金应做好使用计划，理财活动不能与学会协会开展的业务活动有冲突；4、注意所进行的理财活动不违反各上级主管部门对本组织的管理规定。

二、财务档案管理的电子数据化

根据《中华人民共和国会计法》及《民间非营利组织机构会计制度》的规定，学会协会应对本组织的财务档案进行妥善保管，分类保存。

财务档案分长期保存和永久保存，对于永久保存的财务档案，在进行纸质存档的同时，也应开展电子数据化管理，将永久保存的财务档案均进行扫描存档，然后进行文件分类，建立财务档案数据库，进行简单检索即能调档查阅。这样既提高了工作效率，也提高了财务档案管理的安全性。

三、学会协会分支机构的财务管理和监督存在局限性

学会协会一般设立分支机构，如广东省医学会下属有85个专科分会，85个专科分会没有独立法人机构，不设独立财务账，分会账务由省医学会财务统一核算管理。

由于专科分会业务活动的独立性和专科分会任职人员的业余性，其业务费用的监督管理存在一定难度。同时，学会章程上对于专科分会经费的管理只是提出了纲要性的规定，并无细化到各项业务活动，同时经费使用权限也属于专科分会负责人所有，因此学会对专科分会的经费管理存在管理和监督有局限性的问题，需进一步完善学会经费管理制度，以加强经费收支管理。

参考文献

《民间非营利组织会计制度》.中华人民共和国财政部：北京:经济科学出版社.2004

广东省医学会财务部 黄金梅 刘彩红

第二十四章　学会协会档案、印章及证书管理

在学会日常工作中，公文处理和公章管理工作具有特别的重要性。公文处理是指公文的办理、管理、整理（立卷）、归档等一系列相互关联、衔接有序的工作。公章是学会业务往来的信物标志。公章管理涉及公章的刻制规范、公章的保管、公章的使用和公章的停用等环节。2000年以来，国家力行继续医学教育事业，相关证书的管理已经成为学会的日常工作。本章简要介绍学会档案管理、公章管理和继续医学教育证书管理的相关知识。

第一节　档案管理

《中华人民共和国档案法》定义档案是指过去和现在的国家机构、社会组织以及个人从事政治、军事、经济、科学、技术、文化、宗教等活动直接形成的对国家和社会有保存价值的各种文字、图表、声像等不同形式的历史记录。档案管理的对象是档案，服务对象是档案利用者。就其基本性质和作用来说，档案管理是一项管理性、服务性并带有政治性的工作。档案管理机构和档案工作人员是专门负责管理各部门形成的历史文件的一种专业，是社会管理体统中不可缺少的组成部分，所以是管理性的工作。通过提供档案信息为社会实践服务，是档案管理工作区别于其他工作的特点之一。档案部门虽然也研究档案、并进行相关编著活动，但其目的还是为了更好地适应社会的利用需要，仍隶属服务性。在不同的历史阶段，档案管理工作还体现出为一定的统治阶级所掌握，为一定阶级的经济、政治和文化服务的属性。这是档案管理工作政治性的集中表现。所以中外任何国家对档案管理都有一定的保密要求，多数档案要在规定期满后才开放。还有一部分档案不允许对外开放，这种机要性也是档案管理工作的重要性质。

档案是历史的见证，承载着人类文明历史的足迹。档案管理工作遵循集中统一，维护档案的完整与安全，便于利用的原则。集中统一指各级各类档案保管机构分别集中保存，并制定统一的规范进行管理。维护完整有两方面的含义：一是数量上要保证档案齐全，不残缺短少；二是质量上要保持档案的有机联系，不能人为割裂分散或零乱堆砌。维护安全有三方面的含义：一是力求档案免遭破坏，尽量延长档案的寿命；二是维护档案的真实性，不允许任意篡改或修正，保持档案的原始性；三是档案机密不被盗窃。便于利用是全部档案管理活动的最终目的，也是检验档案管理工作的一个标准。

档案管理涉及档案的收集、整理、保管、鉴定、统计和检索利用等活动。包括：档案收集、档案整理、档案价值鉴定、档案保管、档案编目和档案检索、档案统计、档案编辑和研究、档案提供利用等8项工作环节。还可将档案管理工作分为档案实体管理和档案信息开发两个子系统。档案实体管理包括收集、整理、鉴定、保管、统计等工作环节；档案信息开发又分信息加工和信息输出两部分，信息加工由编制目录、编辑文献汇编和编写参考资料构成，信息输出由提供阅览、复制、咨询、函调、外借以及出版、展览等多项服务活动构成。档案管理的最终目的是提供档案信息为社会实践服务，档案管理系统的结构即根据这一目的而设置，并有一定程序组成的有机整体。

档案管理的基本矛盾是档案的分散、零乱、质杂、量大、孤本等状况与社会利用档案要求集中、系统、优质、专指、广泛之间的矛盾。从几千年档案管理的历史来看，档案管理是由非独立系统到独立系统、由简单管理到复杂管理、由经验管理到科学管理、由手工管理到计算机管理、由封闭系统到开放系统而发展起来的。本节主要介绍学会档案管理的相关知识。

一、档案管理的基本规则

（一）公文档案

档案管理是公文管理的后续环节，按照规定行政公文分为以下 13 类。

1. 命令（令） 适用于依照有关法律公布行政法规和规章；宣布施行重大强制性行政措施；嘉奖有关单位及人员。

2. 决定 适用于对重要事项或者重大行动做出安排，奖惩有关单位及人员，变更或者撤销下级机关不适当的决定事项。

3. 公告 适用于向社会宣布重要事项或者法定事项。

4. 通告 适用于公布社会各有关方面应当遵守或者周知的事项。

5. 通知 适用于批转下级学会组织的公文，转发上级学会组织和不相隶属机关的公文，传达要求下级学会组织办理和需要有关单位周知或者执行的事项，任免人员。

6. 通报 适用于学会或直属机关内部表彰先进，批评错误，传达重要情况。

7. 议案 适用于学会系统内部按照章程向上级学会或挂靠管理机关提请审议事项。

8. 报告 适用于向上级学会或挂靠管理机关汇报工作，反映情况，答复上级机关的询问。

9. 请示 适用于向上级学会或管理机关请求指示、批准办理事宜。

10. 批复 适用于答复下级学会组织的请示事项。

11. 意见 适用于对重要问题提出见解和处理办法提交向相关学会组织或管理机关。

12. 函 适用于不相隶属机关之间的商洽工作，询问和答复问题，请求批准和答复审批事项。

13. 会议纪要 适用于记载、传达会议情况和议定事项。

公文办理完毕后，应当根据《中华人民共和国档案法》和其他有关规定，及时整理（立卷）、归档。个人不得保存应当归档的公文。归档范围内的公文，应当根据其相互联系、特征和保存价值等整理（立卷），要保证归档公文齐全、完整，能正确反映本机关的主要工作情况，便于保管和利用。联合办理的公文，原件由主办部门整理（立卷）、归档，相关部门保存复制件或其他形式的公文副本。归档范围内的公文应当参照国家有关档案管理标准和规范进行科学分类立卷，编制档案目录及必要的检索工具，以便查找利用。并确定保管期限，按照有关规定定期向档案部门移交。集中管理，任何个人不得据为已有。

（二）档案归卷

档案归卷的总要求是：遵循文件材料的形成时间、规律和特点，保持文件之间的有机联系，区别不同价值，便于保管和利用。具体应做到下述几点：

1.归档的文件材料种类、份数以及每份文件的页数均应齐全完整。

2.在归档的文件材料中，应将每份文件的正件与附件、印件与定稿、请示与批复、转发文件与原件、多种文字形成的同一文件立在一起，不得分开；文书及电字档案应同在一立卷。档案的主题词应按照国家档案局 1999 年颁布的行业标准《档案主题标引规则》拟定，以便于档案检索利用。

3.卷内文件材料应区别不同情况进行排列，密不可分的文件材料应依序排列在一起，即批复在前，请示在后；正件在前，附件在后；印件在前，定稿在后；

4.卷内文件材料应按形成关系（如时间、因果）排列顺序依次编写页号或件号。装订的案卷，应统一在有文字的每页材料正面的右上角、背面的左上角填写页号；不装订的案卷，应在卷内每份文件材料的右上方编号，图表和声像材料等也应在图表上或声像材料的背面编号。

5.按各类档案资料的保密级别、保存期限，案卷必须以规定的格式逐件填写卷内文件目录，对文件材料的题名不要随意更改和简化；没有题名应拟写题名，有的虽有题名无实质内容的也应重新拟写：没有责任者、年、月、日的文件材料要考证清楚，填入有关项内；卷内文件目录放在卷目。

6.声像材料应用文字标出摄像或录音的对象、时间、地点、中心内容和责任者。

（三）档案的移交

档案室或兼职档案管理员在办理档案移交时，须按以下几点原则点收：

1.检查归档文件资料是否完整；

2.与文件资料无关的其他物品应立即退回经办部门或经办人；

3.文件资料是否清理整齐并分类装订；

4.文件资料的归档手续是否完备，如有遗漏，应立即退回经办部门或经办人（填写详细的移 交清单，移交清单一式二份，双方签字后各执一份，重要的、利用频繁的和有特殊需要的文件可适当增加份数。）

（四）档案的保管

1.档案室应安装必要的门窗柜防盗装置，确保档案安全。

2.档案室工作人员要经常检查室内水电及相关设备的完好情况，并及时消除隐患。

3.及时投放杀虫、灭鼠药剂，密封档案室，配备窗帘，加固门窗，确保档案的安全。

4.档案室内箱柜排列要科学有序，避免阳光直射。档案室内箱要保持清洁卫生、通风良好，定期消毒，档案室严禁存放杂物。

5.定期对档案进行检查、清理、核对工作，做到账物相符，对破损档案及时进行修补和复制。

6.发现异常情况，要做好检查记录，并根据情节轻重边报告边采取有效措施加以制止，控制事态。

7.四不：不散（不使档案分散），不乱（不 使档案相互混乱），不丢（档案不丢失泄密），不坏（不使档案遭到破坏）。

8.七防：防火、防潮、防晒、防虫、防烂、防盗、防尘。

（五）档案的利用

1.档案的内部利用

（1）员工因工作需要借/查阅档案的需填写《档案借阅申请单》和《档案查阅登记表》。如需要借/查阅本部门业务工作范围内的档案由部门负责人和总经办负责人批准后方可借阅，并限期归还。如需借/查阅非本部门的重要文件和有密级的档案，需经本部门负责人、形成原档案的部门领导、机构办公室主任批准,方可借/查阅。

(2)档案借阅时间一般为十天,如延长借阅,需办理续借手续,续借累计不得超过两次。

(3)档案的借阅者应负责所借档案的完整性和安全性。必须严守机密、爱护档案,妥善保管,不得遗失。不能私自拆卷、抽页、批注、损坏、复印、修改、涂抹、拆取、损毁档案。不得转借他人。如发现上述问题,学会领导应根据档案的价值和数量及其性质的严重性,参照国家《档案法》对当事人给予以处罚,直至追究法律责任。

2.档案的外部利用

(1) 学会档案主要供内部利用,一般不外借。

(2) 特殊情况下,因业务需要,外单位人员查看无密级档案需持介绍信,借阅方申请,由档案形成部门负责人批准后方可查阅。学会重要档案的借阅和审核需单位主要负责人批准,档案形成部门负责人执行。

(3)特殊情况需要复印档案资料的,按借阅程序办理相关手续。

(六)档案的销毁

1.对国家和社会具有保存价值的档案不得销毁。受控文件的销毁按文件控制程序中的规定进行销毁。

2.档案的销毁由各部门兼职档案管理员提出申请,确需销毁的,应在档案室指导下编制清册,登记造册。报相关部门分管领导审核,经单位主要领导和档案形成部门负责人共同签字,方可销毁。

3.经批准销毁的档案,可单独存放三个月,验证确无保留价值时,再进行销毁以免误毁。

4.销毁文件必须在指定位置进行,并由分管领导或办公室主任派专人监销,严禁将销毁的文件作为它用,或作废纸出售。文件销毁后,监销人应在销毁记录上签名。

5.档案室管理员丢失或擅自泄露档案机密,应根据情节轻重,给予处分,直到依法追究法律责任。

(七)档案时效

根据档案的保存价值和2006年国家档案局颁布的《机关文件材料归档范围和文书档案保管期阴规定》的有关规定,档案保管期限分为永久、长期、短期三种。具有长期考查利用及研究价值的档案做永久保存;在一定时期内有查考利用价值的档案做长期或短期保存,短期时间为3~15 年,长期时间为16~50 年。文书档案的保管期限定为永久、定期两种。定期一般分为30年、10年。应按照2006年国家档案局颁发的《机关文件材料归档范围和文书档案保管期限规定》的相关条款执行。

二、学会档案的种类

学会档案是指过去和现在学会办公活动和经营管理中直接形成的对学会管理具有保存价值的各种文字、图表、声像等不同形式的历史记录。主要可分为以下八类。

(一)公文档案

学会办公室是公文处理的管理机构,负责本机关的公文处理工作并指导各业务部门的公文处理工作。各级学会办公室应当配备专职人员或下设文秘部门负责公文处理工作。对于专职工作人员在本学会对外办公行文和学会内部工作请示批文处理完成后，应根据公文档案分类立卷，以档案形成时间为序，完成档案的收编、装订。学会对外的文书档案应永久保存。学会内部请示行文一般为短期保存。

（二）人事档案

包括本学会在职和离退人员的档案，应按照人事档案管理规定一人一档，永久保存。通常由主管单位人事部门档案室保管。人事档案是工作人员的成长记录，涉及到人员待遇，晋升，提级、提干、处罚、奖励等多项内容，事关当事人的切身利益，档案管理人员应严格按照国家有关规定执行。

（三）财务档案

是学会经营管理相关财务文件的记录。主要包括；预算、结算、收据、发票等财务单据，应按照国家财务管理法规执行。

（四）下属学术分会（或专业委员会）档案

学会下属分会或专业委员会是学会的有机组成部分，有关各专业委员会的成立时间、请示批准、组成成员，换届时间，人员变更，及其学术活动的时间地点等，据应视为学会档案。应当按照专业立卷，卷内按时间排序装订，永久保存。

（五）会员档案

各学会均应对会员登记表永久保存。其中个人基本资料，如联系方式、入会、退会、转会、调动信息应及时可靠。

（六）专家库档案

在政府职能转移，科学执政的大形势下，近年来学术团体承担的专家论证、。评审工作愈来愈多。医学专家库管理价值凸现。这些专家库成员档案应按项目立卷，卷内按专业分档长期保存。其中个人基本资料，如联系方式、入库、退库、工作调动信息应及时可靠。

（七）医疗事故技术鉴定和预防接种异常反应技术鉴定档案

医疗事故和预防接种异常反应技术鉴定案件审理过程中形成程序文件和鉴定书均应妥善整理，一案一档装订保存。按照《医疗事故技术鉴定暂行办法》和《预防接种异常反应鉴定办法》的规定保存 20 年。

（八）学会党支部档案

具有独立党支部的学会，应建立支部档案，支部档案应包括：与上级或同级党组织的往来批文和函。本支部党员基本资料，本支部组织活动记录，积极分子入党申请书、思想汇报等材料。支部档案应按时间次序立卷装订永久保存。

三、档案的计算机管理

随着现代科学技术的发展，档案管理的计算机软件日益成熟。根据国家电子政务建设的总体要求，大力推进我国电子政务内网和外网建设，实现公文网上交换，对各级党政机关、事业单位网上交换下载后的电子公文按照国家档案局《归档文件整理规则》和国家质量监督检验检疫总局《电子公文归档管理办法》标准进行管理，更好地开发利用档案信息资源，服务社会公众。

计算机档案管理的基本原理是应用数据库语言编程，通常分为录入和检索两大模块。录入模块通过键盘、扫描、数码摄影等途径将可录入资料输入计算机实现数据存储。检索模块相当于档案利用过程。尽管计算机录入工程往往颇为浩大，但由于磁或光介质实现的数据存储空间占位少，非常便于关键词检索，能够快速资料定位提取，使得计算机档案管理愈来愈受到欢迎和推崇。

然而，电子档案的可修改性，法律依据性尚不如实体档案。同时由于档案管理的相关软件尚未形成社会公认的标准化。所以目前计算机档案还不能完全取代纸质档案（实体档案）。近年来有条件的单位实施纸质档案和电子档案二者并行的管理模式，反映了当前两种技术交替互补的时代特征。

第二节　印章管理

印章是我国特有的历史文化产物之一，其信物属性与生俱来。早在商周时代，印章就已经产生，统称为玺或玺节，“印”字在周末已变为以爪执节之形，表示以手按压人，使之跽跪。“印”作为凭信的含义是从使用中转换而来的。主要用作身份和行驶职权的凭证。秦代用印制度规定，唯天子才可称玺。玺印又成为地位高低、权利大小的象征。汉承秦制，皇帝称玺，一般臣下称印、印章或章。隋唐以后的官印，尺寸逐渐变大，多为九鼎文。武则天执政后，因恶“玺”音同死，下令改玺为宝，唐玄宗以后，“宝”作为皇帝之玺的专用名称，一直沿袭到清代。印章还具有独特的艺术性，不在本节叙述。本节所述的印章特指办公专用印章，包括公章和具有法律效力的个人名章。

公章是指国家权力、党政机关、司法、参政议事、军队、武警、民主党派、工会、共青团、妇联等机关、团体，企业事业单位，民政部门登记的民间组织，居（村）民委员会和各议事协调机构及非常设机构的办公印章，分为法定名称章和冠以法定名称的合同、财务、税务、发票等业务专用章。

具有法律效力的个人名章是指国家权力、党政、司法、参政议事、军队、武警、民主党派、工会、共青团、妇联等机关、团体，企业事业单位，民政部门登记的民间组织，居（村）民委员会和各议事协调机构及非常设机构的法定代表人及其财务部门负责人的名章。

一、公章刻制的有关规定

（一）任何单位和个人禁止买卖办公专用印章，不得非法制作、使用办公专用印章。

（二）刻制公章单位需持有《特种行业许可证》，私刻公章属违法行为，所刻印章无任何法律效力。

（三）国家权力、党政、司法、参政议事、军队、武警、民主党派、共青团、工会、妇联等机关、团体的各级组织、机构需要刻制印章的，由制发机关的印章管理部门开具公函到所在地县级以上人民政府公安机关办理备案手续。

（四）企业事业单位、民政部门登记的民间组织、村（居）民委员会和各协调机构及非常设机构需要刻制印章的，应当凭上级主管部门出具的刻制证明和单位成立的批准文本到所在地县级以上人民政府公安机关申请办理准刻手续。无上级主管部门的，应当凭登记管理部门核发的营业执照、登记证书或者所在地公安派出所出具的证明，到所在地县级以上公安机关申请办理准刻手续。办理准刻手续的经办人员，需持刻制单位的委托证明和本人身份证明；办理人名章准刻手续的，同时提供名章所刻人名的身份证明。

（五）县级以上人民政府公安机关自接到申请之日起三个工作日内作出是否核发准刻手续的决定。对符合条件的，出具准刻证明；不符合条件的，书面通知申请单位并说明理由。

（六）经公安机关审查后，发给刻制印章通知单或介绍信、证明等，到公安机关指定的刻字厂或刻字店刻制公章。

（七）需要刻制印章的单位，只能申请刻制一枚单位法定名称章。具有法律效力的个人名章使用者需持有法人的授权书。

（八）需要更换印章的，须公告声明原印章作废后按照前款规定重新办理备案或准刻手续。印章遗失、被抢、被盗的，应当向备案或批准刻制的公安机关报告，并采取公告形式声明作废后，按照前款规定重新办理备案或准刻手续。

（九）企业事业单位、民政部门登记的民间组织和各协调机构及非常设机构印章实行年审制度。

（十）印章停止使用后，使用单位应当在十日内将印章全部交回上级主管部门或登记管理机关封存；逾期不交的，由上级主管部门或登记管理机关予以收缴。上级主管部门或登记管理机关对交回和收缴的印章要登记造册，并于十日内送备案或批准刻制的公安机关。公安机关对交回和收缴的印章，需预存两年，无特殊情况的，预存期满后予以销毁。

（十一）有历史纪念意义需要长期保存的印章，由收藏保存机构向省、自治区、直辖市公安机关提出申请并公告，批准后可不予销毁，由申请单位收藏保存。

（十二）印章规格、式样、印文和质料应按照国家有关规定执行。

1.党组织公章一律为圆形，中央刊镰刀、斧头，直径为4.2cm，圆边宽为0.1cm，镰刀、斧头外刊党组织名称，自左而右环行，印章使用简化的宋体字。

2.工会章一律为圆形。直径为4.2cm，外边为双边，外边为粗边，边宽为0.1cm，内边为细边，边宽为0.01cm。上弧为单位名称，自左而右环行，印文使用简化的宋体字。

3.国有企业、国营股份制企业等公章（包括公司章、部门章）一律为圆形，直径为4.2cm，中央一律刊五角星，星尖直径为1.4cm，圆边宽为0.12cm，五角星外刊单位名称，自左而右环行，或者名称的前段自左而右环行、后段自左而右横行，即单位部门名称放在星下方作横排，印文使用简化的宋体字。

业务专用章一律为圆形，中心部位为空白，直径为4.0cm，圆边宽为0.1cm，上弧为单位名称，自左而右环行，专用章内容放在章的下边作横排，印文使用简化的宋体字。

4. 集体所有制所属部门及个体、私营企业的印章规格为圆形，直径为3.8cm，圆边宽为0.1cm，中央刊五角星，印章上刊刻营业执照上核准的企业名称，自左而右环行，印文字体一律使用简化的宋体。

5.工商企业合同专用章不论何种经济成分一律为圆形，直径为5.8cm，圆边宽为0.15cm，上刊企业名称，自左而右环行，中央不刊五角星，企业开户银行、银行帐号、电话号码及企业地址，自上而下横排，如刻多枚合同专用章，印章下端应加刻编号，印文使用简化的宋体字。

6. 有限责任公司印章一律为圆形，直径为4.0cm，专用章和公司所属部门印章直径为

3.8cm,圆边宽为 0.1cm,中央刊五角星,五角星外刊企业名称,自左而右环行,或者名称前段自左而右环行,后段自左而右横行,印文使有简化的宋体字。

7.股份有限公司印章一律为圆形,直径为 4.2cm,圆边宽为 0.12cm,专用章和公司所属部门印章直径为 4.0cm,圆边宽为 0.1cm,中央刊五角星,五角星外刊企业名称,自左而右环行,或者名称前段自左而右环行,后段自左而右横排,印章使用简化的宋体字。

8. 中外合资（合作）、外商独资经营企业的印章规格为椭圆形，横径为 4.5cm，竖径为 3.0cm,中央不刊五角星(要求刻企业标志可准予),企业名称自左而右环行,或自左而右横排,根椐用章单位的要求,可刻制钢印和中英文印章。

9.社会团体印章一律为圆形。

全国性的社会团体的印章,直径 4.5 厘米,中央刊五角星,五角星外刊社会团体的名称,自左而右环行,印文使用简化的宋体字。由社会团体登记管理机关出具证明,经该社会团体总部所在地的公安机关办理准刻手续后,由社会团体登记管理机关制发。

地方性社会团体的印章,直径 4.2 厘米,中央刊五角星,五角星外刊社会团体名称,自左而右环行,印文使用简化的宋体字。由地方社会团体登记管理机关出具证明,经该社会团体总部所在地的公安机关办理准刻手续后,由社会团体登记管理机关制发。

社会团体的办事机构和分支机构印章的规格、式样及制发与其总部印章相同。社会团体办事机构和分支机构印章名称前应冠其总部名称,前段自左而右环行,后段可以自左而右横行。社会团体主办的具有法人资格的实体单位按其登记注册或批准的名称刻制印章。钢印直径最大不超过 4.2 厘米,最小不小于 3.5 厘米,中央刊五角星,五角星外刊社会团体的名称,自左而右环行,经社会团体登记管理机关和公安机关批准后刻制。

其他业务专用章,在名称、式样上应与正式印章有所区别,经社会团体登记管理机关和公安机关批准后刻制。

10.学校及其所属职能机构的印章一律为圆形,高等学校印章,直径为 4.2cm,中心部位刊五角星或校徽,所刊名称自左而右环行,其所属职能机构印章,直径为 4.0cm,自左而右环行学校名称,职能机构名称垂直于学校名称自左而右横向排列,中心部位一律空白,中等(含中等)以下学校印章,直径为 4.0cm,,中心部刊五角星或校徽,所刊名称自左而右环行,其所职能机构印章直径为 4cm，自左而右环行学校名称，职能机构名称垂直于学校名称自左而右横向排列。中心部位一律空白,各级各类学校钢印,直径一律为 3.6cm。

11.区一级公安机关审批的企事业单位的公章,直径一般在 4.2—3.8 厘米之间。

12.工商企业合同专用章:不论何种经济成分一律为圆形,直径为 5.8cm,圆边宽为 0.15cm,上刊企业名称,自左而右环行,中央不刊五角星,企业开户银行、银行帐号、电话号码及企业地址,自上而下横排,如刻多枚合同专用章,印章下端应加刻编号,印文使用简化的宋体字。

13.业务专用章:一律为圆形,中心部位一律为白色,直径为 4.0cm,圆边宽为 0.1cm,上弧为单位名称,自左而右环行,专用章内容放在章的下边作为横排,印文使用简化的宋体字。

14.发票专用章(加税号):国税规格为 4.0×2.8cm,边线宽为 0.1cm,中间为税务登记号。地税规格为 4.5×3.0cm,边线宽为 0.1cm。如需刻制多枚发票专用章的,在下半圆“发票专用章”的正上方刻上顺序编号“(1)、(2)……”字样。

15. 财务专用章:统一用牛角质料,直径 22×22mm。如刻多枚印章下端应加刻编号,编号外用小括号。

16.菱形章、三角章只在某些特定范围使用,如会议餐□的菱形印章。

二、学会公章

学会公章通常分为法定名称章和业务专用章。

学会法定名称章所刊名称必须是单位法定名称,符合学会注册审批核定的名称。学会公章具有法定性、权威性和效用性,受到法律保护,并代表本学会作为承担法律责任的凭信。

学会业务专用章包括办公室章、财务专用章、人事部章、学术部章,医疗事故技术鉴定专用章和预防接种异常反应技术鉴定专用章等。这些专用章仅在特定业务往来中作为学会信鉴。业务专用章不能超越业务范围代表学会行使权力。

在一般情况下,学会法定名称章可以代替本部门业务专用章,但在法律法规明文规定的业务范围内,不得使用学会法定名称章代章。比如《医疗事故技术鉴定暂行办法》和《预防接种异常反应鉴定办法》明文规定鉴定书加盖鉴定专用章,使用医学会公章代替,可以视为不符合相关法规。

三、学会公章管理规定

为了保证学会公章使用的合法性、严肃性和可靠性,杜绝违法行为,维护学会利益,应参照下列管理制度执行。

(一)印章的刻制

公章的刻制须由学协会主要领导批准,由主管单位开具介绍信,到公安机关相关部门办理刻制手续。公章的形体和规格应按国家有关规定执行。

(二)印章的启用

公章启用应报主管单位主要领导批准,并下发启用通知,注明启用日期、发放单位和使用范围。新公章启用前要做好戳记,并留样保存,以便备查。

(三)公章的保管、交接和停用

1. 公章、专用公章由办公室专人保管,各部门业务专用章由各部门指定专人专柜保管,并将保管公章人员名单报办公室备案。

2.公章保管须有记录,注明公章名称、颁发部门、枚数、收到日期、启用日期、领取人、保管人、批准人、图样等信息。

3.严禁员工私自将公章带出使用。若因工作需要,确需将公章带出使用,需提交申请报告,由部门主管同意， 行政副总经理批准,并报办公室主任确认后方可带出。公章外出期间,借用人只可将公章用于申请事由,并对公章的使用后果承担一切责任。

4.公章保管人因事离岗时,须由部门主管指定人员暂时代管,以免贻误工作

5.公章保管必须加锁保存,安全可靠,不可私自委托他人代管。

6.公章保管有异常现象或遗失,应保护现场,及时汇报,配合查处。

(四)公章移交须办理手续,签署移交证明,注明移交人、接交人、监交人、移交时间、图样等

信息。

（五）有下列情况，公章须停用

1.单位名称变动；

2.公章使用损坏；

3.公章遗失或被窃，声明作废。

（六）公章停用时须经学会主要领导批准，及时将停用公章送办公室封存或销毁，建立公章上交、存档、销毁的登记档案。

（七）公章使用范围

1.凡属以本学会名义对外发文、开具介绍信、报送报表等一律加盖学会法定名称章；

2.凡属部门业务范围内的公文加盖部门业务专用章；

3.凡属合同类业务使用合同专用章；

4.凡属财务会计业务使用财务专用章。

5.凡医疗事故鉴定和预防接种异常反应鉴定业务使用鉴定办公室和鉴定专用章。

（八）公章使用规范

1.业务合同、项目协议、授权书、承诺书等用章都须先经部门主管审核、分管领导批准，填写《公章使用登记表》后方可盖章，同时需将用印文件的复印件提交办公室备案。

2.公章使用必须建立用章登记制度，严格审批手续，不符合规定的和未经主管领导签发的文件、合同等，办公室有权拒印。

3.遵守印章盖压签字和日期的基本规则，严禁填盖空白合同、协议、证明及介绍信。

4.多页公文加盖公章时，除法定签署位置加盖公章之外，为了防止夹页或抽页违规行为，还应将公文侧面叠瓦平铺后，于多页公文侧面加盖公章。

（九）违反以上规定者，学会将追究相关人员的责任，若给学会造成一定经济损失或不良社会影响者，学会应对相关人员追究其法律责任。

第三节 继续医学教育学分证书管理

1995 年 9 月 1 日第八届全国人大第三次会议通过的《中华人民共和国教育法》规定：国家适应社会主义市场经济发展和社会进步的需要，推进教育改革，促进各级各类教育协调发展，建立和完善终身教育体系。赋予从业人员依法接受职业培训和继续教育的权利和义务。要求国家机关、企业事业组织和其他社会组织，应当为本单位职工的学习和培训提供条件和便利。同时鼓励学校及其他教育机构、社会组织采取措施，为公民接受终身教育创造条件。为此，国家人事部依据《中华人民共和国科学技术进步法》和《中华人民共和国教育法》，于 1995 年 11 月 1 日颁布《全国专业技术人员继续教育暂行规定》。明确规定：继续教育是专业技术队伍建设的重要内容。继续教育的对象是事业、企业单位从事专业技术工作的在职专业技术人员。继续教育的任务是使专业技术人员的知识和技能不断得到增新、补充、拓展和提高，完善知识结构，提高创造能力和专业技术水平。由此可见，继续教育是我国实施“科教兴国”战略，提高专业技术人员素质的基本国策之一；是按照国家法律、行政法规，对专业技术人员进行指令性培训的教育事业。在继续教育事业中，各种专业技术学会组织义不容辞的担负起生力军的社会职责。本节介绍学会在继续医学教育中证书管理的有关内容。

一、继续医学教育管理

2000 年 12 月 28 日国家卫生部、人事部的《继续医学教育规定》明确定义继续医学教育是医学院校教育毕业后，以学习新理论、新知识、新技术、新方法为主的一种终生教育。继续医学教育的对象是完成毕业后医学教育培训或具有中级以上(含中级)专业技术职务从事卫生技术工作的人员。参加继续医学教育是卫生技术人员应享有的权利和应履行的义务。随后全国继续医学教育委员会颁布的《继续医学教育学分授予与管理办法》相继做出了一系列相关规定，主要内容包括。

1. 规定全国和各省、自治区、直辖市成立继续医学教育委员会，负责本地区继续医学教育的指导、协调和质量监控。

2.国家对卫生技术人员实行继续医学教育制度，实行全行业管理。卫生技术人员接受继续医学教育的基本情况作为年度考核的重要内容。继续医学教育合格作为卫生技术人员聘任、技术职务晋升和执业再注册的必备条件之一。

3.继续医学教育实行学分制管理。继续医学教育对象每年参加继续医学教育活动，所获得的学分不低于 25 学分，其中 I 类学分 5–10 学分，II 类学分 15–20 学分。I 类、II 类学分不可互相替代。

4. 各单位开展继续医学教育工作的情况，应作为对领导、干部政绩考核的内容之一。

5.建立继续医学教育的评估制度，全国继续医学教育委员会和省级继续医学教育委员会定期对开展继续医学教育情况进行检查评估。

二、学会在继续医学教育事业中地位

(一)学会是组织继续医学教育的主力军

2007 年 7 月 1 日国家继续医学教育委员会颁布的《继续医学教育学分授予与管理办法》规定:中华医学会、中华口腔医学会、中华预防医学会、中华护理学会、中国医院协会、中国医师协会及其所属各学术团体具有申报继续医学教育项目的权利。近年来的实践证明，以上个学术团体已经成为我国主办继续医学教育的主力军。

(二)学会专家团队的专科评审

《继续医学教育规定》中规定继续医学教育委员会下设若干个学科组，聘请有关专家担任学科组成员，负责继续医学教育项目的评审。评审结果作为卫生行政部门批准和公布项目的依据。由此学术团体的专家团队自然成为继续医学教育事业中不可或缺的工作环节。

(三)学会在继续医学教育证书管理中作用

国家继续医学教育委员会颁布的《继续医学教育学分授予与管理办法》规定:国家级和省级继续医学教育项目学分证书分别由全国和省级继续医学教育委员会统一印制。指定社团组织应按全国继续医学教育委员会统一规定的样式印制学分证书。目前实践中国家级和省级学会多已承担起学分证书的印制和发放管理工作。

三、继续医学教育学分证书的发放和管理

按照国家级和省级继续医学教育项目学分证书管理规定，继续医学教育实施学分管理。指定社团组织应按全国继续医学教育委员会统一规定的样式印制学分证书。内容包括项目编号、项目名称、举办日期、形式、认可部门、学分数、考核结果、签章等，由继续医学教育对象本人保管，作为参加继续医学教育活动的凭证。

学分证书是专业技术人员接受教育的凭证，为了防止弄虚作假、滥发证书、全国继续医学教育委员会公布了6大医学团体的证书范本。各省医学会应参照国家级Ⅰ类学分证书的格式印制省级Ⅰ类学分证书。并配合当地继续医学教育委员会做好学分证书的发放和管理工作。发现乱授学分的单位，一经查实将视情节轻重应对相关单位给予批评、全省通报和1—3年内停办省级继续医学教育项目资格等处罚。

四、学会继续医学教育证书管理中的困惑

《继续医学教育规定》明确指出：继续医学教育所需的经费，采取国家、集体、个人等多渠道筹集的办法解决。各级卫生行政部门应将继续医学教育经费列入预算。各卫生单位应保证一定的继续医学教育费用，并通过其它途径筹集资金。继续医学教育经费要专款专用。卫生技术人员本人也应承担一定的费用。根据国家教育委员会、国家计划委员会、财政部《关于颁发义务教育等四个教育收费管理暂行办法的通知》（教财〔1996〕101号）规定，举办继续医学教育活动可收取合理学习费用，但不以盈利为目的。

由此可见，继续医学教育不是免费义务教育。卫生技术人员本人合理承担一定学费是继续医学教育工作经费的重要来源之一。合理收取学费是继续医学教育工作经费的重要来源。学会组织继续医学教育项目的执行过程必然产生专家评审、通讯交通、会议组织、办公用具以及学分证书印制等费用。如何支付这些费用已经成为学会的一大难题。一般说来经费来源不外乎有三种：

1.政府继续医学教育经费预算；

2.按照行政事业收费批准相关收费；

3.按照经营服务收费，自愿有偿，照章纳税。

近年来学会在组织继续医学教育活动中，常常陷入一没有行政拨款，二不批准行政事业收费，三相关政府部门将经营服务性收费视为行政事业收费来管理的困境。依照财政部、国家发展改革委员会《行政事业性收费项目审批管理暂行办法》（财综〔2004〕100号）第四十三条规定：事业单位、社会团体、中介机构、民办非企业单位按照市场要求并根据自愿有偿原则提供服务取得的经营服务性收费，不属于行政事业性收费。因此各级学会在组织学术活动和继续医学教育项目中如果不能取得政府预算拨款，应争取经营服务收费的合法权利，坚持自愿有偿、照章纳税的工作原则。这样不仅有利于学会合理经营，也有利于减少政府行政开支，保证国家税收。

山西省医学会副秘书长　赵嘉训
山西省职工医学院副教授　张玉芬

第二十五章　学会协会评估与管理

第一节　社会组织评估的定义和分类

一、社会组织评估的定义

(一)评估的定义和常见类型

评估的定义有广义和狭义之分，广义的评估是人们在交换活动过程中对评估客体的价值的评价和判断活动;狭义的评估是运用科学的方法,按照一定的程序,采用规范的指标体系,为既定的目的,对特定的组织或项目的状况、能力、绩效、影响、价值等进行系统的评价、判断、分析、预测,最终给出评估结果。

评估是当下的一个热门词汇,受到社会各界越来越多的关注,广泛地运用于政治、经济、文化、教育等各个领域。稍加留心,我们不难发现一些常见的评估类型,比如和经济活动相联系的资产评估、矿业权评估、房地产评估,等等。随着行政体制改革的不断推进,评估也逐渐成为各级政府实施行政管理的一种新型手段。比较为人所知的有:国家旅游局开展的星级饭店评定、教育部开展的高等教育教学评估、卫生部开展的食品安全风险评估,等等。

(二)社会组织评估的定义

社会组织评估就是根据社会组织的特征,以特定统一的指标体系为评议标准,遵循规范的科学方法和操作程序，通过定性和定量的对比分析，对社会组织在一定时间段的组织管理情况、业务活动情况和通过活动所产生的社会效益及影响等做出客观、公正和准确的评判。这个定义包含四层意思：

一是社会组织评估指标体系是特定的,具有很强的针对性,只适用于社会组织,对其他组织和单位都不适用;

二是操作方法和程序是统一规范的，在实施过程中不会因为某个社会组织的特殊情况或特殊需要,随意简化评估方法或程序;

三是对每次评估的时间都有严格的限定和统一的要求,不会人为缩短或延长评估期限;

四是评估的指标内容和评判的分值标准是统一的,不会因人因事而异,任意更改变化,出现偏差,有失公正。

(三)其他国家和地区社会组织评估开展情况

社会组织评估在我国是近些年新提出来的概念，然而在其他国家和地区早已开展了有关社会组织的评估工作,下面作简要介绍。

英国是最早开展社会组织评估的国家之一，早在 1860 年就成立了专门机构“慈善委员会”,监督管理和规范慈善组织行为,这一做法一直延续至今。英国的“私立学校督学团”负责对英格兰 1200 所私立学校进行督导评估，帮助学校和教职工在正确认识自身能力的基础上,来识别和改进不足。

美国在1912年成立了专门机构“更好事务局委员会”从事评估工作，1918年成立了“全国慈善信息局”，近期这两家机构合并成立了新的评估机构“明智捐赠联盟”。评估和政府监督、同行互律、媒体监督和行业自律被视为确保社会组织健康发展的五道防线。

菲律宾“非政府组织认证委员会”，在国家财政部门的授权下，对申请受赠机构的资格进行认证，获得认证的机构可以享受相应的税收优惠。

我国香港特别行政区也对社会组织开展了评估工作，香港社会福利署向社会福利机构提供经费补贴，并监督其服务质量。1999年，社会福利署制定了服务表现监察制度，即评估制度，用于管理各社会福利服务单位所提供的服务。

二、我国社会组织评估的模式选择

上文所提及的各国和地区所开展的社会组织评估，按照不同的标准可以划分为若干类型。例如，按照评估性质可以划分为：示范性评估和资格性评估；按照评估客体可以划分为：对劝募机构开展的评估和对直接提供社会服务的机构开展的评估。

在这里，我们着重探讨的类型划分标准是，社会组织评估机构的性质及其所实施的评估与政府管理之间的关系。由此划分的社会组织评估类型，也可以称之为社会组织评估的模式。从目前我们了解的情况看，社会组织评估的模式基本上可以划分为三种，即政府评估（官方评估）、协作评估（半官方评估）和民间评估。

（一）政府评估模式

政府评估模式是指由政府成立专门的机构或者部门，根据相关制度对社会组织直接进行评估的做法。以英国为例，前文提及，英国政府为规范和监管慈善组织的行为，在1860年成立了“慈善委员会”。它对社会组织的内部治理结构、投资行为、财务管理和审计等提出具体标准和要求。为确保这些规则的遵循，慈善委员会还根据有关评估制度对慈善组织进行评估，并根据评估结果进行相应监督和管理。

在政府评估模式中，政府成立专门的机构，配备专门的人员，划拨专门的经费，依据国家制定的法律制度，对社会组织进行评估，并根据评估结果直接对社会组织进行相应的奖励或者惩罚。政府评估具有很强的权威性，加之政府评估本身就是政府监督管理，因此政府评估机构必须依法进行，并承担相应的法律责任。

（二）协作式评估模式

协作式评估模式是指政府主管部门通过组建临时性专门机构，或者委托有关社会机构，由这些独立的专门机构对社会组织实施评估的做法。以我国台湾省为例，台湾的社会组织管理部门对社会组织的评估很少是由政府独自进行，对一些专项评估往往采取招投标方式委托独立的第三方进行评估。政府管理部门根据评估结果进行管理，对于评估结果较差的社会组织，政府会要求其进行整改。同时评估结果往往会与财政预算或政府委托外包挂钩，如果评估结果较差，政府划拨的财政补助可能缩减，也可能影响政府委托项目的承包。

在协作评估模式中，政府管理部门自身并不实际进行评估，而是出资组建或者委托其他机构进行，再根据社会组织评估的结果实施监管。这些政府主管部门组建临时性专门机构、或者委托的有关社会机构具有半官方色彩，它们本身不是政府部门，只是协助政府行使社会组织的监督管理职能，在对社会组织评估时可以相对独立地进行运作，评估结果不受政府管理部门的左右。协作评估也具有一定的权威性，因为在政府的实际监管过程中，评估结果往往是政府部门实施管理的基本依据，评估结果影响到组织运作及其可用资源。

（三）民间评估模式

民间评估模式是指由民间成立的社会机构或者组织，根据其自身制定的评估指标体系，按照一定程序对其他社会组织进行评估的做法。以美国为例，美国的评估属于独立的第三方评估，按照社会组织自身的意愿和要求，由独立的非营利性评估机构承担。评估的主要内容是制定社会组织的行为规范和道德标准，并通过向社会公众提供信息，使企业和个人更明智地捐款，从而引导社会组织的规范和发展。例如前面提到的"全国慈善信息局"，就是专门收集整理有关慈善组织运行和管理信息的机构。

在民间评估模式中，评估和管理是截然分开的。评估完全是民间自发的行为，建立的基础是社会组织自身诚信建设的需要，其生存和发展的资源也完全来源于民间，目的是向社会公众提供不同的社会组织运行的信息，深化民众对不同社会组织运行管理的认识，从而影响民众和企业对社会组织的捐献行为。而管理则完全是由政府有关部门根据国家法律进行的，其中主要是税务部门通过审查社会组织的财务和经营状况，看其是否符合免税资格。政府仅从税收和银行部门就可了解社会组织运行的信息，评估结果有时根本不会进入政府管理的视野，更不可能成为政府管理的依据。但是，评估会成为政府管理的有力辅助或者补充，民间评估模式的权威性很高，其结果对公众产生很大的影响，甚至直接决定了企业和民众对社会组织的捐献。另外，评估也会暴露社会组织运行管理中存在的很多问题，对于一些运行中严重违背非营利原则，管理低效或无效的社会组织，其评估结果足以引起政府部门的注意。

（四）我国社会组织评估模式的选择

从上述比较分析我们发现，不同国家根据其自身历史传统以及国家制度建构的特点，选择了不同的社会组织评估模式，设置了不同的评估机构，进而带来了评估和管理的不同关系。政府评估直接由政府部门进行，具有极大的权威性，评估本身就是政府管理的有机组成部分；协作评估由政府委托相对独立的组织机构机型，具有较大的权威性，评估成为政府管理的重要工具；民间评估由独立于政府的社会组织机构进行，具有一定的权威性，成为政府管理的补充。

就我国目前社会组织发展和管理现状而言，无论选择哪种模式都会面临一定的难题。政府评估模式符合我国集权式管理的传统。但是，在深化行政体制改革、培育社会发育的大背景下选择这一模式显然不合时宜。另外，政府评估模式需要建立一元化的监管机构，配备专门工作人员，还需社会组织登记和运行信息，特别是财务管理信息的完备，这些条件短时间都很难达到。

当前采取民间评估模式也不现实，因为民间评估对实施民间组织评估的组织机构有着很高的要求。包括：社会组织诚信建设的自觉要求达到很高程度；多个相对独立的评估组织机构的长期存在，相互竞争；大量评估实践中积累起来的评估内容指标和评估方法；不受被评估组织左右的充裕经费；评估结果的社会高度认可，等等。

结合我国国情和社会组织管理体制及社会组织的发展实际情况，我国现在实行的社会组织评估模式更接近与协作评估模式。其特点可以概括为“政府指导、社会参与、独立运作”,一方面政府主动介入社会组织的评估,解决了法律依据、资金、机构等一系列问题;一方面,采用独立运作的模式,最大可能地动员了社会力量参与。在这个模式中,建立评估委员会是设计的关键点,其组成人员涵盖了政府官员、社会组织负责人和专家学者,是联系政府权威和民间力量,依法授权和独立运作的一座桥梁。

三、社会组织评估与年度检查的区别

社会组织评估与社会组织年检,是两个不同的概念,两种不同的管理方式,它们既有共同点又有不同点,既有联系又有区别。

它们的共同点主要表现为:都涉及到对社会组织内部治理情况、财务管理情况和业务活动情况的检查,目的都是为了规范社会组织的行为,确保社会组织的健康发展,提升对社会组织的服务和管理水平。

它们的联系主要是:社会组织年检是社会组织评估的先决条件,只有年检合格,才有资格参加社会组织评估;社会组织评估是社会组织年检的补充和完善,是在社会组织年检的基础上进行的一次全面系统的综合检验。

它们的不同点和区别主要有以下几个方面:

(一)工作依据不同

社会组织年检是根据《社会团体登记管理条例》、《基金会管理条例》和《民办非企业单位登记管理暂行条例》及相关政策规定,依法进行的。社会组织评估则是依据《社会组织评估管理办法》、《全国性民间组织评估实施办法》、《民政部关于推进民间组织评估工作的指导意见》,按照社会组织评估指标体系,即《行业协会商会评估指标》、《学术类社会团体评估指标》、《基金会评估指标》、《非内地居民担任法定代表人的基金会评估指标》和《民办非企业单位诚信建设评估指标》,由评估机构分类开展的。

(二)实施主体不同

在我国当前实行的社会组织双重管理体制下,社会组织年检工作由业务主管单位和民政部门共同负责,业务主管单位负责初审,民政部门负责实施。由此可见,社会组织年检的实施主体是政府行政部门,年检是政府管理部门的职责,是行政行为。社会组织评估遵循“政府指导、社会参与、独立运作”,由评估机构组织民政部门、相关政府部门、科研机构、会计师事务所、律师事务所和社会组织等有关专家共同实施的,实施主体是独立于政府行政管理部门和参评社会组织之外的第三方,是兼有管理和服务两项责任的一种社会行为。

(三)是否具有强制性不同

社会组织年检是强制的,如不按期依照规定进行年检,民政部门将会依法采取一定的措施,做出处理决定。而社会组织评估则是政府部门倡导的,不具有严格意义上的强制性,就是说符合参评条件的社会组织都应积极参加评估,确因某种原因延期参加评估或暂时不能参加评估,也是允许的,不存在行政处理问题。

(四)重点和内容不同

社会组织年检只是对形式性的内容进行审查,实质性的内容不作为重点。检查内容主要包括:社会组织遵守法律法规和国家政策的情况、依法履行登记手续的情况、按照章程开展活动的情况、人员和机构变动的情况以及财务管理的情况等,内容比较狭窄,只涉及到社会组织的部分工作,解决的主要是社会组织内部管理方面的基础性问题。社会组织评估的内容则截然不同,既有形式性的,也有实质性的,主要内容包括社会组织的基础建设、内部治理、财务管理、业务活动、工作绩效、社会评价和通过开展各项社会活动所产生的社会效益等,范围比较宽泛,内容比较深入,涉及到社会组织的组织建设、制度建设和能力建设等各个方面,重点主要放在规范建设、促进发展上。

(五)时间要求不同

社会组织年检的时间,是国家法规严格规定的,基金会每年年检的时间为 3 月 31 日之前,社会团体和民办非企业单位每年年检的时间为 5 月 31 日之前,超过时限再报送年检材料要做出说明,并受到一定的处理。社会组织评估的时间,是由社会组织评估机构根据实际工作情况确定的,没有固定的时限要求。目前,全国性社会组织评估采取的方法是:集中受理和零散接收相结合,随时报送评估材料随时进行实地考察和初评,然后集中统一进行终评、颁布评估等级结果,授予评估等级证书和牌匾。

(六)结果不同

社会组织年检结果有三种:合格、基本合格和不合格。对于不合格的社会组织,民政部门将会依据有关规定采取相应的行政管理措施,责令其限期整改。对于通过年检发现的有违法乱纪行为的社会组织,民政部门则分别给予警告、责令改正、限期停止活动和撤销登记等处罚。而社会组织评估则是在年检合格的基础上,再做出更高层次的划分,评定出一般、好、更好。目前,我国社会组织的评估等级是以 A 作为标志,由低至高依次为 1A 至 5A。社会组织评估等级结果具有激励性、鞭策性、鼓励性和倡导性,不具有行政处罚性。

综上所述,社会组织年检与社会组织评估都是社会组织管理的重要组成部分,二者相互区别,但又各自发挥着不同作用;二者相辅相成,年检是社会组织评估的基础,社会组织评估是年检的延伸,共同构成了我国社会组织管理领域的基本框架。

第二节　社会组织评估的意义

一、促进社会组织科学发展

(一)我国社会组织发展现状

改革开放以来,我国社会组织发展较快,总体实力逐步增强,覆盖范围不断扩大,服务能力持续提升,自身建设日益加强。

截至 2010 年底,登记注册的社会组织已经超过 43.8 万个,其中社会团体 24.3 万,民办非企业单位 19.5 万,基金会 2168 个,较之 1988 年增长了 100 倍,年均增长 40%多。行业协会也从恢复登记时的不足 1000 个发展到 2009 年的近 7 万个,20 年增长了 70 倍。2008 年底,全国各类社会组织吸纳社会各类人员就业 476 万人,兼职工作人员 500 多万人;形成固定资产总值 880 多亿元。

社会组织由最初的社会慈善、扶贫救助为主拓展到工商服务业、农业及农村发展、科学研究、教育、卫生、文化、体育、生态环境、社会服务、法律、职业及从业者组织等十几个领域。

社会组织在经济领域，积极参与行业规划、反映行业诉求、促进行业自律、成为加快转变经济发展方式、促进行业可持续发展的“助推器”。在社会领域，提供文化教育、医疗卫生、社会福利、劳动培训等服务，弥补公共服务不足，满足人民群众的公共服务需求。在公益慈善领域，吸纳民间资金，开展减贫济困、扶弱助孤、助学助医等公益活动，弘扬了慈善文化，推动了慈善事业发展。

与此同时，社会组织不断加强组织建设和内部管理，初步建立了以章程为核心的法人治理结构。普遍建立了会员代表大会、理事会（常务理事会）等民主议事机制和各项内部管理制度。许多社会组织加强了领导班子和人才队伍建设，通过民主办会、自选会长和公开聘任等方式吸引优秀人才充实到领导班子中。一支政治觉悟好、专业素养高、奉献精神强的社会组织领导队伍正在形成。同时，通过工作人员正规化、专业化、专职化建设，培养起了一批适应事业发展的社会组织人才队伍。

（二）我国社会组织发展中存在问题

我国社会组织尽管有了较快的发展，但囿于基本国情、发展时间等客观条件，目前仍处于发展的初级阶段，在外部环境和内部建设方面还存在诸多问题，具体如下：

1.外部环境方面。在政府层面，社会组织法制建设相对滞后，转移职能不到位。虽然政府职能向社会组织转移已经成为共识，但是对于哪些职能可以转移给社会组织，如何转移，缺乏明确的政策措施，更没有一个可供参考的时间表。相当多的行政部门，对于政府转移职能问题仍持观望、疑虑甚至抵制的态度；财政支持不健全。我国社会组织无论是获取政府补贴等直接支持，还是通过购买服务等间接方式，目前都没有正常渠道和制度。

在公众层面。社会公众对社会组织的关注程度较低，主动了解社会组织的意愿不强，甚至由于一些有关社会组织的负面报道，对社会组织持怀疑和否定态度。此外，公民社会理念，慈善捐赠习惯，信用评价体系这些社会组织赖以生存的土壤，要成为社会公众的基本素质之一，还有很长的路要走。

2.内部建设方面，有以下五个表现

（1）发展不够充分。目前全球社会组织的数量多达数百万个，各类国际社会组织已超过5万个。发达国家每万人拥有社会组织的数量一般超过50个，如德国75个，美国52个；发展中国家一般超过10个，如阿根廷25个，新加坡14.5个，巴西13个，印度10.2个。而我国目前万人拥有的社会组织数量仅为2.7个，不仅低于发达国家，而且低于发展中国家，总体数量偏少。

（2）社会动员能力较弱。经费紧张、人才缺乏、能力不足，是我国社会组织的普遍问题。美国2006年捐赠额达到2950亿美元，占GDP的2.5%，有1亿多人作为志愿者参加公益活动。我国GDP总量为美国的17%，但我国社会组织动员社会资金规模仅为美国社会组织的0.24%，社会组织可持续发展的实力和能力偏弱。

（3）角色功能不清。“政社不分”的现象比较明显，社会组织行政化色彩浓厚。部分社会组织，与行政主管部门实际是“一套人马两块牌子”，法人自主性不强，群众代表性不够，被社会上称为“二政府”。部分社会组织行为不规范，自律和活力不足，社会公信度不高。

(4)经济贡献不足。美国霍布金斯大学萨拉蒙等教授的36国比较研究表明,社会组织大约吸纳相当于4550万全职就业人口,占经济活动人口的4.4%;经济活动规模相当于一个1.3万亿美元的产业,支出相当于36国GDP的5.4%。我国社会组织总体经济活动规模、吸纳就业能力对国民经济贡献度均偏小。

(5)服务社会功能不强。在美国,医疗行业中50%以上的病床设在非营利医院,50%左右的高等学校、60%的社会福利机构都是非营利组织,社会组织提供的公共服务占到一半以上,形成了公办、民办事业共同发展的格局。而我国医疗、教育、社会福利等事业,仍主要依靠国有事业单位提供,社会组织开展活动、发挥作用空间很小。

(三)评估对社会组织发展的积极作用

解决上述社会组织发展过程中的问题,社会组织评估是必然选择,这不仅是国内外经验的启示,更重要的是其具有很强的针对性,可以有效地破解当前社会组织发展中的诸多难题。

1.社会组织评估通过公开透明的运作方式,促进公众对社会组织的了解和支持,提高社会组织公信力,引导公众的捐赠方向。

2.社会组织评估通过综合全面的绩效考量,促进政府职能转移,降低政府购买服务风险,一定程度上为社会组织立法工作提供依据。

3.社会组织评估通过客观科学的指标体系,促进社会组织规范组织行为,强化自律意识,提升综合能力,塑造社会责任感。

综上,社会组织评估,对于改进社会组织发展的内外部条件具有积极作用,对于提升社会组织运行和管理的水平,意义重大。

二、改进政府监管方式,促进管理科学化和规范化的重要手段

社会组织评估对于改进政府对社会组织监管方式、促进管理科学化和规范化具有重要示范意义和促进效果,具体体现在下面三个方面。

(一)弥补了管理力量的不足

当前,我国对社会组织的监督管理,主要采取的是行政和法律监督。但是,随着社会组织数量的迅速增加,社会组织监管任务与管理人员数量不相适应的问题日益突出。据调查,一些省级民政部门管理了上万个社会组织,但工作人员只有7、8个,县市一级管理了数百个社会组织,但大多没有专门的社团管理人员,以至出现了重登记、轻管理、无力管理或监管不到位的情况。推进评估工作,可以更广泛地动员、利用社会力量对社会组织进行检查监督,能够有效弥补政府监管力量的不足。

(二)丰富了管理手段

过去,我们主要通过登记、年检和执法监察对社会组织进行监督管理。登记是把好社会组织的入口关,执法监察是对违规违法行为的社会组织进行查处和纠正,而年检工作则是行政行为,是依据三大管理条例对社会组织进行的例行检查。主要检查社会组织遵纪守法的情况、履行登记手续的情况、按照章程开展活动的情况、人员和机构变动的情况以及财务管理的情况等,内容相对比较窄,只涉及到社会组织的部分工作,解决的也主要是社会组织内部管理方面

的基础性问题。社会组织评估的内容则截然不同，既有形式性的，也有实质性的，内容包括社会组织的基础建设、内部治理、财务管理、业务活动、工作绩效、社会评价和通过开展各项社会活动所产生的社会效益等，范围比较宽泛，内容比较深入，涉及到社会组织的组织建设、制度建设和能力建设等各个方面，重点主要放在规范建设、促进发展上。

（三）有利于政策制定

民政部门与社会组织可以面对面的交流，可以更加清楚的了解社会组织的情况，有利于加强培育监管和政策制定，对于改进和完善社会组织监督管理工作具有积极意义。

不久前，有学者撰文认为以社会组织评估为代表的一系列管理新举措，体现了中央政府在社会组织管理方面的制度化水平的显著提高，今后我们还要沿着这条道路不断进行探索。

三、是贯彻落实中央有关指示精神的重要举措

党中央、国务院一直高度重视社会组织工作，社会组织工作多次列入了政治局和国务院的工作要点。

十六届六中全会提出，要“坚持培育发展和管理监督并重，完善培育扶持和依法管理社会组织的政策，发挥各类社会组织提供服务、反映诉求、规范行为的作用。引导各类社会组织加强自身建设，提高自律性和诚信度。”

十七大首次把社会组织放到全面推进社会主义经济建设、政治建设、文化建设、社会建设“四位一体”的高度进行全面系统的论述，指出要“规范发展行业协会和市场中介组织，健全社会信用体系”；要“重视社会组织建设和管理”。

2007 年，国务院办公厅下发《关于加快推进行业协会商会改革和发展的若干意见》（36 号文），更是明确提出要“调整、优化结构和布局。积极推进行业协会的重组和改造，加快建立评估机制和优胜劣汰的退出机制。建立行业协会综合评价体系，定期跟踪评估”。

十七届五中全会指出，“加强和创新社会管理”，要“发挥群众组织和社会组织的作用”，“加快社会事业体制改革”，要“培育扶持和依法管理社会组织，支持、引导其参与社会管理和服务。”明确指出了社会组织在参与创新社会管理中的重要作用。

最近，胡锦涛总书记在中央党校举办的省部级主要领导干部社会管理及其创新专题研讨班开班式上讲话更加明确指出，“当前我国处于发展的重要战略机遇期，又处于社会矛盾凸显期，社会管理领域存在的问题还不少”，“解决社会管理领域存在的问题既要增强紧迫感，又要长期努力，加强实践探索和工作落实，深化认识，总结经验，把握规律，开拓创新，全面提高社会管理科学化水平”。胡锦涛总书记在谈到当前要重点抓好的工作时，提出了“8 点意见”，其中第 1 条就强调，要“进一步加强和完善社会管理格局，……，引导各类社会组织加强自身建设、增强服务社会能力”。第 6 条强调，要“进一步加强和完善社会组织管理，推动社会组织健康有序发展”。温家宝总理在十一届全国人大四次会议上也指出，“加强和创新社会管理”，要“发挥社会组织的积极作用”。

第三节　社会组织评估的要素

一、社会组织评估的原则和机制

(一)社会组织评估的原则

社会组织评估工作,遵循以评促建、以评促改、以评促管、以评促发展的指导思想,坚持分级管理、分类评定、客观公正等原则进行。

1.分级管理原则

我国的社会组织按照行政层级管理,分层设置。全国性社会组织由民政部登记,地方性社会组织由相应的县以上民政部门登记,跨区域的社会组织由上一级民政部门登记。因此,评估工作实行分级管理原则。在哪级登记的由哪级负责评估。各级民政部门负责本级评估委员会的管理和评估工作的组织实施、指导协调及监督检查。

2.分类评定原则

社会组织种类繁多,运作方式、功能作用也不完全相同,因此评估不宜采取一刀切的办法,应区别对待,分类评定。社会团体分为行业性社团、公益性社团、学术性社团、联合性社团;由于基金会有公募基金会和非公募基金会之分,在评估标准上也应区别对待。对上述社团、基金会实行的是综合评估,对民办非企业单位实行的是规范化建设评估。

3.客观公正原则

评估工作的权威性和公信力取决于评估是否客观公正,因此,客观公正是评估整个程序都应贯彻的原则。

4.整体性与导向性的统一原则

评估社会组织的绩效,要从社会组织的整体出发,全面考虑社会组织的各个方面,又要发挥引导和激励作用。评估内容既要包括组织机构、管理制度建设方面的评估,也要包括业务活动的效果和效率、资金筹集与运用、工作人员素质,还应包括社会评价如知名度、声誉、在公众中的形象等。

(二)社会组织评估的机制

社会组织评估工作,实行政府指导、社会参与、独立运作的工作机制。政府指导不是政府包办,吸收社会各方力量广泛参与是评估工作社会性的体现,独立运作是实现评估工作公平、公正的保障。

通过社会组织评估,力求不断提高社会组织能力和服务管理水平,推进服务型、责任型和高效型社会组织建设,从而提高社会组织整体素质,促进社会组织健康发展。

二、社会组织评估的对象和内容

(一)社会组织评估的对象

社会组织评估的对象是所有经各级民政部门依法登记，取得合法独立法人地位的社会组织。包括:社会团体、基金会和民办非企业单位。

但是，不是所有依法登记的社会组织都会同时获得参评资格，根据《社会组织评估管理办法》的规定，要取得参评资格必须符合下列条件之一：

1、没有参加过社会组织评估的社会组织，取得社会团体、基金会或者民办非企业单位登记证书满两个年度的；

2、参加过社会组织评估的社会组织，获得评估等级满 5 年有效期的。

社会组织有以下五种情形之一的，具备参加社会组织评估的资格：

1、没有参加上年度年度检查的；

2、上年度年度检查结论为不合格或者连续 2 年年检结论为基本合格的；

3、上年度受到有关政府部门行政处罚或者行政处罚正在执行过程中，没有到期或结束的；

4、因存在违法违规行为或可能存在违法违规现象，正在被有关政府部门或者司法机关立案调查的，没有作出结论的；

5、其他不符合评估条件的。

（二）社会组织评估的内容

对社会组织评估，按照不同的类型，评估的内容也有所区别，实行分类评估。由于社会组织差异很大，宗旨和业务活动的领域、范围各不相同，社会团体、基金会评估的内容包括基础条件、内部治理、工作绩效和社会评价；对民办非企业单位，评估的内容包括基础条件、内部治理、业务活动和诚信建设、社会评价。

三、社会组织评估的机构和职责

组织机构体系的设立是保障社会组织评估工作的基础，只有结合我国社会组织的实际情况，建立科学、合理、符合实际的社会组织评估组织机构体系，才能确保社会组织评估过程的公平和公正，才能确保社会组织评估工作的质量和效果，才能确保社会组织评估结果的公信力和诚信度。在评估实践中，评估机构由评估委员会和评估复核委员会组成，为保证评估工作的持续、稳定进行，评估委员会和评估复核委员会一般设立日常工作机构负责日常事务性工作和评估的组织管理工作。此外，在评估工作的各个环节，都需要评估专家提供人才保障。

（一）社会组织评估委员会

社会组织评估委员会是社会组织评估工作的最高权力机构。为充分体现评估工作的代表性、专业性、权威性和社会性的特点，将政府指导和社会参与有机地结合起来，保证社会组织评估工作在公正、公平、客观、科学、合理的环境下进行，根据《社会组织评估管理办法》和《全国性民间组织评估实施办法》的有关规定，民政部门依据社会组织类型，分类组建了各类评估委员会。各类评估委员会由 7 至 25 名委员组成，各设主任 1 名，副主任 2 至 3 名，委员若干名。评估委员会委员包括民政部门工作人员、有关业务主管单位工作人员、有关政府部门工作人员、科研单位的专家学者、注册会计师、律师和社会组织负责人及新闻媒体工作者等。委员应通过各单位推荐，经过认真筛选后聘任，对社会组织登记管理工作方面的法律法规和方针政策比较熟悉，能够坚持原则、公正廉洁、忠于职守，精通业务，在各自所从事的领域内都具有较高的声誉。

评估委员会是非常设机构，在评估工作期间受民政部门的业务指导和工作监督。它的主要职责有 4 项：

1.对评估专家组就每个参评社会组织作出的初评结论进行审核；

2.在审核初评结论的基础上，进行终评，通过投票表决，确定评估等级；

3.在相关报刊、网站等媒体上，公示终评等级结果；

4.公示期满后，将终评审核结论和评估等级结果，报送民政部门确认。由民政部门进行公告，并颁发评估等级证书和牌匾。

（二）社会组织评估复核委员会

为保障参评社会组织有充分的知情权和话语权，增强社会组织评估的透明度和公信力，对评估等级结果有异议的社会组织，都可以提出复核申请。为此，民政部门专门设立了各类社会组织评估复核委员会。社会组织评估复核委员会是社会组织评估等级的最终裁定机构。各类社会组织评估复核委员会一般由 5 至 9 名委员组成，设主任和副主任各 1 名。受民政部门委托，主要承担以下 4 项工作职责：

1.对社会组织提交的复核材料进行审核确认；

2.分别听取社会组织的复核理由和评估专家代表的初评情况介绍；

3.根据社会组织的复核理由和评估专家代表的初评情况介绍，进行投票表决，作出最终裁定。并以书面形式将复核决定通知申请复核的社会组织；

4.对社会举报的情况进行认定，并作出裁定。

（三）社会组织评估的日常工作机构

社会组织评估日常工作机构是评估委员会下设的办公室或者委托的社会机构（以下称评估办公室），主要负责评估委员会的日常事务性工作和社会组织评估的组织、管理及具体实施工作。

目前，评估办公室的形式主要有三种：第一种是政府部门成立专门的社会组织评估机构，负责社会组织的评估工作；第二种是政府部门指定社会上具有法人资格的中介机构，委托他们承担社会组织的评估工作；第三种是政府部门通过招投标的方式，确定符合条件的单位，承担社会组织的评估工作。

评估办公室主要工作职责有以下 15 项：

1.研究制定社会组织评估的有关政策规定；

2.制定各类社会组织的评估评分标准；

3.制定社会组织评估工作计划、评估工作程序和具体实施方案；

4.受民政部委托，组建各类社会组织评估委员会和评估复核委员会；

5.聘请评估专家，建立和管理评估专家数据库，组建评估专家组；

6.受理社会组织评估申请，接受社会组织评估材料，并对参评社会组织的资格进行审核；

7.组织评估专家组对参评社会组织进行实地考察，完成社会组织评估的初评工作；

8.组织召集各类社会组织评估委员会的终评会议和复核委员会的复核会议；

9.受理社会组织评估委员会委员、复核委员会委员和评估专家及社会组织提出的回避申请；

10.受理参评社会组织提出的复核申请；

11.受理个人、单位对参评社会组织的举报，并负责举报情况的核实；

12.负责社会组织评估等级的动态管理工作,组织复检和抽查;

13.负责对行政区域内下级民政部门的社会组织评估的指导工作;

14.负责社会组织评估的信息咨询服务和交流工作;

15.承担社会组织评估委员会、复核委员会和其他与社会组织评估有关的事务性工作。

(四)评估专家

评估工作离不开专业人才、离不开敬职敬业、高水平高素质的评估专家,建立一支实力雄厚、经验丰富、长期稳定的评估专家队伍,是保证评估工作健康、有序、顺利开展的基础。

作为社会组织评估专家必须具备三个基本条件:一是熟知社会组织管理工作的法律法规,具有丰富的社会组织管理知识;二是坚持原则、客观公正、廉洁自律;三是敬业合作,认真履行职责,具有较强的独立工作能力。

评估专家在社会组织评估工作中的主要职责是:审阅参评材料,按照统一的社会组织评估工作部署,依据评估指标和评估评分标准,对参评社会组织进行实地考察和综合评判,并作出初评结论。

四、社会组织评估的程序和方法

(一)社会组织评估的程序

1.下发通知及宣传动员

各类社会组织评估前,首先下发评估通知,给社会组织充分的准备申报材料的时间。社会组织评估需要业务主管单位的支持,社会组织的配合以及社会的理解,因此做好宣传、动员和解释工作十分重要。

2.自我评价与申报材料

自我评价是指参评的社会组织依据评估指标体系,对自身情况进行预先梳理和检查并按照评估工作的要求,准备评估申报材料的过程。这一阶段,主要做好对社会组织参评资格的审核工作和准备评估材料过程中疑难问题的解答工作,接听相关咨询电话和接待社会组织来访。

3.实地考察与初评

实地考察与初评是评估专家近距离接触社会组织,获取第一手材料的重要环节,对评估初评结论的作出至关重要。实地考察和初评工作都由评估专家组承担,专家组成员由民政部门工作人员、社会组织负责人以及注册会计师组成。各评估专家组在认真阅读分析社会组织自评材料的基础上,综合评估材料和实地考察情况作出初评结论。

4.社会调查

社会评价分值在社会组织的评估指标中占有较大的比重,为使这部分评价更客观,一般可委托中介机构进行社会调查的方式打分,针对各类社会组织的特点,制作各类社会组织问卷调查表,统一发放、回收,并按照回收评价计分。

5.评估委员会终评与公示

初评结论作出后,召开评估委员会最终评估会议,研究确定评估结果。召开最终评估会议须有 2/3 以上委员出席,各评估委员对专家小组的初评结论和建议等级进行认真审核,最终采取记名投票方式表决,评估结论由全体委员半数以上通过,并将评估结果在公开媒体上予以公示。

6.复核及举报

设置社会组织评估的复核程序有助于监督评估专家始终遵守评估工作纪律，提高社会组织评估的透明度和公信力。

参加评估的社会组织对评估结果有异议的，可以在公示期内向评估办公室提出书面复核申请。评估办公室对社会组织的复核申请和原始证明材料审核认定后，报社会组织评估复核委员会进行复核。评估办公室受理举报后，对情况属实的作出处理意见，报复核委员会裁定。

复核委员会在充分听取评估专家代表的初步评估情况介绍和申请复核社会组织的陈述后，确认复核材料，并以记名投票方式表决，全体委员半数以上通过评估结果，并将复核决定以书面形式通知申请复核的社会组织。

7.公告并授予牌匾证书

民政部门在确认社会组织评估等级结果后，发布公告，并向获得3A以上评估等级的社会组织颁发证书和牌匾。

此外，为加强上级民政部门对下级民政部门评估工作的指导，地方各级民政部门应当将获得4A以上评估等级的社会组织报上一级民政部门审核备案，省级民政部门应当在每年12月31日前，将本行政区域社会组织等级评估情况以及获得5A评估等级的社会组织名单上报民政部。

（二）社会组织评估的方法

在社会组织评估实践中，为了保证社会组织评估结果更客观、公正，我们探索出将社会组织自我评估、专家实地评估与委员审核终评结合起来的评估方法。

1.自检自评：参评社会组织对照评估指标，进行自我检查和自我评价，针对存在的问题，及时整改；

2.考察初评：评估专家按照评估指标和评估评分标准，通过评估资料审定、实地考评和社会调查等方式，对参评社会组织进行初评，提出初评意见，作出初评结论；

3.审核终评：评估委员会对评估专家作出的初评结论，进行审核，在充分听取各方面意见和建议的基础上，通过投票表决的方式，评定出评估等级，确定终评结果。

五、社会组织评估的等级管理

社会组织评估结果分为5个等级，由高至低依次为5A级（AAAAA）、4A级（AAAA）、3A级（AAA）、2A级（AA）、1A级（A）。3A以上评估等级的社会组织都是整体工作较好的，而2A以下评估等级的社会组织在工作中的不足则比较多。

目前，社会组织评估等级有效期为5年。但在评估等级有效期满前2年，社会组织就可以申请重新评估。符合参加评估条件未申请参加评估或者评估等级有效期满后未再申请参加评估的社会组织，则被视为无评估等级。

获得3A以上评估等级的社会组织，可以优先接受政府职能转移，可以优先获得政府购买服务，可以优先获得政府奖励；获得3A以上评估等级的基金会、慈善组织等公益性社会团体还可以按照规定申请公益性捐赠税前扣除资格；获得4A以上评估等级的社会组织在年度检查时,可以简化年度检查程序;获得评估等级的社会组织在开展对外活动和宣传时,可以将评估等级证书作为信誉证明出示。

在社会组织评估等级有效期内,民政部门对社会组织的评估等级进行动态管理。获得评估等级的社会组织有下列情形之一的,由民政部门作出降低评估等级的处理,情节严重的,作出取消评估等级的处理:

(一)评估中提供虚假情况和资料,或者与评估人员串通作弊,致使评估情况失实的;

(二)涂改、伪造、出租、出借评估等级证书,或者伪造、出租、出借评估等级牌匾的;

(三)连续2年年度检查结论为基本合格的;

(四)上年度年度检查结论为不合格或者上年度未参加年度检查的;

(五)受相关政府部门警告、罚款、没收非法所得、限期停止活动等行政处罚的;

(六)社会组织有其他违反法律法规规定情形的。

受到降低或取消社会组织评估等级处理的社会组织,再次提出评估申请的期限也将受到限制。被降低评估等级的社会组织在2年内不能再提出评估申请,被取消评估等级的社会组织在3年内不能再提出评估申请。

为避免受到降低或取消社会组织评估等级处理的社会组织仍使用原评估等级证书、牌匾参与社会活动造成不良影响,被取消评估等级的社会组织要在收到通知书之日起15日内将原评估等级证书、牌匾退回民政部门;被降低评估等级的社会组织要在收到通知书之日起15日内将评估等级证书、牌匾退回民政部门,换发相应的评估等级证书、牌匾。如果拒不退回(换)的,则由民政部门公告作废。

六、社会组织评估的指标

(一)评估指标原理

评估的指标体系是评估系统的重要组成部分。由于评估的任务的完成最终体现为评估指标的测度值,因此,筛选评估指标和构建评估指标体系在整个评估系统中占据了举足轻重的地位。概括而言,指标是反映总体现象的特定概念和具体数值。指标不是孤立地存在的,它总是作为一个体系建立起来并发挥作用的。所谓指标体系是指根据研究的目的和需要,将有内在联系的、有代表性的重要指标科学地、有机地组成指标群。

评估指标体系是根据所提出的目的、任务和对信息资料的实际需要,在对所研究的对象进行初步理论分析的基础上建立起来的。经过初步的理论分析,可以确定需要进行评估研究的各种现象及其总体的内容、本质、属性和特征。在明确这些问题之后,需要根据评估研究的目的、任务和所要反映的现象总体的属性特征,有选择地规定一系列的标志,作为反映这些属性的工具,并据以形成各种指标和指标体系。构建评估指标体系必须遵循以下5条基本原则:

1.目的性原则。任何指标体系的设计,都是为了一定目的、一定需要服务的。因此,在确定每一个单项指标时,都应考虑此项指标在整个指标体系中的地位和作用,依据它所反映的某一个特定研究对象的性质和特征,确定该指标的名称、涵义和口径范围。

2.科学性原则。指标体系总体结构设计是否合理直接关系到评估的质量。因此,在设计指标体系时,应尽可能在理论上有科学根据,在实践上切实可行。只有这样,评估指标体系才能正确揭示事物现象的本质,从而为社会政策和社会管理服务。

3.可比性原则。评估的目的之一是通过比较判别优劣。所以,在构建评估指标体系时应尽量注意可比性问题。可比性包括两个方面,一是横向可比性,一是纵向可比性。因此,应该尽量选择涵义明确、口径一致的评估指标。

4.系统性原则。系统性是指指标体系内部指标之间具有一定的逻辑关系,而不是杂乱无章的罗列。即在设计指标体系时,应尽量考虑研究对象各方面的有机联系。这样才能综合而全面地认识社会现象之间的数量关系和内在规律。

5.既全面而又精简的原则。全面性是指指标的设计应尽可能从不同的侧面反映事物的全貌。精简性指尽可能删除相互重复的指标,用尽可能少或数据收集成本低的指标反映尽可能多的信息。这是因为,评估工作是一项复杂的工程,指标越多,收集数据的成本也越高。

指标体系往往包括多个甚至上百个指标。然而,各个指标在指标体系中的作用是不同的。因此,为了评估的科学性,往往需要对不同的指标赋予不同的权数。指标权数的重要性通常可以通过以下一些方法判别:

1.指标包含的信息量。一般包含信息量越多的指标越重要,权数值相对也大。反之则小;

2.指标的敏感性。敏感性是指指标值的变化反映事物变动或差异的程度。敏感度越高的指标,其重要性和权数值也越大,而敏感度越低的指标,其重要性和权数值也越小;

3.指标的独立性。通常,类指标有一定的相关性。如果一个指标的作用可以完全被其他指标所取代,那么之一指标就失去了存在的价值,因此可以将这一指标从指标体系中剔除。如果某一指标的存在会导致评估信息量的明显增加,那么这一指标的权数值就大,反之则小。通常,指标权数的确定方法包括指标分析法、德尔菲法、层次分析法等。

1.指标分析法

指标分析法是将众多指标进行两两比较,从而确定指标的重要性序列的方法,也称相邻指标比较法。这一方法的优点是操作简便,成本较低,因此使用的范围较广。缺点在于主观随意性较大。

2.德尔菲法

对于一些复杂和涉及范围较大或对评估结果影响较大的指标时,为使评估结果更具公正性、权威性和合理性,往往可以借助众多专家的经验和只是对评估指标的权数作出判断。德尔菲法即是这样一种通过规定的程序,利用专家的知识来确定评估指标权数值的方法。这一方法的优点是可以集思广益,专家门独立给出每个评估指标的权数,相互不受影响。缺点是专家给出的权数具有一定的主观性,当真理掌握在少数人手里时,容易导致权数值估计的误差。

3.层级分析法

这一方法是根据具有递阶结构的目标、子目标、约束条件及部门等来评估的方案。它用两两比较的方法确定判断矩阵,然后把判断矩阵的最大特征根相应的特征向量的分量作为相应的系数。最后综合出评估指标体系每一层次各指标的权数值。优点在于可靠性高,误差小。缺点在于当遇到因素众多,规模较大时,该方法容易出现问题。

(二)建立中国社会组织评估指标体系

上文讲到了评估指标的原理,我们目前采用的社会组织评估指标体系是怎样形成的呢?众所周知,社会组织评估是一项创新性工作,加强理论指导极为重要。只有对社会组织评估指标问题进行深入、细致、认真、务实地研究,不断加强理论对实践的指导,才能建立起系统、科学、规范、有效的社会组织评估体系。离开理论的指导或是理论准备不足,社会组织评估工作就会走弯路。

社会组织评估工作正式提上议事日程是2005年。2005年1月,民政部将社会组织评估工作列入工作计划。国家民间组织管理局与民政部民间组织服务中心、中国基本建设优化研究会联合启动了“中国社会组织评估体系”研究课题,并于2005年3月通过了民政部部级科研项目立项。三家联合成立项目领导小组,聘请九届全国政协副主席王文元、民政部副部长姜力以及著名经济学家萧灼基担任顾问,聘请相关领域知名学者组成项目专家组,提供专业咨询。2005年8月,召开“中国社会组织评估体系专家论坛”;11月,召开“基金会评估国际研讨会”,邀请国内外相关领域知名学者、部分民政部门负责人就有关评估的理论和实践进行研讨,吸收专家意见和国外经验。2005年底,课题组将“中国社会组织评估体系”项目5个子课题面向社会公开招标,吸引了来自清华大学、北京师范大学、西安交通大学等知名大学以及科研机构的相关专家团队前来投标,开始了“中国社会组织评估体系”课题的研究。

在各有关科研机构、各方专家的大力支持下,社会组织评估体系项目顺利开展,使得我们在社会组织评估理论方面取得了很大的进步,在关系评估工作总体框架和主要内容的一些重要问题上,取得了富有价值的研究成果。2007年4月17日国家民间组织管理局召开中国社会组织评估体系项目结题暨评估工作座谈会对部级项目研究成果进行验收,也是对建立社会组织评估机制工作的阶段性总结。会上,承担项目研究任务的五所大专院校、研究机构的专家,分别报告了各自的研究成果。各子课题均没有拘泥于以前的研究,而是在前人基础上大胆创新,结合当前我国社会组织发展的时代特点取得了具有突破性的成果,立意高远、观点新颖、见解深刻、建议独到。从各子课题的研究报告可以看出,各位专家对这一研究项目倾注了很多的心血,付出了辛勤的劳动,取得了富有价值的研究成果。应该说,“中国社会组织评估体系”是迄今国内这一领域最为全面、深入的研究项目,代表了我国社会组织评估理论研究的最高水平和最新成果,是对已有研究的创新和集大成,各项成果将对我国社会组织评估的学术研究起到推动作用,对今后的评估实践具有很好的指导价值。这是一件开拓性大事,是社会组织发展中具有历史性意义的事,在社会组织管理工作的发展史上必将载入重要一笔。

在此基础上,国家民间组织管理局与民政部民间组织服务中心研究制订了行业协会商业评估指标、学术类社会团体评估指标、基金会评估指标、非内地居民担任法定代表人的基金评估指标及民办非企业单位诚信评估指标,社会组织评估指标体系得以形成。

在近年来的社会组织评估实践中,为保证评估指标更客观、科学、可操作,我们又对部分指标进行了修订。

第四节　全国性行业协会商会评估指标

一、基础条件(100 分)

(一)法人资格(40 分)

1.法定代表人(10 分)

按照章程规定产生,未兼任其他社会团体的法定代表人

2.活动资金(10 分)

净资产不低于登记的活动资金数

有独立的银行账号

3.名称(6 分)

悬挂协会商会名称牌匾

4.办公条件(14 分)

有独立办公用房

具备相应的办公条件

(二)章程(10 分)

5.制定程序(5 分)

章程经会员(代表)大会表决通过

6.章程核准(5 分)

章程制定或修改在规定期限内报民政部门核准

(三)登记和备案(20 分)

7.变更登记(10 分)

名称、业务范围、住所、注册资金、法定代表人、业务主管单位等变更,按规定办理变更登记手续

8.备案(10 分)

负责人、办事机构、印章、银行账户、会费标准等按规定办理备案手续

(四)年度检查(30 分)

9.年度检查(30 分)

按时参加年检,每年年检合格

二、内部治理(380 分)

(五)发展规划(30 分)

10.发展规划(30 分)

制定中长期发展规划,有效落实规划

制定年度工作计划和总结

重大活动制定详细方案

(六)组织机构(100 分)

11.会员(代表)大会(10 分)

按章程规定的时限、条件和程序召开,切实履行职责

12.理事会(常务理事会)(40 分)

理事、常务理事按规定的条件和程序产生、罢免

按期换届,召开次数符合章程规定

按照规定履行职责

民主决策、按章办事

13.办事机构(20 分)

设置合理、职责明确、运转协调

有健全的规章制度,有与机构相适应的专职工作人员

14.分支机构、代表机构(20 分)

根据业务发展需要,明确设立标准,合理设置机构,有效开展工作

按规定办理登记事项

制定分支机构、代表机构管理办法并有效执行

根据协会授权开展活动、发展会员

15.党组织(10 分)

按规定建立且活动正常,工作有效

(七)人力资源(80 分)

16.定岗聘员(20 分)

有与业务工作相适应的工作人员,其中专职工作人员(不含离退休返聘)5 人以上,与专职工作人员签订劳动合同

工作人员本科以上学历者达到一定比例

建立工作人员聘用和管理制度

17.考核任用培训(15 分)

建立科学有效的奖惩制度,人员任用公平公正公开,定期开展培训

具有中级以上职称的工作人员占一定比例

定期参加社会组织管理知识培训

18.工资福利(10 分)

建立合理的薪酬管理制度,落实各项社会保险政策

19.领导班子建设(35 分)

按章程规定的程序选举产生并履行职责

年龄符合章程规定

秘书长为专职,公开聘任或按章程选举产生

无现职公务员兼任

对秘书长进行年度绩效考核

具有本科以上学历,在行业内具有较大影响力

(八)财务资产(140 分)

20.财务人员配备(20 分)

配备具有从业资格证书的会计人员,按规定参加培训或后续教育

会计机构负责人(或会计主管人员)具有中级以上技术职称

21.执行《民间非营利组织会计制度》(20 分)

执行《民间非营利组织会计制度》

账务处理准确及时

核算合规

实行会计电算化管理

22.财务管理(30 分)

经费来源和资金使用符合政策法规和章程规定

制定符合《内部会计控制规范》和本单位实际情况的财务会计管理制度并有效执行

财务各项支出审批符合规定的程序

资产管理规范有效

23.分支机构、代表机构及实体的管理(20 分)

对外投资和举办实体履行必要决策程序,资料保存完整

分支机构收支纳入协会商会会计报表

因特殊原因独立核算的分支机构管理规范

24.会费管理(20 分)

会费标准经会员(代表)大会制定

会费专用收据使用符合规定

25.税务及票据管理(10 分)

依法进行税务登记,按期进行纳税申报

各种票据使用、管理规范

26.财务监督(20 分)

按规定进行年度审计、法人离任或换届审计

年度财务报告向会员大会(会员代表大会)报告,并主动接受监督

(九)档案、证章管理(30 分)

27.档案管理(10 分)

有档案管理规定,档案资料齐全,整理有序,交接手续完备

28.证书管理(10 分)

有效执行证书使用管理规定

各种证书均在有效期内、证书保存完好

办公场所悬挂登记证书正本

29.印章管理(10 分)

有效执行印章保管和使用制度,印章保管有专人负责

三、工作绩效(370 分)

(十)提供服务(160分)

30.服务行业、会员(80分)

开展行业调查、统计,发布行业信息

组织交易会、展览会、研讨会等活动

组织相关培训和继续教育

提供技术、经济、管理、法律、政策等各项咨询

提供行业资质认证、新技术、新产品鉴定及推广、事故认定等

创办行业性报刊

有相应的网站

31.服务政府(50分)

参与制定相关法律法规,向政府提出政策建议并被采纳

参与制定行业标准、行业发展规划、行业准入条件、行业技术规范等行规行约

承接政府转移职能,接受政府委托项目或购买服务

协助政府推进行业劳资和谐,促进生产安全,加强劳动保护

32.服务社会(30分)

积极开展慈善、救助、环保等公益活动

在国家重大突发公共事件中发挥积极作用

倡导会员企业履行社会责任,利用行业优势服务社会公众

(十一)反映诉求(50分)

33.维护权益(50分)

代表本行业参与行业性集体谈判

向政府部门反映涉及会员和行业利益的事项,提出有关经济政策和立法的建议

代表本行业企业进行反倾销、反补贴和保障措施的应诉、申诉等相关工作

提出有关行业发展建设性的意见并予以实践且社会效果明显

(十二)规范行为(85分)

34.行业自律(85分)

制定并实施行规行约

制定行业内争议处理规则并组织实施

制定并组织实施行业职业道德准则

制定实施行业质量检查制度

实施行业自律惩戒制度

公开行业检查和处罚信息

配合有关部门打击假冒伪劣,维护消费者权益和行业整体利益

按规定开展行业内评比达标表彰活动

(十三)行业影响力(75分)

35.行业覆盖率(40分)

会员数量占行业一定比例

会员产值占行业一定比例

会员涵盖多种所有制企业

会费收缴率超过 50%

36.国际影响力(35 分)

参加国际组织并担任职务,履行有关国际义务

参与国际标准和规则制定

开展长期稳定的国际合作项目

四、社会评价(150 分)

(十四)内部评价(80 分)

37.会员评价(30 分)

会员对协会商会的服务性、非营利性、诚信度、创新性、凝聚力和发挥作用的评价

会员对协会商会民主管理的评价

会员对协会商会领导班子的评价

38.理事评价(30 分)

对协会商会的民主管理、服务性、非营利性、诚信度、创新性、凝聚力和发挥作用的评价

39.工作人员评价(20 分)

对协会商会领导班子的评价、对协会商会工作环境和福利待遇的评价、对协会商会理念的认同

(十五)外部评价(70 分)

40.民政部门(20 分)

对协会商会规范性、诚信度、凝聚力、发挥作用的评价

41.业务主管单位(20 分)

对协会商会规范性、诚信度、凝聚力、发挥作用的评价

42.政府有关部门(10 分)

对协会商会规范性、诚信度、凝聚力、发挥作用的评价

43.新闻媒体(10 分)

对协会商会公信力、社会声誉和影响力的评价

44.公众评价(10 分)

对协会商会公信力、社会声誉和影响力的评价

第五节　全国性学术类社会团体评估指标

一、基础条件(100 分)

(一)法人资格(35 分)

1.法定代表人(5 分)

法定代表人产生及兼职情况

2.活动资金(5 分)

年末净资产数

3.名称(5 分)

社团名称牌匾

4.办公条件(20 分)

办公用房

办公设施

(二)章程(15 分)

5.符合程序(5 分)

章程制定或修改程序

6.章程核准(10 分)

章程制定或修改核准情况

(三)登记管理(50 分)

7.变更登记(10 分)

变更登记情况

8.备案(10 分)

备案情况

9.年度检查(30 分)

参加年度检查情况

二、内部治理(360 分)

(四)发展规划(25 分)

10.发展规划(25 分)

中长期发展规划及落实情况

年度工作计划和总结

重大活动方案

(五)组织机构(90 分)

11.会员(代表)大会(15 分)

会员(代表)大会召开情况

召开会员(代表)大会和产生会员的制度

12.理事会(常务理事会)(25 分)

理事、常务理事产生、罢免情况

理事会和常务理事会召开情况

民主决策、按章办事

13.办事机构(15 分)

办事机构设置、职责及运转情况

内部监控制度及落实情况

14.分支机构、代表机构(20 分)

分支机构(代表机构)设置、登记及开展工作情况

分支机构(代表机构)管理办法及落实情况

分支机构(代表机构)开展活动、发展会员

15.党组织(15 分)

党组织建立及活动情况

(六)组织管理(90 分)

16.岗位聘任(40 分)

岗位聘任制度

工作人员数量,聘用协议签订情况

工作人员管理和岗位职责设置制度

本科以上工作人员比例

高级以上职称工作人员比例

工作人员奖惩任用制度及落实情况

工作人员培训情况

17.工资福利(15 分)

薪酬激励机制

落实社会保险政策

18.领导班子建设(35 分)

产生和履职情况

议事制度及执行情况

年龄届次

秘书长产生方式

党政领导干部兼职情况

负责人年度考核

负责人在行业内影响力

(七)财务资产(130 分)

19.财务人员配备及岗位职责(10 分)

会计、出纳设置及其参加培训情况

财务人员岗位职责和分工情况

20.会计核算(30 分)

银行账号

执行《民间非营利组织会计制度》

会计电算化管理

财务处理及核算

会计档案管理

21.财务管理(30 分)
财务制度及执行情况
各项支出审批程序
经费来源和资金使用
业务活动支出比例
资产管理
22.分支(代表)机构及实体的管理(10 分)
分支机构(代表机构)收支纳入社团会计报表
对独立核算分支机构(代表机构)的管理
23.会费管理(20 分)
会费标准制定
会费专用收据使用
个人会费收缴率
24.税务及票据管理(10 分)
税务登记和纳税申报
各种票据使用和管理
25.财务监督(20 分)
年度审计、法人离任(换届)审计
年度财务报告向会员(代表)大会报告
(八)档案、证章管理(25 分)
26.档案管理(10 分)
档案管理规定及落实情况
27.证书管理(10 分)
证书使用管理规定
证书保管情况
登记证书正本
28.印章管理(5 分)
印章保管使用制度及落实情况

三、工作绩效(450 分)

(九)学术活动(135 分)
29.学术会议(40 分)
主办国内学术会议次数和影响力
参加各类学术会议人次
学术会议交流论文篇数
30.学术书刊(50 分)
专业期刊

专业书籍
内部资料
期刊被国际检索系统收录数
31.学术研究(30分)
组织课题研究
承担课题研究
32 网络平台(30分)
网站和网络交流
(十)咨询活动(90分)
33.政策建议(30分)
向党和政府提出政策建议
参与制定法律法规或发展规划
34.咨询服务(30分)
专业技术咨询服务
公共服务
35.学术评估(30分)
制定专业标准(规范)
技术鉴定、成果评估(鉴定或验收)
(十一)科学普及(50分)
36.普及活动(50分)
普及活动次数
普及活动影响
普及活动范围
普及活动手段
(十二)人才建设(95分)
37.人才培养(30分)
继续教育及培训
青年人才培养
38.表彰奖励(45分)
奖励项目
专业人才表彰与举荐
专业资格评价
39.学术道德规范(20分)
制定学术自律制度及实施
(十三)国际交流(50分)
40.组织国际会议(10分)
国际和港澳台学术会议次数

41.参加国际组织(20 分)

参加国际组织

会员在国际组织担任职务

42.开展国际合作(20 分)

国际合作项目

专业学术考察

(十四)会员服务(30 分)

43.会员服务(30 分)

反映会员诉求

反映会员合理化建议渠道

反映会员诉求效果

会员数据库等基础建设

四、社会评价(90 分)

(十五)内部评价(20 分)

44.会员评价(30 分)

会员对社团的服务性、非营利性、社会公信力、创新性、凝聚力的评价

会员对社团民主管理和领导班子的评价

(十六)外部评价(70 分)

45.受到有关部门表彰奖励(20 分)

在学术交流、政策建议、咨询服务、人才建设、国际交流等方面受到政府等有关部门的表彰奖励

46.新闻媒体(10 分)

对社团及其活动的宣传报道和评价

47.主管部门综合评价(40 分)

业务主管单位、民政部门对社团公信力、社会声誉和影响力的评价

第六节　社会组织评估的进展情况

一、全国性社会组织评估进展情况

民政部于 2007 年 10 月下发《民政部关于开展基金会评估工作的通知》,首先启动了基金会评估工作。2008 年 8 月,又下发《民政部关于协助开展行业协会商会评估工作的通知》,启动了全国性行业协会商会评估工作。2009 年 8 月再下发《关于开展民办非企业单位规范化建设评估工作的通知》,启动了民办非企业单位评估工作。到目前,已经开展了三批全国性行业协会商会、四批基金会和二批民办非企业单位的等级评估工作,组织专家近 3000 人次,共评估全国性社会组织 379 家。其中,5A 级社会组织 33 家,4A 级社会组织 90 家,3A 级社会组织 187 家,

2A 级以下社会组织 70 家。截止目前，在民政部登记注册的 600 余家全国性行业协会商会中，已评估 234 家，占总数的 39%；135 家基金会中，符合参评条件的 113 家已全部参加评估；41 家民办非企业单位中，符合参评条件的 32 家已全部参加评估。

二、地方社会组织评估进展情况

据统计，目前绝大多数省、自治区、直辖市的民政部门能把社会组织评估工作纳入议事日程，全国有 25 个省、区、市已经开展了社会组织评估工作，另外有 9 个省市制定了计划，正在启动这项工作。其中，浙江、广东、北京、上海、天津 5 个省市，不仅省本级开展了评估工作，而且地市一级也开展了评估。上海、浙江、福建、湖北 4 个省市，不仅开展了行业协会商会、基金会的评估，而且还启动了民办非企业单位或公益性社团、学术类社团的评估。福建、浙江、海南、重庆、辽宁、湖南、吉林、宁夏、厦门等 9 个省市建立健全了评估组织机构，成立了评估领导小组，组建了评估委员会。山西、广东、云南、青海针对评估工作的需要，结合当地评估工作实际，专门成立了社会组织评估中心。新疆、安徽、江西、四川、江苏、甘肃、贵州、广西、内蒙古、青岛等 27 个省市，为做好评估工作，规范评估程序，还制定了具体的评估工作方案、实施细则或管理办法。

三、基本做法和经验

（一）强化领导，保障评估工作

领导的重视与否是社会组织评估工作正常开展的关键因素之一。目前，各级民政部门基本能够按照民政部的统一要求，强化评估工作的领导，积极为评估工作顺利开展创造条件，抓紧组建评估机构，同时妥善解决经费和人员等问题，加强评估专家队伍建设，积极推动激励政策的落实，同时要善于将评估工作与当前社会组织重点工作结合起来，统筹兼顾、相互促进。

接下来，各级民政部门要进一步强化推进力度。当前评估工作覆盖面较窄，参评社会组织数量较少，各地应加大推进力度，确保早日实现评估工作全覆盖。当然在推进中，既要有数量要求，也不能忽视评估质量，要在完善指标，完备程序，增强工作透明度，加强专家队伍建设的基础上，实现评估工作又好又快发展。

（二）从实际出发，开展评估工作

社会组织评估工作自开展以来，各级民政部门能够实事求是，因地制宜，增强评估工作的科学性和合理性，确保评估效果得以实现。

例如，湖北省根据民政部《公益性社团评估指标体系》的评分标准，结合实际情况，充实细化了评估标准的内容，体现了自己的特点；上海市不仅市级成立了社会组织评估委员会，分类设立了评估工作指导小组，而且试点区县相应成立了评估工作领导小组和评估工作小组；大连市针对一些民办非企业单位组织行为不规范、内部治理不完善、片面追求营利等问题，有重点的在民办非企业单位开展了自律与诚信评估工作；黑龙江、河北、深圳、宁波等省市，在评估工作中，由政府主导，委托社会第三方进行评估工作，在一定程度上缓解了政府评估面临的人员不足问题。

（三）注重政策研究，推进评估工作

宁夏规定，3A 级以上的行业协会商会具有接受政府职能转移、政府购买服务和享受公益性

捐赠税前扣除优惠政策资格，5A 级社会组织连续三年免检，4A 级连续两年免检，3A 级一年免检。青海省还建立了社会组织信用数据库，为社会组织之间的信息交流和对社会组织的监督提供了渠道，省政府已经同意将社会组织信用数据库与政府信用网对接，这对了解社会组织的信用度，对金融部门向社会组织贷款提供了参考依据，提高了社会组织参加评估工作的积极性。

第七节 社会组织评估过程中需要注意的几个问题

一、各级民政部门需要注意的问题

(一)充分认识开展社会组织评估的重要性和紧迫性

社会组织评估是一项全新的工作，但我们不能因此忽视对其重要性的认识。之前我们已经论述过，做好这项工作，对社会组织而言，有利于提高社会公信力，提升综合竞争力；对社会公众而言，有利于增进对社会组织的了解和沟通，加强社会监督；对政府监管机构而言，有利于促进政府监管方式的科学化和规范化。特别是引入社会组织评估机制对于各级民政部门工作的创新意义，值得我们深入理解，准确把握。

引入社会组织评估机制，丰富了各级民政部门对社会组织的监管方式，和登记、年检、执法监察一起构成了“四位一体”的全方位动态管理格局。社会组织评估深入社会组织的工作方式，推动了民政部门工作前移，使民政部门得以及时准确掌握社会组织发展的最新动态。

引入社会组织评估机制，也为各级民政部门提供了重要的工作平台和工作抓手，促进社会组织健康发展的各项政策都可以通过评估指标得到体现，由于评估结果和诸多激励措施挂钩，使得广大社会组织对评估积极响应，各项指标真正成为了引领社会组织发展的指挥棒，使“引导社会组织加强自我建设、增强服务社会能力”的目标落到了实处。

此外，引入社会组织评估机制对于加快行政体制改革也具有典型意义，从英、美等国的实践来看，推动政府机构改革的核心手段之一就是引入评估机制。

先进国家和地区的发展经验告诉我们，开展评估工作是大势所趋。上个世纪 70 年代以来，评估问题开始受到国际社会的普遍关注，并广泛应用于许多国家。上世纪 90 年代开始，通过评估等管理手段促进社会组织发展的重要性成为共识。英美等国家最先开始了社会组织评估的实践，我国台湾地区也较早地开展了民间团体评估工作。我国内地，一些部门和行业，也很重视评估工作，如资产评估、税务信用评估、旅游饭店评估、环境评估等都已形成规模。与我们情况相近的教育部、科技部早在上个世纪 80 年代就开展了相关的评估工作，取得了令人瞩目的成绩。比较起上面所列的情况，我国的社会组织评估工作，起步晚，经验少，任务重，紧迫性不言而喻，各级民政部门以高度的历史使命感和责任感抓紧做好这项工作。

(二)贯彻落实《社会组织评估管理办法》，完善评估工作环节

2010 年 12 月 27 日民政部颁布第 39 号令，公布了《社会组织评估管理办法》，于 2011 年 3 月 1 日起实行。《社会组织评估管理办法》是一部全面规范我国社会组织评估工作的部门规章，是开展社会组织评估工作的依据，为社会组织评估工作沿着法制化的轨道健康发展提供了法律保障。各级民政部门在贯彻落实过程中，要坚持原则性和灵活性相结合，可以结合实际制定

评估实施细则，增强科学性和合理性，推动全国社会组织评估工作深入开展，促进社会组织科学发展。

社会组织评估工作目前已经形成了较为完备的政策依据和理论体系，确立了较为科学的评估原则和运行机制，设立了较为规范的评估程序和工作方法，但同时也还存在着一些亟待完善的环节。

首先，要加强动态管理，确保指标体系的科学有效，专家队伍的专业高效。目前，指导全国的评估指标体系是由民政部2007年通过招标的方式建立起来的，其科学性和可操作性在近几年的评估实践中已经得到了充分的检验。同时结合评估中总结的经验，配合社会组织管理工作的最新政策，进行了数次修订。今后要在此基础上，将指标体系的修订工作常态化、制度化，同时注重吸收国内外的先进经验，保证指标体系能够与时俱进，科学有效。

评估工作是门科学，需要一支高素质的专业队伍来承担。目前，各级民政部门陆续建立了评估专家队伍。从实践效果看，总体上基本满足了评估工作需要，但也逐渐暴露出运作尚未把握评估工作规律，评估专家水平参差、对指标的理解存在差异的问题。接下来，需要在选才和培训两方面加大工作力度。

其次，要加强评估机构的建设，促进社会组织评估有序推进。目前，在我国开展社会组织评估的地方中，大部分建立了政府主导下的社会第三方评估机构。应该说，这样的选择是符合实际情况的：一方面，社会第三方评估机构有利于发挥社会监督作用，确保评估等级结果的科学性和公正性，有效解决政府评估面临的人员和专业技术不足的问题；另一方面，由政府主导，可以改进政府监管方式，有效解决社会组织评估面临的权威性和规范化缺乏的问题。这也符合社会组织评估发展的一般规律，从全球发展的趋势看，公权力对社会组织的评估有一个发展的过程，最开始往往是借助政府的力量直接推进社会组织的评估，然后发展为政府通过资助中介机构进行间接的评估，最后发展为社会独立评估。因此，在今后一个时期，我们要坚持政府主导，加强适合现阶段情况的评估机构建设，促进社会组织评估循序渐进。

再次，要善于发现问题、解决问题，提高评估的质量。社会组织评估的根本出发点和落脚点是帮助社会组织健康发展，我们要充分利用评估的时机，帮助社会组织发现问题，解决问题。在目前的评估工作程序中，专家实地考察时有反馈评估意见的环节设计，要将该环节用好用足，切不可流于形式。对于发现的问题，要本着对社会组织负责，对评估工作负责的态度，知无不言，言无不尽。同时要充分发挥专家组的集体智慧，为社会组织设计解决问题的方案，规划发展的路径。一时解决不了或超出能力范围的问题，事后，要积极协调有关部门帮助解决。唯有变“授之以鱼”为“授之以渔”，增强社会组织自身的造血功能，健全组织、提升能力、培育扶持、规范管理、发挥作用的基本思路才能在社会组织评估工作中得到贯彻，评估的内涵和质量才能得到提升，才能成为广大社会组织欢迎和支持的工作。

（三）搞好政策引导，重视成果运用

社会组织评估是手段，不是目的，要重视评估结果和相关激励政策的衔接。一些社会组织对参加评估的积极性不高，一个重要原因就是在推进评估的工作中，缺乏相应的配套激励政策和措施。近年来，各级民政部门做了很多努力，取得了一些效果。2008年，民政部部联合财政部、国家税务总局下发《关于公益性捐赠税前扣除问题的通知》，明确把基金会、公益性社团的评估等级作为实现税前扣除的重要条件之一；2010 年，下发《民政部关于做好全国性社会团体 2009 年年度检查工作的函》，规定在评估中获得 4A、5A 等级的社会团体（发现问题的社会团体除外）有享受简化年检程序的资格；另外，5A 级社会组织可直接被评为全国先进民间组织，不占用相关部门指标。部分业务主管单位也出台文件对评估等级较高的社会组织给予政策倾斜，比如，2009 年 3 月 31 日《工信部关于充分发挥行业协会作用的指导意见》指出“加强委托工作的监督管理。坚持委托工作要委托给业务能力强、工作质量高、管理规范、制度健全的协会的原则，优先购买评估等级较高协会的服务。”

今后，各级民政部门要加强这方面的工作，在职权范围内，出台一些促进社会组织发展新的政策。另外，还要积极协调，引导业务主管单位把本部门的各种激励和优惠政策与评估等级结果挂钩，以增强开展评估工作的吸引力。

重视评估结果的运用，除了利用现有的配套激励政策以外，还要善于开拓评估结果运用的新领域。比如，《社会组织评估管理办法》明确规定，“获得评估等级的社会组织在开展对外活动和宣传时，可以将评估等级证书作为信誉证明出示”。从先进国家的经验来看，这是社会组织评估的一个重要功能。美国的评估机构“明智捐赠联盟”将评估结果以报告的形式公开发布，许多美国人要对某个慈善组织进行评价或者做出捐赠决策的时候，往往依赖该联盟做出的评估结果。但是从我国目前的情况看，评估结果作为社会组织信誉证明的作用有待开拓，这一方面是由于社会组织评估刚刚起步，社会公众对评估还不了解，评估结果的公信力得不到认可；另一方面，是由于很多社会组织对社会公信力的认识还不到位，还没有将其视为自身发展的关键因素之一。今后，我们要着力对这两个方面进行改进，既要加强对社会组织评估工作的宣传，又要加强对优秀社会组织的宣传，力争在较短的时间内，让社会组织评估结果作为社会组织的信誉证明成为社会的共识。

二、广大社会组织需要注意的问题

（一）重视社会组织评估，积极主动参评

社会组织评估对社会组织健康发展的重要意义，前文已经做了详细地阐释，在此不再赘述。这里需要强调的是，在《社会组织评估管理办法》对参加社会组织评估的对象有了详细的规定，同时《社会组织评估管理办法》还规定，“符合参加评估条件未申请参加评估或者评估等级有效期满后未再申请参加评估的社会组织，视为无评估等级”。参评对社会组织来说，既是权利同时在一定程度上也是义务，这也是中央对于社会组织培育发展和管理监督并重精神的体现。

只有广大社会组织认可和支持社会组织评估，这项工作才能取得应有的效果。从这几年社会组织评估工作开展的实践来看，广大参评社会组织对评估意义加深了认识，对评估带来的变化感同身受，将评估作为促进自身发展的常态管理手段已经成为共识。从我们掌握的情况，全国性社会组织评估已经覆盖全部已登记的社会组织类型，符合评估条件基金会、民办非企业单位的参评率已经达到 100%，未参评社会组织的参评积极性较以前也有了大幅度的提升。

（二）了解评估相关内容，认真务实迎评

首先，要认真了解评估相关内容。评估是一项系统工程，涉及到多个环节，忽视其中任何一个，都会影响评估的客观准确；同时评估也是评估机构和参评社会组织双向互动的一项工作，

只有参评社会组织主动有效地配合，其特点才能如实地被提炼出来。因此，广大参评社会组织要加强学习，把握评估原则，熟悉评估流程，了解评估指标。在这里，有两点需要注意。

第一，重视自检自评。按照评估程序，参评社会组织在报送申报材料前，要对照评估指标和评估评分标准，进行自我检查和自我评价。自检自评是社会组织自我梳理，自我回顾，自我总结的过程。对照评估指标，开展自检自评，可以提前发现存在的薄弱环节，及时整改。也可以通过自检自评，增强对自身情况的了解。自检自评的过程，也是档案整理和材料准备的过程，这个过程中，参评单位可以对照评估指标逐一准备相关评估材料，再归档整理。自检自评不但对迎接评估十分重要，对社会组织自身建设来说，也是一次难得的回顾历程、总结提升的机会。

第二，认真准备材料。参评社会组织在评估过程中需要准备的材料有两类：一类是申报材料，需要在指定时间内，送交评估机构；另一类是实地考察时，提供给评估专家现场查看的资料。申报材料主要涉及基础条件、内部治理方面的考察项目，和评估标准是一一对应的。为了减轻基金会负担，工作绩效和财务部分的材料基本采取现场查看原件的方式进行。有的参评社会组织在准备材料的时候只准备了申报材料，没有准备专家实地考察的资料，既耽误了专家实地考察的时间，又给人一种档案管理无序的感觉，同时还容易造成材料不全，影响得分。

其次，以求真务实的态度迎接评估。社会组织评估不是检查或调查，评估的结果也不是批评或处罚，而是力图通过科学的指标设置，客观的评估过程，将参评社会组织的真实情况反映出来，帮助其找到不足，明确发展方向。形象地说，社会组织参加评估就像人们参加体检，如果弄虚作假，隐瞒了病情，最后危害的是自身的健康。因此，广大社会组织在迎接评估的过程中一定要做到求真务实，不提供虚假材料，不隐瞒真实情况，不为了评估而参评。

（三）正确对待评估结果，促进科学发展

社会组织评估结束以后，评估机构会公示评估等级，这期间，评估机构还会把评估等级通知书发送给各参评社会组织。为了保障参评社会组织的申诉权利，《社会组织评估管理办法》中对复核做了专门的规定。公示期满后，相关等级管理机关根据评估委员会的终评结果，发布社会组织评估等级公告。

不少参评社会组织把宣布评估等级看成“宣判”，以获得几个“A”定成败得失，结果往往是几家欢乐几家愁，社会组织评估的本来面貌反而被忽视了。在近几年的社会组织评估实践中，我们发现，一些社会组织在评估等级结果公示以后，将自己的评估等级和熟悉的社会组织加以比较，特别是同属一个业务主管单位的，这样的情况更为普遍，如果评估等级和其主观的认识一致即认可，反之就质疑甚至提请复核。类似这样的情况，都是参评社会组织没有正确对待评估结果的表现。事实上，社会组织评估的权威性和广大社会组织的认可度是呈正比例关系的：社会组织越认可，评估的权威性越高，反之亦然。如果社会组织不能正视自身存在的问题，一味地质疑评估工作的权威性，其后果不但会影响社会组织自身的改进和发展，还会对整个社会组织评估工作带来不良的影响。

广大社会组织应当尊重社会组织评估的权威性，客观对待自身存在问题。要对照评估专家提出的问题，认真加以改进，改善基础条件，完善内部治理，拓展业务范围；要将评估的结果用好用足，争取相关部门更有力的支持，落实相关的配套政策，谋求更加有利的外部环境；要以社会组织评估为契机，加大宣传力度，获得社会公众更广泛的关注和认可。

参考文献

1、孙伟林,《社会组织管理》,北京,中国社会出版社,2009
2、国家民间组织管理局廖鸿等,《中国民间组织评估》,北京,中国社会出版社,2007
3、邓国胜等,《民间组织评估体系:理论方法与指标体系》,北京,北京大学出版社,2007
4、官有垣、陈锦棠、陆宛苹,《第三部门评估与责信》,北京,北京大学出版社,2008
5、王名,《中国民间组织 30 年——走向公民社会 1978-2008》,北京,社会科学文献出版社,2008
6、【美】西奥多·H·波伊斯特,《公共与非营利组织绩效考评:方法与应用》,北京,中国人民大学出版社,2005
7、叶常林、许克祥、虞维华,《非政府组织前沿问题研究》,合肥,中国科学技术大学出版社,2009
8、俞可平,《中国治理变迁 30 年 1978-2008》,北京,社会科学文献出版社,2008
9、徐军,《民间非营利组织会计制度相关知识读本》,北京,经济科学出版社,2005
10、王浦劬、【美】莱斯特·M·萨拉蒙等,《政府向社会组织购买公共服务研究 中国与全球经验分析》,北京,北京大学出版社,2010
11、王名、李勇、廖鸿、黄浩明,《日本非营利组织》,北京,北京大学出版社,2007
12、陈锦棠,《香港社会服务评估与审核》,北京,北京大学出版社,2008
13、邓国胜等,《事业单位治理结构与绩效评估》,北京,北京大学出版社,2008
14、Daniel L. Stufflebeam, George F. Madaus and Thomas Kellaghan, 苏锦丽(译者),邓国胜(审校),《评估模型》,北京,北京大学出版社,2007
15、国家民间组织管理局,《2010 年中国社会组织理论研究文集》,北京,时事出版社,2011
16、民政部民间组织管理局,《民间组织能力建设探索》,北京,中国社会出版社,2005
17、马庆钰,《社会组织能力建设》,北京,中国社会出版社,2011
18、王名,《社会组织概论》,北京,中国社会出版社,2010
19、徐家良,《社会团体导论》,北京,中国社会出版社,2011

民政部民间组织服务中心管理服务处处长　贾　卫

附录

一、社会团体登记管理条例

中华人民共和国国务院令

第250号

《社会团体登记管理条例》,已经1998年9月25日国务院第8次常务会议通过,现予发布,自发布之日起施行。

总理 朱镕基

1998年10月25日

第一章　总则

第一条　为了保障公民的结社自由,维护社会团体的合法权益,加强对社会团体的登记管理,促进社会主义物质文明、精神文明建设,制定本条例。

第二条　本条例所称社会团体,是指中国公民自愿组成,为实现会员共同意愿,按照其章程开展活动的非营利性社会组织。

国家机关以外的组织可以作为单位会员加入社会团体。

第三条　成立社会团体,应当经其业务主管单位审查同意,并依照本条例的规定进行登记。

社会团体应当具备法人条件。

下列团体不属于本条例规定登记的范围:

(一) 参加中国人民政治协商会议的人民团体;

(二) 由国务院机构编制管理机关核定,并经国务院批准免于登记的团体;

(三) 机关、团体、企业事业单位内部经本单位批准成立、在本单位内部活动的团体。

第四条　社会团体必须遵守宪法、法律、法规和国家政策,不得反对宪法确定的基本原则,不得危害国家的统一、安全和民族的团结,不得损害国家利益、社会公共利益以及其他组织和公民的合法权益,不得违背社会道德风尚。

社会团体不得从事营利性经营活动。

第五条　国家保护社会团体依照法律、法规及其章程开展活动,任何组织和个人不得非法干涉。

第六条　国务院民政部门和县级以上地方各级人民政府民政部门是本级人民政府的社会团体登记管理机关(以下简称登记管理机关)。

国务院有关部门和县级以上地方各级人民政府有关部门、国务院或者县级以上地方各级人民政府授权的组织,是有关行业、学科或者业务范围内社会团体的业务主管单位(以下简称业务主管单位)。

法律、行政法规对社会团体的监督管理另有规定的,依照有关法律、行政法规的规定执行。

第二章 管 辖

第七条 全国性的社会团体，由国务院的登记管理机关负责登记管理；地方性的社会团体，由所在地人民政府的登记管理机关负责登记管理；跨行政区域的社会团体，由所跨行政区域的共同上一级人民政府的登记管理机关负责登记管理。

第八条 登记管理机关、业务主管单位与其管辖的社会团体的住所不在一地的，可以委托社会团体住所地的登记管理机关、业务主管单位负责委托范围内的监督管理工作。

第三章 成立登记

第九条 申请成立社会团体，应当经其业务主管单位审查同意，由发起人向登记管理机关申请筹备。

第十条 成立社会团体，应当具备下列条件：

(一) 有50个以上的个人会员或者30个以上的单位会员；个人会员、单位会员混合组成的，会员总数不得少于50个；

(二) 有规范的名称和相应的组织机构；

(三) 有固定的住所；

(四) 有与其业务活动相适应的专职工作人员；

(五) 有合法的资产和经费来源，全国性的社会团体有10万元以上活动资金，地方性的社会团体和跨行政区域的社会团体有3万元以上活动资金；

(六) 有独立承担民事责任的能力。

社会团体的名称应当符合法律、法规的规定，不得违背社会道德风尚。社会团体的名称应当与其业务范围、成员分布、活动地域相一致，准确反映其特征。全国性的社会团体的名称冠以“中国”、“全国”、“中华”等字样的，应当按照国家有关规定经过批准，地方性的社会团体的名称不得冠以“中国”、“全国”、“中华”等字样。

第十一条 申请筹备成立社会团体，发起人应当向登记管理机关提交下列文件：

(一) 筹备申请书；

(二) 业务主管单位的批准文件；

(三) 验资报告、场所使用权证明；

(四) 发起人和拟任负责人的基本情况、身份证明；

(五) 章程草案。

第十二条 登记管理机关应当自收到本条例第十一条所列全部有效文件之日起60日内，作出批准或者不批准筹备的决定；不批准的，应当向发起人说明理由。

第十三条 有下列情形之一的，登记管理机关不予批准筹备：

(一) 有根据证明申请筹备的社会团体的宗旨、业务范围不符合本条例第四条的规定的；

(二) 在同一行政区域内已有业务范围相同或者相似的社会团体，没有必要成立的；

(三) 发起人、拟任负责人正在或者曾经受到剥夺政治权利的刑事处罚，或者不具有完全民事行为能力的；

(四) 在申请筹备时弄虚作假的；

(五) 有法律、行政法规禁止的其他情形的。

第十四条　筹备成立的社会团体，应当自登记管理机关批准筹备之日起6个月内召开会员大会或者会员代表大会，通过章程，产生执行机构、负责人和法定代表人，并向登记管理机关申请成立登记。筹备期间不得开展筹备以外的活动。

社会团体的法定代表人，不得同时担任其他社会团体的法定代表人。

第十五条　社会团体的章程应当包括下列事项：

(一) 名称、住所；

(二) 宗旨、业务范围和活动地域；

(三) 会员资格及其权利、义务；

(四) 民主的组织管理制度，执行机构的产生程序；

(五) 负责人的条件和产生、罢免的程序；

(六) 资产管理和使用的原则；

(七) 章程的修改程序；

(八) 终止程序和终止后资产的处理；

(九) 应当由章程规定的其他事项。

第十六条　登记管理机关应当自收到完成筹备工作的社会团体的登记申请书及有关文件之日起30日内完成审查工作。对没有本条例第十三条所列情形，且筹备工作符合要求、章程内容完备的社会团体，准予登记，发给《社会团体法人登记证书》。登记事项包括：

(一) 名称；

(二) 住所；

(三) 宗旨、业务范围和活动地域；

(四) 法定代表人；

(五) 活动资金；

(六) 业务主管单位。

对不予登记的，应当将不予登记的决定通知申请人。

第十七条　依照法律规定，自批准成立之日起即具有法人资格的社会团体，应当自批准成立之日起60日内向登记管理机关备案。登记管理机关自收到备案文件之日起30日内发给《社会团体法人登记证书》。

社会团体备案事项，除本条例第十六条所列事项外，还应当包括业务主管单位依法出具的批准文件。

第十八条　社会团体凭《社会团体法人登记证书》申请刻制印章，开立银行账户。社会团体应当将印章式样和银行账号报登记管理机关备案。

第十九条　社会团体成立后拟设立分支机构、代表机构的，应当经业务主管单位审查同意，向登记管理机关提交有关分支机构、代表机构的名称、业务范围、场所和主要负责人等情况的文件，申请登记。

社会团体的分支机构、代表机构是社会团体的组成部分，不具有法人资格，应当按照其所属于的社会团体的章程所规定的宗旨和业务范围，在该社会团体授权的范围内开展活动、发展会员。社会团体的分支机构不得再设立分支机构。

社会团体不得设立地域性的分支机构。

第四章 变更登记、注销登记

第二十条 社会团体的登记事项、备案事项需要变更的，应当自业务主管单位审查同意之日起 30 日内，向登记管理机关申请变更登记、变更备案(以下统称变更登记)。

社会团体修改章程，应当自业务主管单位审查同意之日起 30 日内，报登记管理机关核准。

第二十一条 社会团体有下列情形之一的，应当在业务主管单位审查同意后，向登记管理机关申请注销登记、注销备案(以下统称注销登记)：

(一) 完成社会团体章程规定的宗旨的；

(二) 自行解散的；

(三) 分立、合并的；

(四) 由于其他原因终止的。

第二十二条 社会团体在办理注销登记前，应当在业务主管单位及其他有关机关的指导下，成立清算组织，完成清算工作。清算期间，社会团体不得开展清算以外的活动。

第二十三条 社会团体应当自清算结束之日起 15 日内向登记管理机关办理注销登记。办理注销登记，应当提交法定代表人签署的注销登记申请书、业务主管单位的审查文件和清算报告书。

登记管理机关准予注销登记的，发给注销证明文件，收缴该社会团体的登记证书、印章和财务凭证。

第二十四条 社会团体撤销其所属分支机构、代表机构的，经业务主管单位审查同意后，办理注销手续。

社会团体注销的，其所属分支机构、代表机构同时注销。

第二十五条 社会团体处分注销后的剩余财产，按照国家有关规定办理。

第二十六条 社会团体成立、注销或者变更名称、住所、法定代表人，由登记管理机关予以公告。

第五章 监督管理

第二十七条 登记管理机关履行下列监督管理职责：

(一) 负责社会团体的成立、变更、注销的登记或者备案；

(二) 对社会团体实施年度检查；

(三) 对社会团体违反本条例的问题进行监督检查，对社会团体违反本条例的行为给予行政处罚。

第二十八条 业务主管单位履行下列监督管理职责：

(一) 负责社会团体筹备申请、成立登记、变更登记、注销登记前的审查；

(二) 监督、指导社会团体遵守宪法、法律、法规和国家政策，依据其章程开展活动；

(三) 负责社会团体年度检查的初审；

(四) 协助登记管理机关和其他有关部门查处社会团体的违法行为；

(五) 会同有关机关指导社会团体的清算事宜。

业务主管单位履行前款规定的职责，不得向社会团体收取费用。

第二十九条　社会团体的资产来源必须合法,任何单位和个人不得侵占、私分或者挪用社会团体的资产。

社会团体的经费,以及开展章程规定的活动按照国家有关规定所取得的合法收入,必须用于章程规定的业务活动,不得在会员中分配。

社会团体接受捐赠、资助,必须符合章程规定的宗旨和业务范围,必须根据与捐赠人、资助人约定的期限、方式和合法用途使用。社会团体应当向业务主管单位报告接受、使用捐赠、资助的有关情况,并应当将有关情况以适当方式向社会公布。

社会团体专职工作人员的工资和保险福利待遇,参照国家对事业单位的有关规定执行。

第三十条　社会团体必须执行国家规定的财务管理制度,接受财政部门的监督;资产来源属于国家拨款或者社会捐赠、资助的,还应当接受审计机关的监督。

社会团体在换届或者更换法定代表人之前,登记管理机关、业务主管单位应当组织对其进行财务审计。

第三十一条　社会团体应当于每年 3 月 31 日前向业务主管单位报送上一年度的工作报告,经业务主管单位初审同意后,于 5 月 31 日前报送登记管理机关,接受年度检查。工作报告的内容包括:本社会团体遵守法律法规和国家政策的情况、依照本条例履行登记手续的情况、按照章程开展活动的情况、人员和机构变动的情况以及财务管理的情况。

对于依照本条例第十七条的规定发给《社会团体法人登记证书》的社会团体,登记管理机关对其应当简化年度检查的内容。

第六章　罚 则

第三十二条　社会团体在申请登记时弄虚作假,骗取登记的,或者自取得《社会团体法人登记证书》之日起 1 年未开展活动的,由登记管理机关予以撤销登记。

第三十三条　社会团体有下列情形之一的,由登记管理机关给予警告,责令改正,可以限期停止活动,并可以责令撤换直接负责的主管人员;情节严重的,予以撤销登记;构成犯罪的,依法追究刑事责任:

(一) 涂改、出租、出借《社会团体法人登记证书》,或者出租、出借社会团体印章的;

(二) 超出章程规定的宗旨和业务范围进行活动的;

(三) 拒不接受或者不按照规定接受监督检查的;

(四) 不按照规定办理变更登记的;

(五) 擅自设立分支机构、代表机构,或者对分支机构、代表机构疏于管理,造成严重后果的;

(六) 从事营利性的经营活动的;

(七) 侵占、私分、挪用社会团体资产或者所接受的捐赠、资助的;

(八) 违反国家有关规定收取费用、筹集资金或者接受、使用捐赠、资助的。

前款规定的行为有违法经营额或者违法所得的,予以没收,可以并处违法经营额 1 倍以上 3 倍以下或者违法所得 3 倍以上 5 倍以下的罚款。

第三十四条　社会团体的活动违反其他法律、法规的,由有关国家机关依法处理;有关国家机关认为应当撤销登记的,由登记管理机关撤销登记。

第三十五条　未经批准,擅自开展社会团体筹备活动,或者未经登记,擅自以社会团体名义进行活动,以及被撤销登记的社会团体继续以社会团体名义进行活动的,由登记管理机关予以取缔,没收非法财产;构成犯罪的,依法追究刑事责任;尚不构成犯罪的,依法给予治安管理处罚。

第三十六条　社会团体被责令限期停止活动的,由登记管理机关封存《社会团体法人登记证书》、印章和财务凭证。

社会团体被撤销登记的,由登记管理机关收缴《社会团体法人登记证书》和印章。

第三十七条　登记管理机关、业务主管单位的工作人员滥用职权、徇私舞弊、玩忽职守构成犯罪的,依法追究刑事责任;尚不构成犯罪的,依法给予行政处分。

第七章　附 则

第三十八条　《社会团体法人登记证书》的式样由国务院民政部门制定。

对社会团体进行年度检查不得收取费用。

第三十九条　本条例施行前已经成立的社会团体，应当自本条例施行之日起 1 年内依照本条例有关规定申请重新登记。

第四十条　本条例自发布之日起施行。1989 年 10 月 25 日国务院发布的《社会团体登记管理条例》同时废止。

二、民政部、人事部关于全国性社会团体专职工作人员人事管理问题的通知

（民发[2001] 263号）

中央和国家机关各部委，解放军总政治部，各人民团体：

为了贯彻落实《中共中央办公厅、国务院办公厅关于进一步加强民间组织管理工作的通知》（中办发［1999］34号）精神，制定和完善社会团体的人事管理政策，充分发挥社会团体在社会主义物质文明和精神文明建设中的积极作用，现就全国性社会团体专职工作人员的人事管理问题通知如下：

一、全国性社会团体专职工作人员人事管理工作，是一项政策性强、涉及面广的工作，业务主管单位必须予以高度重视，认真加强管理。民政部、人事部要对社会团体专职工作人员的人事管理工作进行指导、监督、检查，使社会团体的人事管理工作逐步走向法制化、规范化的轨道。

二、全国性社会团体专职工作人员，其档案管理、档案工资、社会保险、职称评定、住房公积金、婚姻状况证明、出国政审证明等人事管理工作，参照国家对事业单位的有关规定执行，由人事部全国人才流动中心或人事部、民政部共同指定的有人事代理权的机构代理。

三、设有人事管理部门或设有专兼职人事管理干部的全国性社会团体，以及专职工作人员的人事管理工作已由业务主管单位人事部门统一管理的全国性社会团体，其人事管理工作可仍按现行管理办法进行。

四、全国性社会团体从离、退休人员中聘任的社会团体专职工作人员，其人事管理工作由被聘人员原单位人事部门负责，具体管理工作依照国家有关规定进行。原单位要创造便利条件，支持这些人员在社会团体的工作。

五、人事部人才流动中心或人事部、民政部共同指定的人事代理权的机构要以高度负责的精神，做好全国性社会团体专职工作人员的人事代理工作，并定期向民政部、人事部和全国性社会团体业务主管单位通报有关情况。

六、全国性社会团体业务主管单位要将本通知的内容及时传达至所属社会团体。全国性社会团体需要办理人事代理的，接本通知后，到人事部人才流动中心或人事部、民政部共同指定的有人事代理权的机构办理对专职工作人员进行人事管理的代理手续。

民政部人事部

二000年十二月七日

三、民政部、财政部关于进一步明确社会团体会费政策的通　知

民发〔2006〕123号

各省、自治区、直辖市民政厅(局)、财政厅(局),计划单列市民政局、财政局,新疆生产建设兵团民政局、财务局:

《民政部、财政部关于调整社会团体会费政策等有关问题的通知》(民发〔2003〕95号,以下简称《通知》)自2003年8月1日实施以来,各类社会团体按照《通知》规定的原则和办法合理制定或修改会费标准,遵守会费标准备案制度,加强会费收取和使用的管理。总的来看,《通知》确定了会员直接参与制定会费标准的有关办法,缓解了长期困扰社会团体的经费短缺问题,满足了不同社会团体需求,健全了社会团体民主管理机制,促进了社会团体健康有序发展。

为进一步发挥社会团体服务会员、建设和谐社会的积极作用,促进社会团体发展,经研究,决定继续执行《通知》的有关规定,并就有关事项补充通知如下:

一、社会团体制定或修改会费标准,召开会员大会或者会员代表大会,必须有2/3以上会员或会员代表出席,并经出席会员或会员代表1/2以上表决通过,表决采取无记名投票方式进行。

二、社会团体应当严格按照《社会团体登记管理条例》和《通知》等有关规定,认真履行会费标准制定程序,遵守会费标准备案有关规定,完善会费管理制度;认真执行《通知》规定的会费收支公开制度,接受会员大会或会员代表大会的审查,并在社会团体年检时向登记管理机关和财政部门报告会费收支和社会团体会费收据使用情况。

三、各级民政、财政部门要进一步加强对社会团体收取会费行为的监督检查。发现有不符合《通知》规定程序制定或修改会费标准、不履行会费标准备案手续、违反自愿原则强制收取会费、违反规定使用社会团体会费收据等问题,各登记管理机关和业务主管单位要及时指出,督促改正;对构成违纪违法的,应提请有关部门依法查处。

民政部　　　财政部

二〇〇六年七月二十五日

四、中共中央组织部、民政部关于在社会团体中建立党组织有关问题的通知

(1998年2月16日)

党的十一届三中全会以来，随着经济的发展和社会的进步，各类社会团体不断增多。这些社会团体在我国社会、经济、科技、文化发展以及对外交往中发挥着越来越广泛的积极作用。为加强社会团体党的工作，促进社会团体健康发展，现就在社会团体(不包括由国家确定其职能，核定编制，核拨经费，工作人员按国家公务员管理的社会团体)中建立党组织的有关问题通知如下：

一、经社会团体登记管理机关核准登记(原有社会团体经清理整顿换发新的证书)的社会团体，其常设办事机构专职人员中凡是有正式党员3人以上的，应建立党的基层组织。社会团体建立党组织，由其业务主管部门或挂靠单位的党组织审批。

社会团体在筹备过程中就应考虑建立党组织问题。业务主管部门或挂靠单位应了解和掌握社会团体的情况，对应当建立党的基层组织而没有建立的，要帮助其尽快建立。

二、社会团体已经建立党组织的，其常设办事机构专职人员中党员的组织关系应转入社会团体党组织；社会团体没有建立党组织的，其常设办事机构专职人员中党员的组织关系可转入业务主管部门或挂靠单位的党组织，参加党的活动。

三、社会团体党组织的设置形式根据党员人数和工作需要确定。党员人数3名以上，不足50名的，可成立党的支部委员会，其中党员人数不足7名的，可不成立支部委员会，只设书记1名；党员人数超过50名不足100名的，可成立党的总支部委员会；党员人数超过100名的可成立党的基层委员会。

社会团体党的基层委员会由党员大会或党员代表大会选举产生，党的总支部委员会和支部委员会由党员大会选举产生。

党的基层委员会每届任期三年，党的总支部委员会、支部委员会每届任期两年。

社会团体党组织一般不设专职党务干部，日常党务工作由社会团体党组织的党员兼任。规模较大，党员人数较多的社会团体，可设置精干的党的工作机构和专职人员。

四、社会团体党组织应全面贯彻执行党章规定的党的基层组织的任务，要做好以下工作：

1 支持社会团体及其负责人按照社团章程中规定的宗旨、任务开展工作。

2 加强对党员的教育、管理和监督，通过发挥党员的先锋模范作用，积极开展业务活动，发挥社会团体在社会主义建设中的作用。

3 监督社会团体负责人贯彻党的路线、方针、政策，遵守国家法律、法规。

五、社会团体党组织必须自觉接受批准其成立的业务主管部门或挂靠单位党组织的领导，定期汇报工作，重要问题应及时请示汇报。

社会团体业务主管部门或挂靠单位党组织要重视社会团体党组织工作，把加强社会团体党组织建设作为党组织工作的组成部分，列入工作议程，定期研究。要帮助社会团体党组织解决工作中的实际问题，充分发挥社会团体党组织在改革和现代化建设中的积极作用。

五、中国科学技术协会章程

（2006年5月25日中国科学技术协会第七次全国代表大会通过）

第一章 总 则

第一条 中国科学技术协会是中国科学技术工作者的群众组织，是中国共产党领导下的人民团体，是党和政府联系科学技术工作者的桥梁和纽带，是国家推动科学技术事业发展的重要力量。

第二条 中国科学技术协会的宗旨是：坚持以马克思列宁主义、毛泽东思想、邓小平理论和“三个代表”重要思想为指导，全面落实科学发展观，团结和动员科学技术工作者以经济建设为中心，坚持科学技术是第一生产力的思想，实施科教兴国战略、人才强国战略和可持续发展战略，建设创新型国家。促进科学技术的繁荣和发展，促进科学技术的普及和推广，促进科学技术人才的成长和提高，促进科学技术与经济的结合。反映科学技术工作者的意见，维护科学技术工作者的合法权益。为经济社会发展服务，为提高全民科学素质服务，为科学技术工作者服务，推动社会主义经济建设、政治建设、文化建设和社会建设，构建社会主义和谐社会，为实现中华民族伟大复兴而努力奋斗。

第三条 中国科学技术协会由全国学会、协会、研究会（以下学会、协会、研究会简称学会）和地方科学技术协会组成。

地方科学技术协会由同级学会和下一级科学技术协会及基层组织组成。

第四条 中国科学技术协会贯彻国家科学技术工作自主创新、重点跨越、支撑发展、引领未来的指导方针，弘扬尊重劳动、尊重知识、尊重人才、尊重创造的风尚，倡导献身、创新、求实、协作的精神，坚持独立自主、民主办会的原则和“百花齐放、百家争鸣”的方针。

第五条 中国科学技术协会高举爱国主义旗帜，加强与香港特别行政区、澳门特别行政区和台湾地区的科学技术交流，维护民族团结，促进祖国统一。

第二章 任 务

第六条 开展学术交流，活跃学术思想，促进学科发展，推动自主创新。

第七条 组织科学技术工作者为建立以企业为主体的技术创新体系、全面提升企业的自主创新能力作贡献。

第八条 依照《中华人民共和国科学技术普及法》，弘扬科学精神，普及科学知识，传播科学思想和科学方法。捍卫科学尊严，推广先进技术，开展青少年科学技术教育活动，提高全民科学素质。

第九条 反映科学技术工作者的建议、意见和诉求，维护科学技术工作者的合法权益。

促进学术道德建设和学风建设。

第十条 组织科学技术工作者参与国家科学技术政策、法规制定和国家事务的政治协商、科学决策、民主监督工作。

第十一条 表彰奖励优秀科学技术工作者,举荐人才。

第十二条 开展科学论证、咨询服务,提出政策建议,促进科学技术成果的转化;接受委托承担项目评估、成果鉴定,参与技术标准制定、专业技术资格评审和认证等任务。

第十三条 开展民间国际科学技术交流活动,促进国际科学技术合作,发展同国外的科学技术团体和科学技术工作者的友好交往。

第十四条 开展继续教育和培训工作。

第十五条 兴办符合中国科学技术协会宗旨的社会公益性事业。

第三章 会 员

第十六条 全国学会是中国科学技术协会的团体会员。各级地方学会是同级地方科学技术协会的团体会员。县级以上科学技术协会发展团体会员。基层组织发展个人会员。

第十七条 团体会员的义务和权利:

团体会员的义务:遵守本章程,执行科学技术协会的决议和决定,开展符合章程规定的各项活动。

团体会员的权利:推选代表参加科学技术协会代表大会,参加科学技术协会的活动,对科学技术协会的工作提出建议和批评并进行监督。

第十八条 基层组织规定个人会员的义务和权利。

第四章 全国领导机构

第十九条 全国代表大会和它选举产生的全国委员会是中国科学技术协会全国领导机构。

第二十条 全国代表大会每五年举行一次,由全国委员会召集。特殊情况下,可以提前或延期举行。

第二十一条 全国代表大会的代表名额和选举办法由常务委员会决定,其代表经全国学会和省、自治区、直辖市科学技术协会及有关方面民主协商,选举产生。

第二十二条 全国代表大会行使下列职权:

一、决定中国科学技术协会的工作方针和任务;

二、审议和批准全国委员会的工作报告;

三、制定和修改中国科学技术协会章程;

四、选举产生全国委员会;

五、决定其他重大事项。

第二十三条 全国委员会会议每年举行一次,由常务委员会召集。

第二十四条 全国委员会行使下列职权:

一、执行全国代表大会的决议;

二、选举主席、副主席和常务委员;

三、审议中国科学技术协会年度工作报告;

四、决定授予荣誉职务;

五、决定其他重大事项。

第二十五条 全国委员会闭会期间,常务委员会领导中国科学技术协会的工作,实施全国委员会确定的任务,批准全国委员会委员的变更或增补、团体会员的接纳或退出。

常务委员会会议每季度举行一次,由主席召集,也可委托副主席召集。

第二十六条 常务委员会下设书记处。书记处由第一书记和书记若干人组成,人选由主席提名,经常务委员会通过。书记处在常务委员会领导下主持中国科学技术协会的日常工作。

第二十七条 常务委员会设置若干工作委员会和专门委员会,协助审议需经常务委员会审定的有关事项。

第二十八条 常务委员会根据需要,聘请有关部门的负责人为中国科学技术协会顾问。

第五章 全国学会

第二十九条 本章程所称全国学会是按自然科学、技术科学、工程技术及其相关科学的学科组建或以促进科学技术发展和普及为宗旨的学术性、科普性社会团体。

第三十条 加入中国科学技术协会的全国学会的基本条件:

一、承认中国科学技术协会章程;

二、按照国务院《社会团体登记管理条例》依法登记;

三、有学术带头人和相当数量的会员;

四、经常开展国内外学术交流活动及科普活动,编辑出版科学技术或科学普及刊物;

五、有健全的办事机构和经费来源。

第三十一条 符合本章程第三十条规定的全国学会,向中国科学技术协会提出申请,经常务委员会批准,即为中国科学技术协会的团体会员。

第三十二条 全国学会接受中国科学技术协会的领导,执行中国科学技术协会的决议,承担并完成中国科学技术协会委托的任务,选举代表参加中国科学技术协会全国代表大会。

全国学会退出中国科学技术协会,须经中国科学技术协会常务委员会批准。

第三十三条 全国学会会员代表大会每三至五年举行一次,决定学会的工作方针和任务,审议和批准学会理事会的工作报告和财务报告,制定、修改会章,选举新的理事会。

第三十四条 全国学会办事机构在理事会领导下开展工作,行政上受学会挂靠单位的领导。

第三十五条 全国学会凡严重违反中国科学技术协会章程,经中国科学技术协会常务委员会通过,给予警告、限期整顿、除名等处罚。

第六章 地方科学技术协会

第三十六条 省、自治区、直辖市科学技术协会是省、自治区、直辖市党委领导下的人民团体,是中国科学技术协会的地方组织。

第三十七条 省、自治区、直辖市科学技术协会接受中国科学技术协会的业务指导。

省级学会接受省级科学技术协会领导,业务上受相应的全国学会的指导。

第三十八条 省、自治区、直辖市科学技术协会由省级学会和市(地)科学技术协会组成。

市(地)科学技术协会由同级学会和县(市)、区科学技术协会组成。

县(市)、区科学技术协会由同级学会和基层组织组成。

第三十九条 地方科学技术协会执行中国科学技术协会的章程和决议,推选代表参加上级科学技术协会代表大会。

第四十条 地方科学技术协会代表大会每五年举行一次，决定本地区科学技术协会的工作方针和任务，审议地方科学技术协会委员会的工作报告，选举地方科学技术协会委员会。

第七章　基层组织

第四十一条 科学技术工作者集中的企业事业单位和有条件的乡镇、街道等建立的科学技术协会（科学技术普及协会）是中国科学技术协会的基层组织，接受地方科学技术协会的业务指导。

乡镇科学技术协会（科学技术普及协会）联系指导农村专业技术协会。

第四十二条 主要任务：

一、开展社会化科学技术普及活动，引导人民群众崇尚科学，抵制迷信，移风易俗，破除陋习，倡导科学健康的生活方式和文明节约的消费模式，促进资源节约型、环境友好型社会建设；

二、组织和动员科学技术工作者积极参加学术交流和科学技术普及活动，促进讲科学、爱科学、学科学、用科学社会风尚的形成与发展；

三、开展农村实用技术培训和推广，引导农民树立科学发展理念，培养有文化、懂技术、会经营的新型农民，提高农民科学文化素质，促进社会主义新农村建设；

四、开展技术咨询、技术服务等科学技术活动，促进技术开发、技术转让，增强企业自主创新能力，促进以企业为主体的技术创新体系的建立；

五、反映基层科学技术工作者的建议、意见和诉求，维护其合法权益，促进其生活和工作条件的改善。

第八章　工作人员

第四十三条 各级科学技术协会机关对其工作人员按照国家有关规定进行管理。

第四十四条 各级科学技术协会所属学会对其工作人员根据其编制性质和管理的需要，执行相应的干部人事管理制度，参照挂靠单位有关的管理规定进行管理。

第四十五条 各级科学技术协会所属事业单位的工作人员按国家对事业单位的管理规定进行管理。

第四十六条 各级科学技术协会工作人员应热爱科学技术协会的事业，树立为科学技术工作者服务的思想，具有较高的政策水平和较广的专业知识、较强的组织和社会活动能力。

第四十七条 各级科学技术协会要加强对工作人员的培养和教育，有计划有组织地开展培训工作，提高工作人员的政治和业务素质。

第九章　经费及资产管理

第四十八条 经费来源：

一、财政拨款；

二、资助；

三、捐赠；

四、会费；

五、企事业收入；

六、其他收入。

第四十九条 建立学术交流、科学技术普及和奖励等专项基金。

第五十条 建立常务委员会领导下的民主理财管理体制。

第五十一条 各级科学技术协会的经费、资产及国家和地方拨给科学技术协会的不动产受法律保护，任何单位和个人不得侵占、挪用和任意调拨；各级科学技术协会所属企业、事业的资产隶属关系不得随意改变。

第十章 会 徽

第五十二条 中国科学技术协会会徽由古天象仪、航天器、齿轮、麦穗、蛇杖以及中文和英文标出的中国科学技术协会名称组成。

第五十三条 中国科学技术协会会徽可在办公地点、活动场所、会议会场悬挂，在出版物上印制，也可作为徽章佩戴。

第十一章 附 则

第五十四条

中国科学技术协会简称中国科协。

中国科学技术协会会址设在北京。

中国科学技术协会的英文全称是 CHINA ASSOCIATION FOR SCIENCE AND TECHNOLOGY，缩写为 CAST。

第五十五条 全国委员会依照本章程制定《全国学会组织通则》。

第五十六条 全国学会可根据国务院《社会团体登记管理条例》、本章程和民政部《社会团体章程示范文本》制定章程。

地方科学技术协会可根据本章程制定实施细则。

第五十七条 本章程解释权属中国科学技术协会。

第五十八条 本章程经中国科学技术协会全国代表大会通过实施。

广东省医学会会徽

设计：田武汉

医学会之歌

作词:田武汉
作曲:桑　雨

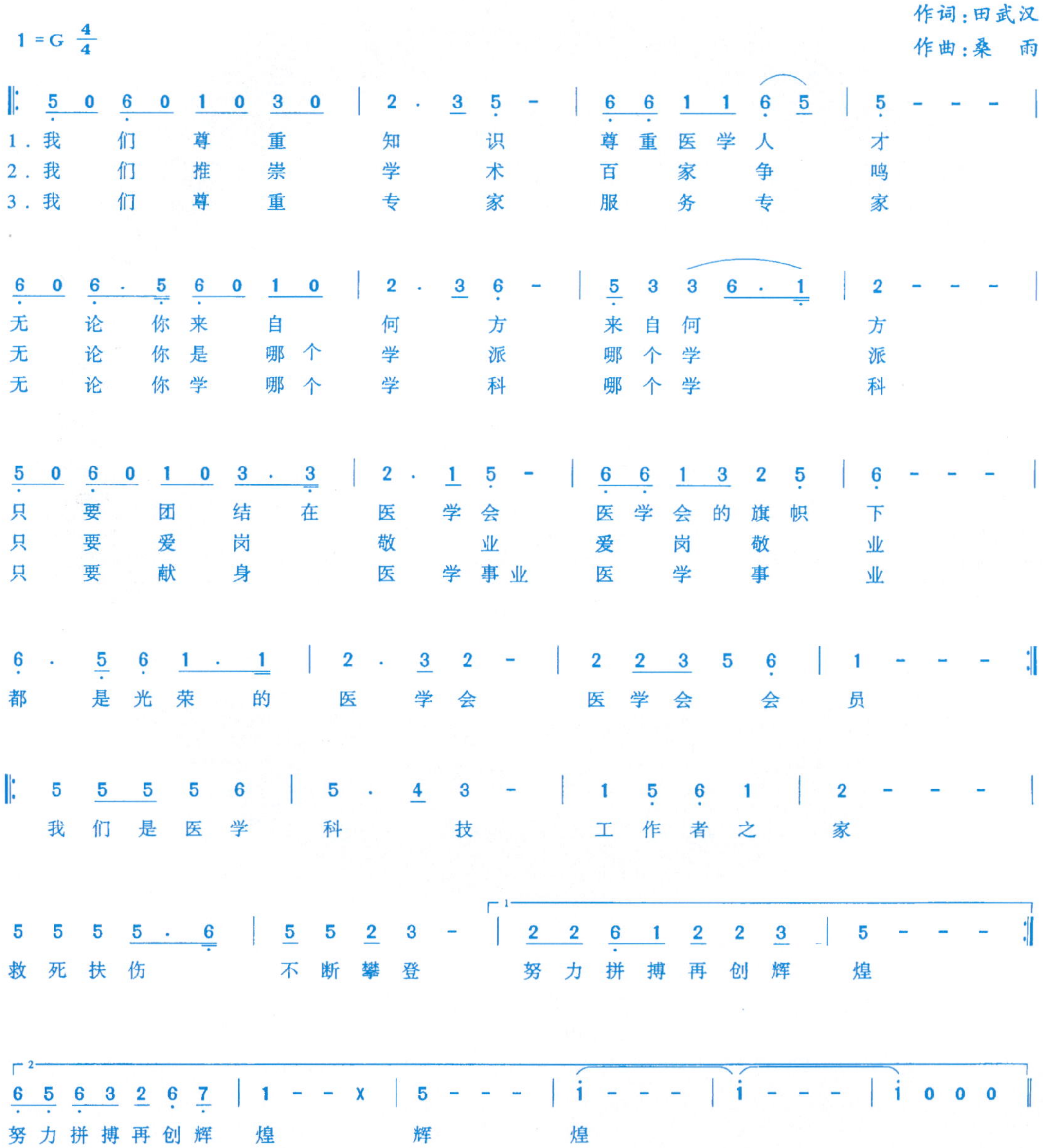

后　记

我对著书的理解有三:首先是把经验通过文字的形式表达出来,其目的是把经验留给后人,留给社会,留给哺育著书人成长的这片热土;其次是欲把经验和教训当作教本之用,达到以书育人、警示后人之目的;第三就是展示“才能”和兼顾实用性之目的了。这第三条可能会误伤无辜,但我的本意只是想表达著书目的而已。

主编一本书,在我的人生行程中从未“计划”过,至少在公元2009年前未曾想过,2010年以后我有幸不再担任广东省医学会秘书长,从那个时候起,我有了些对我的时间的支配权力,“无所事事”对于一个好于奔忙的我,或者说得好听一点叫做从不偷懒、闲不住的我,是多么残酷的事情呀。在这种情况下,也就是从这个时候起,我考虑要做点事情,否则对不起上级领导和广东省医学学术交流中心的同事们,毕竟我们先后一起见证了广东省医学学术交流中心的发展历程,见证了广东省医学会的发展历程,何况我还不是“发挥余热”的年龄。一个很巧的机会,在和原湖南省医学会秘书长张宪安老朋友交流中谈到了我的想法,因为我了解一些他在编辑出版界有深厚造诣,在他的指导下,撰写《现代学会协会管理与创新》一书计划很快得以“出笼”,在此,谨表示感谢。

说实在话,本人一点都不具备著书的能力,没有著书的经历,只有写病历的经验和写几篇论文的经验,离写书的路子还很远,何况是一部长达50多万字的、全面针对学会协会发展和管理的书,畏难情绪之下,一些好友,尤其是我的夫人孙利女士、我的哥哥田武文、田武昌给了我很大的鼓励,“你这个人缺的只是决心,只要下了决心,事情就会办好,何况你有11年学会秘书长工作的经历”。经过认真考虑决心是下了,但新的担心又来了,那就是多达几十位撰稿人如何邀稿问题,一般人来撰写不但实践经验不足,道不明撰稿要求的深意,最好是邀请国家民间组织管理局的领导、中华医学会的领导、省级以上学会协会的秘书长参写,以确保本书内容表达的准确和本书的权威地位。但这些领导能接受我的邀请吗。

我是带着试一试的心态把撰写书稿邀请函发出去的,这期中有已退休的老领导,也有工作十分繁忙的政府部门的领导,当然,多数是有着丰富实践经验的学会

作者田武汉同志与岳父孙言瑞、岳母韩玉凤、夫人孙利在一起

协会秘书长。第一个交稿的是云南省医学会的副会长兼秘书长把志刚同志，向最后一位发出撰稿邀请函的是内蒙古自治区医学会的秘书长李玉成同志。文稿得以全部收齐，并于 2011 年 8 月 4 日正式进入集体审稿程序。这是各位领导、各位受邀撰稿人对我一生最大的理解和支持，也是对我 11 年秘书长工作经历的认可。在此，向您们表示最衷心的感谢和崇高的敬意。

《现代学会协会管理与创新》一书在编著过程中，得到了我岳父孙言瑞老人家和岳母韩玉凤老人家的充分理解和支持，在岳父住进广州军区广州总医院干部二科后，我因为太忙，很少抽时间前去探望和陪伴，在这里，谨向两位老人表示歉意，并同时对广州军区广州总医院首长、专家及干部二科全体医护人员表示由衷的谢意。

《现代学会协会管理与创新》一书从策划开始就得到广东省医学会庆道会长的支持，审稿会还到会作了重要指示。特别是朱宏秘书长等学会办事机构全体同事，都以不同方式表达了真诚帮助，尤其办公室陈舒娴同志在完成了本职工作前题下，同时担任本书编辑秘书工作，任劳任冤，从不言苦。领导和同事的全方位支持是本书得以顺利出版的重要因素，我愿用最美好的祝福，送给我尊敬的领导和亲爱的同事们。

因水平实在有限，编写不一定考虑得很周全，内容和文字都可能存在不少问题，敬请读者不吝赐教。主编这本书的目的是给后来人提供的一把梯子，期待大家在批评之余去补充、去完善，以促进学会协会的健康发展。

田武汉

2011 年 10 月于广州

图书在版编目(CIP)数据

现代学会协会管理与创新 / 田武汉主编，-- 北京 ：科学技术文献出版社，2011.10

ISBN 978-7-5023-7008-4

Ⅰ.①现… Ⅱ.①田… Ⅲ.①学会-组织管理学②协会-组织管理学 Ⅳ.①C912.2

中国版本图书馆 CIP 数据核字(2011)第 186836 号

现代学会协会管理与创新

策划编辑:薛士滨　　责任编辑:张宪安　　责任校对:牛　桦　　责任出版:李　洁

出 版 者　科学技术文献出版社
地　　址　北京市复兴路 15 号(中央电视台西侧)/100038
编 务 部　(010)58882938,58882087(传真)
发 行 部　(010)58882868,58882866(传真)
邮 购 部　(010)58882873
网　　址　http://www.stdp.com.cn
发 行 者　科学技术文献出版社发行　全国各地新华书店经销
印 刷 者　湖南雅嘉彩色印刷有限公司
版　　印　2012 年 1 月第 1 版　2012 年 1 月第 1 次印刷
开　　本　787 × 1092　1/16 开
字　　数　699 千字
印　　张　29
书　　号　ISBN 978-7-5023-7008-4
定　　价　109.00 元